中國國家圖書館編

國家圖書館藏敦煌遺書

第一百四十五冊 北敦一五八四五號——北敦一六一九八號

北京圖書館出版社

圖書在版編目(CIP)數據

國家圖書館藏敦煌遺書·第一百四十五冊/中國國家圖書館編;任繼愈主編.—北京:北京圖書館出版社,2012.5

ISBN 978-7-5013-3707-1

Ⅰ.國…　Ⅱ.①中…②任…　Ⅲ.敦煌學－文獻　Ⅳ.K870.6

中國版本圖書館 CIP 數據核字(2012)第028965號

ISBN 978-7-5013-3707-1

9 787501 337071 >

書　　名　國家圖書館藏敦煌遺書·第一百四十五冊
著　　者　中國國家圖書館編　任繼愈主編
責任編輯　徐　蜀　孫　彥
封面設計　李　璀

出　　版　北京圖書館出版社　　(100034　北京西城區文津街7號)
發　　行　010-66139745　66151313　66175620　66126153
　　　　　　　　66174391(傳真)　66126156(門市部)
E-mail　btsfxb@nlc.gov.cn(郵購)
Website　www.nlcpress.com → 投稿中心
經　　銷　新華書店
印　　刷　北京文津閣印務有限責任公司

開　　本　八開
印　　張　47.75
版　　次　2012年5月第1版第1次印刷
印　　數　1-250冊(套)

書　　號　ISBN 978-7-5013-3707-1/K·1670
定　　價　990.00圓

目錄

1

3

10

11

14

21

25

纂王……
百者觀欲欲者即是色聲香味
如來曰中說果從此五事
一善男子愚癡之人貪求
倒想乃至集中生倒

BD15845 號　大般涅槃經（北本）卷三七　　　　　　　　　　（1-1）

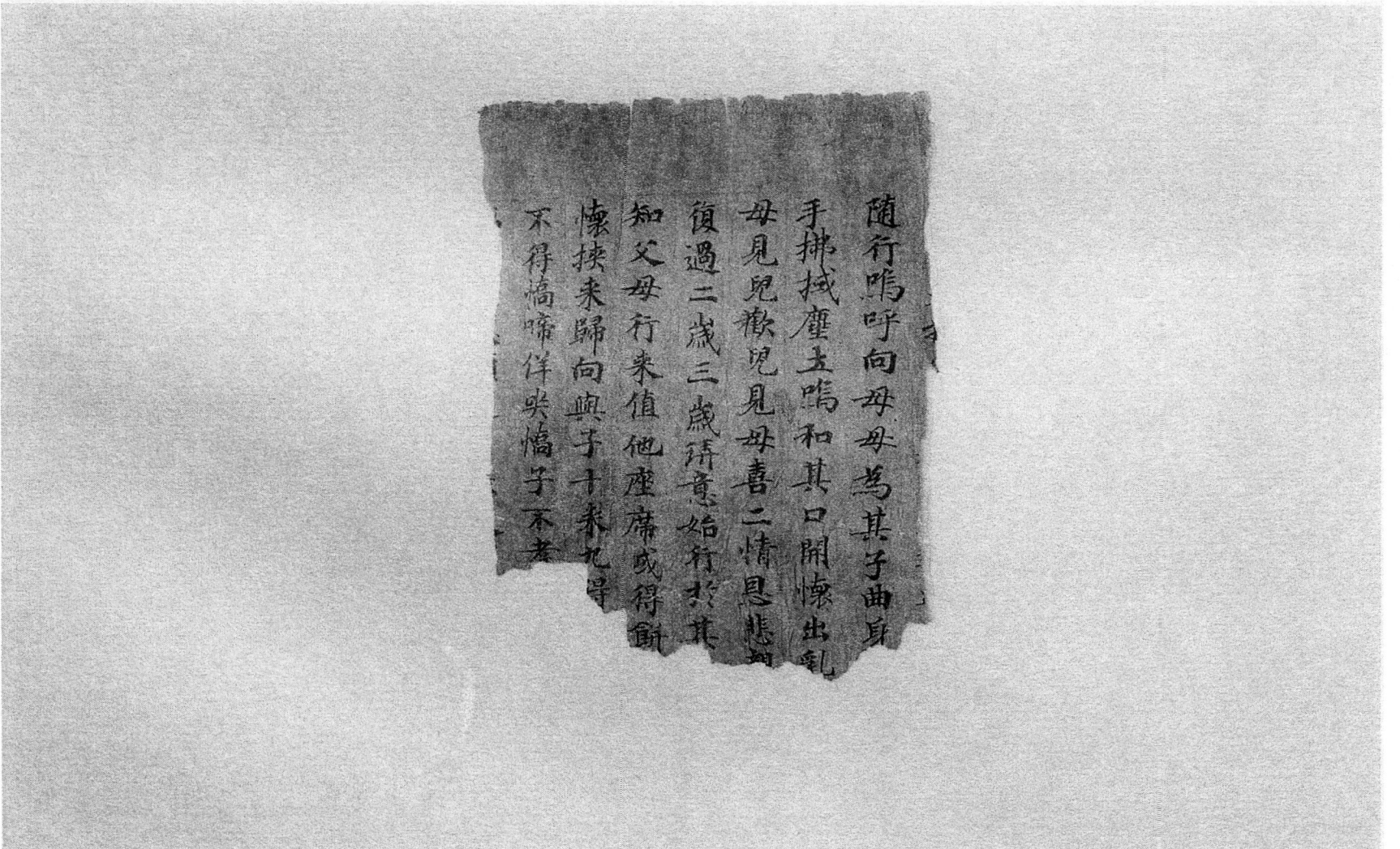

隨行嗚呼向母爲其子曲身
手拂拭塵土鳴和其口開懷出乳
母見兒歡兒見母喜二情恩悲動
復過二歲三歲待意始行於其
知父母行來值他座席或得餅
懷挾來歸向與子十兒九尋
不得稿稀祥哭憍子不者

BD15846 號　父母恩重經　　　　　　　　　　　　　　（1-1）

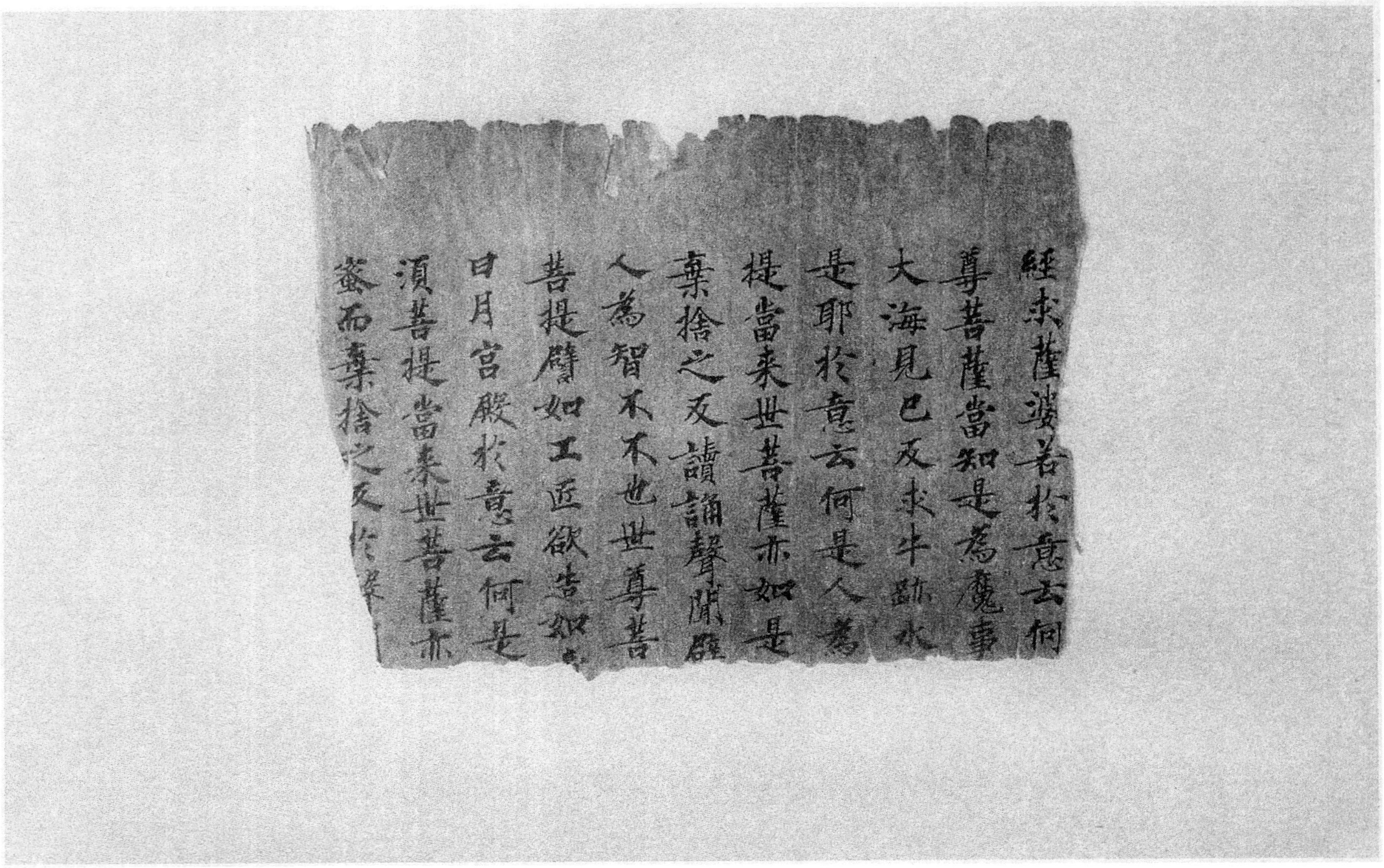

經來薩婆若於意云何
尊菩薩當知是為魔事
大海見巳反求牛跡水
是耶於意云何是人為
提當來世菩薩亦如是
棄捨之反讀誦聲聞辟
人為智不不世尊菩
菩提辟如工匠欲告如
日月宮殿於意云何是
須菩提當來世菩薩亦
蜜而棄捨之反於菜於

BD15847 號　小品般若波羅蜜經卷五　　　　　　　　　　　　（1-1）

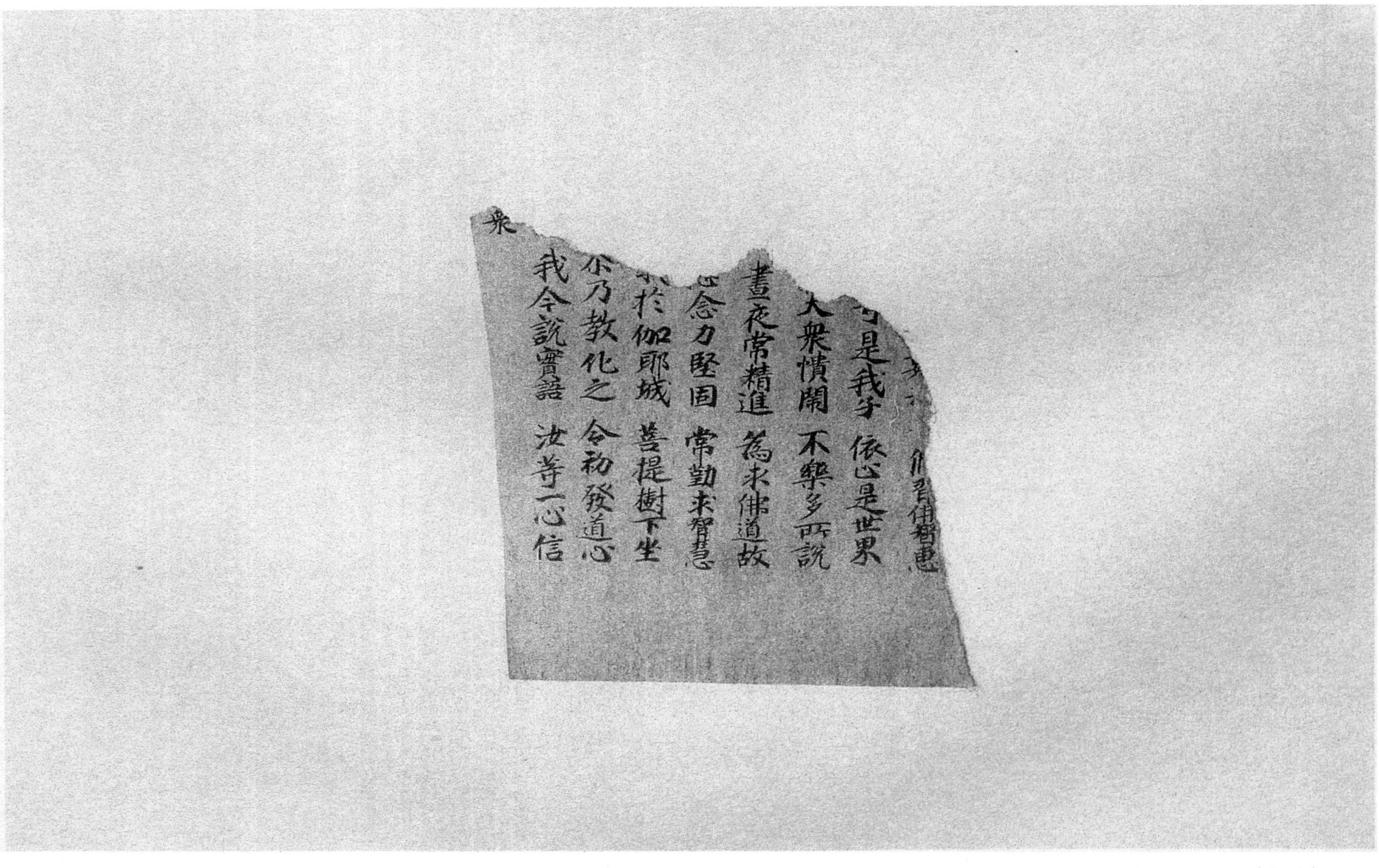

衆
作已俱智惠
是我等　依心是世界
大衆憒閙　不樂多所說
晝夜常精進　為求佛道故
念力堅固　常勤求智慧
衆於伽耶城　菩提樹下坐
亦乃教化之　令初發道心
我今說實語　汝等一心信

BD15848 號　妙法蓮華經卷五　　　　　　　　　　　　　　（1-1）

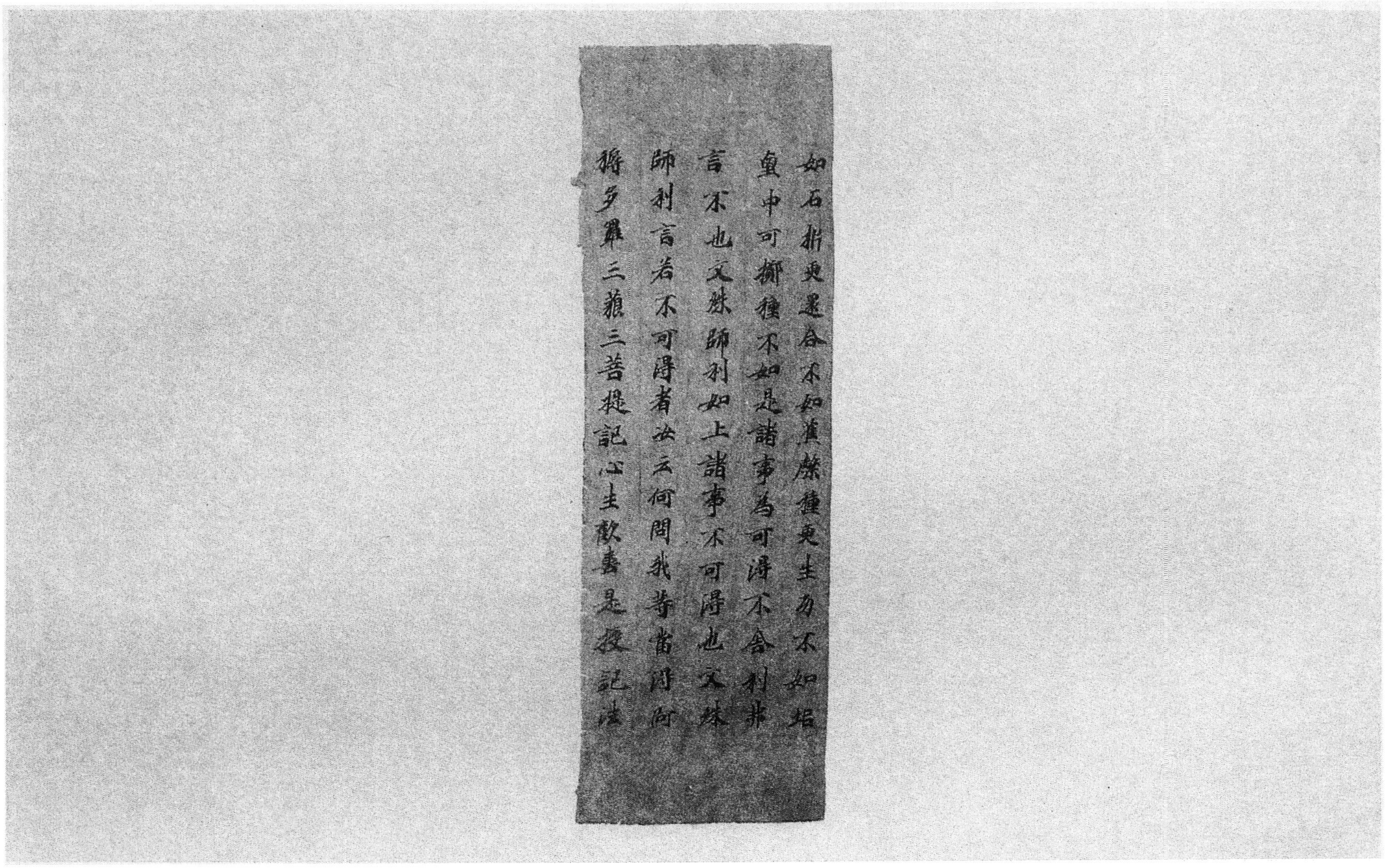

BD15849號　大方等陀羅尼經卷二　　　　　　　　　　　　　　　　（1-1）

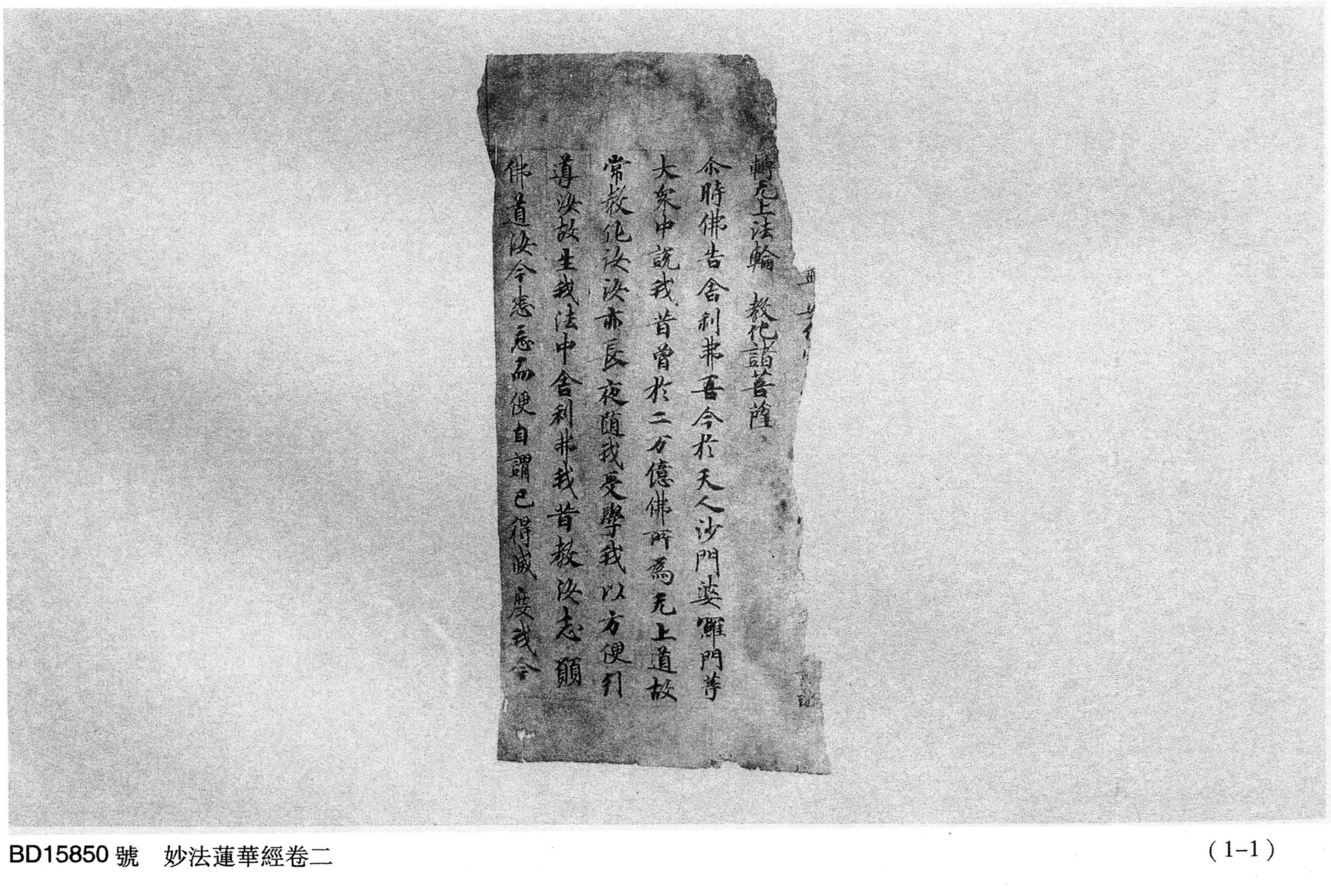

如石析更還合不如雀稗更生為不如垢
亀中可擲糞不如是諸事為可得不舍利弗
言不也文殊師利如上諸事不可得也文殊
師利言若不可得者法云何問我等當得何
耨多羅三藐三菩提記心生歡喜是授記故

BD15850號　妙法蓮華經卷二　　　　　　　　　　　　　　　　（1-1）

轉無上法輪　教化諸菩薩
余時佛告舍利弗吾今於天人沙門婆羅門等
大衆中說我昔曾於二万億佛所為無上道故
常教化汝汝亦長夜随我受學我以方便引
導汝故生我法中舍利弗我昔教汝志願
佛道汝今悉忘而便自謂已得滅度我今

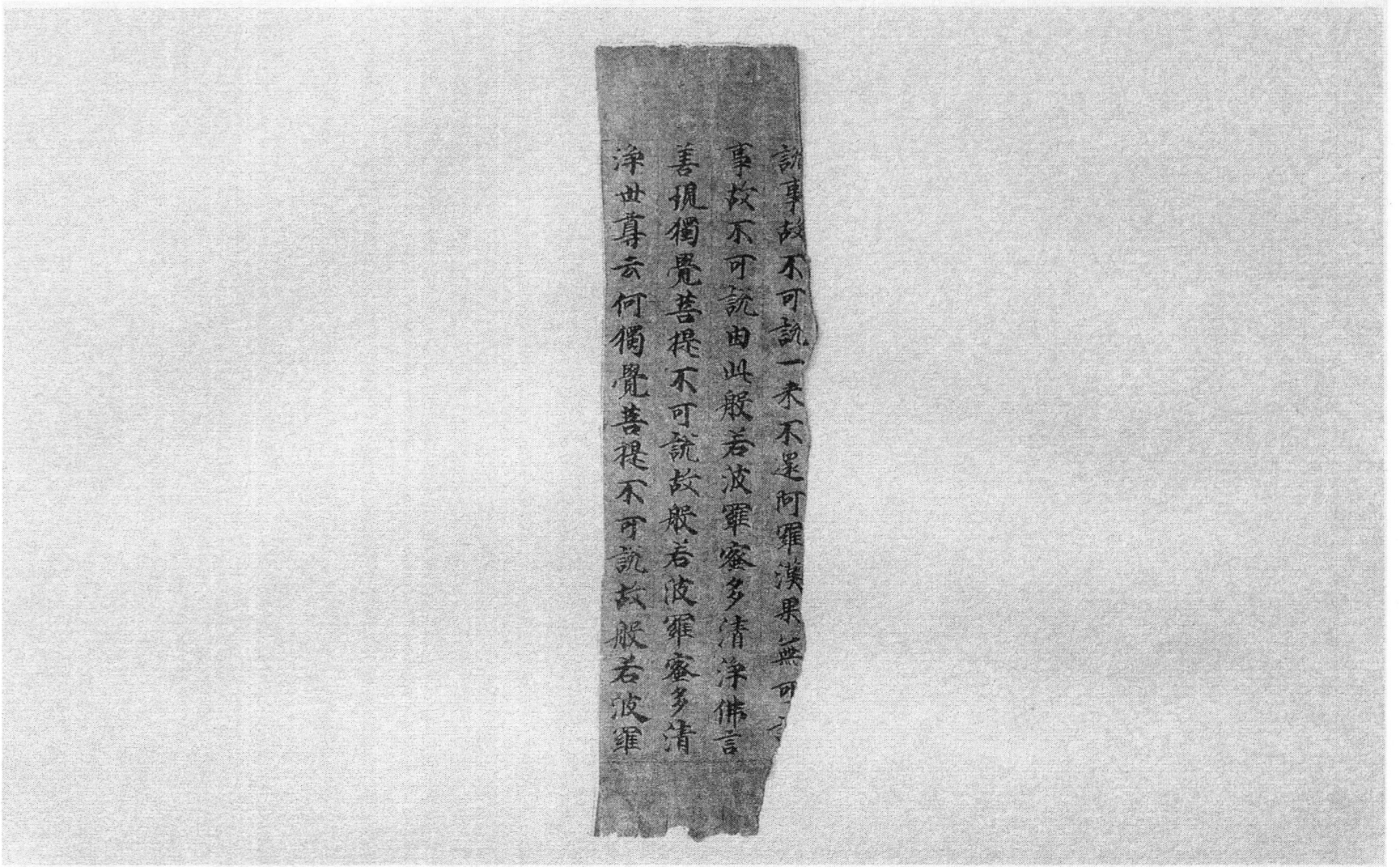

BD15851 號　大般若波羅蜜多經卷二九五　　　　　　　　　　　　　　　　（1-1）

BD15852 號　阿彌陀經　　　　　　　　　　　　　　　　　　　　　　　（1-1）

南无隆伏瞋縢人佛　南无名降伏魔人縢佛　南　若復有人受持讀誦是佛名　復有人捨七寶如湏弥山以用在　南无寶縢佛　若善男子　南无寶藏佛　若善男子　南无大光明如来　壬二眛諸眾生歸命是人為荓佛　南无寶華奮迅如来　若善男子受持是佛名　南无无量香縢王佛　南无氣縢波頭奮迂縢佛　若人受持讀誦是佛名　南无寶俱蘇摩身光

BD15853號　佛名經（十二卷本）卷六　　　　　　　　　　　　　（1-1）

閂言　先佛経中所説今時世尊欲重宣　恩惟籌量言説皆是佛法无不　八得无漏智慧而其意根清浄如　之所行心所動作一切戲論皆　素等皆順正法三千大千世界　相不相違背若説俗間経書治　月乃至一歳諸所説法随其　解是義已縢演説一句一　意根乃至聞一偈一句通　若解説若書寫得十二百　古女人如来滅後受

BD15854號　妙法蓮華經卷六　　　　　　　　　　　　　　　　（1-1）

5

BD15855 號　大般若波羅蜜多經卷四二五

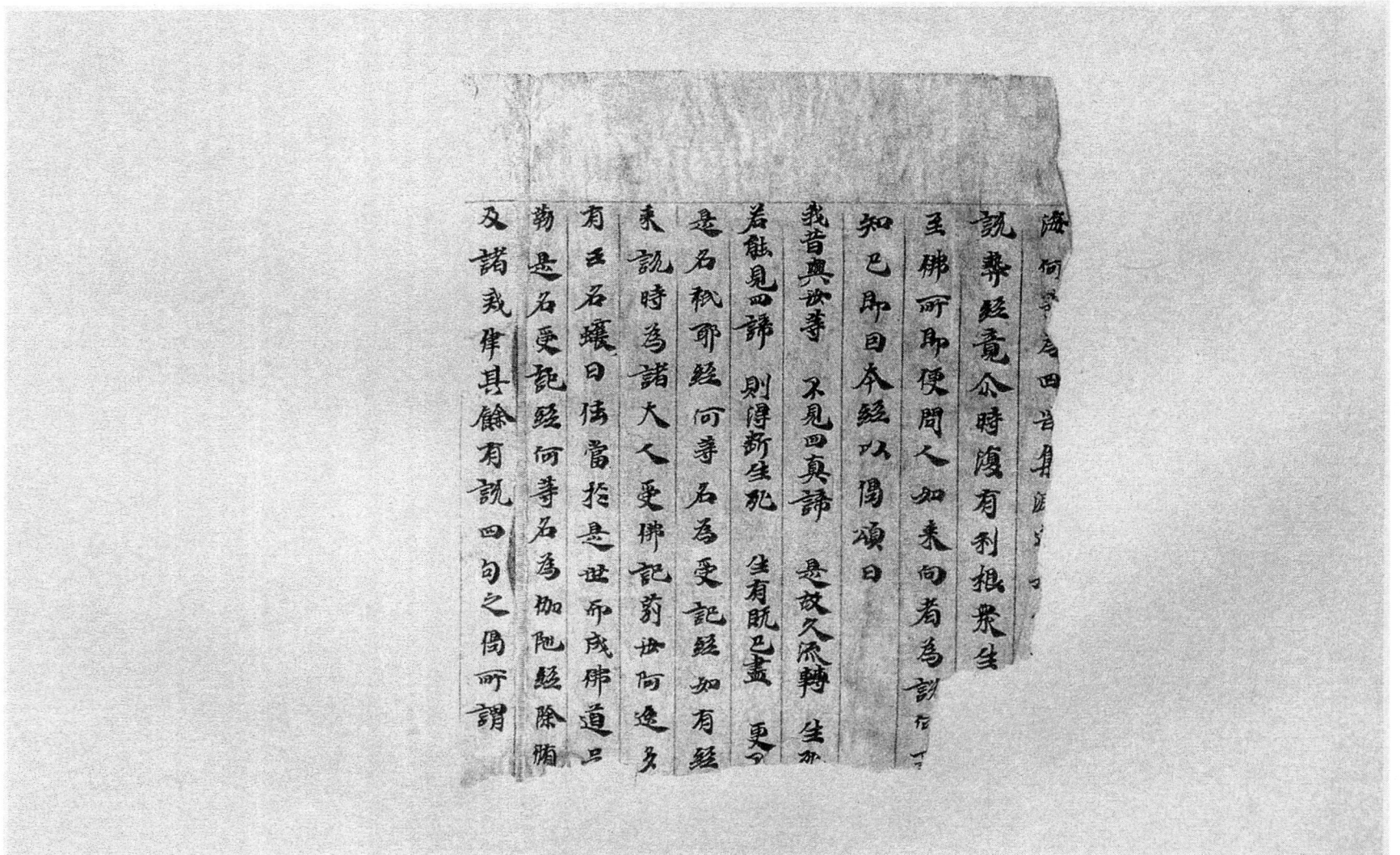

BD15856 號　大般涅槃經（北本）卷一五

(1-1)

BD15857 號　金剛般若波羅蜜經（菩提留支本）　　　　　　　　　　　　　　（1-1）

BD15858 號　妙法蓮華經卷三　　　　　　　　　　　　　　　　　　　　　（1-1）

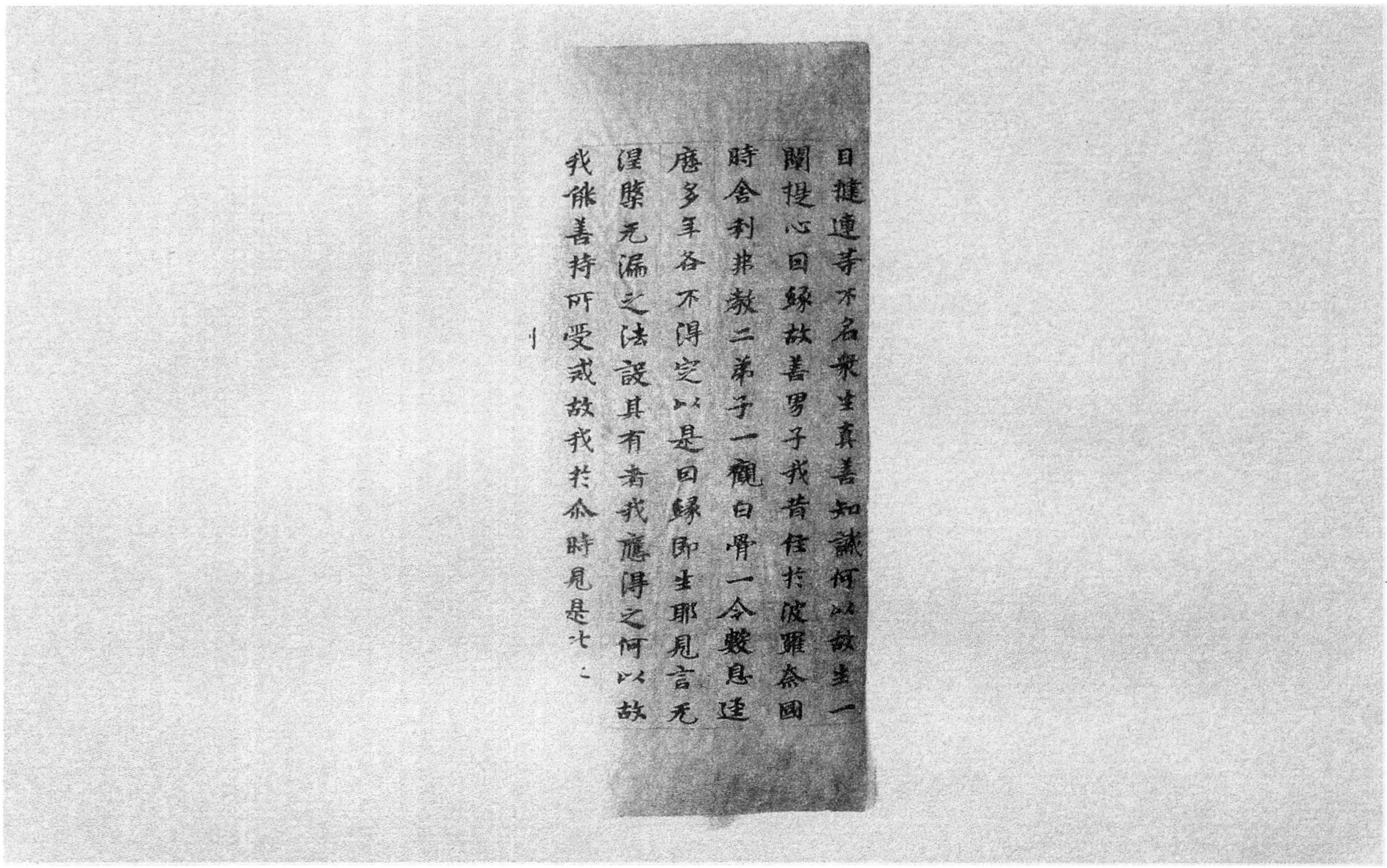

日揵連等不名眾生真善知識何以故生一
闡提心回綠故善男子我昔住於波羅奈國
時舍利弗教二弟子一觀白骨一令數息連
歷多年各不得定以是因綠即生耶見言无
涅槃无漏之法設其有者我應得之何以故
我僻善持所受戒故我於今時見是七二

BD15859 號　大般涅槃經（北本）卷二六　　　　　　　　　　　　　　　（1-1）

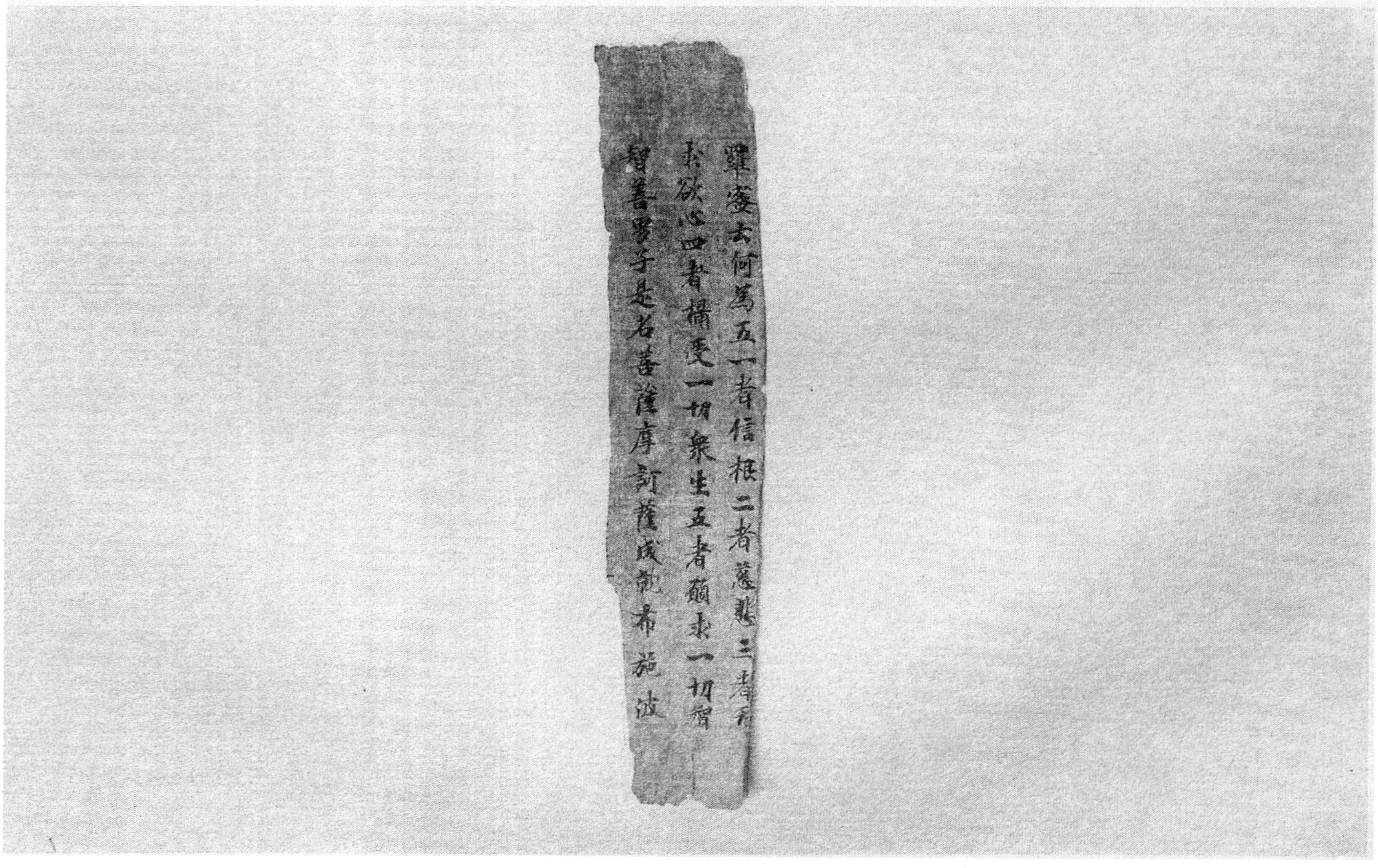

饅麋去何為五一者信根二者慈悲三者精進
恭欲心四者攝受一切眾生五者願求一切智
智善男子是若菩薩摩訶薩成勸希施波

BD15860 號　金光明最勝王經卷四　　　　　　　　　　　　　　　　（1-1）

BD15861號　妙法蓮華經卷六　　　　　　　　　　　　　　　　　　　　　　　　（1-1）

六趣眾生心之所行心所動作心所戲論
悲如之難未得无漏智慧而其意根清淨
如此是人有所思惟籌量言說皆是佛法无不
真實亦是先佛經中所說尒時世尊欲重宣
此義而說偈言

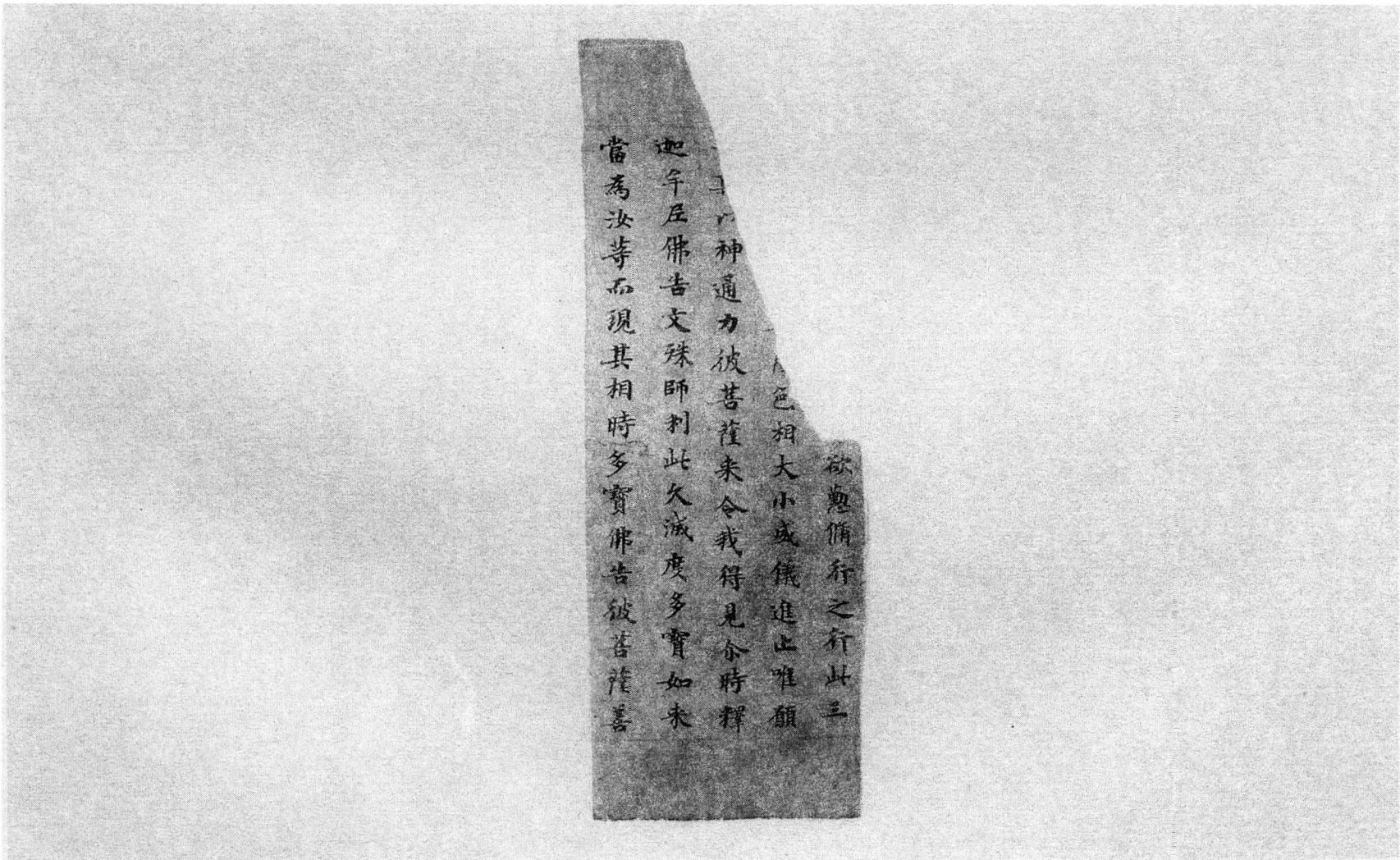

BD15862號　妙法蓮華經卷七　　　　　　　　　　　　　　　　　　　　　　　　（1-1）

欲勉備行之行此三
色相大小威儀進止唯願
神通力彼菩薩來令我得見尒時釋
佛告文殊師利此久滅度多寶如來
當為汝等而現其相時多寶佛告彼菩薩善

南无鏡後光明佛
南无光明功德佛
南无住持威德瞭佛
南无深法光明身佛
南无金□
南无如是等无量无邊佛
南无法海吼聲佛

BD15863 號　佛名經（十二卷本）卷九　　　　　　　　　　　　　　　　　（1-1）

聞　佛子菩薩等
偏　法性之妙身

BD15864 號　妙法蓮華經卷六　　　　　　　　　　　　　　　　　　　　　（1-1）

BD15865 號　大般涅槃經（北本）卷三七　　　　　　　　　　　　　（1-1）

BD15866 號　大般涅槃經（北本）卷九　　　　　　　　　　　　　（1-1）

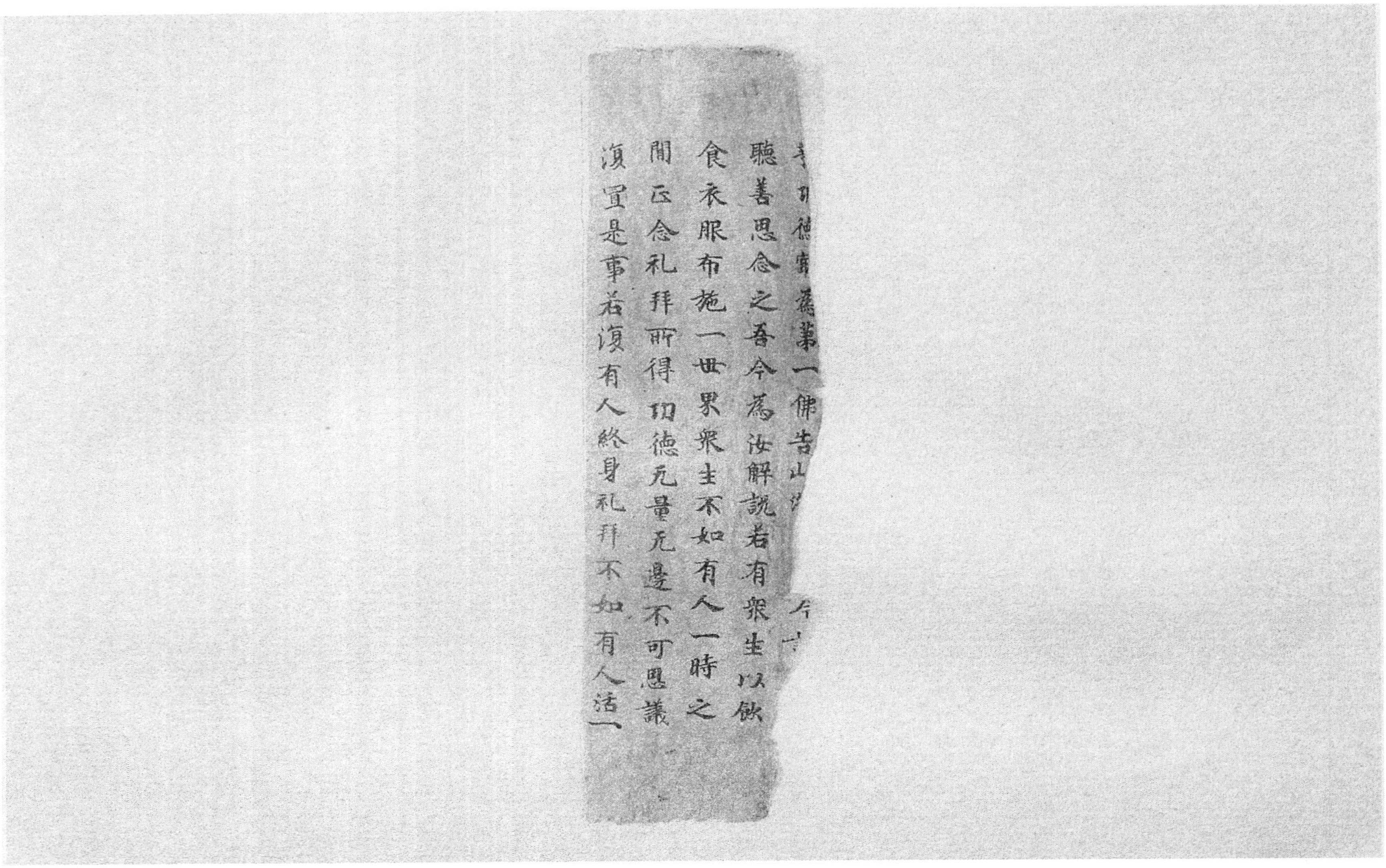

BD15867 號　山海慧菩薩經　　　　　　　　　　　　　　　　　　　　　　　　　　　　　　　　（1-1）

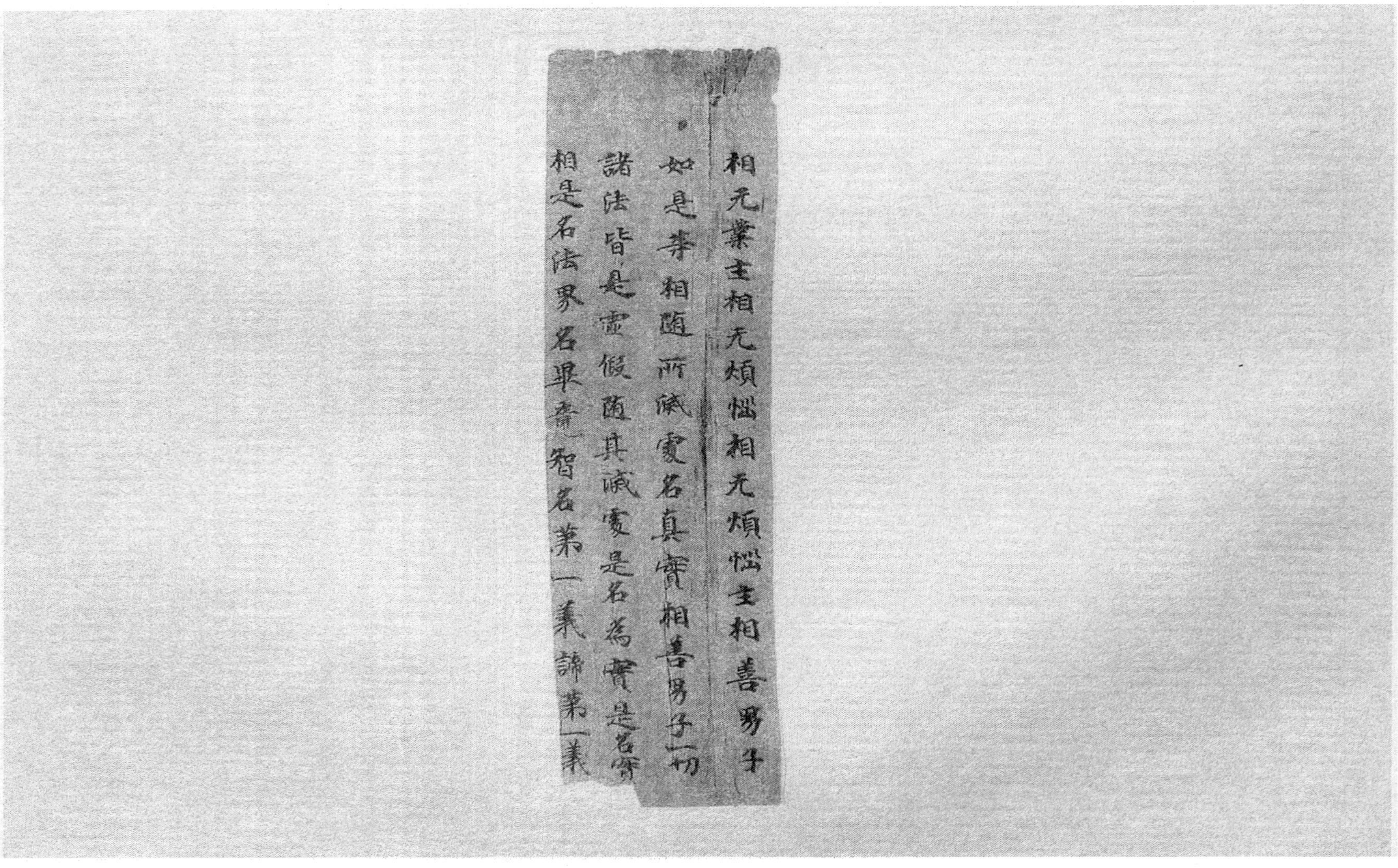

功德寶薦第一佛告山海
聽善思念之吾今為汝解說若有眾生以飲
食衣服布施一世界眾生不如有人一時之
間正念礼拜所得功德无量无邊不可思議
須置是事若復有人終身礼拜不如有人活一

BD15868 號　大般涅槃經（北本）卷四〇　　　　　　　　　　　　　　　　　　　　　　　　　　（1-1）

相无業主相无煩惱相无煩惱主相善男子
如是半相隨所滅處名真實相善男子一切
諸法皆是靈假隨其滅處是名為實是名實
相是名法界名眾聖智名第一義諦第一義

BD15869號　金光明經卷一　　　　　　　　　　　　　　　　　　　　（1–1）

BD15870號　大方廣佛華嚴經（晉譯）卷四七　　　　　　　　　　　（1–1）

BD15871 號　大方廣佛華嚴經（晉譯）卷三〇　　　　　　　　　　（1-1）

BD15872 號　大般涅槃經（北本）卷九　　　　　　　　　　（1-1）

BD15873號　添品妙法蓮華經（宋本）卷五　　　　　　　　　　　　　　　（1-1）

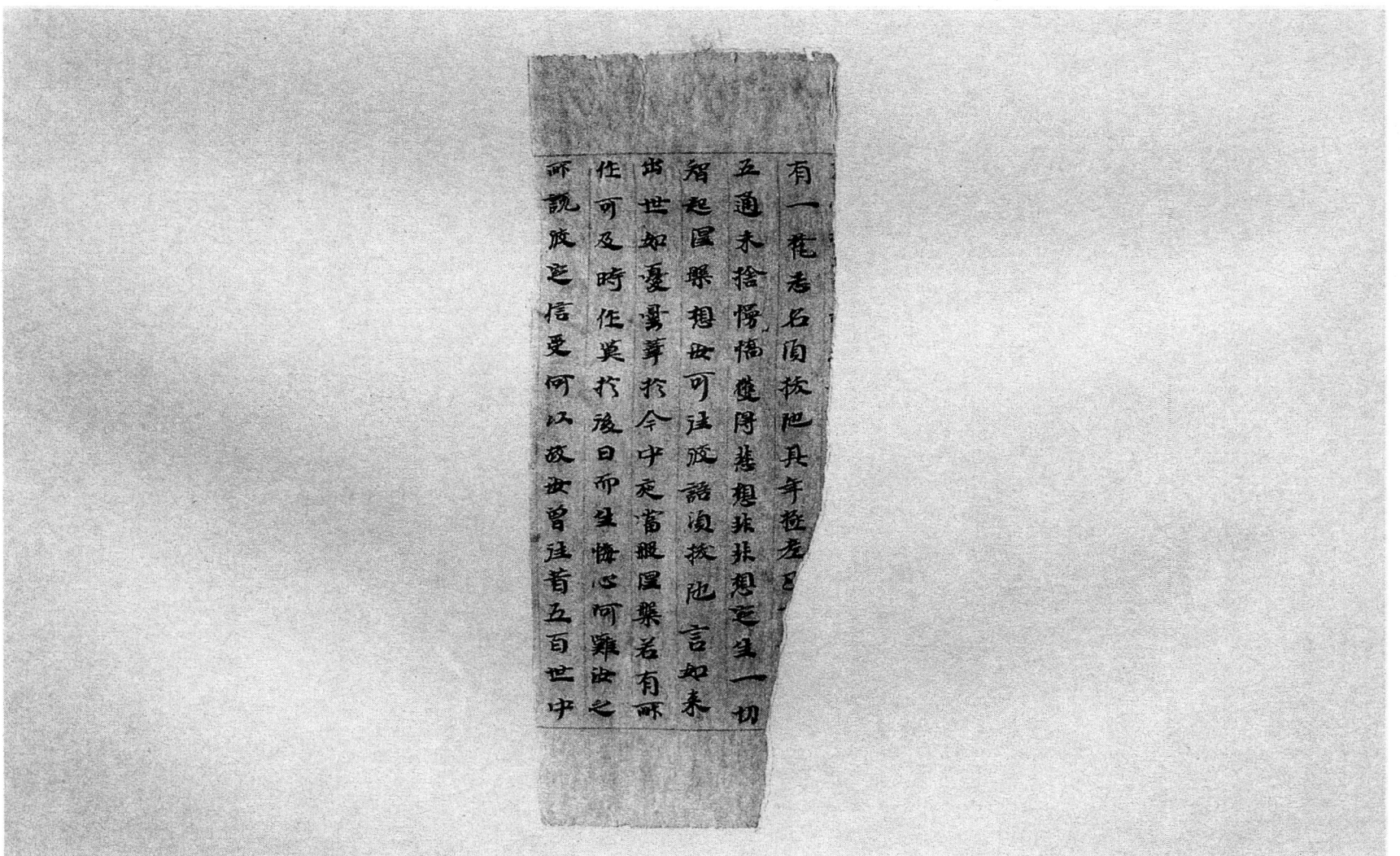

BD15874號　大般涅槃經（北本）卷四〇　　　　　　　　　　　　　　　（1-1）

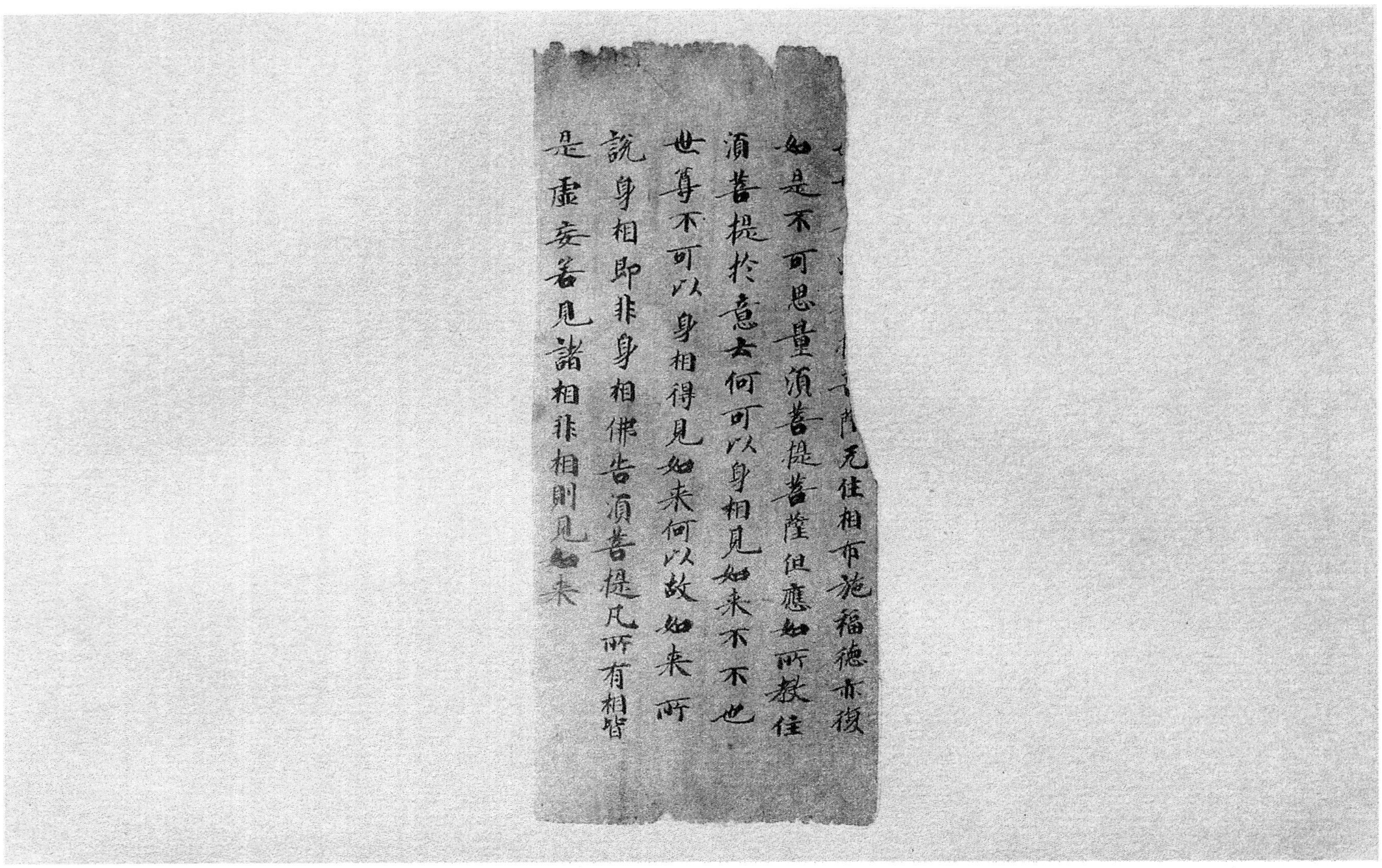

如是不可思量須菩提菩薩但應如所教住
須菩提於意云何可以身相見如來不不也
世尊不可以身相得見如來何以故如來所
說身相即非身相佛告須菩提凡所有相皆
是虛妄若見諸相非相則見如來

BD15875號　金剛般若波羅蜜經　　　　　　　　　　　　　　　　（1-1）

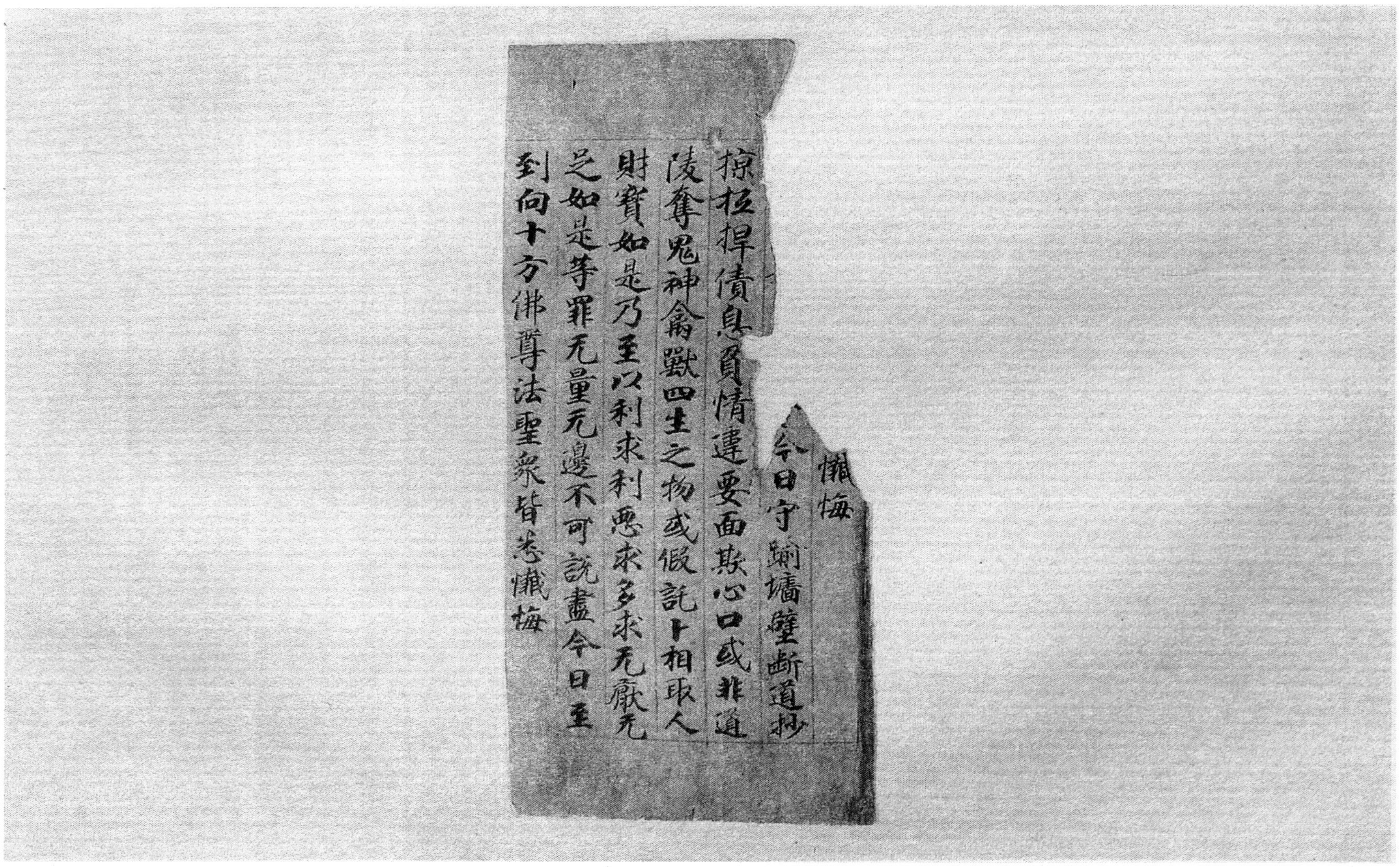

掠拉捍債負情連要面欺心口或非道
陵奪鬼神禽獸四生之物或假託上相取人
財寶如是乃至以利求利惡求多求无厭无
之如是等罪无量无邊不可說盡今日至
到向十方佛尊法聖眾皆悉懺悔

懺悔
今日守蝱墻壁斷道抄

BD15876號　佛名經（十六卷本）卷三　　　　　　　　　　　　　（1-1）

BD15877 號　大般涅槃經（北本）卷一〇　　　　　　　　　　　　　　　（1-1）

亦无...
諸佛菩薩雖...
別廣說利益安...
聽諦聽當為汝諸...
子多畜乳牛有種種...
是人有時為祠祀故盡摧諸...
其乳色同一白色尋便驚恠生...
云何皆同一色是人思惟如此一切...
生業報因緣令乳色一善男子聲...
薩亦介同一佛性猶如彼乳所以者...
漏故而諸眾生言佛菩薩聲聞緣...
別有諸聲聞凡夫之人恥於三乘之...

BD15878 號　妙法蓮華經卷七　　　　　　　　　　　　　　　　　　（1-1）

以智者應當一心自...
憶念如說修行世...
是經於如来滅後...
斷絕於時釋迦牟...
汝能護助是經令...
成就不可思議功...

17

尒時須菩提白佛言世尊
耨多羅三藐三菩提心
其心佛告須菩提
羅三藐三菩提
切衆生滅

BD15879 號　金剛般若波羅蜜經　（1–1）

阿耨多羅
佛所説義

BD15880 號　金剛般若波羅蜜經　（1–1）

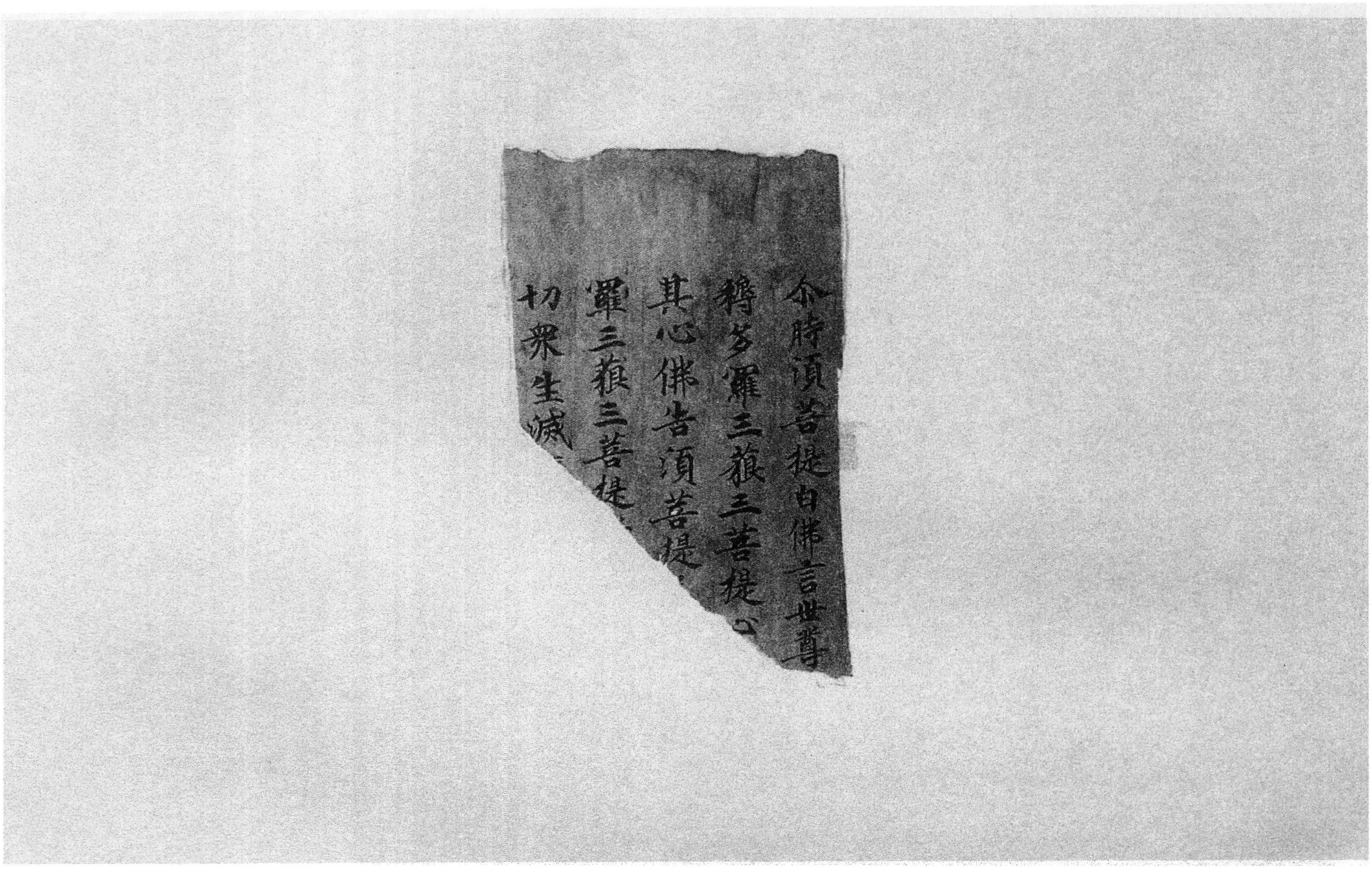

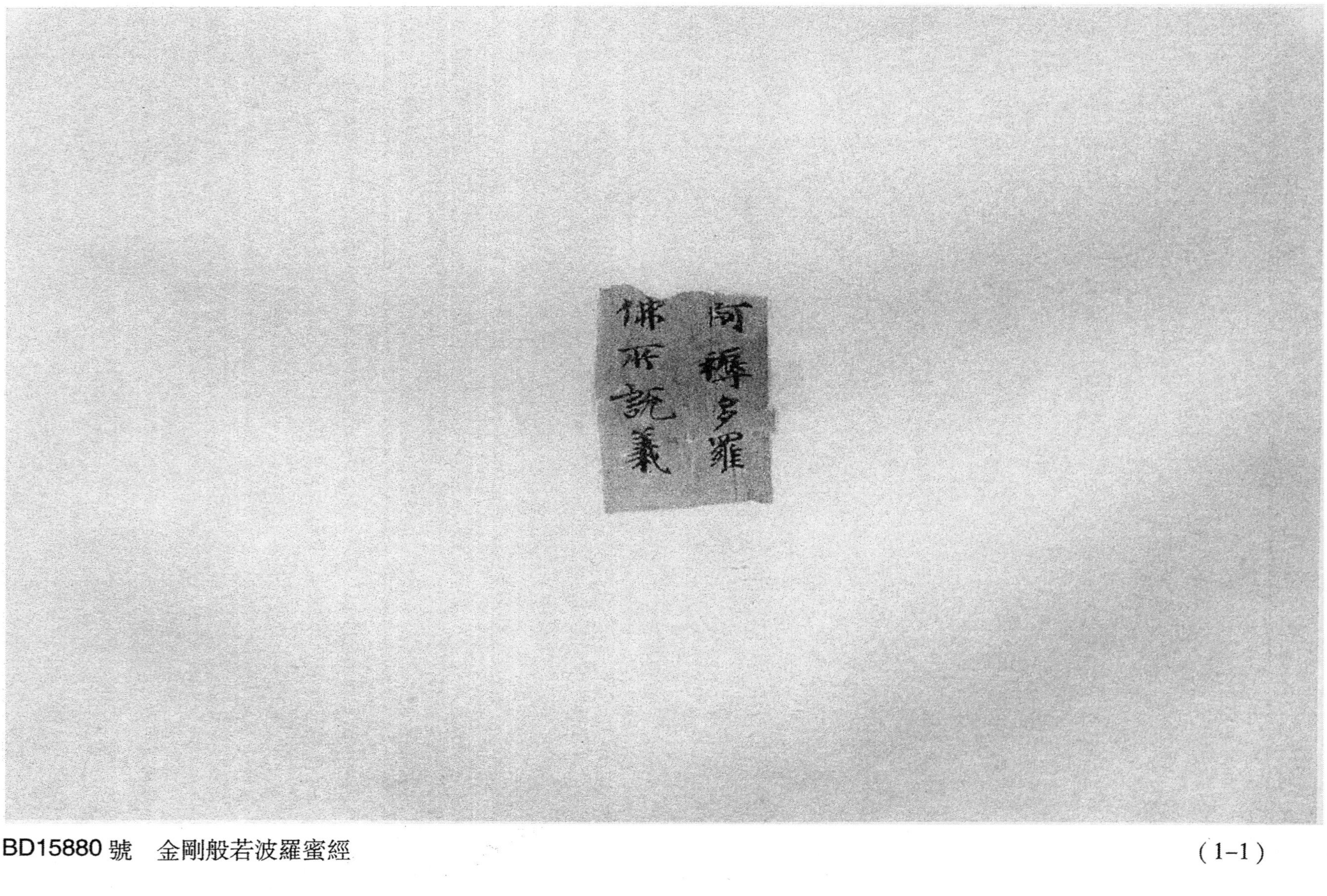

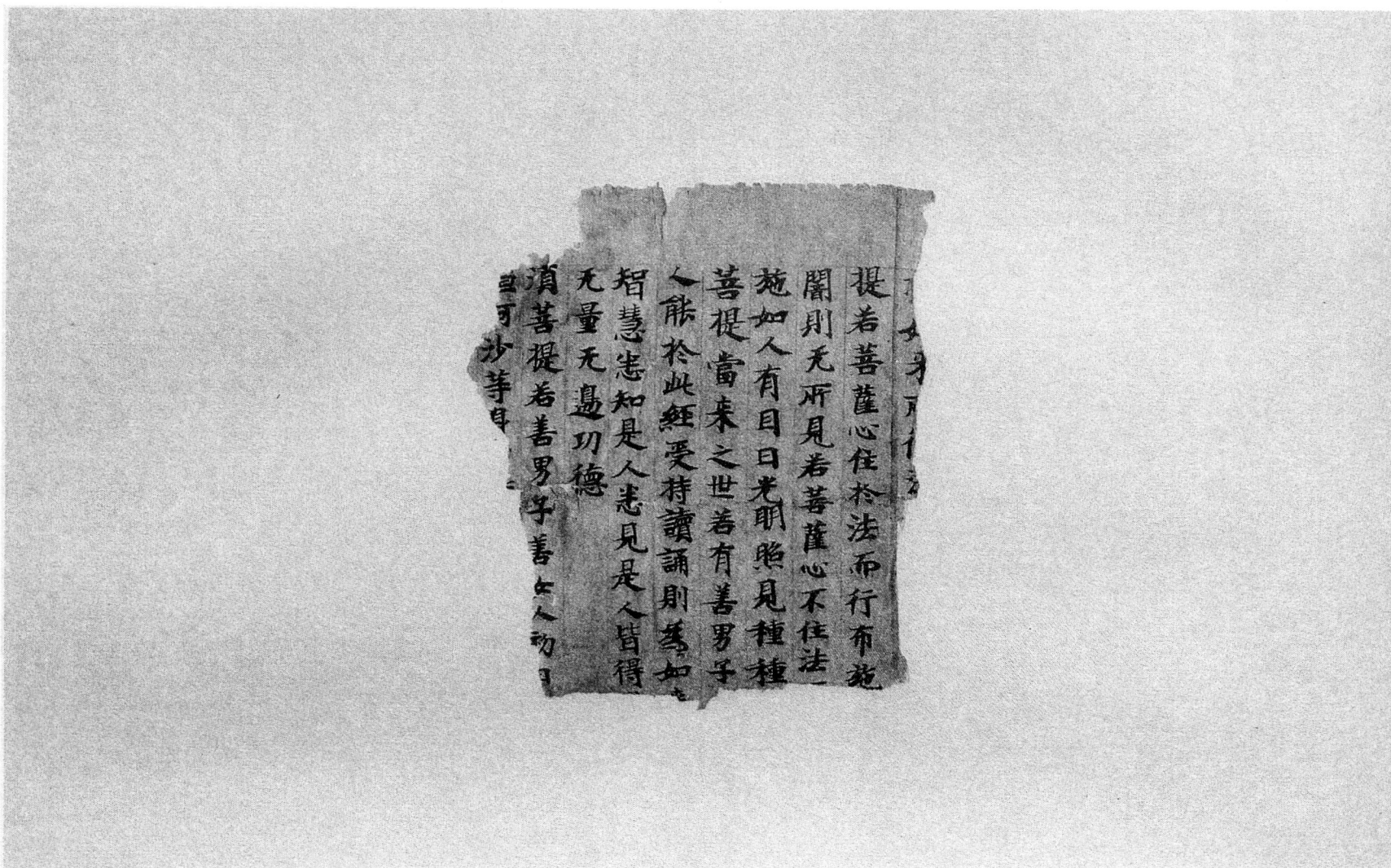

BD15881 號　金剛般若波羅蜜經　　　　　　　　　　　　　　　　（1-1）

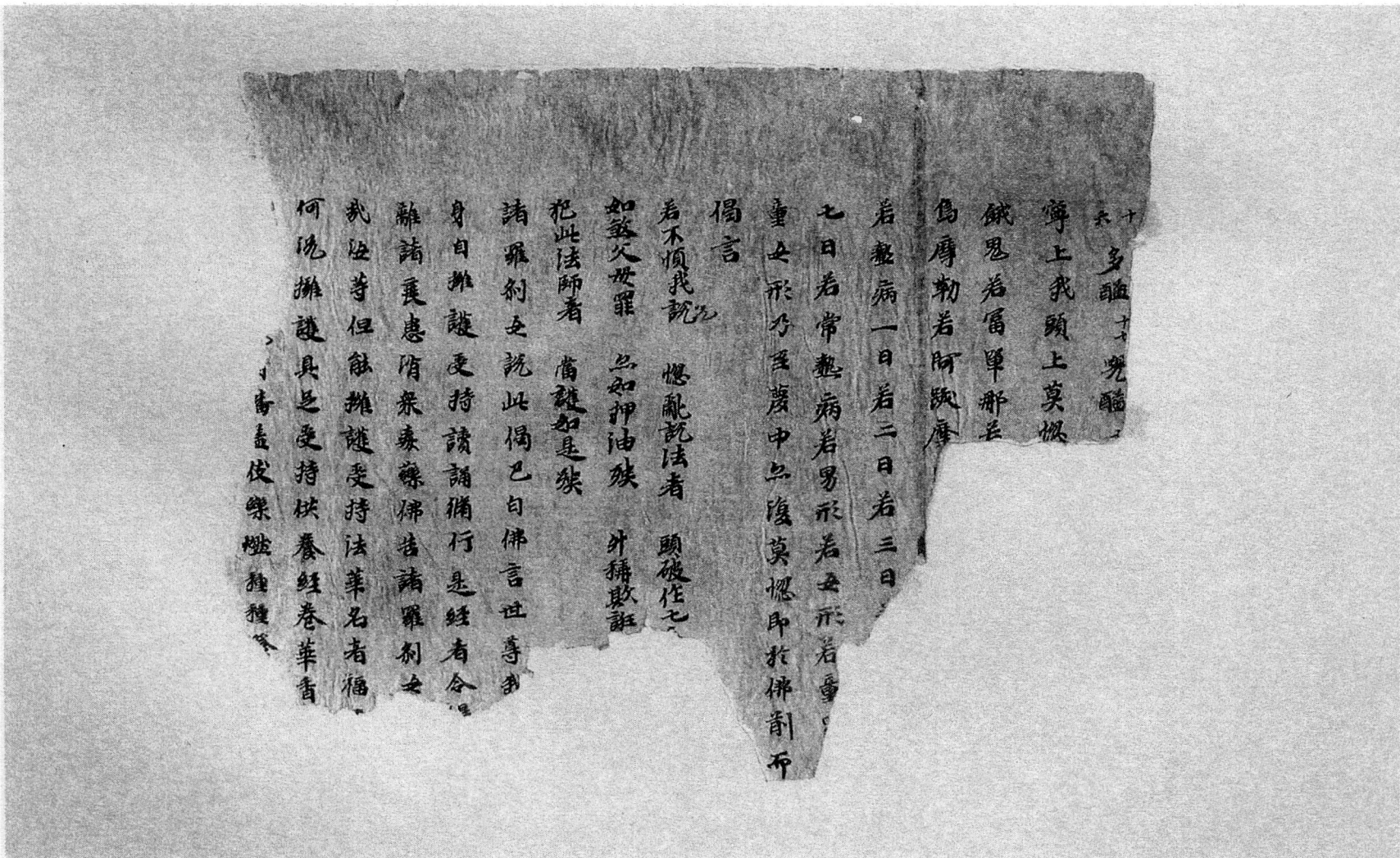

BD15882 號　妙法蓮華經卷七　　　　　　　　　　　　　　　　　　（1-1）

BD15883 號　大般涅槃經（北本）卷三　　　　　　　　　　　　　　　（1-1）

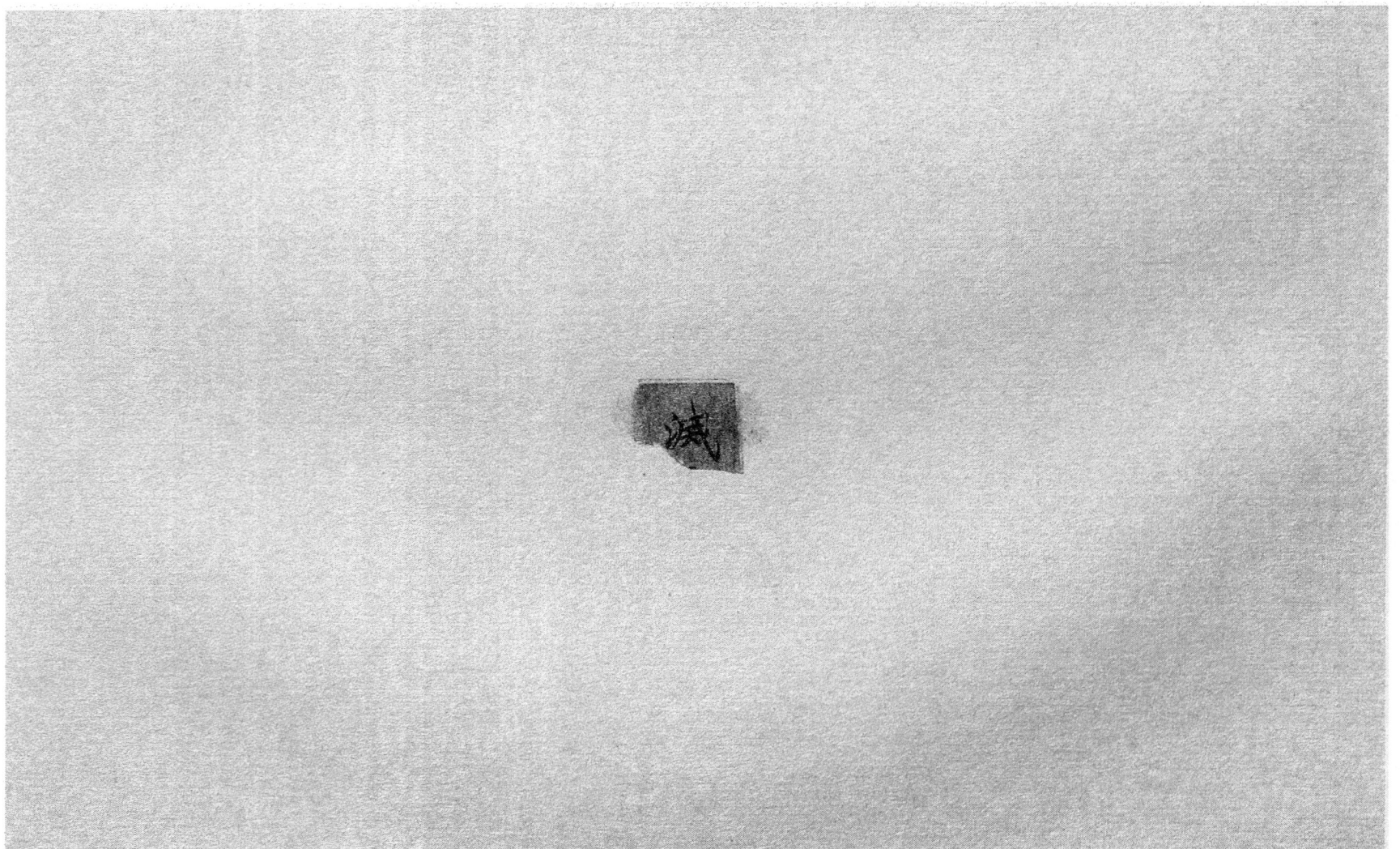

BD15884 號　殘片（擬）　　　　　　　　　　　　　　　　　　　　（1-1）

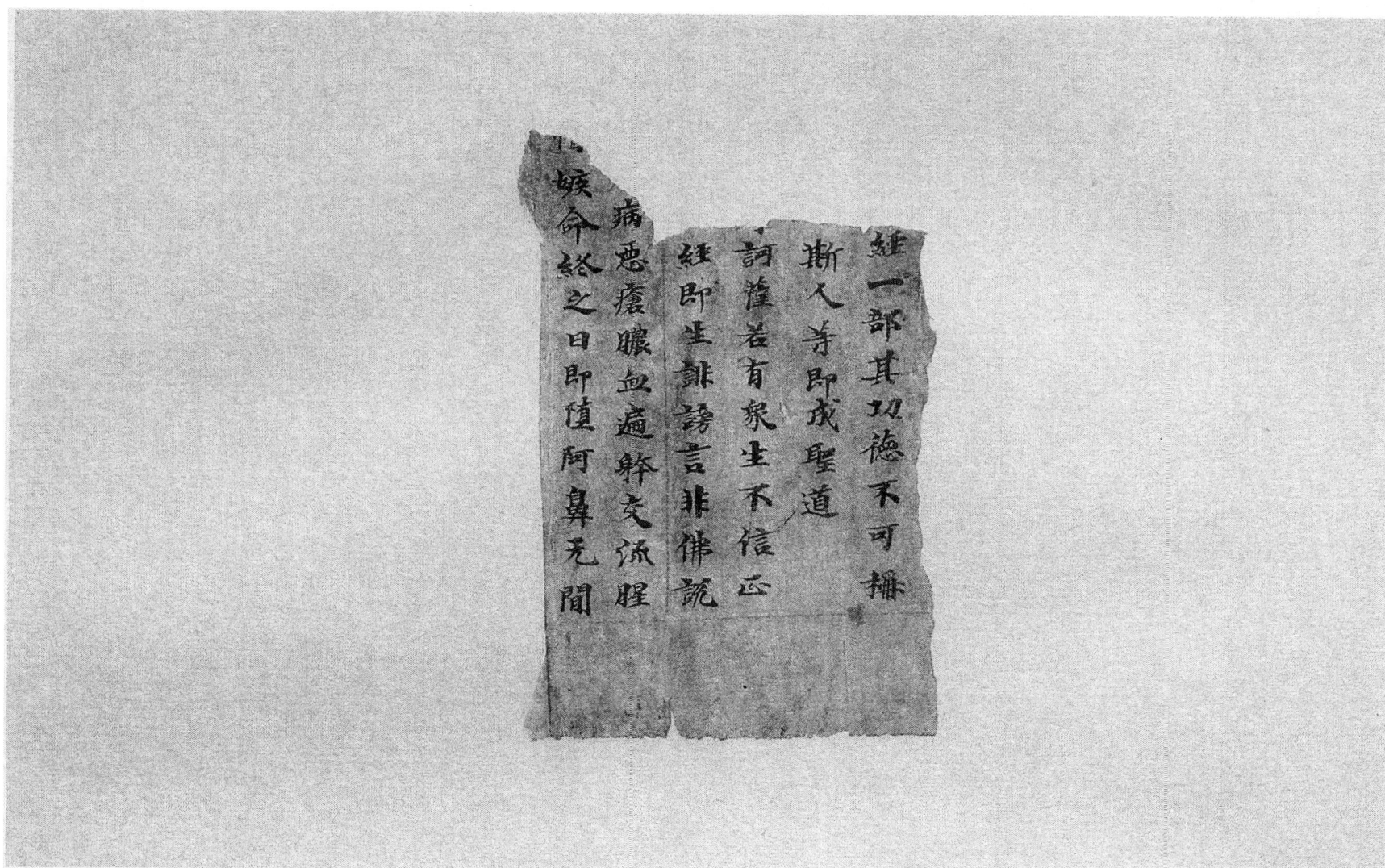

BD15885號　天地八陽神咒經　　　　　　　　　　　　　　　　　　　　　（1-1）

BD15886號　殘片（擬）　　　　　　　　　　　　　　　　　　　　　　　（1-1）

BD15887 號　阿彌陀經　　　　　　　　　　　　　　　　　　　　　　　（1-1）

其上有佛号阿辦随本
土何故名為極樂其國
諸樂故名極樂又舍利
楯七重羅網七重行樹
是故彼國名曰極樂又
含利弗極樂國土七重
地四邊階道金銀琉璃

佛德是西方過十万億

善薩訶薩訶是菩薩
等諸大菩薩及释提桓

BD15888 號　金光明最勝王經卷七　　　　　　　　　　　　　　　　　　（1-1）

薩能安徒徃者於无
明得光所依自性
可由得此随羅居
就如是如汝所說
應知是人與佛无

BD15889 號　大般涅槃經（北本）卷三一　　　　　　　　　　　　　　　　　（1-1）

BD15890 號　大般涅槃經（北本）卷四　　　　　　　　　　　　　　　　　　（1-1）

BD15891 號　妙法蓮華經卷七　　　　　　　　　　　　　　　　　（1-1）

BD15892 號　金剛般若波羅蜜經　　　　　　　　　　　　　　　　（1-1）

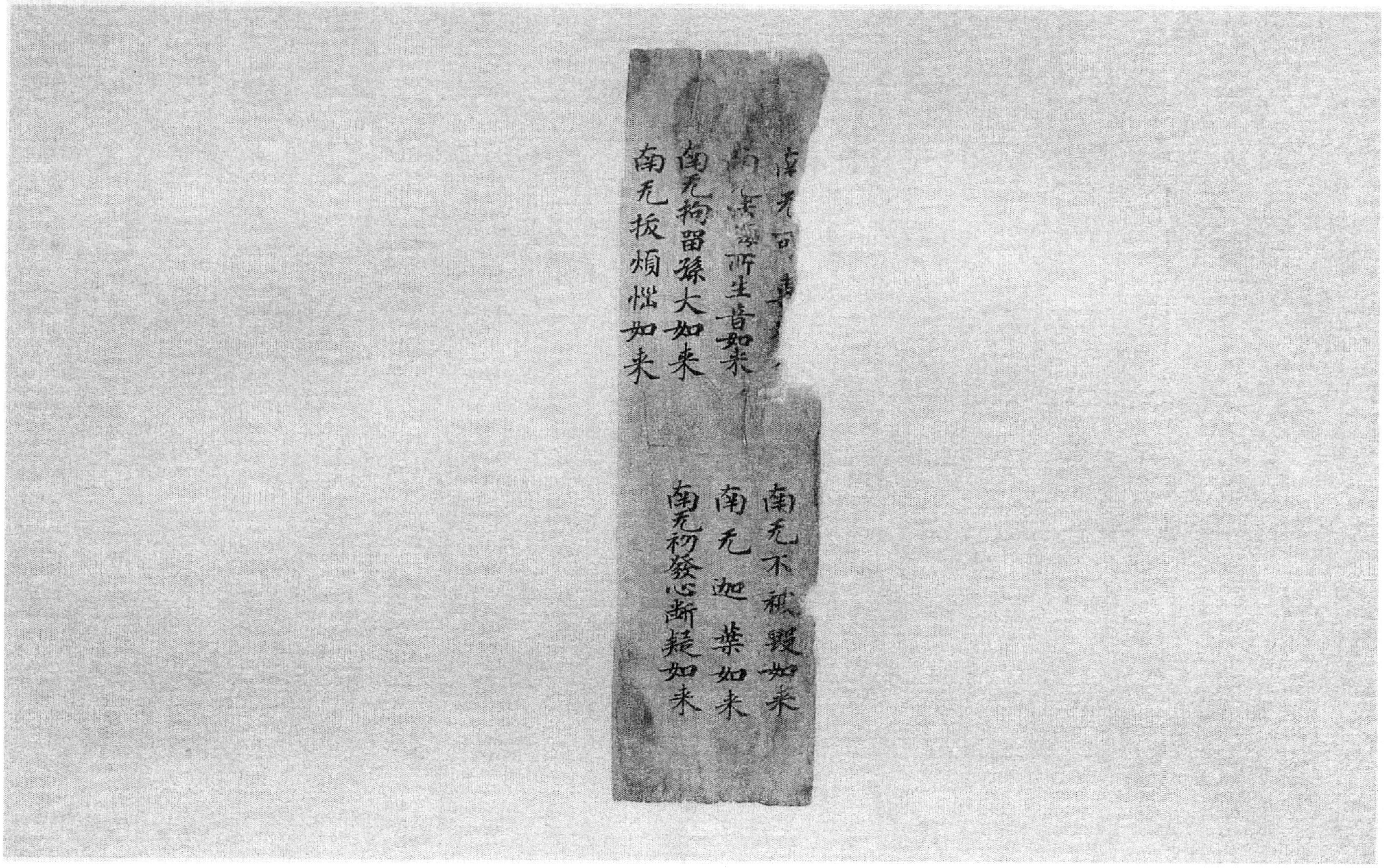

南无百□寿□□□
□□波□所生音如来
南无拘留孫大如来
南无拔煩惱如来

南无不祇疑如来
南无迦葉如来
南无初發心断疑如来

BD15893號　五千五百佛名經卷三　　　　　　　　　　　　　　　　　　　　　　　（1-1）

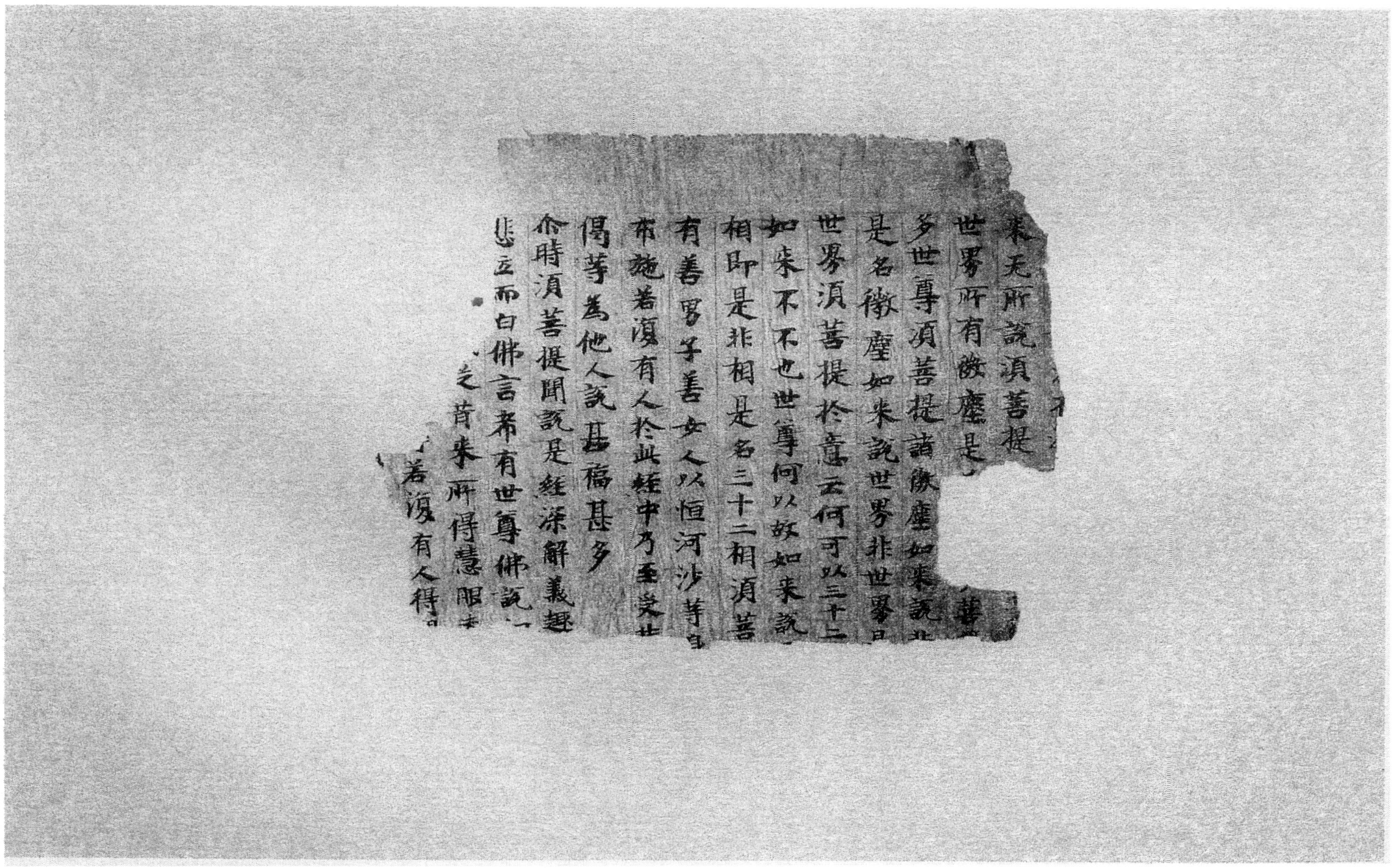

来无所說湏菩提
世界所有微塵是
多世尊湏菩提諸微塵如来說非
是名微塵如来說世界非世界是
相即是非相是名三十二湏菩
世尊湏菩提於意云何可以三十二
如来不不也世尊何以故如来說三十二
有善男子善女人以恒河沙等身
布施若湏有人於此經中乃至受持
偈等為他人說其福甚多
尒時湏菩提聞說是經深解義趣
悲泣而白佛言希有世尊佛說如□□
□□□来所得慧眼未□□□□
□□□善湏有人得□□

BD15894號　金剛般若波羅蜜經　　　　　　　　　　　　　　　　　　　　　　　（1-1）

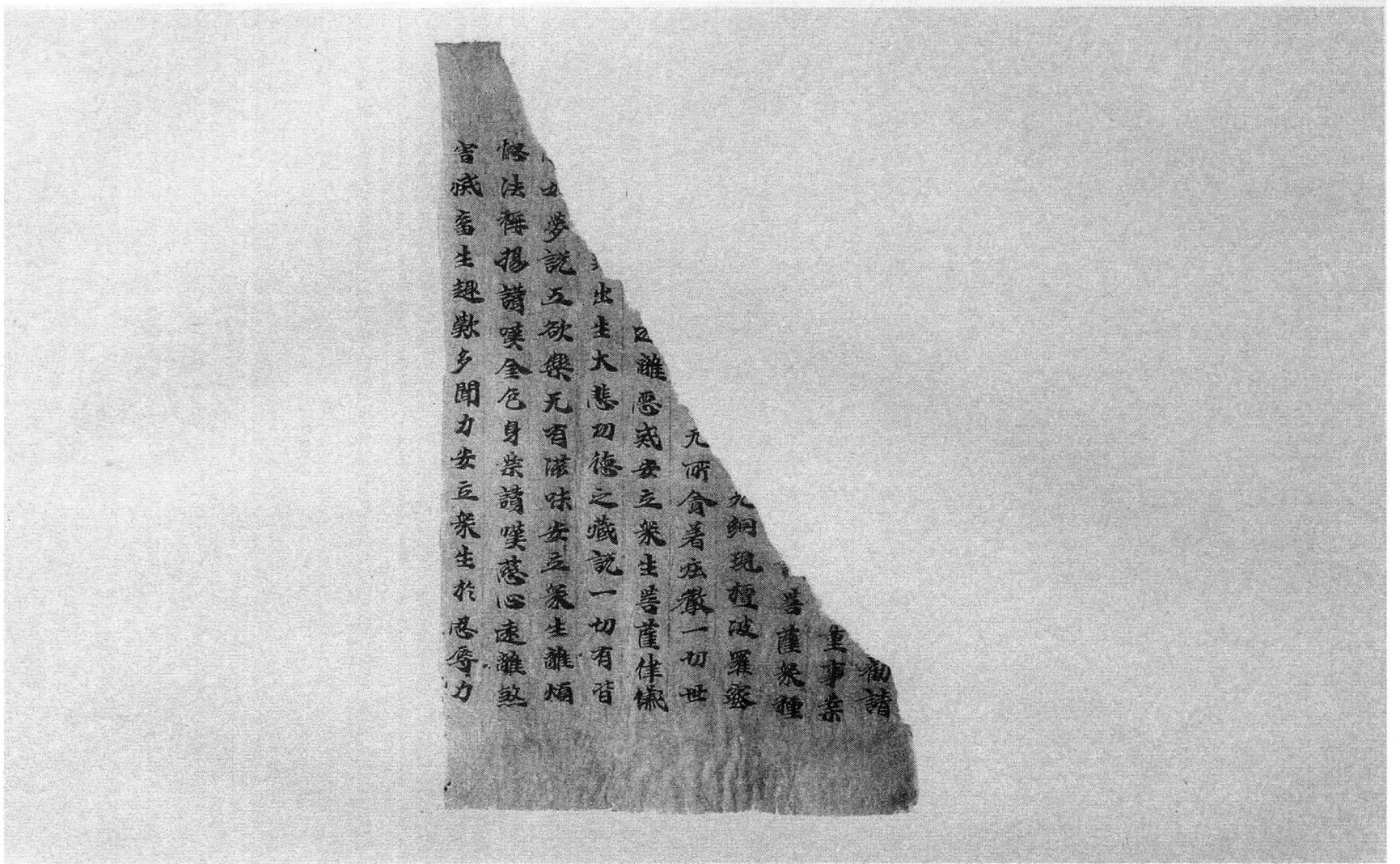

BD15895號　大方廣佛華嚴經（晉譯）卷四七　　　　　　　　　　　　　　　　（1-1）

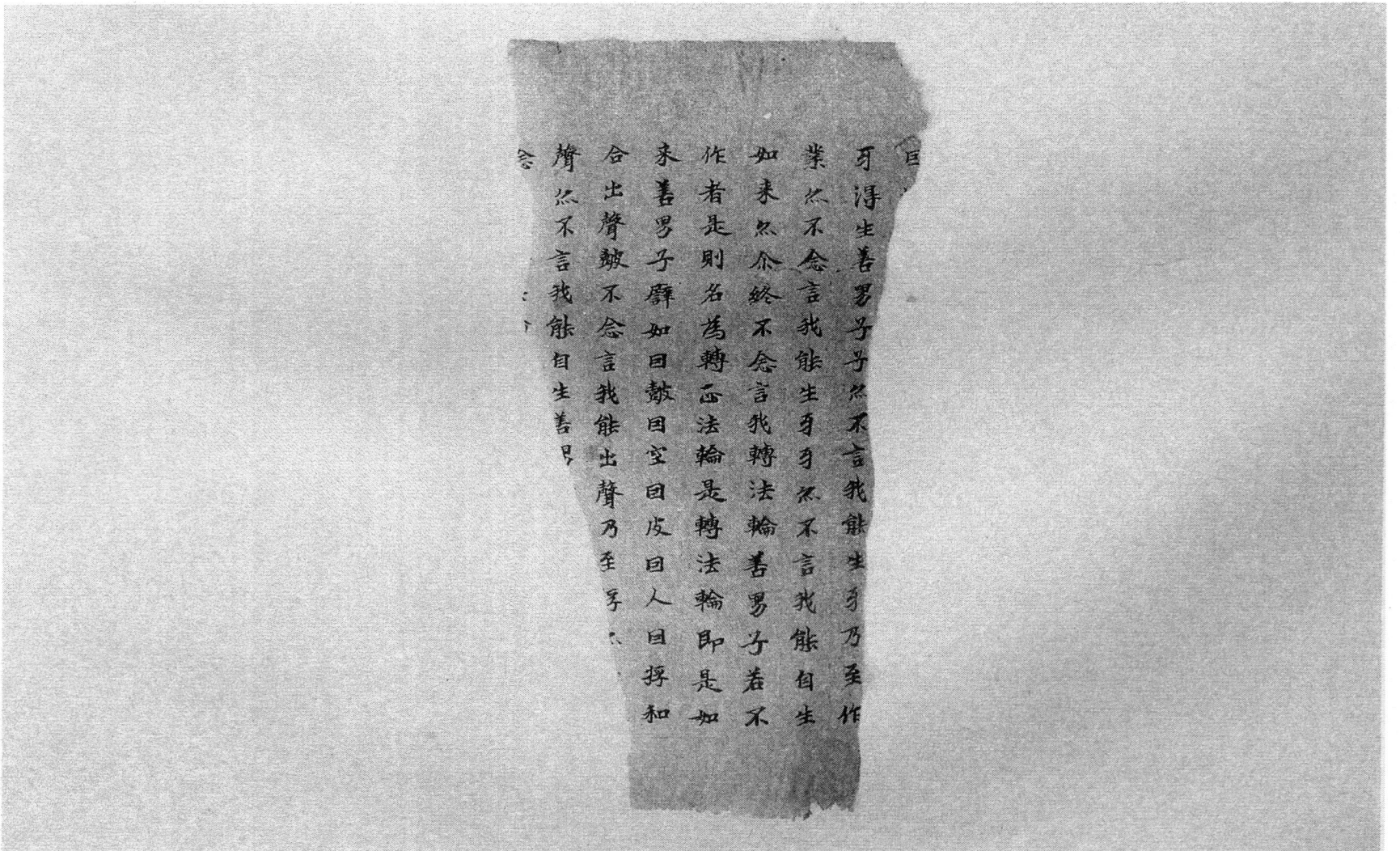

BD15896號　大般涅槃經（北本）卷一四　　　　　　　　　　　　　　　　　（1-1）

心同報以偈頌曰

甚希有 難可得 值遇 其
无量功德 躬救護一切

BD15897號　妙法蓮華經卷三　　　　　　　　　　　　（1-1）

皆當一心 聽我所說
當得作佛 号曰名相
隨佛所行 漸具大道
妙隨如實

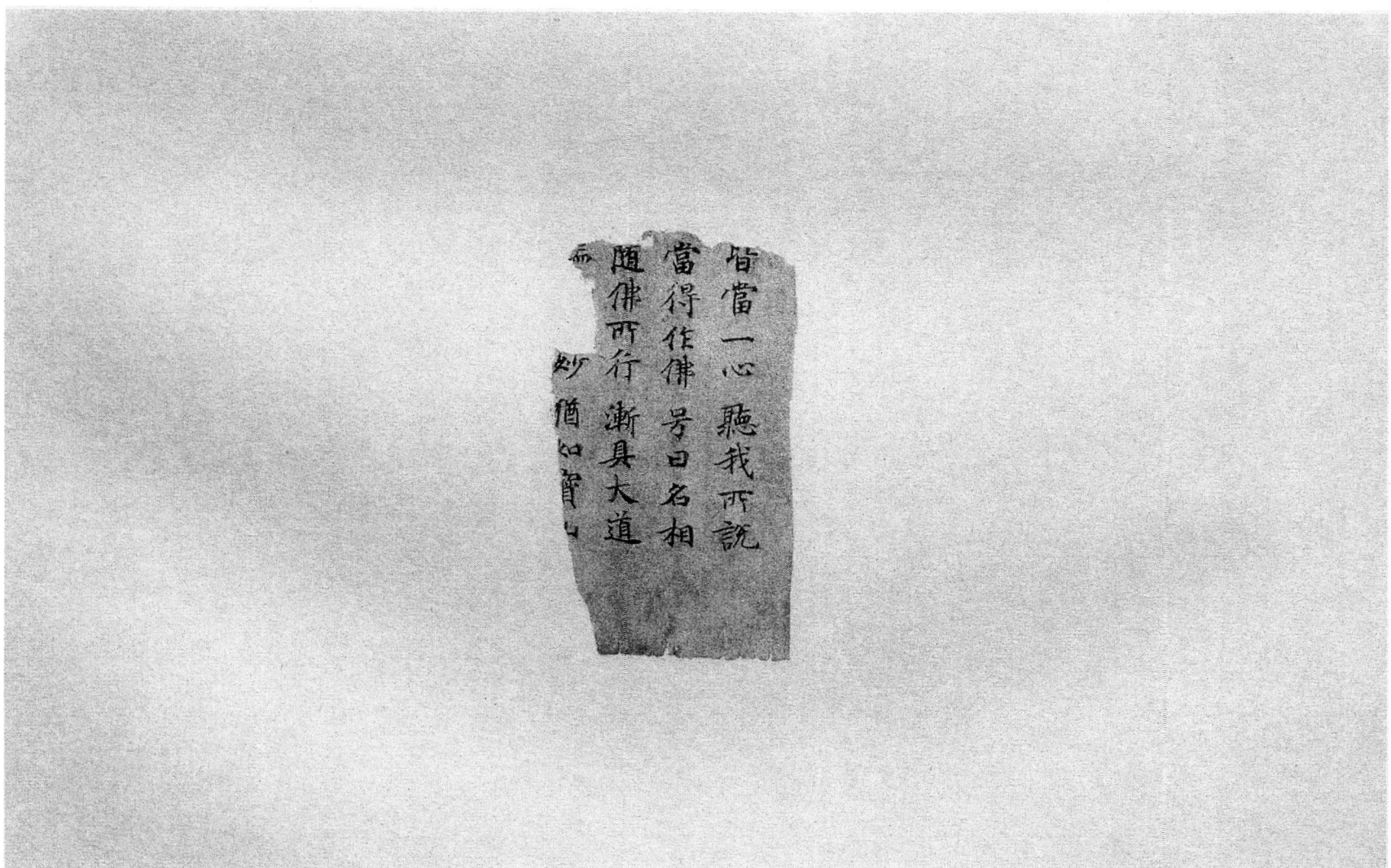

BD15898號　妙法蓮華經卷三　　　　　　　　　　　　（1-1）

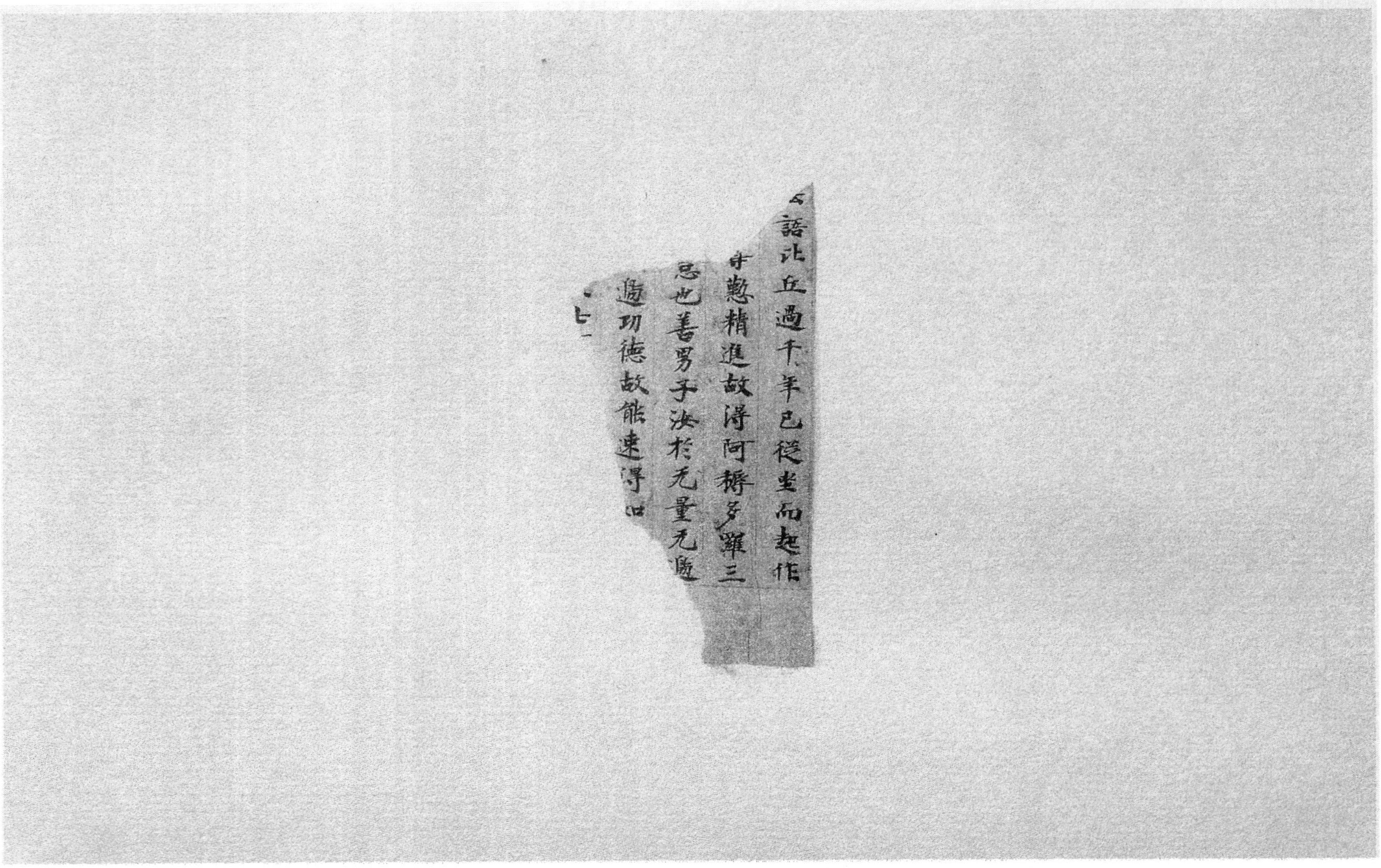

BD15899 號　大方等大集經卷七　　　　　　　　　　　　　　　　（1-1）

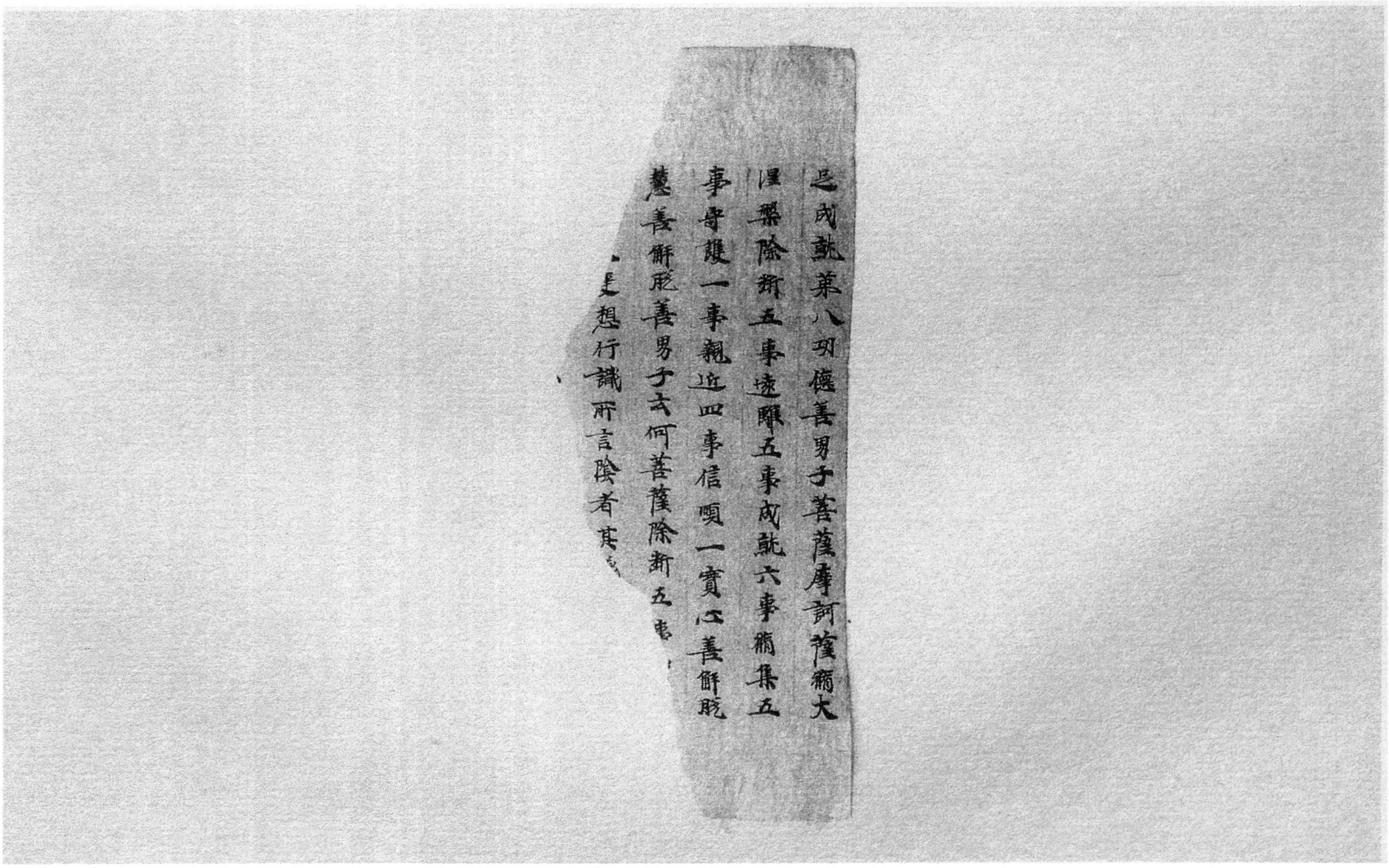

語比丘過千年已從坐而起作
時慇精進故得阿耨多羅三
是也善男子汝於无量无邊
邊功德故能速得此

BD15900 號　大般涅槃經（北本）卷二五　　　　　　　　　　　　（1-1）

至梵宮六種震動大光普照遍世界勝諸
天光余時東方五百万億諸國土中諸天宮
殿光明照耀倍於常明諸梵天王各作是念
今者宮殿光明昔所未有以何因緣而現此
相是時諸梵天王即各相詣共議此事爾彼
眾中有一大梵天王名救一切為諸梵眾而
說偈言

BD15901 號　妙法蓮華經卷三　　　　　　　　　　　　　　　　　　　　　（1-1）

BD15902 號　金剛般若波羅蜜經　　　　　　　　　　　　　　　　　　　　（1-1）

BD15903 號　金剛般若波羅蜜經　　　　　　　　　　　　　　　（1-1）

BD15904 號　阿彌陀經　　　　　　　　　　　　　　　　　　　（1-1）

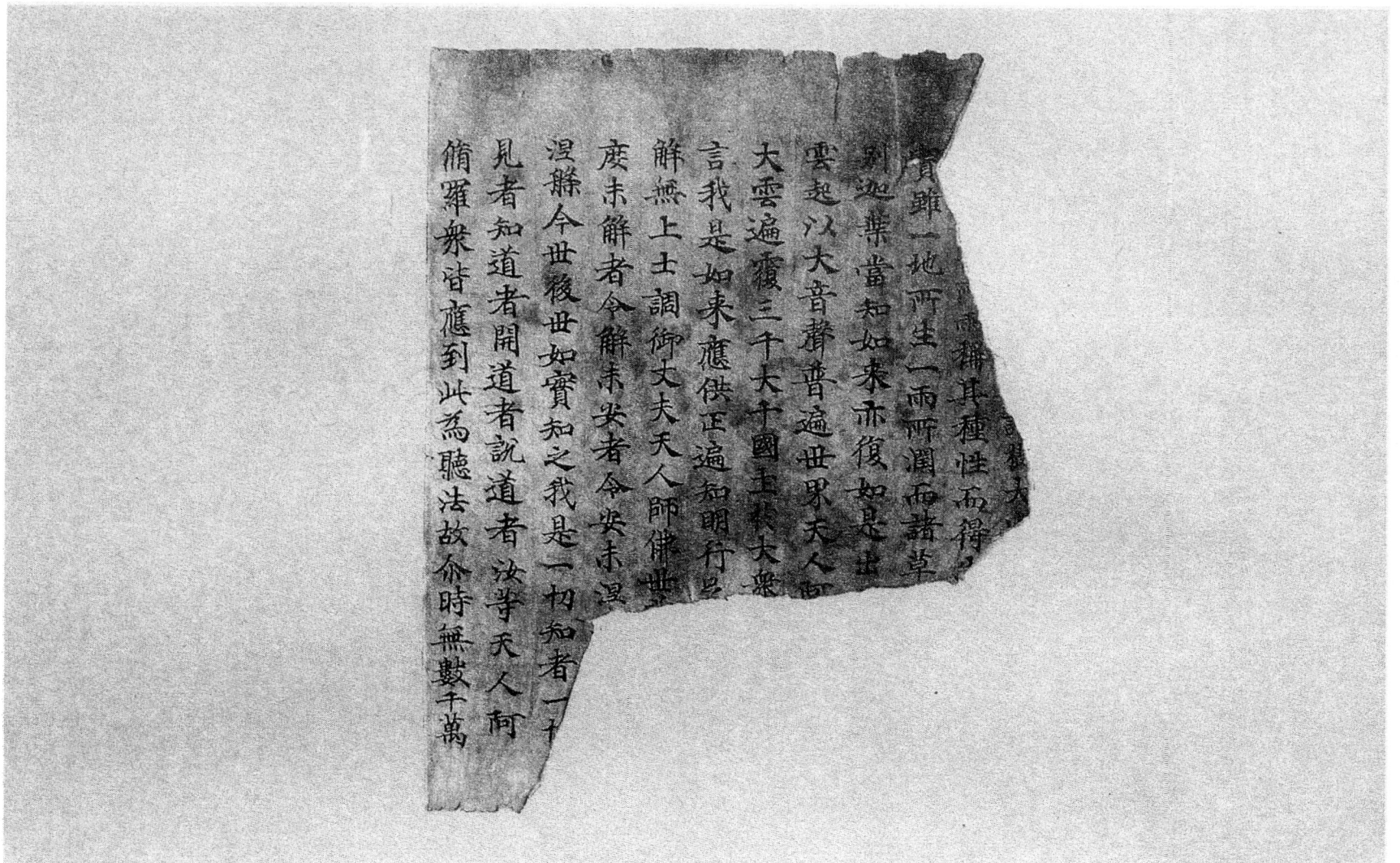

BD15905號　妙法蓮華經卷三　　　　　　　　　　　　　　　　（1-1）

BD15905號背　勘記　　　　　　　　　　　　　　　　　　（1-1）

BD15906 號　無常經　　　　　　　　　　　　　　　　（1-1）

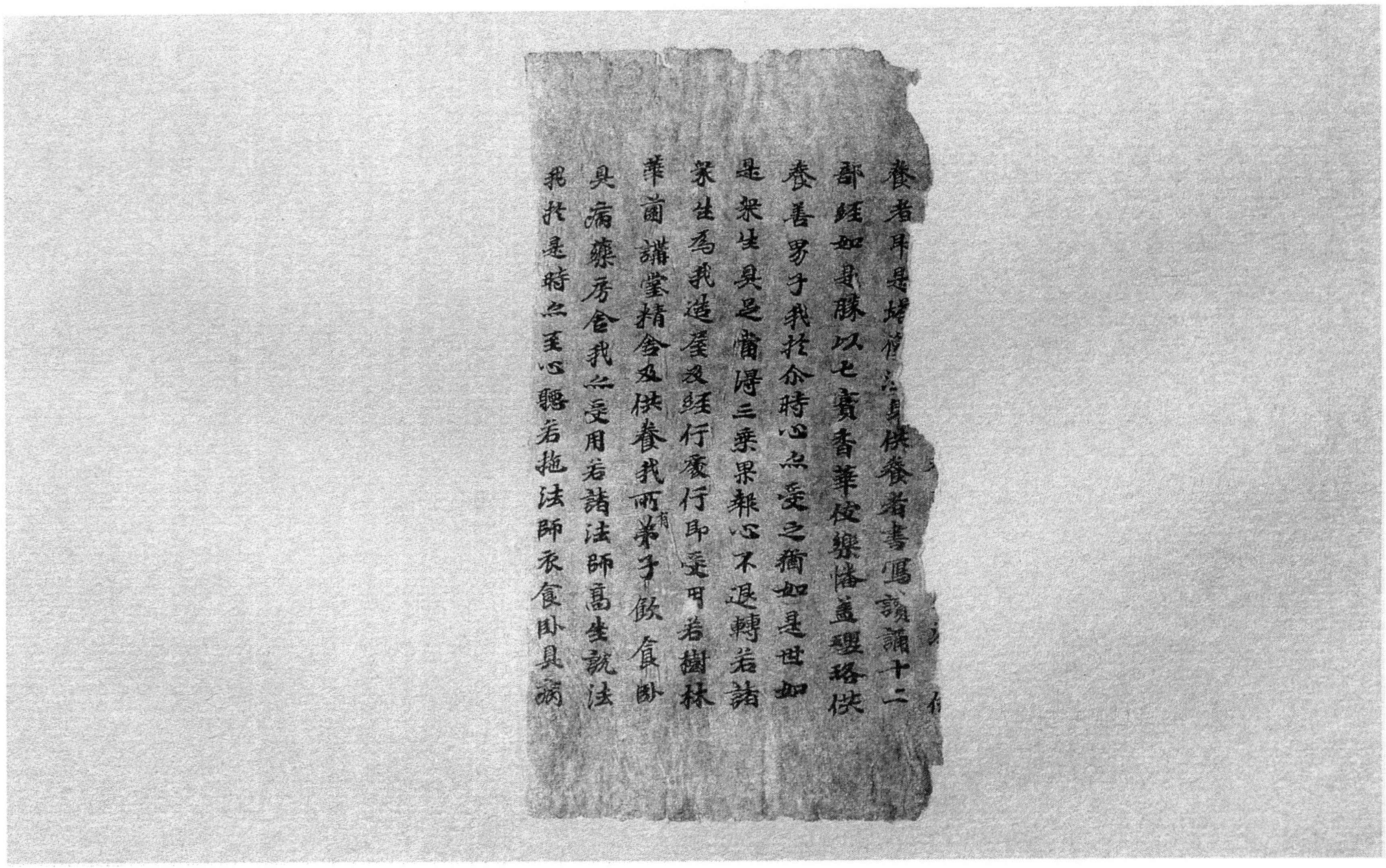

BD15907 號　　大方等大集經卷三一　　　　　　　　（1-1）

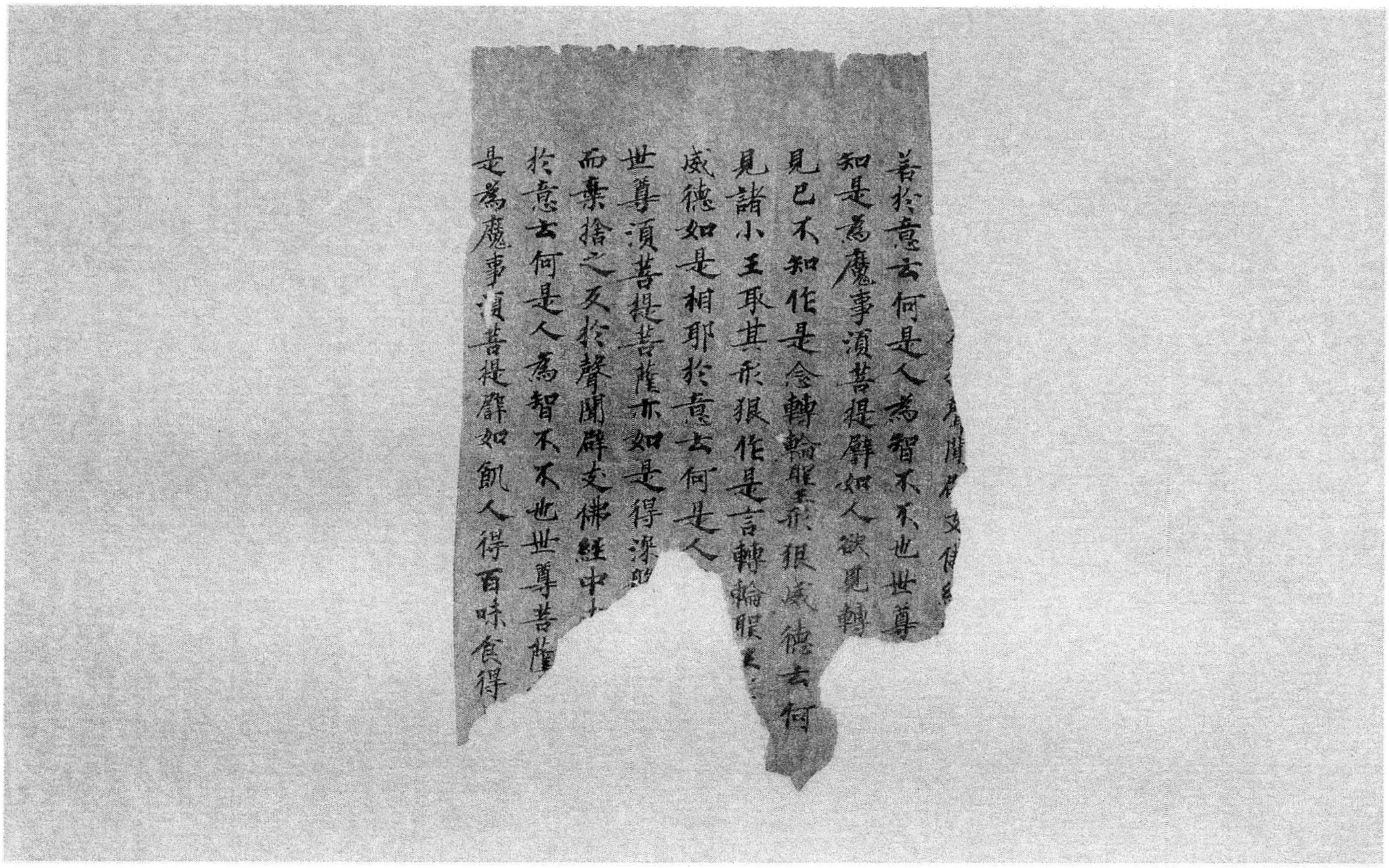
若於意云何是人為智不不也世尊
知是為魔事須菩提辟如人欲見轉
見已不知作是念轉輪聖王形狠威德云何
見諸小王取其形狠作是言轉輪聖王
威德如是相耶於意云何是人
世尊須菩提菩薩亦如是得深般
而棄捨之反於聲聞辟支佛經中
於意云何是人為智不不也世尊菩薩
是為魔事須菩提辟如飢人得百味食得

BD15908號　小品般若波羅蜜經卷五　（1–1）

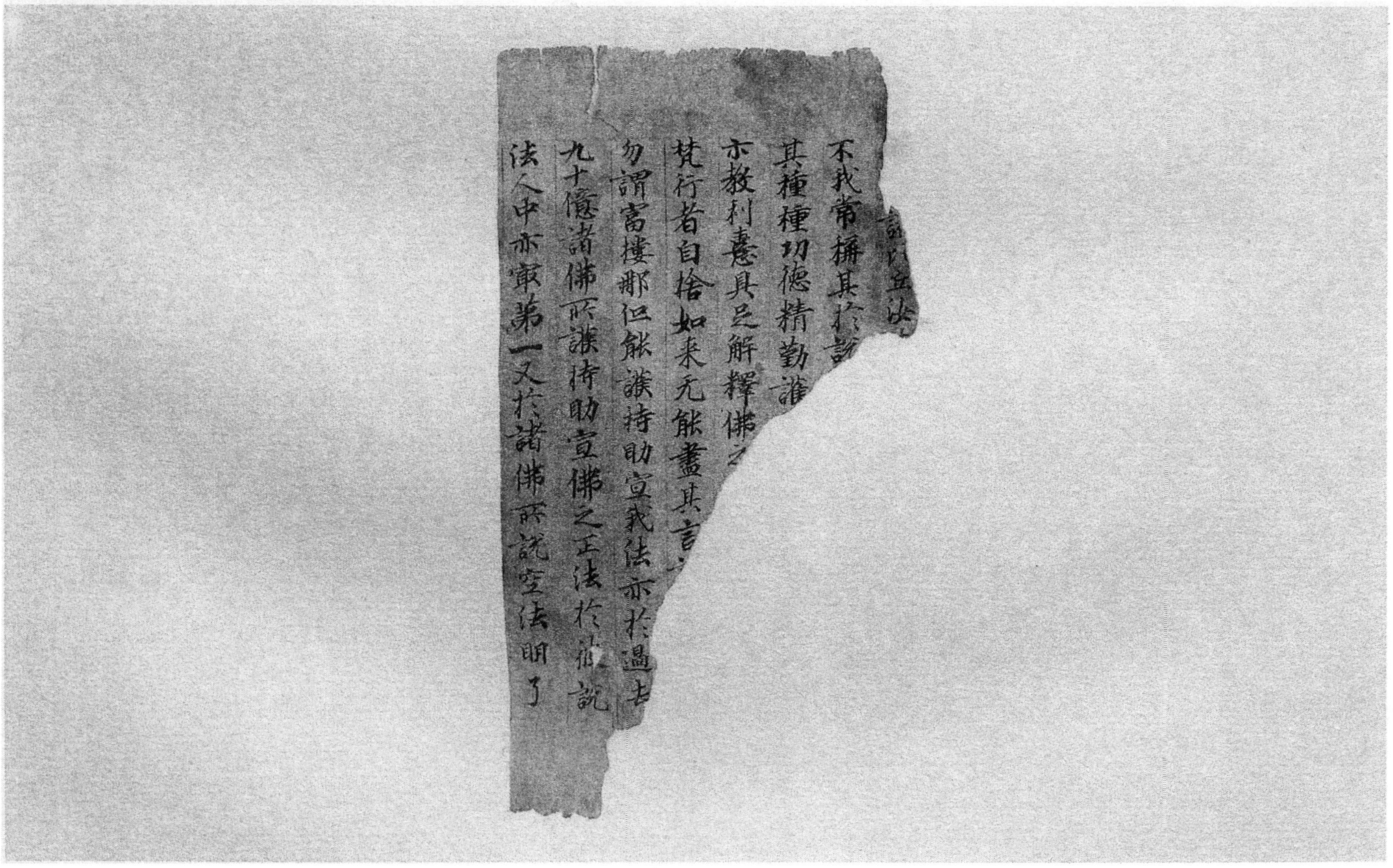
不我常稱其於說
其種種功德精勤護
亦教利憙具足解釋佛之
梵行者自捨如來无能盡其言
勿謂富樓那但能護持助宣我法亦於過去
九十億諸佛所護持助宣佛之正法於彼說
法人中亦最第一又於諸佛所說空法明了

BD15909號　妙法蓮華經卷四　（1–1）

BD15910 號　金剛般若波羅蜜經 (1-1)

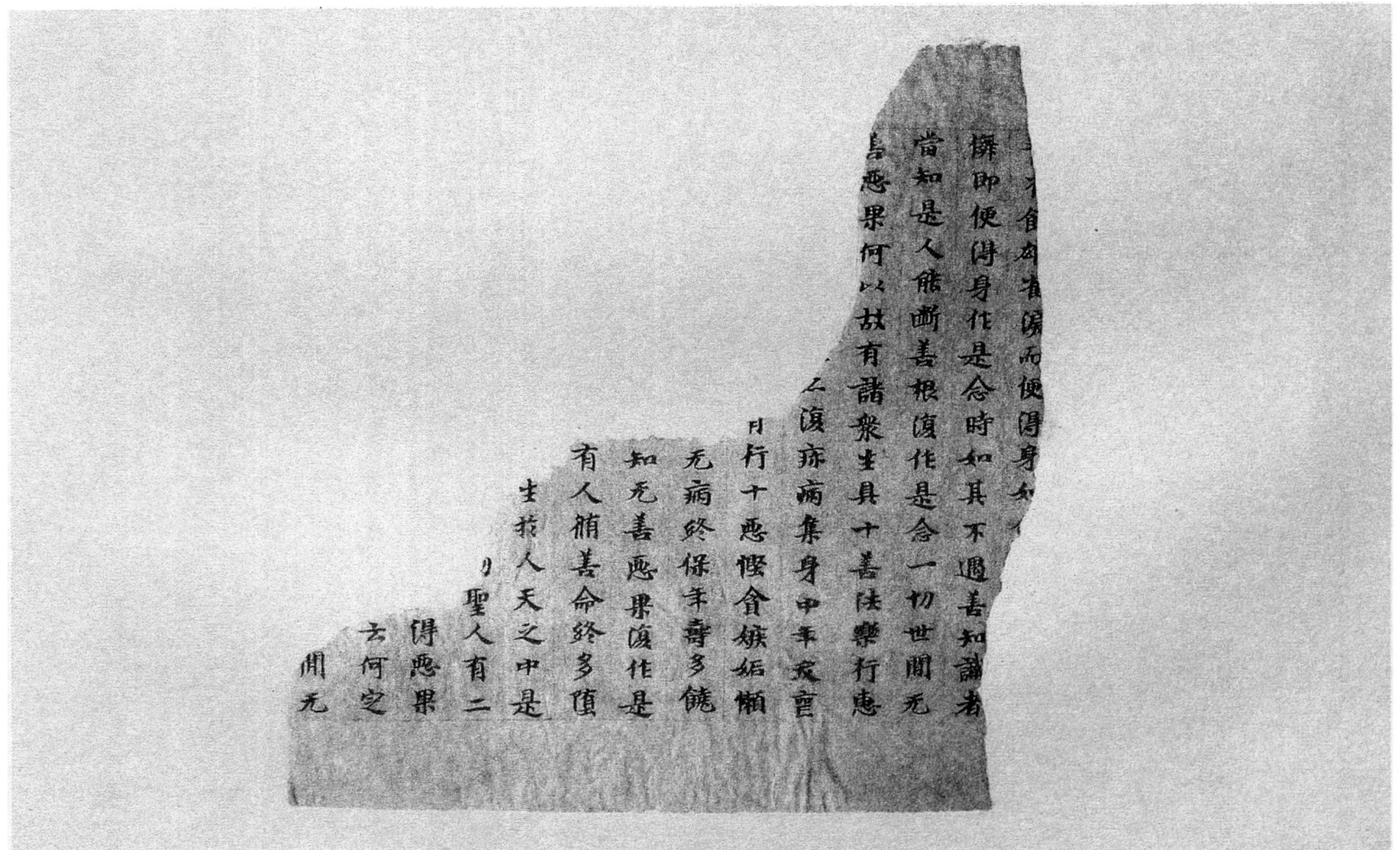

BD15911 號　大般涅槃經（北本）卷三五 (1-1)

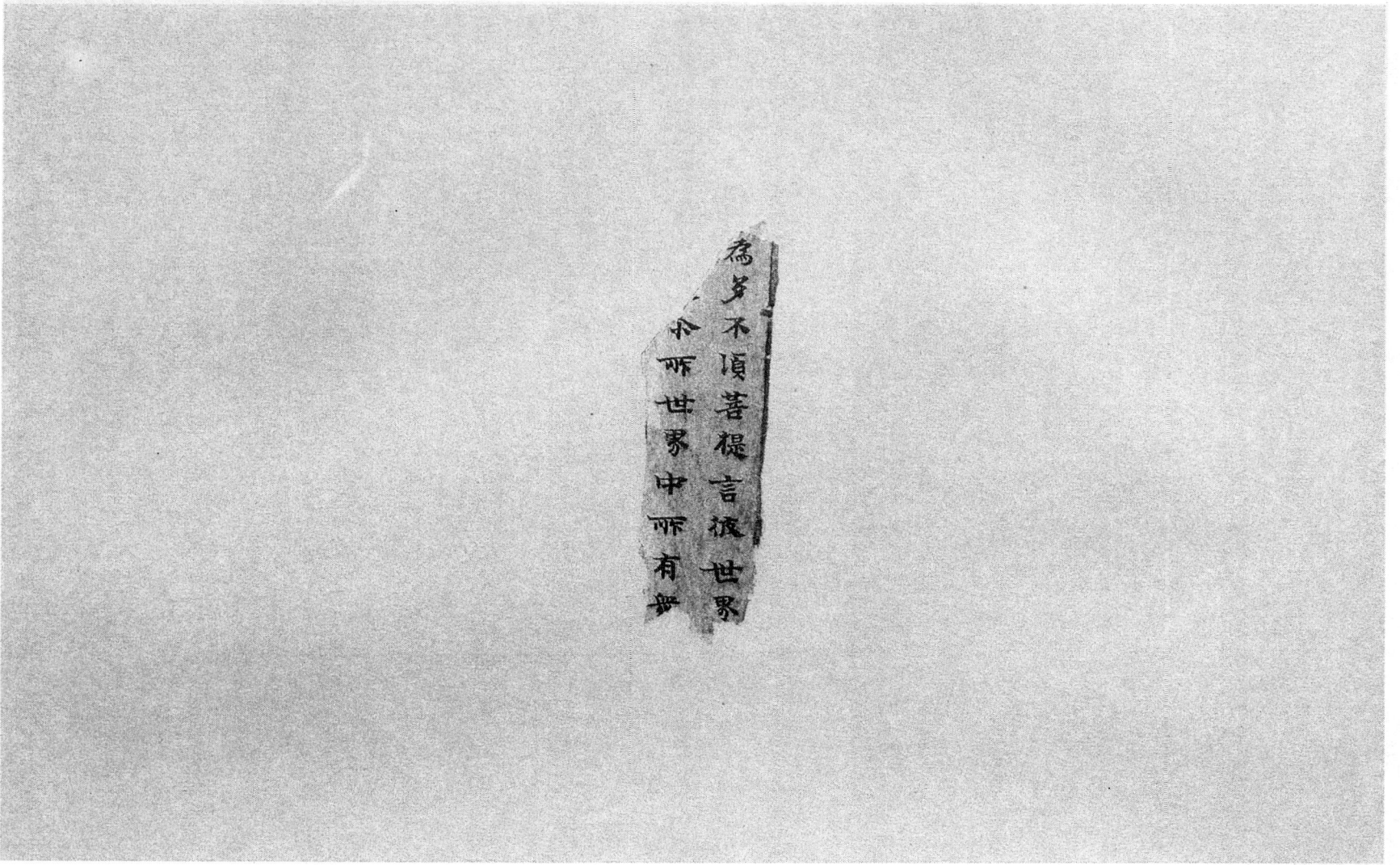

BD15912 號　金剛般若波羅蜜經（菩提留支本）　　　　　　　　　　　　　　　　（1-1）

BD15913 號　阿彌陀經　　　　　　　　　　　　　　　　　　　　　　　　　　　（1-1）

BD15914號　金剛般若波羅蜜經　　　　　　　　　　　　　　　（1-1）

BD15915號　合部金光明經卷一　　　　　　　　　　　　　　　（1-1）

BD15916 號　金剛般若波羅蜜經　　　　　　　　　　　　　（1–1）

BD15917 號　大般若波羅蜜多經　　　　　　　　　　　　　（1–1）

BD15918號　金光明經卷一

（1-1）

BD15919號　殘片（擬）

（1-1）

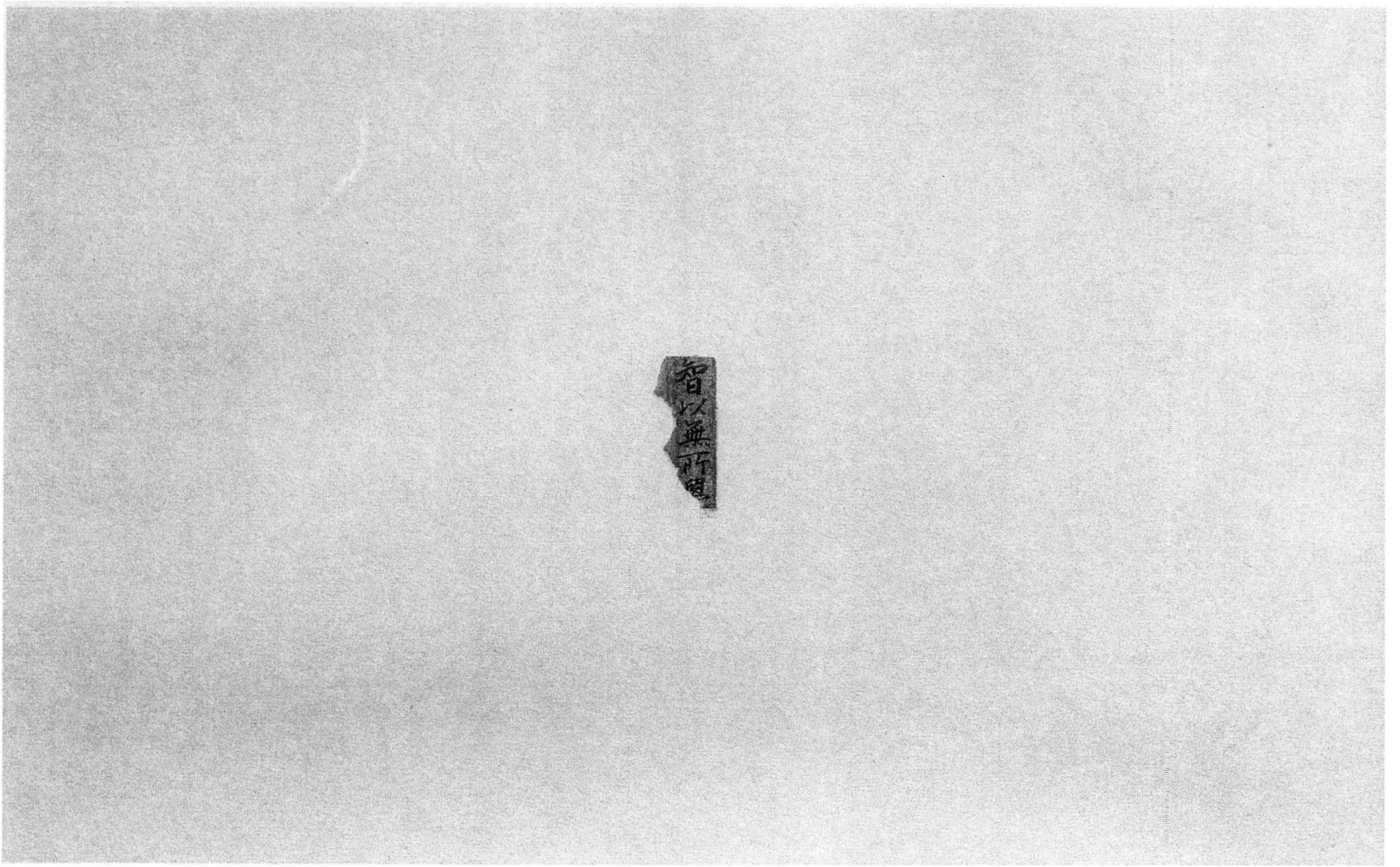

智以羅所□

BD15920 號　大般若波羅蜜多經　　　　　　　　　　　　　　（1-1）

BD15921 號　大般涅槃經（北本）卷二二　　　　　　　　　　（1-1）

BD15922 號　殘片（擬）

（1-1）

BD15923 號　大般若波羅蜜多經

（1-1）

BD15924 號　金光明經卷一 　　　　　　　　　　　　　　　　　　　　　　（1-1）

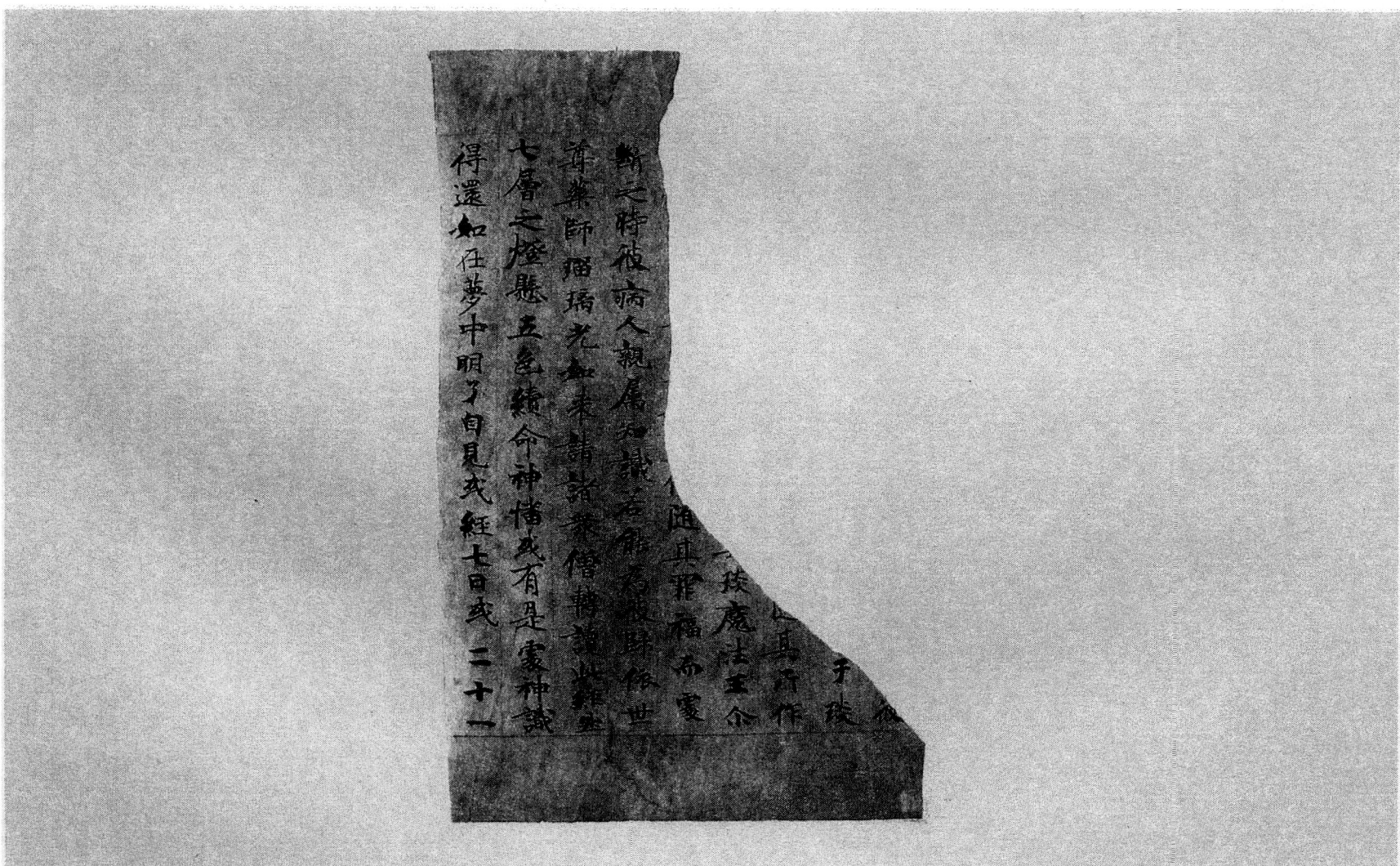

BD15925 號　藥師琉璃光如來本願功德經 　　　　　　　　　　　　　　　（1-1）

BD15926 號　金剛般若波羅蜜經　　　　　　　　　　　　　　　　　　（1-1）

BD15927 號　大般若波羅蜜多經　　　　　　　　　　　　　　　　　　（1-1）

BD15928 號　大般涅槃經（北本）卷二八　　　　　　　　（1-1）

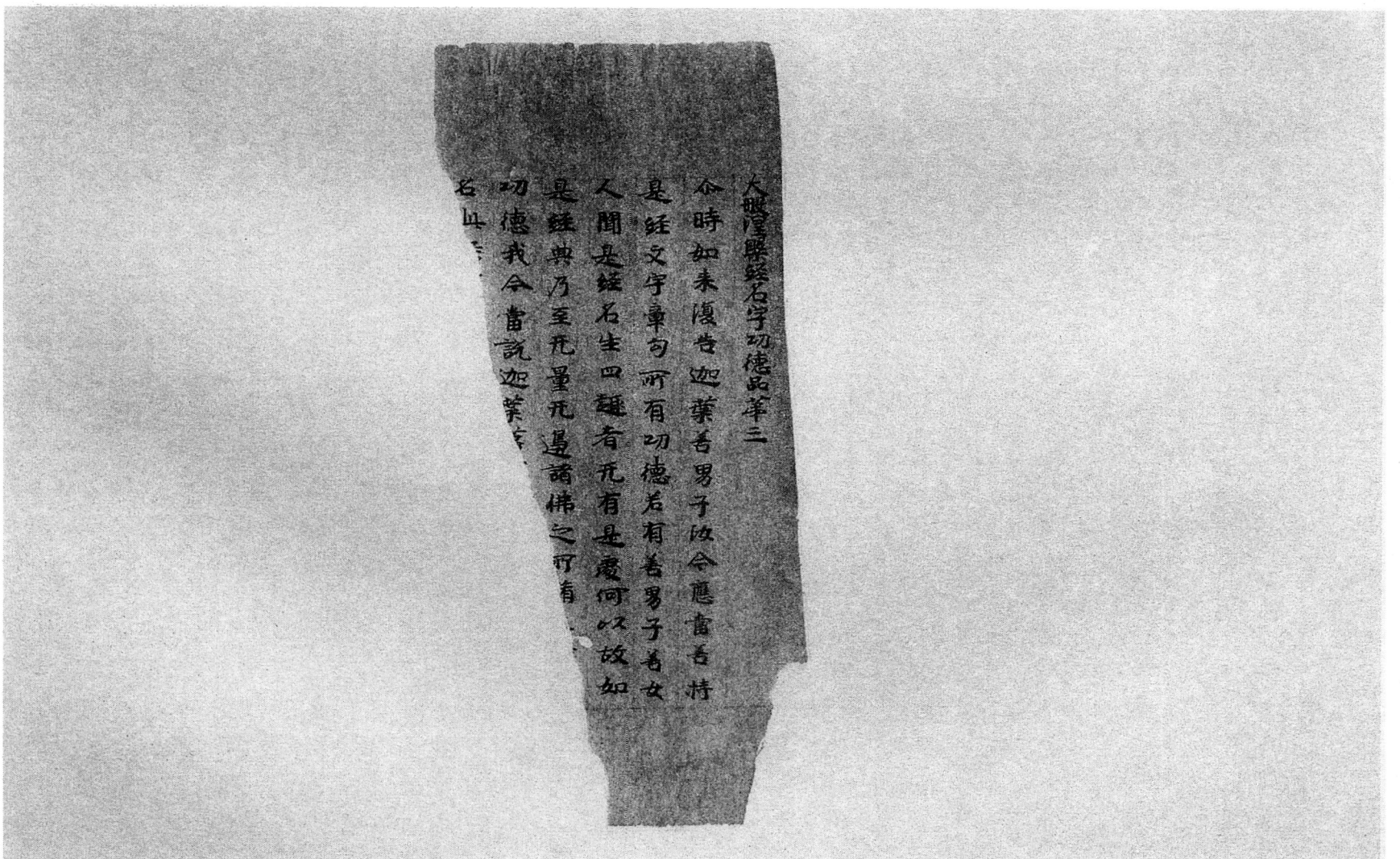

BD15929 號　大般涅槃經（北本）卷三　　　　　　　　（1-1）

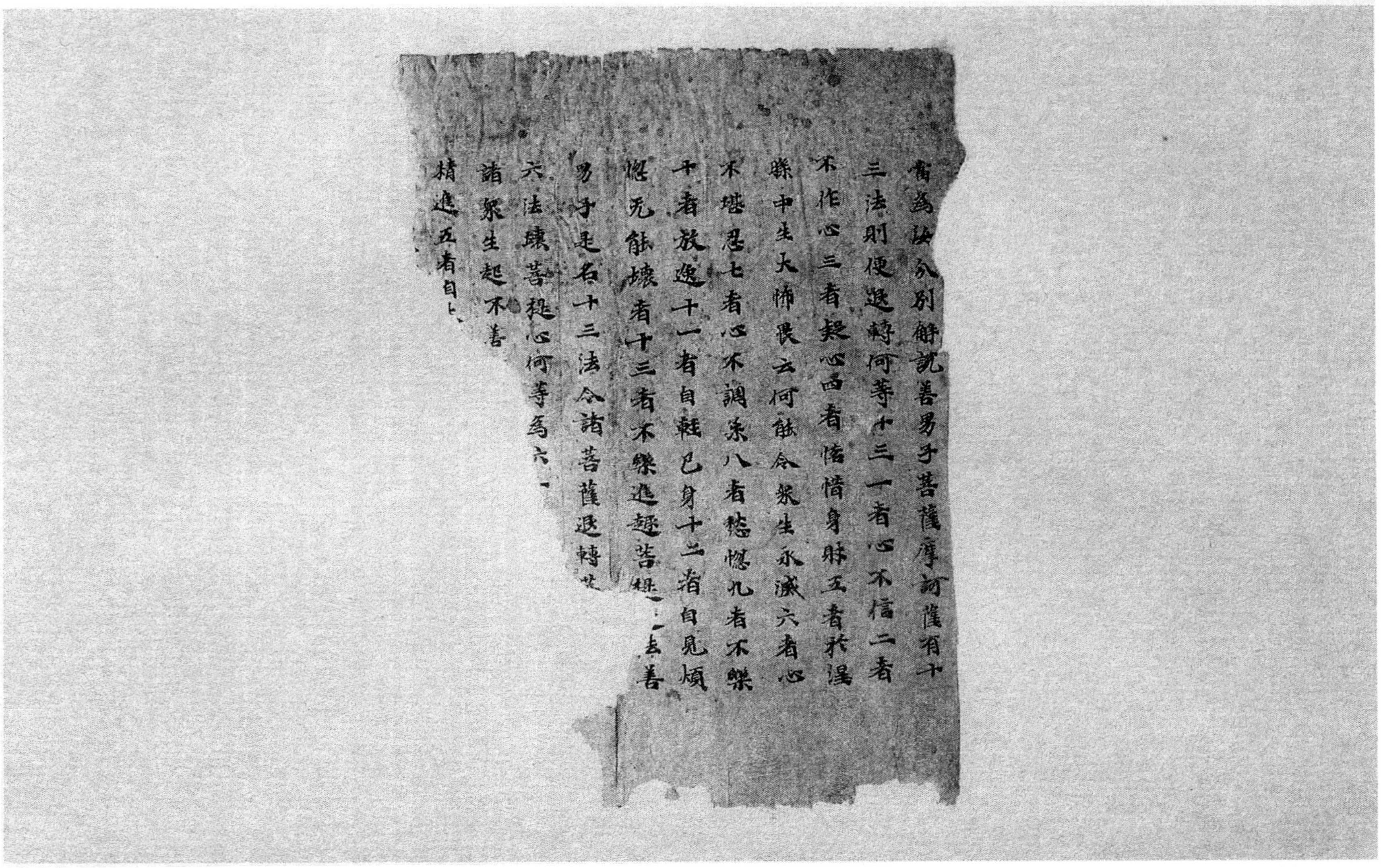

當為汝分別解說善男子菩薩摩訶薩有十
三法則便退轉何等十三一者心不信二者
不作心三者疑心四者恪惜身財五者於涅
槃中生大怖畏云何能令衆生永滅六者心
不堪忍七者心不調柔八者愁惱九者不樂
十者放逸十一者自輕己身十二者自見煩
惱无能壞者十三者不樂進趣菩提之法善
男子是名十三法令諸菩薩退轉
六法壞菩提心何等為六一
諸衆生起不善
精進五者自

BD15930號　大般涅槃經（北本）卷二八　　（1–1）

業
子身口
三種業共煩惱
行故作二種業一者生業二者受業善男子正
業者即意業也期業者謂身口業先發故名
意從意業生名身口業是故意業得名為正
智者觀業已次觀業因業因者即无明集因
无明集衆生求有求有因緣即是愛也愛因
緣故造作三種身口意業善男子智者如是

BD15931號　大般涅槃經（北本）卷三七　　（1–1）

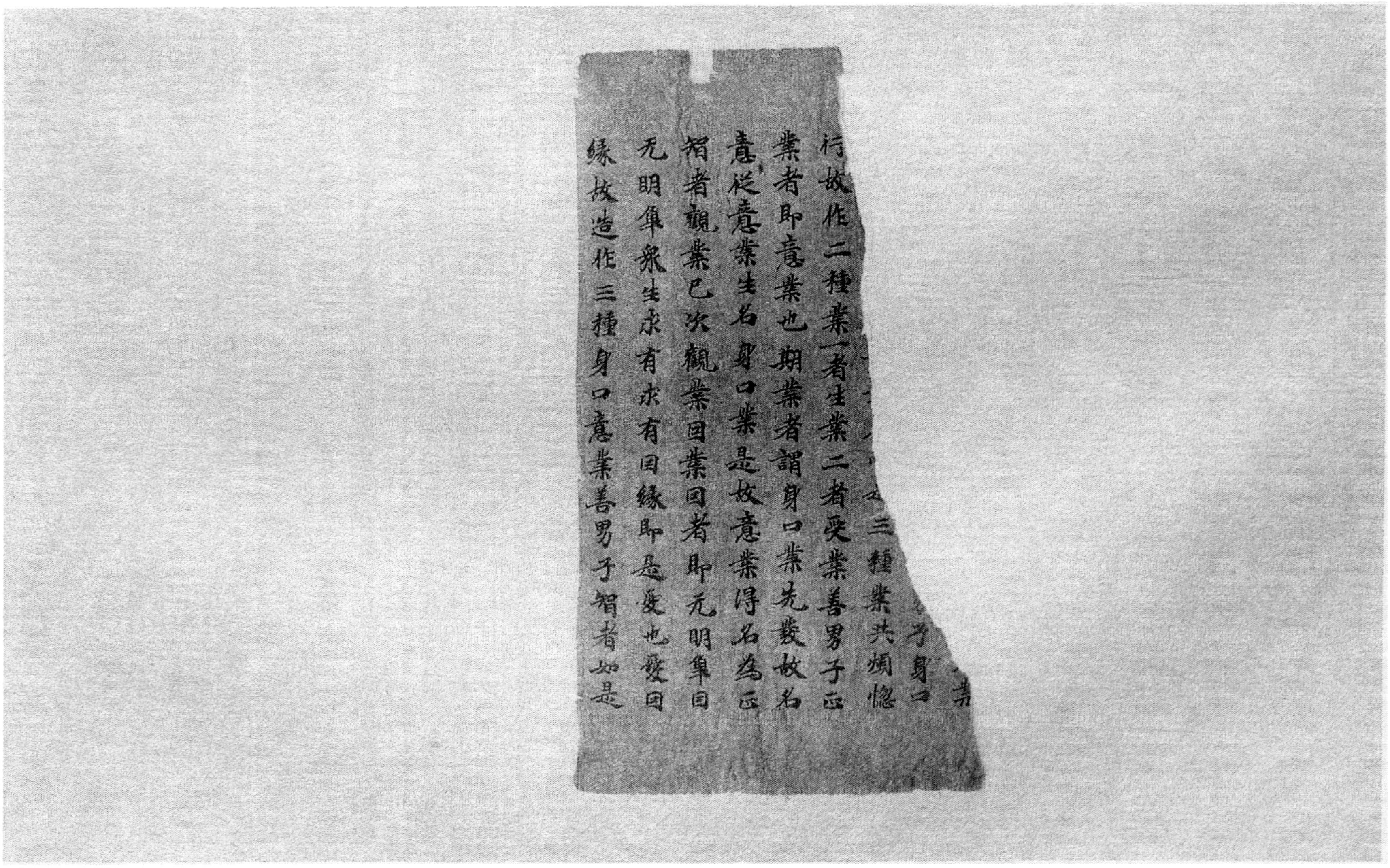

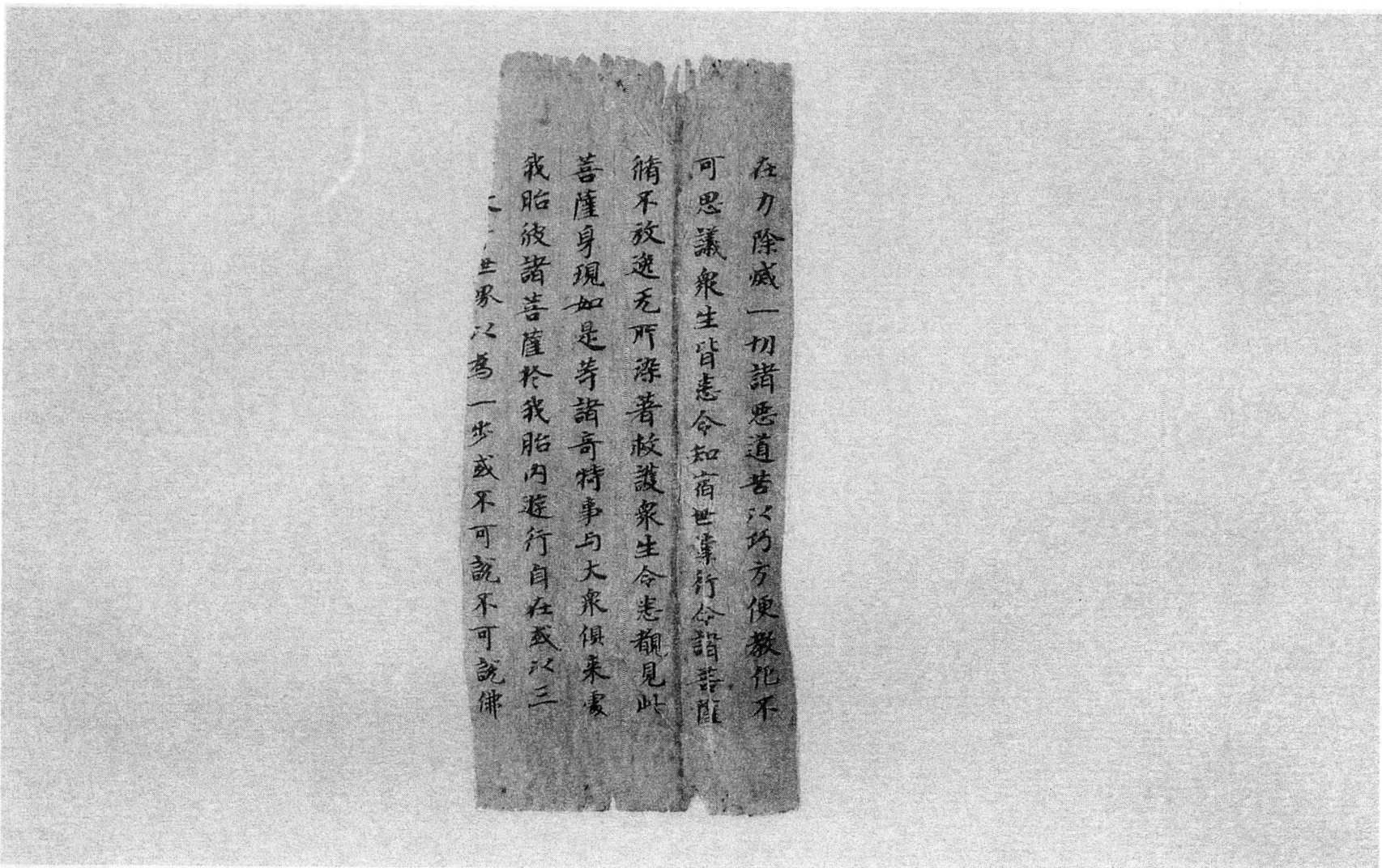

BD15932 號　大方廣佛華嚴經（晉譯六十卷本）卷五七　　　　　　　　　　　　　　（1-1）

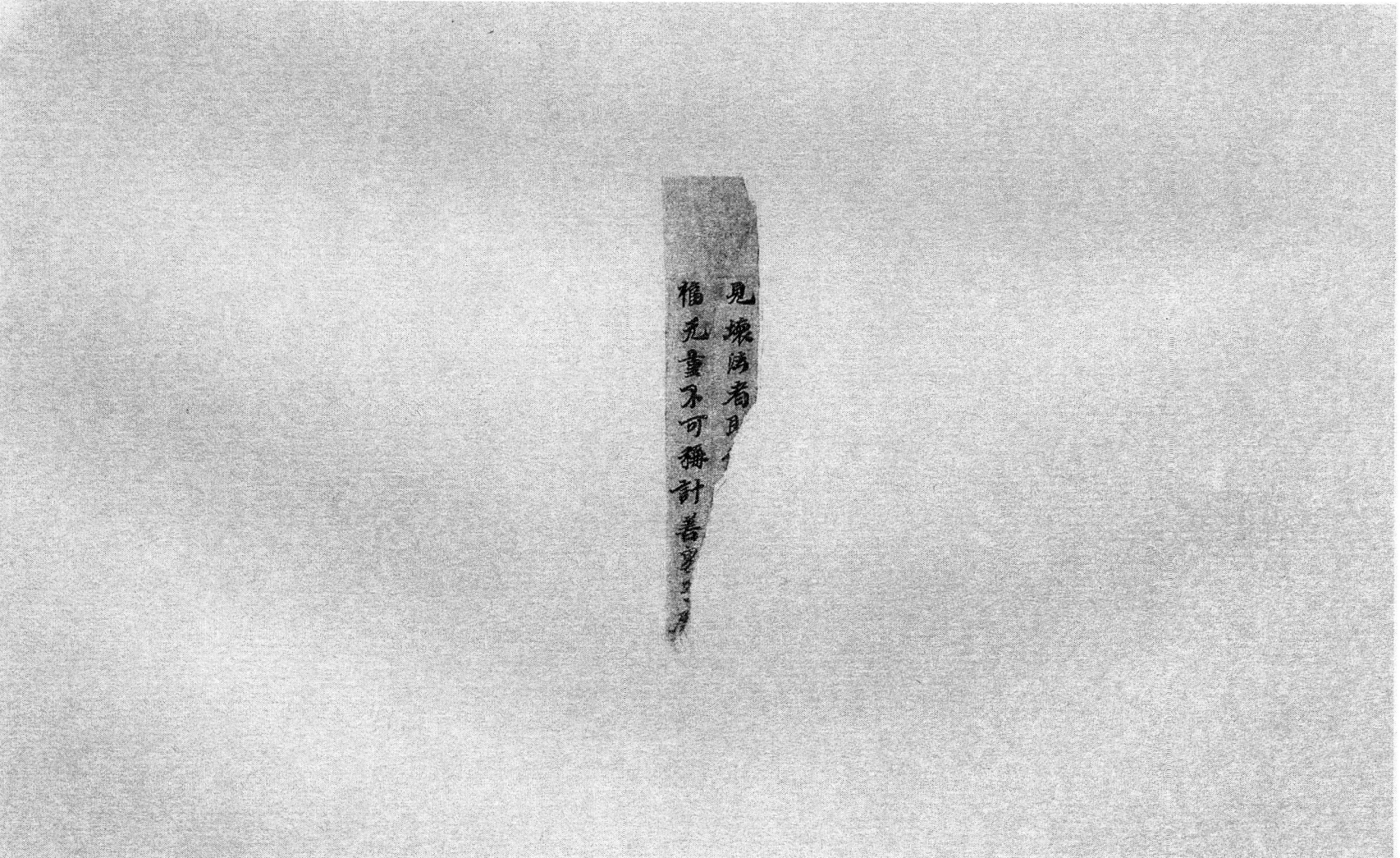

BD15933 號　大般涅槃經（北本）卷三　　　　　　　　　　　　　　　　　　　　（1-1）

BD15934 號　金剛般若波羅蜜經　　　　　　　　　　　　　　　　　（1-1）

BD15935 號　大方廣佛華嚴經（晉譯六十卷本）卷六〇　　　　　　　（1-1）

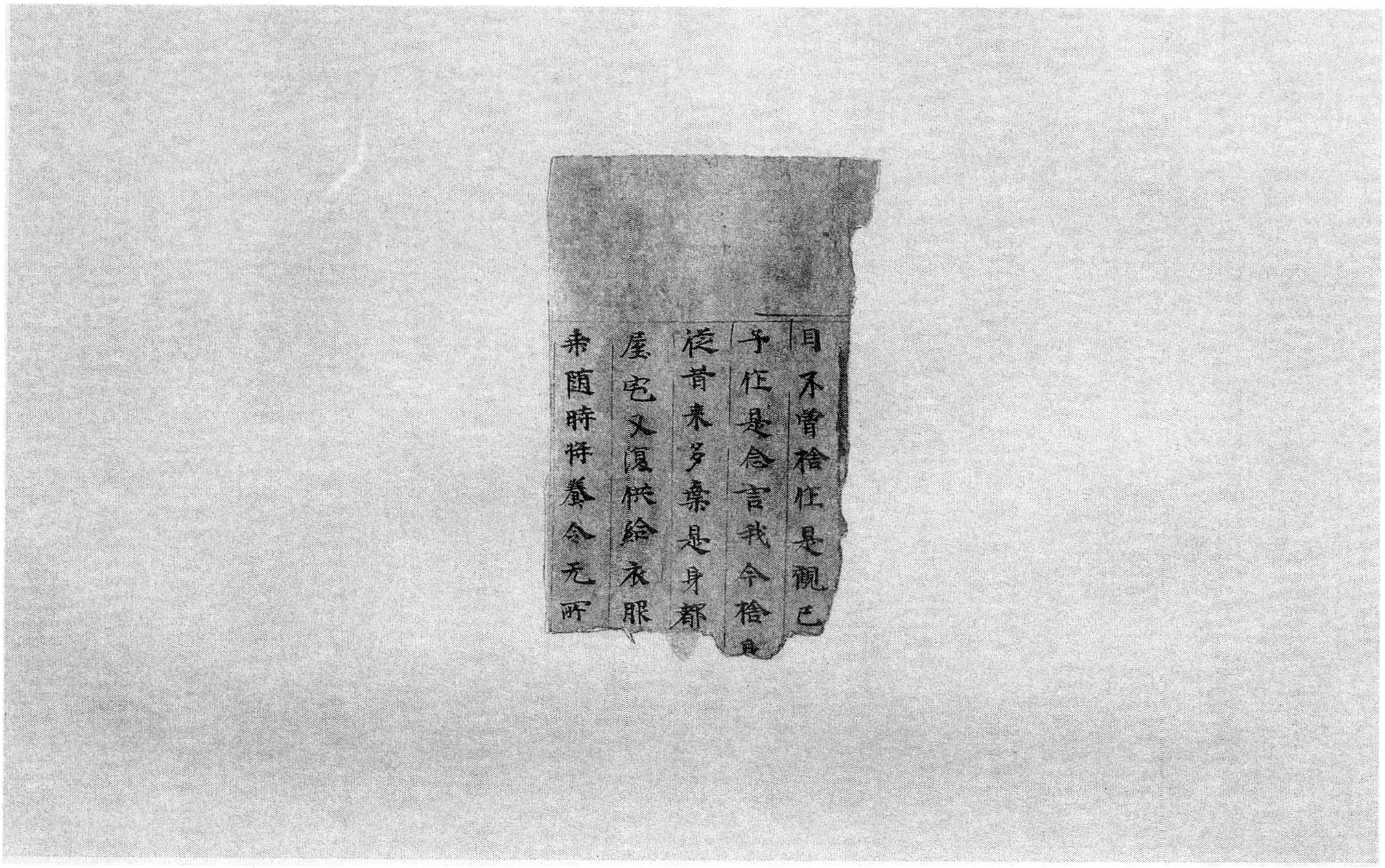

BD15936號　金光明經卷四　　　　　　　　　　　　　　（1-1）

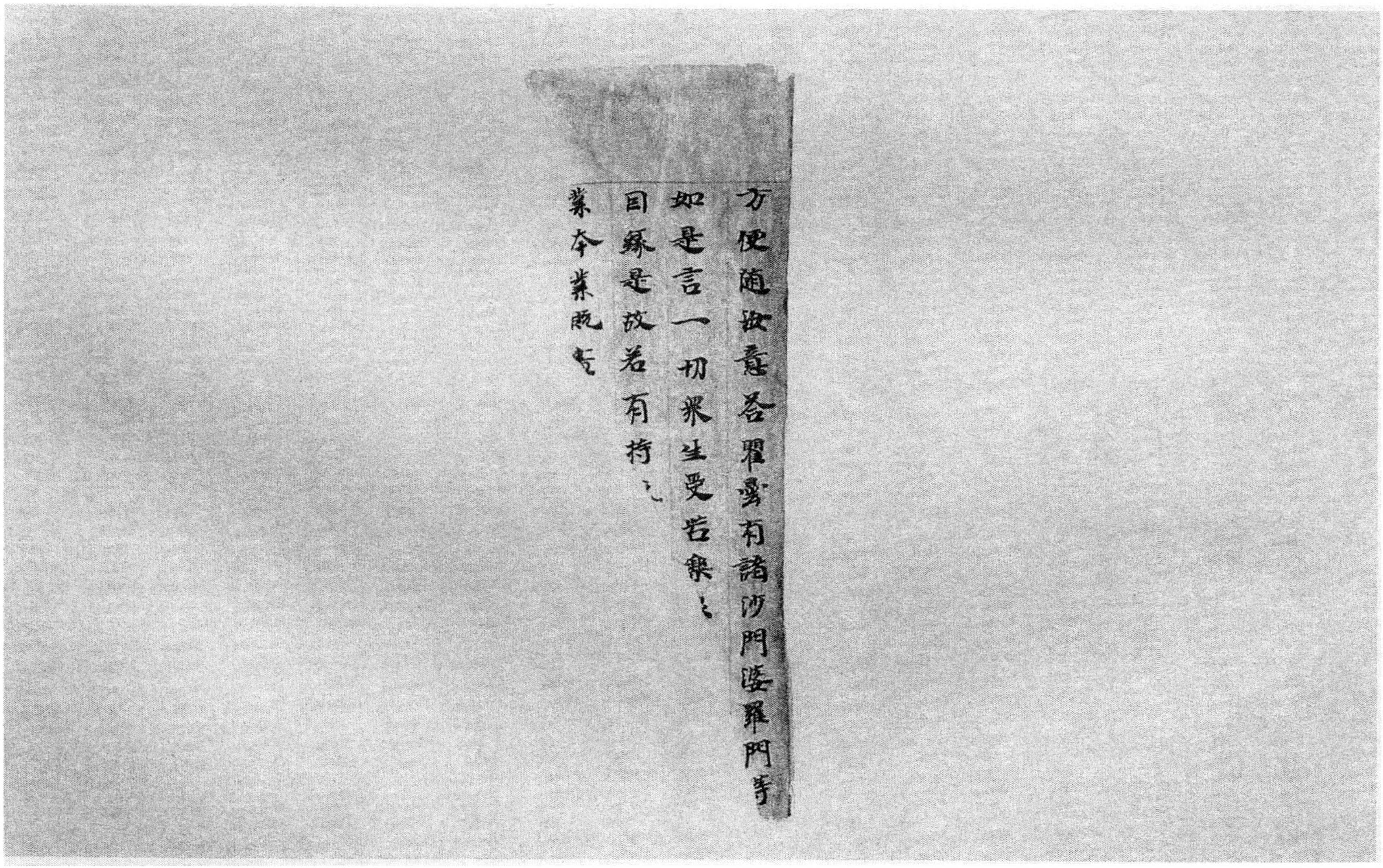

目不曾捨住是觀已
予住是憶念言我今捨身
從昔來多棄是身都
屋宅又復供給衣服
弗隨時將養令无所

BD15937號　大般涅槃經（北本）卷四〇　　　　　　　　　　　（1-1）

方便隨汝意若羅剎有諸沙門婆羅門等
如是言一切衆生受苦樂
目錄是故若有持之
業本業既竟

BD15938 號　大乘密嚴經（地婆訶羅本）卷中　　　　　　　　　　　　　　　（1-1）

BD15939 號　大般若波羅蜜多經卷四二五　　　　　　　　　　　　　　　　（1-1）

BD15940 號　大乘密嚴經（地婆訶羅本）卷中　　　　　　　　　　　　　　　　　　　　（1-1）

BD15941 號　殘片（擬）　　　　　　　　　　　　　　　　　　　　　　　　　　　　（1-1）

BD15942 號　金剛般若波羅蜜經　　　　　　　　　　　　　　　（1-1）

BD15943 號　殘片（擬）　　　　　　　　　　　　　　　　　　（1-1）

BD15944 號　摩訶般若波羅蜜經卷一九 （1-1）

BD15945 號　金剛般若波羅蜜經 （1-1）

BD15946 號　金剛般若波羅蜜經

BD15947 號　妙法蓮華經卷三

BD15948 號　妙法蓮華經卷七　　　　　　　　　　　　（1–1）

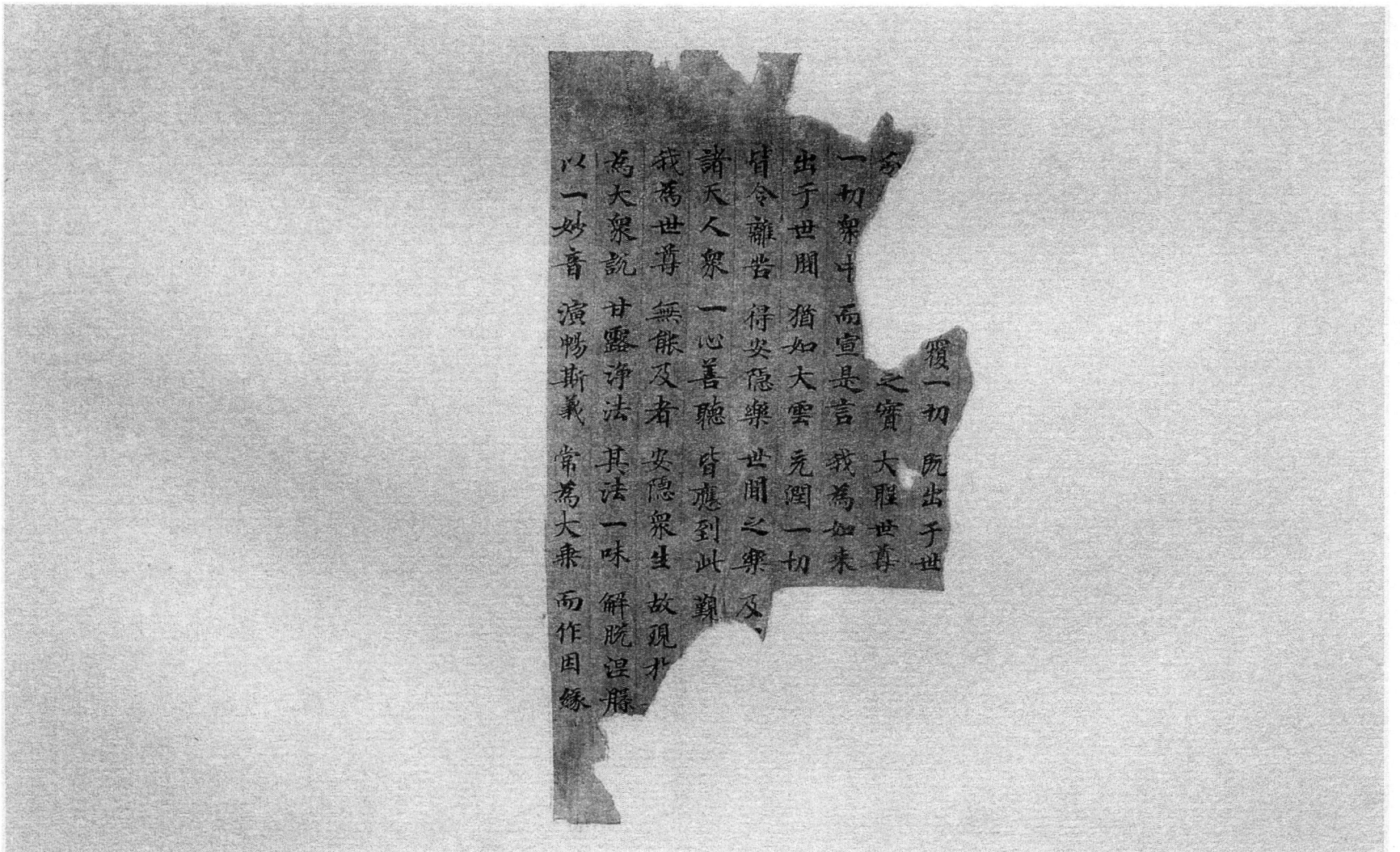

BD15949 號　妙法蓮華經卷三　　　　　　　　　　　　（1–1）

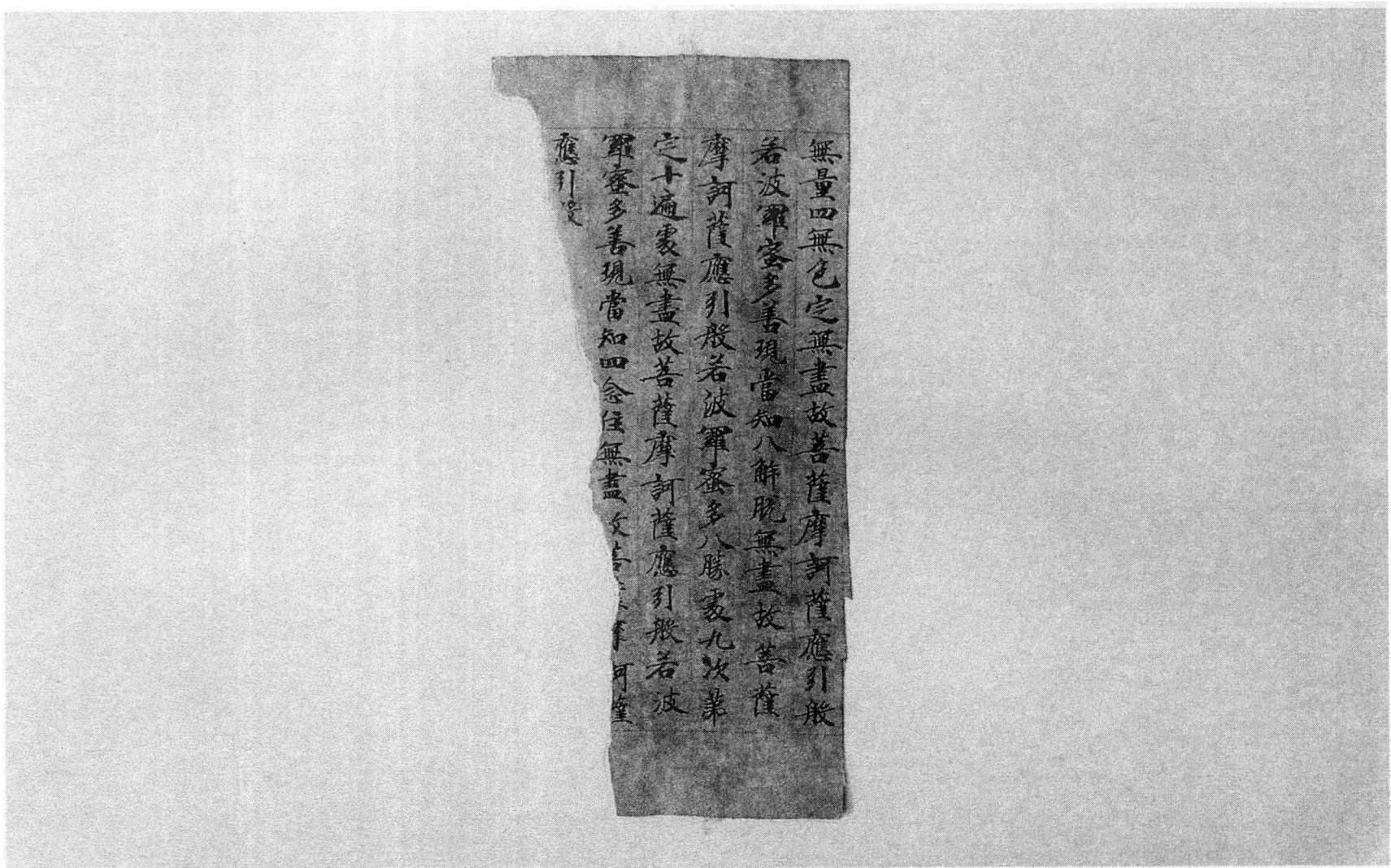

BD15950 號　大般若波羅蜜多經卷三四七　　　　　　　　　　　（1-1）

BD15951 號　金剛般若波羅蜜經　　　　　　　　　　　　　　　（1-1）

BD15952 號　出曜經卷二　　　　　　　　　　　　　　　　　　　　　　（1-1）

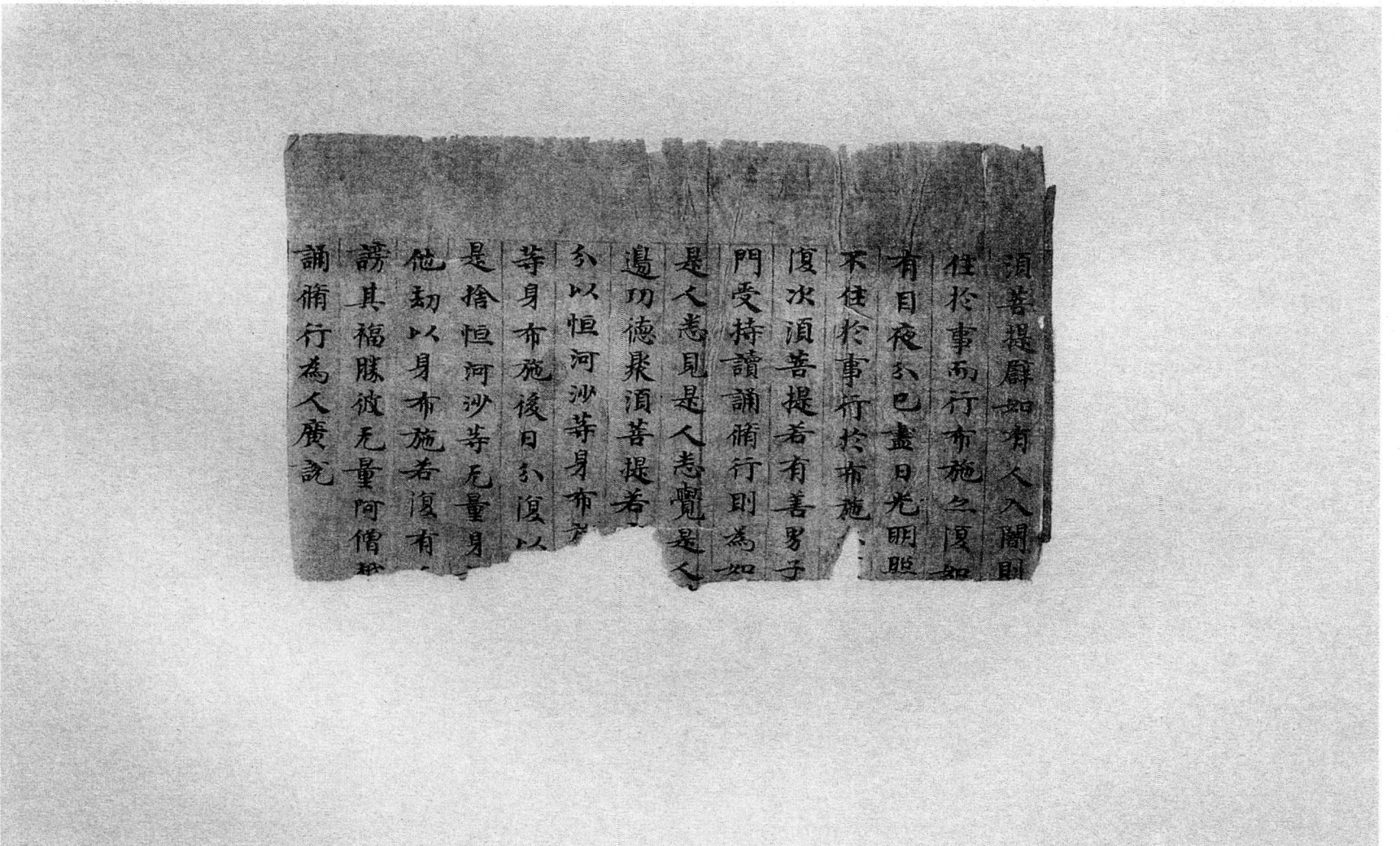

BD15953 號　金剛般若波羅蜜經（菩提留支本）　　　　　　　　　　　（1-1）

BD15954 號　阿彌陀經

（1-1）

BD15955 號　大方廣佛華嚴經（晉譯六十卷本）卷五七

（1-1）

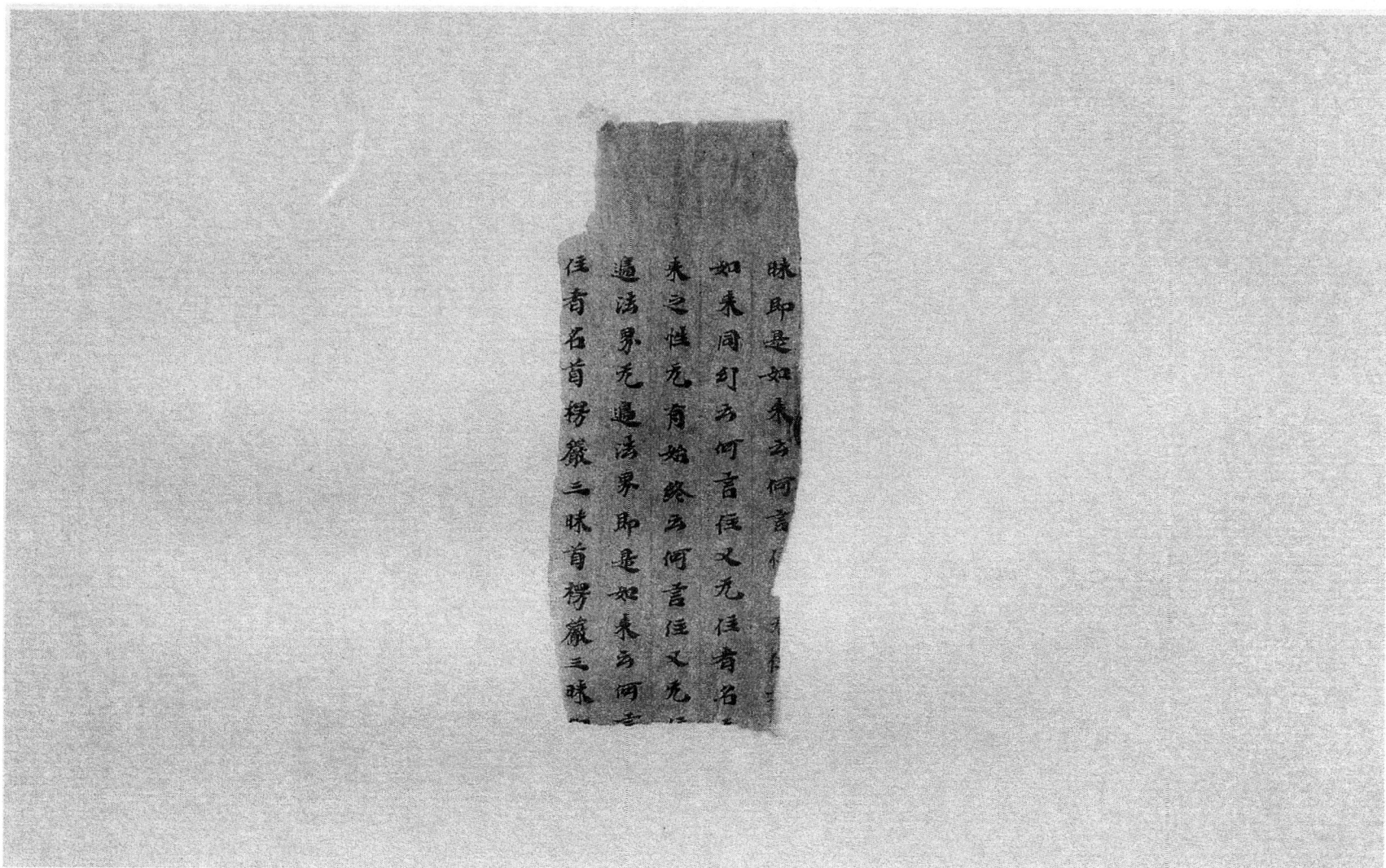

BD15956 號　大般涅槃經（北本）卷三　　　　　　　　　　　　　　　（1-1）

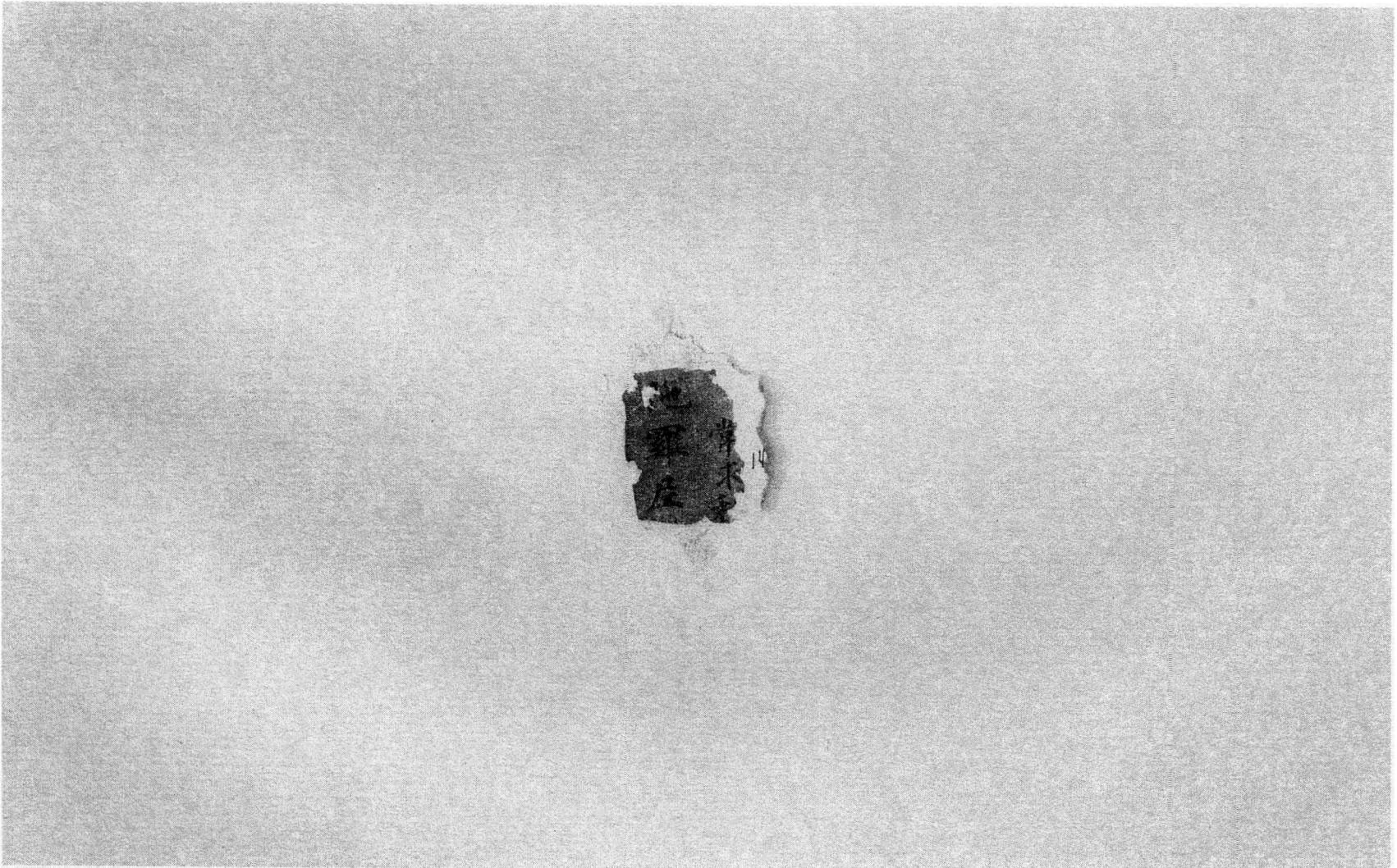

BD15957 號　妙法蓮華經卷七　　　　　　　　　　　　　　　　　　（1-1）

BD15958 號　大般若波羅蜜多經卷二三　　　　　　　　　　　　　　　　（1-1）

BD15959 號　大乘密嚴經（地婆訶羅本）卷中　　　　　　　　　　　　　（1-1）

BD15960號　出曜經卷二 (1-1)

BD15961號　出曜經卷二 (1-1)

59

BD15962 號　妙法蓮華經卷一　　　　　　　　　　　　　　　　　（1-1）

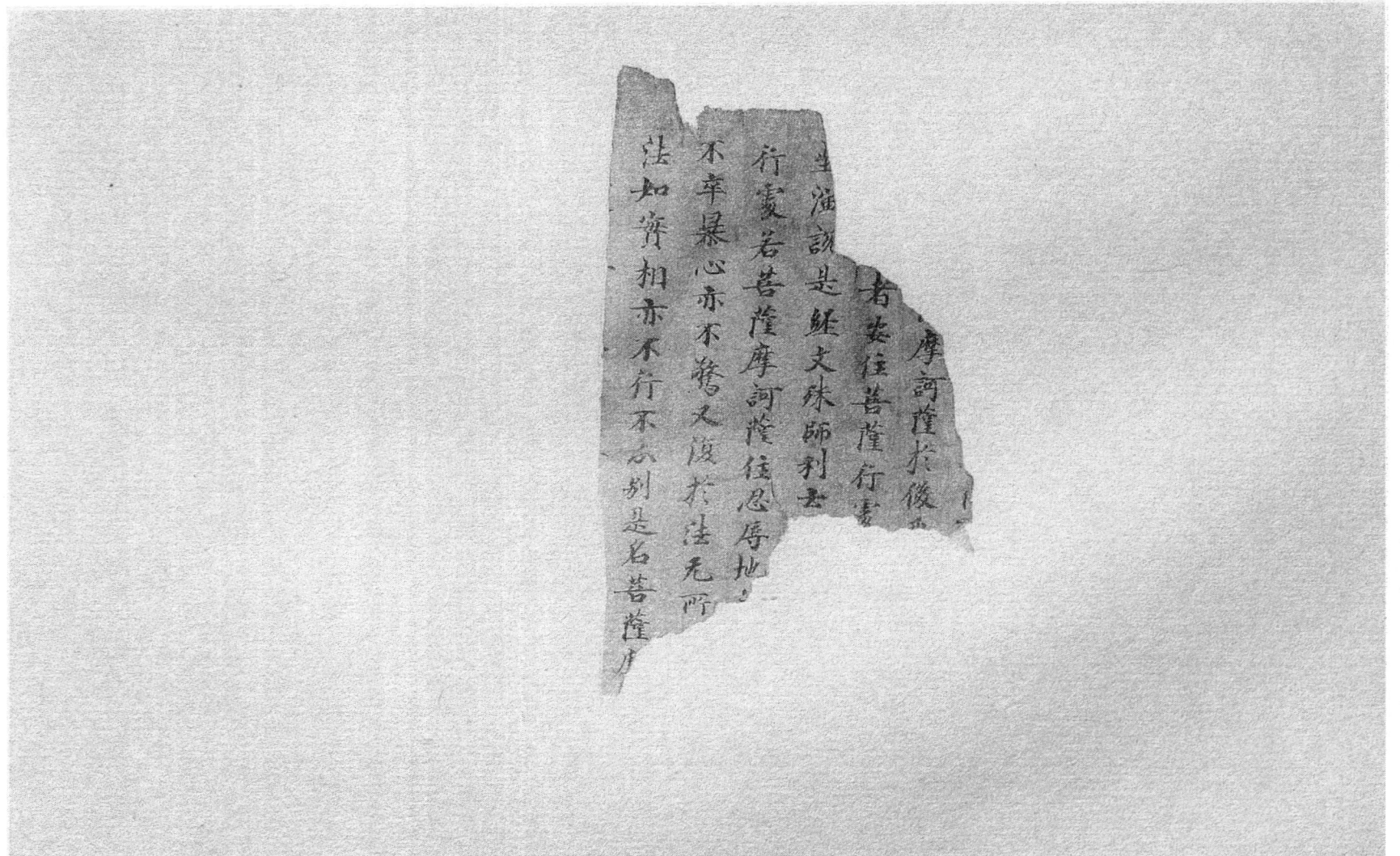

BD15963 號　妙法蓮華經卷五　　　　　　　　　　　　　　　　　（1-1）

BD15964 號　妙法蓮華經卷七　　　　　　　　　　　　　　　　　　　　　　（1-1）

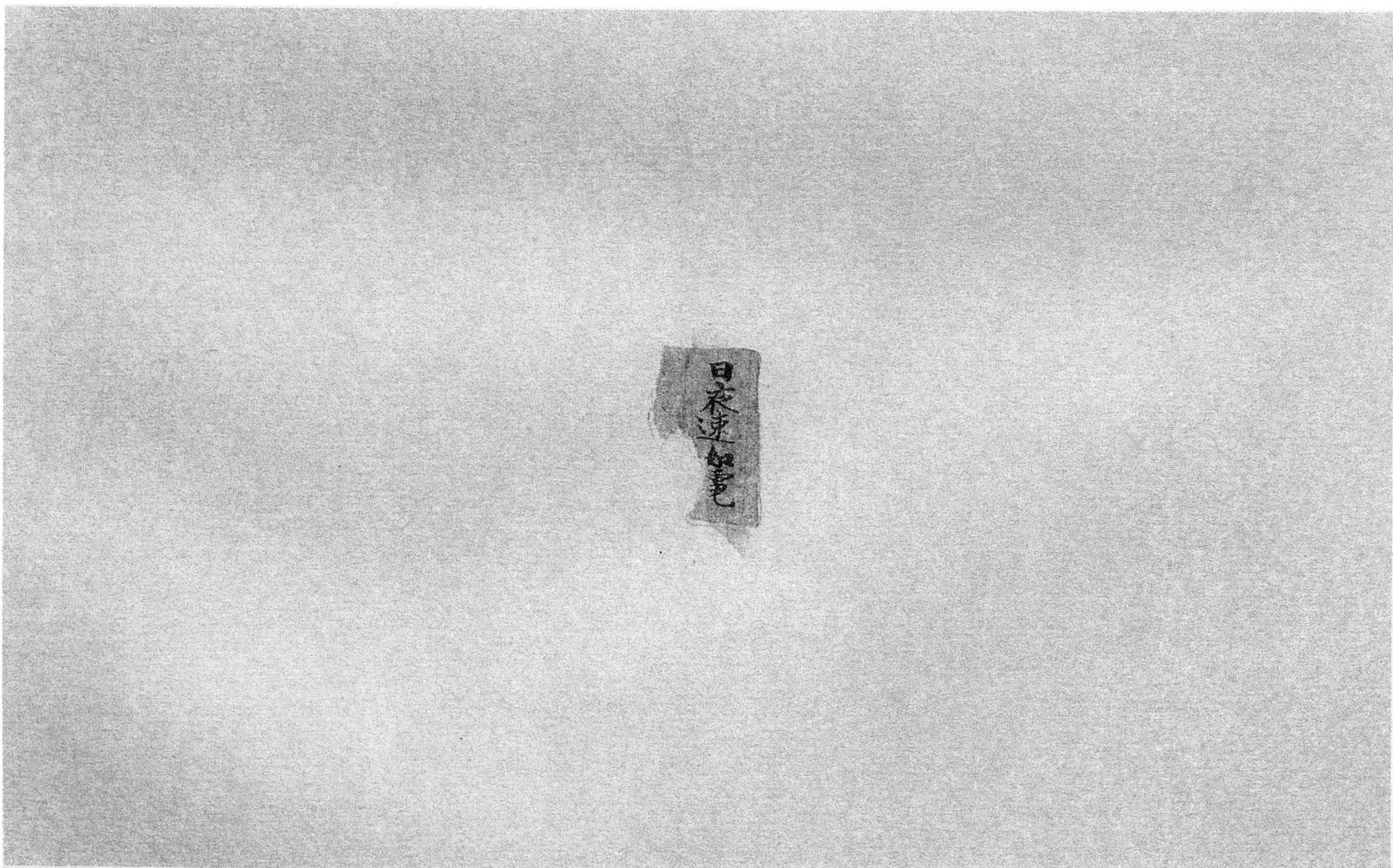

BD15965 號　出曜經卷二　　　　　　　　　　　　　　　　　　　　　　（1-1）

BD15966 號　金剛般若波羅蜜經　　　　　　　　　　　　　　　　　　　（1-1）

BD15967 號　大般涅槃經（北本）卷三三　　　　　　　　　　　　　　　（1-1）

BD15968號　金剛般若波羅蜜經　　　　　　　　　　　　　　　　　　　（1-1）

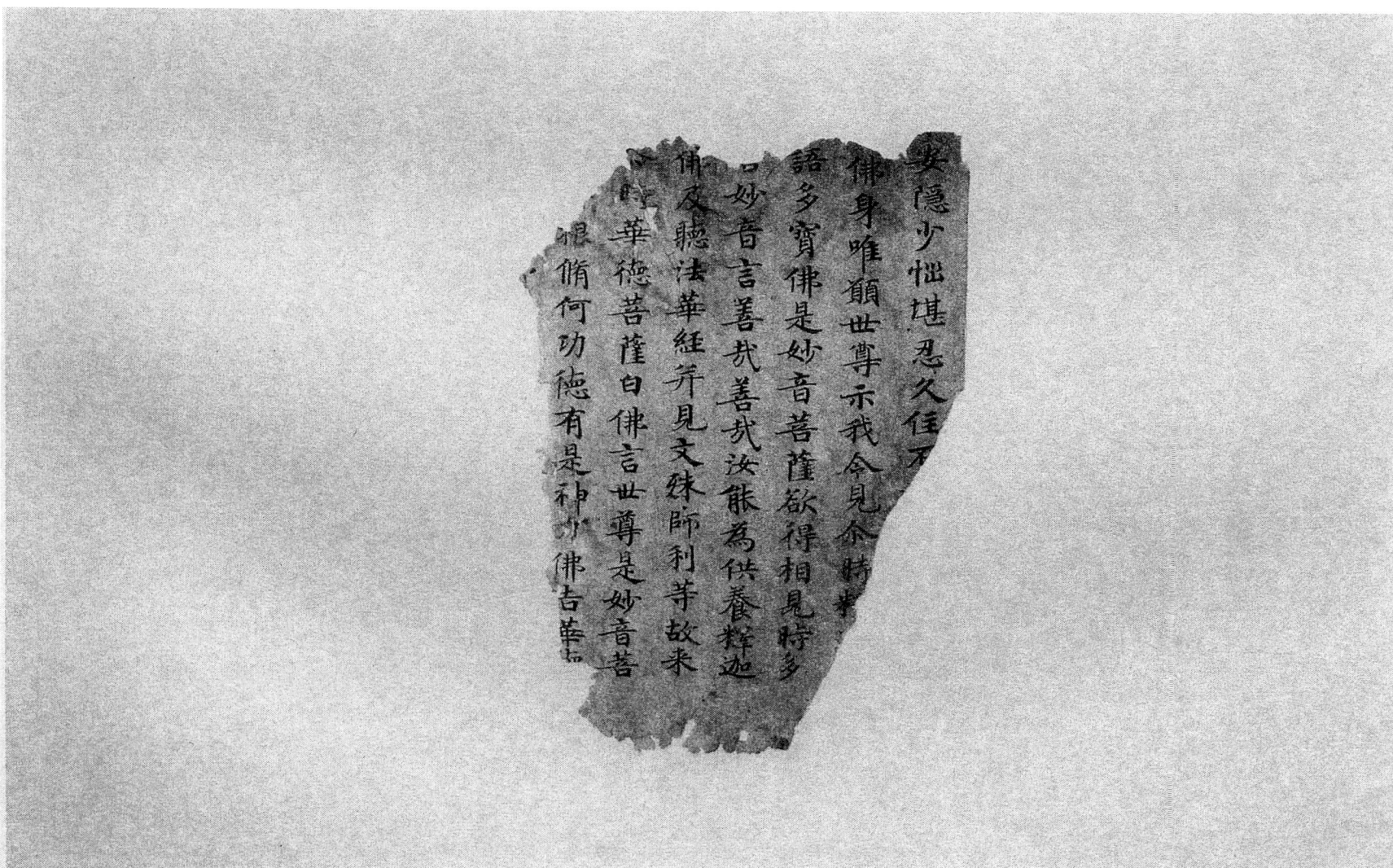

BD15969號　妙法蓮華經卷七　　　　　　　　　　　　　　　　　　　（1-1）

BD15970 號　妙法蓮華經卷五　　　　　　　　　　　　　　　　　　（1-1）

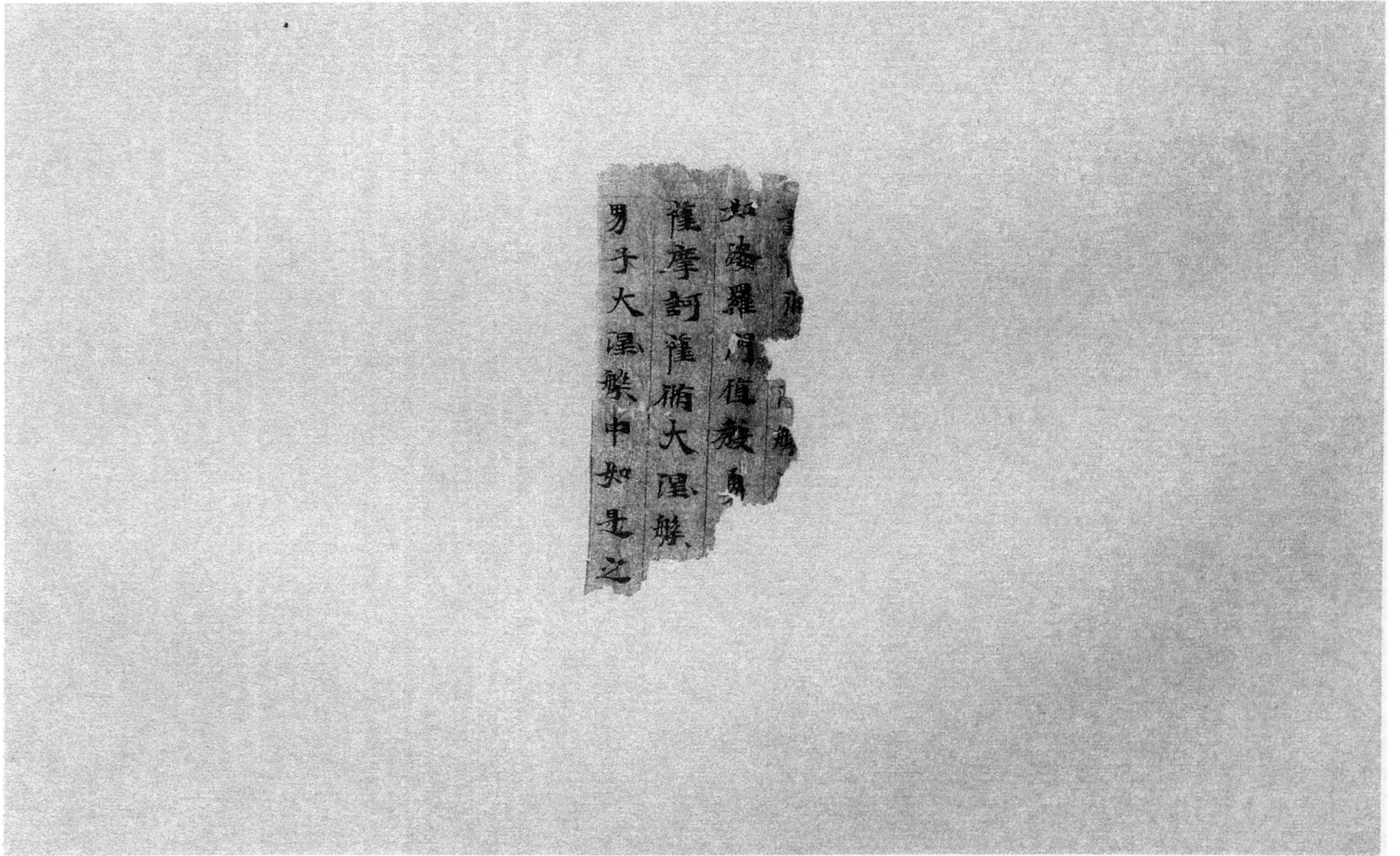

BD15971 號　大般涅槃經（北本）卷二一　　　　　　　　　　　　　　（1-1）

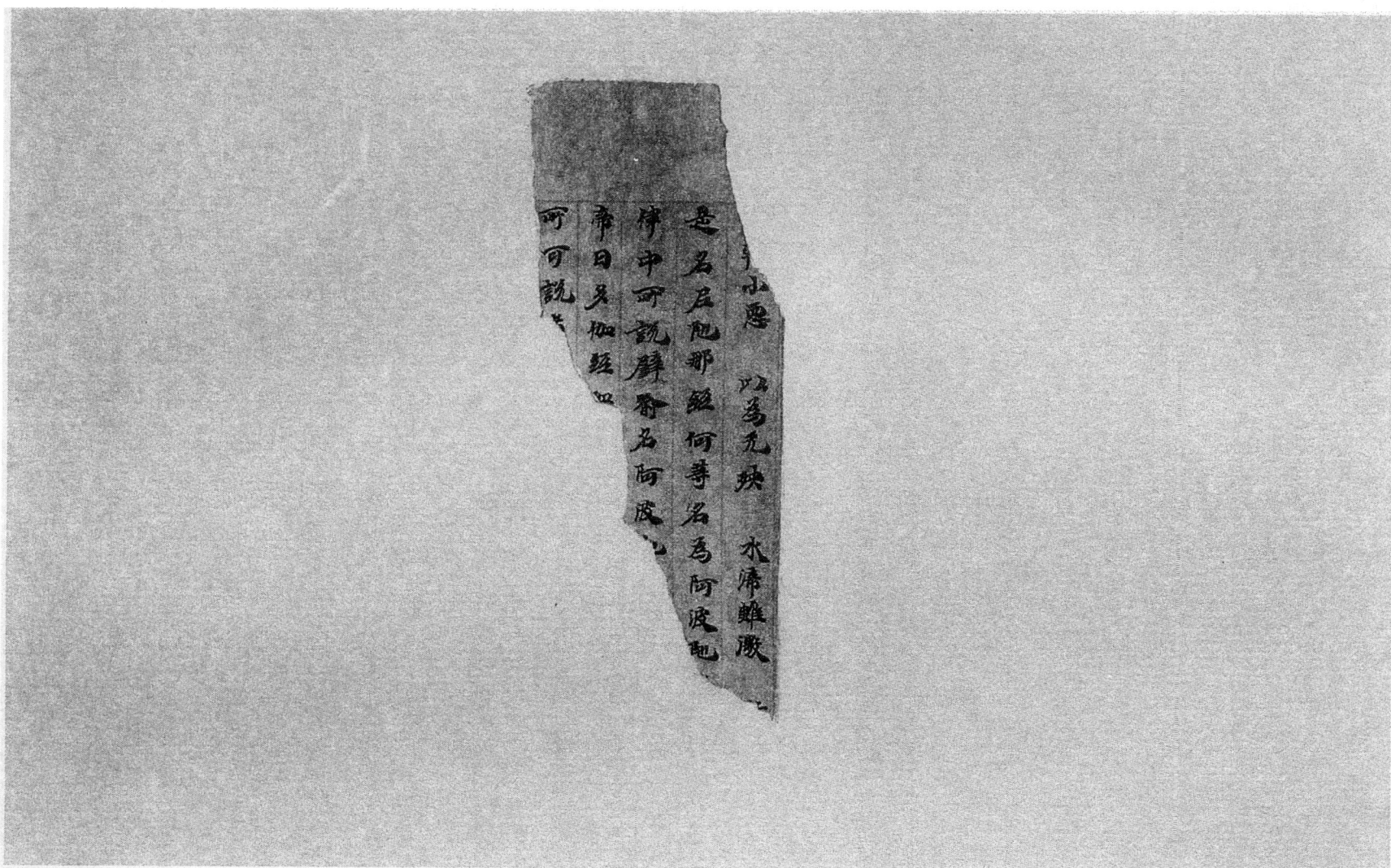

BD15972 號　大般涅槃經（南本）卷一四　　　　　　　　　　　　　（1-1）

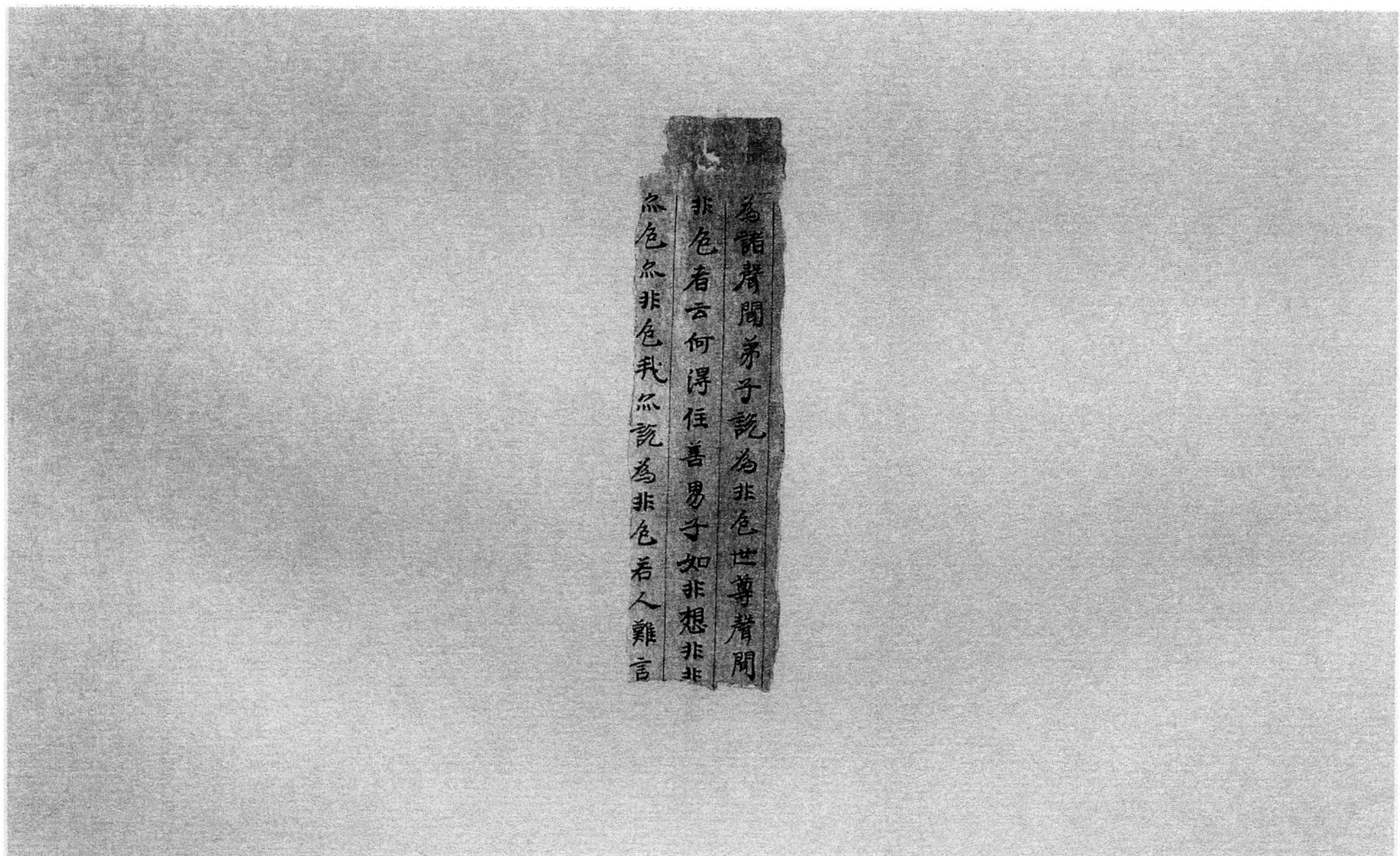

BD15973 號　大般涅槃經（北本）卷五　　　　　　　　　　　　　（1-1）

BD15974 號　大方廣佛華嚴經（晉譯六十卷本）卷一八　　　　（1-1）

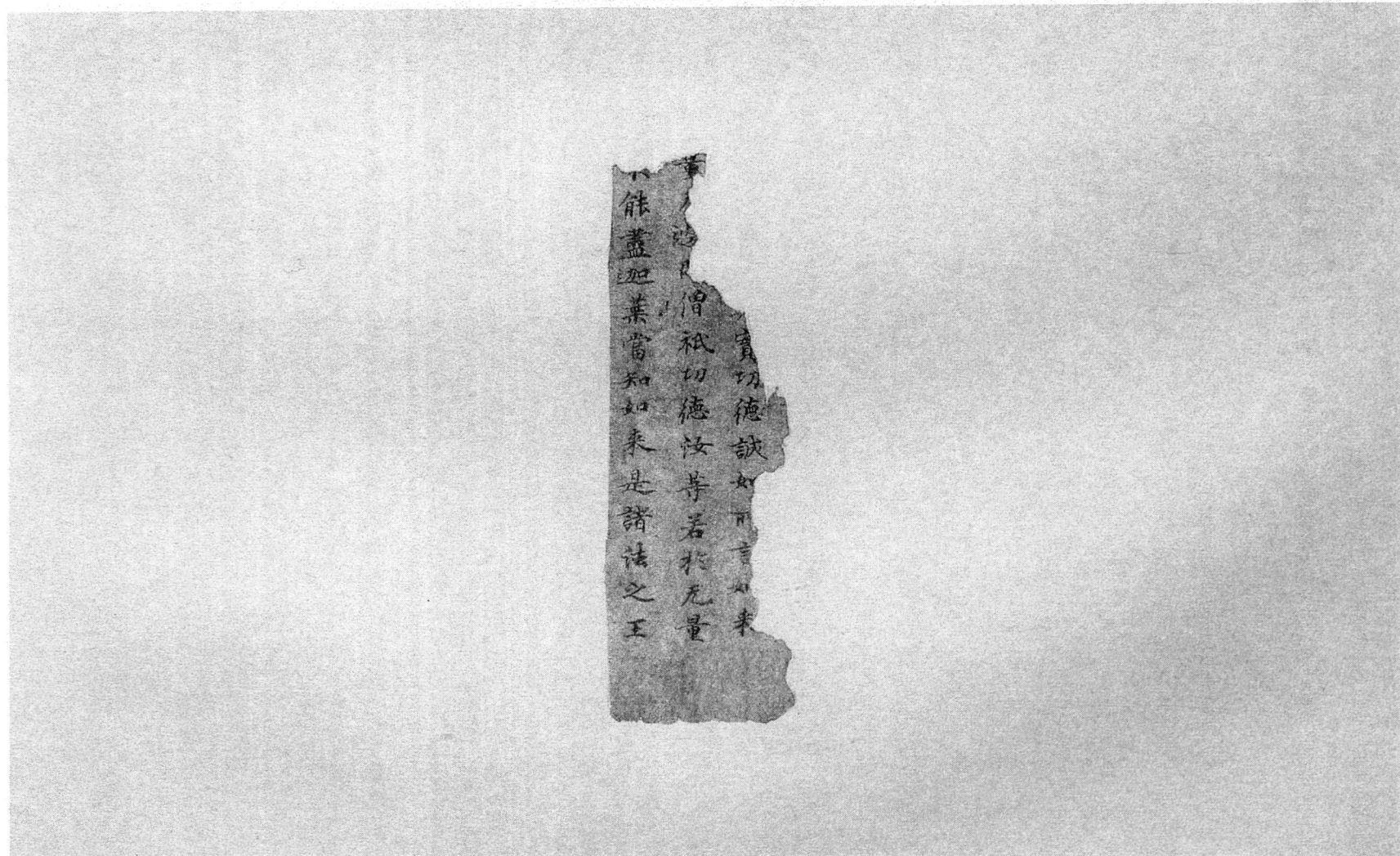

BD15975 號　妙法蓮華經卷三　　　　（1-1）

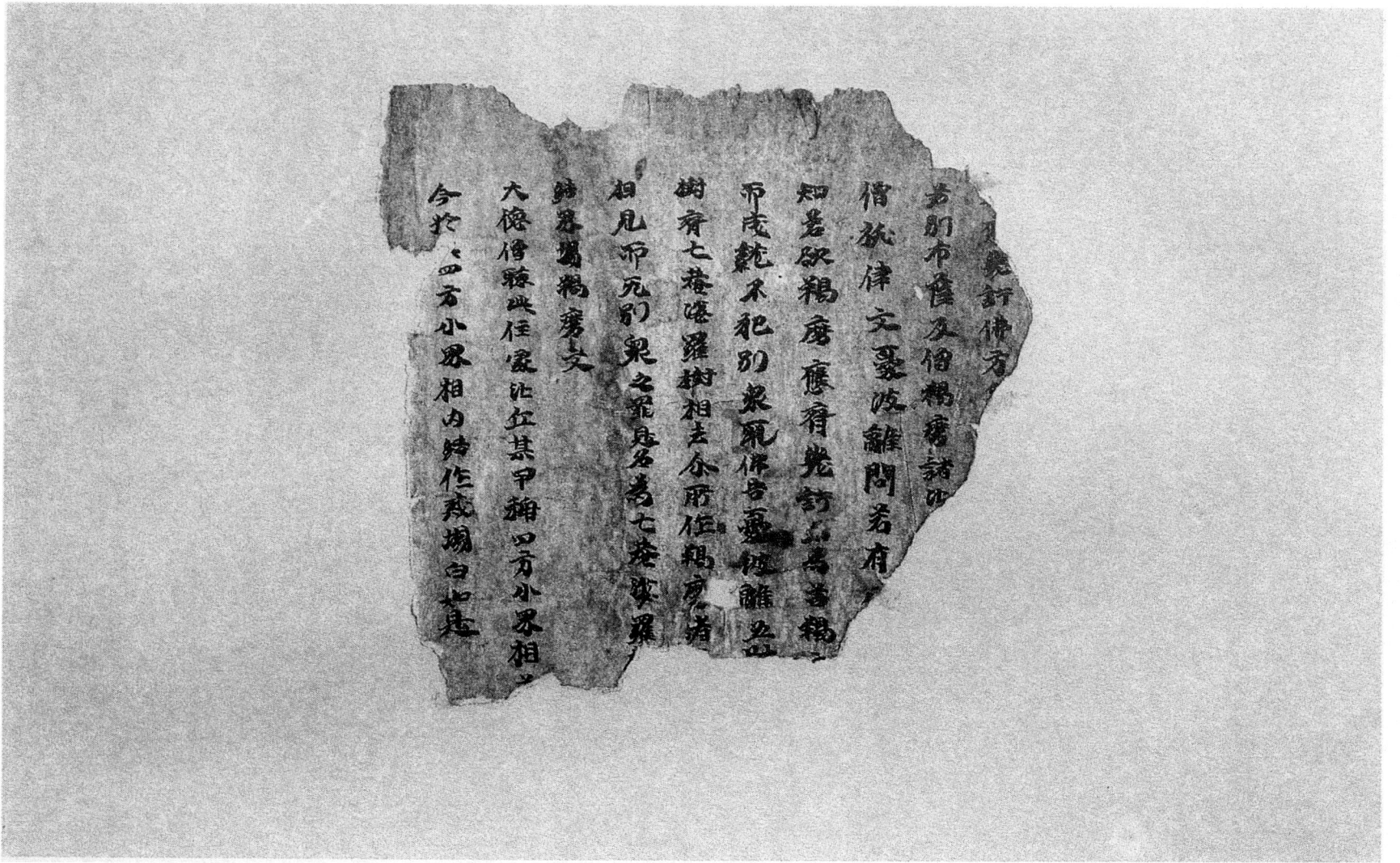

BD15976號　羯磨文（擬）　　　　　　　　　　　　　　　　　　（1-1）

BD15977號　妙法蓮華經卷七　　　　　　　　　　　　　　　　（1-1）

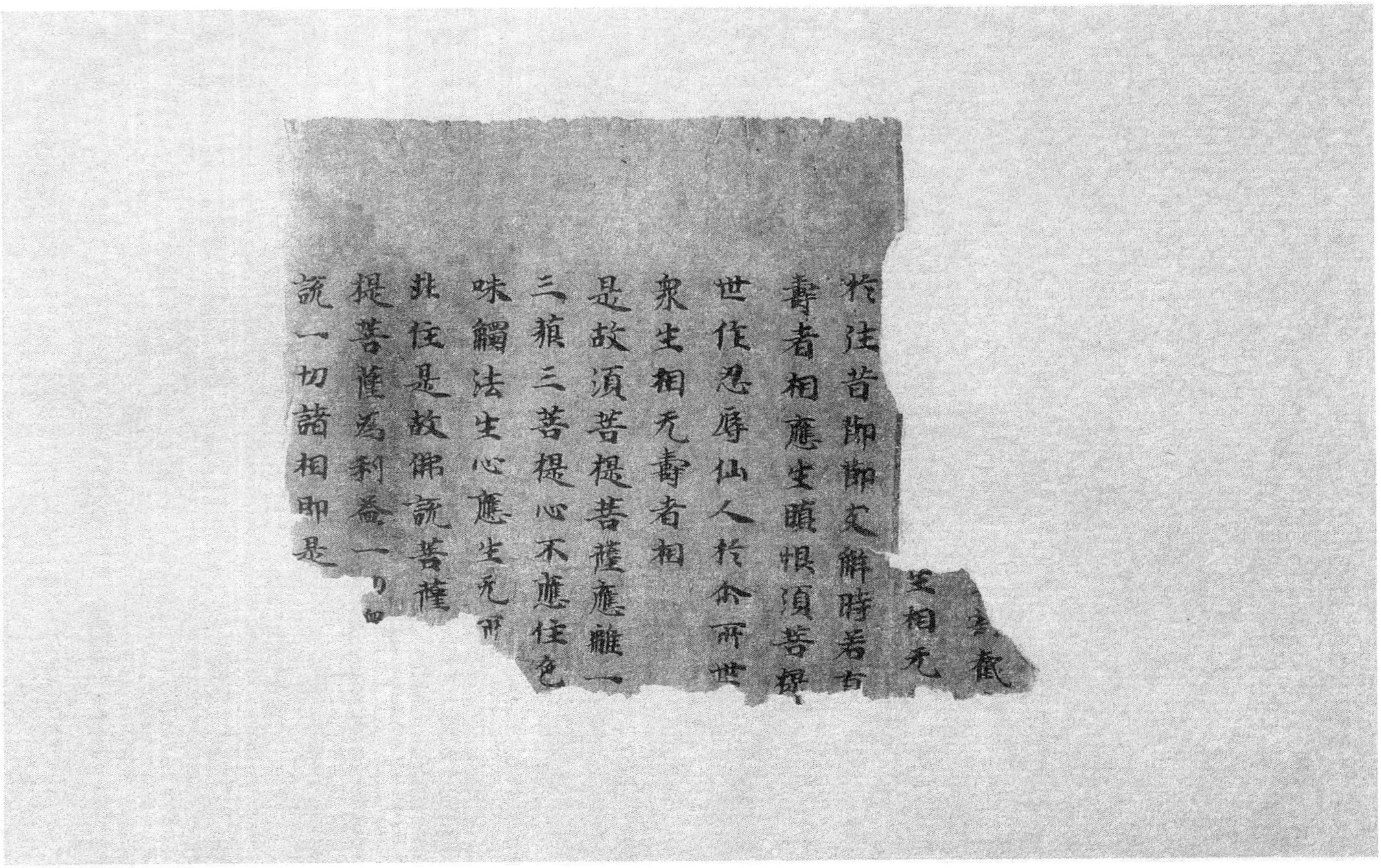

於注昔御父解時若古
壽者相應生瞋恨須菩提
世作忍辱仙人於尒所世
是故須菩提菩薩應離一
三藐三菩提心不應住色
味觸法生心應生无所
此住是故佛說菩薩
提菩薩為利益一切
說一切諸相即是

妄念
生相无

BD15978 號　金剛般若波羅蜜經 （1-1）

无

BD15979 號　殘片（擬） （1-1）

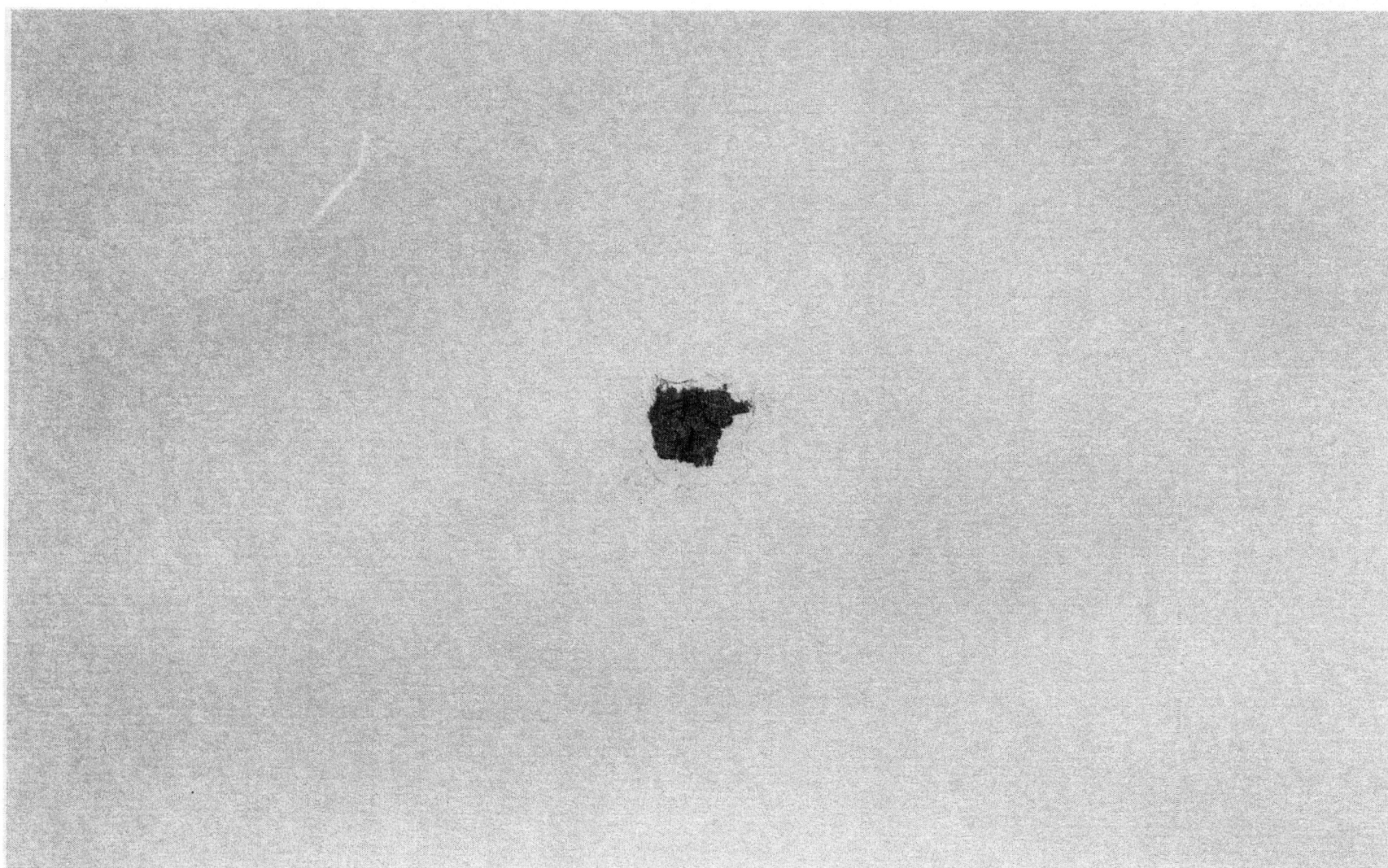

BD15980 號　殘片（擬）　　　　　　　　　　　　　　　　　　　　　　　　　　（1-1）

BD15981 號　妙法蓮華經卷七　　　　　　　　　　　　　　　　　　　　　　　（1-1）

BD15982 號　殘片（擬）　　　　　　　　　　　　　　　　　　　　　　　　　　（1-1）

BD15983 號　妙法蓮華經卷七　　　　　　　　　　　　　　　　　　　　　　　　（1-1）

BD15984號　妙法蓮華經卷七　　　　　　　　　　　　　　　　　　（1-1）

BD15998號　三階教典籍殘片（擬）　　　　　　　　　　　　　　　（1-1）

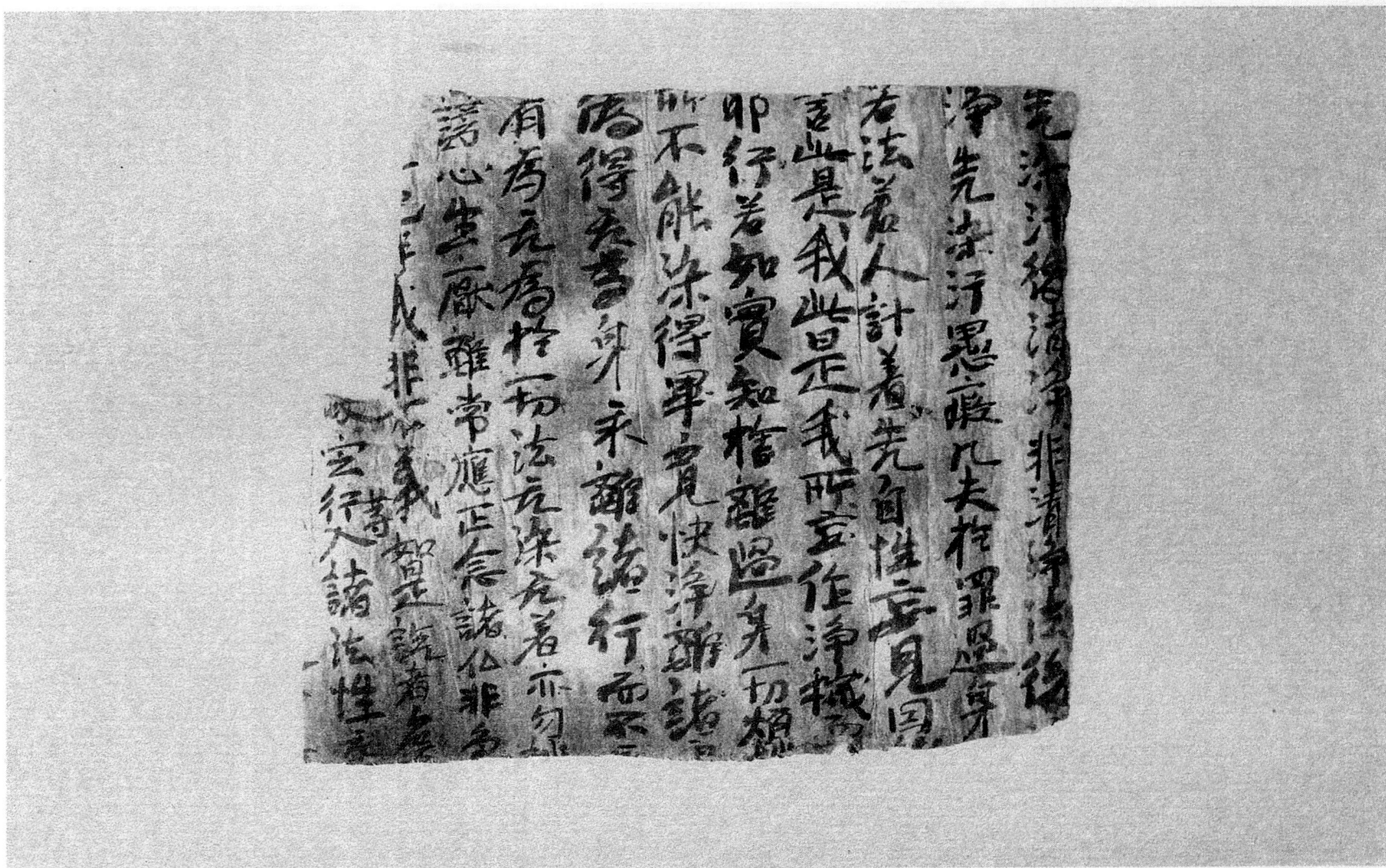

BD16000 號　素紙三塊

（1-1）

BD16001 號　殘歷（擬）

（1-1）

BD16002 號　殘片（擬）　　　　　　　　　　　　　　　　　　　　　　　　　　　　　　　（1-1）

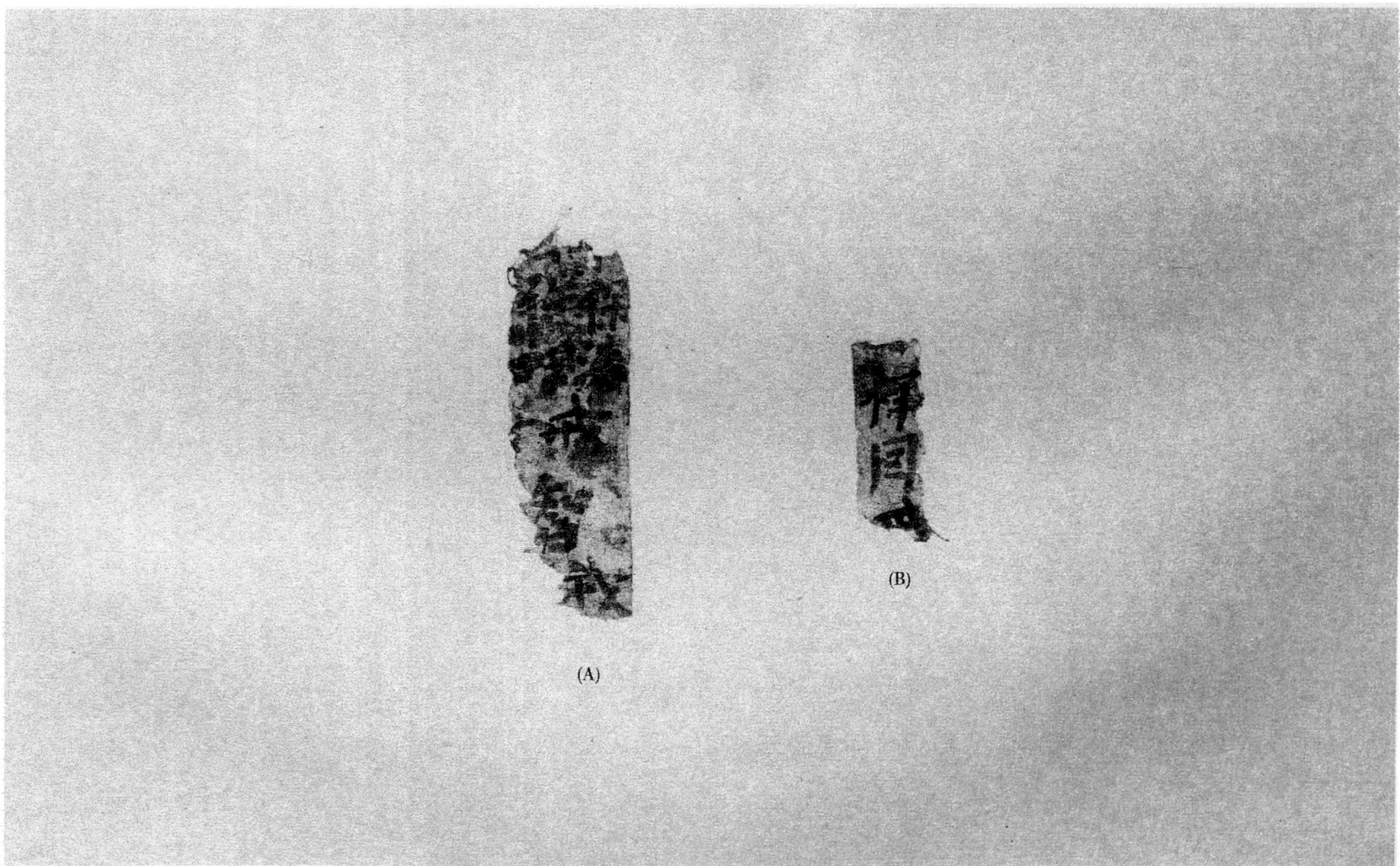

(A)

(B)

BD16003 號 A、B　名録（擬）　　　　　　　　　　　　　　　　　　　　　　　　　　　　（1-1）

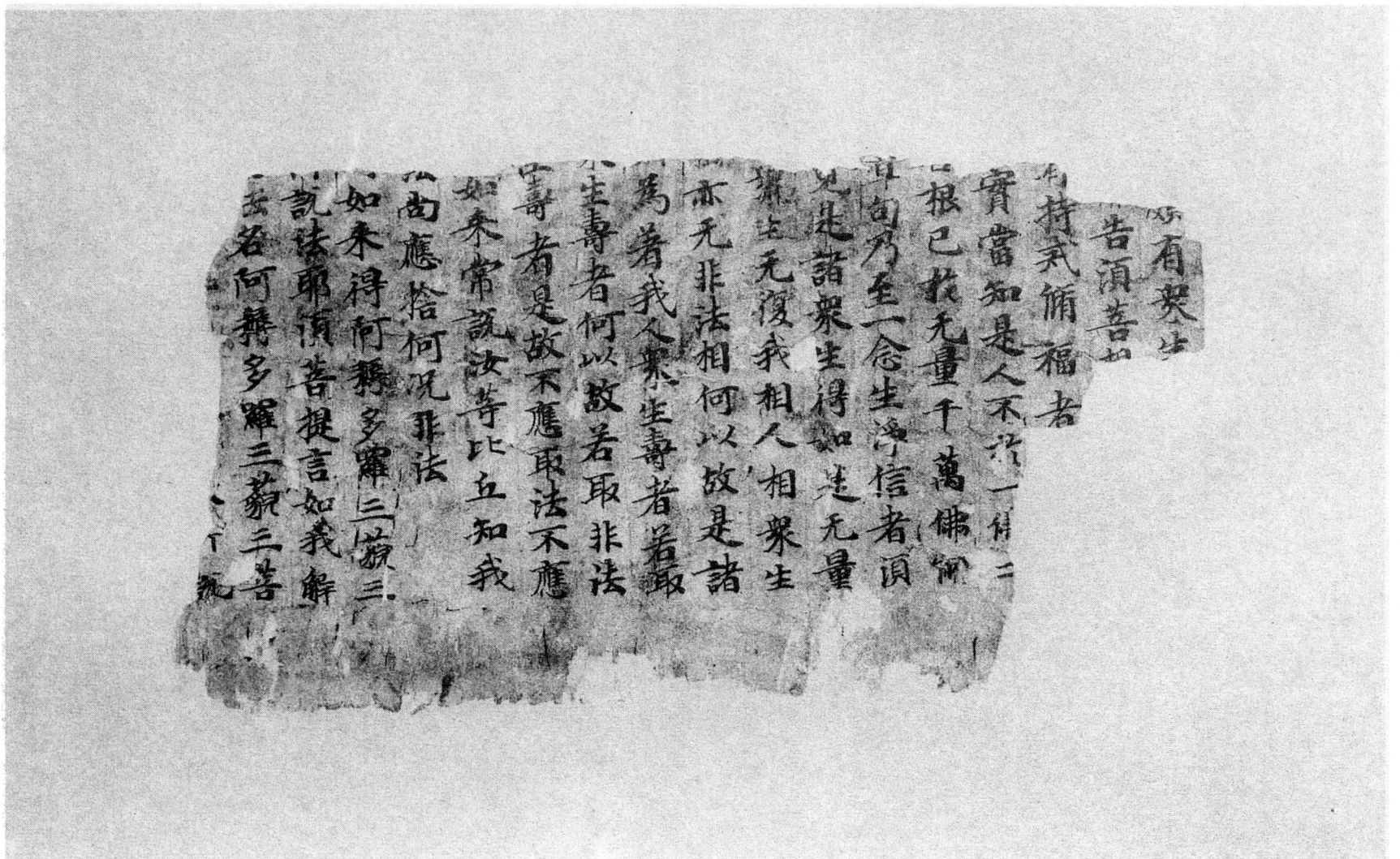

（金剛般若波羅蜜經殘片）

……告須菩提……有聚生……
……持於此福者，實當知是人……不於一佛二……
……根已於無量千萬佛所……乃至一念生淨信者須……
……是諸衆生得如是無量……
……無復我相人相衆生……
……亦無非法相，何以故是諸……
……為著我人衆生壽者，若取……
……衆生壽者，何以故，若取非法……
……壽者，是故不應取法，不應……
……如來常說汝等比丘知我……
……尚應捨，何況非法……
……如來得阿耨多羅三藐三……
……說法耶，須菩提言，如我解……
……若名阿耨多羅三藐三菩……

BD16005 號　金剛般若波羅蜜經　　　　　　　　　　　　　　　　（1-1）

四分戒本
　　　　　出曇無德律
稽首禮諸佛　及法比丘僧　今演毗尼法　令正法久……
戒如海無涯　如寶求無厭　欲護聖法財　衆集聽我說

BD16006 號　四分僧戒本　　　　　　　　　　　　　　　　　　（1-1）

BD16006 號背　殘片（擬）　　　　　　　　　　　　　　　　　　　　　　　　　　　　　　　（1-1）

BD16007 號　護首（大般若波羅蜜多經）　　　　　　　　　　　　　　　　　　　　　　　　（1-1）

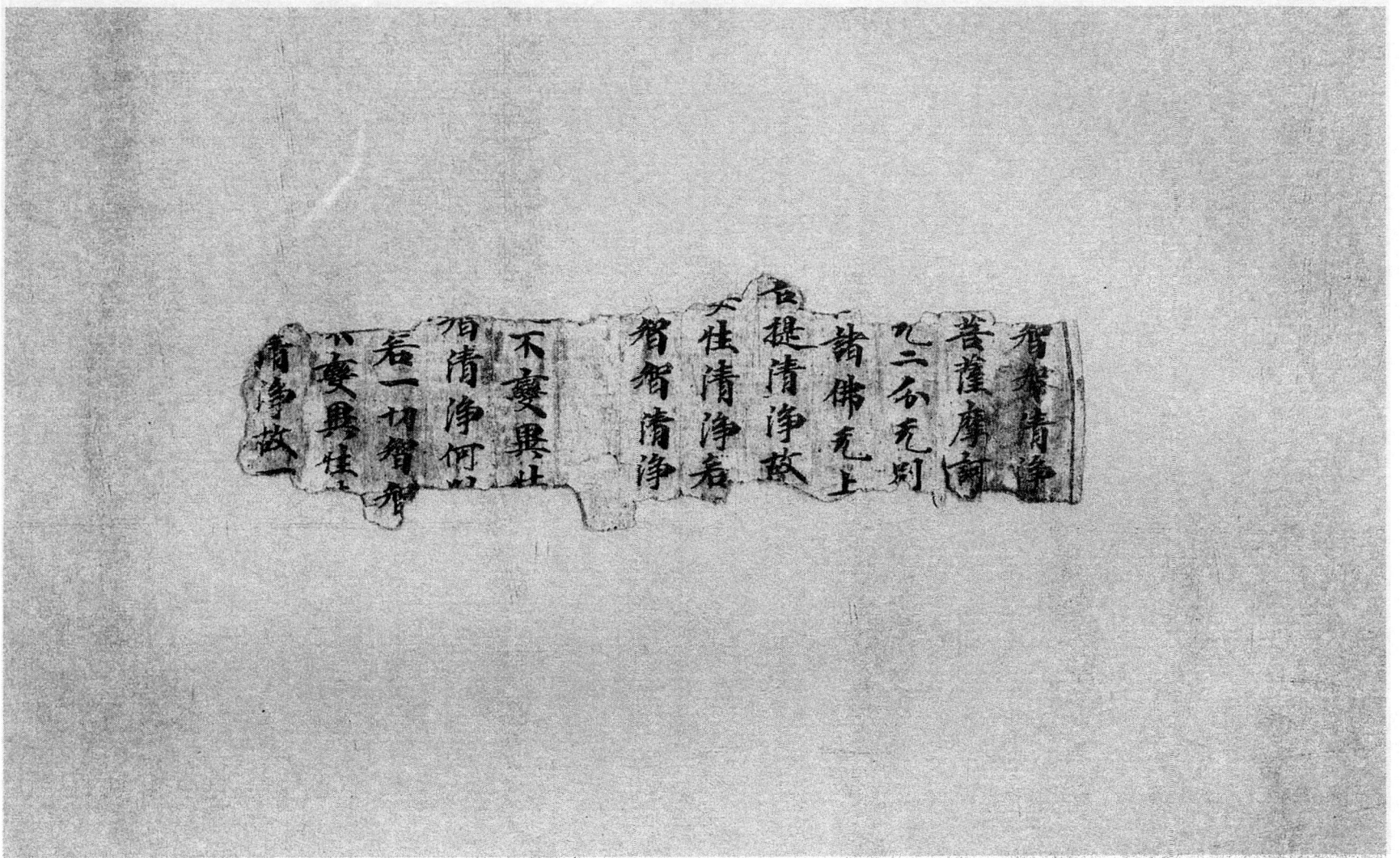

BD16008號　大般若波羅蜜多經（兌廢稿）卷二一九　　　　　　　　　　　　（1-1）

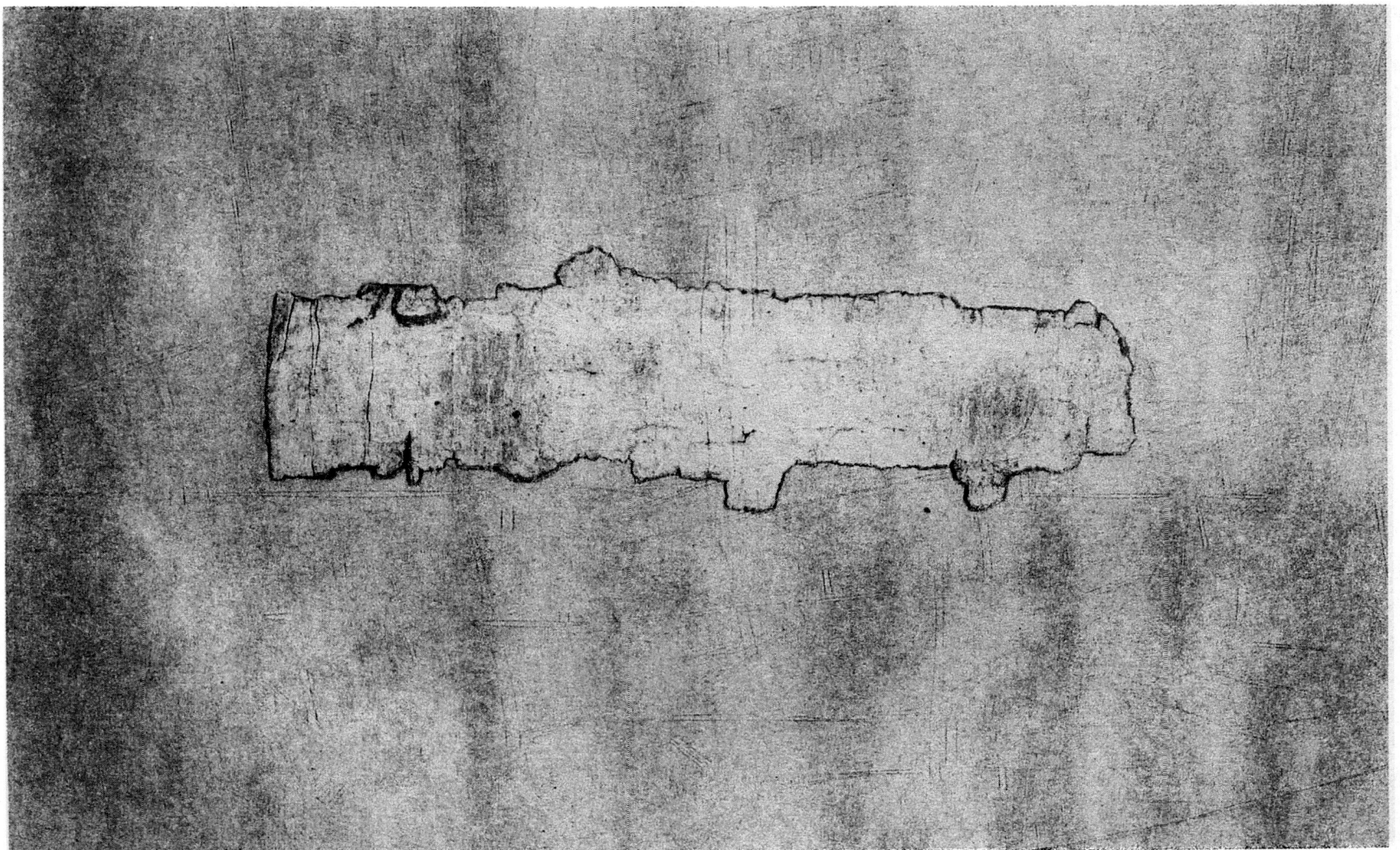

BD16008號背　勘記　　　　　　　　　　　　　　　　　　　　　　　（1-1）

BD16009 號　殘片（擬）　　　　　　　　　　　　　　　　　　　　　　（1-1）

BD16010 號　護首（大般若波羅蜜多經）　　　　　　　　　　　　　　　（1-1）

BD16011號 大乘入楞伽經卷六　　　　　　　　　　　　　　　　　　　　　（1-1）

BD16013號 社會文書　　　　　　　　　　　　　　　　　　　　　　　　　　（1-1）

BD16014 號　妙法蓮華經卷一　　　　　　　　　　　　　　　　　　　　　　（1-1）

BD16015 號　社會經濟文書殘片（擬）　　　　　　　　　　　　　　　　　　（1-1）

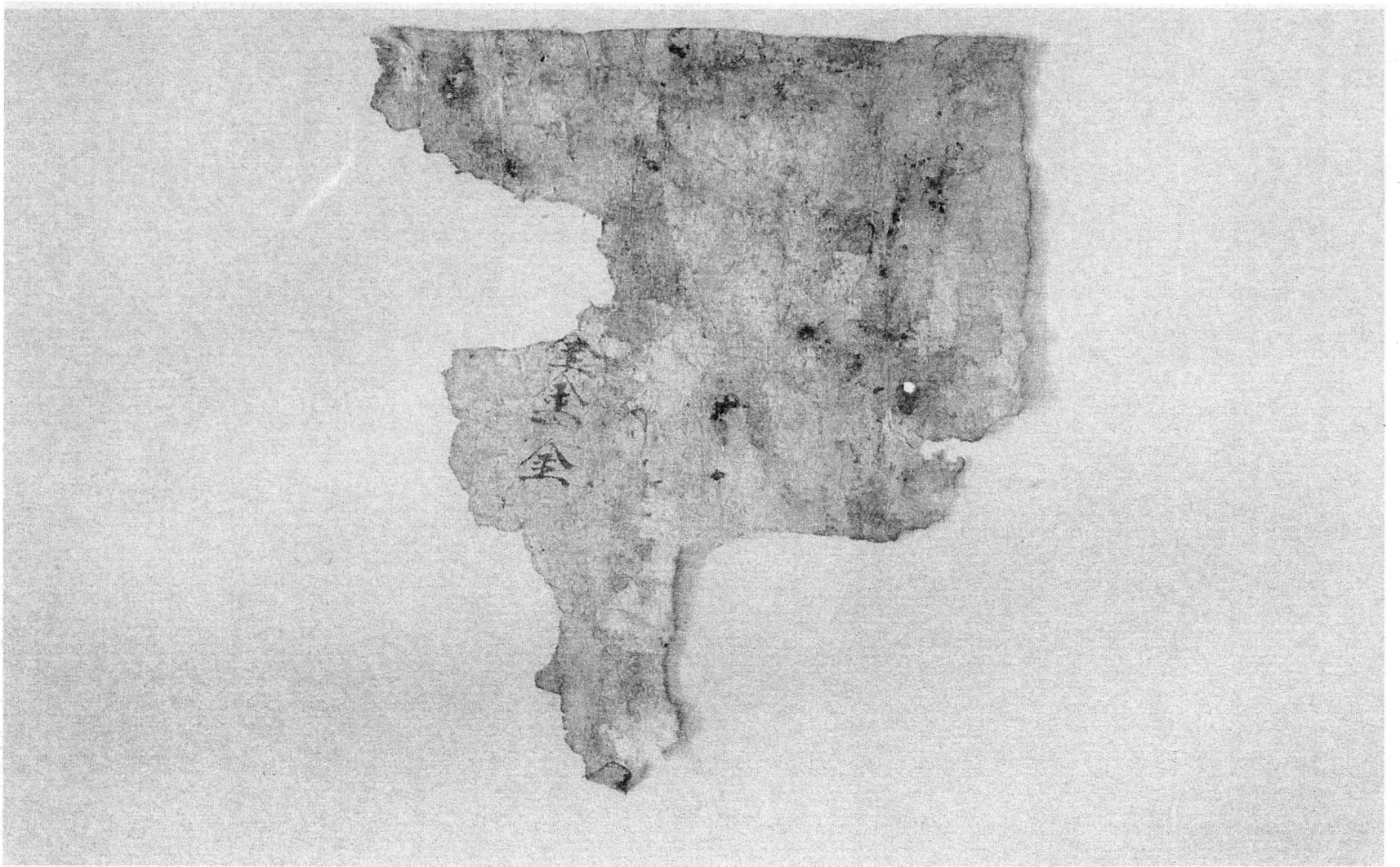

BD16015 號背　雜寫　　　　　　　　　　　　　　　　　　　　　　　（1-1）

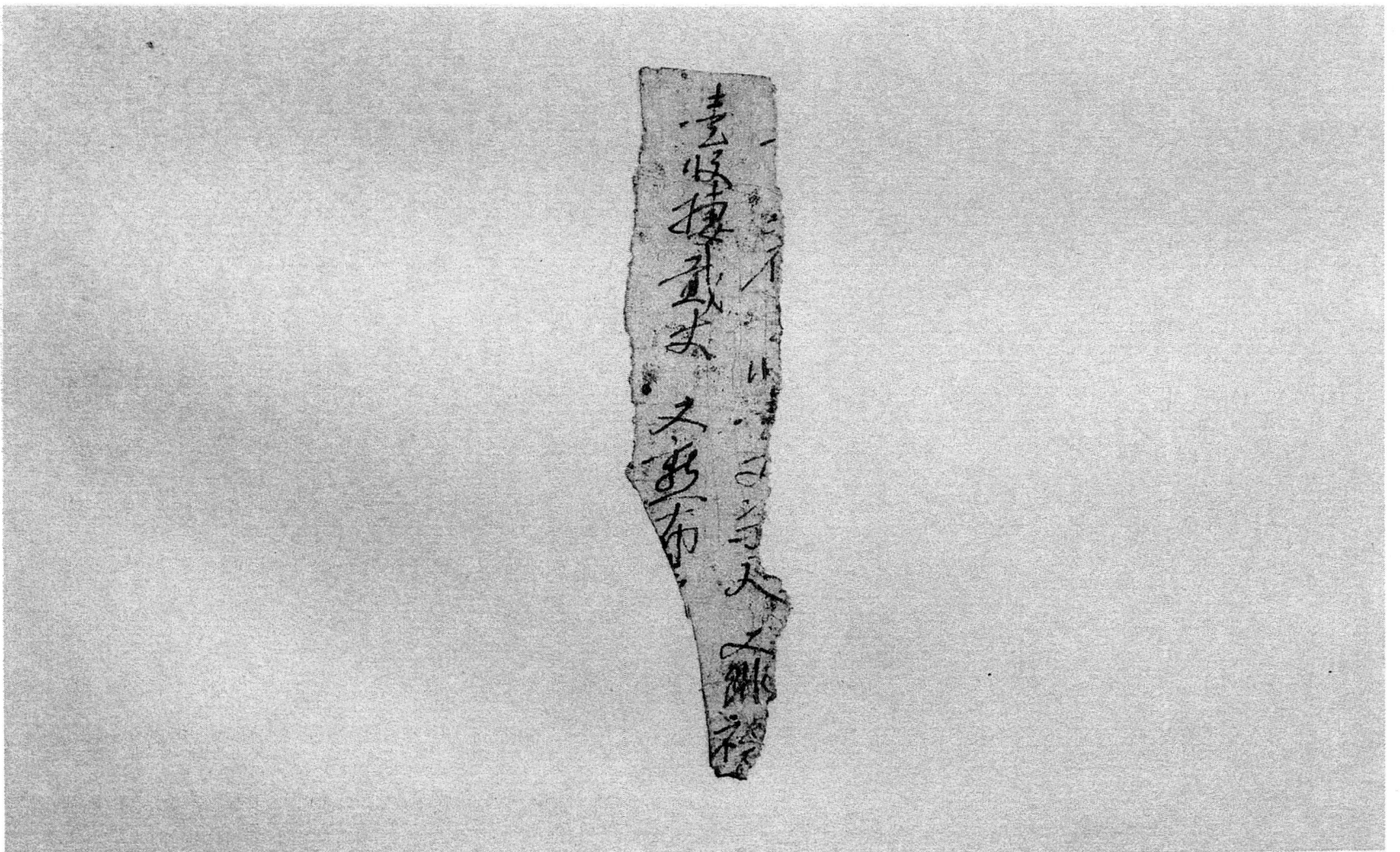

BD16016 號 A　辰年某色物歷（擬）　　　　　　　　　　　　　　　（1-1）

BD16016 號 A 背　色物歷（擬）　　　　　　　　　　　　　　　　　　　　　（1-1）

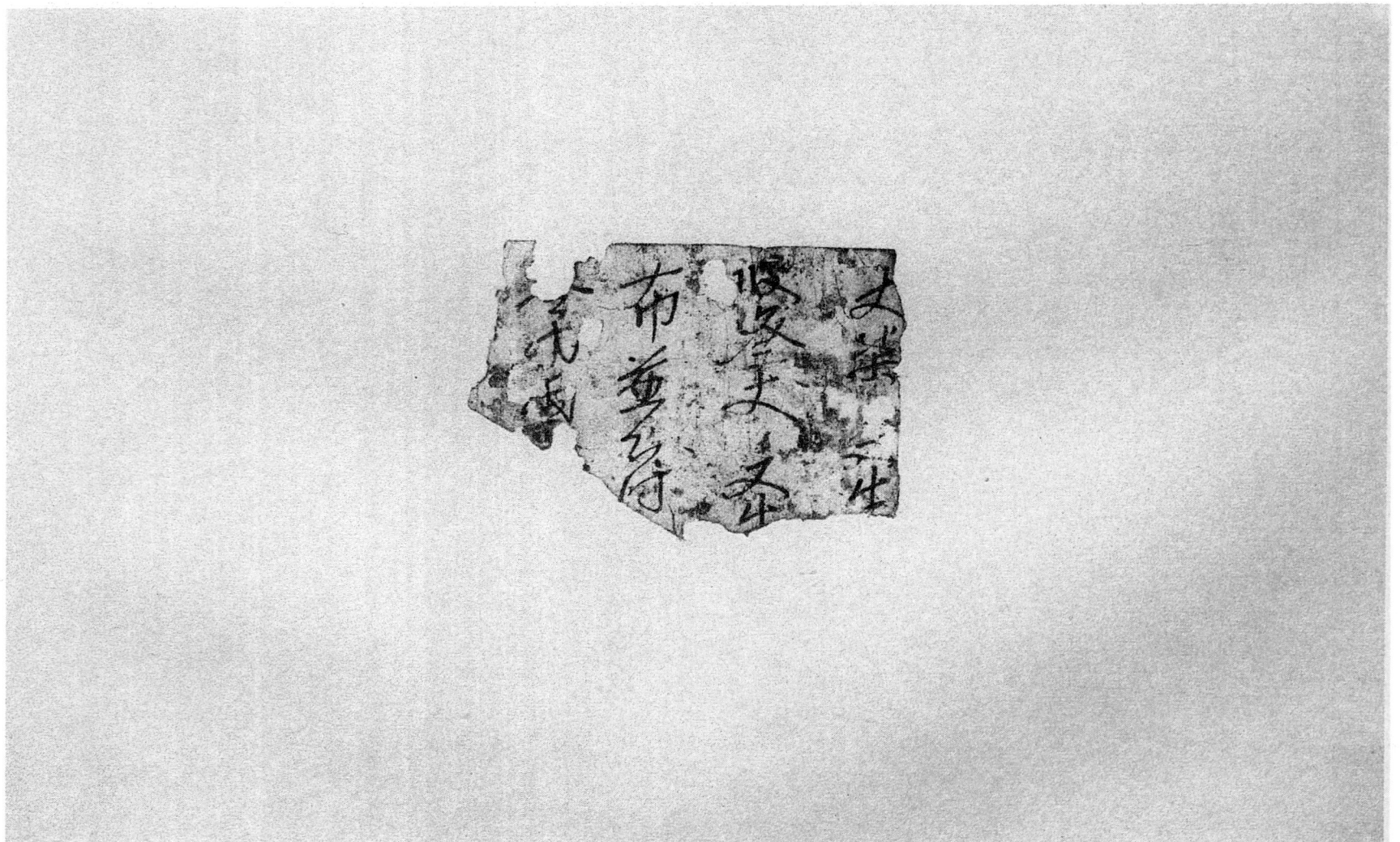

BD16016 號 B　辰年某色物歷（擬）　　　　　　　　　　　　　　　　　　　（1-1）

BD16016 號 B 背　色物歷（擬）　　　　　　　　　　　　　　　　　　　　　　　　（1-1）

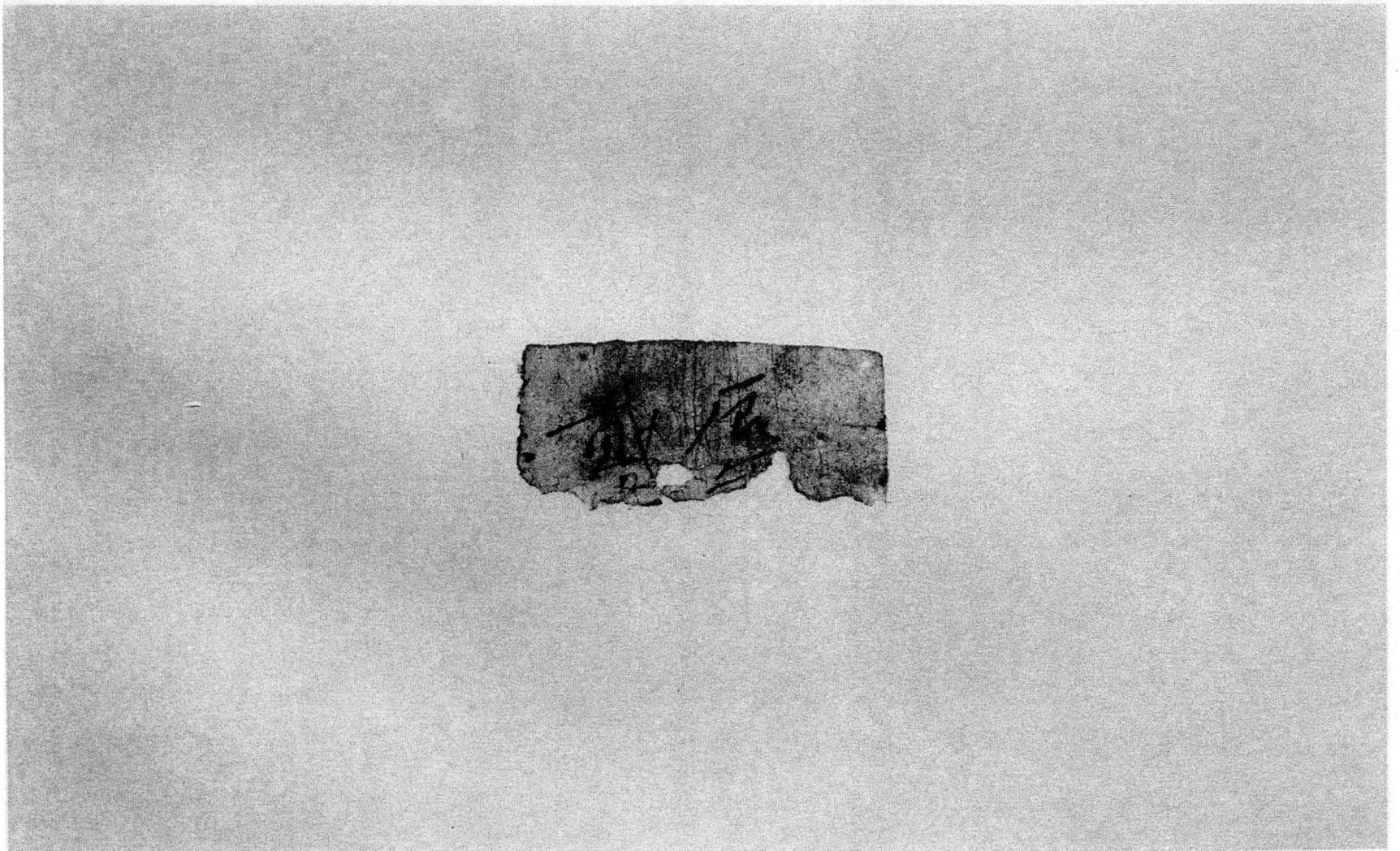

BD16016 號 C　辰年某色物歷（擬）　　　　　　　　　　　　　　　　　　　　　　（1-1）

BD16016 號 C 背　色物歷（擬）　　　　　　　　　　　　　　　　　　　　　（1-1）

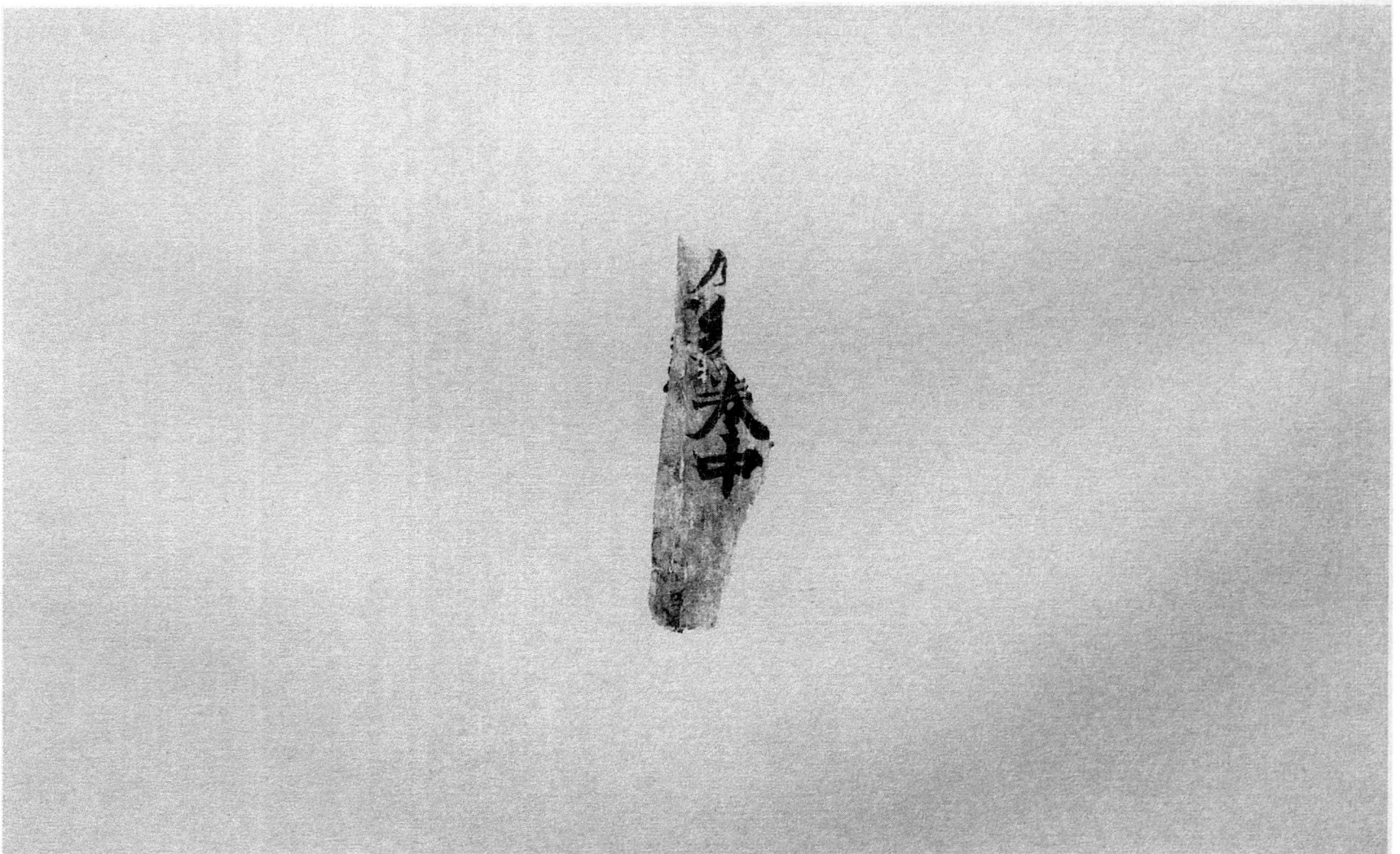

BD16017 號　護首（經名不詳）　　　　　　　　　　　　　　　　　　　　　（1-1）

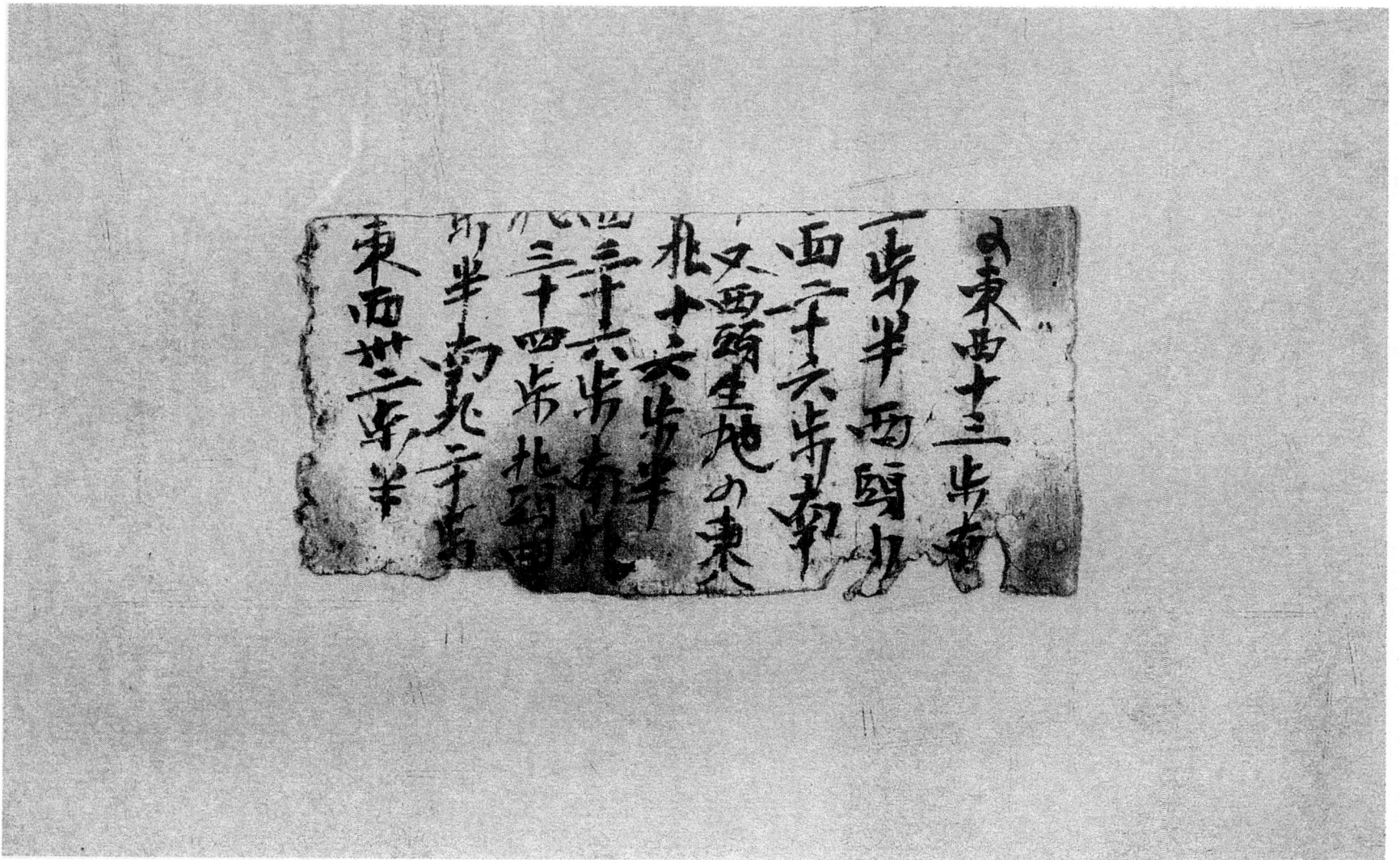

BD16018號　丈量田畝籍（擬）　　　　　　　　　　　　　　　　　（1-1）

BD16018號背　雜寫　　　　　　　　　　　　　　　　　　　　　（1-1）

BD16019 號　禮記正義・射義第四六　　　　　　　　　　　　（1-1）

BD16020 號　佛名經（十二卷本）卷五　　　　　　　　　　（1-1）

BD16021 號 A　永寧坊社扶佛人名目（擬）　　　　　　　　　　　　　　　（1-1）

BD16021 號 B　永寧坊社扶佛人名目（擬）　　　　　　　　　　　　　　　（1-1）

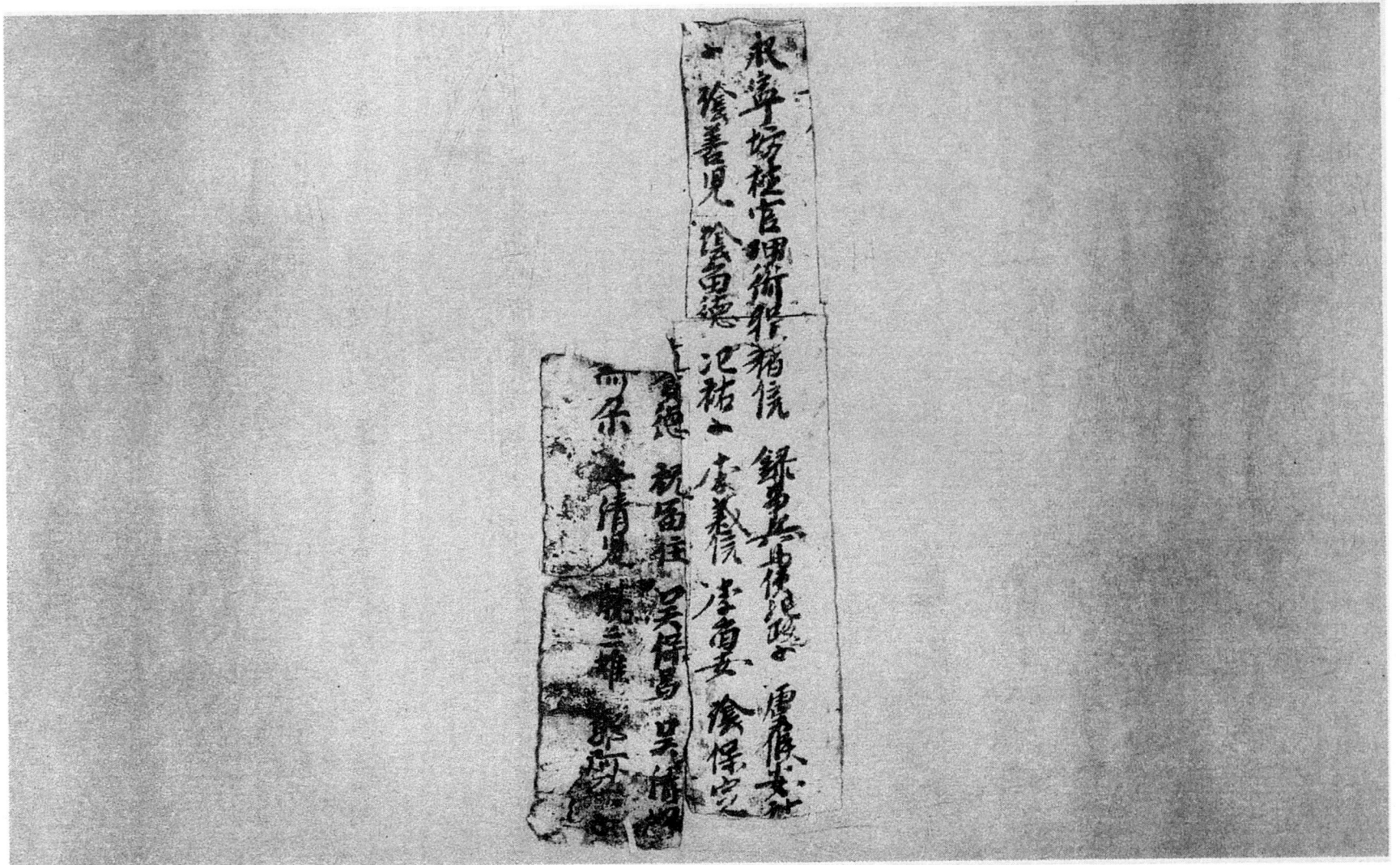

BD16021 號 C　永寧坊社司文書（擬）　　　　　　　　　　　　（1-1）

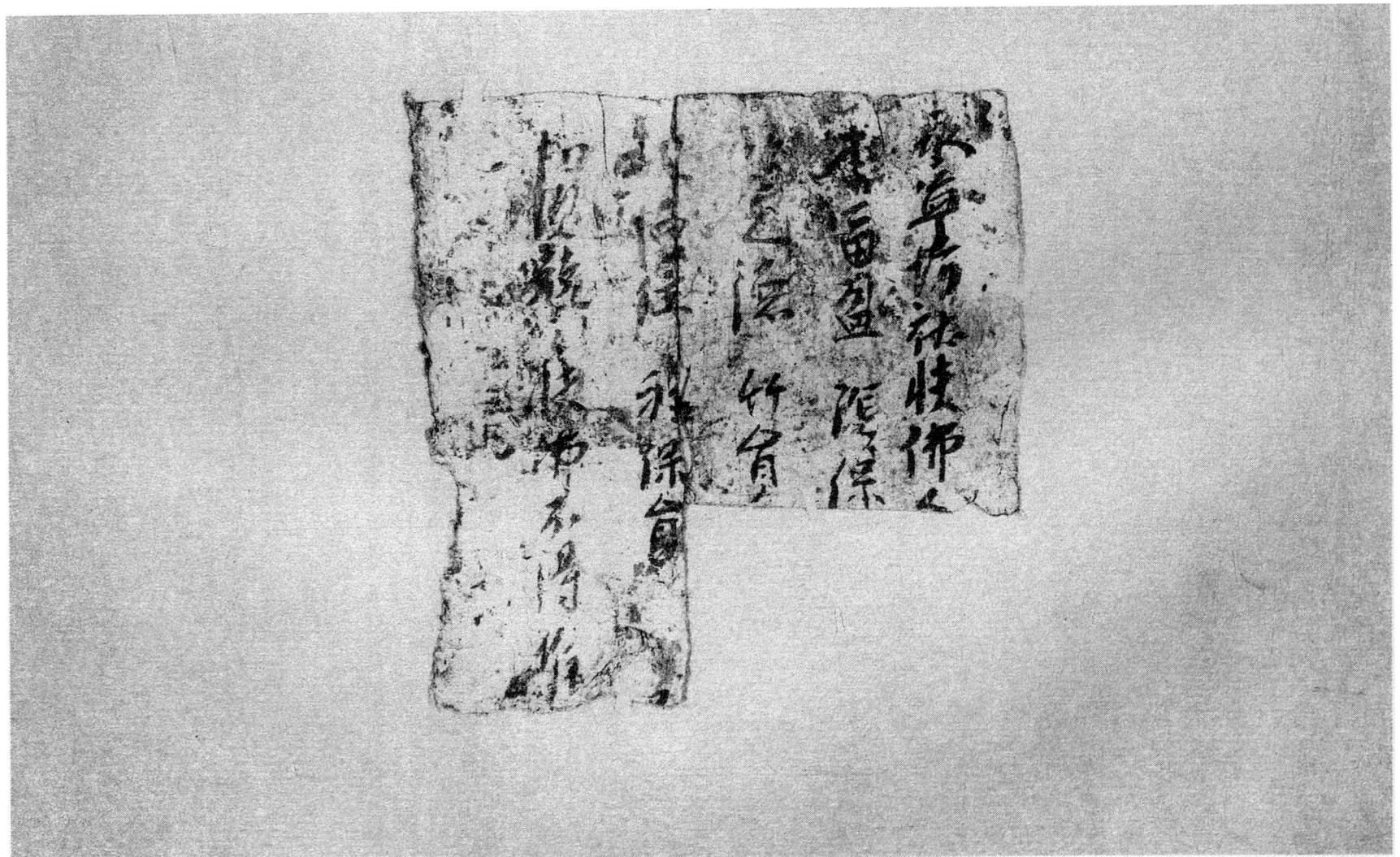

BD16022 號 A　永寧坊社扶佛人名目（擬）　　　　　　　　　　（1-1）

BD16022 號 A 背　永寧坊社人名目（擬）　　　　　　　　　　　　　　（1-1）

BD16022 號 B　永寧坊社司文書（擬）　　　　　　　　　　　　　　（1-1）

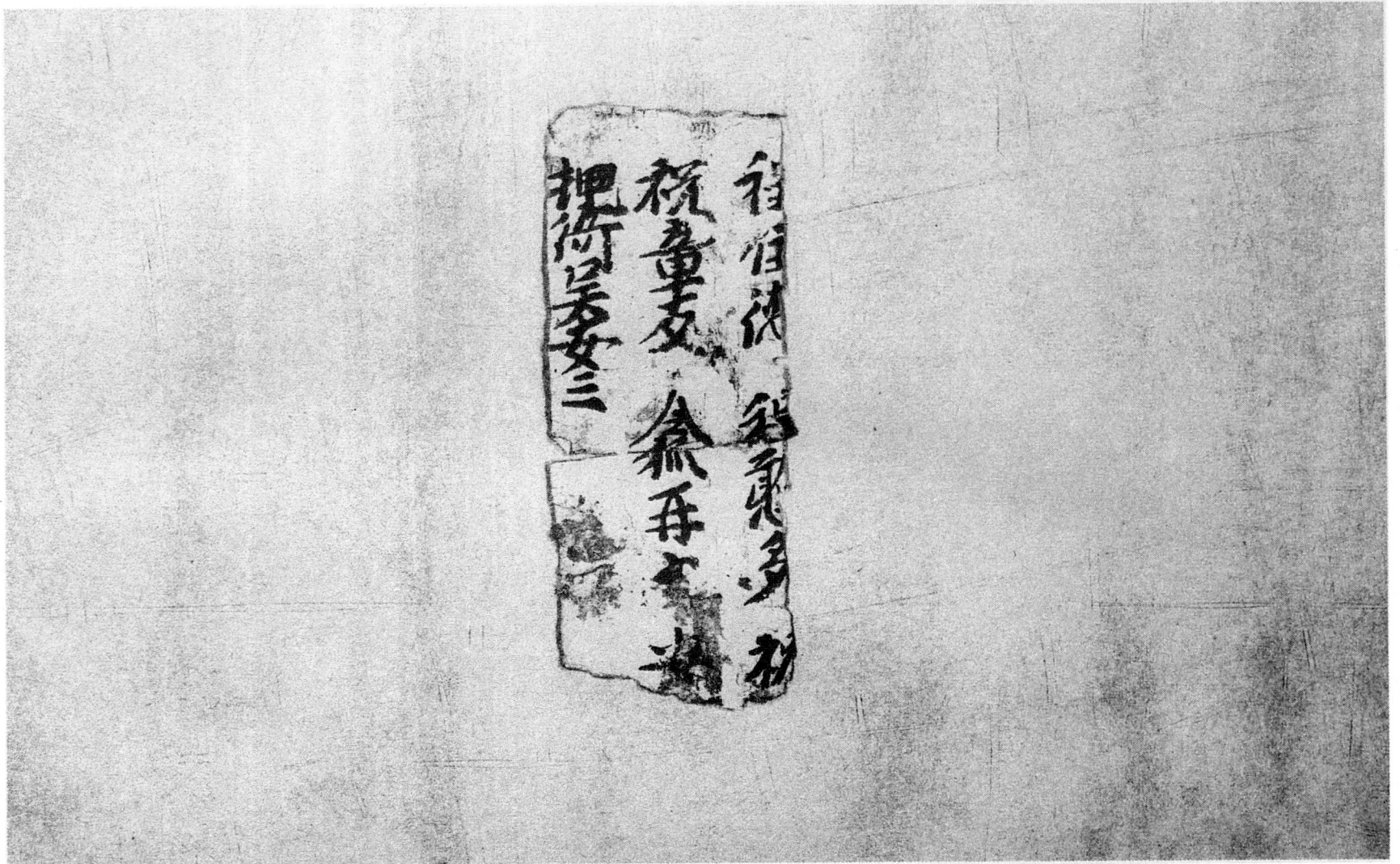

BD16022 號 C　永寧坊社司文書（擬）　　　　　　　　　　　（1-1）

BD16023 號 A　殘片（擬）　　　　　　　　　　　　　　　（1-1）

BD16023 號 B　殘文書（擬）

（1-1）

BD16023 號 C　殘文書（擬）

（1-1）

BD16023 號 C 背　雜寫

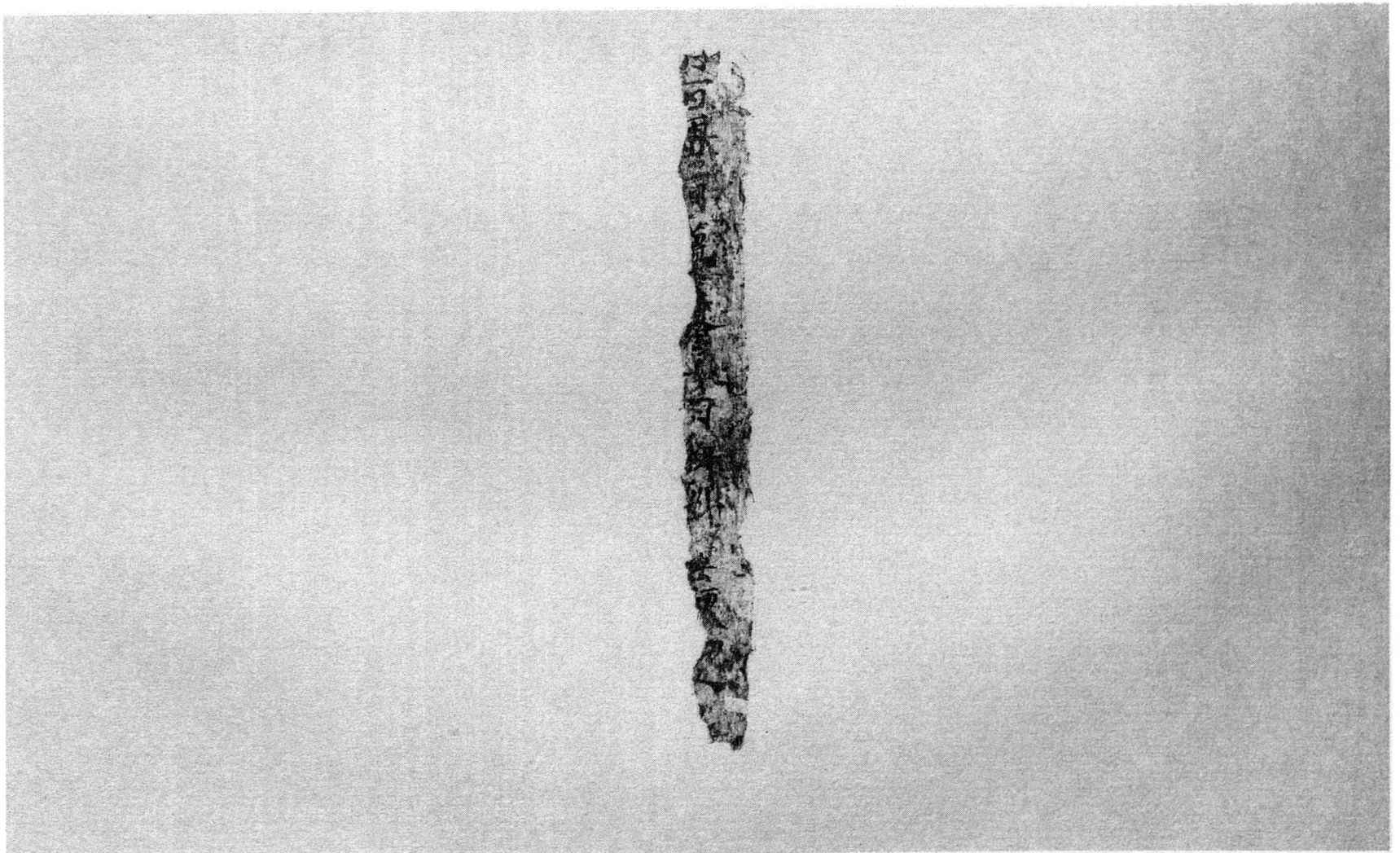

BD16024 號　便物歷（擬）

BD16025 號　殘片（擬）　　　　　　　　　　　　　　　　　　　　　　　（1-1）

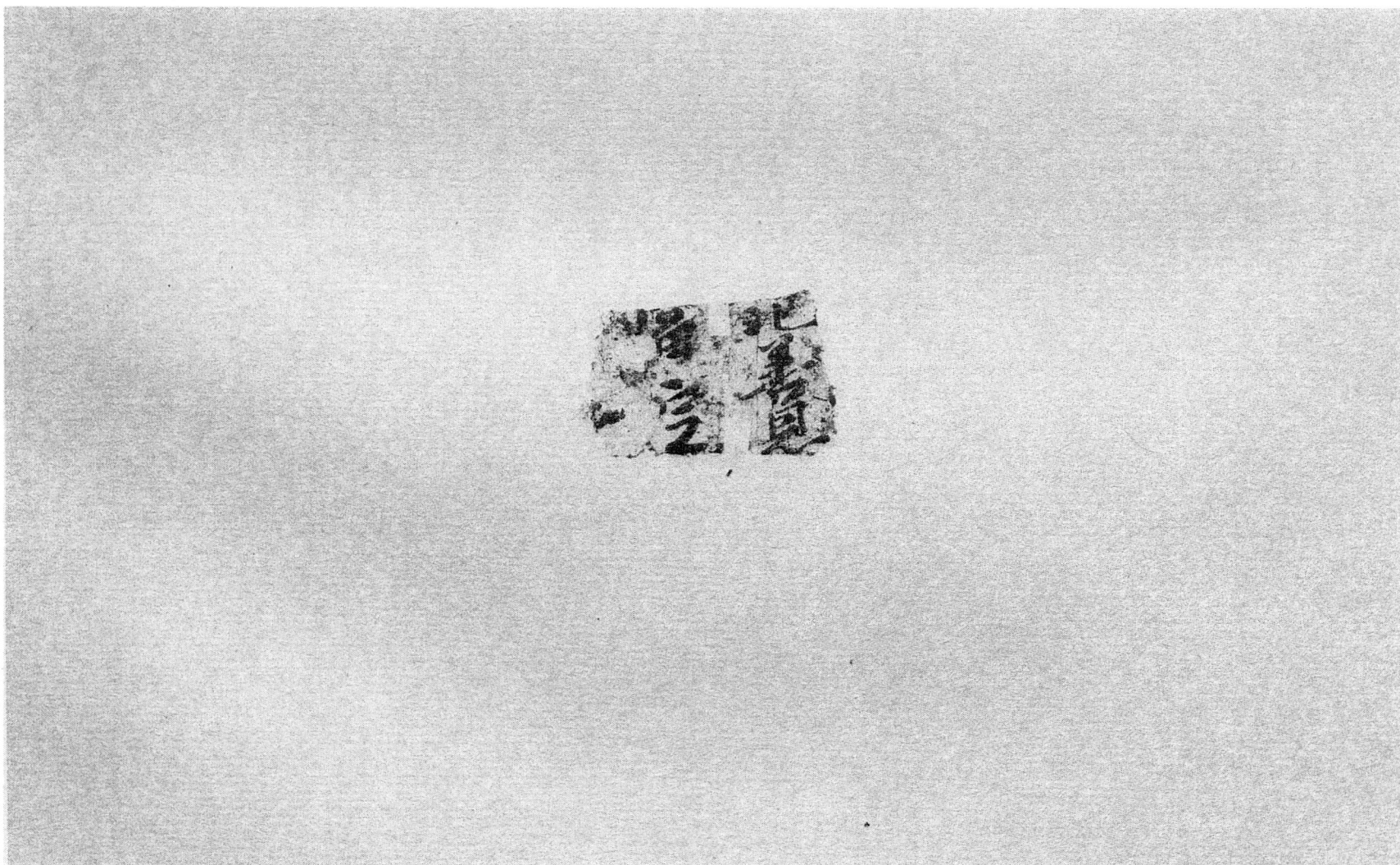

BD16026 號 A　名錄（擬）　　　　　　　　　　　　　　　　　　　　　　（1-1）

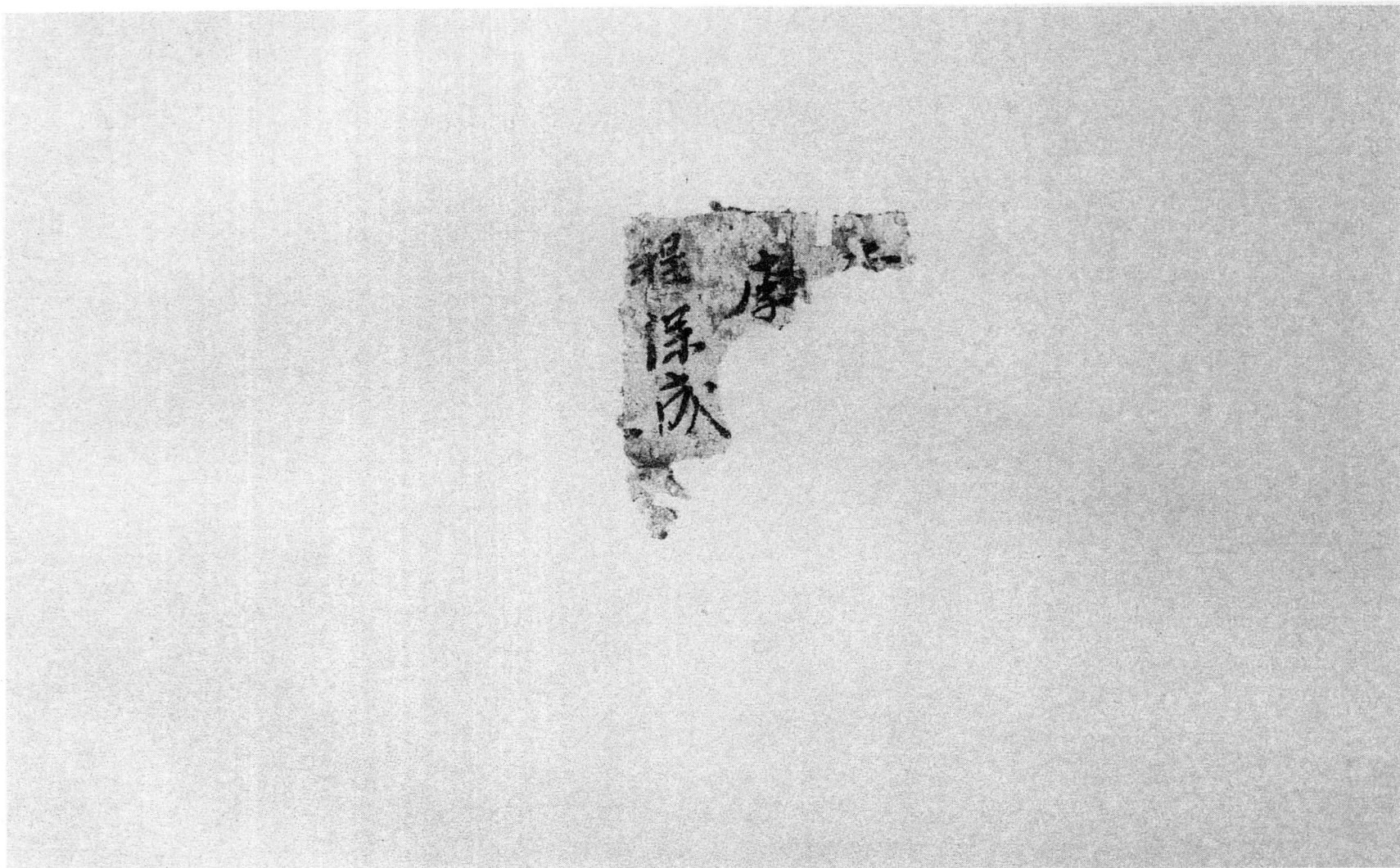

BD16026 號 B 名錄（擬） （1-1）

BD16026 號 C 名錄（擬） （1-1）

周家蘭若內禪僧法□

右□戒堅持守護禪灑樊香如理教化
於十方念誦聚□於□□舍□□□□□
周不□來陳將麥祗碩又至□□年□□□
拾貳碩□□□□□□□□麥□□□□□□
□□□□□其秋

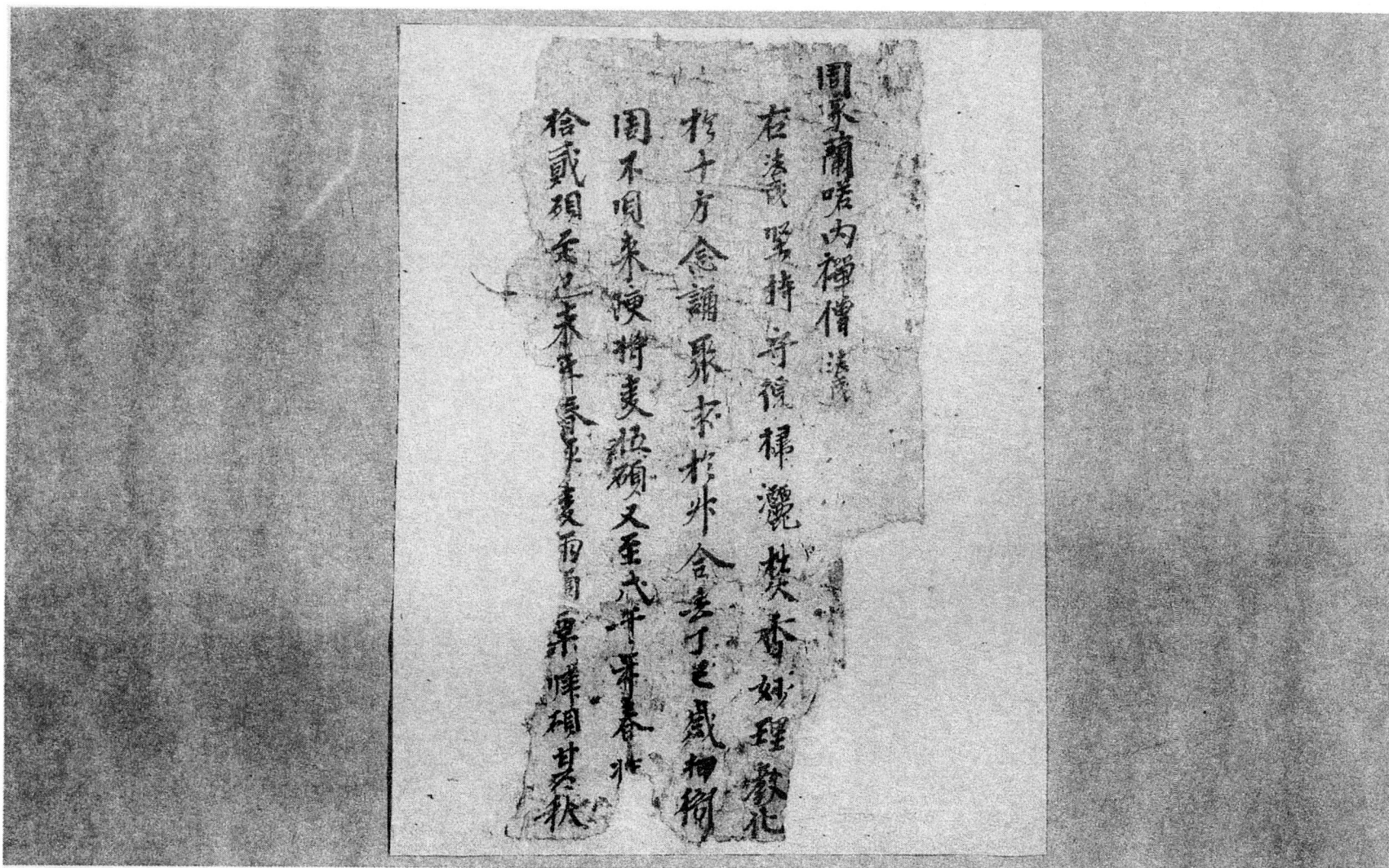

BD16029號　周家蘭若禪僧法成便麥粟歷（擬）　　　　　　　　　　　　　　　　　（1-1）

條件狀如前謹條孫子男
大平興國九年三月大畫一國兇□□
丙戌年壬月十三日□□□□□再□□
甲申年三月□日三月廿八□□□鄉家中□
□

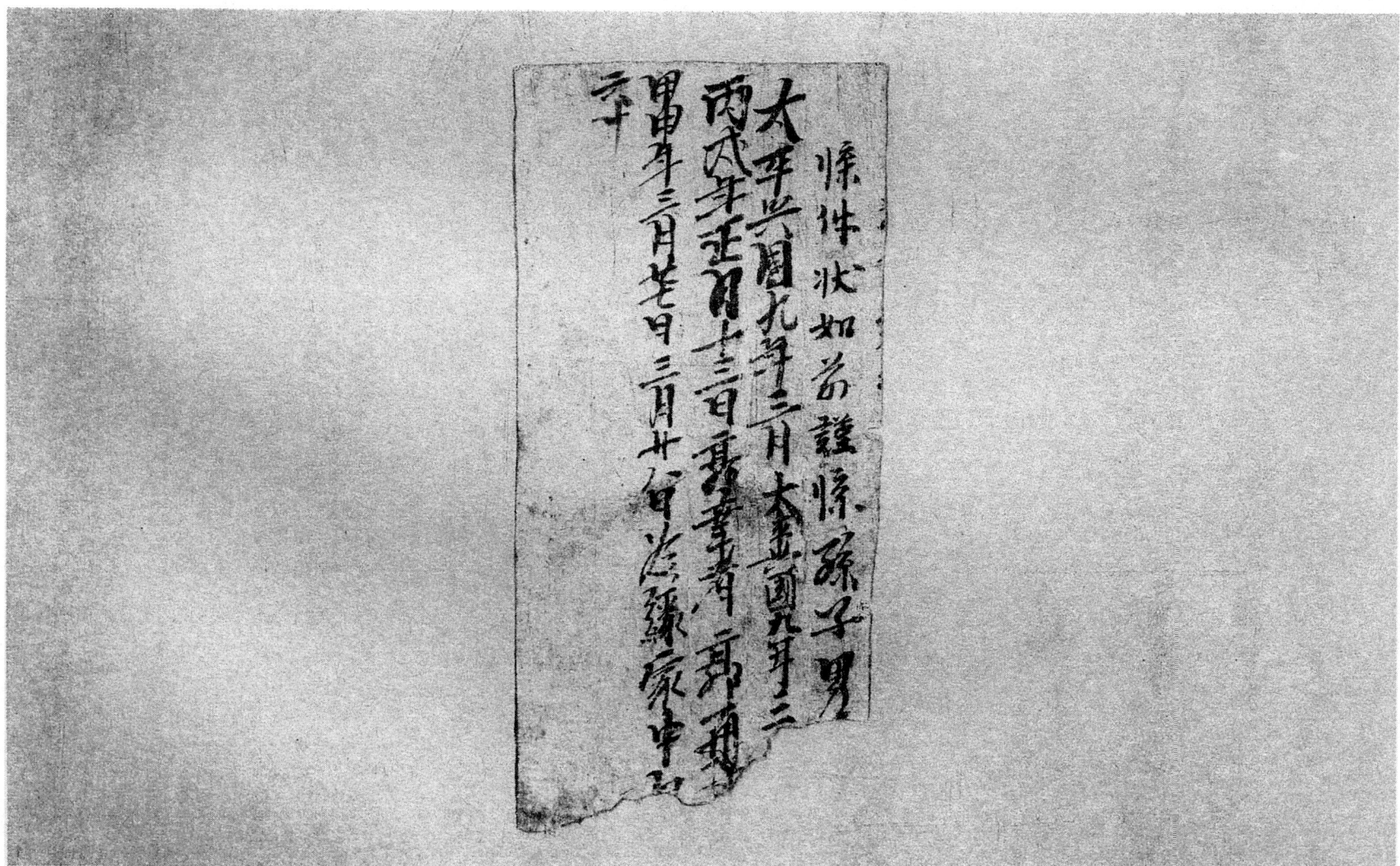

BD16030號　牒狀（擬）　　　　　　　　　　　　　　　　　　　　　　　　　　　（1-1）

95

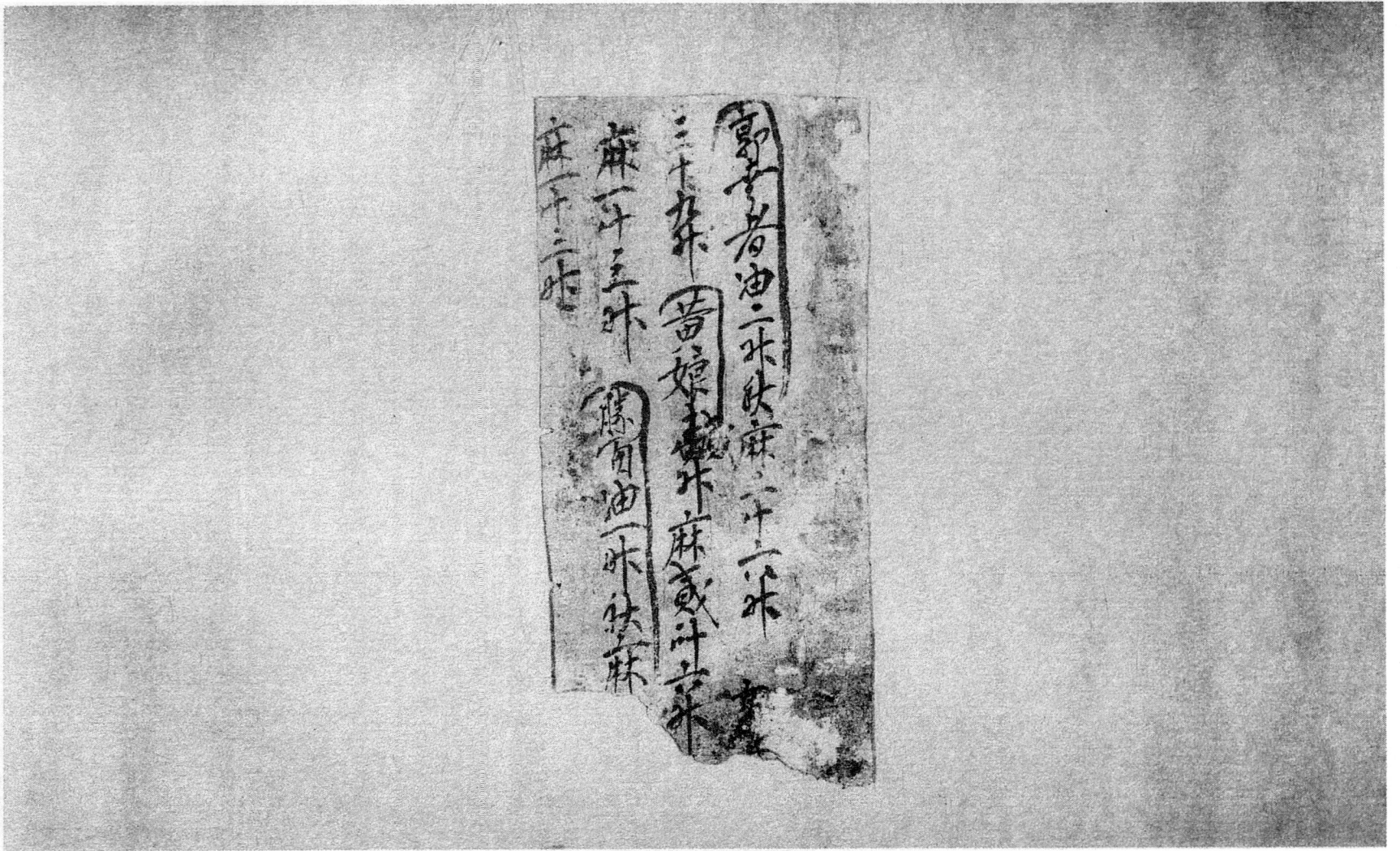

BD16030 號背　郭幸者等油麻歷（擬）　　　　　　　　　　　　　　　　　　（1-1）

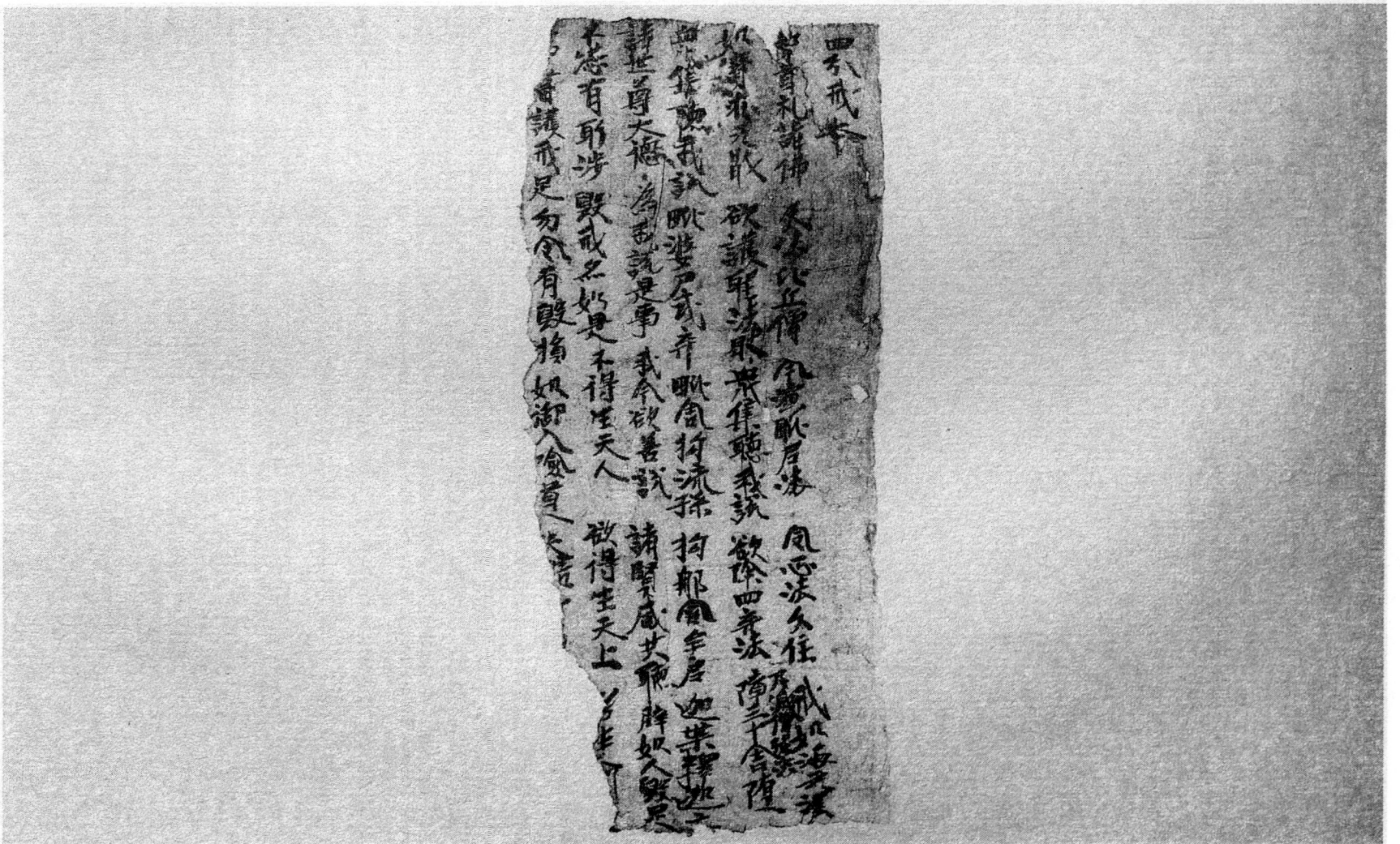

BD16031 號　四分僧戒本　　　　　　　　　　　　　　　　　　　　　　　（1-1）

BD16031 號背　題記　　　　　　　　　　　　　　　　　　　　　　　　（1-1）

BD16032 號　佛名經殘片（擬）　　　　　　　　　　　　　　　　　　　（1-1）

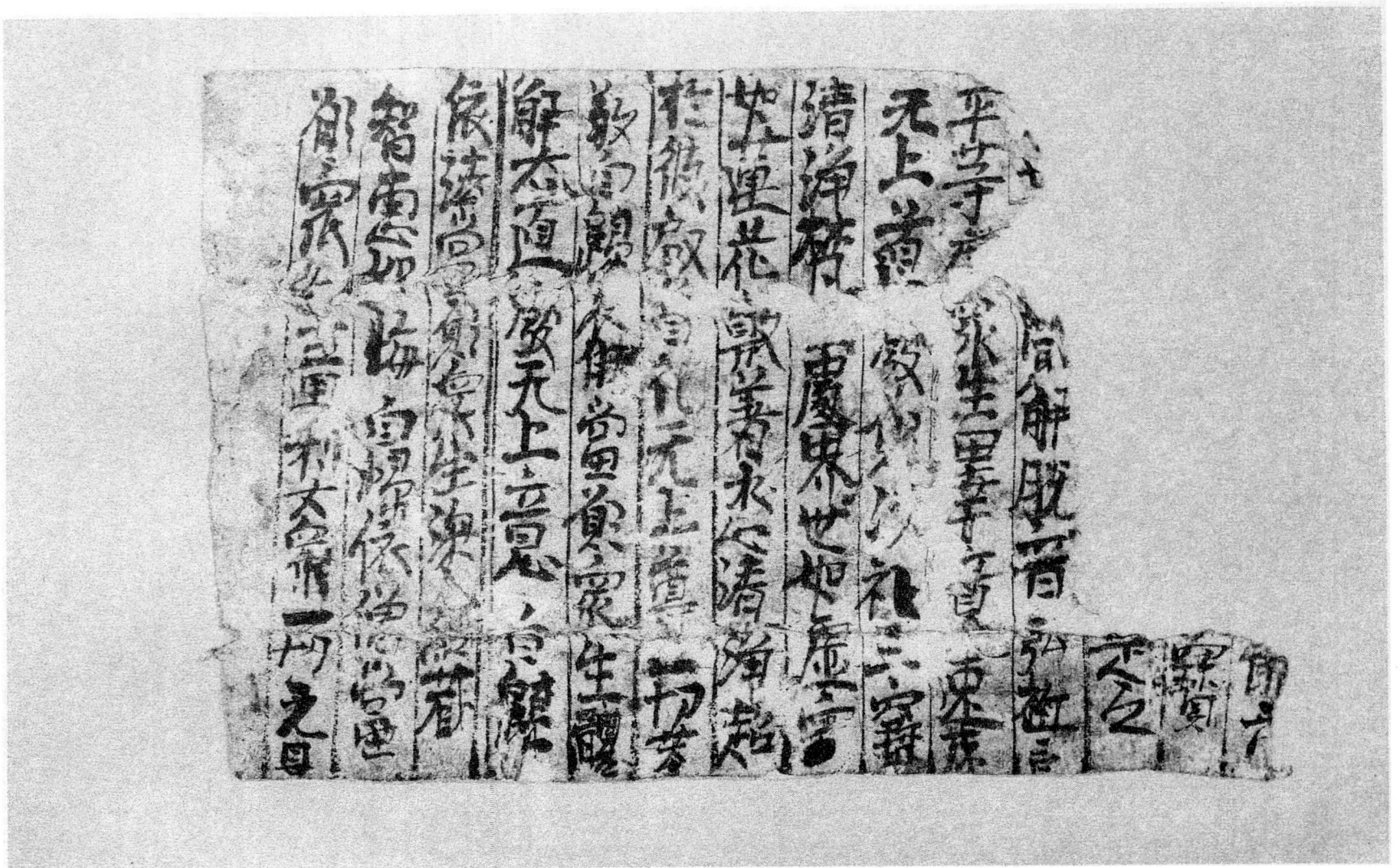

BD16033 號　禮懺發願文（擬）　　　　　　　　　　　　　　　　　　（1-1）

BD16034 號　龍弁奉請齊闍梨等參與大雲寺追念法會疏（擬）　　　　　　（1-1）

BD16035 號 A　敦煌僧團戒律文書（擬）　　　　　　　　　　　　　　　　（1-1）

BD16035 號 B　敦煌僧團戒律文書（擬）　　　　　　　　　　　　　　　　（1-1）

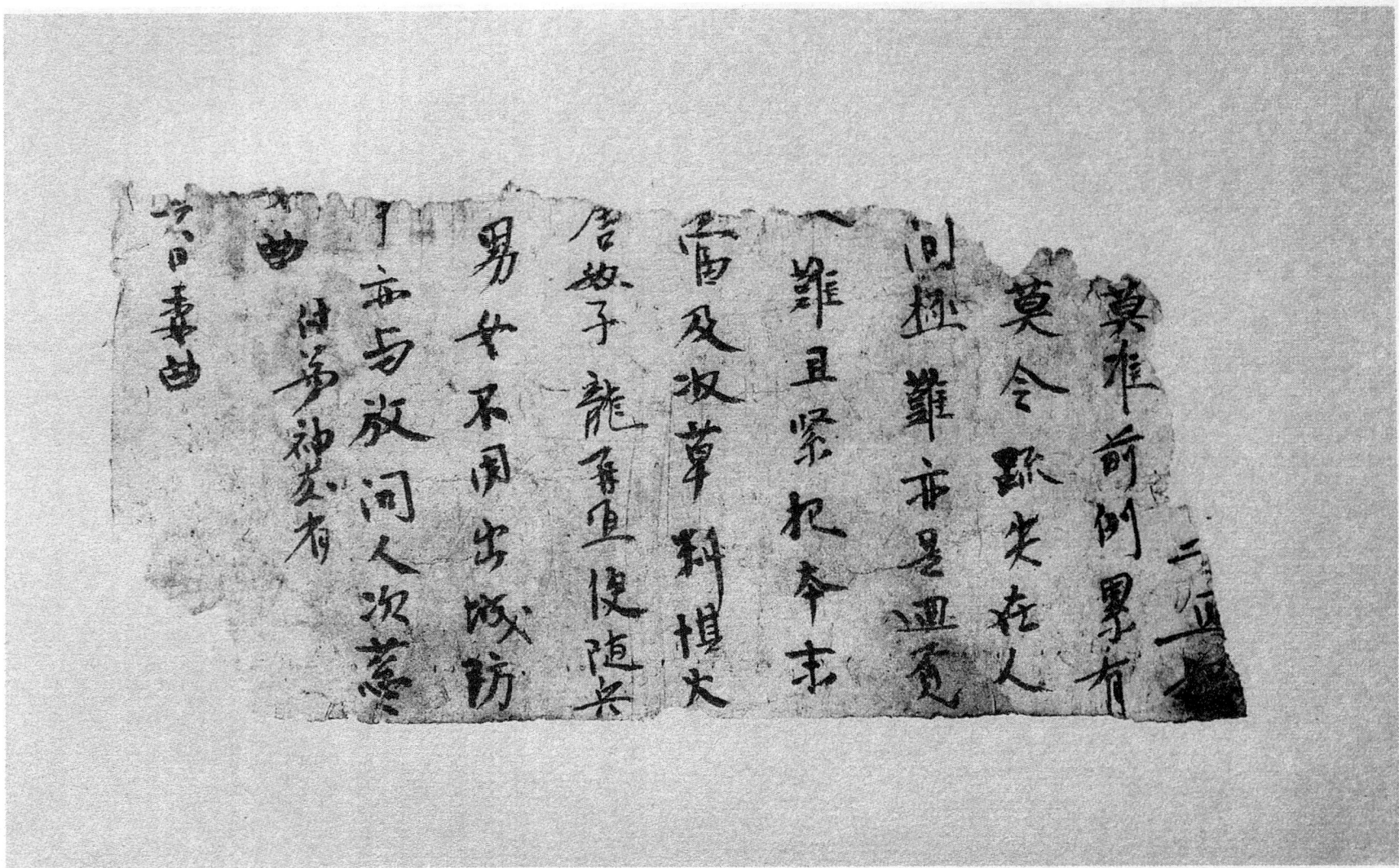

BD16036 號　付弟神友書（擬）　　　　　　　　　　　（1–1）

BD16037 號　敦煌僧團戒律文書（擬）　　　　　　　（1–1）

BD16037 號背　雜寫　　　　　　　　　　　　　　　　　　　　（1-1）

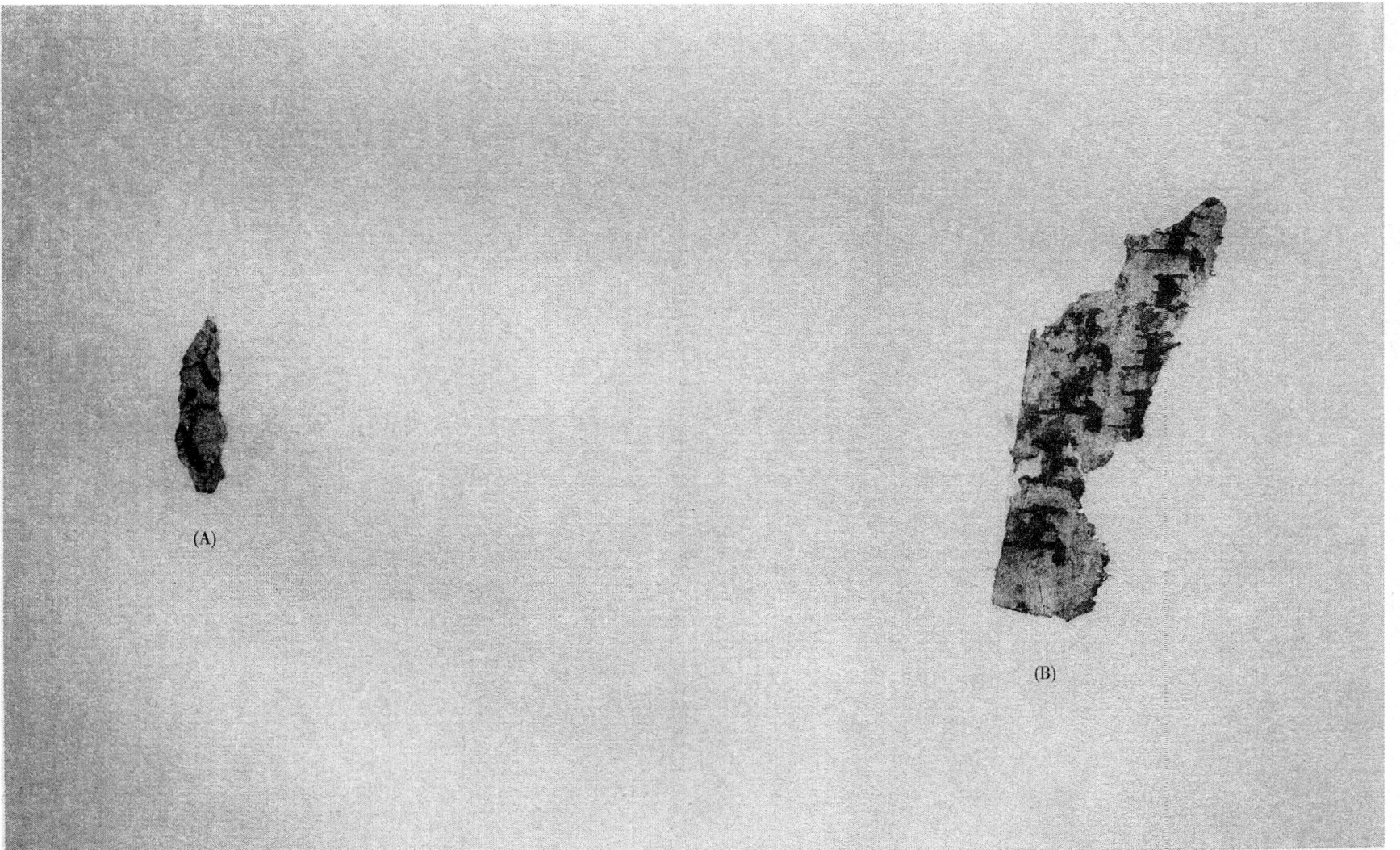

(A)

(B)

BD16038 號 A　殘片（擬）　　　　　　　　　　　　　　　　　（1-1）
BD16038 號 B　習字雜寫（擬）

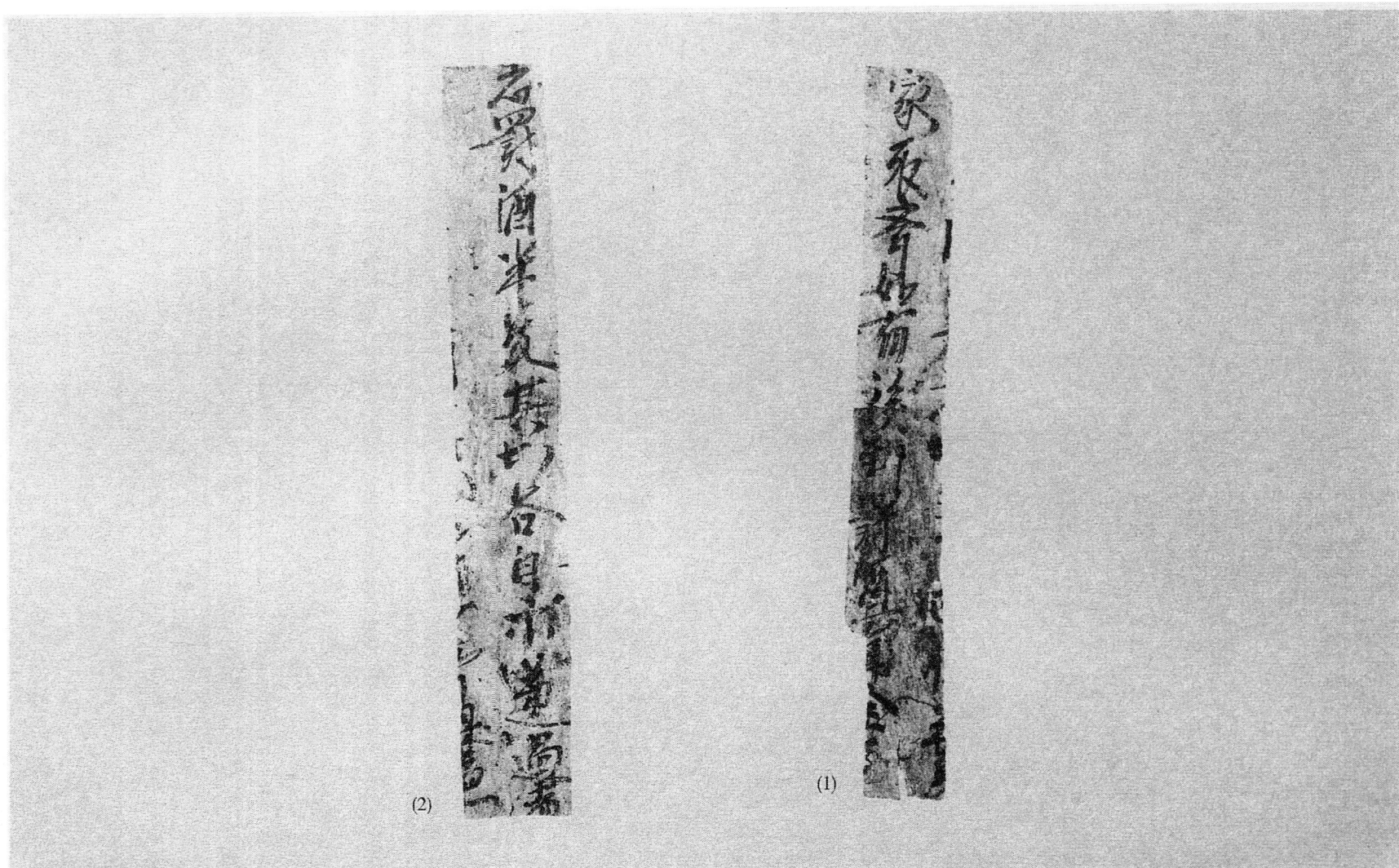

BD16039 號　社司轉帖（擬）　　　　　　　　　　　　　　　　　（1–1）

BD16040 號　殘片（擬）　　　　　　　　　　　　　　　　　（1–1）

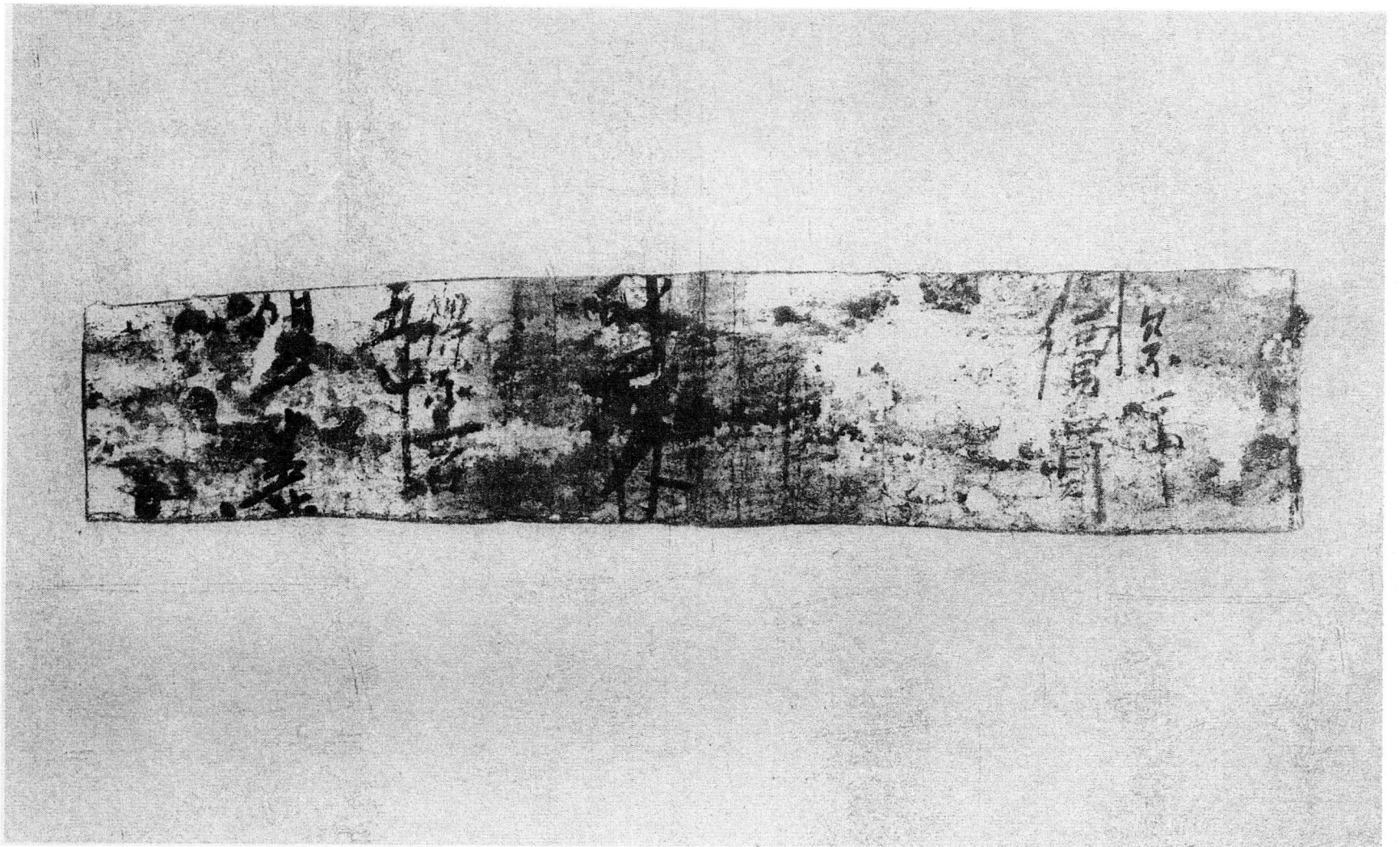

BD16043 號 A　便糧食歷（擬）　　　　　　　　　　　　　　　　　　　　　　　（1-1）

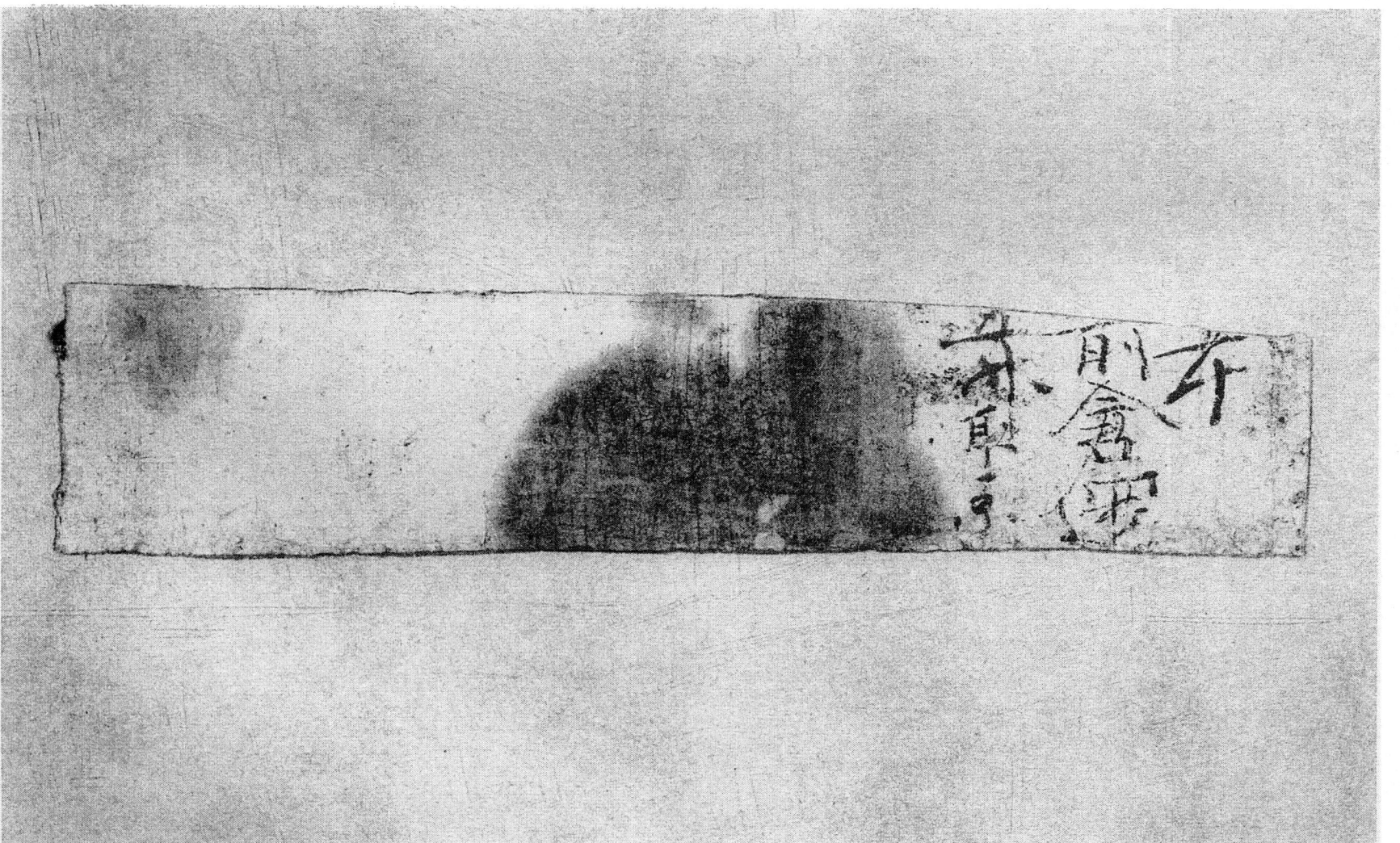

BD16043 號 A 背　便糧食歷（擬）　　　　　　　　　　　　　　　　　　　　　　（1-1）

BD16043 號 B　便糧食歷（擬）

（1–1）

BD16044 號 A　便糧食歷（擬）

（1–1）

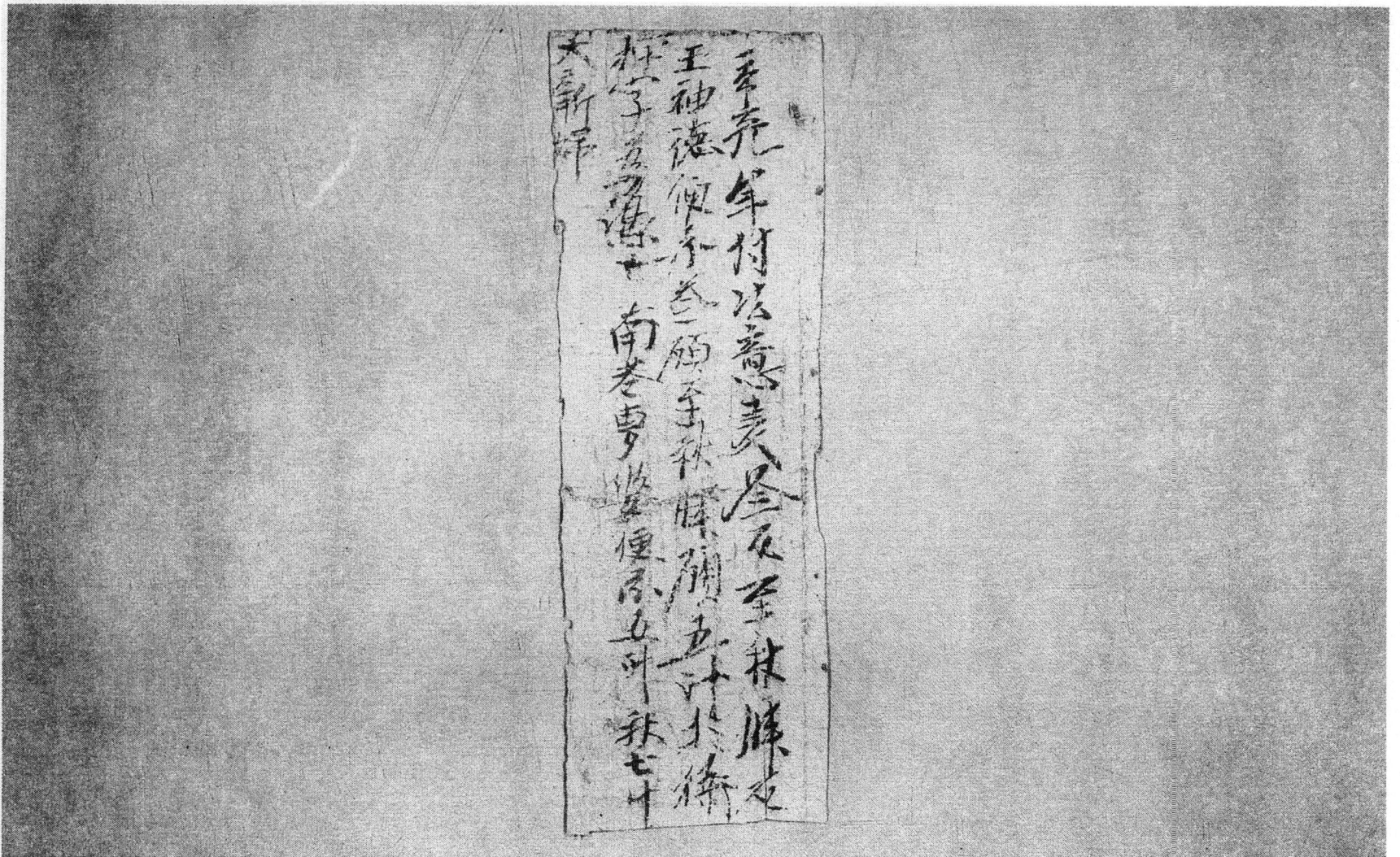

BD16044 號 A 背　辛亥年便糧食歷（擬）　　　　　　　　　　　　　　　　（1-1）

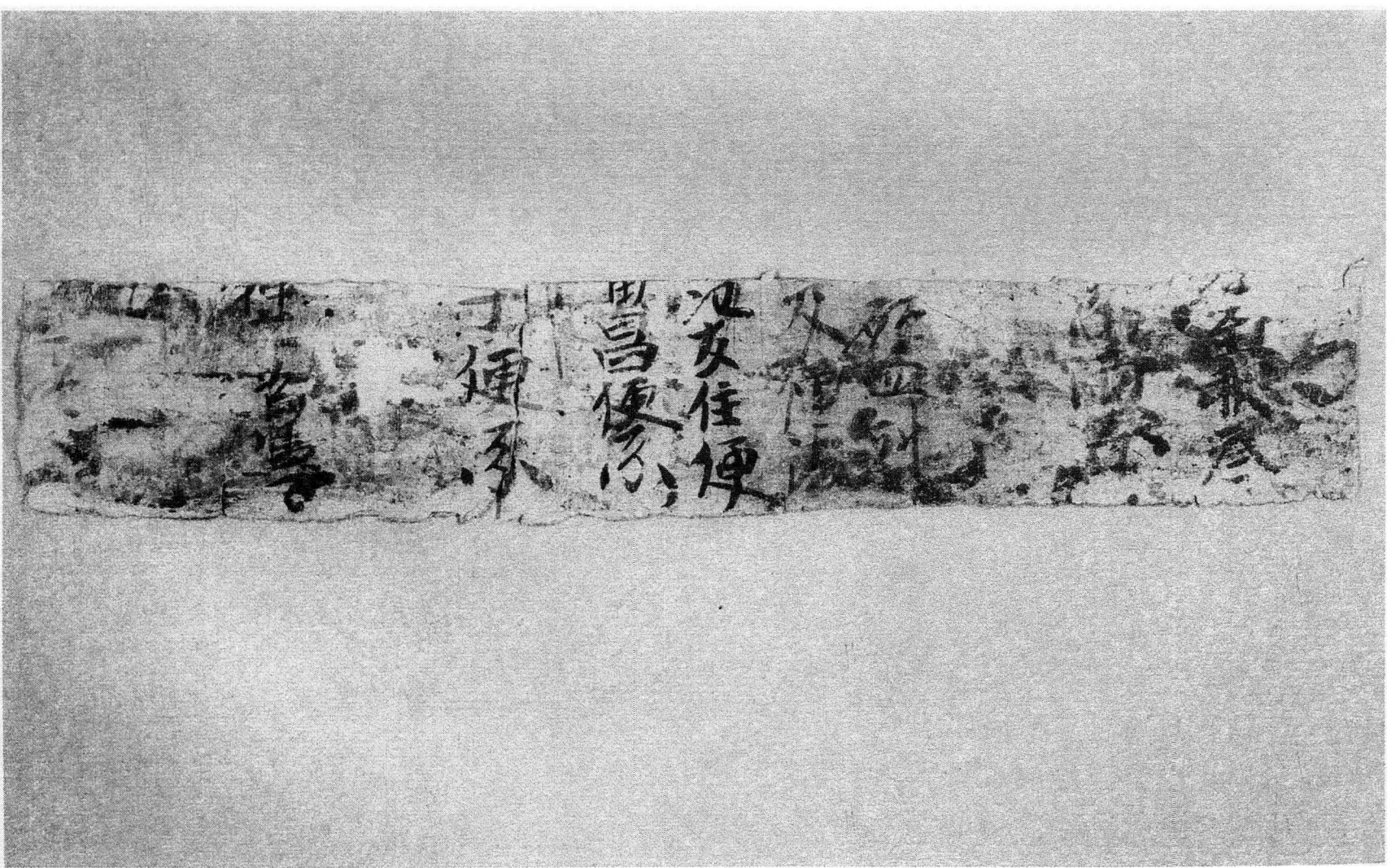

BD16044 號 B　便糧食歷（擬）　　　　　　　　　　　　　　　　　　　　（1-1）

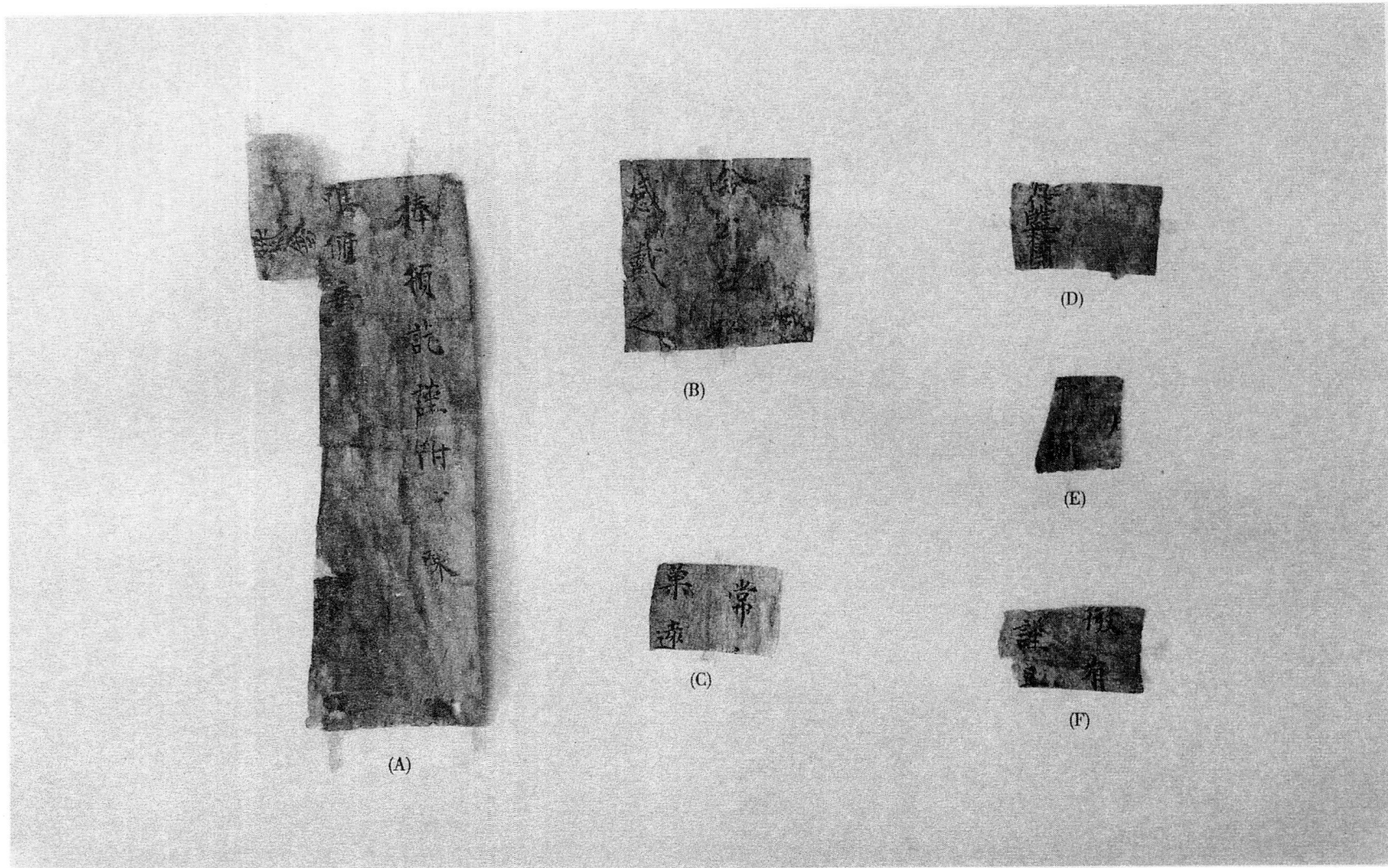

BD16045 號　函狀（擬）　　　　　　　　　　　　　　　　　　　（1-1）

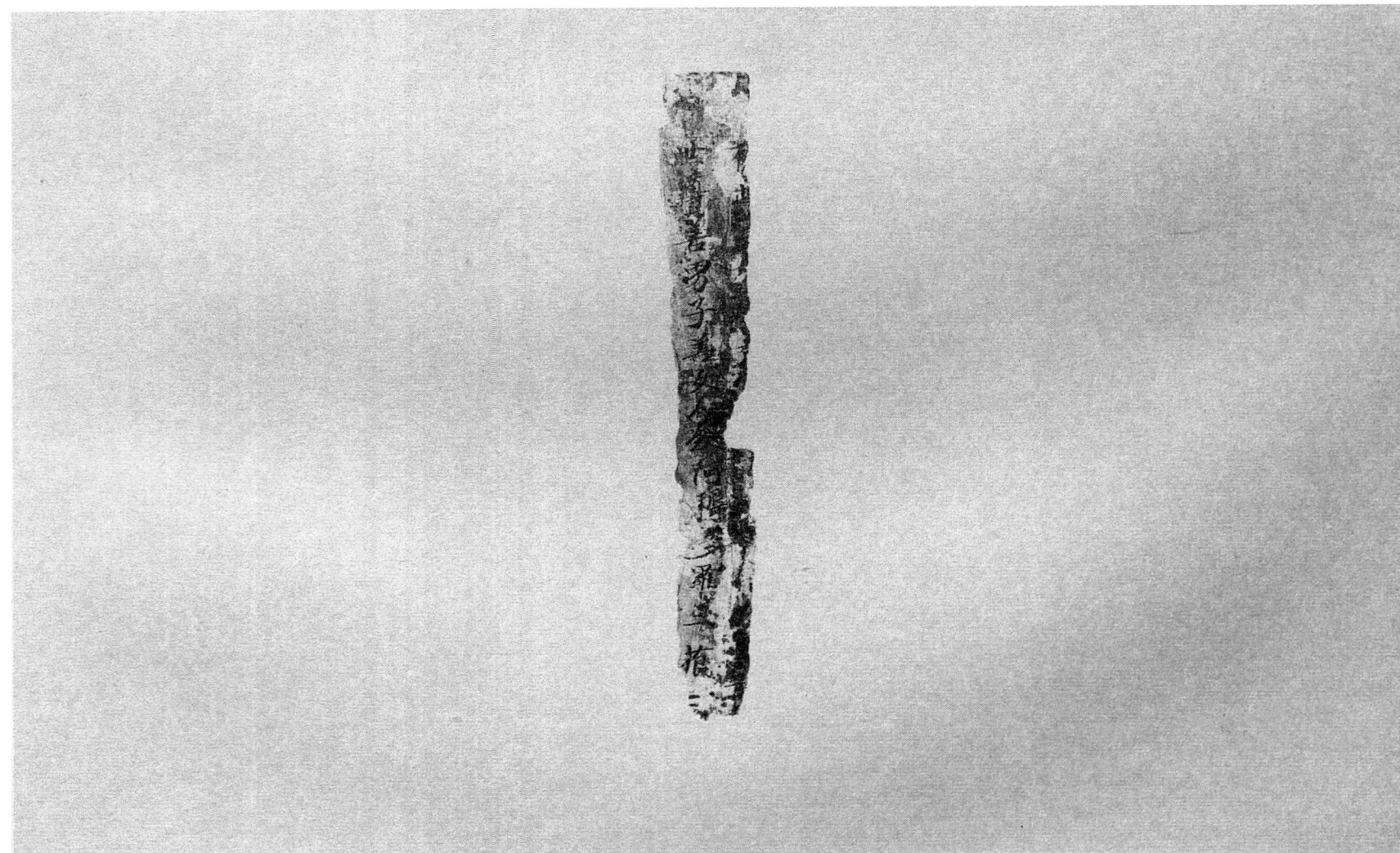

BD16046 號　金剛般若波羅蜜經　　　　　　　　　　　　　　　　（1-1）

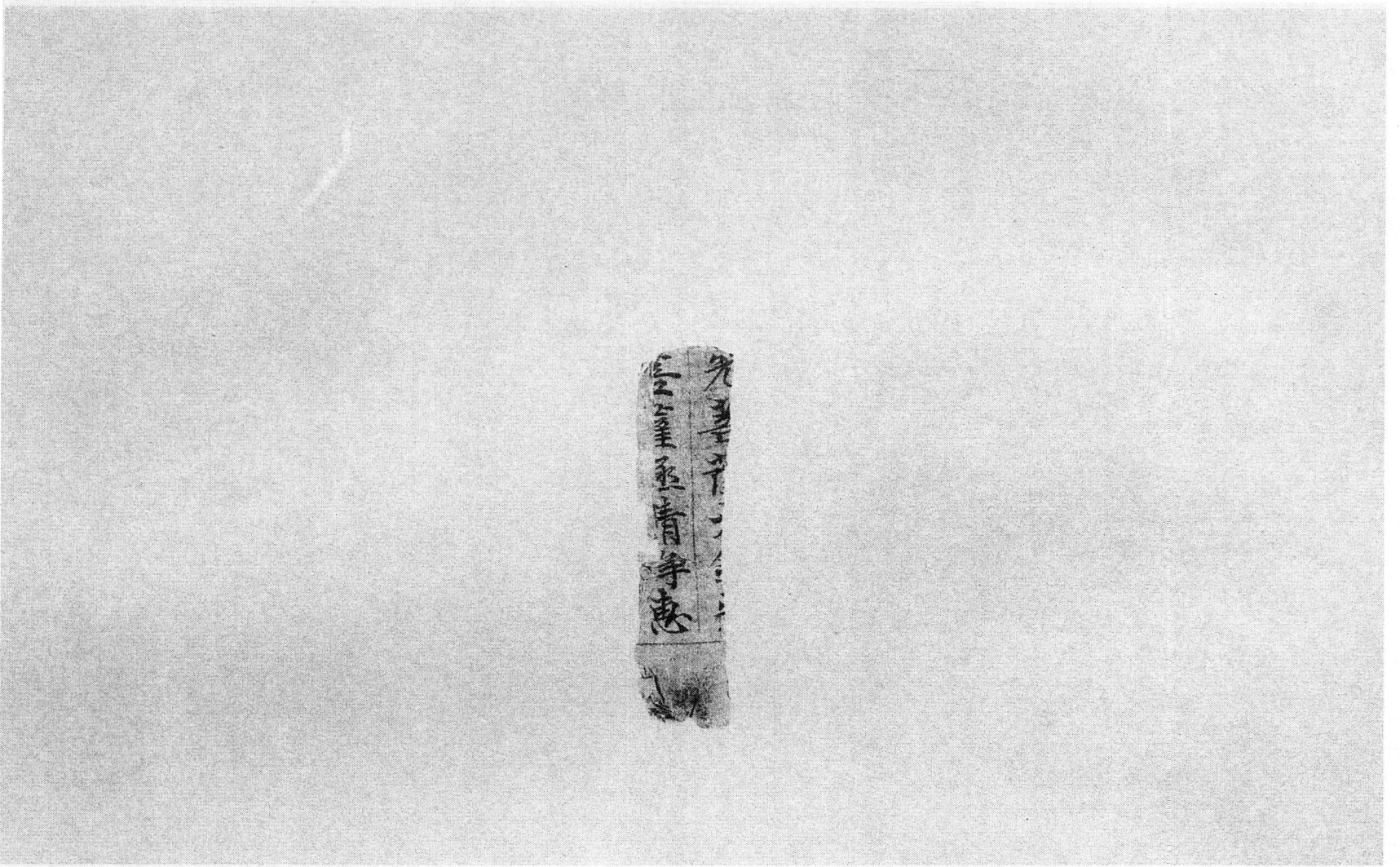

BD16047 號　金光明最勝王經卷一　　　　　　　　　　　　　　　　　　　　　（1-1）

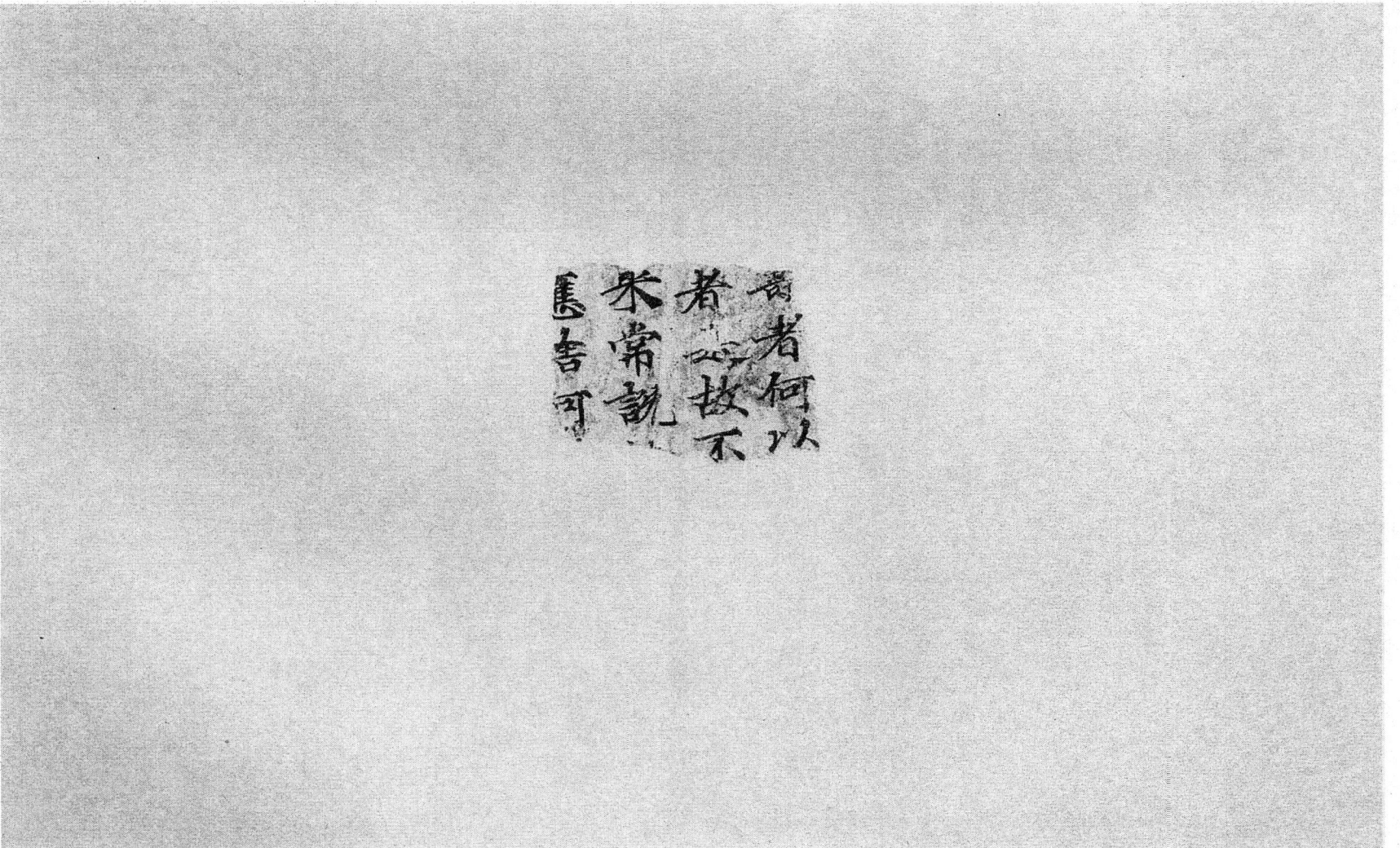

BD16048 號　金剛般若波羅蜜經　　　　　　　　　　　　　　　　　　　　　　（1-1）

BD16049 號　經文雜寫（擬）　　　　　　　　　　　　　　　　　　　　　　（1-1）

BD16050 號　金剛般若波羅蜜經　　　　　　　　　　　　　　　　　　　　　（1-1）

元始或号虚皇或号
校或号自然或号元〔〕
〔〕〔〕〔〕

(A)

王

(B)

BD16051 號 A　太上洞玄靈寶業報因緣經卷一〇　　　　　　　　　　　　（1-1）
BD16051 號 B　殘片（擬）

BD16052 號 A　丙午年通查渠口轉帖（擬）　　　　　　　　　　　　　　（4-1）

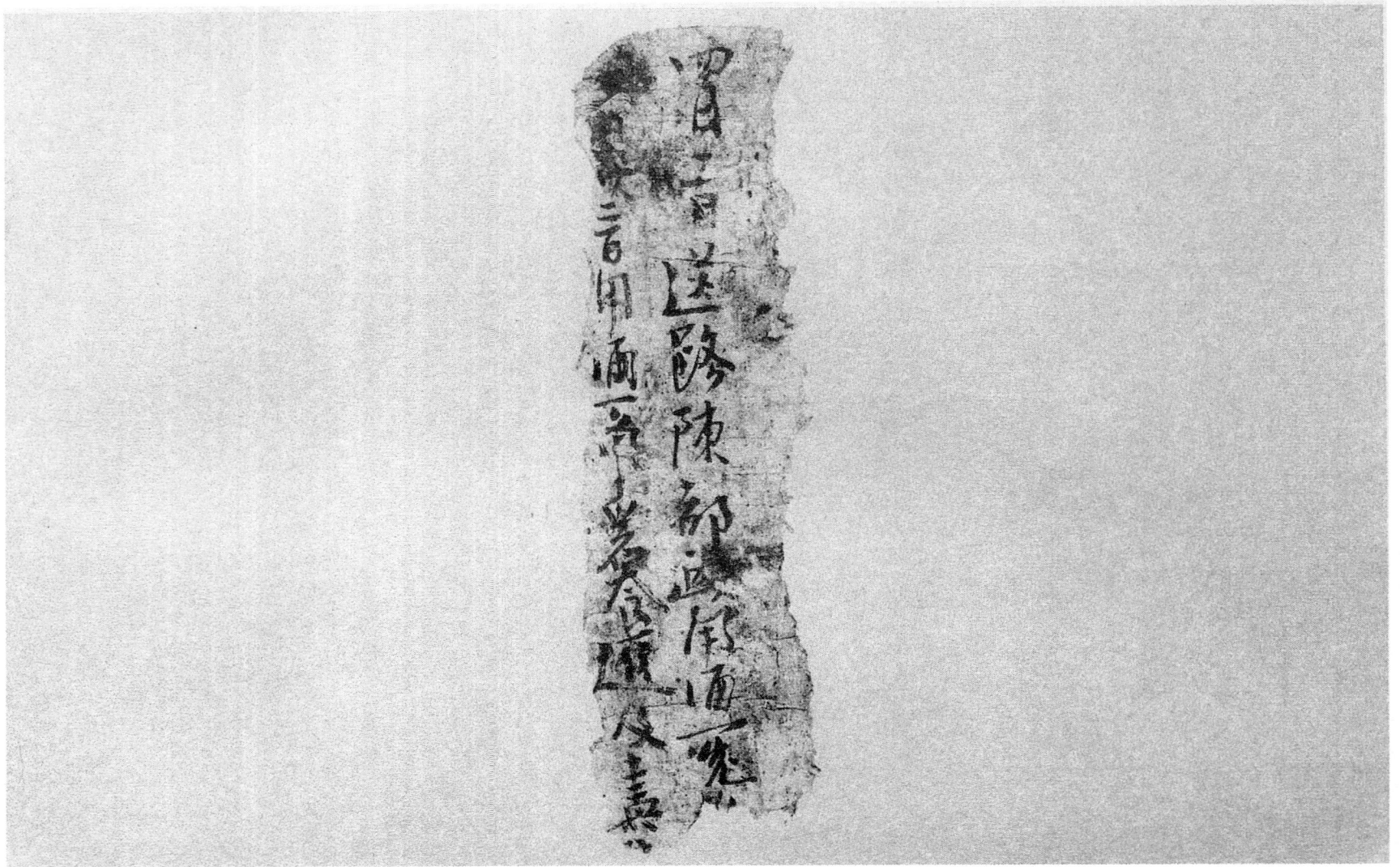

BD16052 號 B　酒破歷（擬）

（4-2）

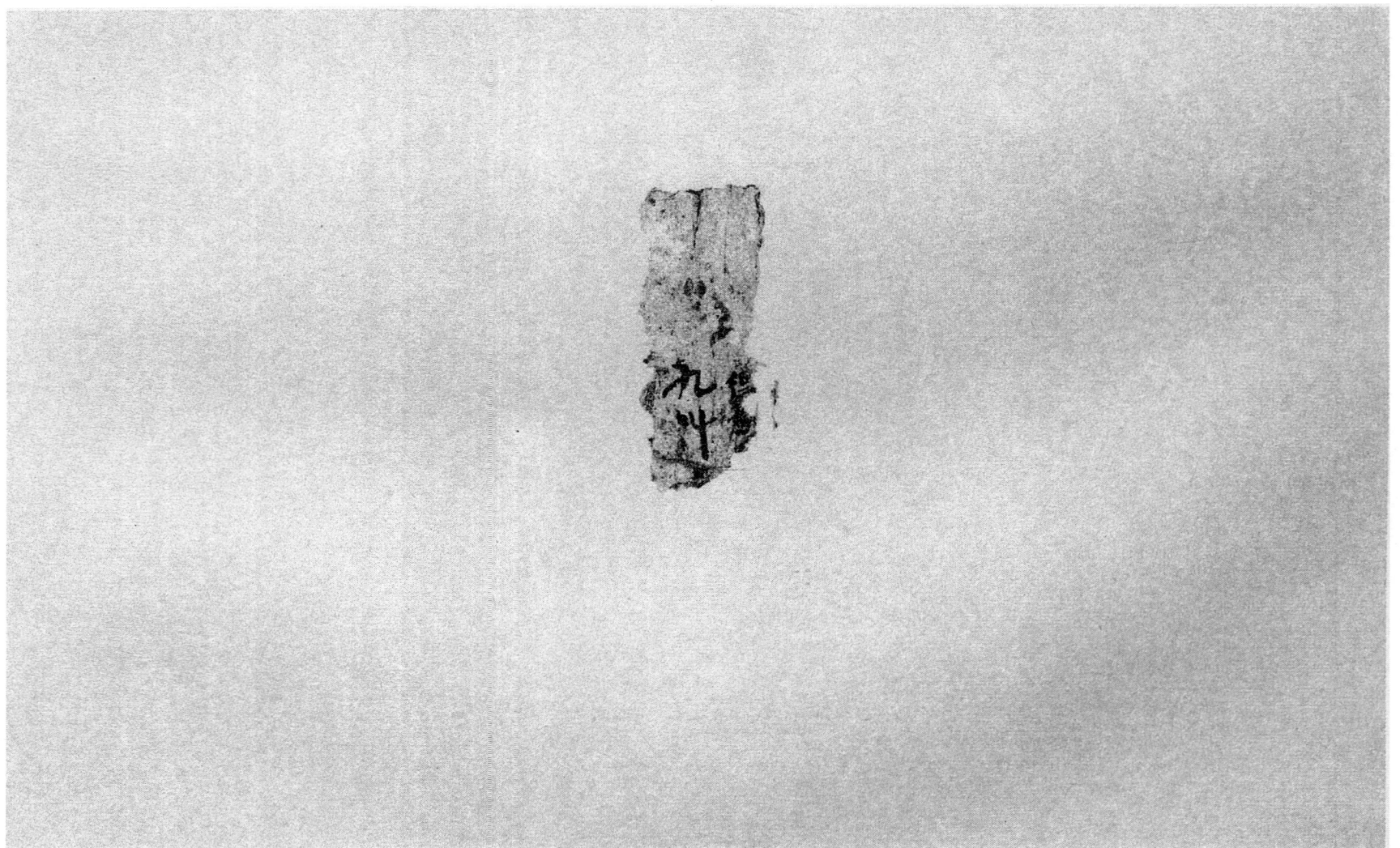

BD16052 號 C　糧食歷（擬）

（4-3）

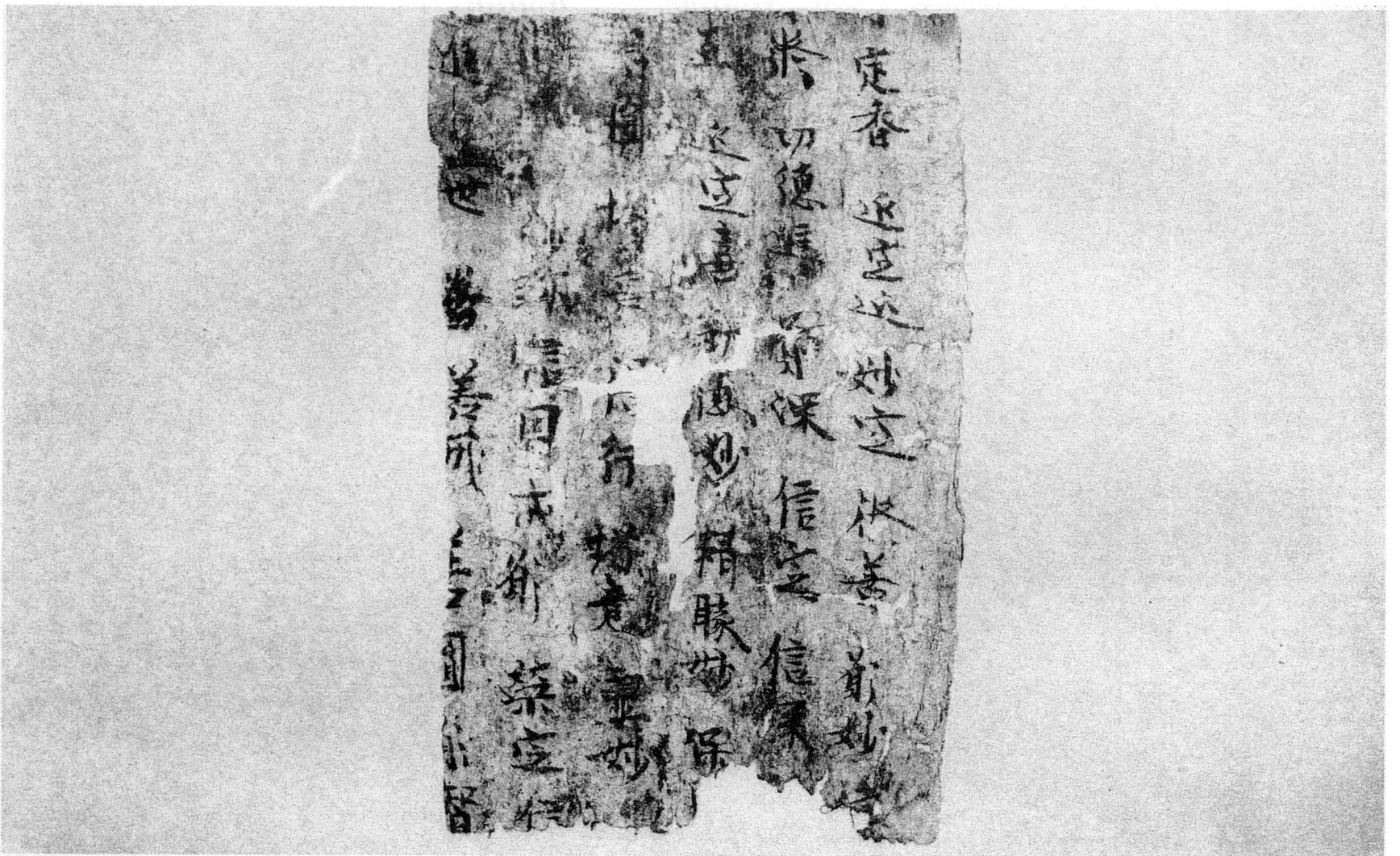

BD16052號D　僧名錄（擬）　　　　　　　　　　　　　　　　　　　（4-4）

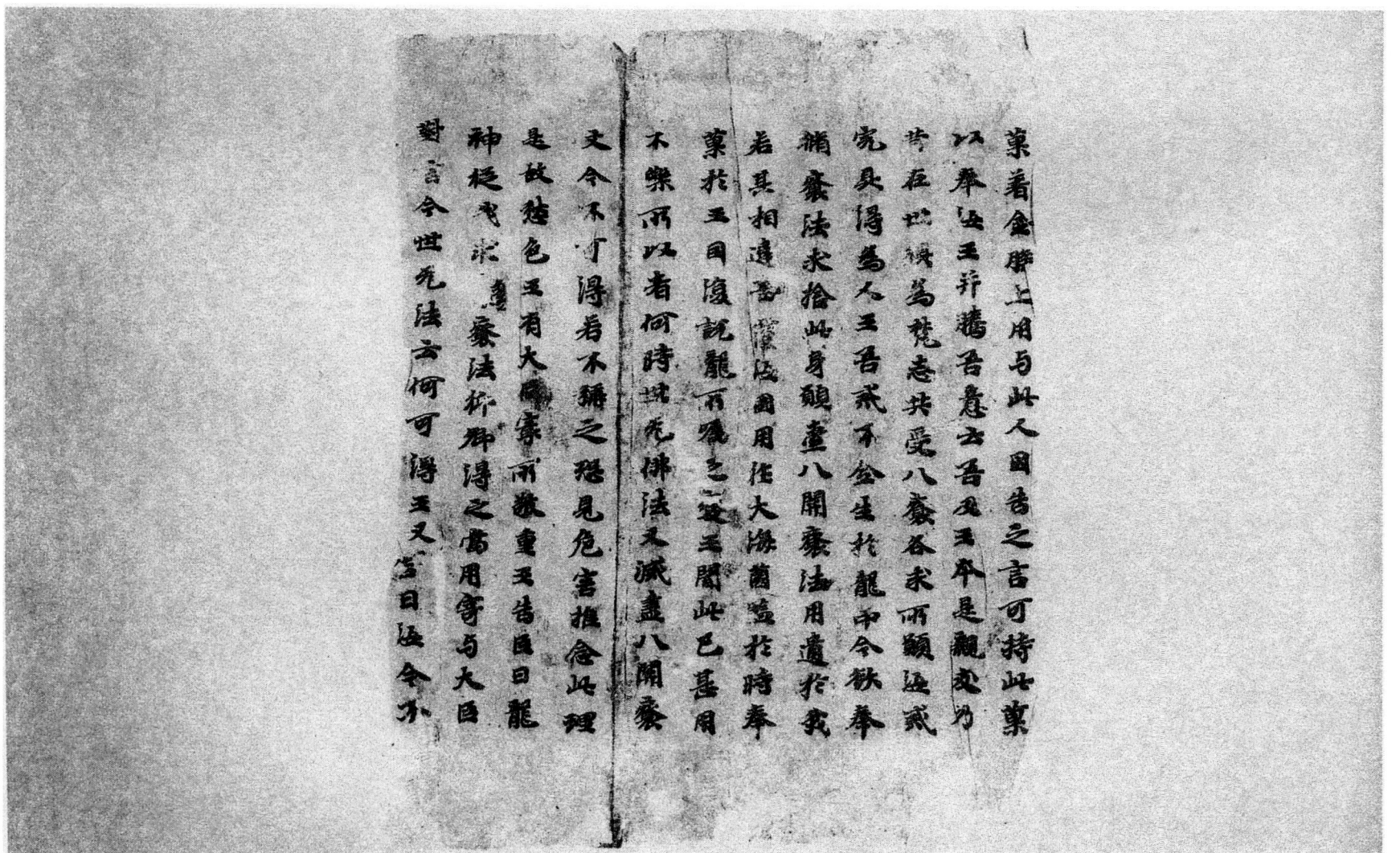

BD16054號A　賢愚經卷一　　　　　　　　　　　　　　　　　　　（7-1）

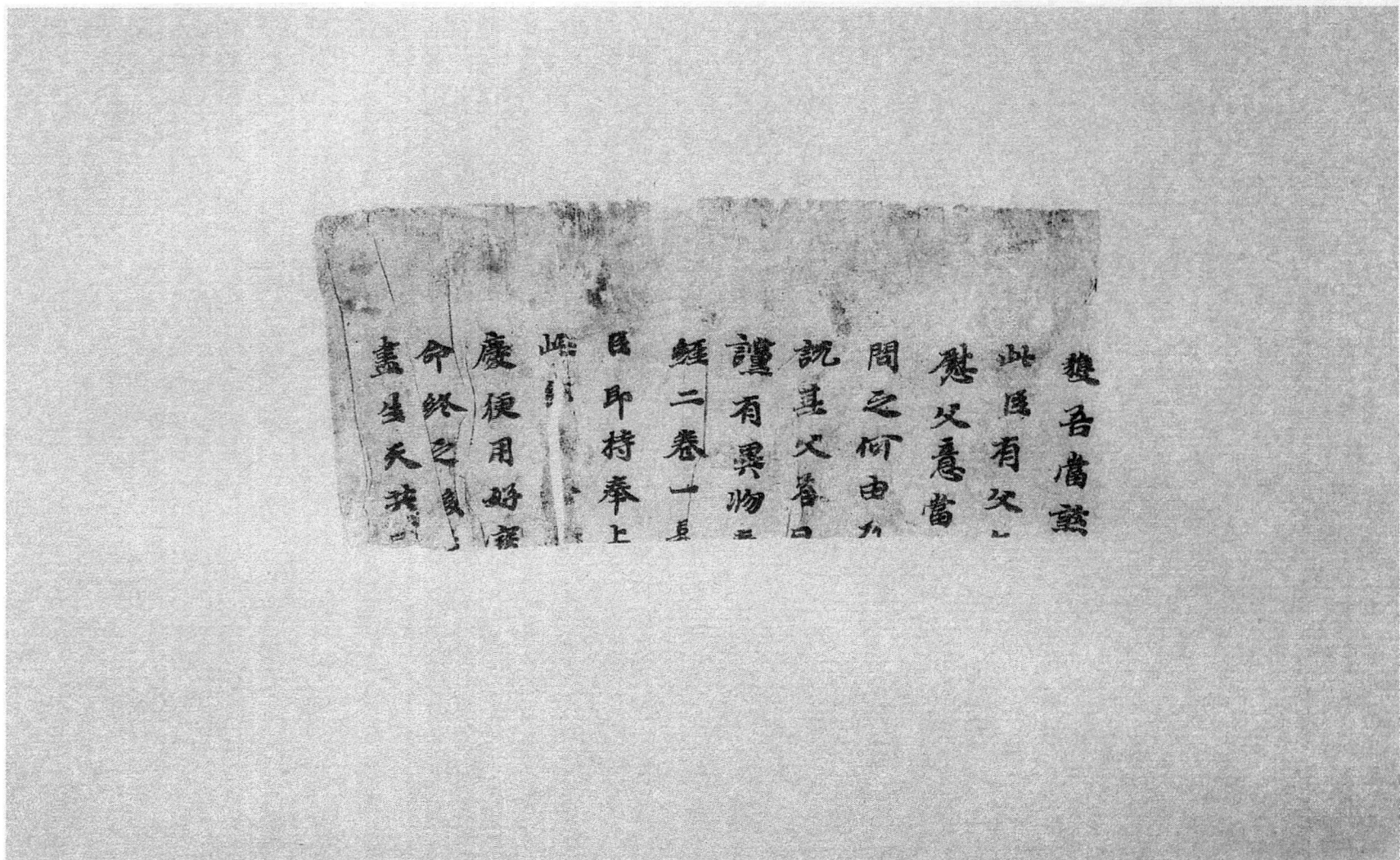

BD16054 號 B　賢愚經卷一

（7-2）

BD16054 號 C　賢愚經卷一

（7-3）

BD16054 號 D　賢愚經卷一　　　　　　　　　　　　　　　　　（7-4）

BD16054 號 E　賢愚經卷一　　　　　　　　　　　　　　　　　（7-5）

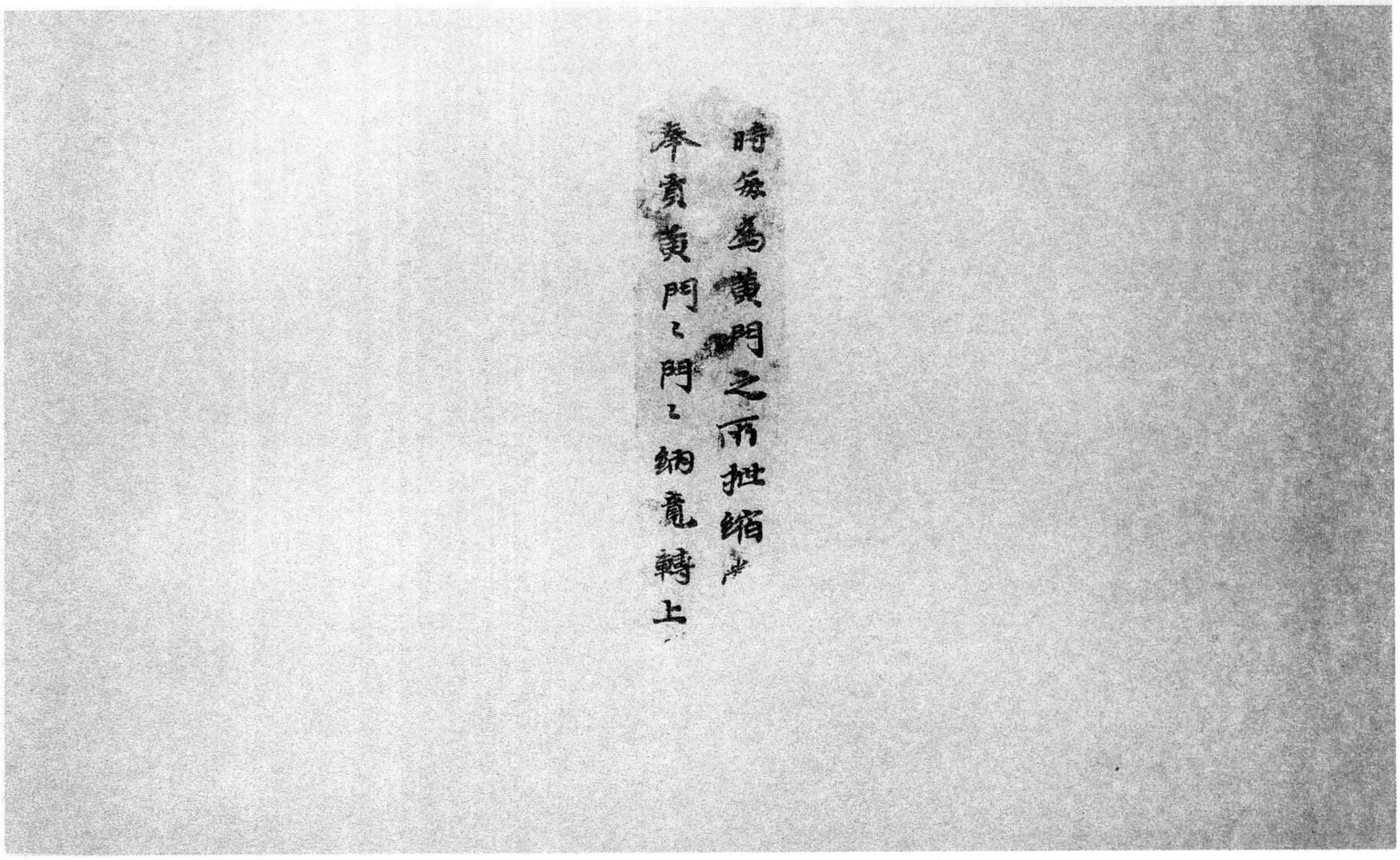

時無為黃門之所扯縮
奉貢黃門〻門〻納竟轉上

BD16054 號 F　賢愚經卷一　（7–6）

報曰此藥先種從泉中得勑使常送无由可
羅王瞋告言若不能得當斬汝身菌臨還出
[illegible]彼國中憂愁懊惱舉聲大哭時有一龍聞
其哭聲變身為人來問之言汝有何事悲哭
乃命是時商醫具自宣說龍還入水以多美

BD16054 號 G　賢愚經卷一　（7–7）

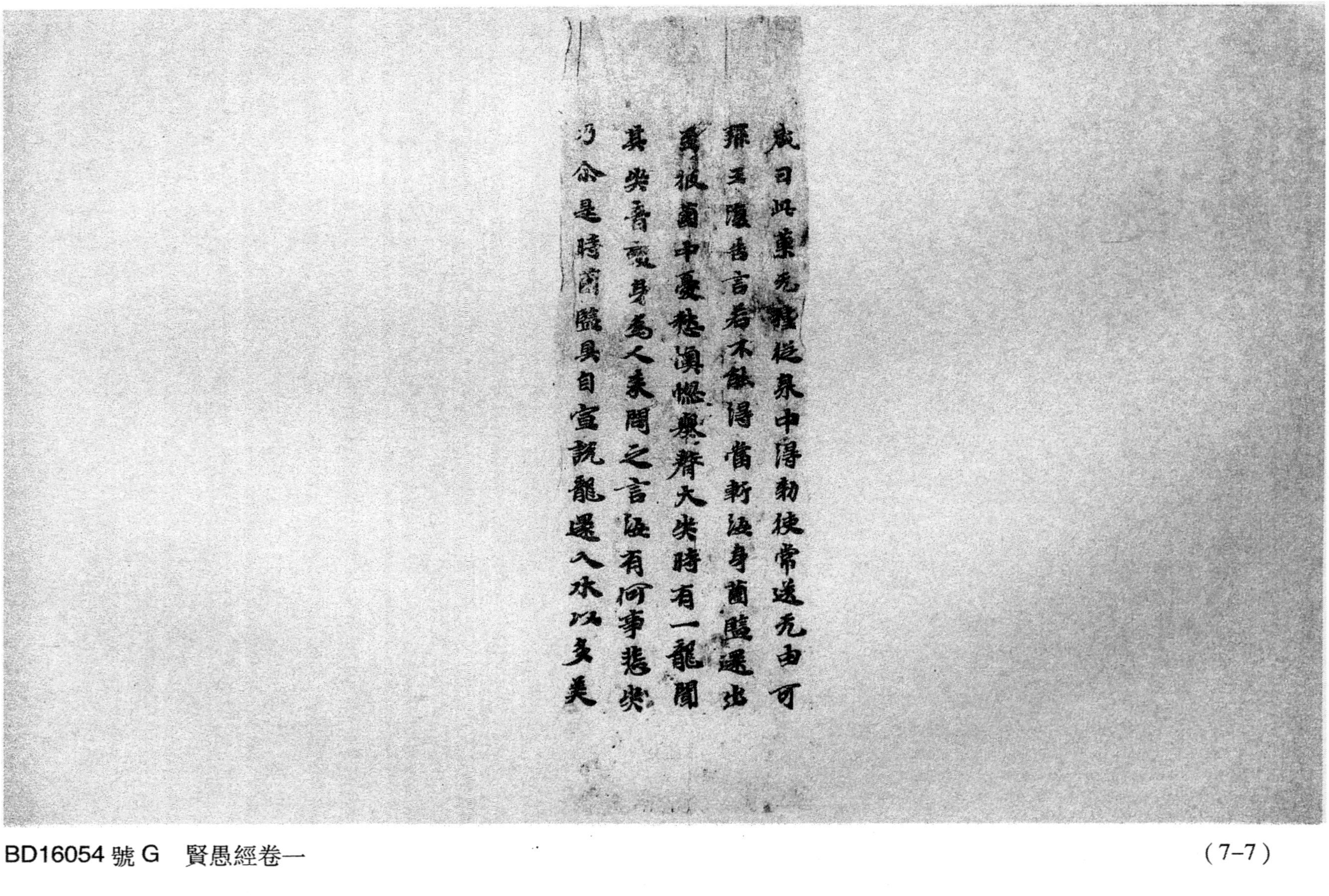

BD16055號　殘片（擬）　　　　　　　　　　　　　　　　　　　　　　　（1-1）

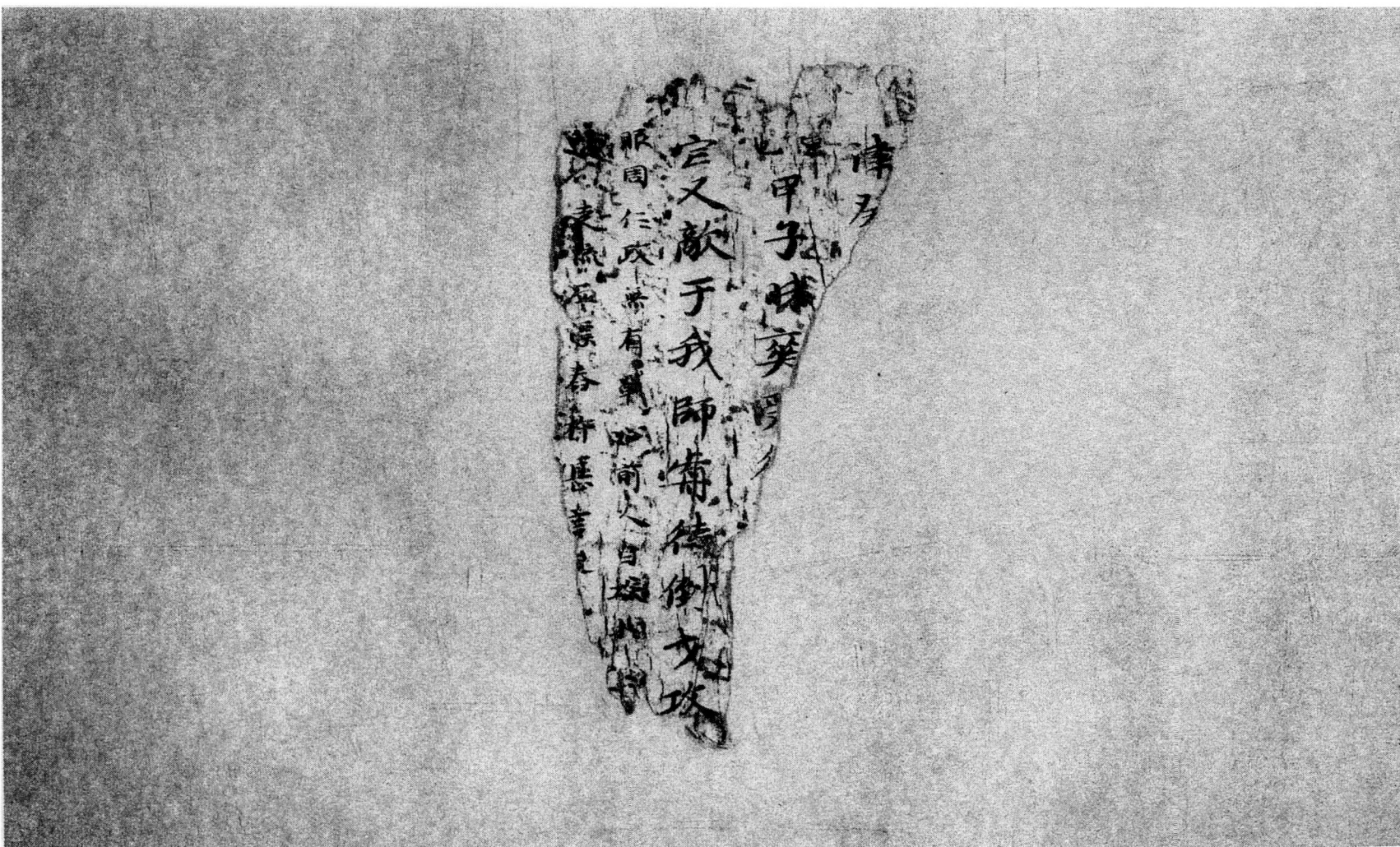

BD16057號　尚書正義・武成　　　　　　　　　　　　　　　　　　　　　（1-1）

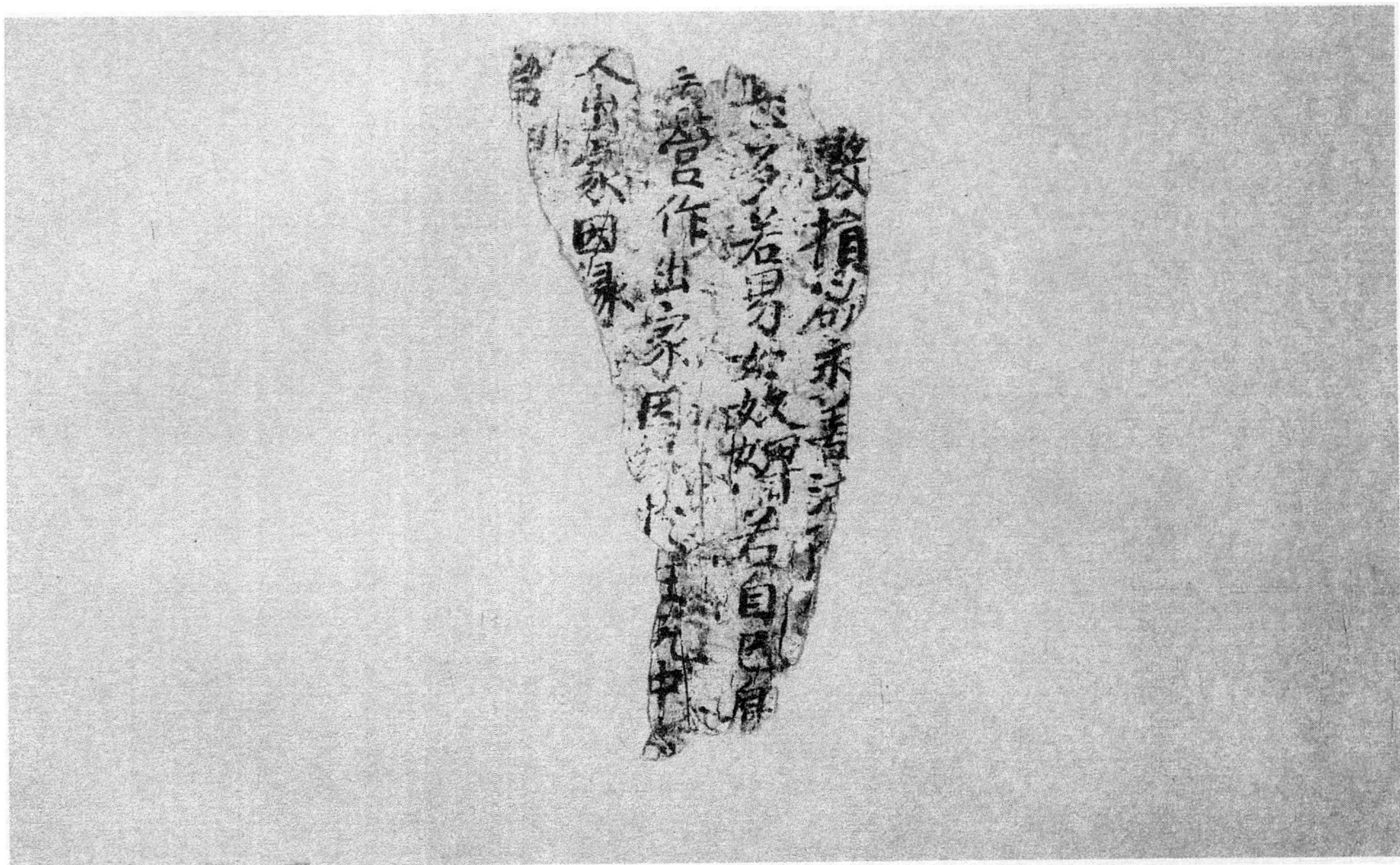

BD16057 號背　衆經要攢・出家章

（1-1）

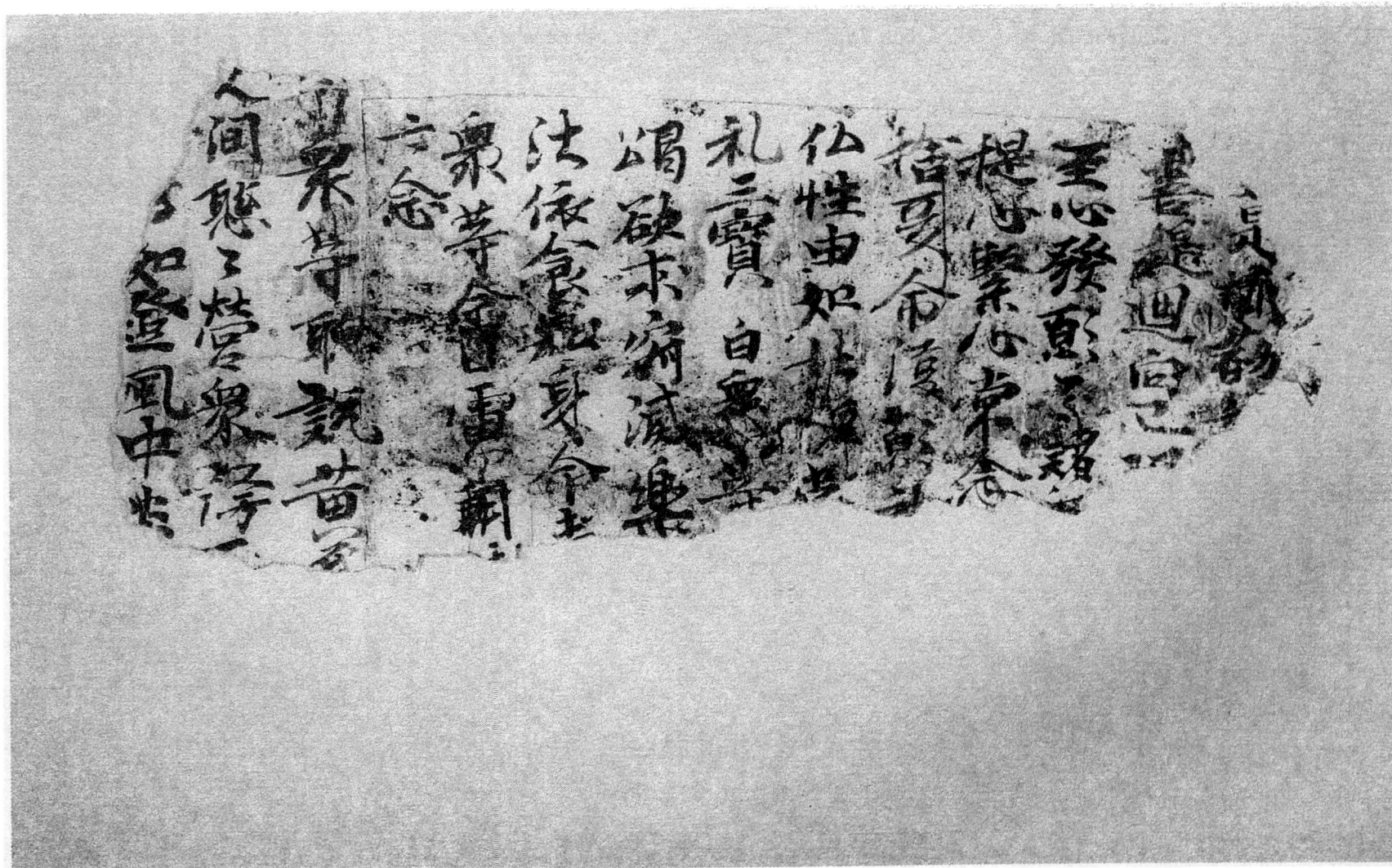

BD16058 號 A　禮懺文（擬）

（2-1）

116

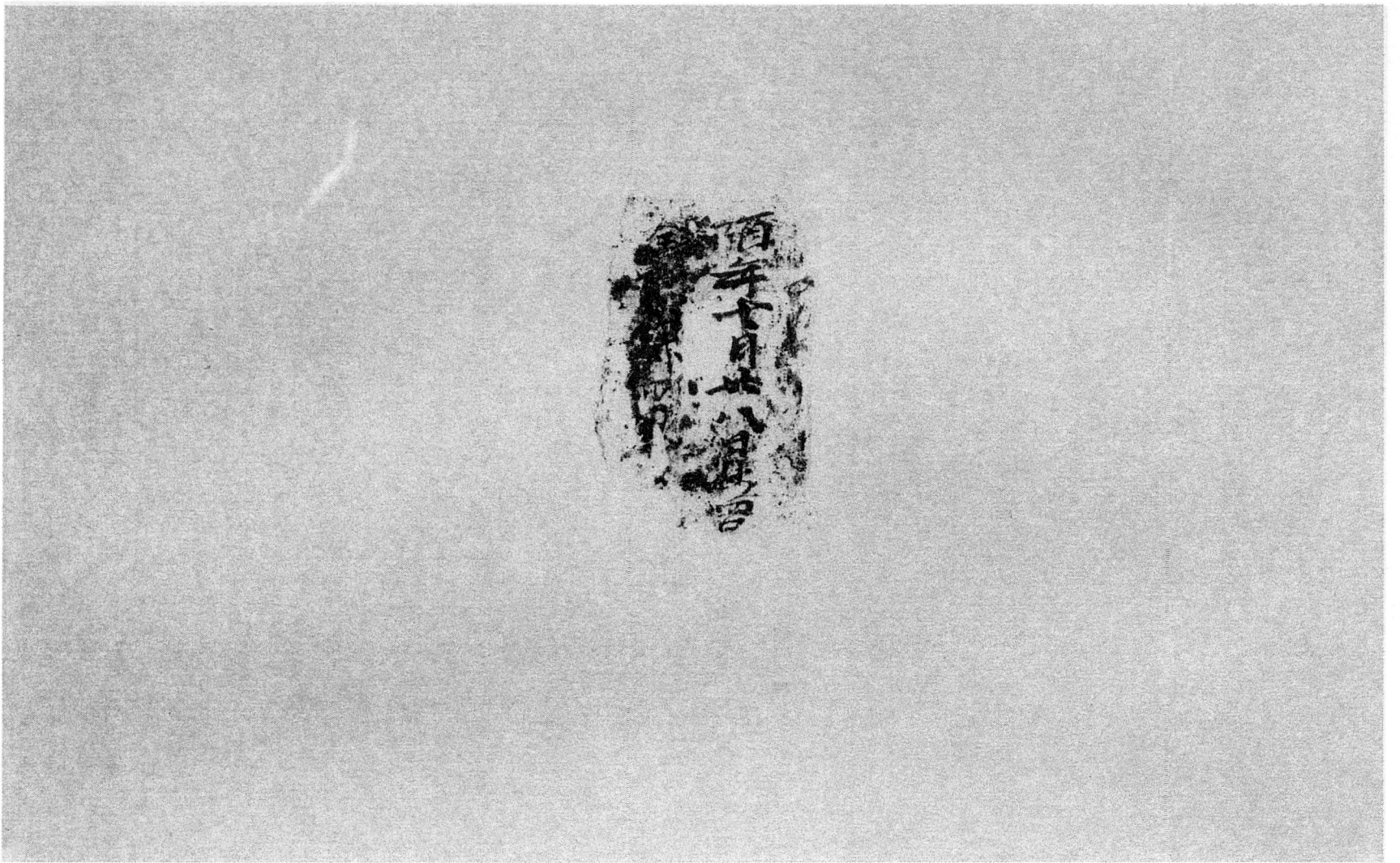

BD16058 號 B 酉年七月廿八日文書（擬） （2-2）

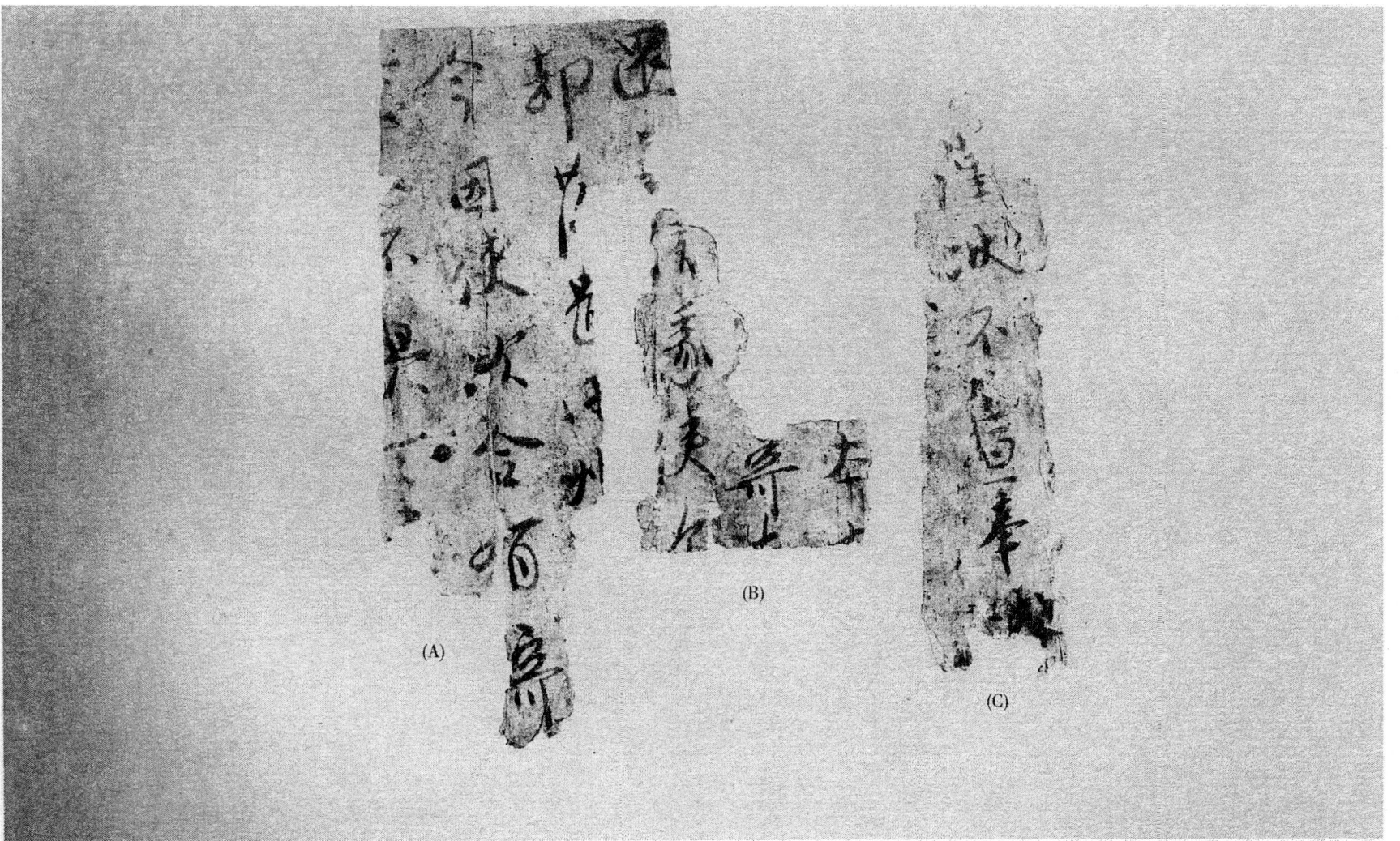

(A) (B) (C)

BD16059 號 書狀（擬） （1-1）

BD16060 號　彩繪殘片（擬）　　　　　　　　　　　　　　　　　　　　　　　　　　　（1-1）

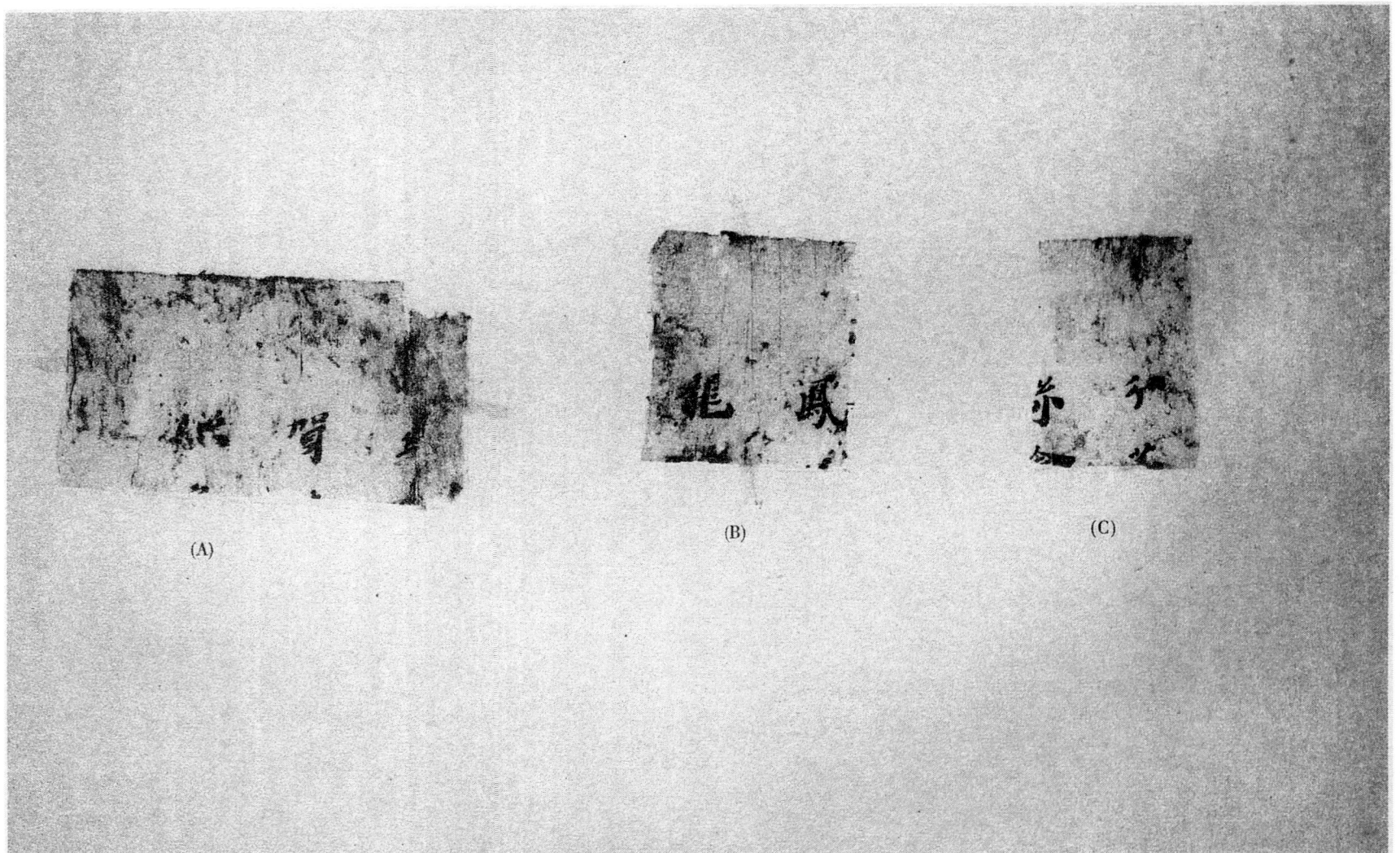

(A)　　　　　　　　　　　　(B)　　　　　　　　　　(C)

BD16061 號　殘片（擬）　　　　　　　　　　　　　　　　　　　　　　　　　　　　（1-1）

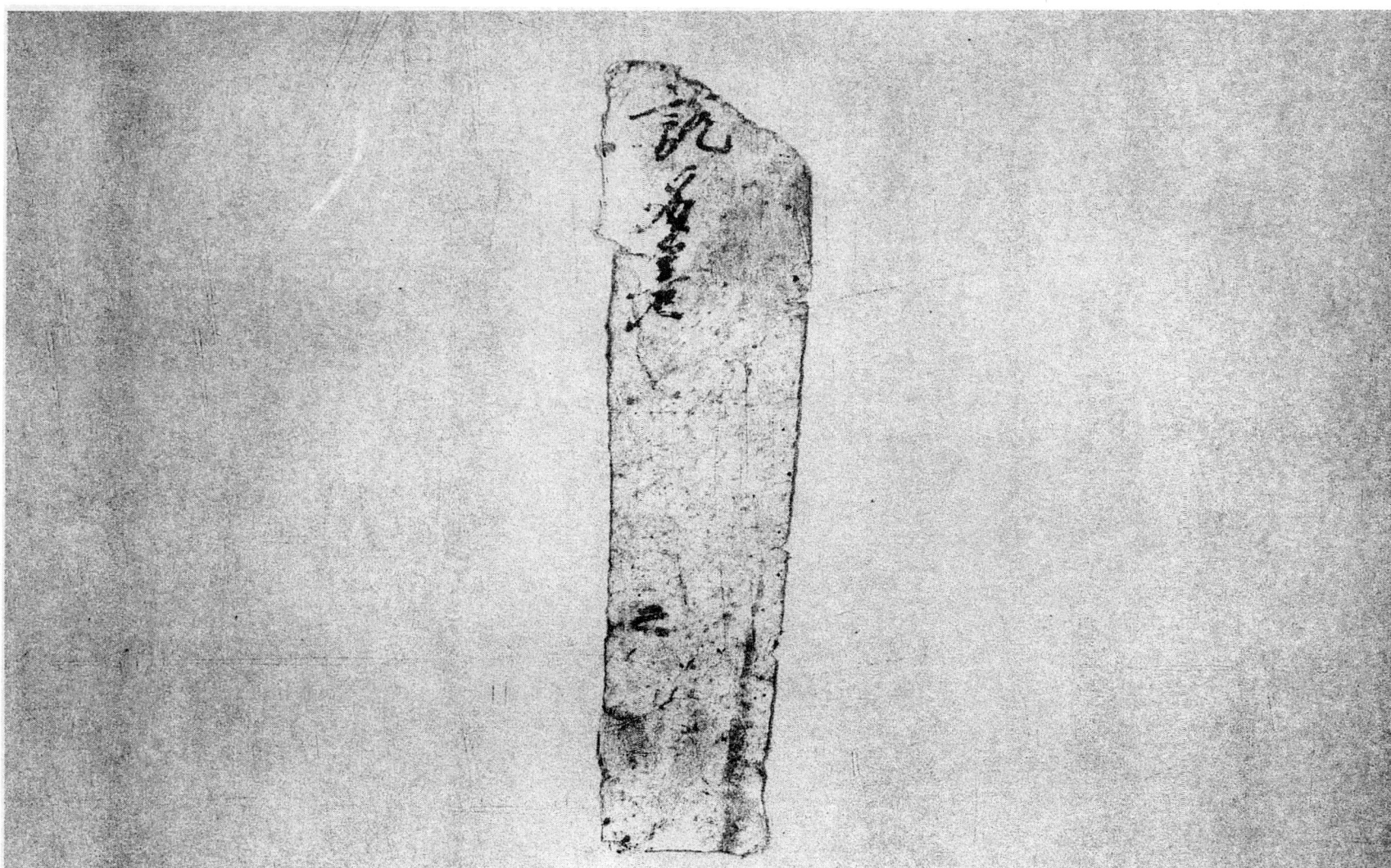

BD16062 號 A　殘片（擬）　　　　　　　　　　　　　　　　　　　（1–1）

BD16062 號 A 背　殘字痕　　　　　　　　　　　　　　　　　　　（1–1）

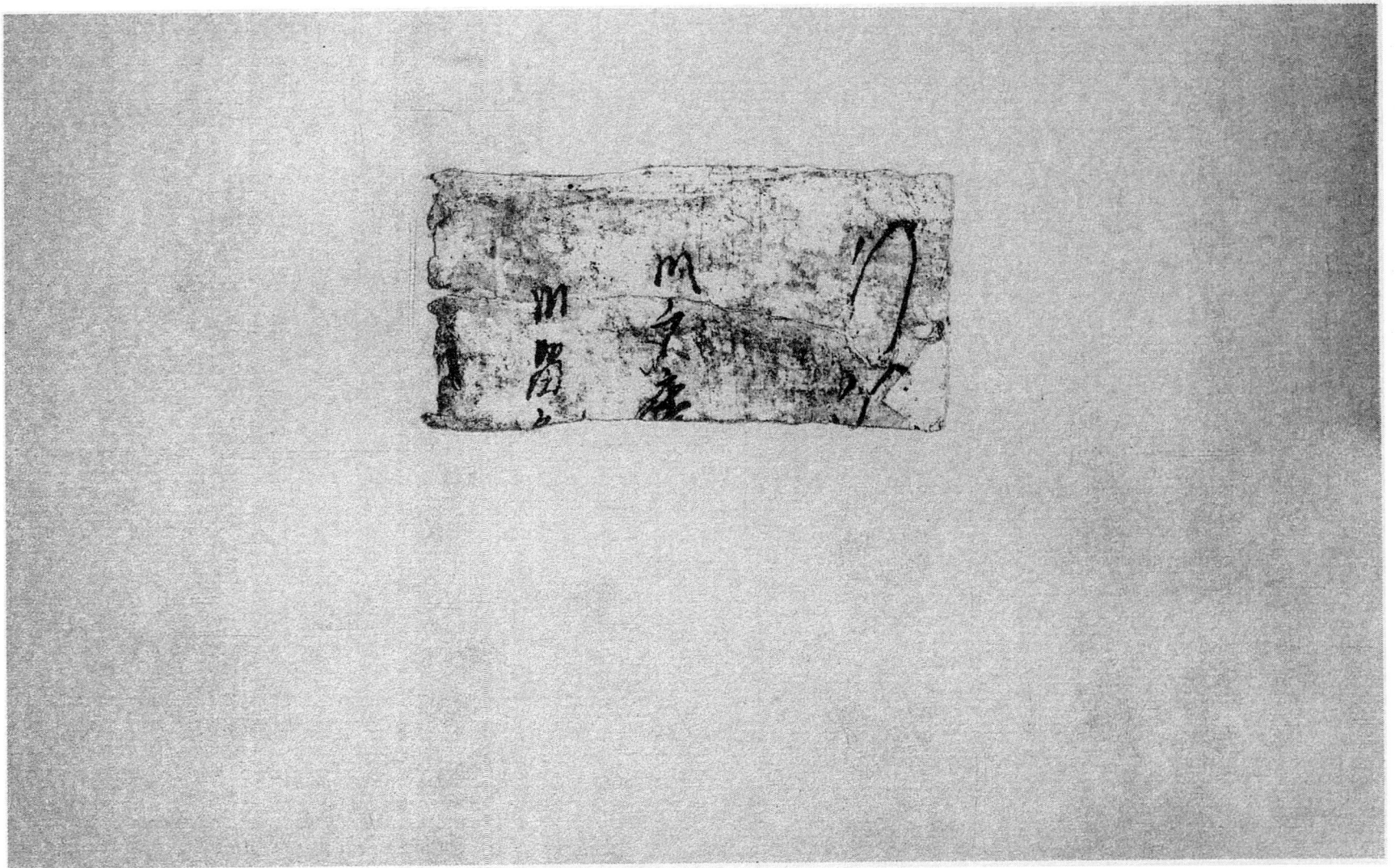

BD16062 號 B　殘片（擬） (1-1)

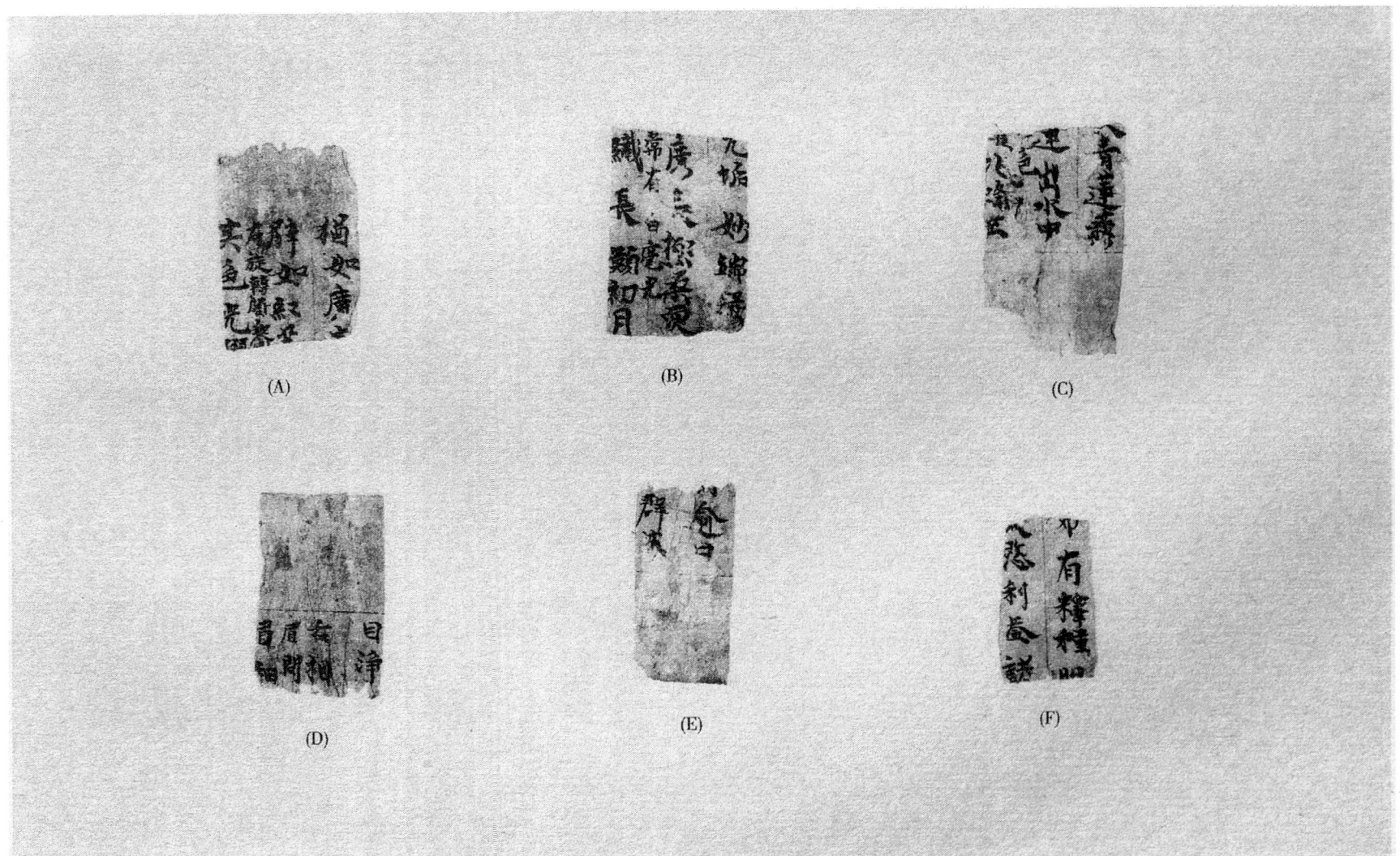

(A)　(B)　(C)

(D)　(E)　(F)

BD16063 號 A~D　金光明最勝王經卷五 (3-1)
BD16063 號 E~F　金光明最勝王經卷一〇

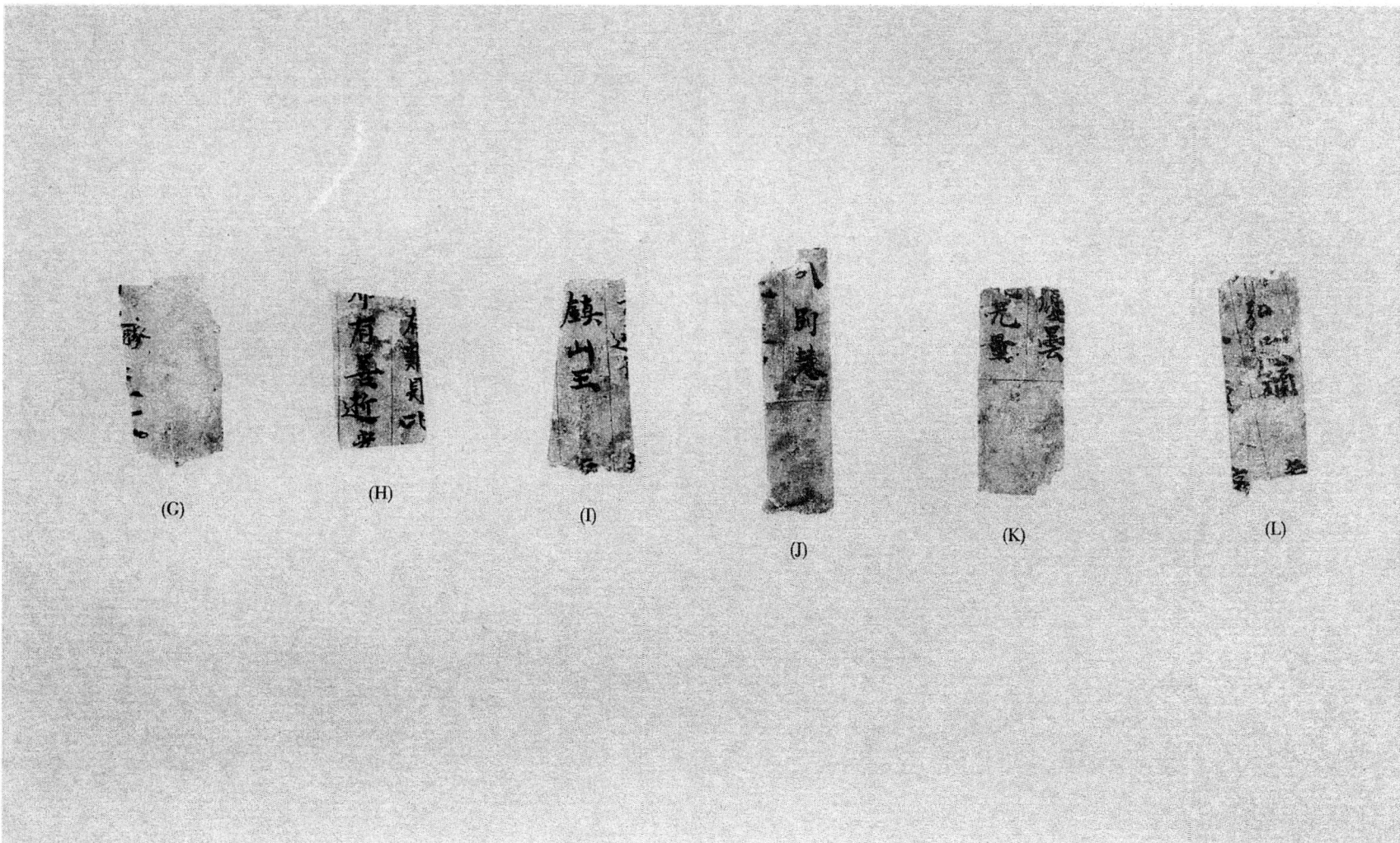

BD16063 號 G　殘片（擬）　　　　　　　　　　　　　　　　　　　　　　　　（3-2）
BD16063 號 H~L　金光明最勝王經卷一〇

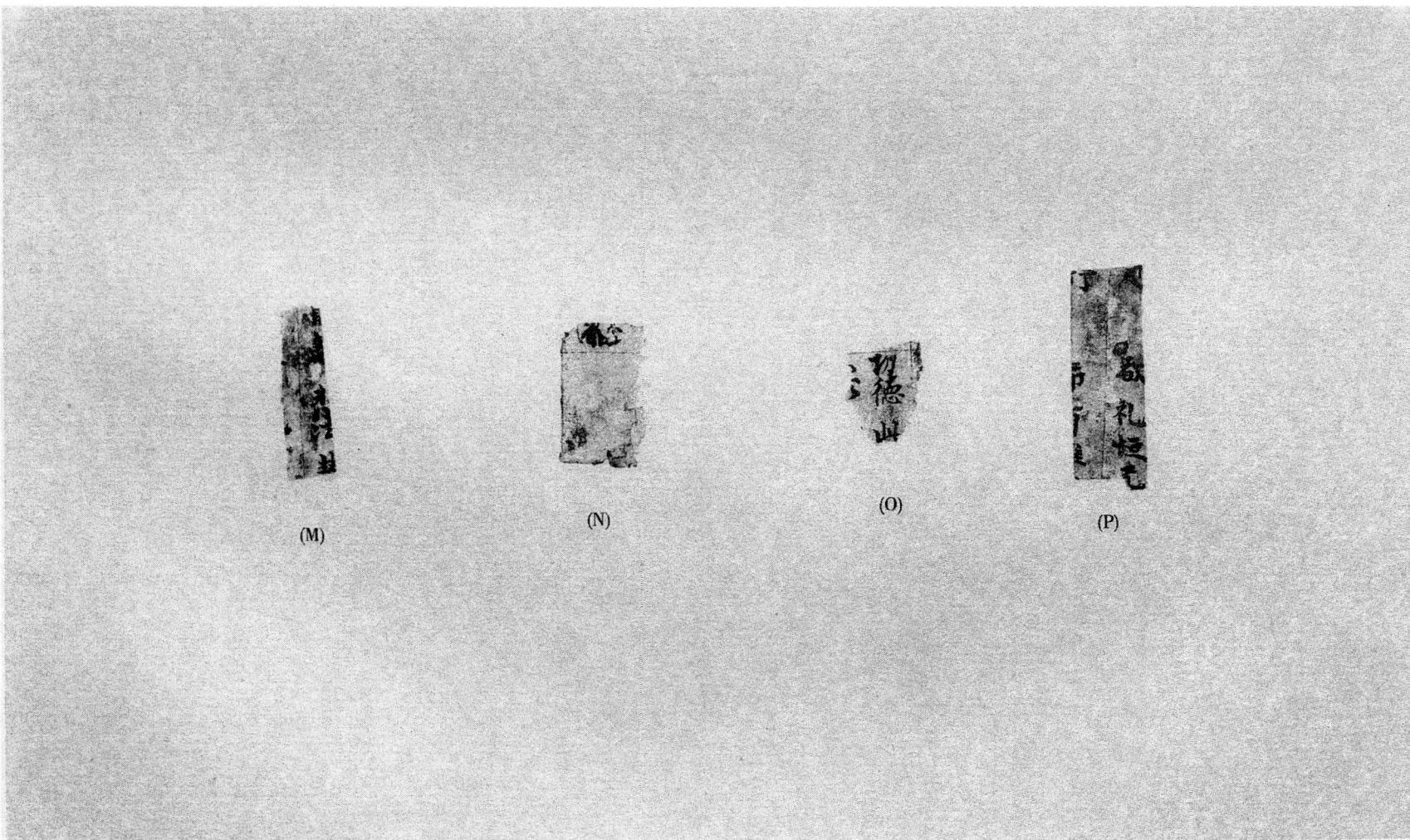

BD16063 號 M~O　殘片（擬）　　　　　　　　　　　　　　　　　　　　　　　（3-3）
BD16063 號 P　金光明最勝王經卷一〇

BD16064 號　殘片（擬）　　　　　　　　　　　　　　　　　　　　（1-1）

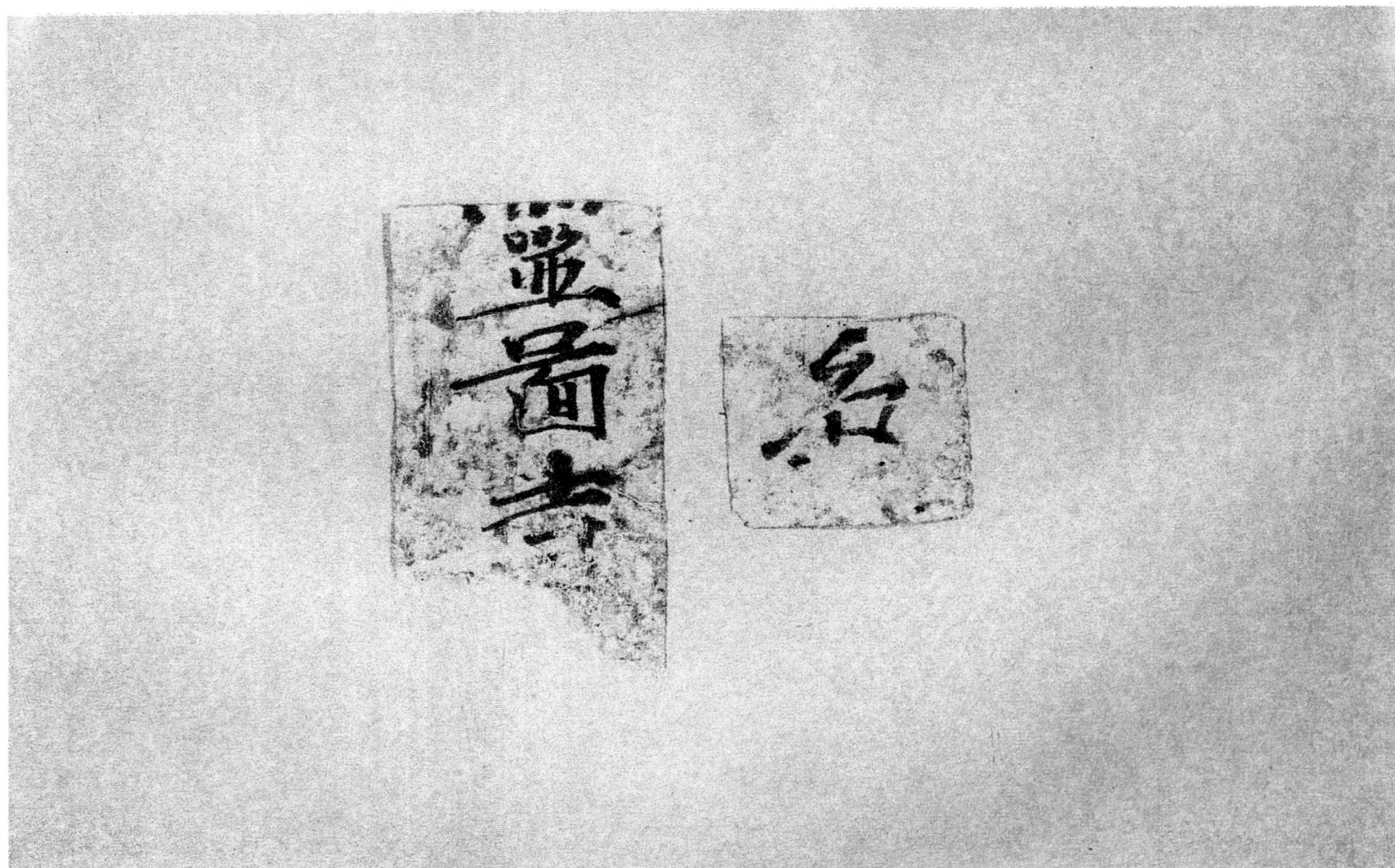

BD16065 號 A　靈圖寺名稱殘片（擬）　　　　　　　　　　　　　　（1-1）
BD16065 號 B　殘片（擬）

BD16066 號　金光明最勝王經卷三　　　　　　　　　　　　　　　　（1-1）

BD16067 號　般若波羅蜜多心經　　　　　　　　　　　　　　　　（1-1）

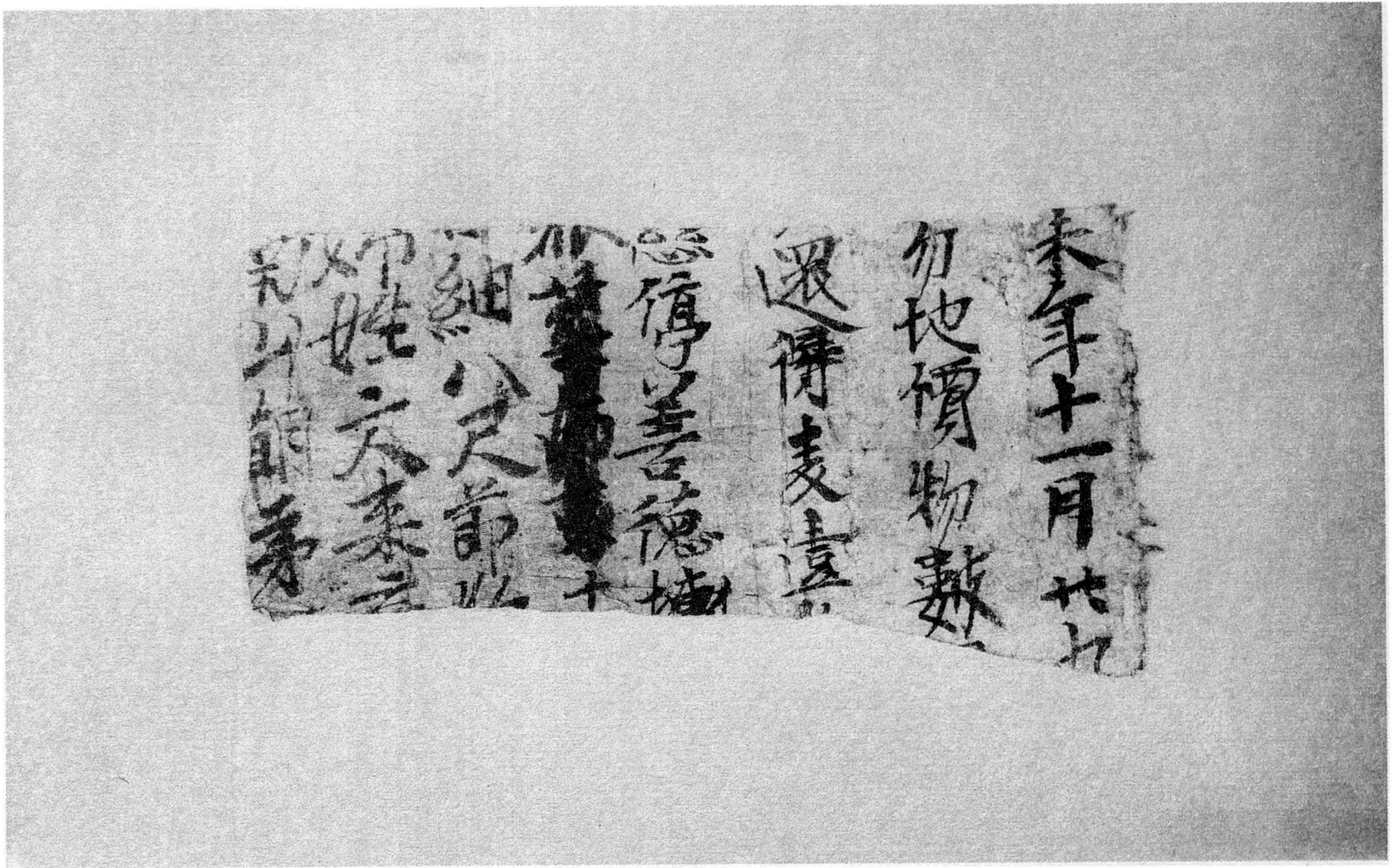

BD16068 號　未年十一月文書（擬）　　　　　　　　　　　　　　　（1-1）

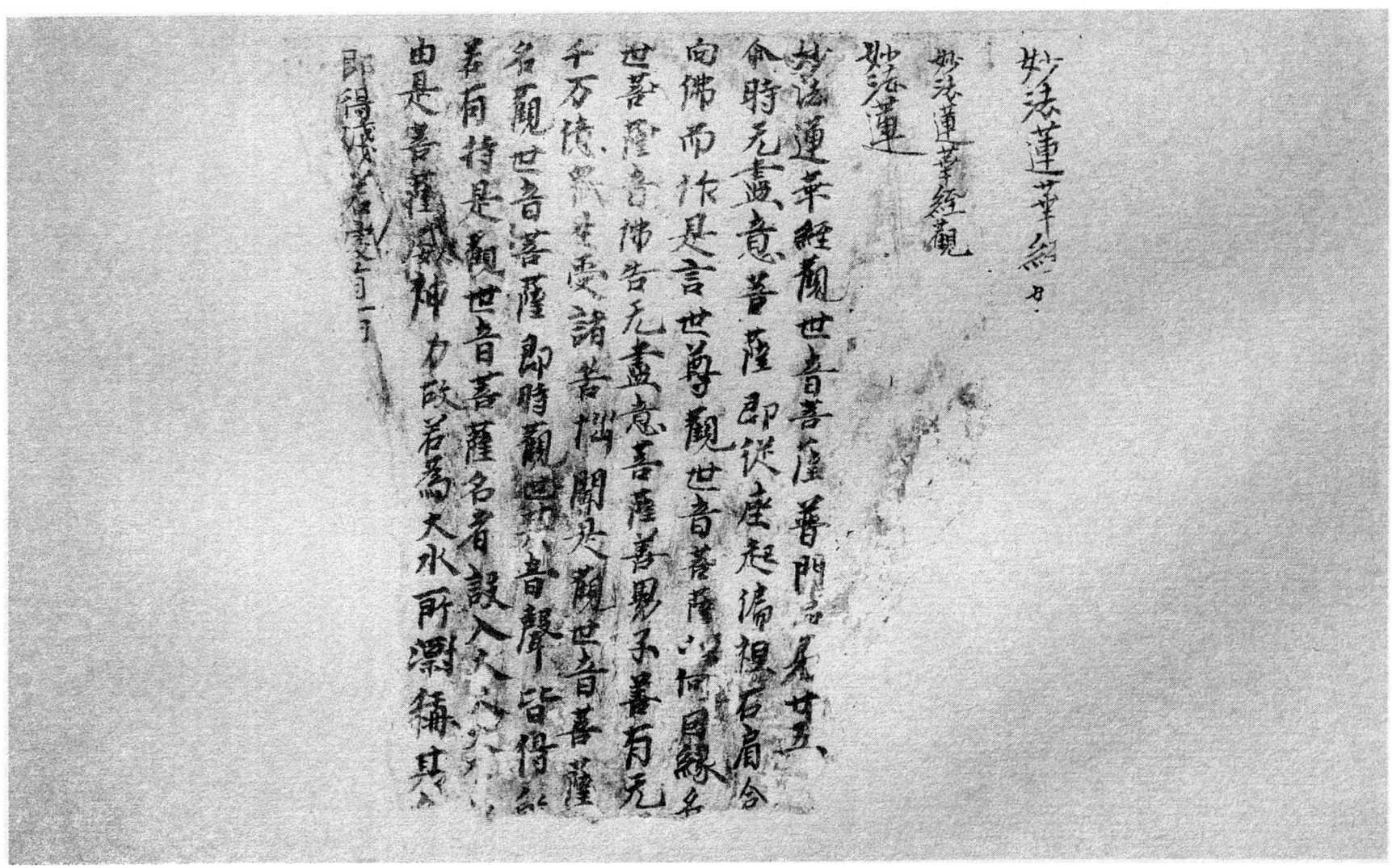

BD16069 號　觀世音經　　　　　　　　　　　　　　　　　　　　（1-1）

BD16070 號　殘文書（擬）　　　　　　　　　　　　　　　　　　　　（1-1）

BD16073 號　金光明最勝王經卷四　　　　　　　　　　　　　　　　（1-1）

BD16074 號 A　社司轉帖（擬）　　　　　　　　　　　　　　　　（1-1）

BD16074 號 B　殘片（擬）　　　　　　　　　　　　　　　　　　（1-1）

BD16074 號 B 背　雜寫　　　　　　　　　　　　　　　　　　　（1-1）

BD16074 號 C　社司轉帖（擬）　　　　　　　　　　　　　　　（1-1）

BD16074 號 C 背　題記

(1-1)

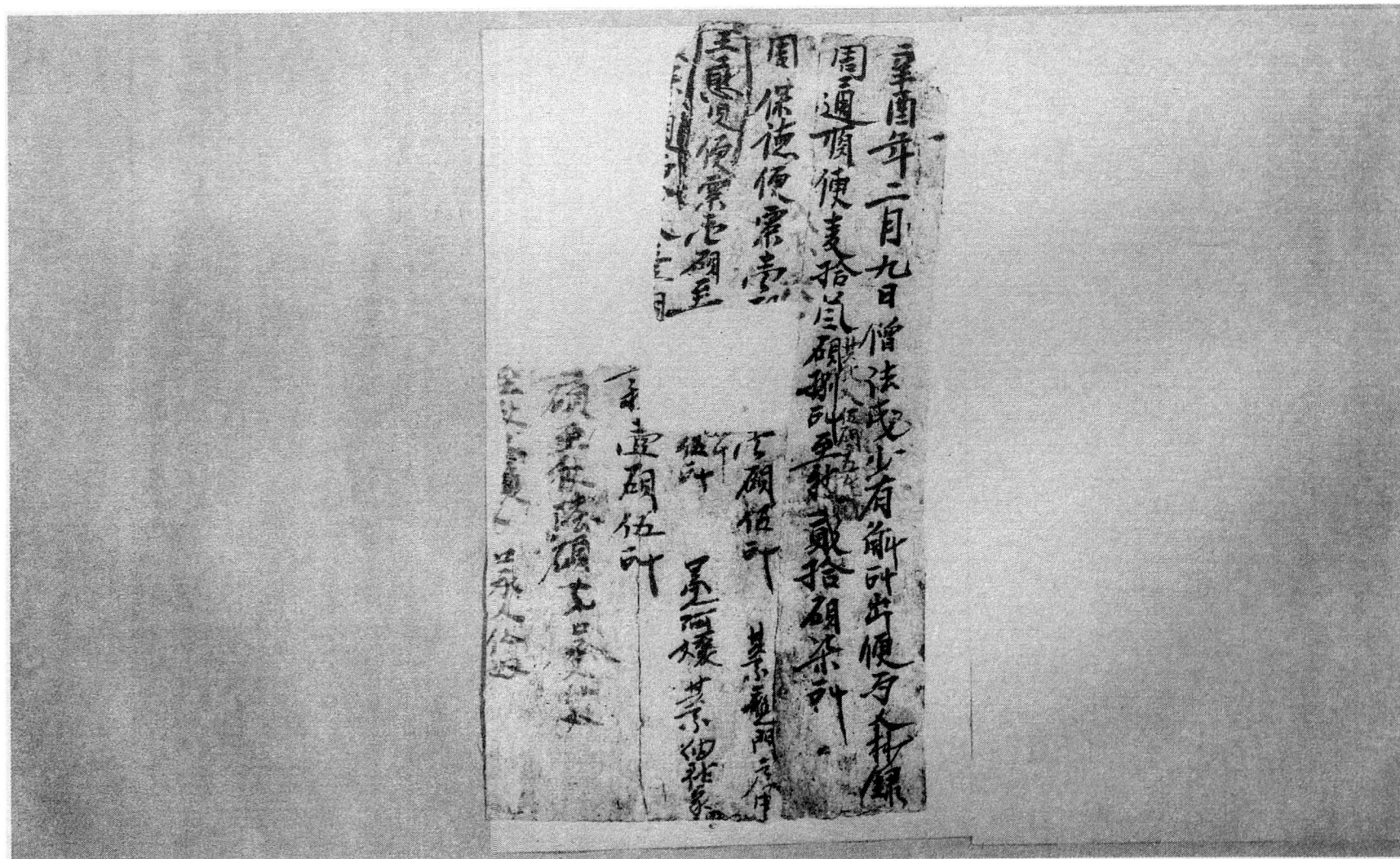

BD16079 號 A　辛酉年二月九日僧法成便物歷（擬）

(1-1)

BD16079 號 B　建隆四年文書（擬）　　　　　　　　　　　　　　　　　（1-1）

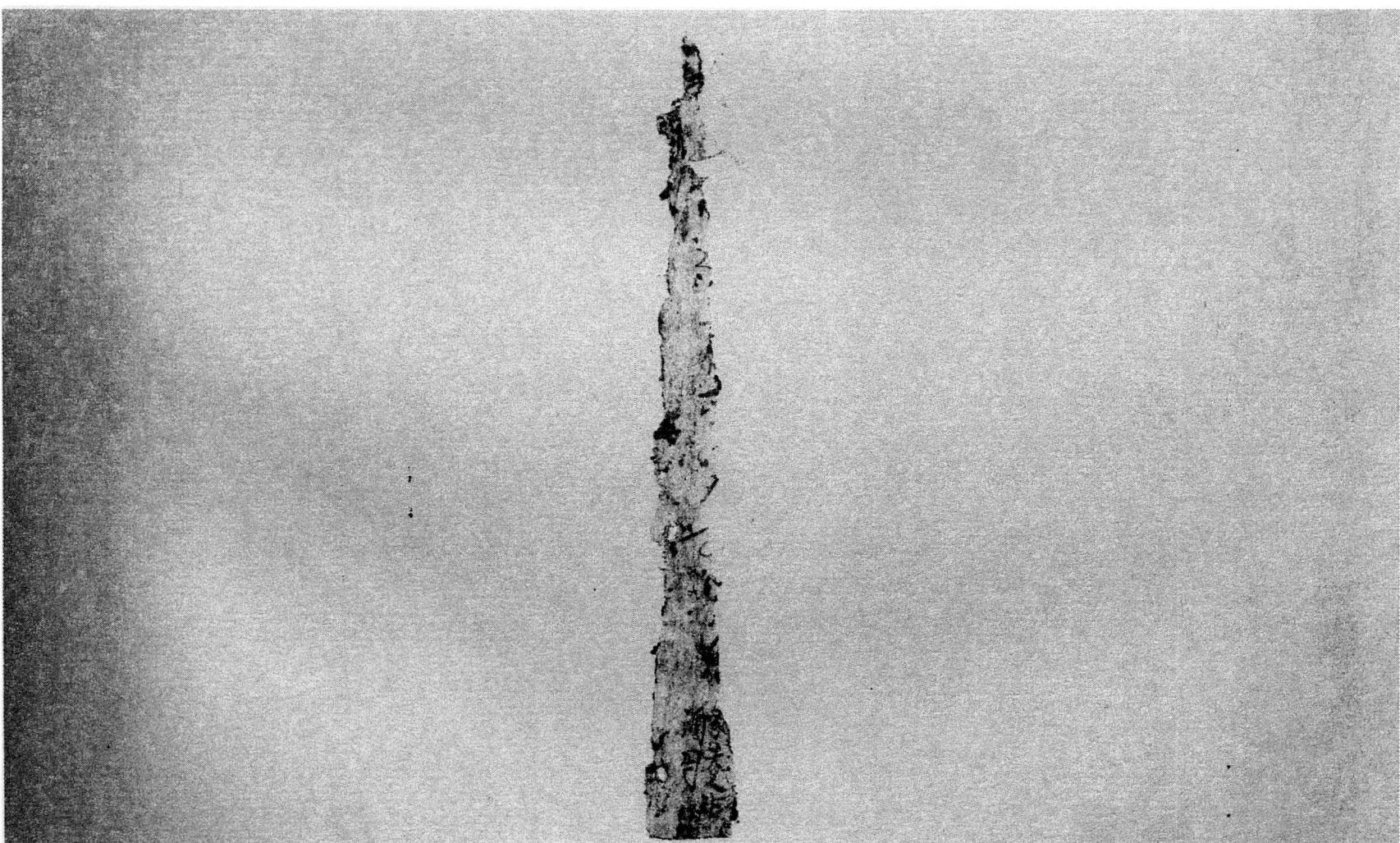

BD16079 號 C　殘文書（擬）　　　　　　　　　　　　　　　　　　　（1-1）

BD16080 號 A　藏文殘片（擬）　　　　　　　　　　　　　　　　（1–1）

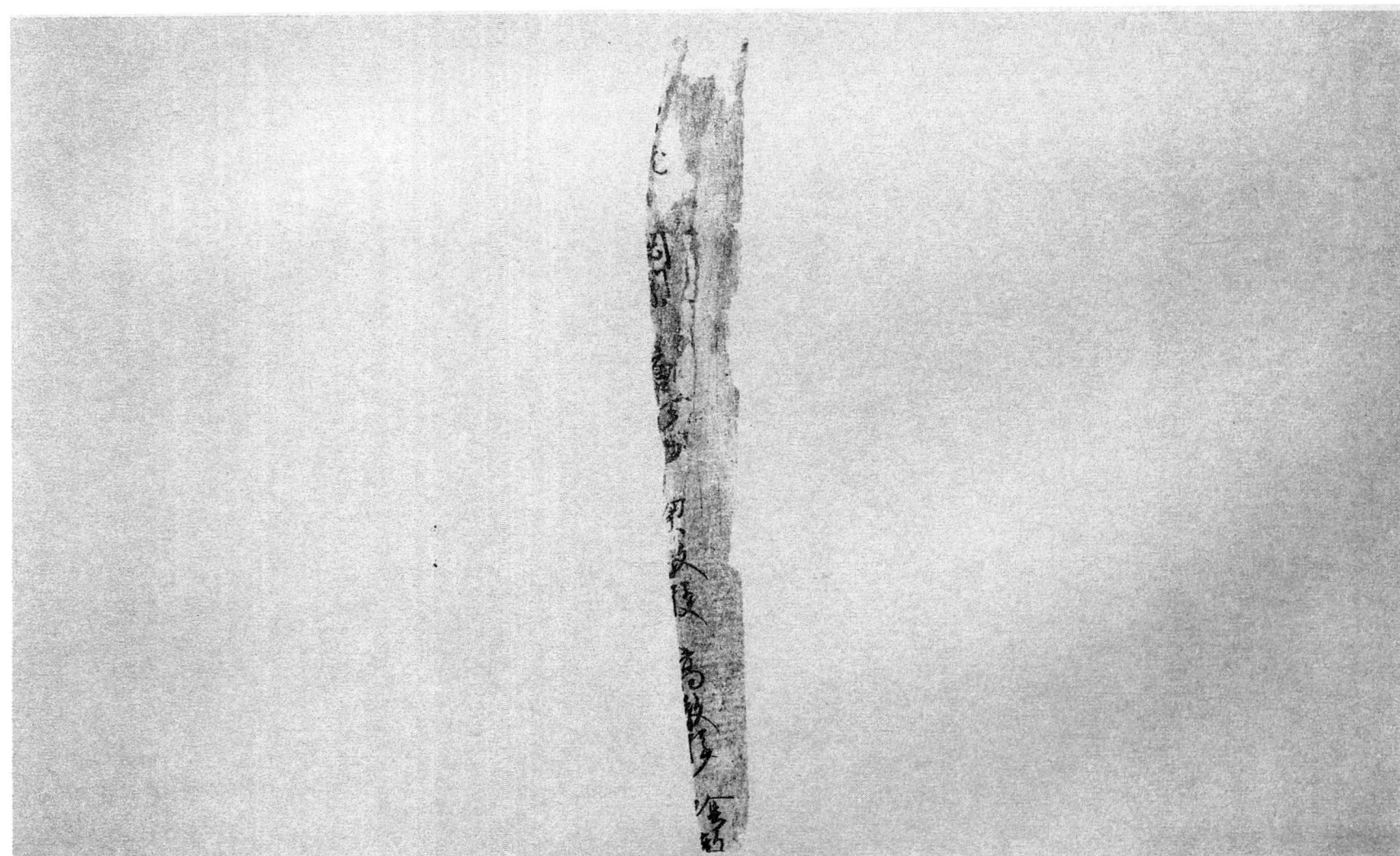

BD16081 號　殘文書（擬）　　　　　　　　　　　　　　　　　　（1–1）

130

BD16083 號　某年二月九日僧談會少有斛㪷出便與人名目（擬）　　　　　　　　　　　　　（1-1）

BD16083 號背　題記　　　　　　　　　　　　　　　　　　　　　　　　　　　　　　　（1-1）

BD16084 號　殘片（擬）

(1-1)

BD16085 號 A　壬申年文書兩道（擬）

(1-1)

BD16085 號 A 背　壬申年二月日酒戶殘文書（擬）　　　　　　　　　　　（1-1）

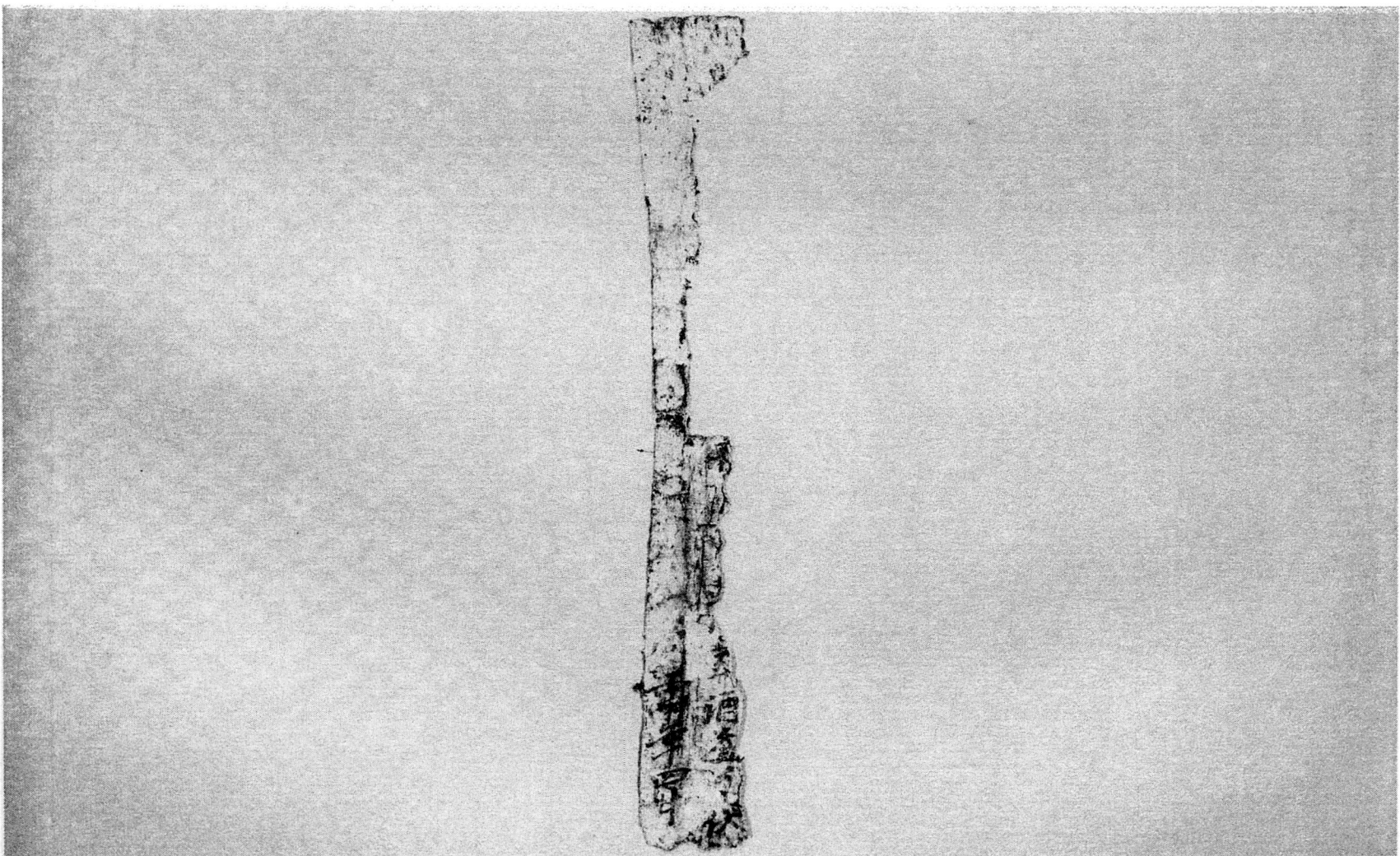

BD16085 號 B　壬申年四月葬酒殘文書（擬）　　　　　　　　　　　　（1-1）

BD16086 號 A　老子道德經河上公章句　　　　　　　　　　　　　　　　　　　（7-1）

BD16086 號 B　老子道德經河上公章句　　　　　　　　　　　　　　　　　　　（7-2）

BD16086 號 C 　老子道德經河上公章句　　（7-3）

BD16086 號 D 　老子道德經河上公章句　　（7-4）

135

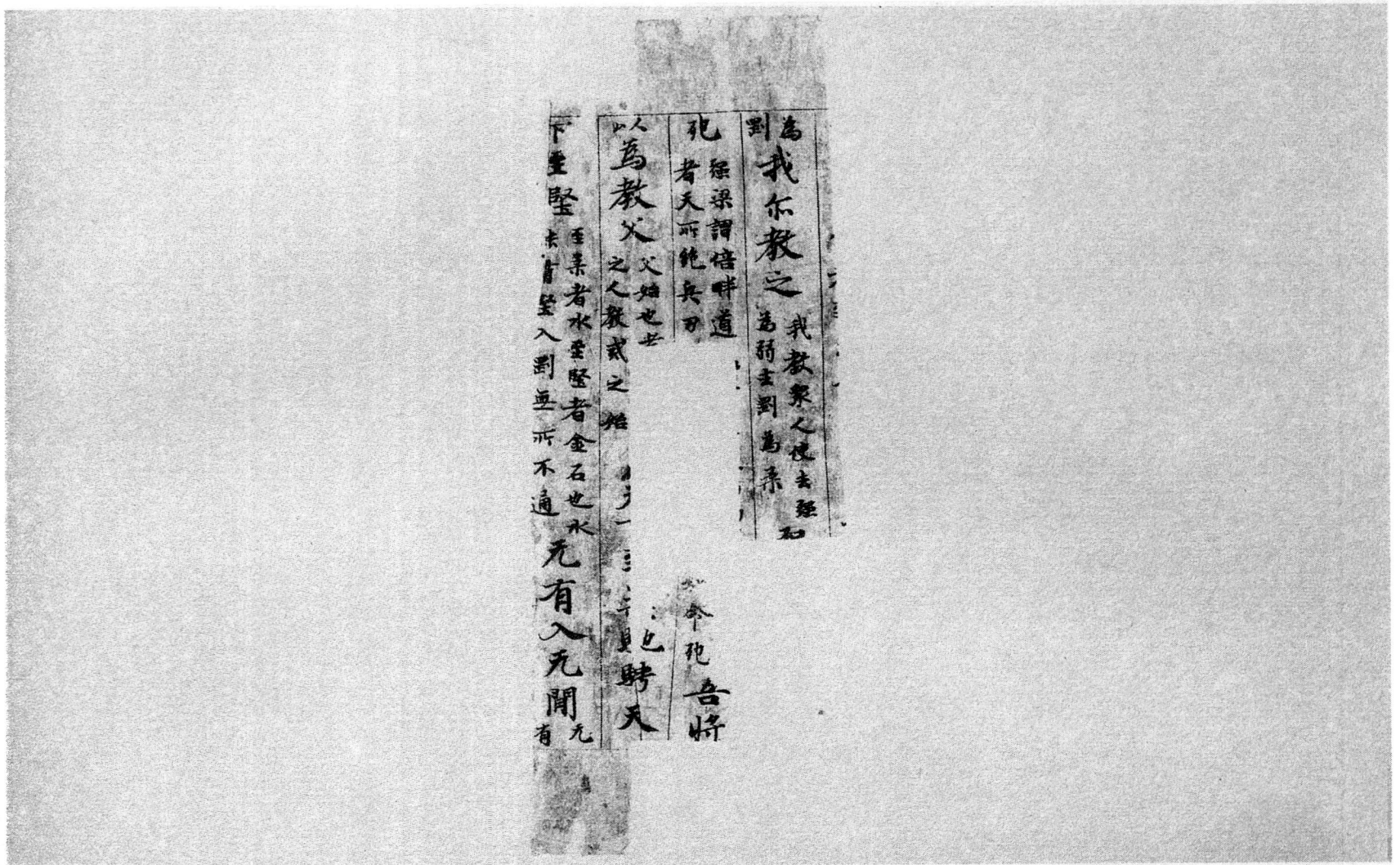

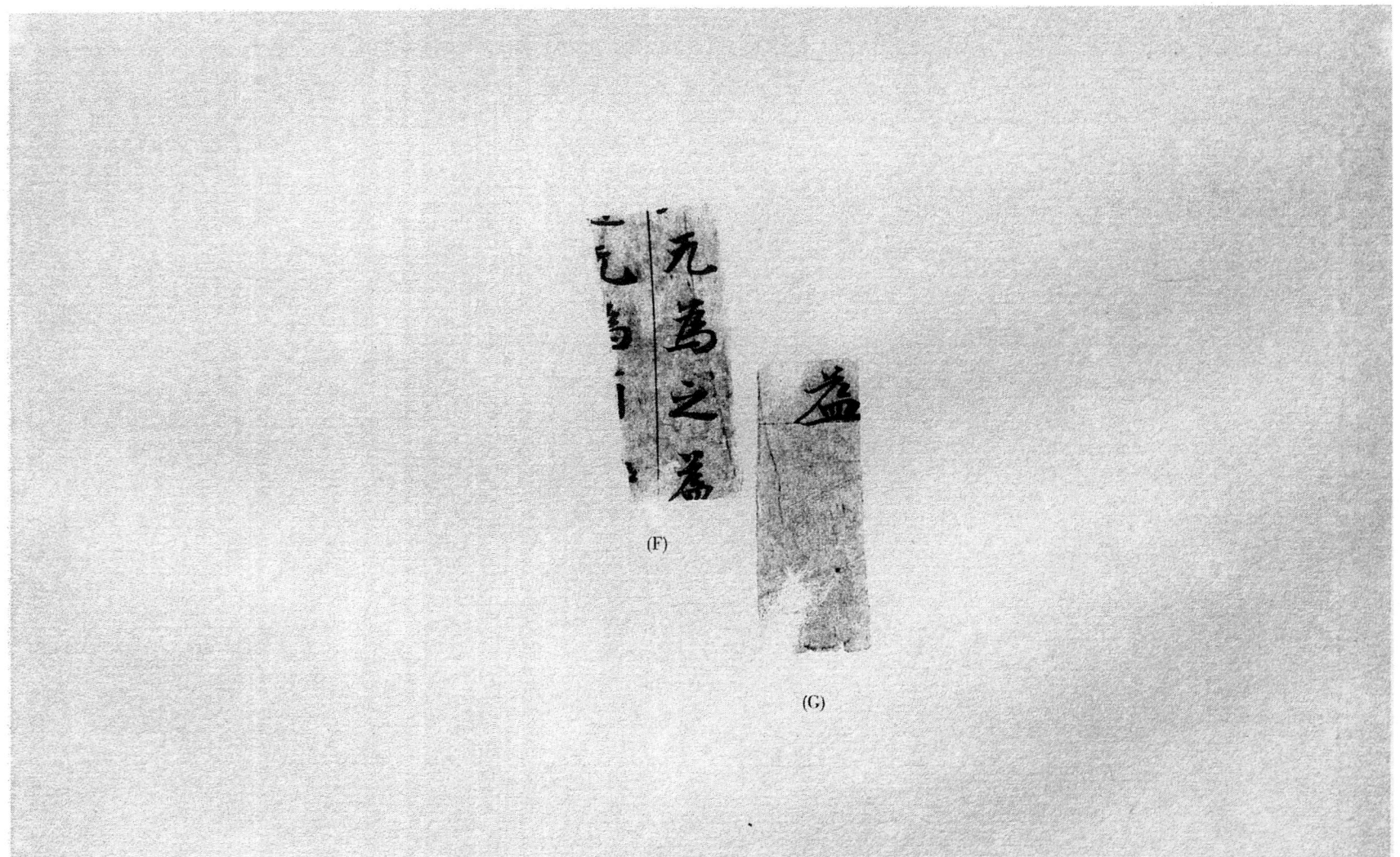

BD16086 號 H　老子道德經河上公章句　　　　　　　　　　　　　　（7-7）

三菩提何以故以有佛性
當成阿耨多羅三藐三菩
提得就善提當知是人
罪何以故雖有佛性以未
故未見以未見故不能得
三菩提善男子以是義故

BD16087 號 A　大般涅槃經（北本）卷七　　　　　　　　　　　　　（1-1）

137

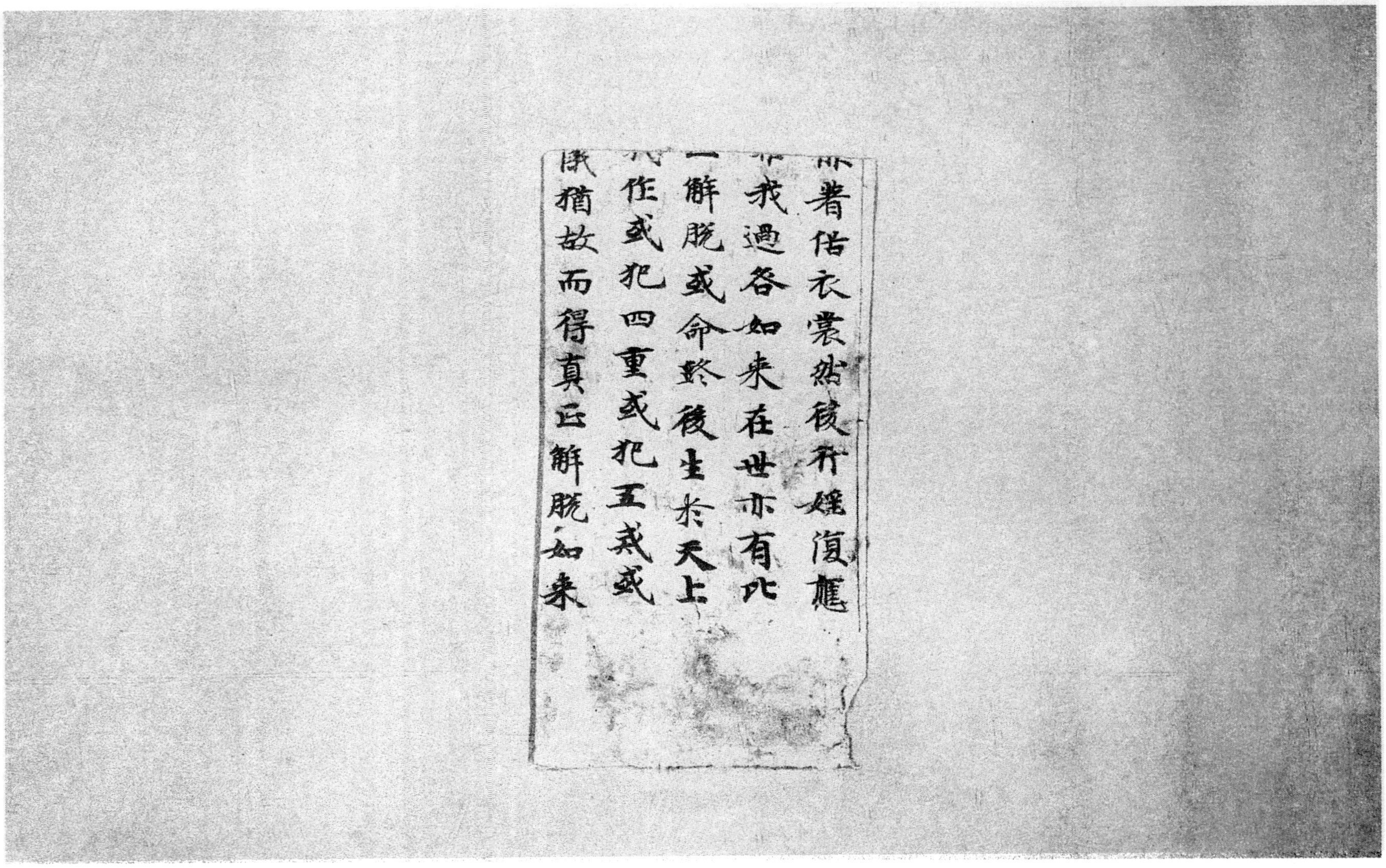

茶著佈衣裳然後行婬復還
我遇各如來在世亦有八
一解脫或命終後生於天上
不作或犯四重或犯五戒或
威猶故而得真正解脫如來

BD16087 號 B　大般涅槃經（北本）卷七　　　　　　　　　（1-1）

追果王稱我得我八不受姓名如是
大師實得阿羅漢果如佛无異今
皆宣告內外人民中宮妃后意今
沙門果是故滅令一切聞者心生歡
比丘正真是梵行清净之人

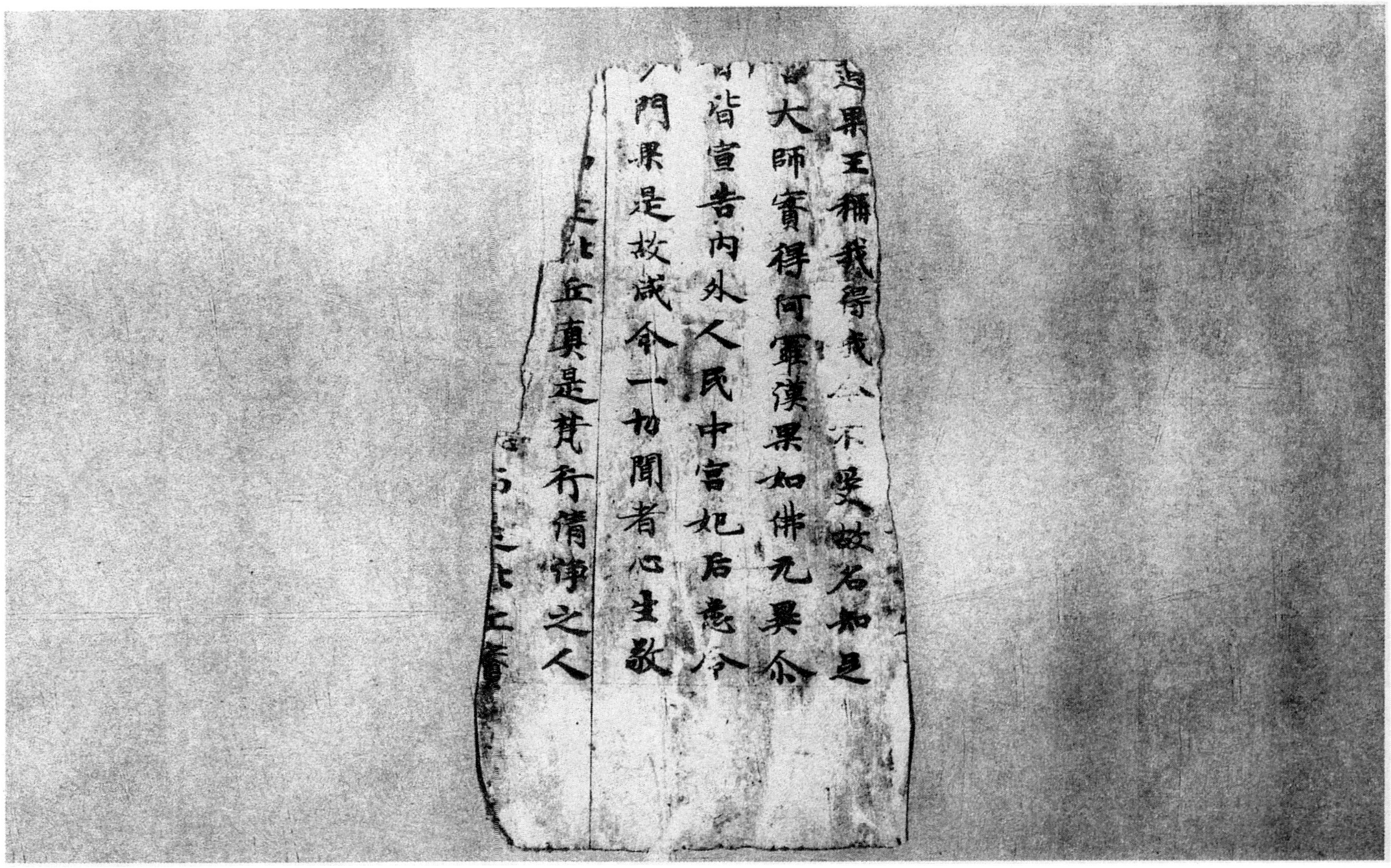

BD16087 號 C　大般涅槃經（北本）卷七　　　　　　　　　（1-1）

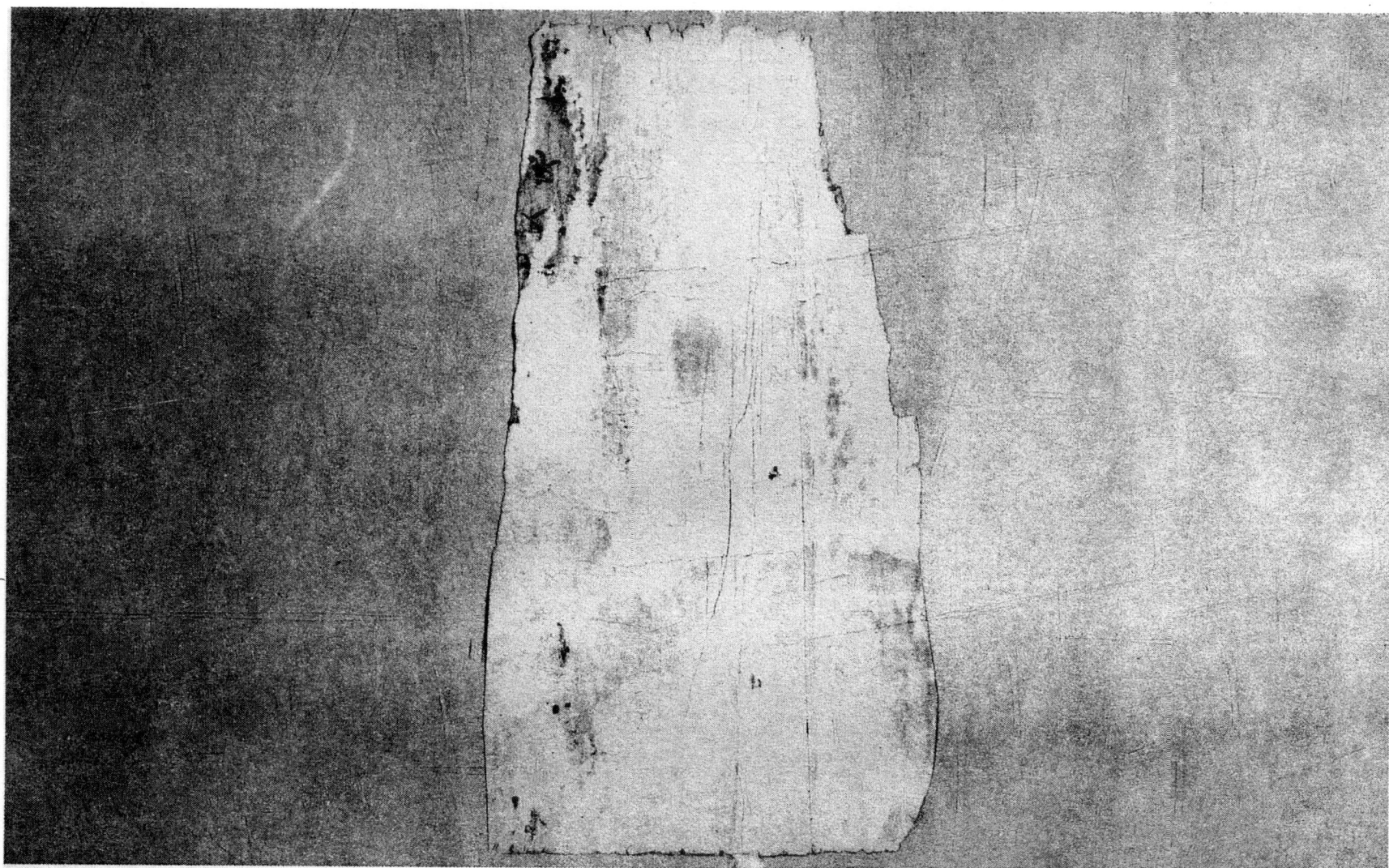

BD16087 號 C 背　雜寫 (1-1)

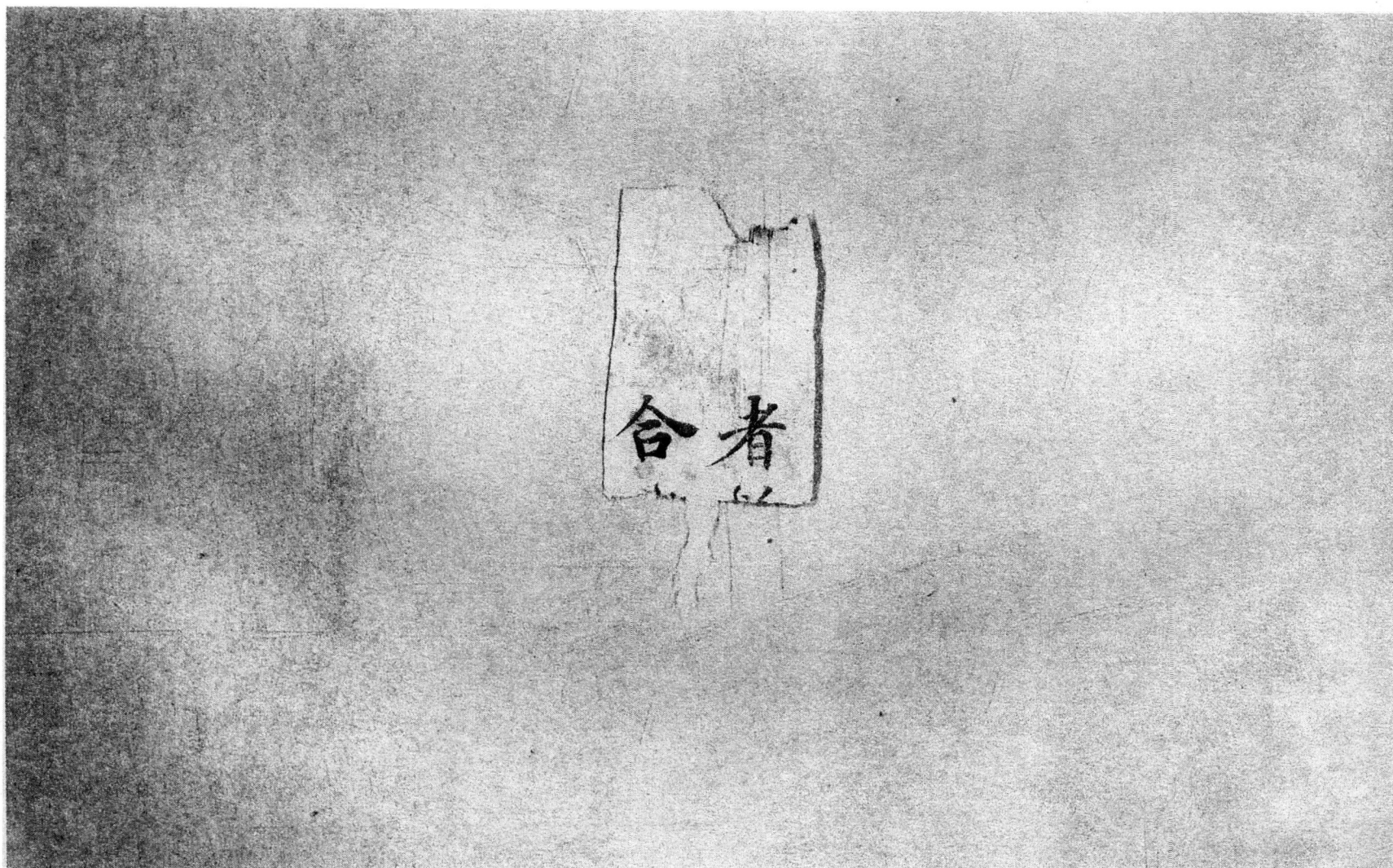

合者

BD16087 號 D　大般涅槃經（北本）卷七 (1-1)

松子後於霍山中學

文是宿有真名於上

求洞經或名素慧傳

關高上虛皇丹房之重

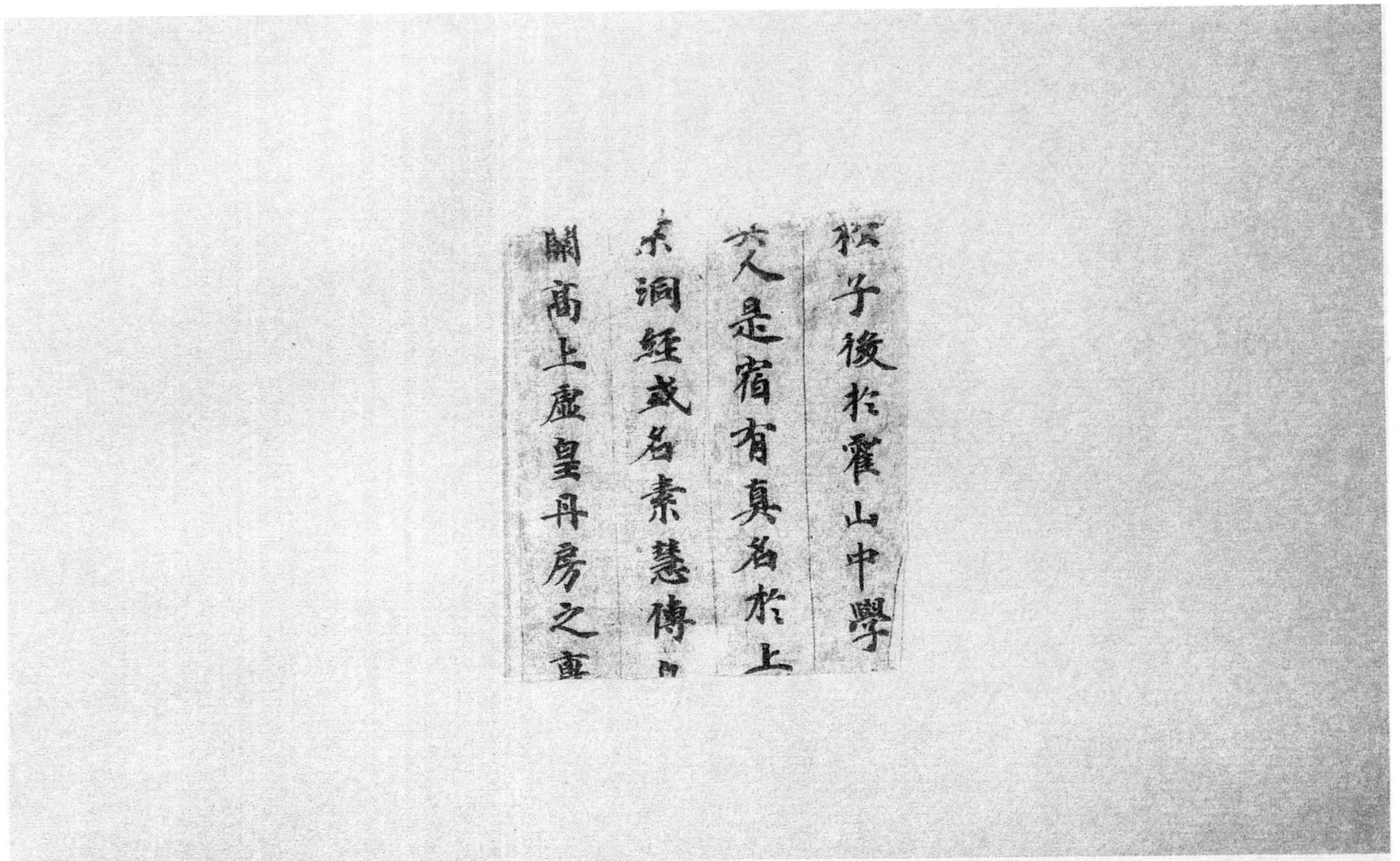

BD16088 號　道教文獻（擬）

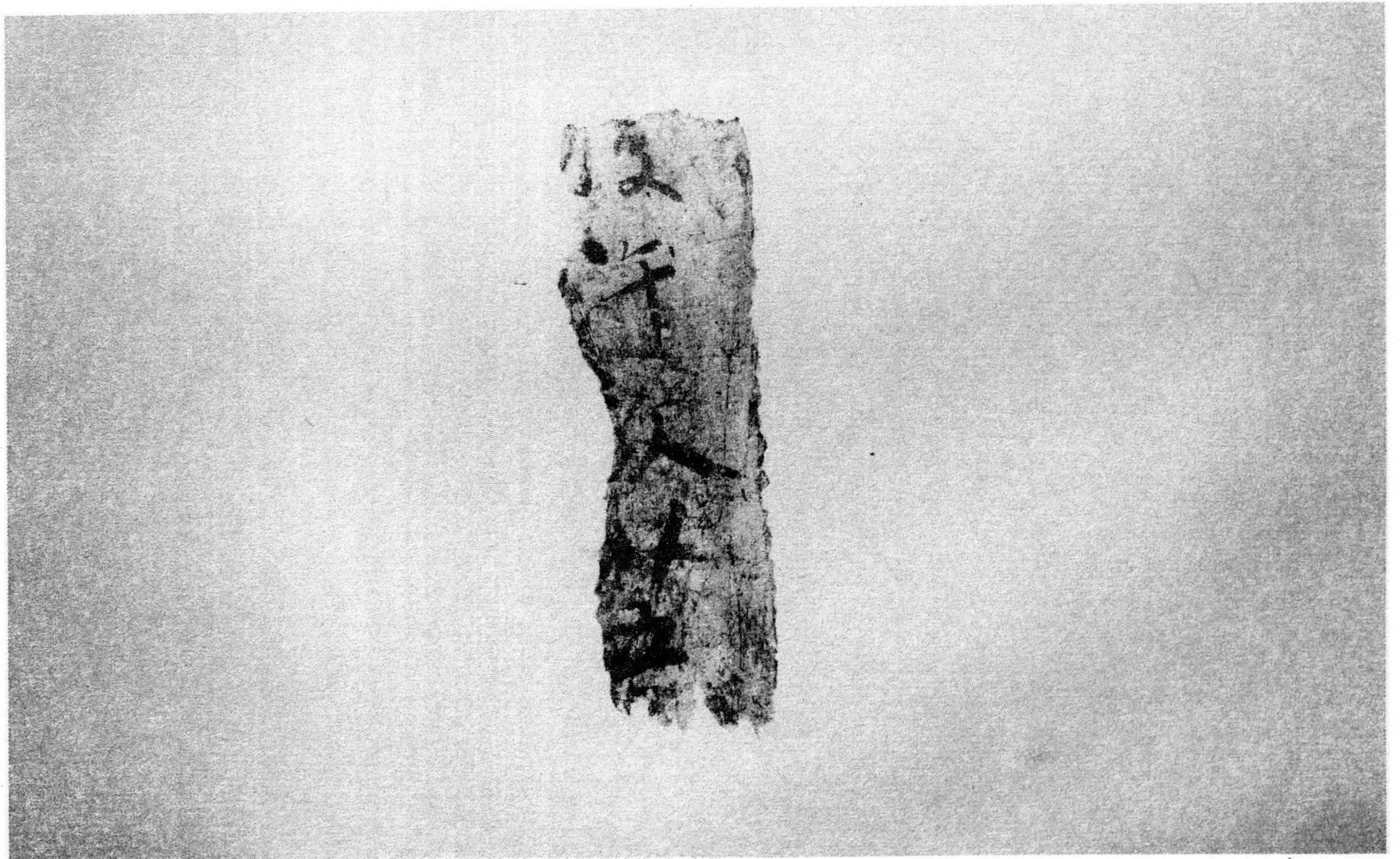

BD16089 號　殘片（擬）

BD16090 號　殘文書（擬）　　　　　　　　　　　　　　　　　　　　　　　　（1-1）

BD16091 號 A　攝大乘論釋卷五　　　　　　　　　　　　　　　　　　　　　（1-1）
BD16091 號 B　攝大乘論釋卷五

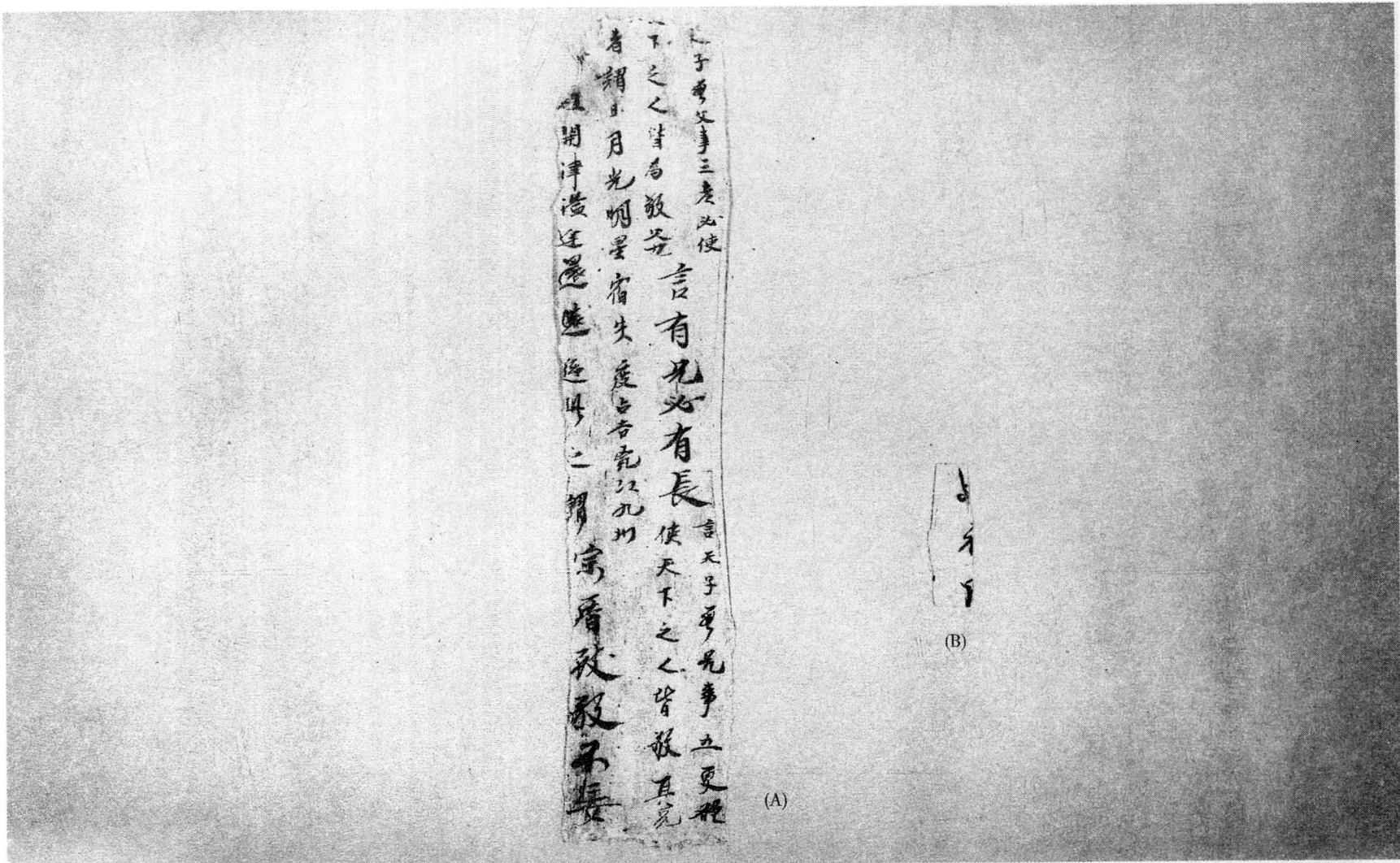

BD16092 號 A 殘片（擬）
BD16092 號 B 殘片（擬）

（1-1）

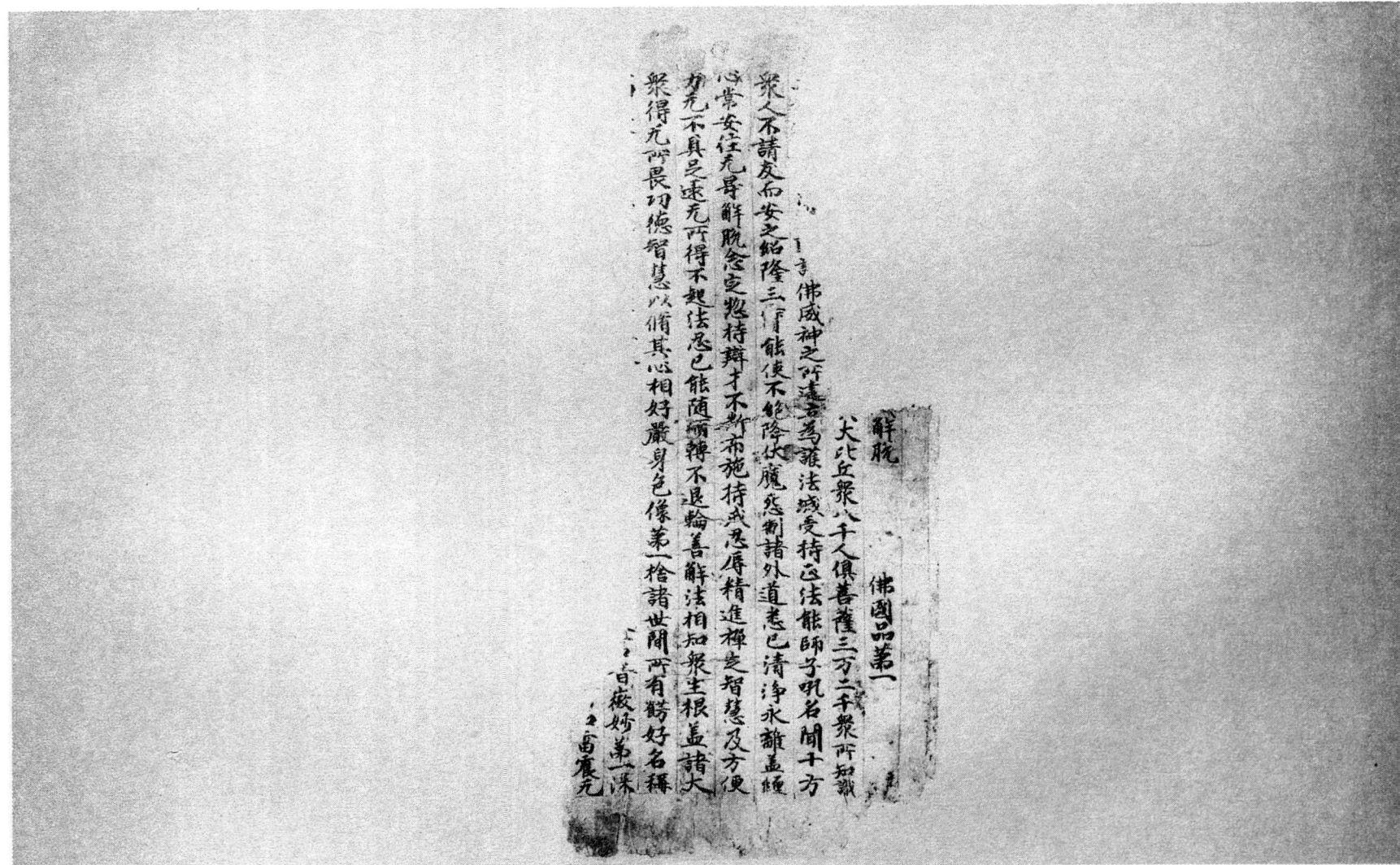

BD16093 號　維摩詰所說經卷上

（1-1）

BD16094 號　大般若波羅蜜經殘片（擬）　　　　　　　　　　　　　　　　　　　　　　（1-1）

BD16095 號 A　護首（大般若波羅蜜多經）　　　　　　　　　　　　　　　　　　　　　（1-1）

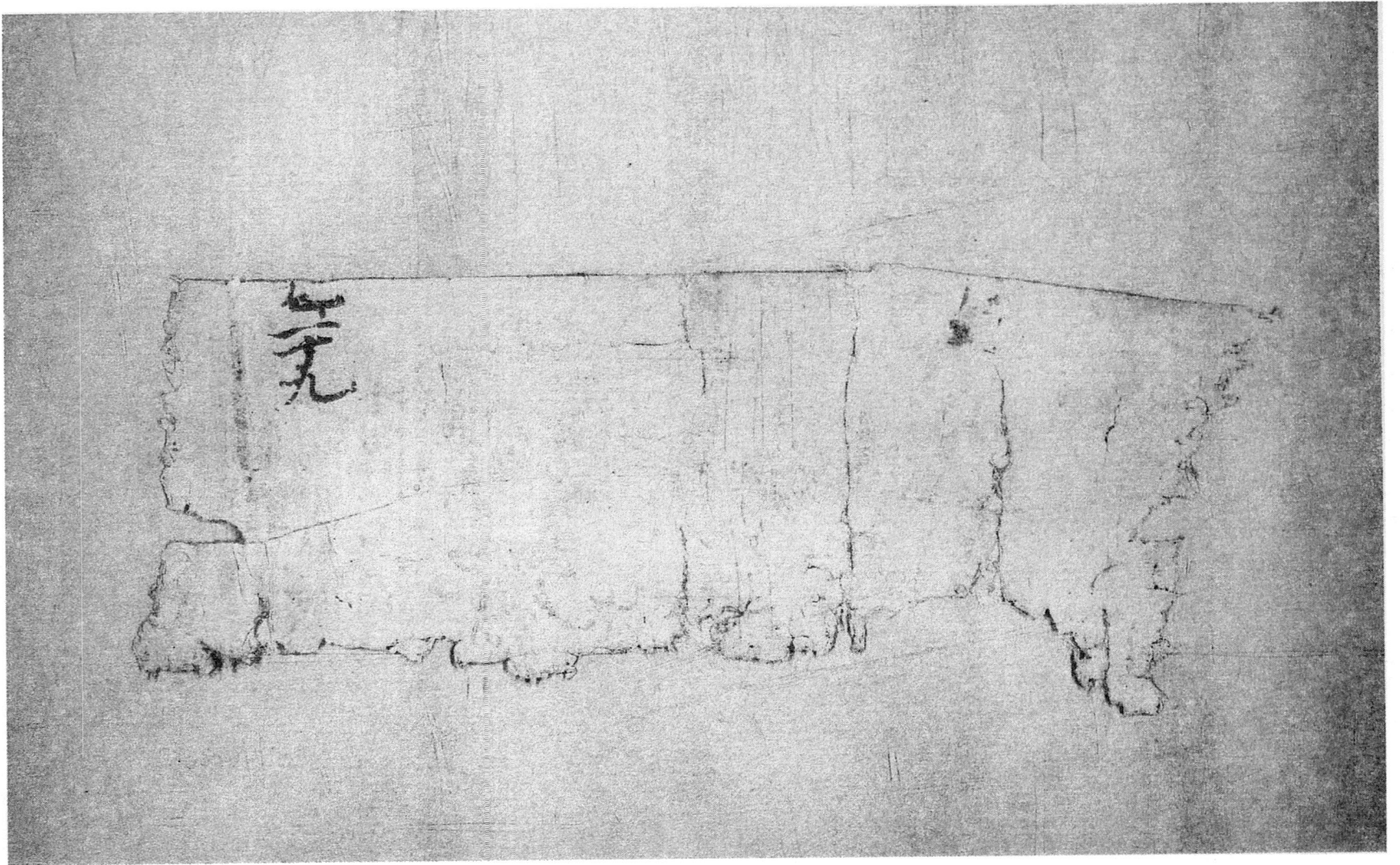

BD16095 號 B　護首（經名不清）　　　　　　　　　　　　　　　　　　　　　　　　（1-1）

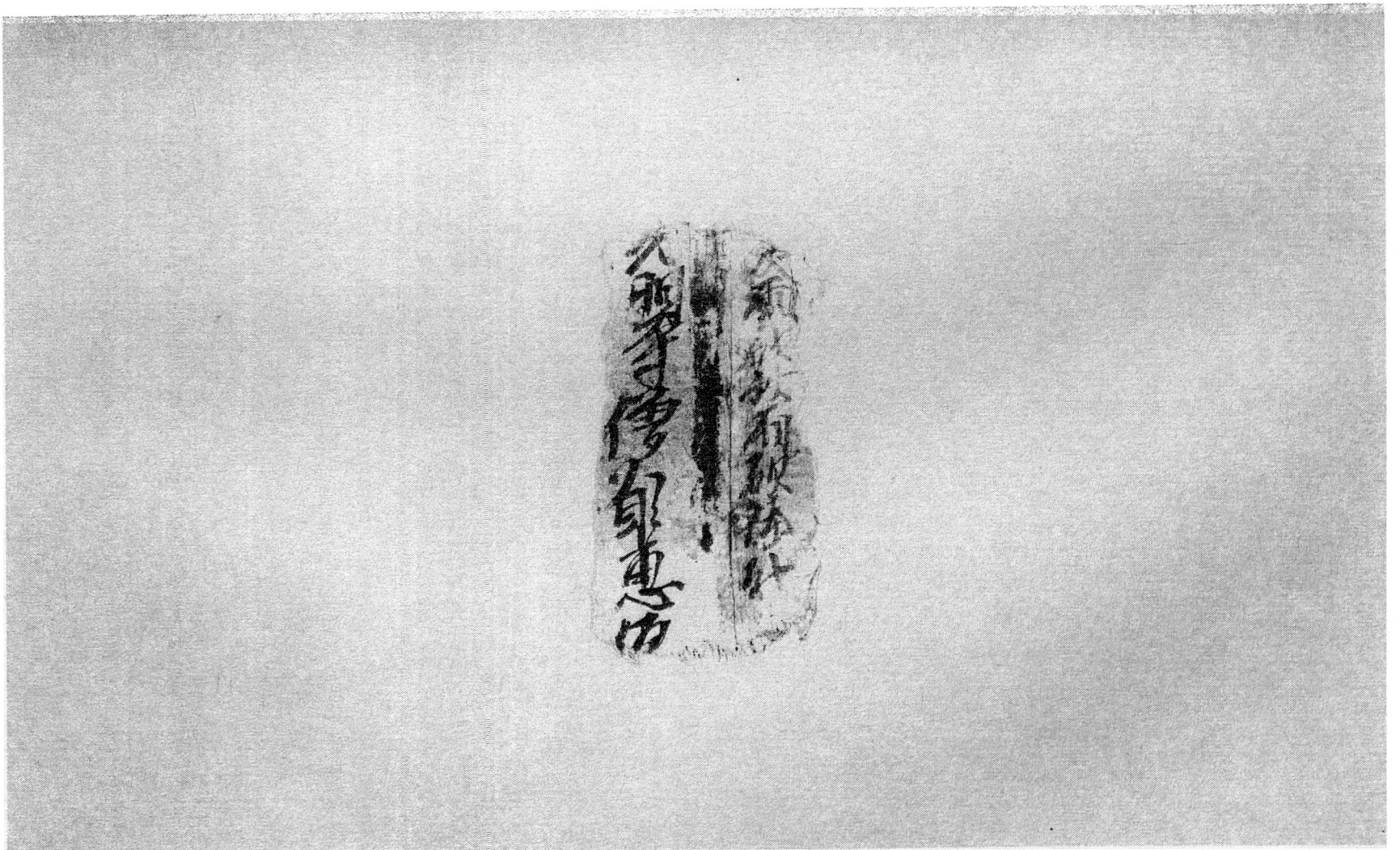

BD16096 號 A　便物歷（擬）　　　　　　　　　　　　　　　　　　　　　　　　　（1-1）

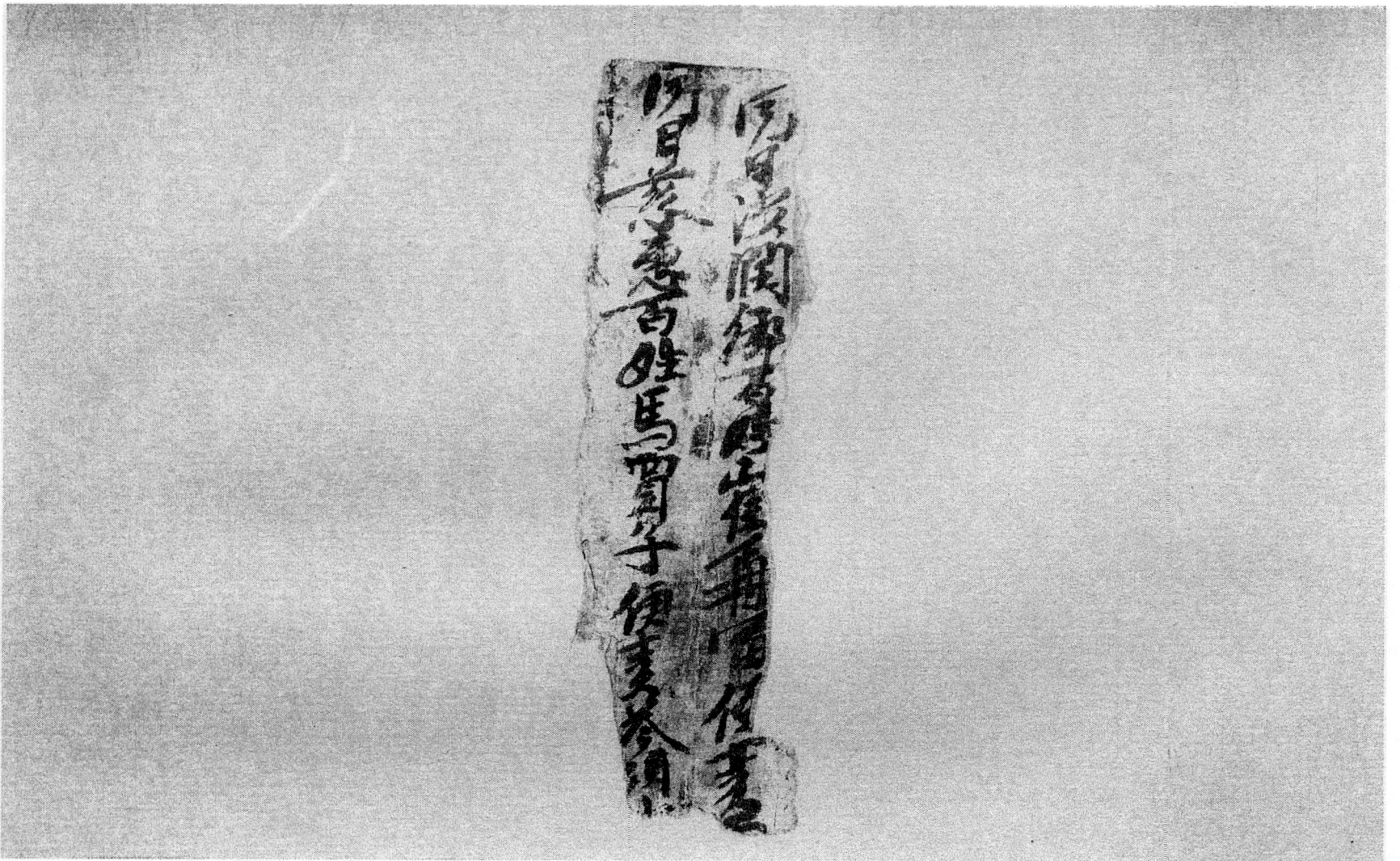

BD16096 號 B　便麥歷（擬）　　　　　　　　　　　　　　　　　　　　（1-1）

BD16097 號　戊午年四月索保薩等便麥歷（擬）　　　　　　　　　　（1-1）

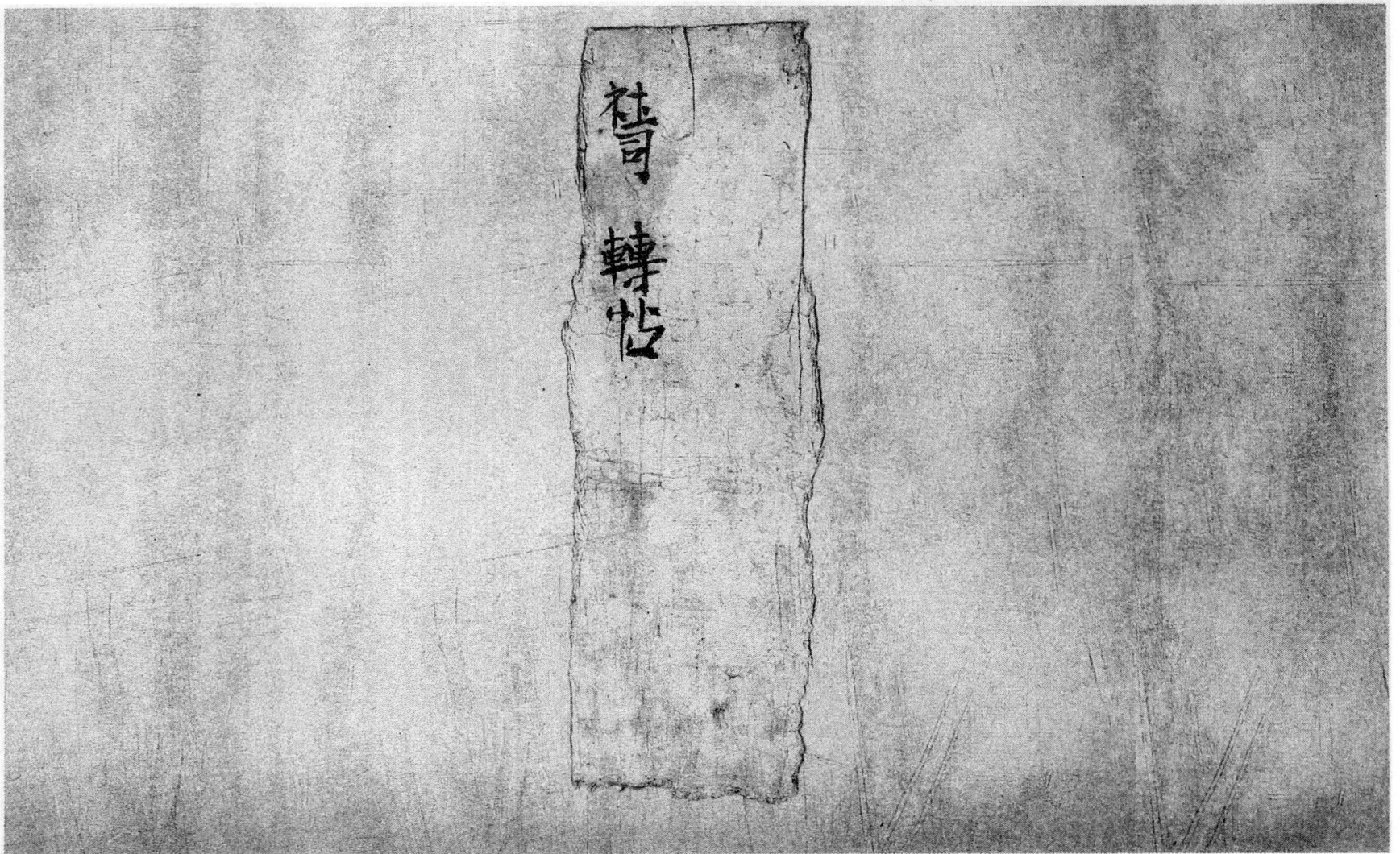

BD16097 號 B 背　雜寫 　　　　　　　　　　　　　　　　　　　　　　　　　　（2-1）

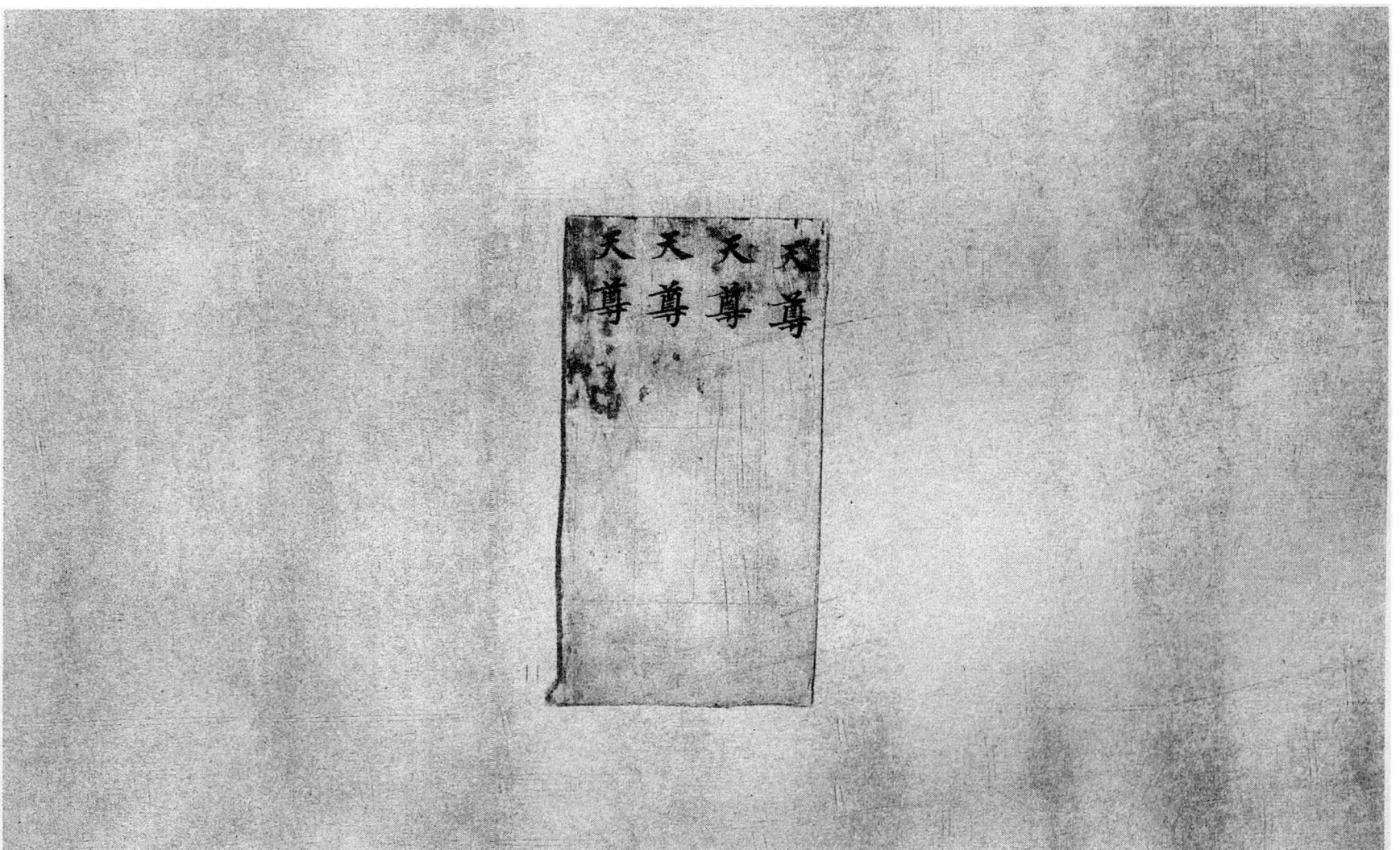

BD16098 號 A　道教文獻（擬） 　　　　　　　　　　　　　　　　　　　　　　　（1-1）

BD16098 號 B　道教文獻（擬）　　　　　　　　　　　　　　　　　　　　（1-1）

BD16099 號 A　藏文殘片（擬）　　　　　　　　　　　　　　　　　　　　（1-1）

147

BD16099 號 B　藏文殘片（擬）　　　　　　　　　　　　　　　　　　　　　（1-1）

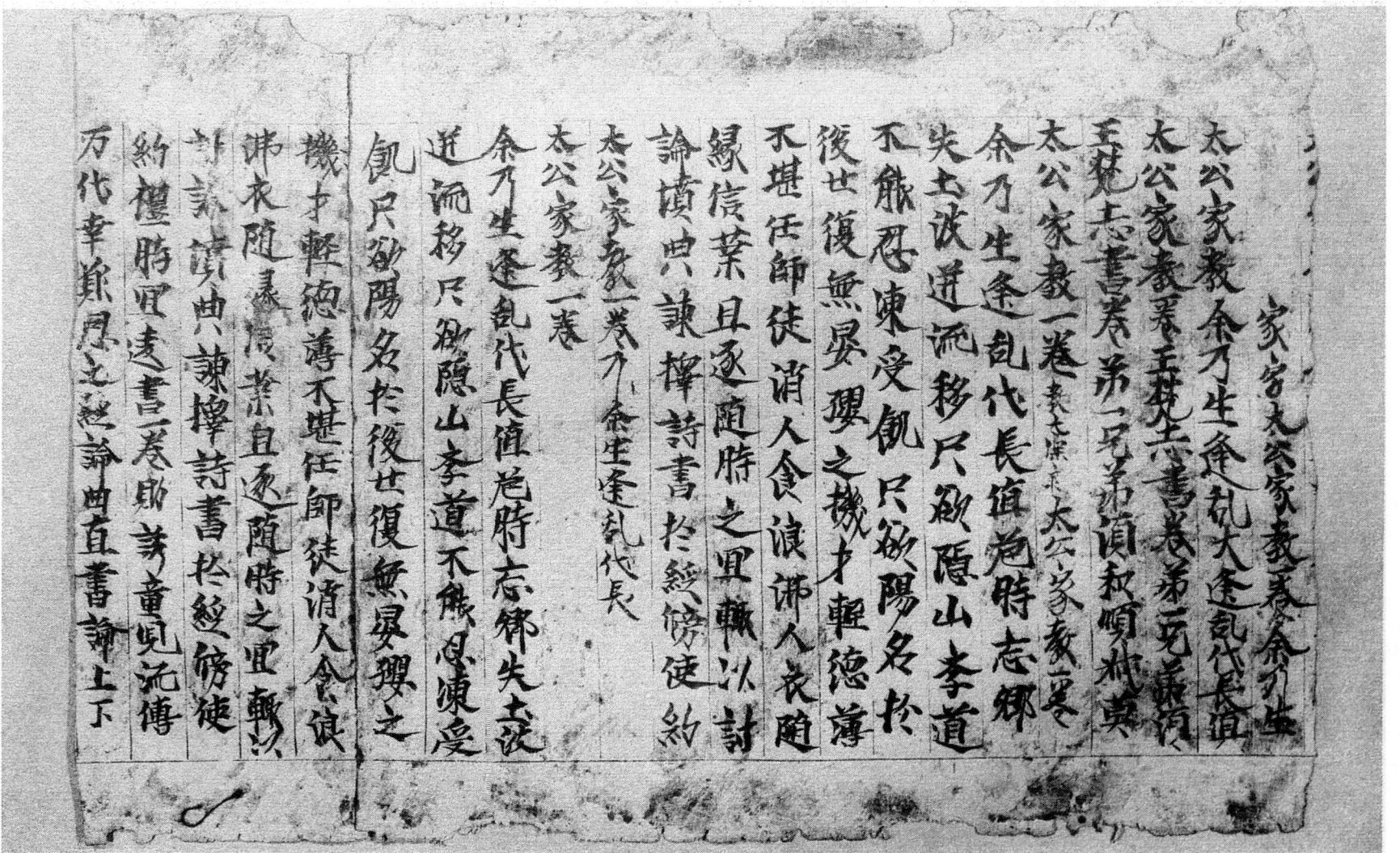

BD16100 號 1　太公家教（甲本）雜寫（擬）　　　　　　　　　　　　　　（1-1）
BD16100 號 2　太公家教

BD16100 號背　雜寫 (1-1)

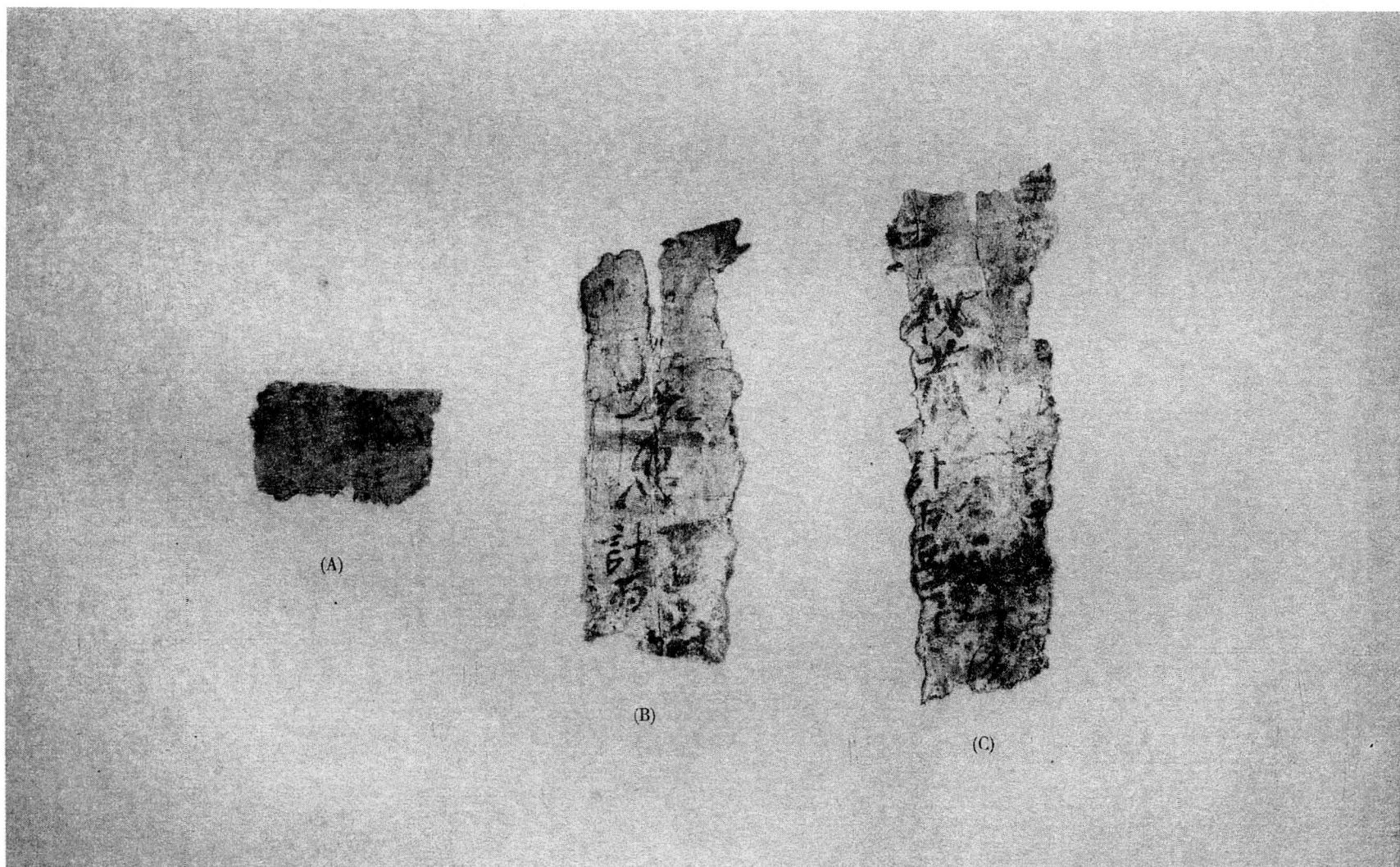

(A)

(B)

(C)

BD16102 號 A　殘片（擬） (1-1)
BD16102 號 B、C　便糧食歷（擬）

149

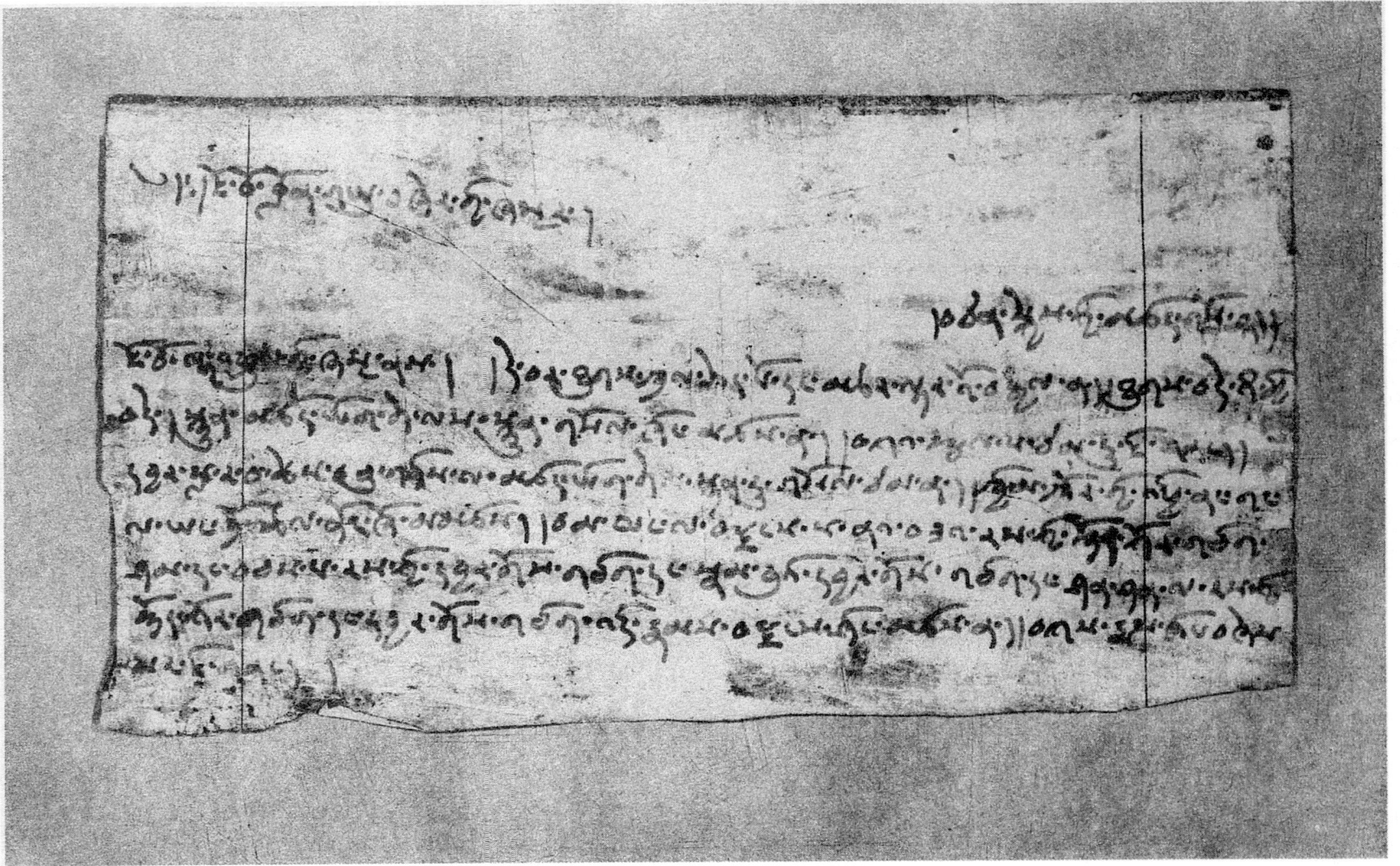

BD16103 號　藏文殘片（擬）

(1-1)

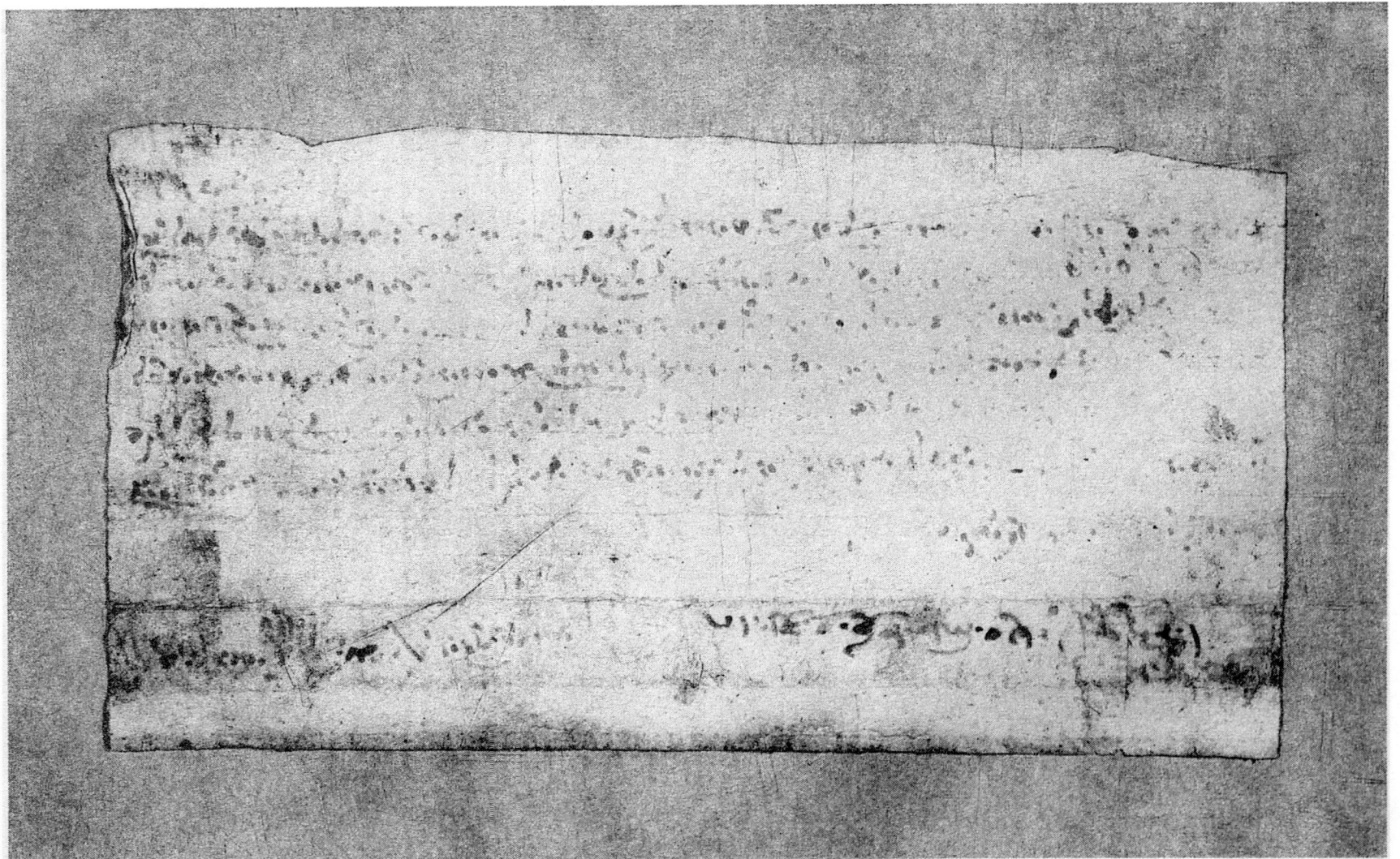

BD16103 號背　殘片（擬）

(1-1)

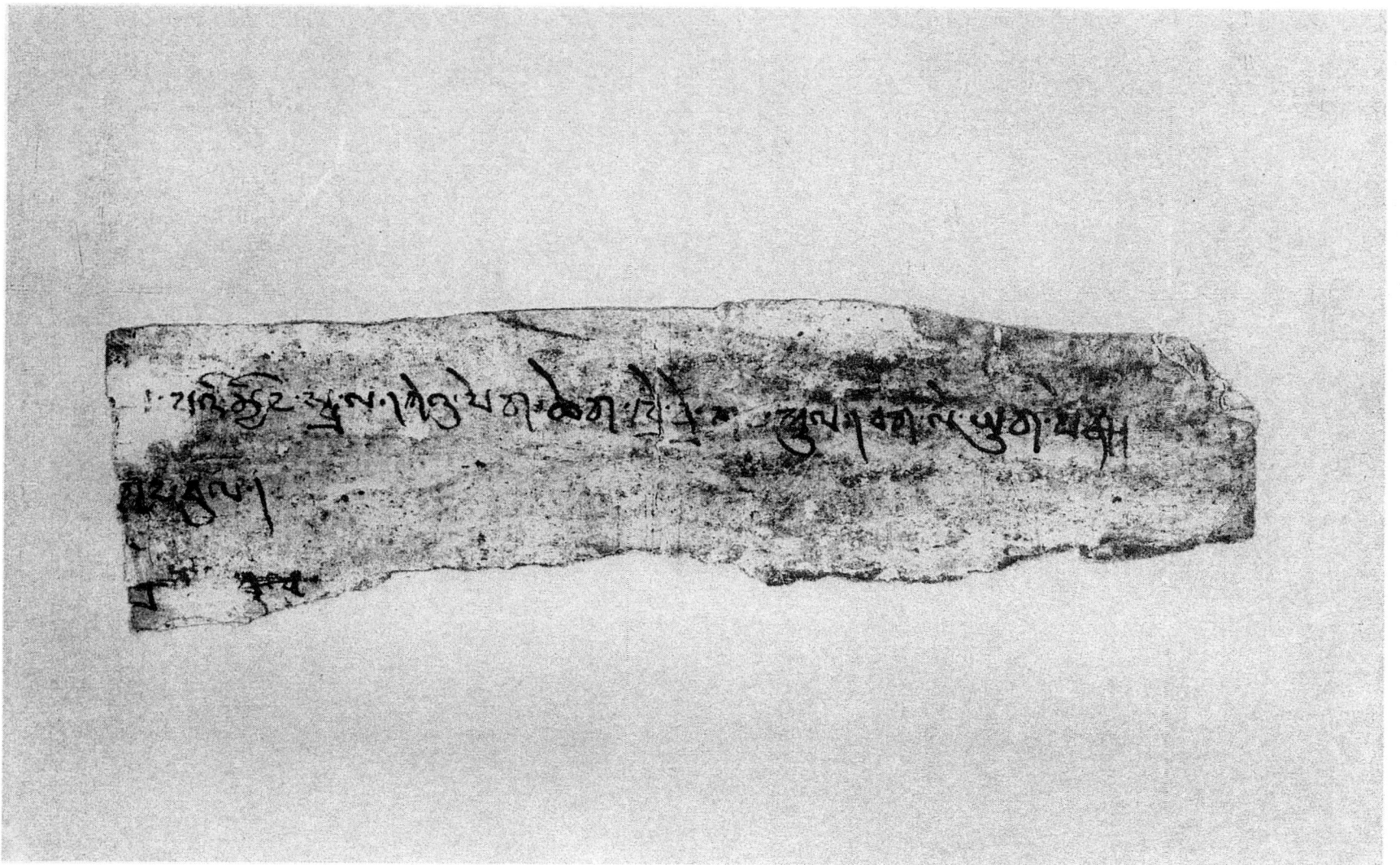

BD16104 號　藏文殘片（擬）　　　　　　　　　　　　　　　　　　　　　　（1-1）

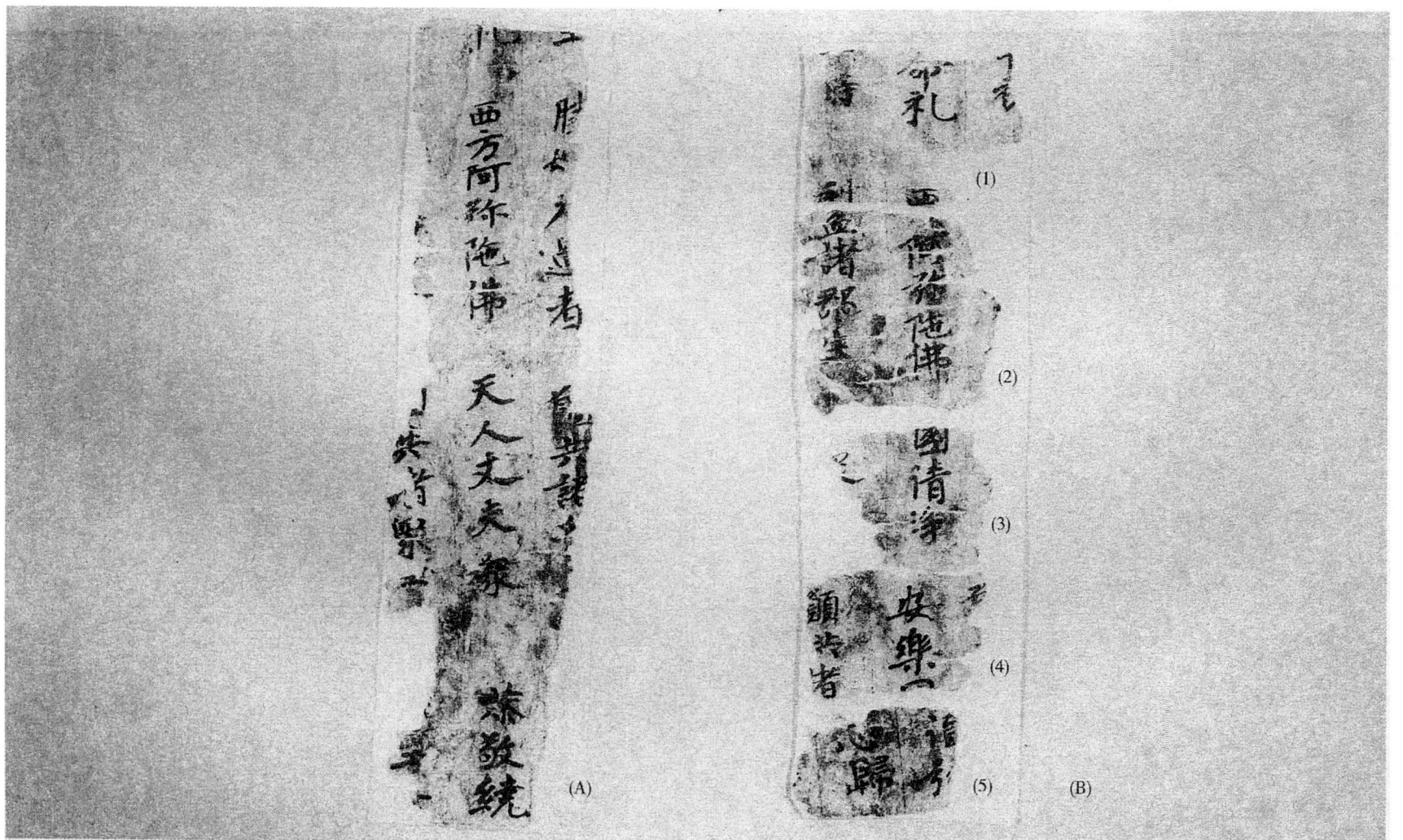

BD16105 號 A　集諸經禮懺儀卷下
BD16105 號 B　集諸經禮懺儀卷下　　　　　　　　　　　　　　　　　　　（1-1）

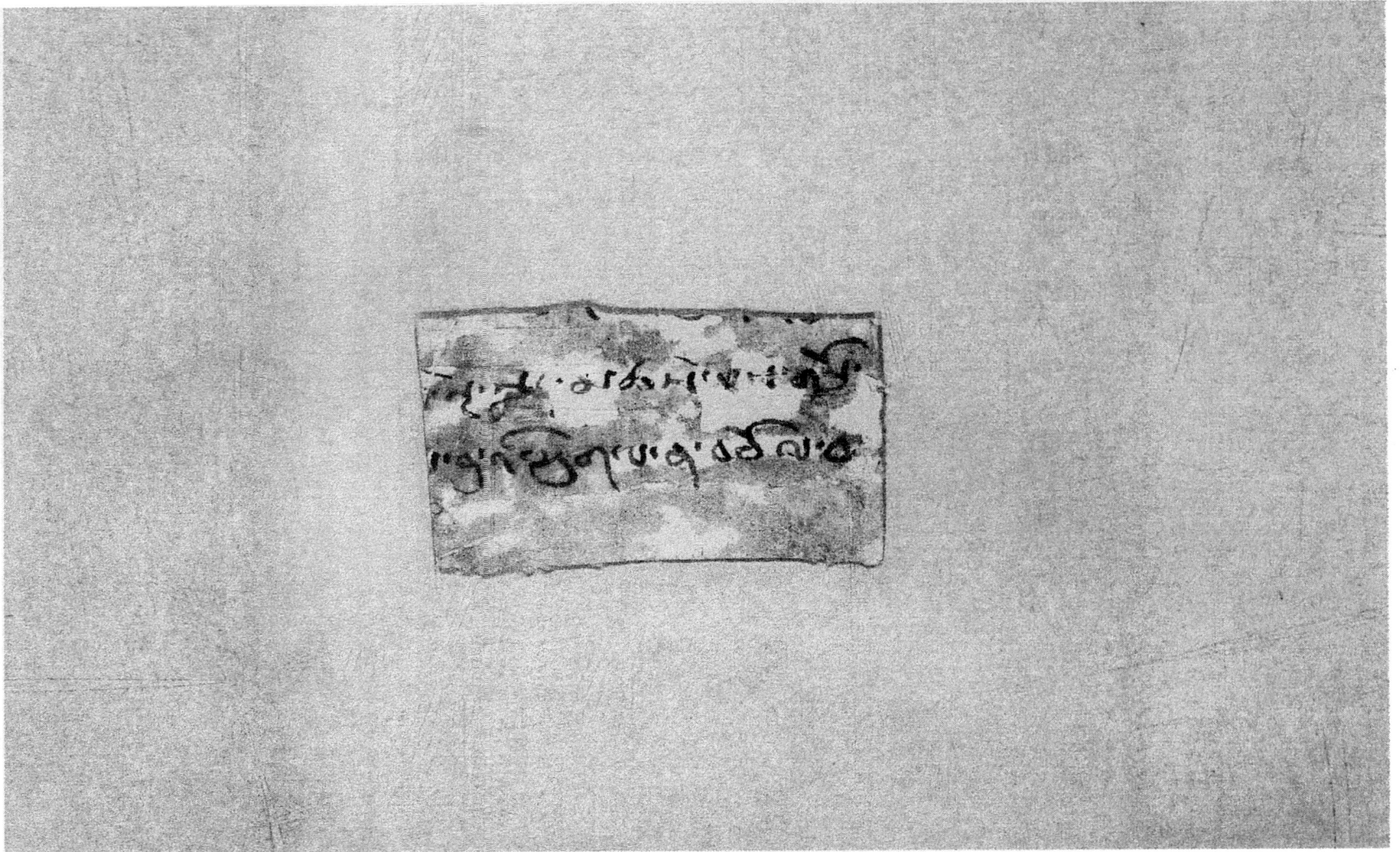

BD16106 號　藏文殘片（擬） (1-1)

BD16107 號　藏文殘片（擬） (1-1)

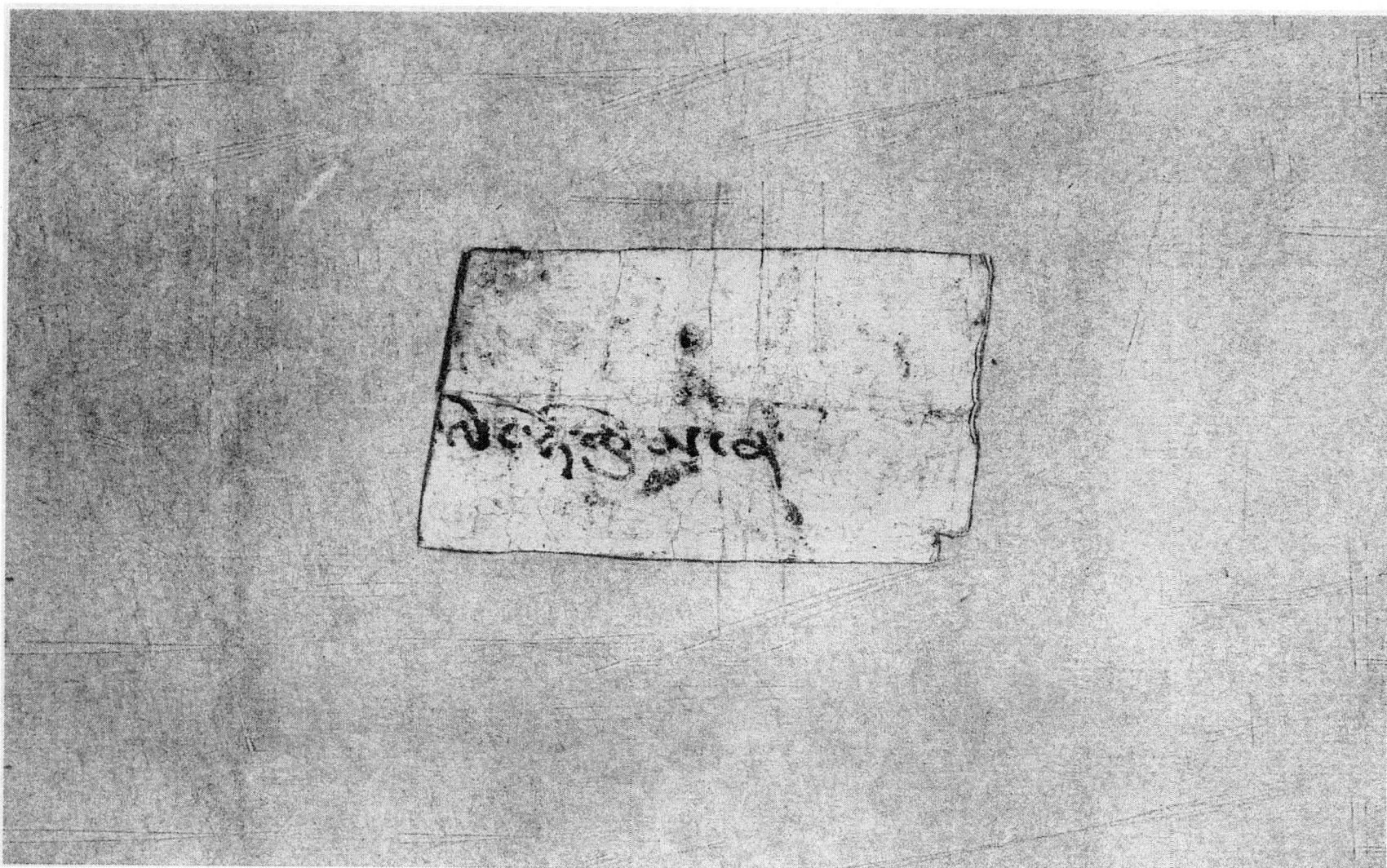

BD16107 號背　藏文殘片（擬）　　　　　　　　　　　　　　　　　　　（1-1）

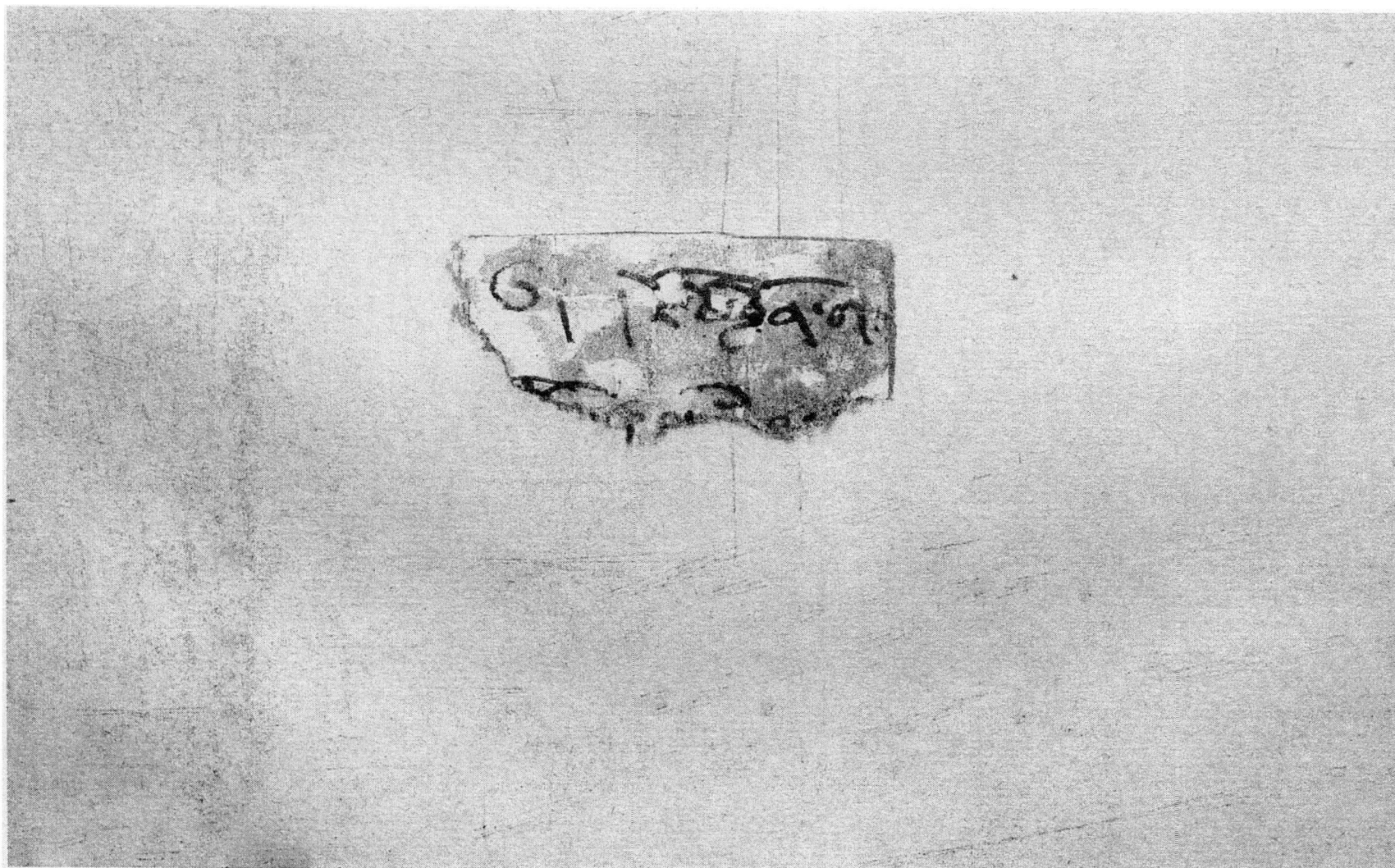

BD16108 號　藏文殘片（擬）　　　　　　　　　　　　　　　　　　　　（1-1）

BD16109 號　藏文殘片（擬）

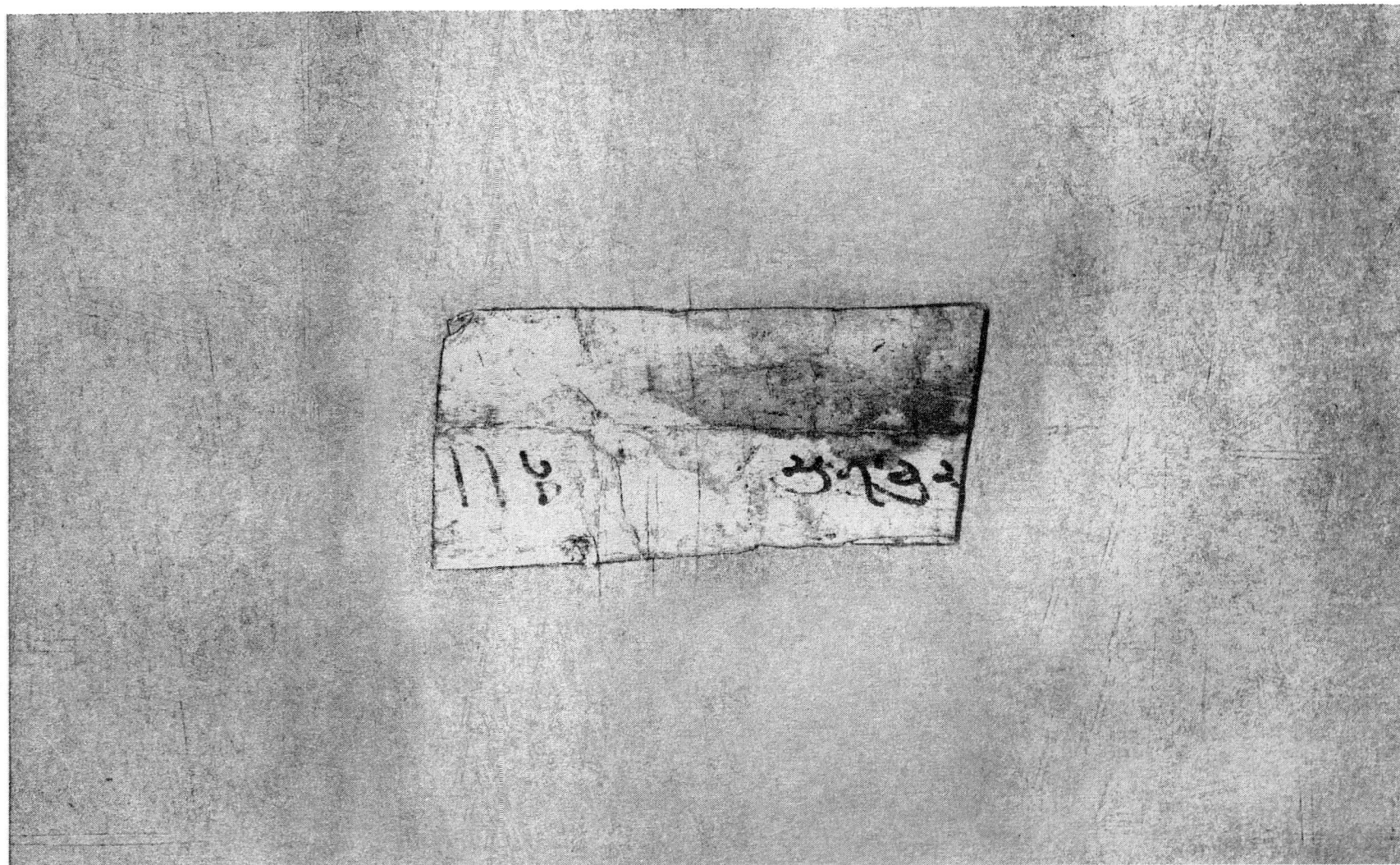

BD16109 號背　藏文殘片（擬）

（1-1）

BD16110 號　藏文殘片（擬）　　　　　　　　　　　　　　　　　　　（1-1）

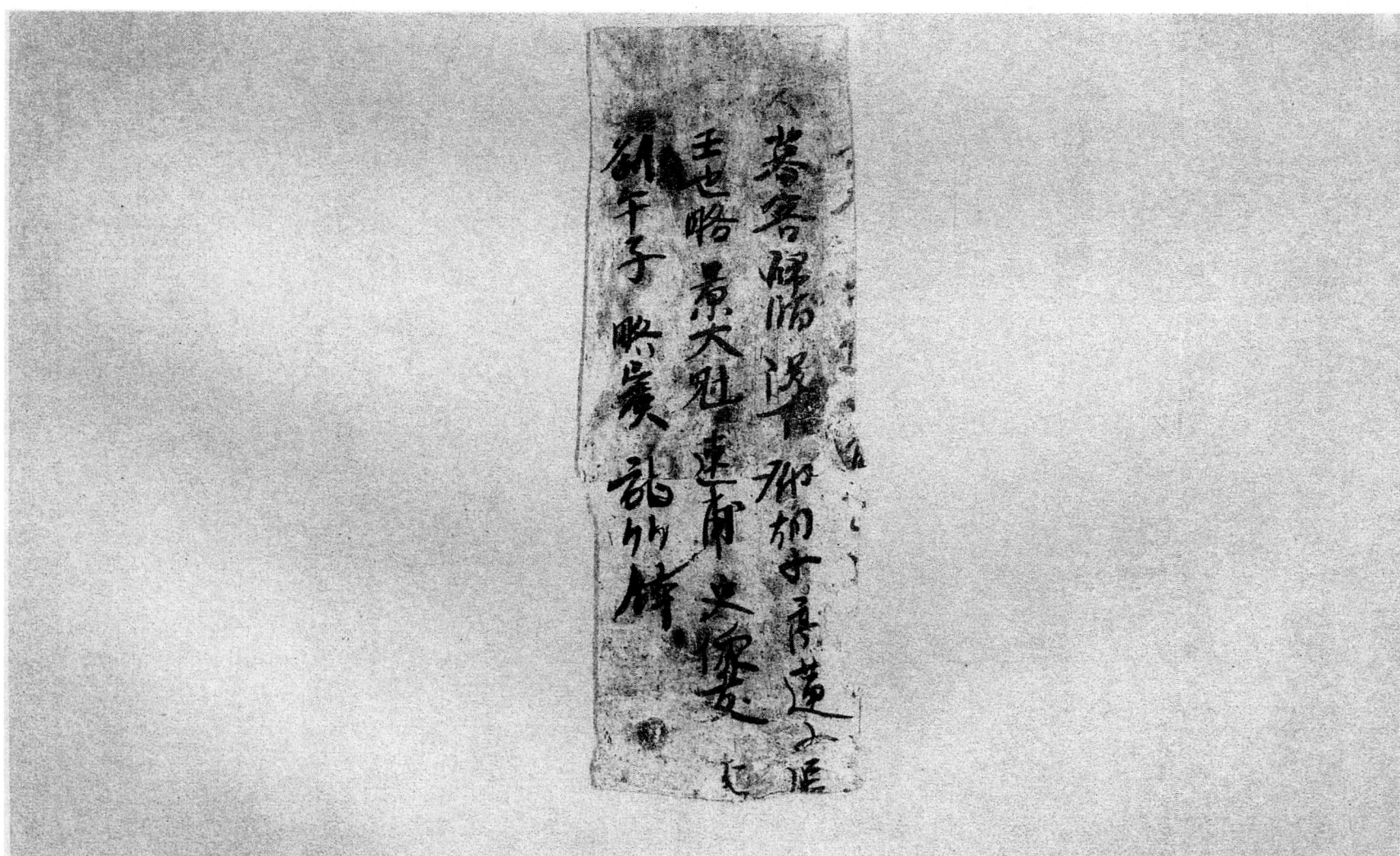

BD16111 號 A　暮客名錄（擬）　　　　　　　　　　　　　　　　　　（1-1）

BD16111 號 B　殘片（擬）

（1-1）

BD16111 號 C　丁卯年丙寅年文書（擬）

（1-1）

BD16111 號 D　丁卯年丙寅年文書（擬）　　　　　　　　　　　　　　　　　　　（1-1）

BD16111 號 E　殘文書（擬）　　　　　　　　　　　　　　　　　　　　　　　（1-1）

BD16111 號 F　殘文書（擬）　　　　　　　　　　　　　　　　　（1-1）

BD16111 號 G　丁卯年丙寅年文書（擬）　　　　　　　　　　　　（1-1）

158

BD16111 號 H　破歷（擬）　　　　　　　　　　　　　　　　　　　　　　　（1-1）

BD16111 號 I　壬申年正月拾柒日龍勒鄉陰建慶便麥歷（擬）　　　　　　　（1-1）

BD16111 號 J　肅州相關文書（擬）　　　　　　　　　　　　　　　（1-1）

BD16111 號 K　殘文書（擬）　　　　　　　　　　　　　　　　　　（1-1）

BD16111 號 L　殘片（擬）　　　　　　　　　　　　　　　　　　　　　（1-1）

BD16111 號 M　殘片（擬）　　　　　　　　　　　　　　　　　　　　　（1-1）

BD16111 號 N　殘片（擬）

（1-1）

BD16111 號 O　名錄（擬）

（1-1）

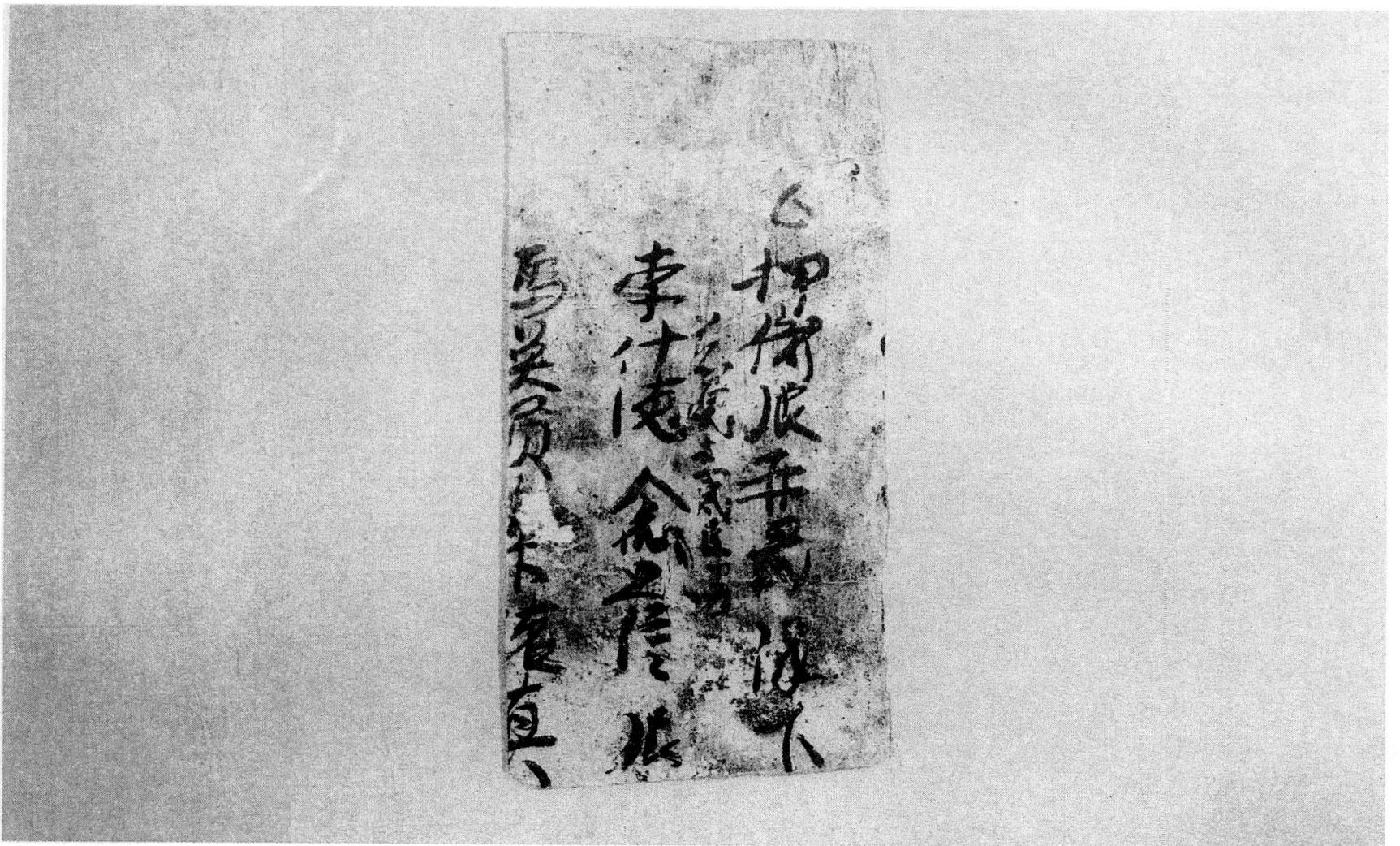

BD16111 號 P　名錄（擬）　　　　　　　　　　　　　　　　　　（1-1）

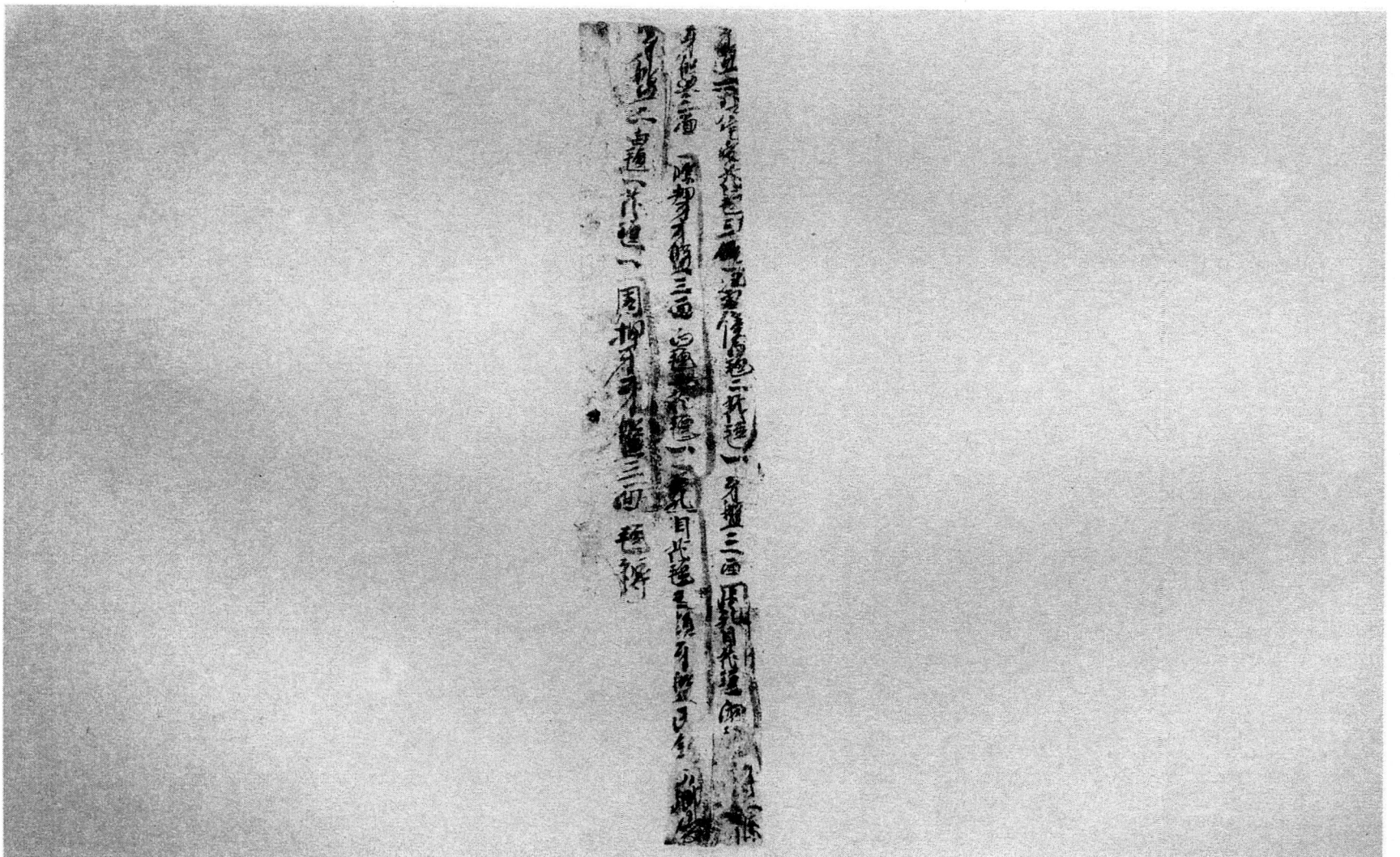

BD16112 號 A　某寺雜物歷（擬）　　　　　　　　　　　　　　　　（1-1）

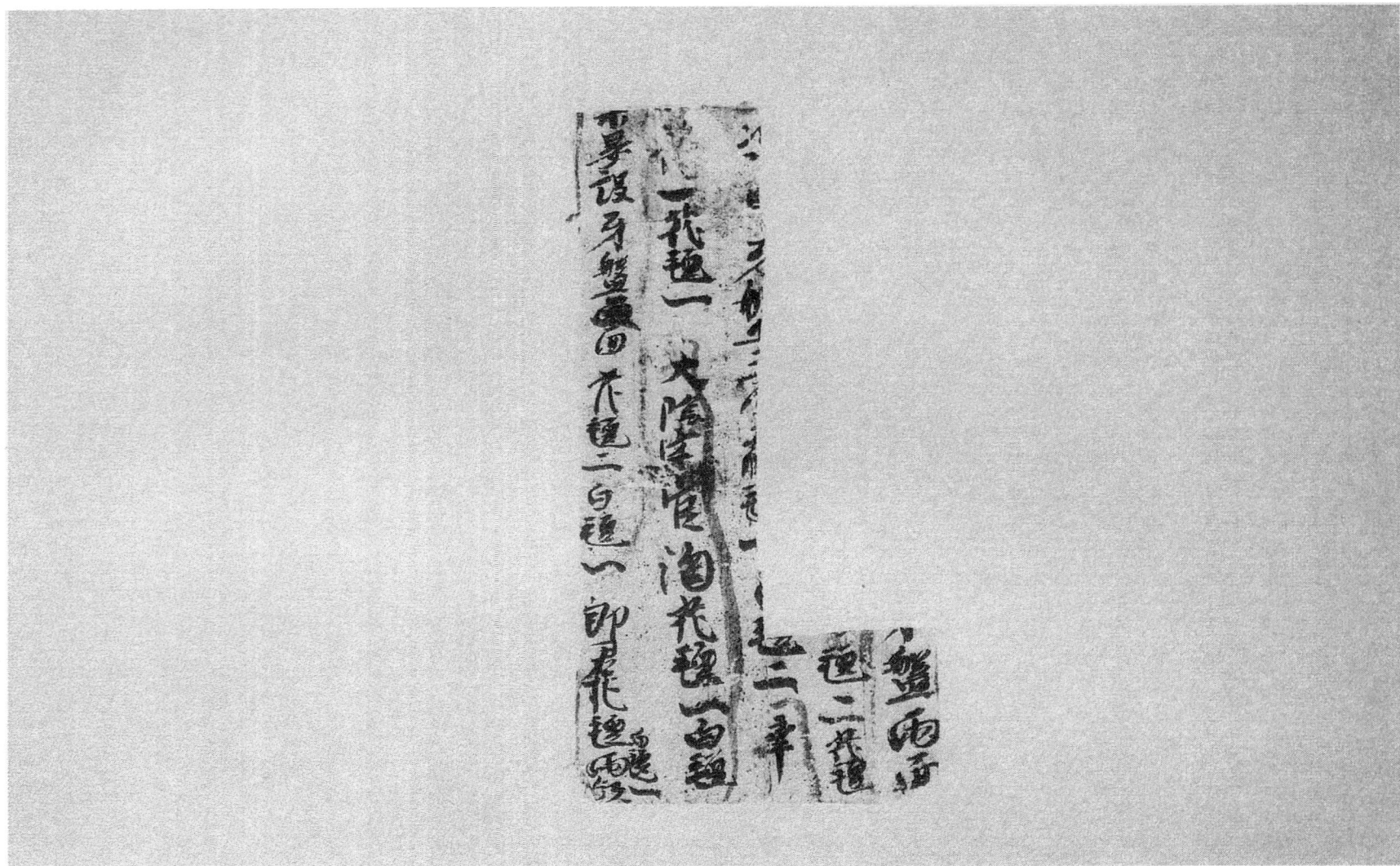

BD16112 號 B　某寺雜物歷（擬）　　　　　　　　　　　　　　　　（1-1）

BD16112 號 C　某寺雜物歷（擬）　　　　　　　　　　　　　　　　（1-1）

BD16112 號 D　某寺雜物歷（擬）　　　　　　　　　　　　　　　　　　　　　（1-1）

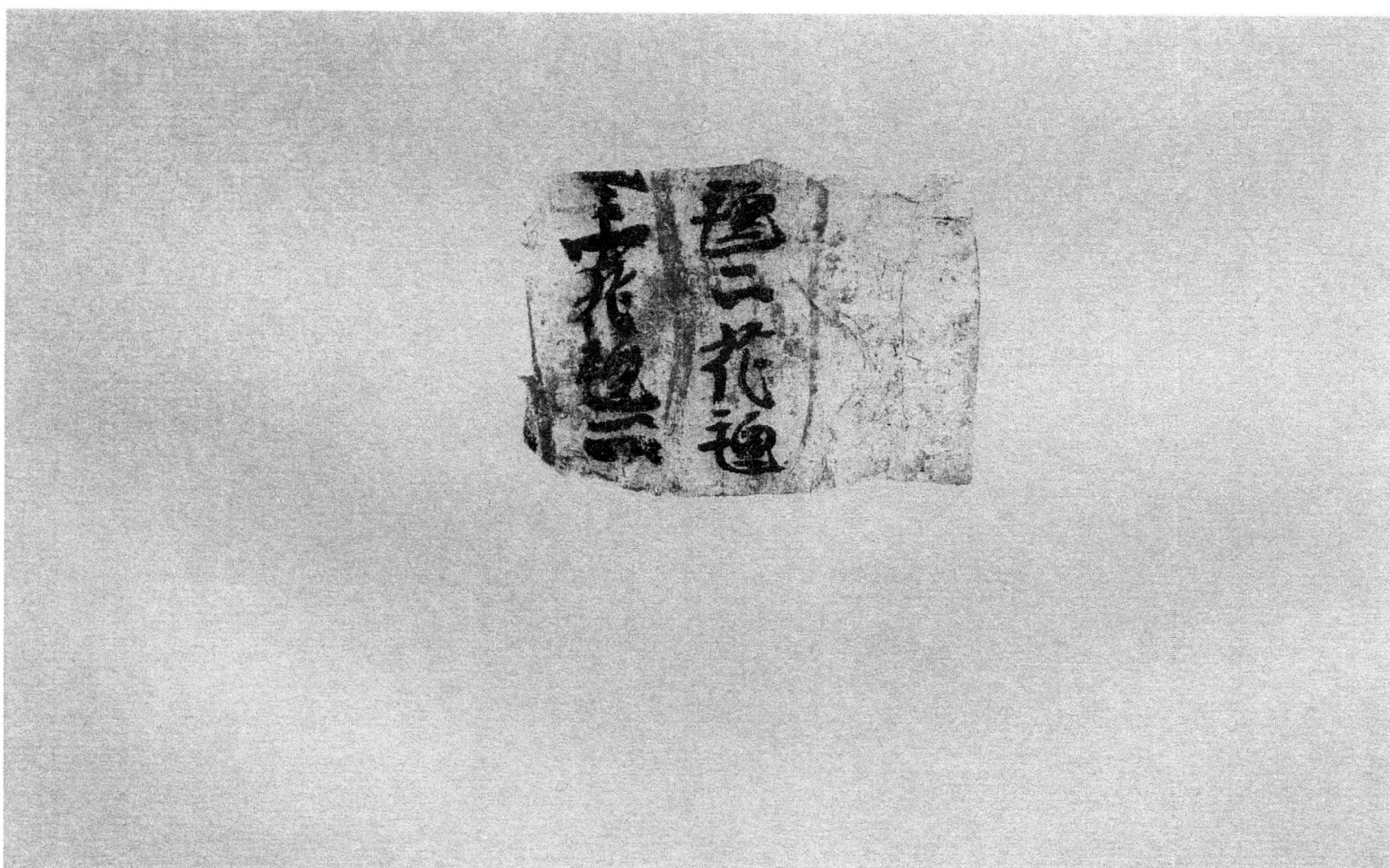

BD16112 號 E　某寺雜物歷（擬）　　　　　　　　　　　　　　　　　　　　　（1-1）

BD16112 號 F　賬歷（擬）　　　　　　　　　　　　　　　　　　　（1-1）

BD16112 號 G　某寺雜物歷（擬）　　　　　　　　　　　　　　　　（1-1）

BD16112號H　殘片（擬）　　　　　　　　　　　　　　　　　　　　　　　　（1-1）

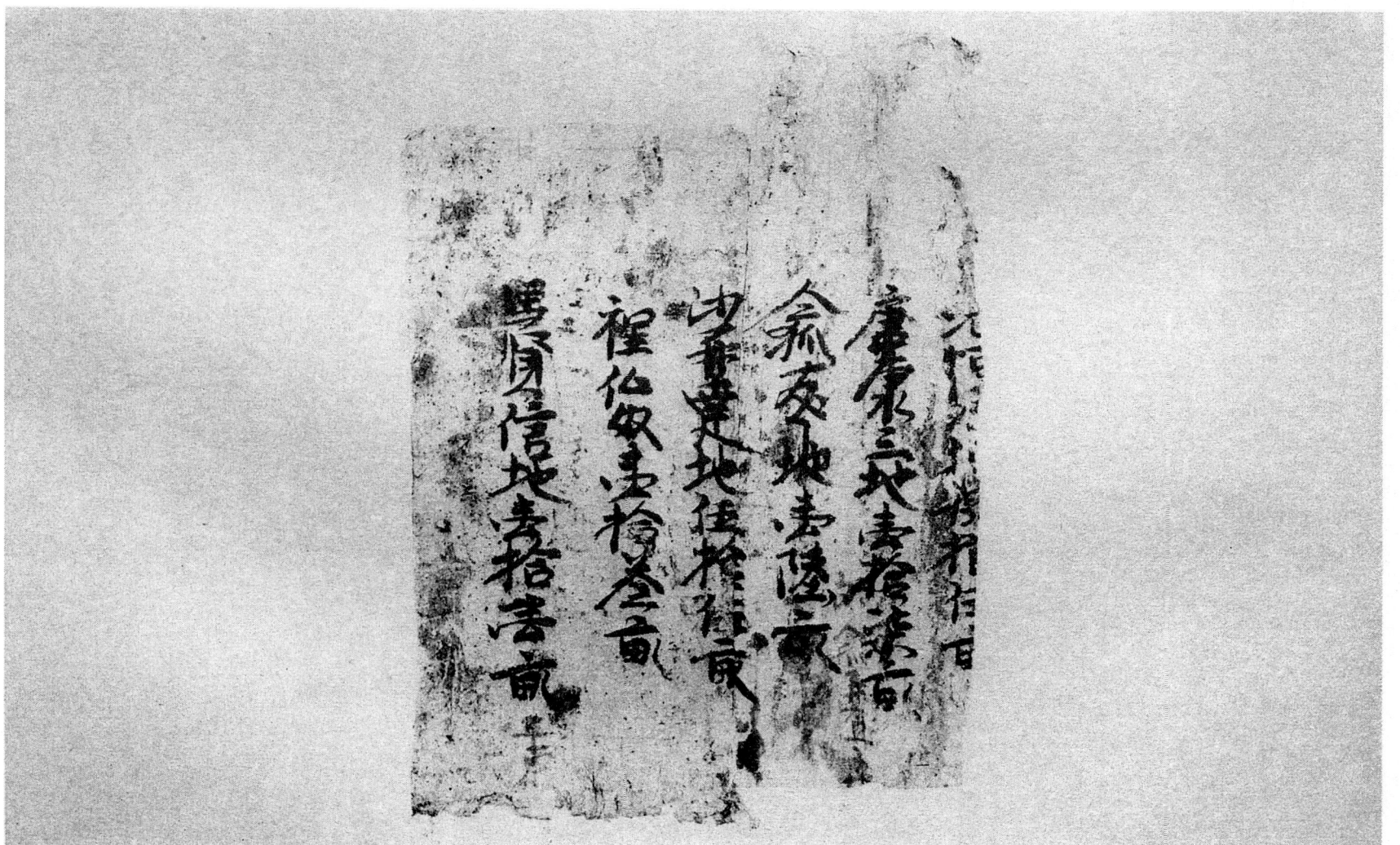

BD16113號A　地畝文書（擬）　　　　　　　　　　　　　　　　　　　　　　（1-1）

BD16113 號 B　地畝文書（擬）　　　　　　　　　　　　　　　　　　　　　　（1-1）

BD16113 號 C　地畝文書（擬）　　　　　　　　　　　　　　　　　　　　　　（1-1）

BD16114 號 A　殘片（擬）　　　　　　　　　　　　　　　　　　　（1-1）

BD16114 號 B　殘片（擬）　　　　　　　　　　　　　　　　　　　（1-1）

BD16114 號 C　便糧食歷（擬）　　　　　　　　　　　　　　　　　　　　　　（1-1）

BD16114 號 D　殘片（擬）　　　　　　　　　　　　　　　　　　　　　　　　（1-1）

BD16115 號 A　殘片（擬）　　　　　　　　　　　　　　　　　　　（1-1）

BD16115 號 B　殘片（擬）　　　　　　　　　　　　　　　　　　　（1-1）

BD16115 號 C　殘片（擬）　　　　　　　　　　　　　　　　　　　　　　（1-1）

BD16115 號 D　殘片（擬）　　　　　　　　　　　　　　　　　　　　　　（1-1）

BD16115 號 E　殘片（擬）　　　　　　　　　　　　　　　　　　（1–1）

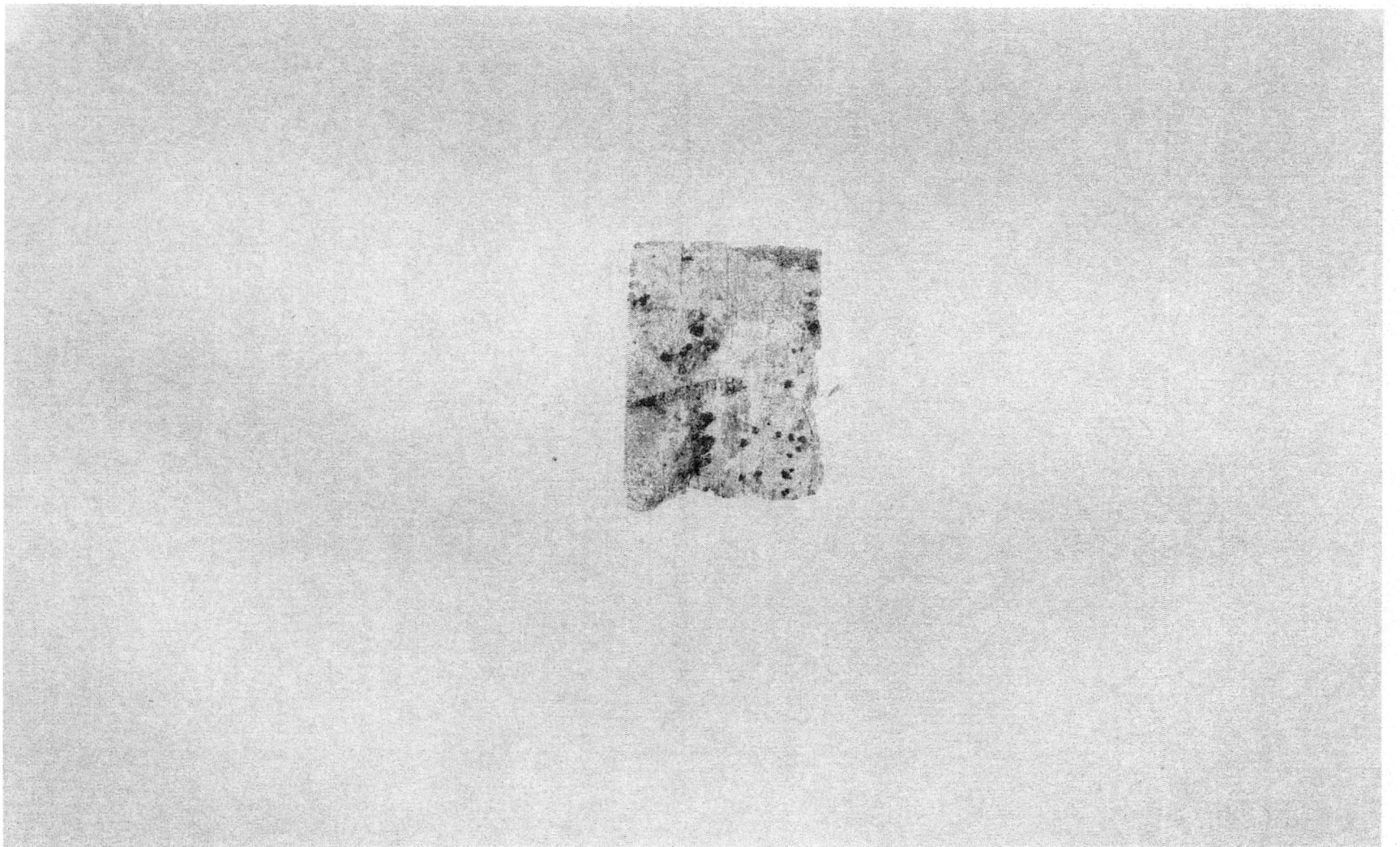

BD16115 號 F　殘片（擬）　　　　　　　　　　　　　　　　　　（1–1）

BD16115 號 G　殘片（擬）　　　　　　　　　　　　　　　　　　（1-1）

BD16115 號 H　殘片（擬）　　　　　　　　　　　　　　　　　　（1-1）

BD16115 號 I　領物歷（擬）　　　　　　　　　　　　　　　　　（1-1）

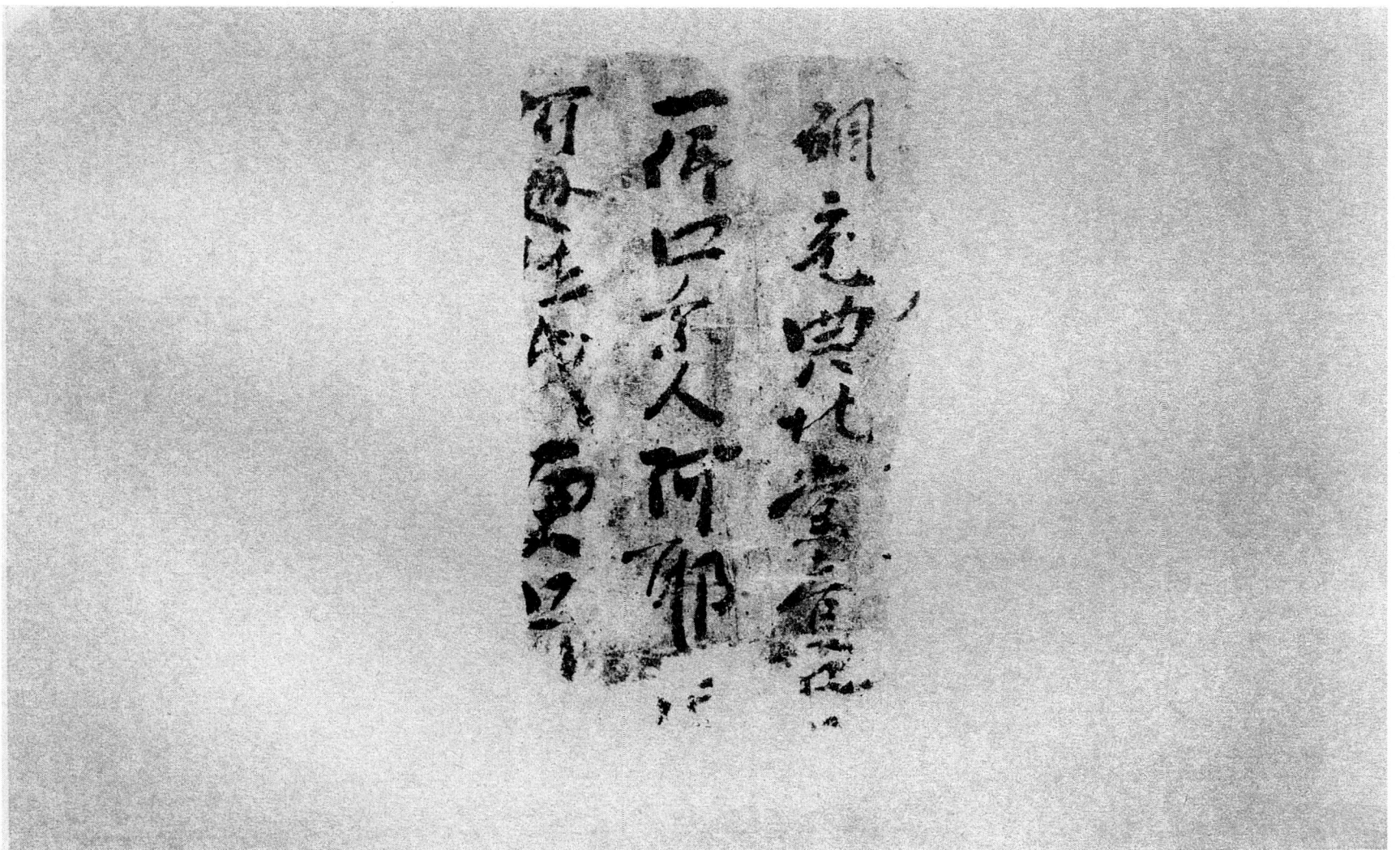

BD16115 號 J　契約（擬）　　　　　　　　　　　　　　　　　　（1-1）

BD16115 號 K　殘片（擬）　　　　　　　　　　　　　　　　　　　　（1–1）

BD16116 號　殘片（擬）　　　　　　　　　　　　　　　　　　　　（1–1）

(A)

(B)

BD16117號 A　殘片（擬）
BD16117號 B　殘片（擬）

（1-1）

BD16118號　集諸經禮懺儀卷下

（1-1）

BD16119 號 A　藏文殘片（擬）
BD16119 號 B　藏文殘片（擬）
BD16119 號 C　藏文殘片（擬）

（1-1）

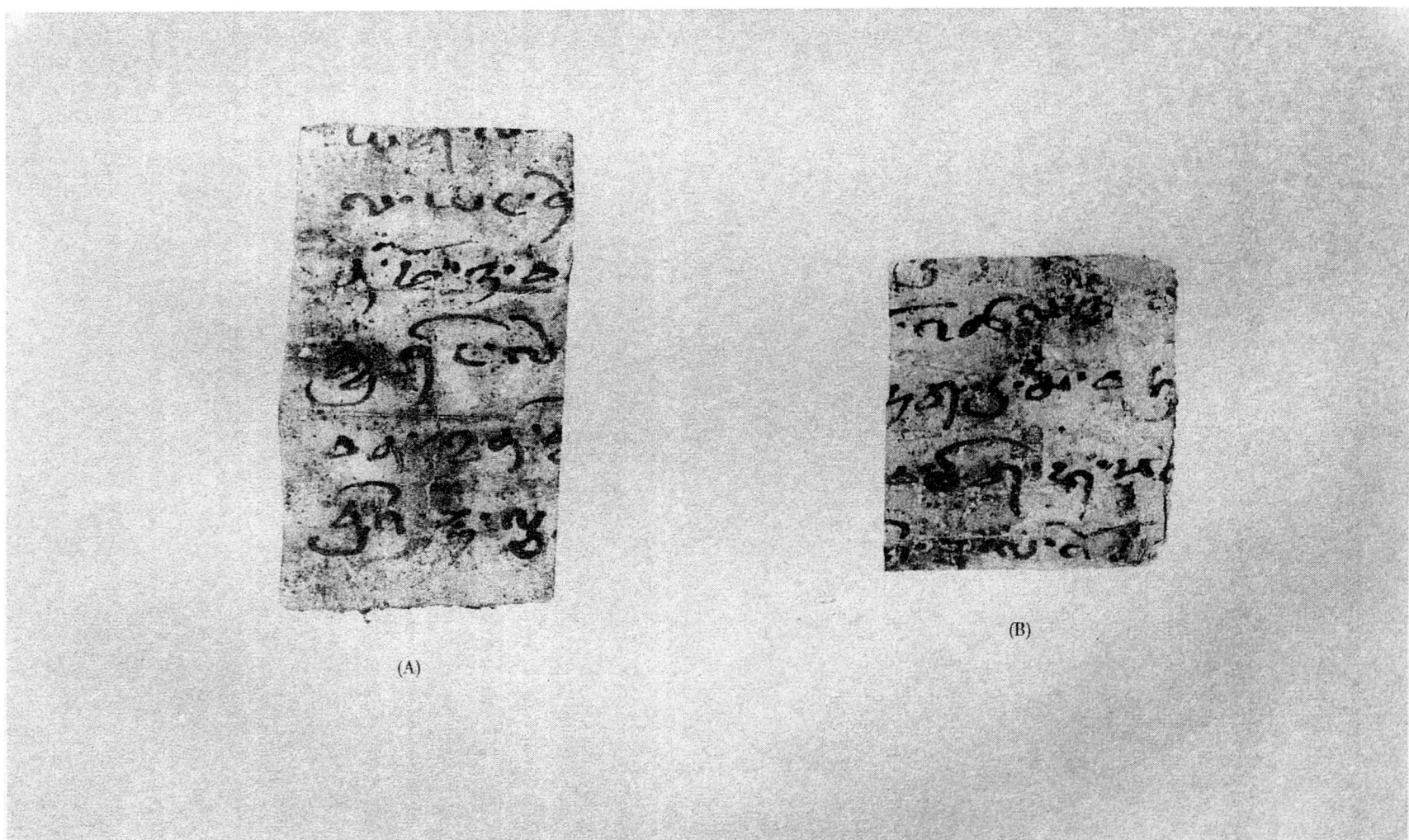

BD16120 號 A　藏文殘片（擬）
BD16120 號 B　藏文殘片（擬）

（1-1）

BD16121 號　殘文書（擬）　　　　　　　　　　　　　　　　　　　　　（1-1）

BD16122 號　殘片（擬）　　　　　　　　　　　　　　　　　　　　　　（1-1）

BD16123 號　殘片（擬）

BD16124 號　牒狀（擬）

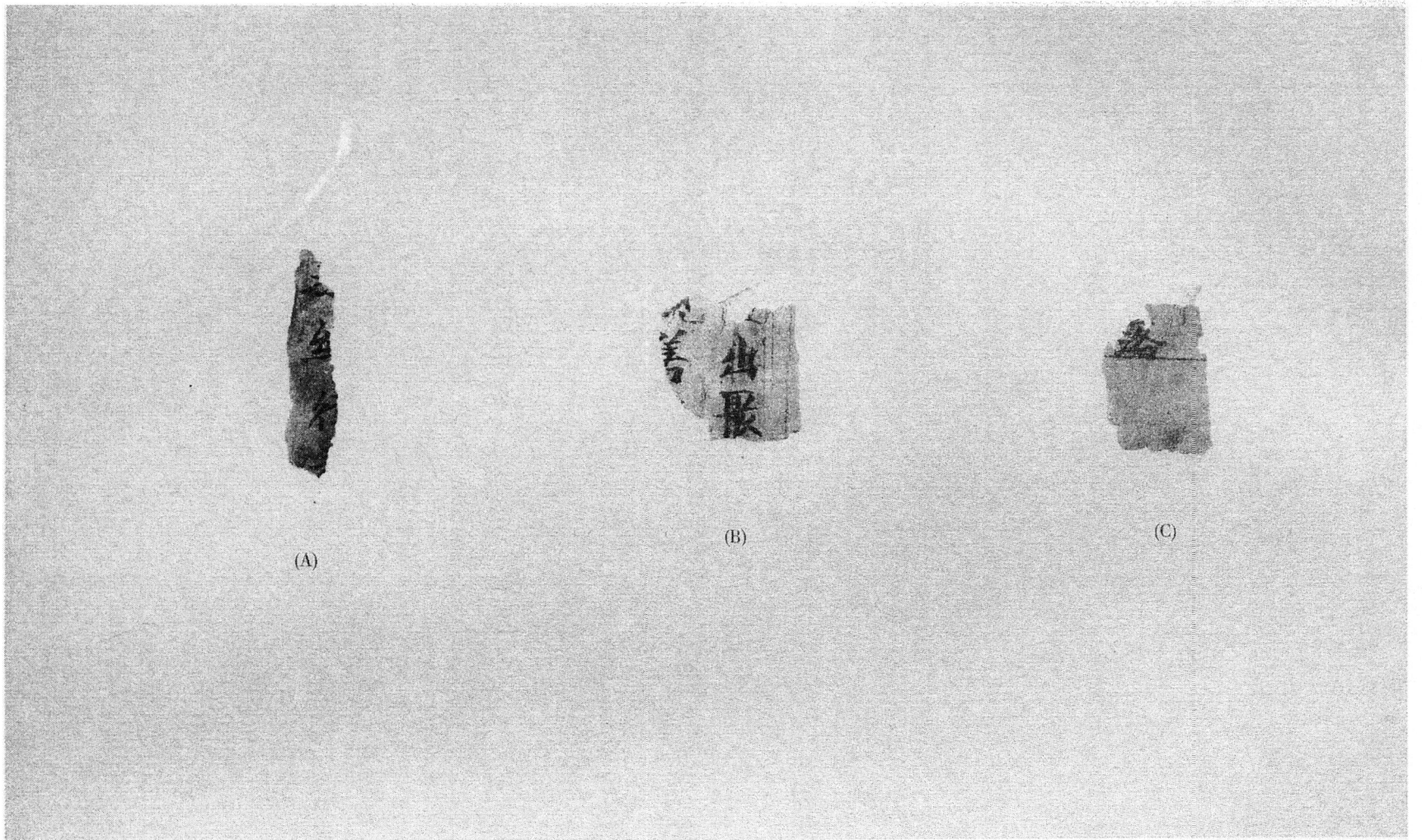

BD16125 號 A　殘片（擬）
BD16125 號 B　五分戒本
BD16125 號 C　殘片（擬）

（1-1）

BD16127 號　戊寅年正月十日社司轉帖（擬）

（1-1）

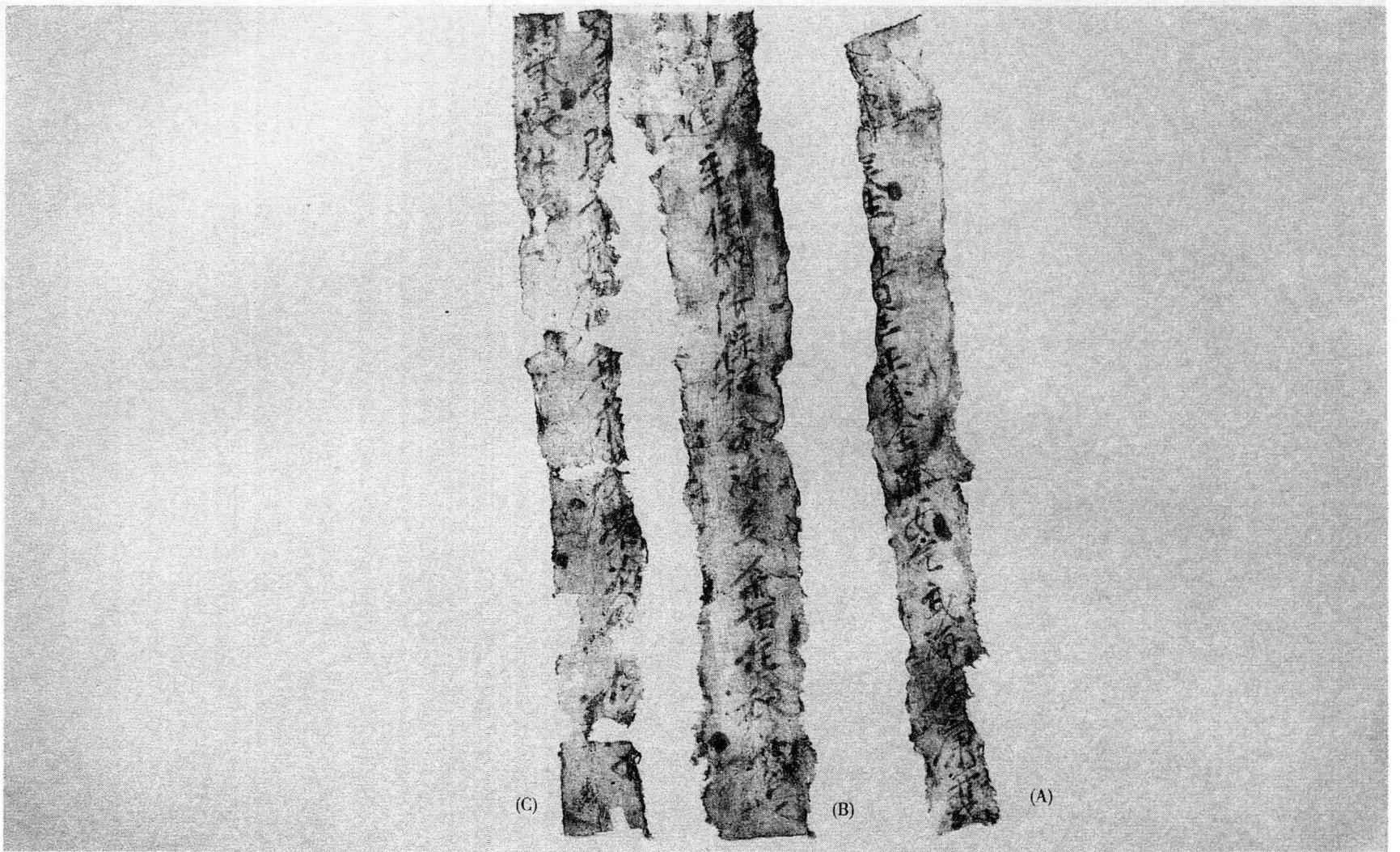

BD16128 號 A~C　社司轉帖（擬）　　　　　　　　　　　　　　　　（1-1）

BD16129 號 A、B　社司轉帖（擬）　　　　　　　　　　　　　　　（1-1）
BD16129 號 C　社司轉帖素紙三塊（擬）

BD16130 號　亥年三月十八日楊老老便麥歷（擬）　　　　　　　　　　　　　（1-1）

BD16133 號　華嚴經旨歸　　　　　　　　　　　　　　　　　　　　　　　（2-1）

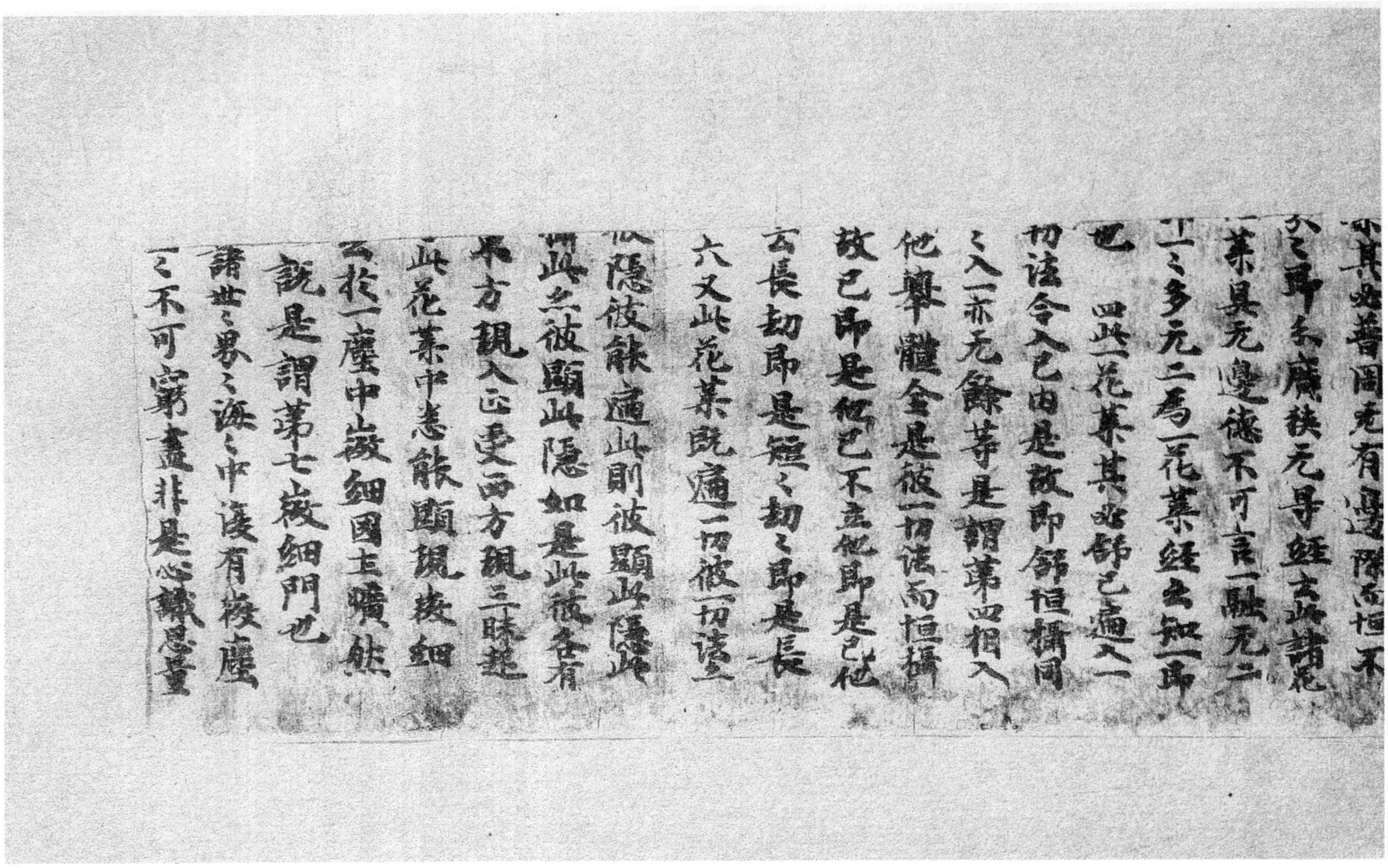

BD16133號　華嚴經旨歸 （2-2）

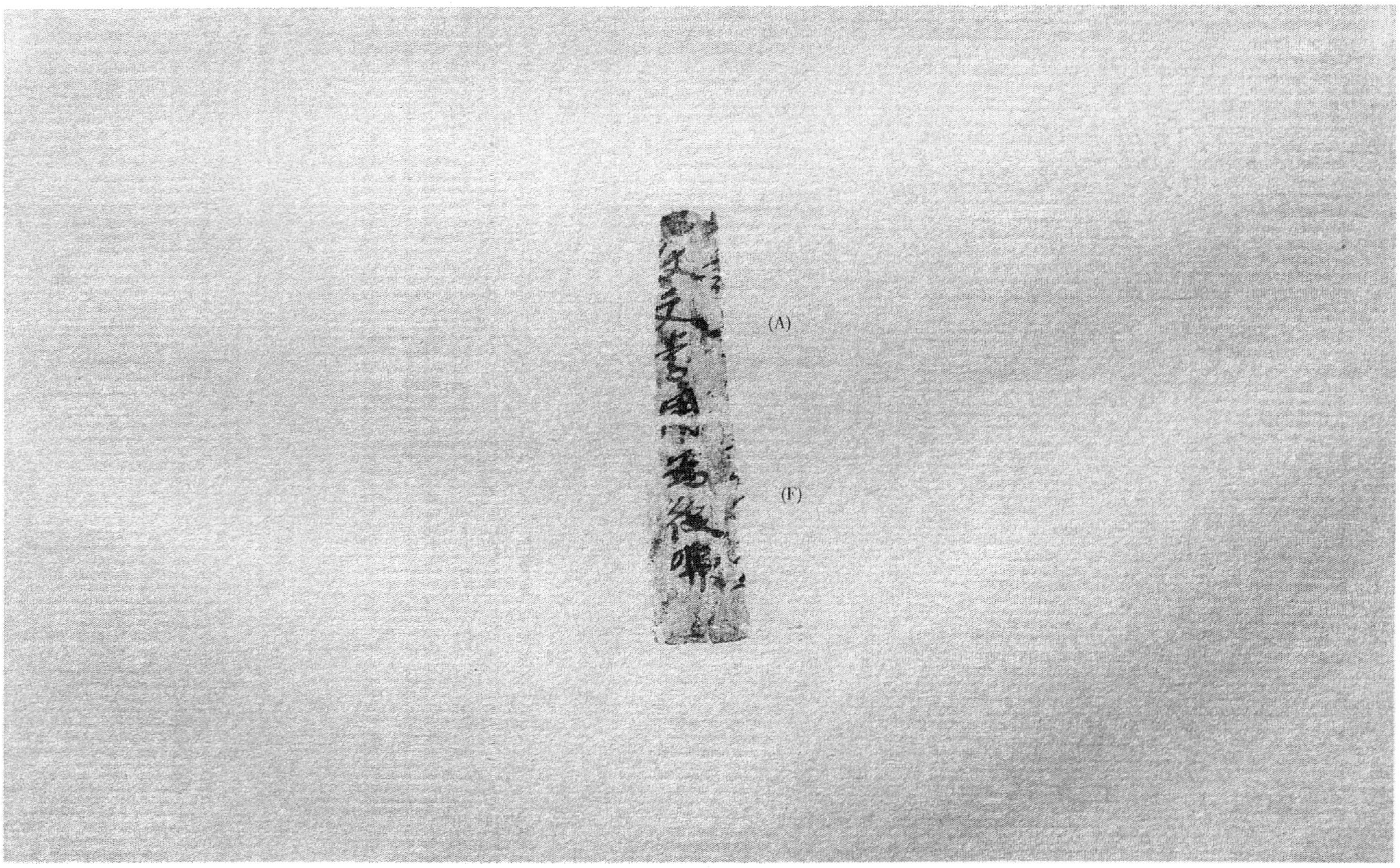

小其必普周光有邊際各恒不
六之界余虧挾元尋經去此諸尼
一葉具无邊德不可言一融无二
二之多元二為一花葉經去知一即
也　四此一花葉其必鄰已遍入一
切法令入己由是彼即鄰恒攝同
之入一亦无餘等是謂第四相同
他舉體金是彼一切法而恒攝
故己即是他已不立他即是己彼
玄長劫即是短之劫之即是長
六文此此花葉既遍一切彼一切遠
心隱彼餘遍此則彼顯此隱此
開此之彼顯此隱如是此彼各有
平方觀入正更西方觀三昧起
此花葉中悉能顯現拔細
之於一塵中攝細國土曠然
說是謂第七微細門也
諸世之界之海之中復有後塵
之之不可窮盡非是心識思量

BD16134號A　契約（擬） （1-1）
BD16134號F　契約（擬）

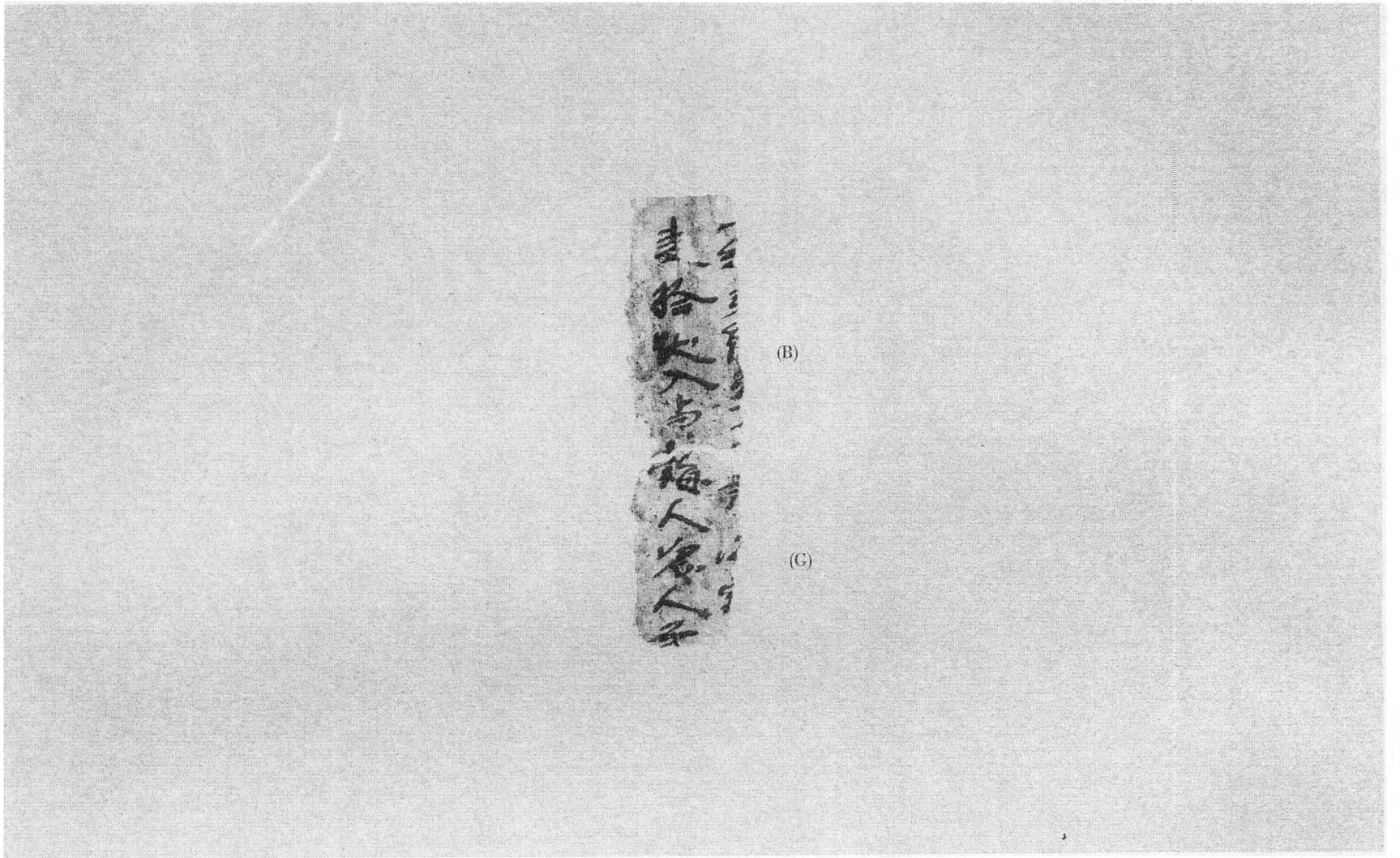

BD16134 號 B　契約（擬）
BD16134 號 G　契約（擬）

(1-1)

BD16134 號 C　契約（擬）

(1-1)

185

BD16134 號 D　契約（擬）　　　　　　　　　　　　　　　　　　　　　（1-1）

BD16134 號 E　契約（擬）　　　　　　　　　　　　　　　　　　　　　（1-1）

BD16136 號 A　賬歷（擬）　　　　　　　　　　　　　　　　　　　　　（1-1）

BD16136 號 B　賬歷（擬）　　　　　　　　　　　　　　　　　　　　　（1-1）

BD16137 號 A　付物歷（擬）　　　　　　　　　　　　　　　　（1-1）

BD16137 號 A 背　付物歷（擬）　　　　　　　　　　　　　　　（1-1）

BD16137 號 B　付物歷（擬）　　　　　　　　　　　　　　　　　　　　　（1-1）

BD16138 號 A　藏文殘片（擬）　　　　　　　　　　　　　　　　　　　　（1-1）

BD16138 號 B　藏文殘片（擬）

BD16138 號 C　藏文殘片（擬）

BD16138 號 D　藏文殘片（擬）　　　　　　　　　　　　　　　　　　　　（1-1）

BD16138 號 E　藏文殘片（擬）　　　　　　　　　　　　　　　　　　　　（1-1）

BD16138 號 F　藏文殘片（擬）

BD16138 號 G　藏文殘片（擬）

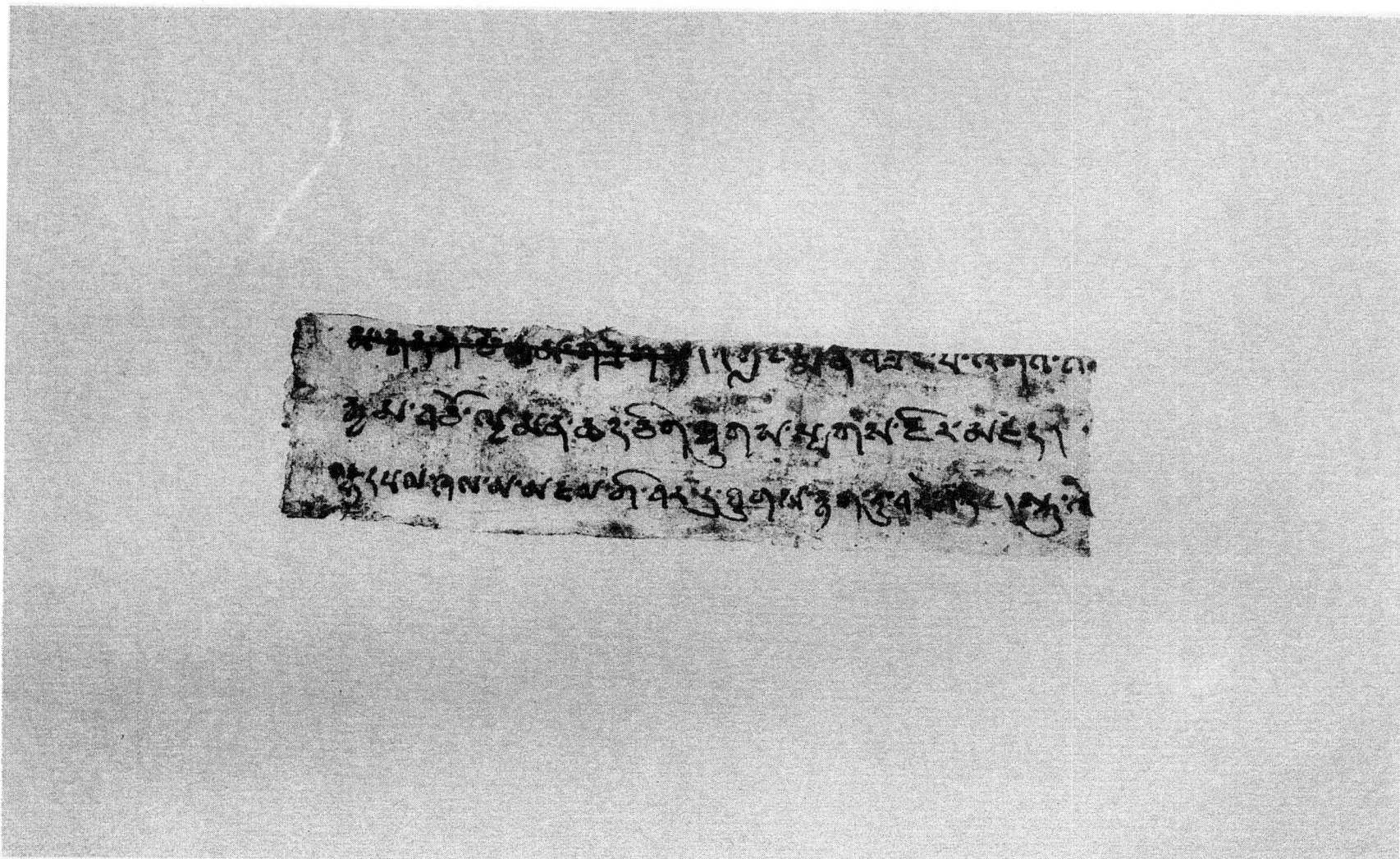

BD16139 號　藏文殘片（擬）　　　　　　　　　　　　　　　　　　　　　　　（1-1）

BD16140 號 A　藏文殘片（擬）　　　　　　　　　　　　　　　　　　　　　　（1-1）
BD16140 號 B　藏文殘片（擬）

BD16141 號　藏文殘片（擬）

（1-1）

BD16142 號　藏文殘片（擬）

（1-1）

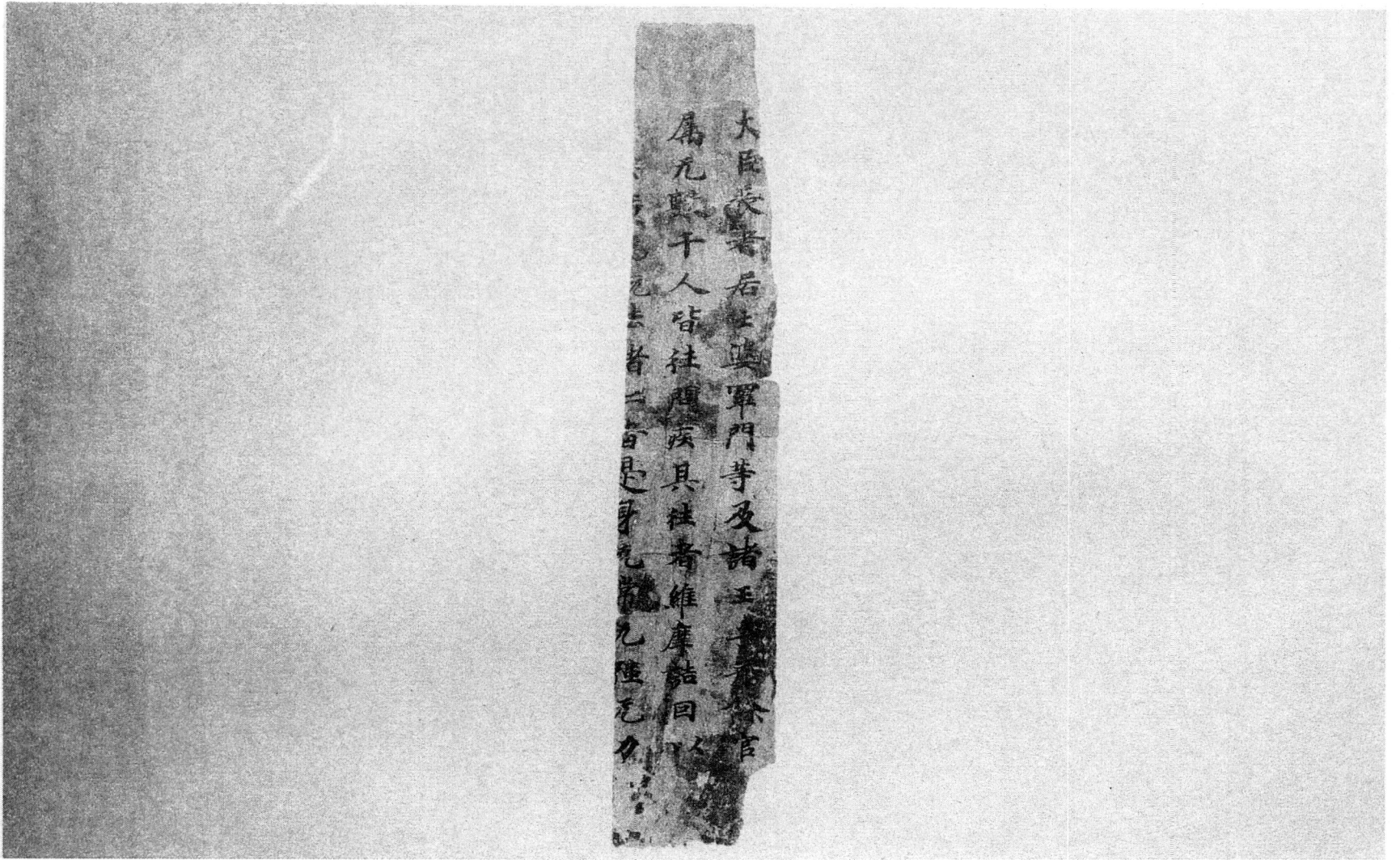

BD16143 號　維摩詰所說經卷上　　　　　　　　　　　　　　　　（1-1）

BD16144 號　藏文殘片（擬）　　　　　　　　　　　　　　　　（1-1）

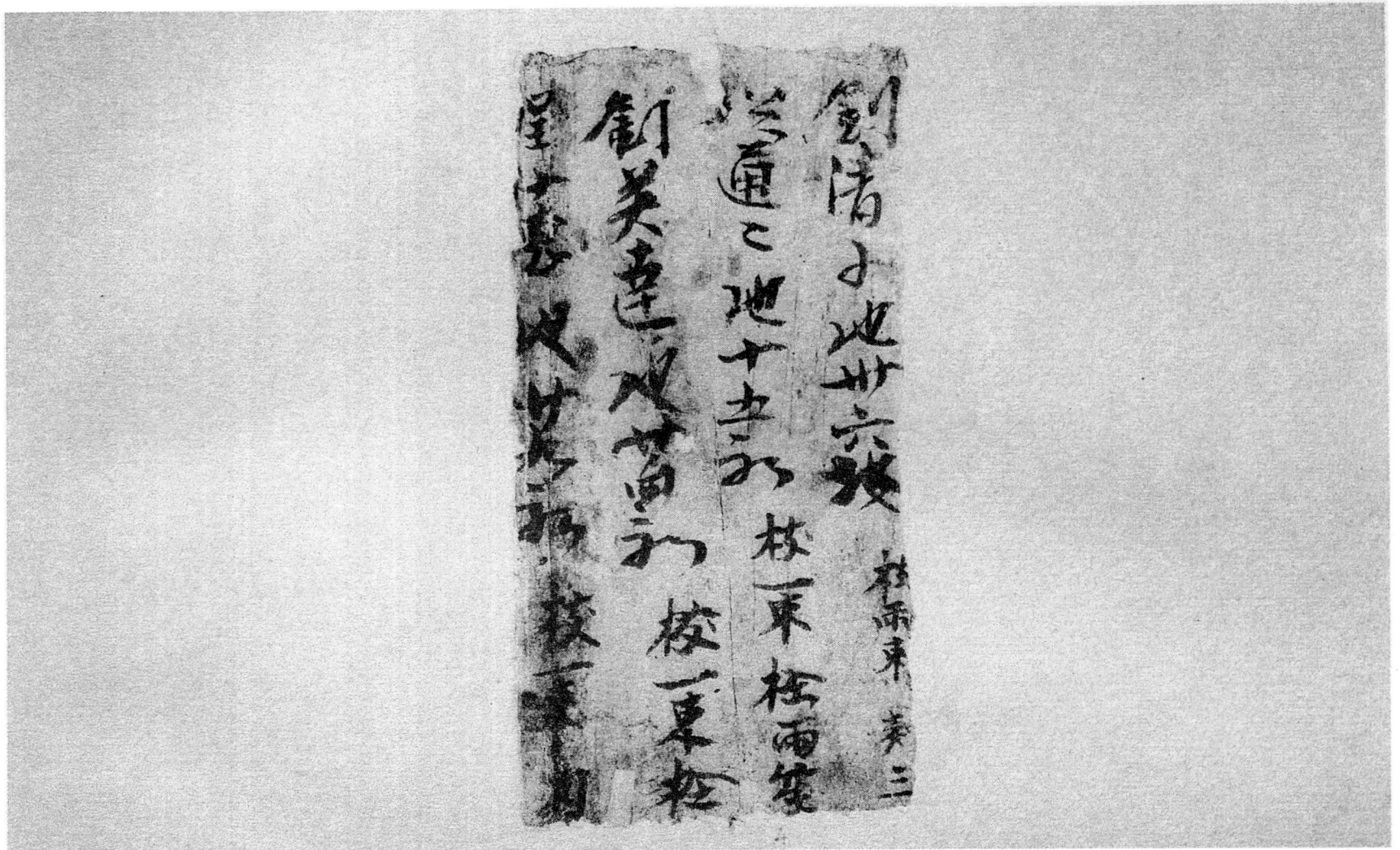

BD16145 號 A　納物歷（擬）　　　　　　　　　　　　　　　　　　（1-1）

BD16145 號 B　雜物歷（擬）　　　　　　　　　　　　　　　　　　（1-1）

BD16146 號　光讚經卷一　　　　　　　　　　　　　　　　　　　　　（1–1）

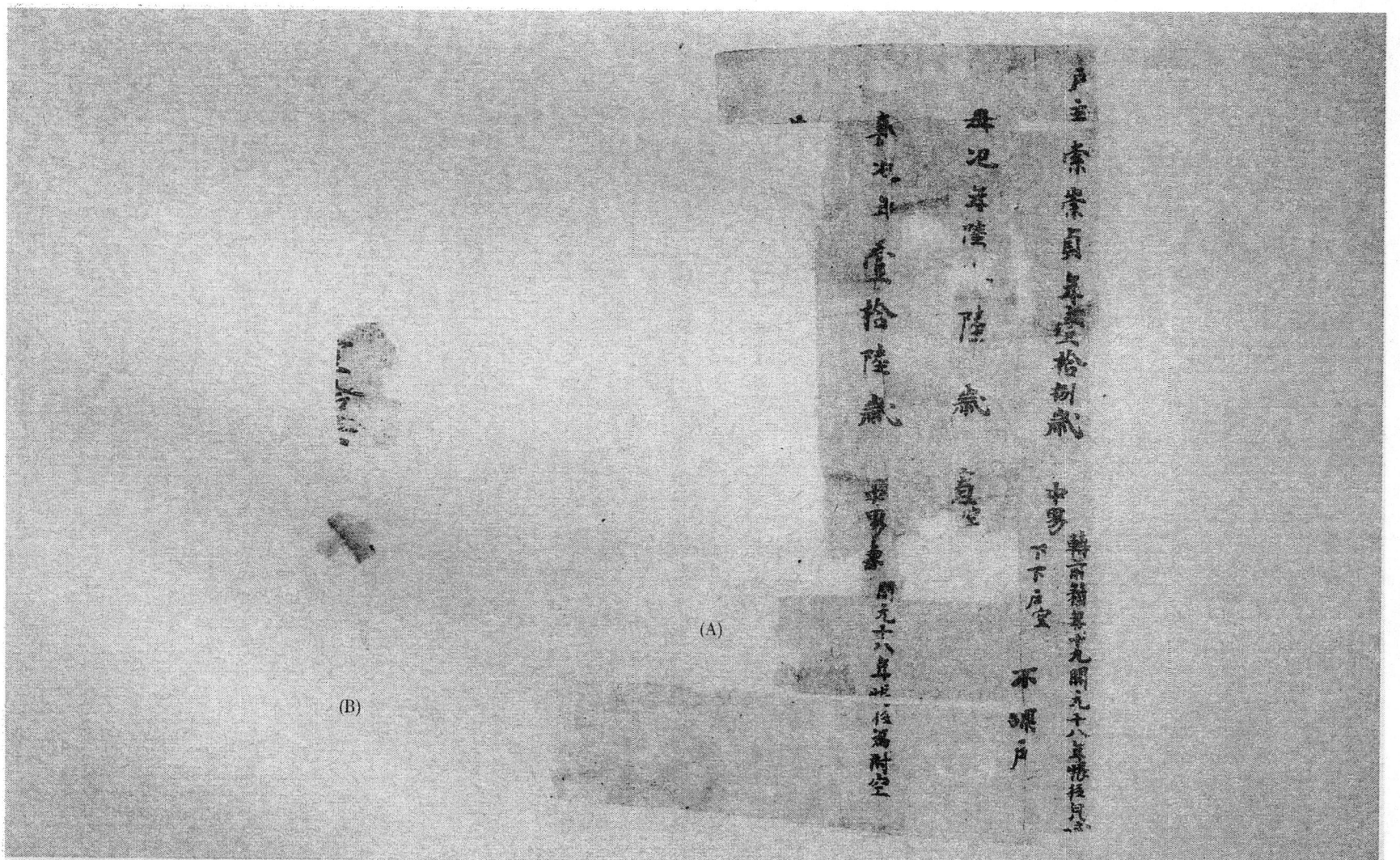

BD16147 號 A　開元戶籍（擬）　　　　　　　　　　　　　　　　　　（1–1）
BD16147 號 B　開元戶籍（擬）

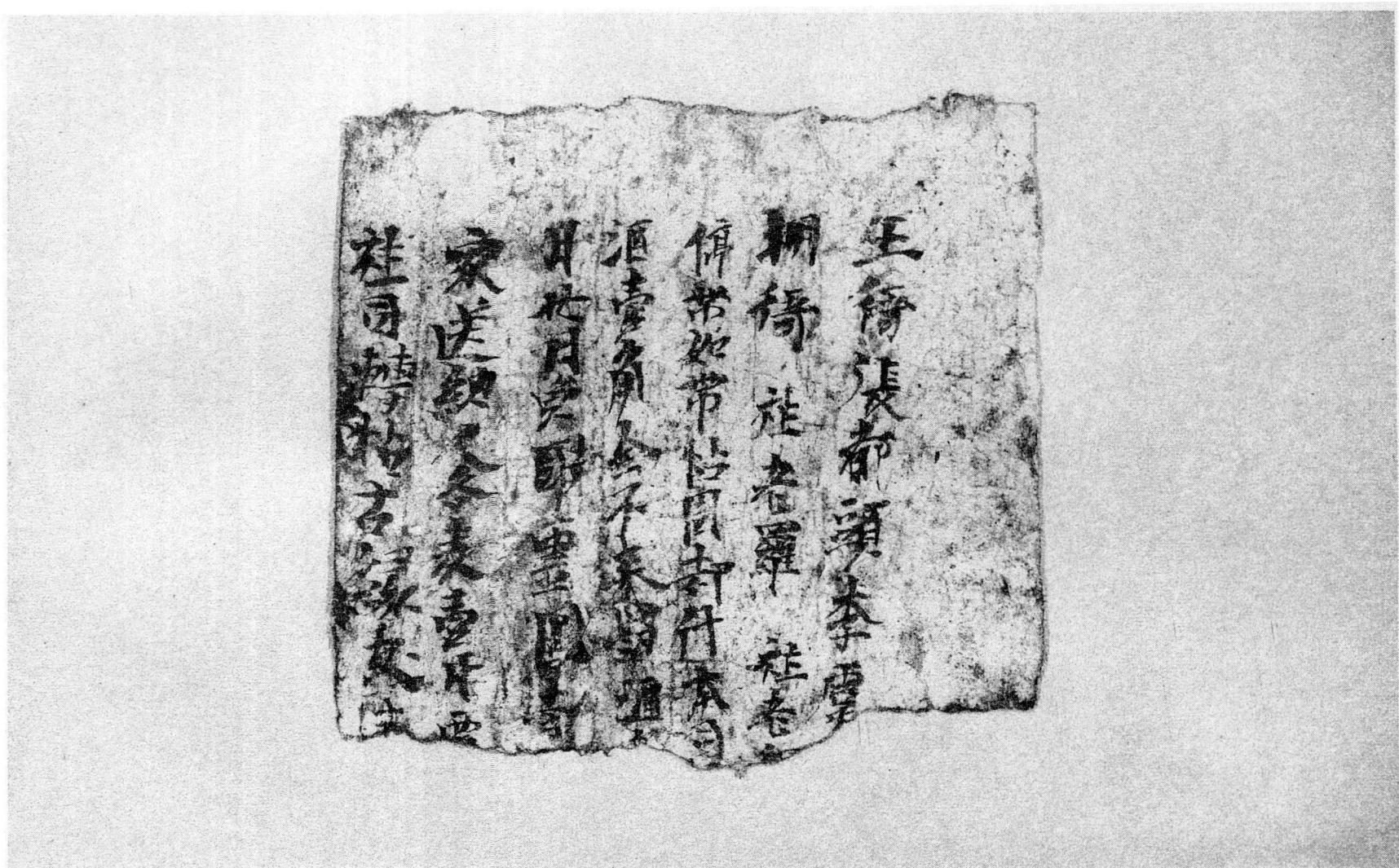

BD16148 號　社司轉帖（擬）　　　　　　　　　　　　　　　　　　　　（1-1）

BD16148 號背　雜寫　　　　　　　　　　　　　　　　　　　　　　　（1-1）

BD16149 號　金剛般若波羅蜜經　　　　　　　　　　　　　　　　　　　　（1-1）

BD16150 號　藏文殘片（擬）　　　　　　　　　　　　　　　　　　　　　（1-1）

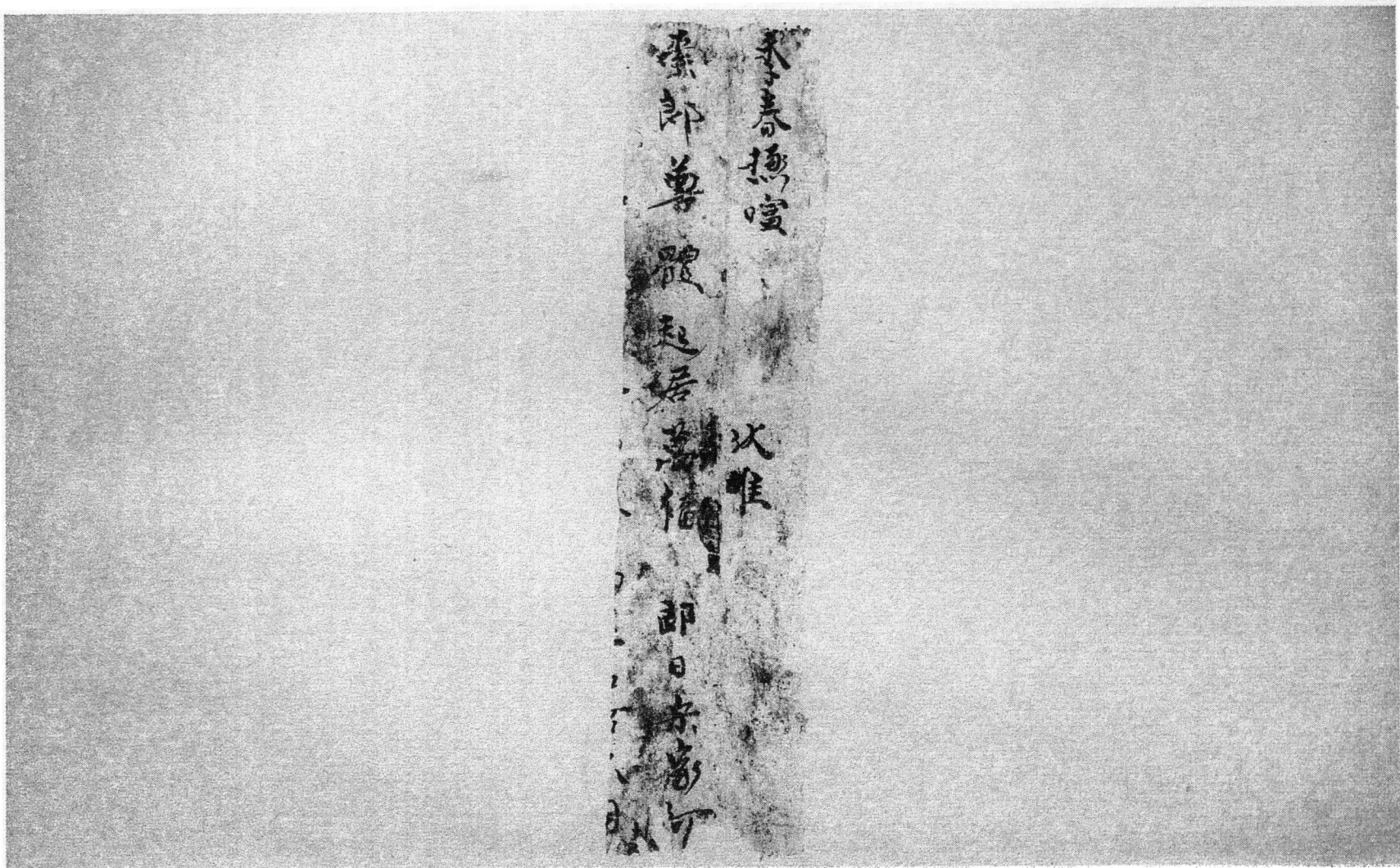

BD16151 號　致索郎狀（擬）　　　　　　　　　　　　　　　（1-1）

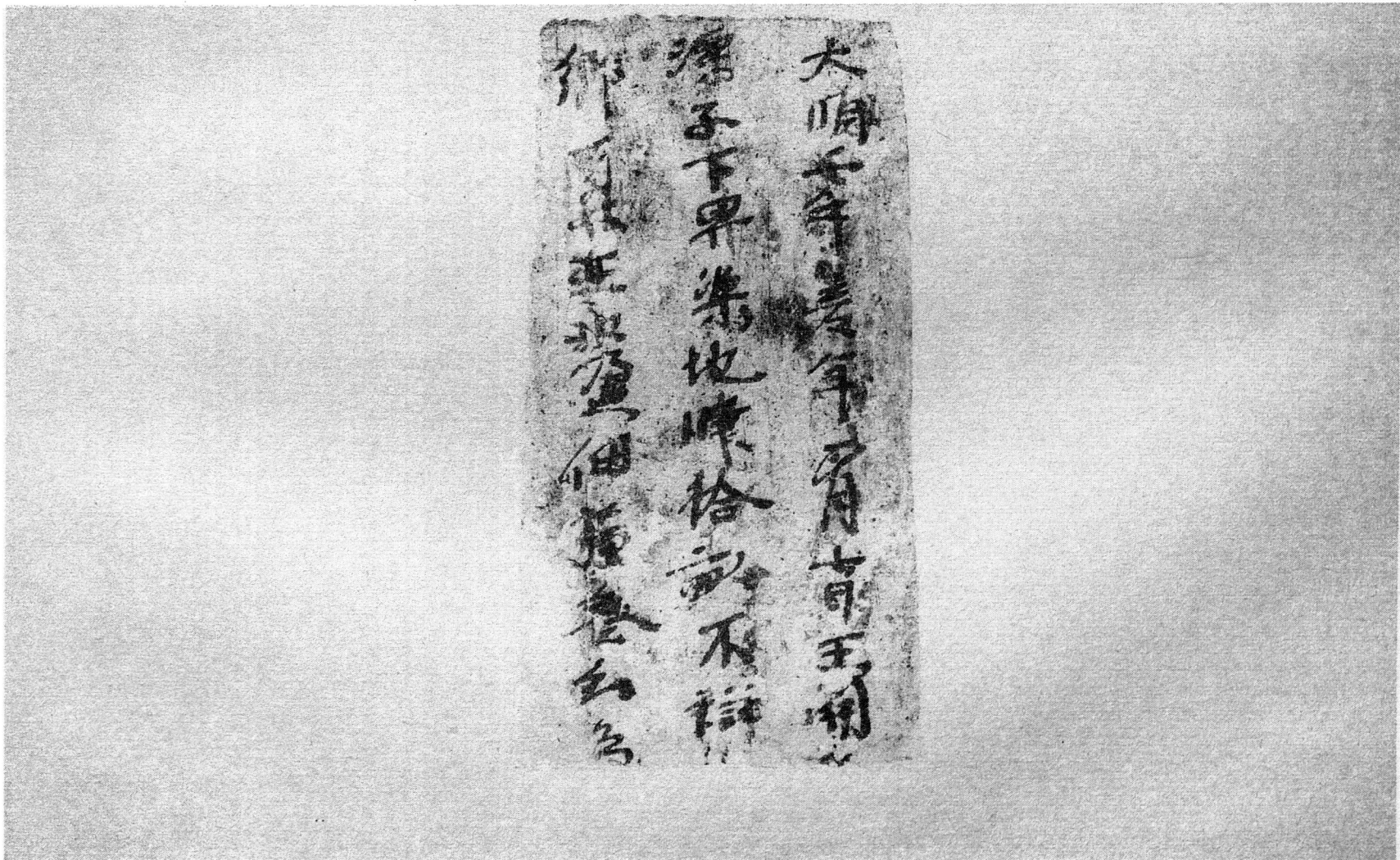

BD16153 號　大順二年佃地契（擬）　　　　　　　　　　　　（1-1）

BD16154 號 A　蘇仁祐復狀（擬）　　　　　　　　　　　　　　　　（1-1）

BD16154 號 B　函狀（擬）　　　　　　　　　　　　　　　　　　（1-1）

BD16156 號　妙法蓮華經卷四　　　　　　　　　　　　　　　　　　　（1-1）

BD16157 號　妙法蓮華經卷四　　　　　　　　　　　　　　　　　　　（1-1）

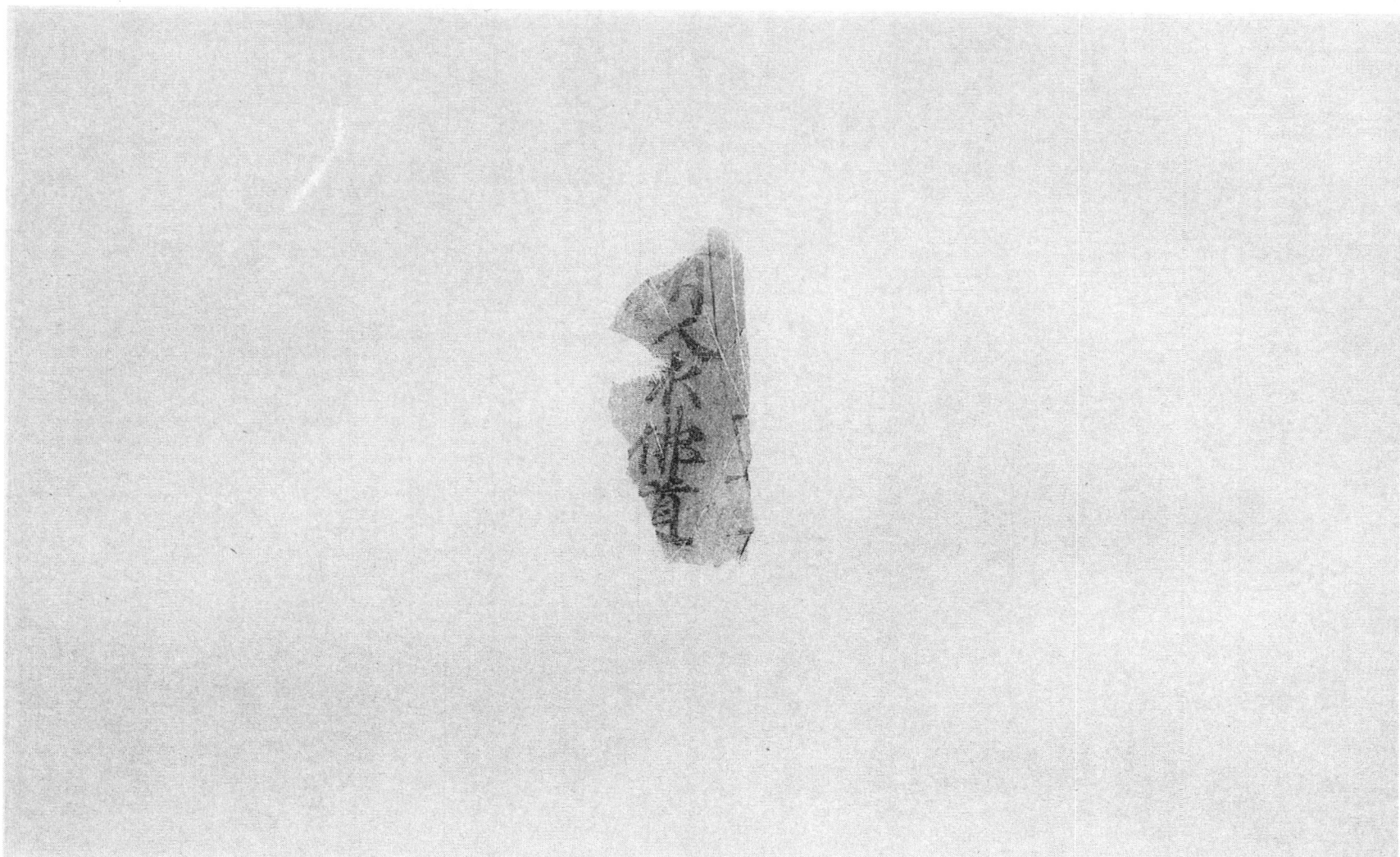

BD16158 號 A　妙法蓮華經卷四　　　　　　　　　　　　　　　　　　　　　　（1-1）

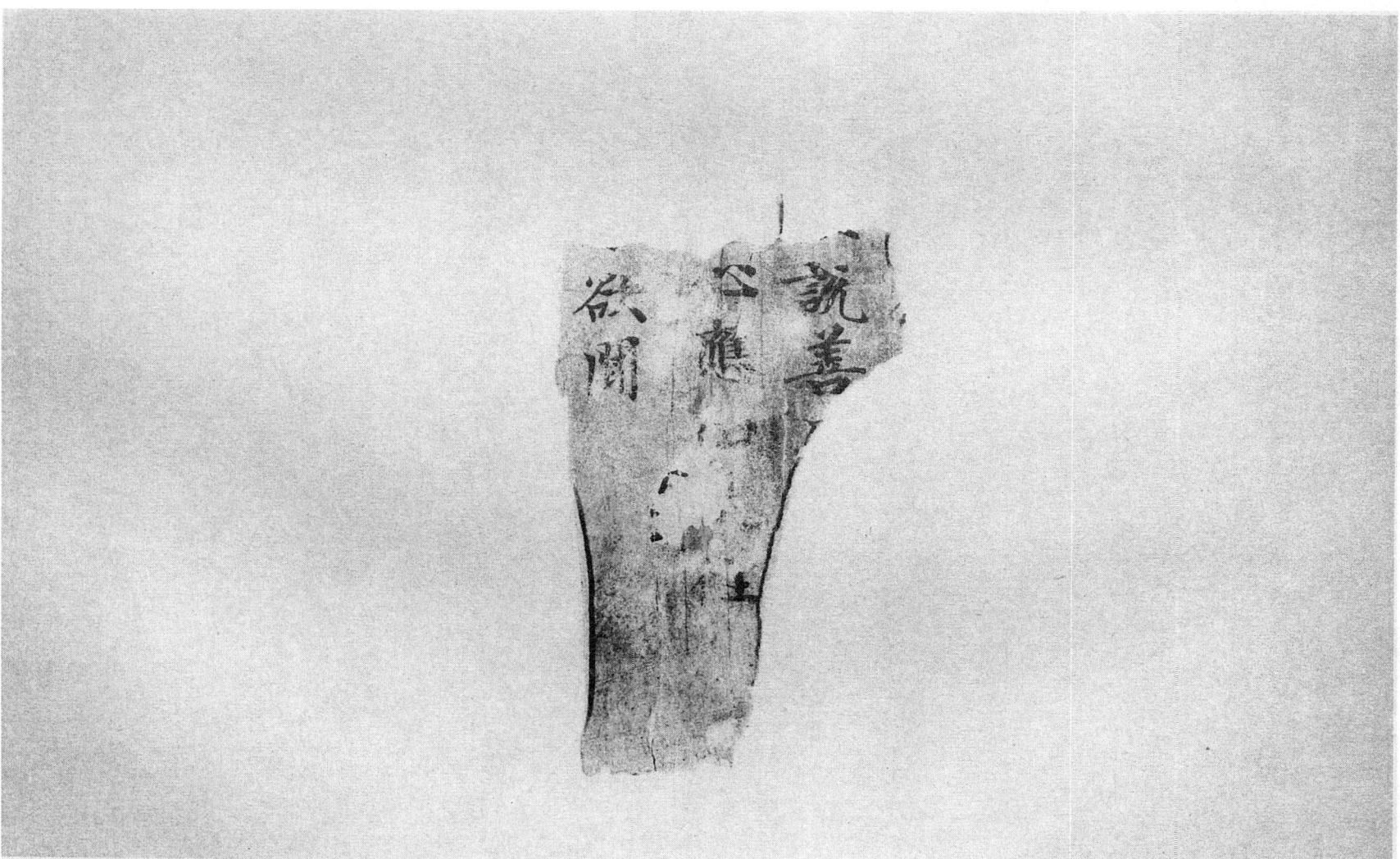

BD16159 號　金剛般若波羅蜜經　　　　　　　　　　　　　　　　　　　　　　　　（1-1）

BD16161 號　金剛般若波羅蜜經　　　　　　　　　　　　　　　　（1-1）

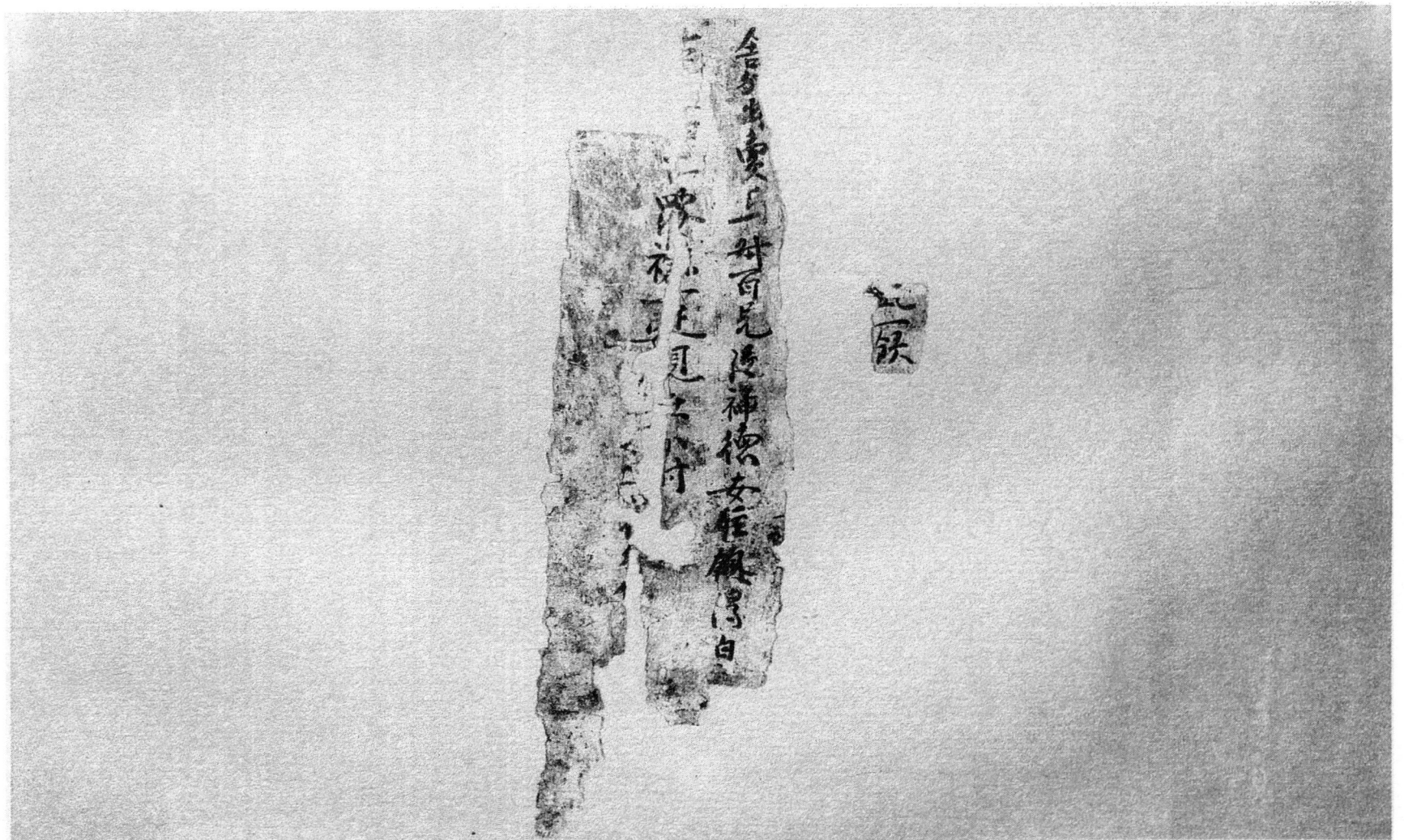

BD16162 號 A　出賣房舍契（擬）　　　　　　　　　　　　　　　（1-1）
BD16162 號 B　出賣房舍契（擬）

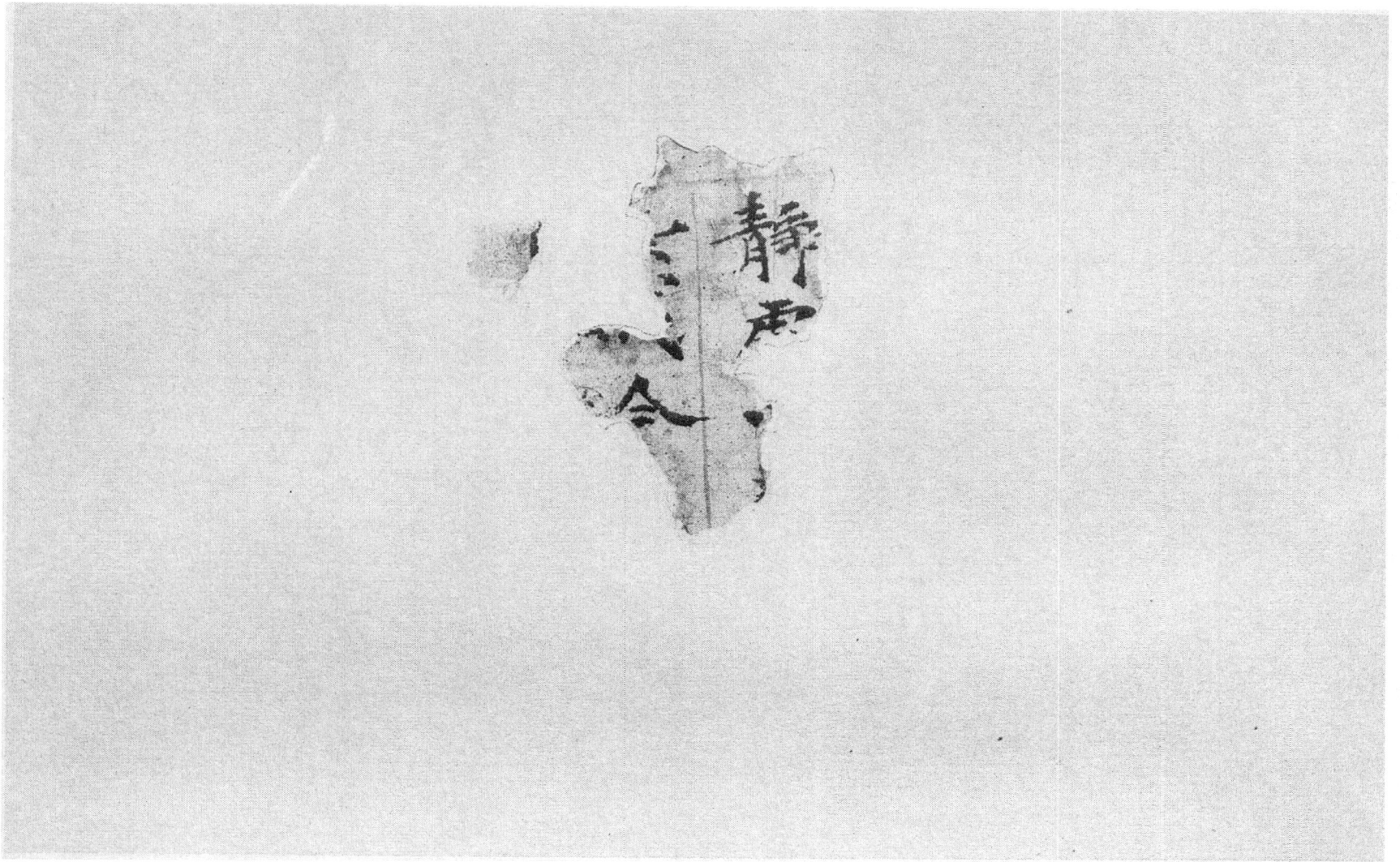

BD16163號　殘片（擬）　　　　　　　　　　　　　　　　　　（1-1）

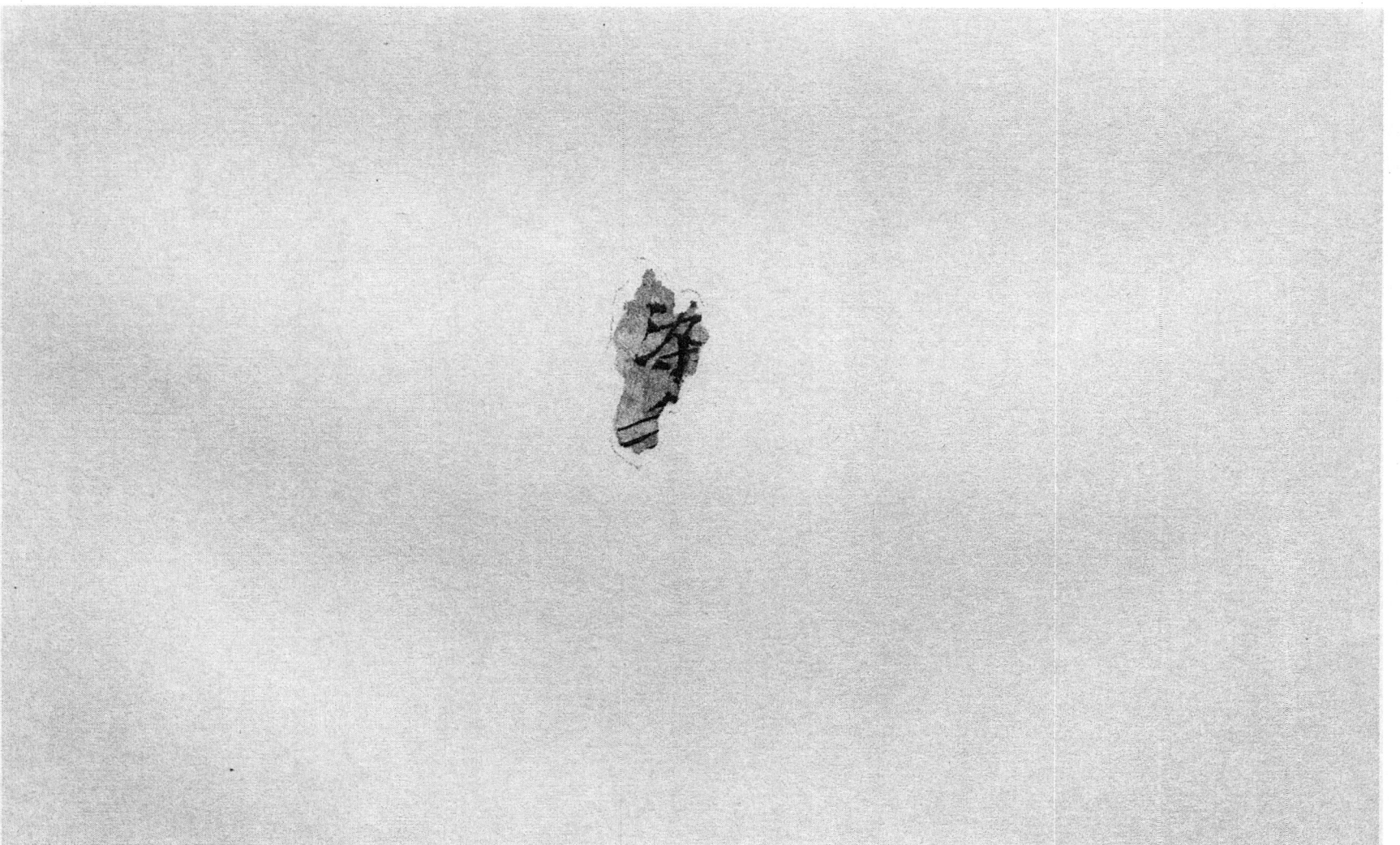

BD16164號　殘片（擬）　　　　　　　　　　　　　　　　　　（1-1）

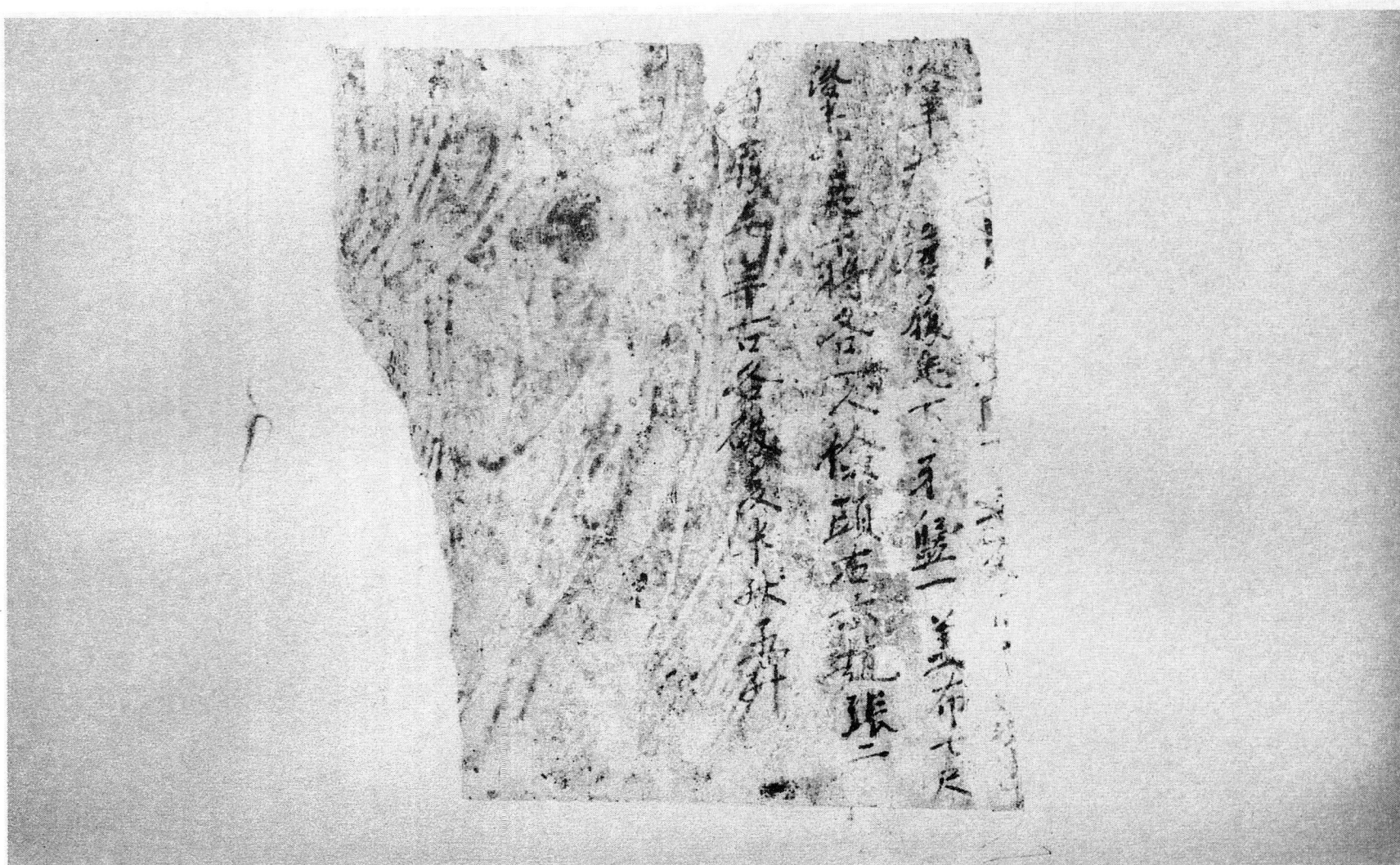

BD16166 號 A 雜物點檢歷（擬） （1-1）

BD16166 號 B 雜物點檢歷（擬） （1-1）

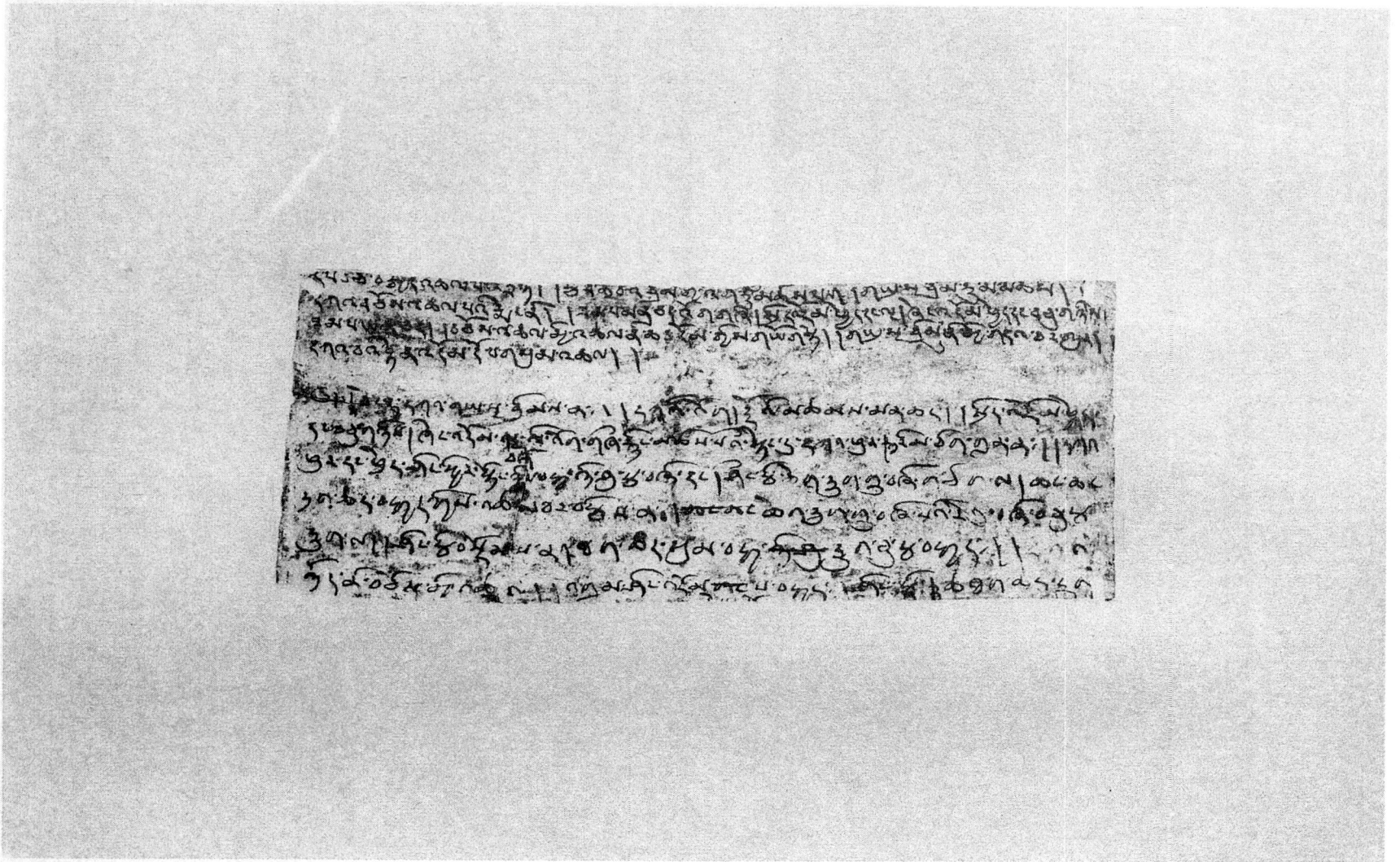

BD16167號　藏文殘片（擬）　　　　　　　　　　　　　　　　　　　　　（1–1）

BD16168號　妙法蓮華經卷七　　　　　　　　　　　　　　　　　　　　　（1–1）

BD16169 號 A　音韻著作殘片（擬）　　　　　　　　　　　　（1-1）

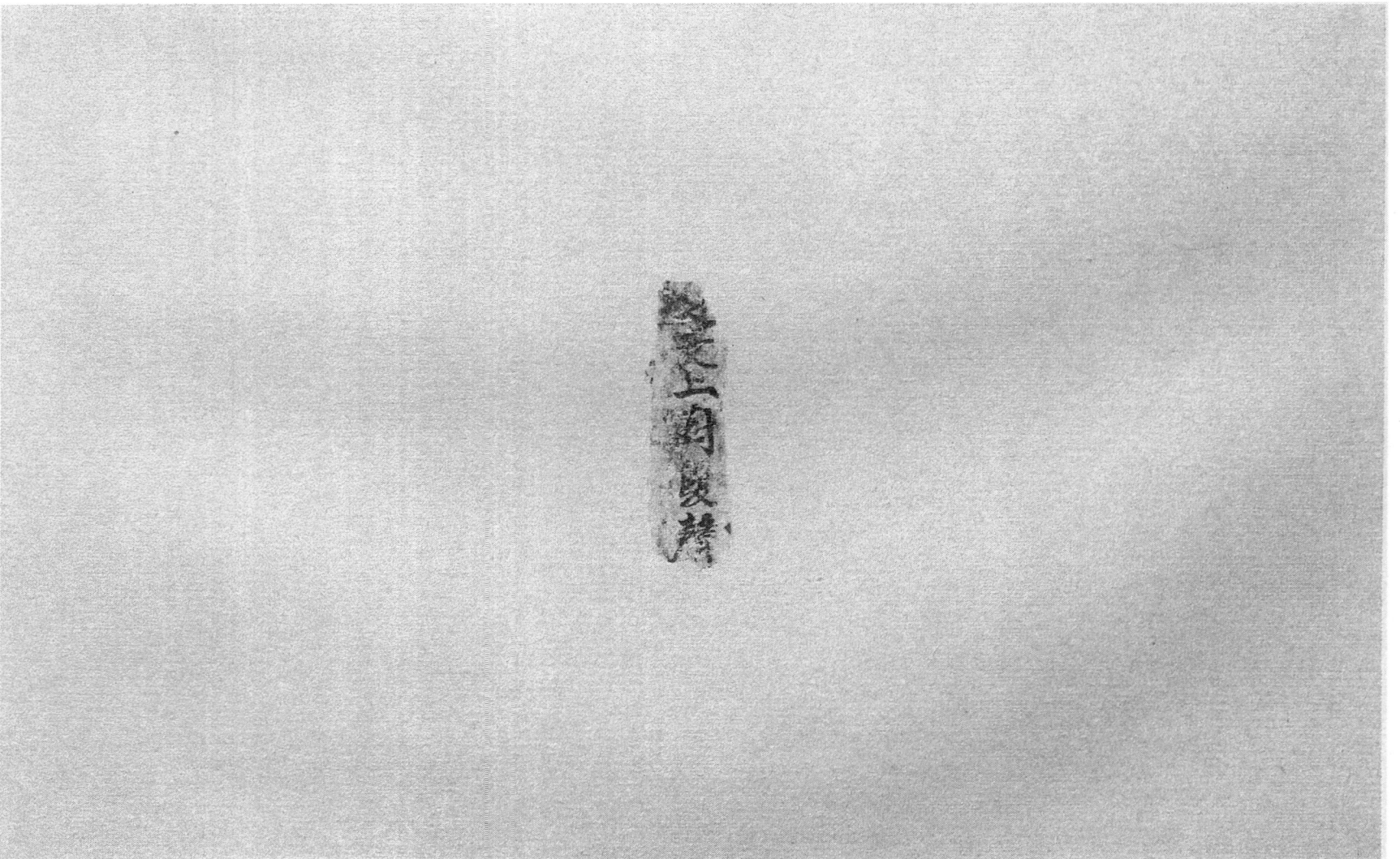

BD16169 號 C　音韻著作殘片（擬）　　　　　　　　　　　　（1-1）

BD16169 號 E　音韻著作殘片（擬）　　　　　　　　　　　　　　　　　（1-1）

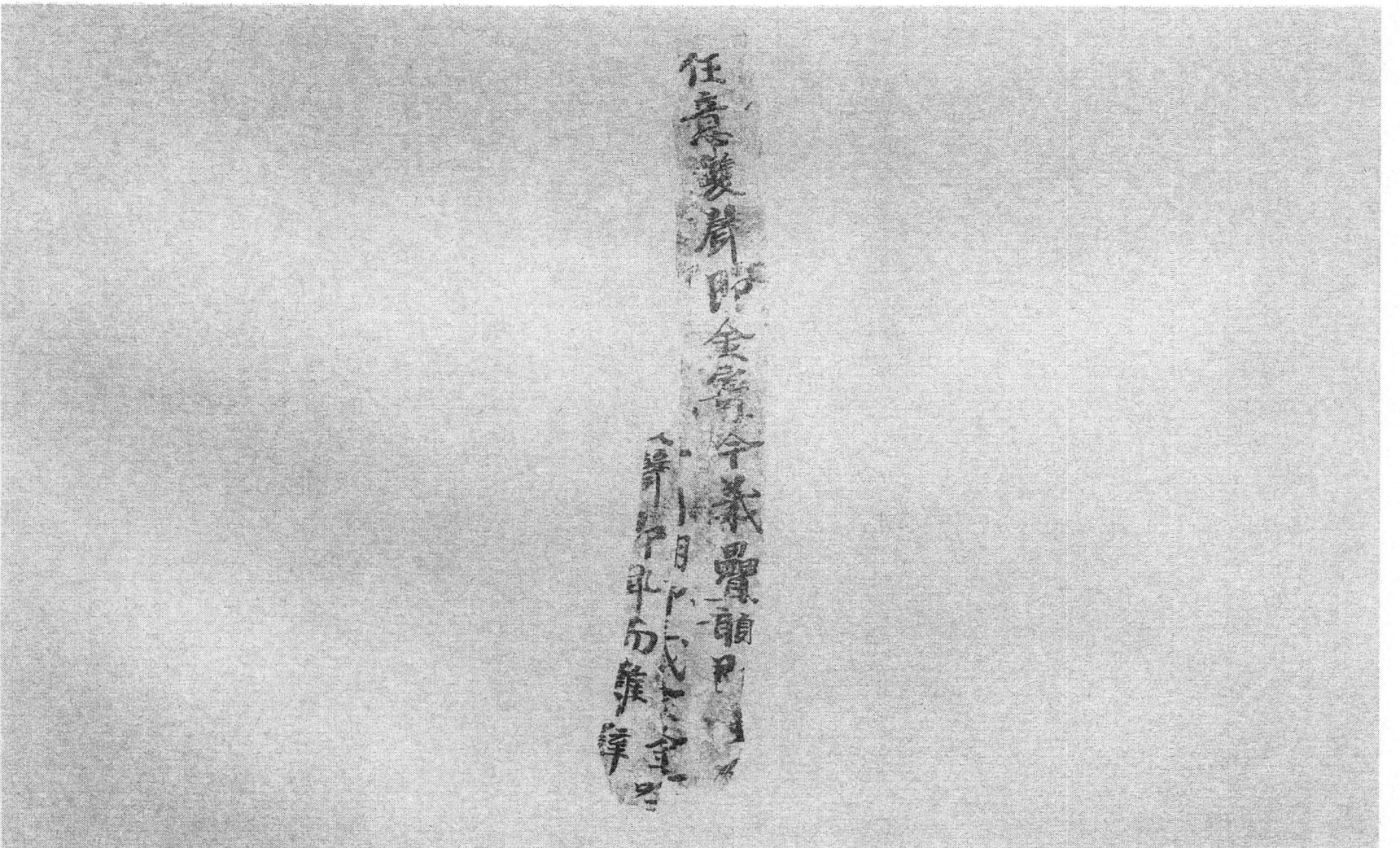

BD16169 號 F　音韻著作殘片（擬）　　　　　　　　　　　　　　　　　（1-1）

BD16169 號 G　音韻著作殘片（擬）　　　　　　　　　　　　　　（1-1）

BD16169 號 H　音韻著作殘片（擬）　　　　　　　　　　　　　　（1-1）

BD16169 號 I 音韻著作殘片（擬）　　　　　　　　　　　　　　　　　　　　　（1–1）

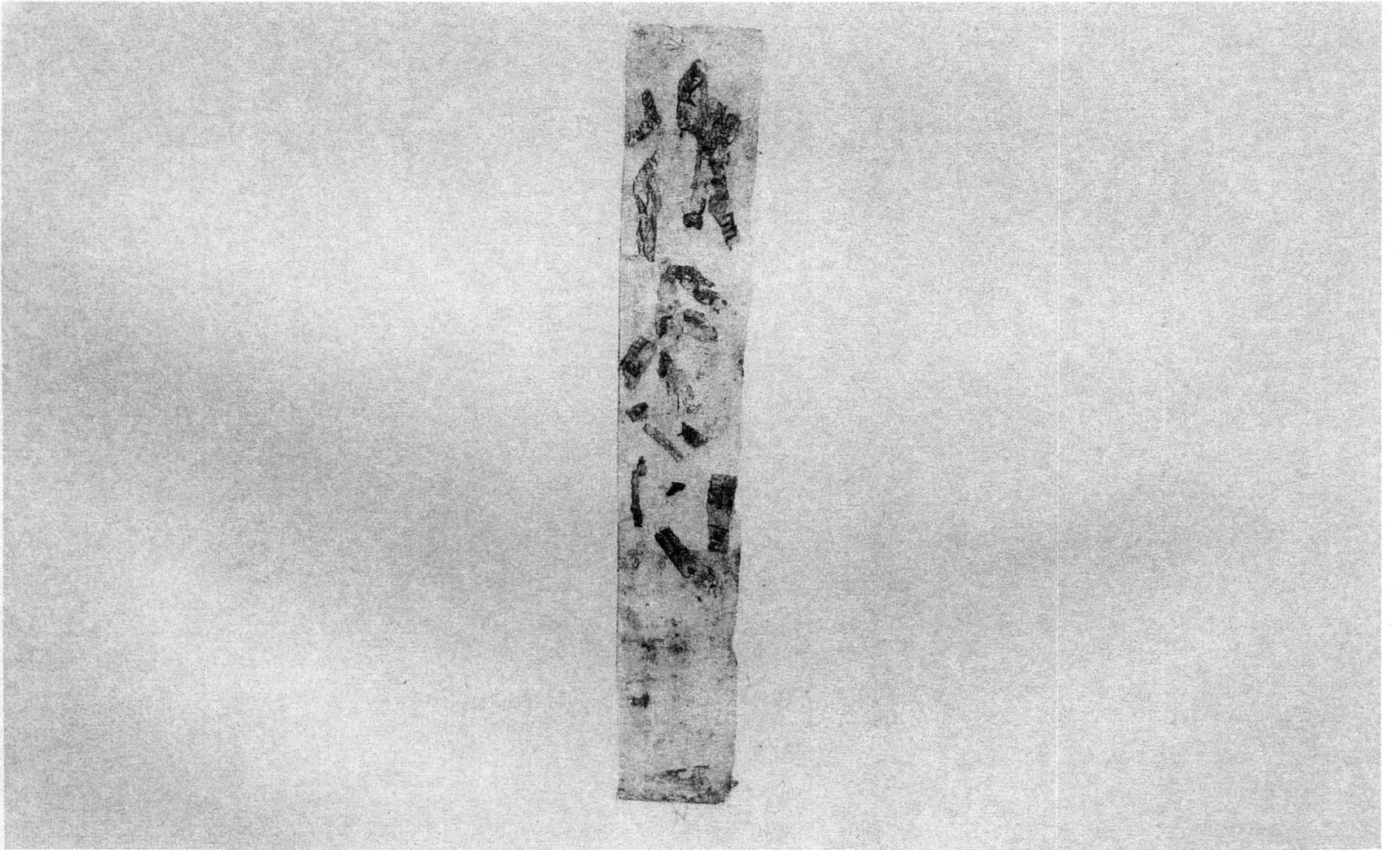

BD16169 號 N 殘片（擬）　　　　　　　　　　　　　　　　　　　　　　　　（1–1）

BD16170 號　名錄（擬）　　　　　　　　　　　　　　　　　　　　　　　　　（1-1）

(A)

(B)

BD16171 號 A　親情社社司轉帖（擬）　　　　　　　　　　　　　　　　　　（1-1）
BD16171 號 B　親情社社司轉帖（擬）

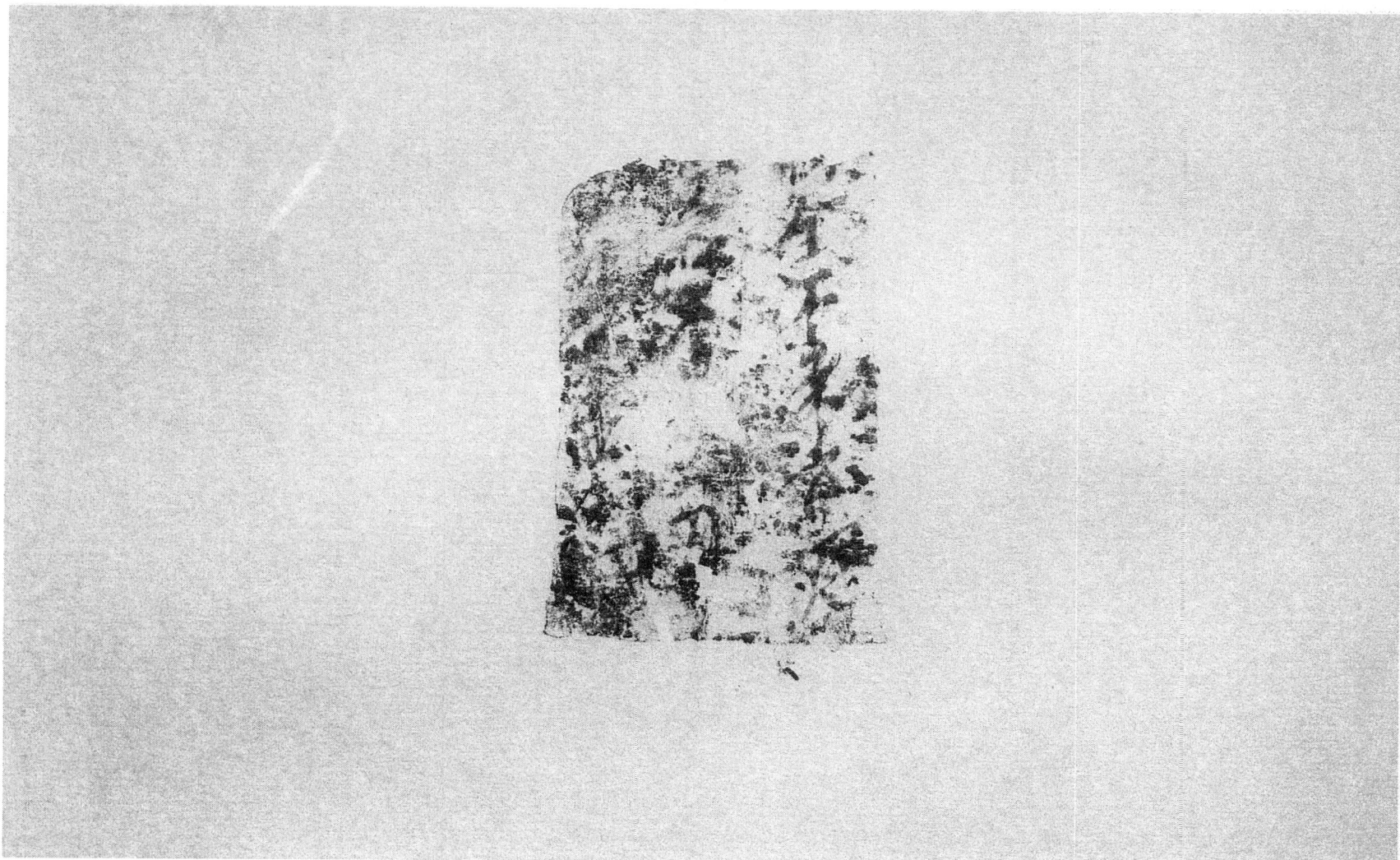

BD16172 號　社司轉帖（擬）　　　　　　　　　　　　　　　　　　　　　（1-1）

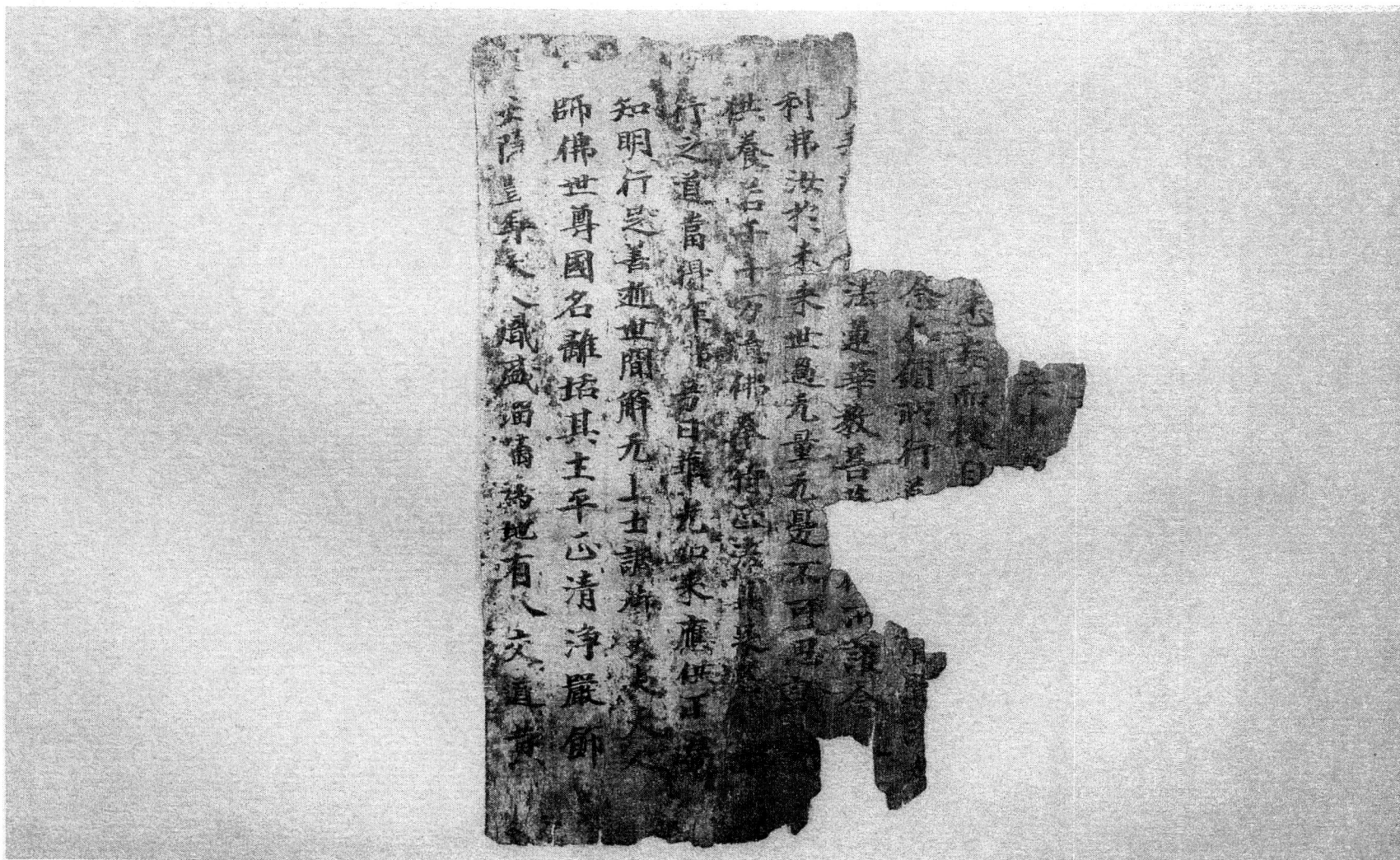

BD16173 號　妙法蓮華經卷二　　　　　　　　　　　　　　　　　　　　（1-1）

生絹□□□□陳八尺□一接碧□□九尺□寸紫□

BD16175 號 A　納贈歷（擬）

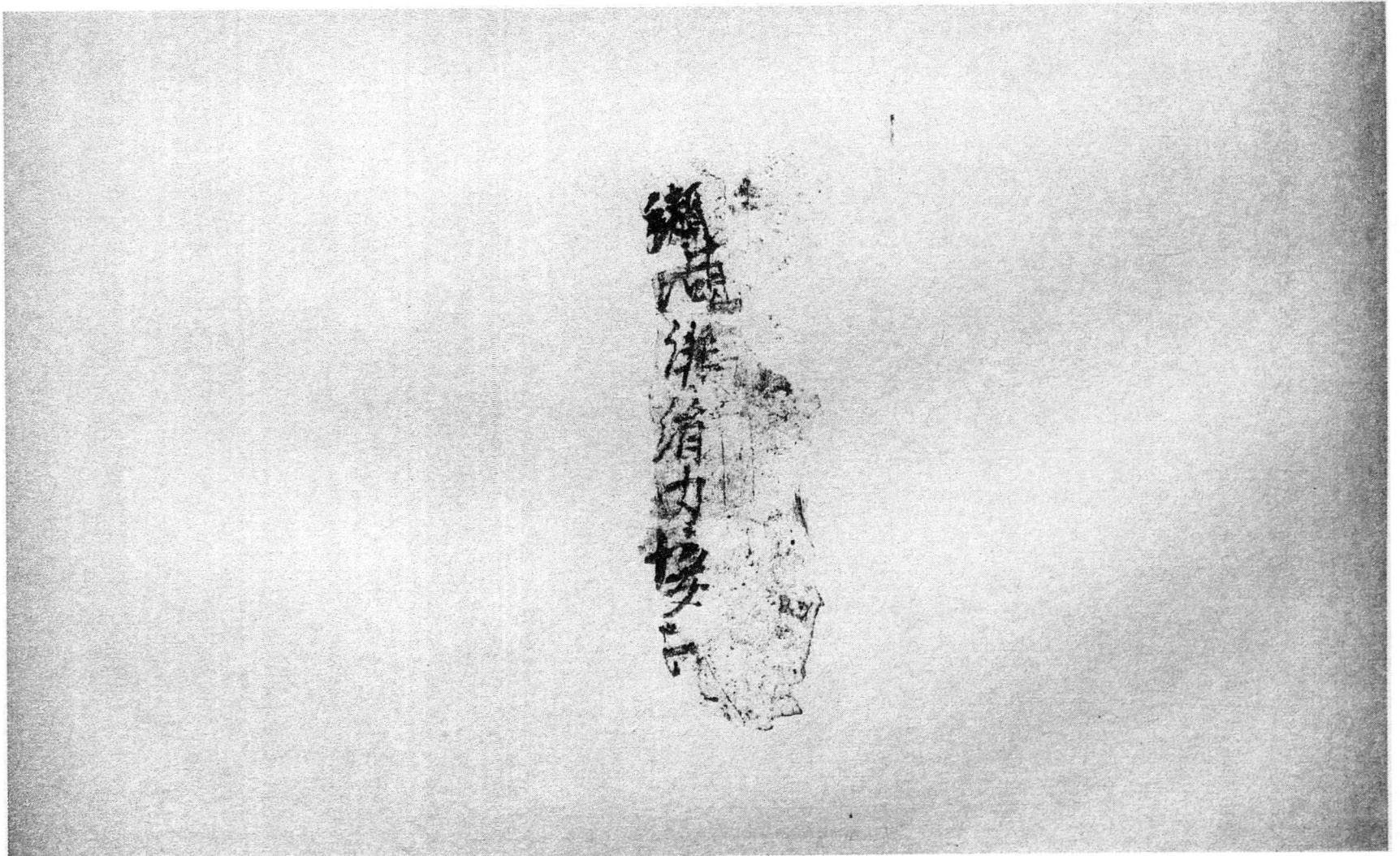

BD16175 號 B　納贈歷（擬）

BD16175 號 C　乙丑年二月乾元寺羊籍（擬）　　　　　　　　　　　　　　　　（1-1）

BD16175 號 D　納贈歷（擬）　　　　　　　　　　　　　　　　　　　　　　（1-1）

BD16175 號 E　乙丑年二月乾元寺羊籍（擬）　　　　　　　　　　　　　　　　（1-1）

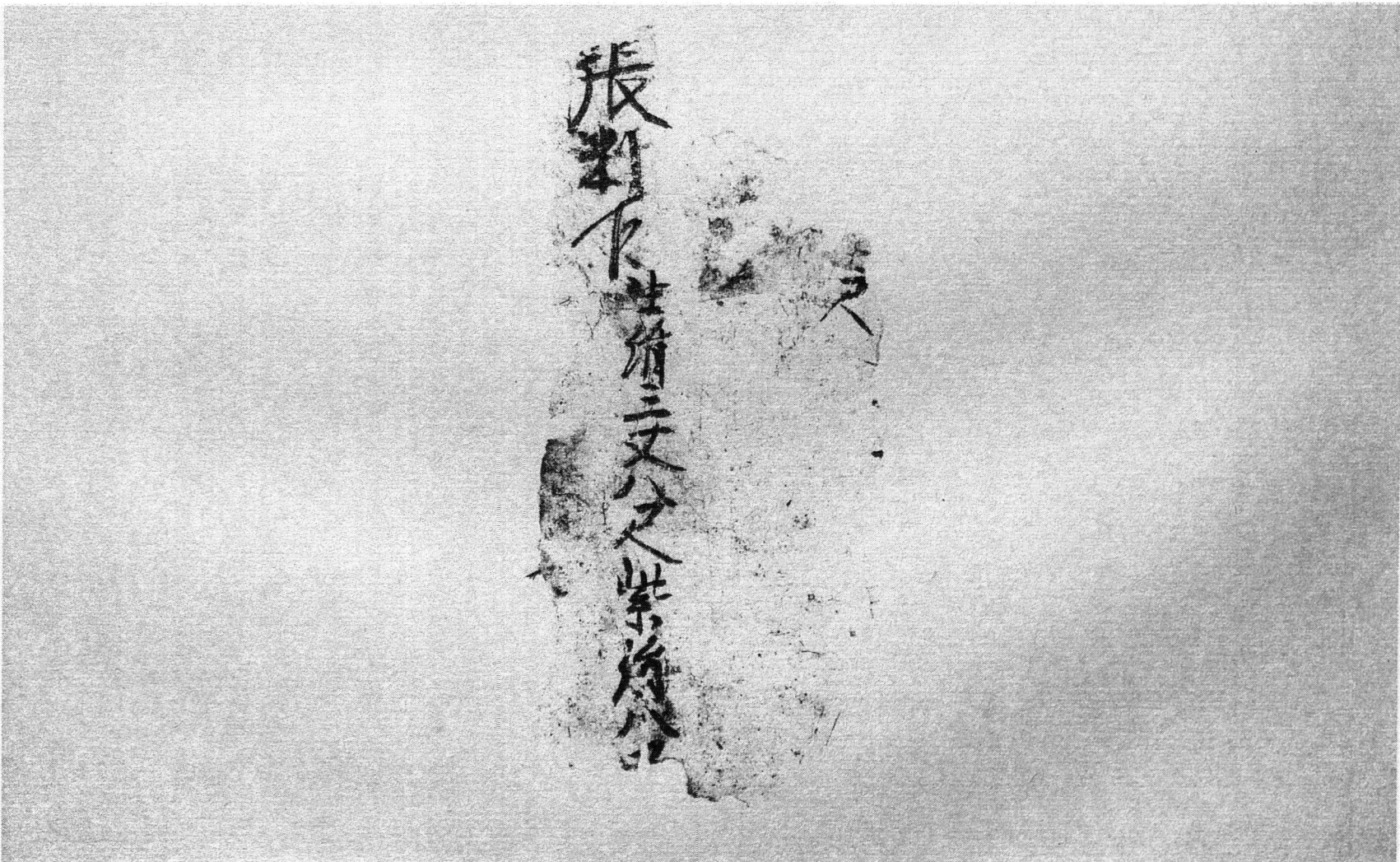

BD16175 號 F　納贈歷（擬）　　　　　　　　　　　　　　　　　　　　　　（1-1）

BD16175 號 G　納贈歷（擬）

（1-1）

BD16175 號 H　乙丑年二月乾元寺羊籍（擬）

（2-1）

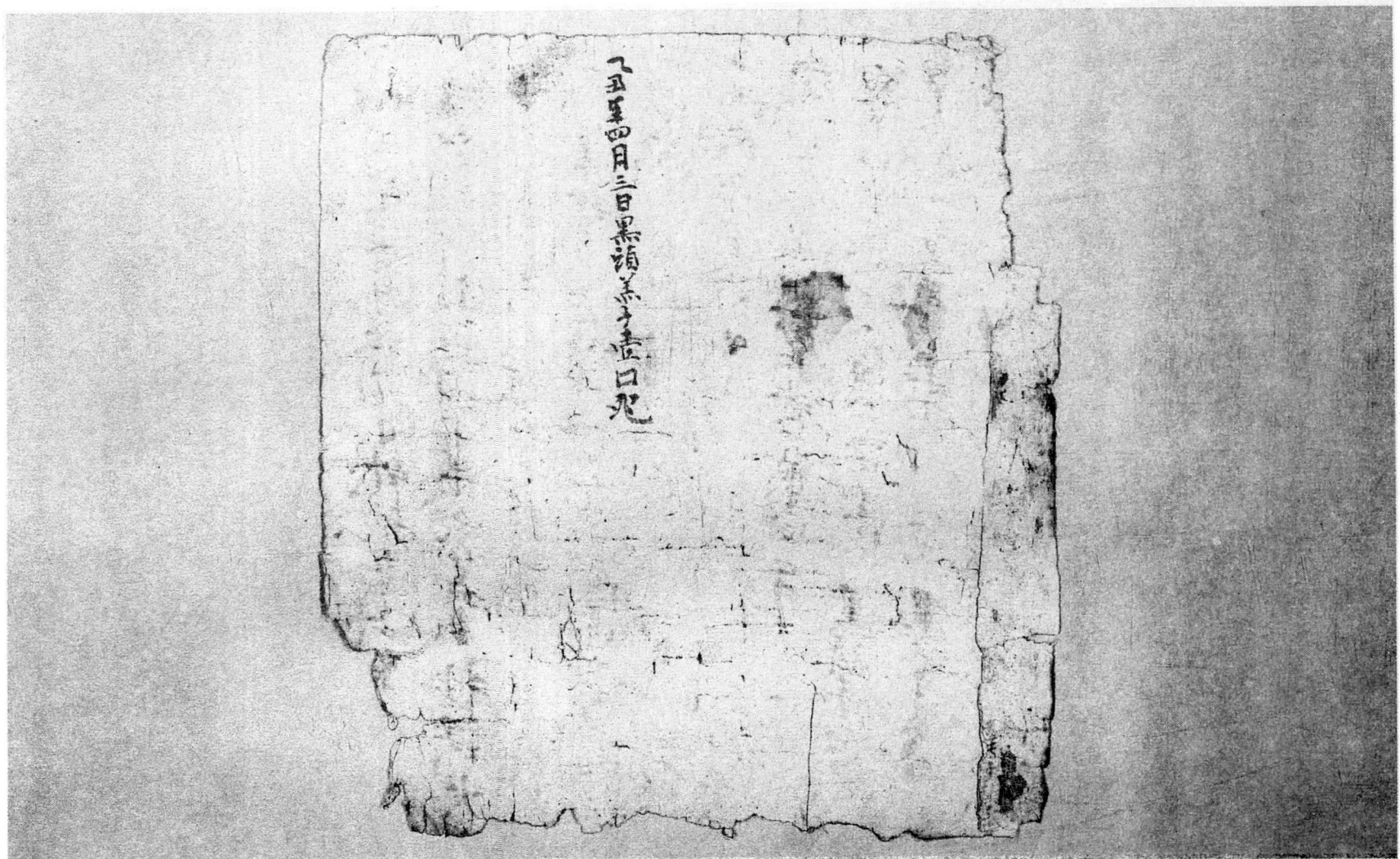

BD16175 號 H 背　乙丑年二月乾元寺羊籍（擬）　　　　　　　　　　　　　　　　　　　　（2-2）

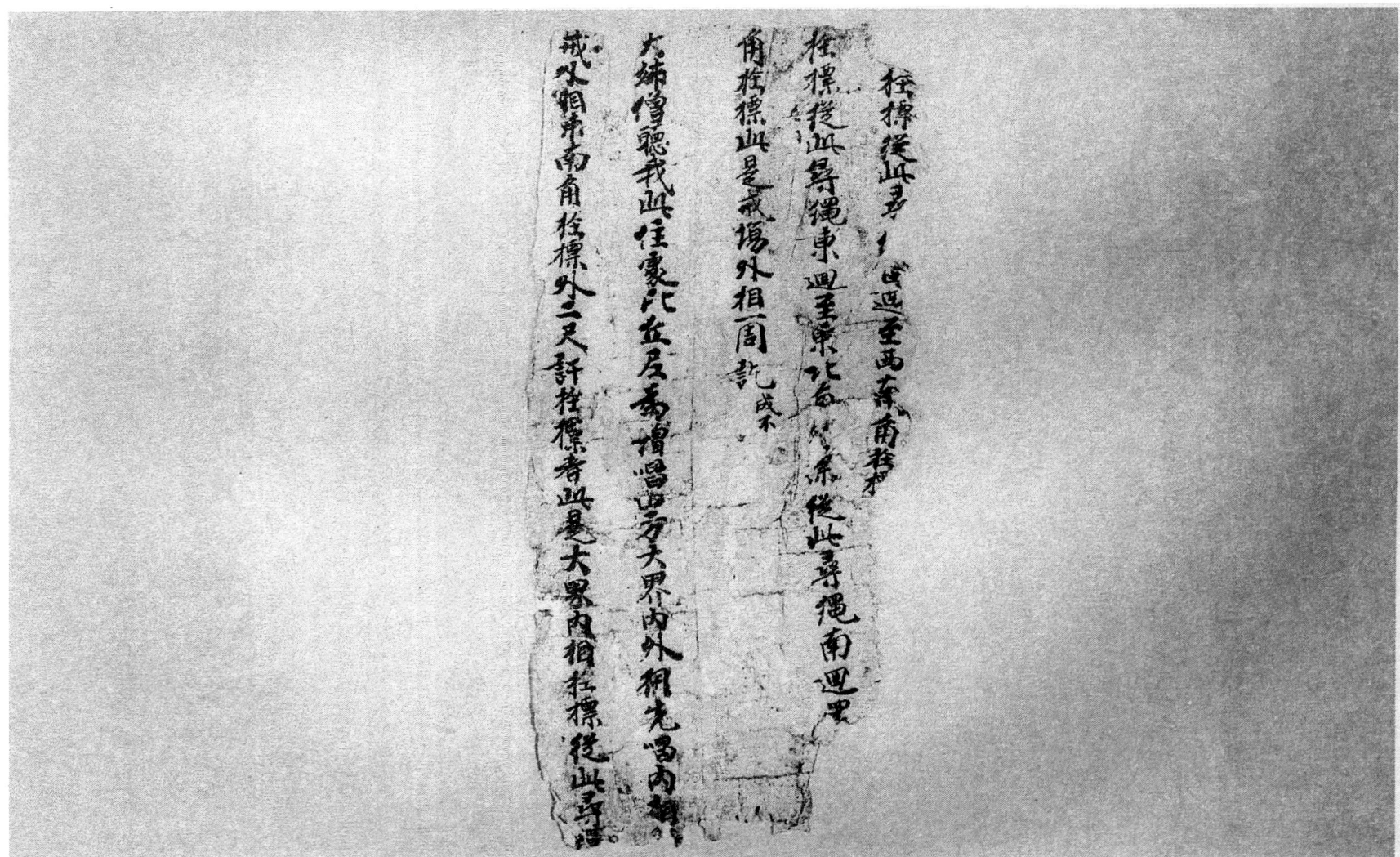

BD16176 號　結解戒場法（擬）　　　　　　　　　　　　　　　　　　　　　　　　　　（1-1）

BD16177 號 A　護首（業報差別經）　　　　　　　　　　　　　　　　　　　（1-1）

BD16177 號 B　佛為首迦長者說業報差別經　　　　　　　　　　　　　　　　（1-1）

BD16177 號 C　海淨祭文（擬）　　　　　　　　　　　　　　（1-1）

BD16178 號　殘片七塊（擬）　　　　　　　　　　　　　　　（1-1）

BD16179 號 A　十誦比丘尼波羅提木叉戒本　　　　　　　　　　　　　　　　　　　　（1-1）

BD16179 號 B　十誦比丘尼波羅提木叉戒本　　　　　　　　　　　　　　　　　　　　（1-1）

BD16179 號 C　十誦比丘尼波羅提木叉戒本題記（擬）　　　　　　　　　　　　　　（1-1）

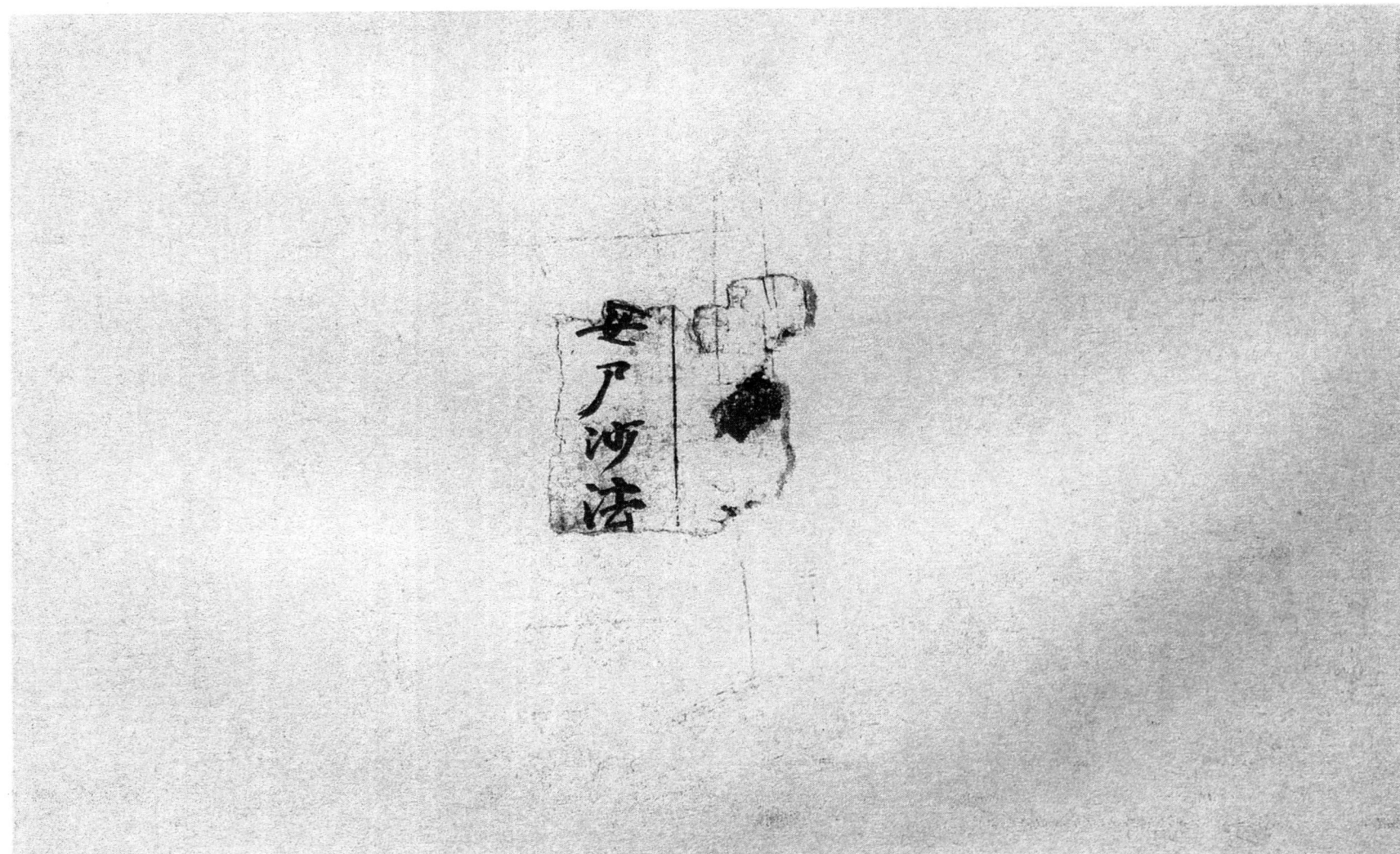

BD16179 號 D　十誦比丘尼波羅提木叉戒本　　　　　　　　　　　　　　　　　　（1-1）

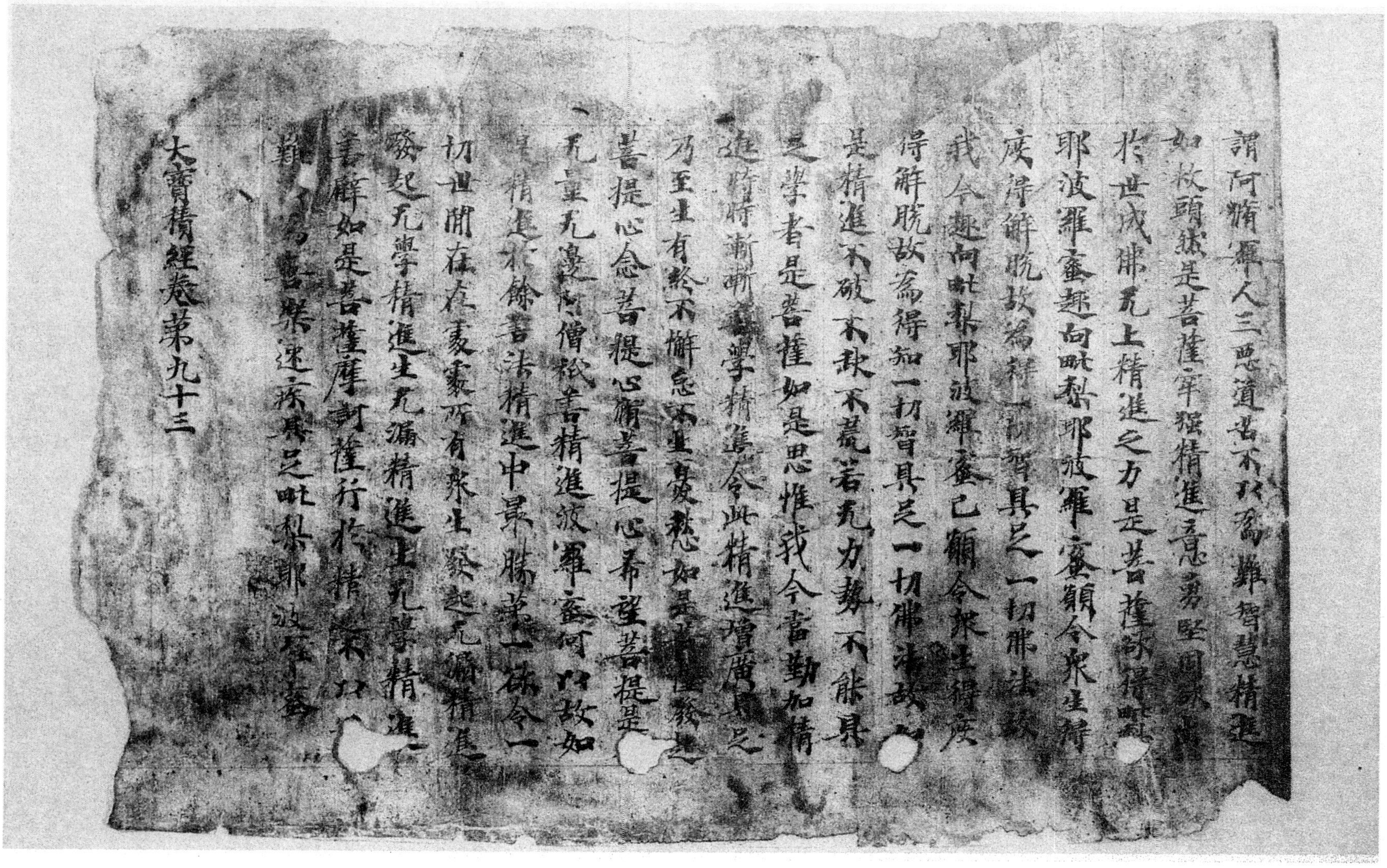

BD16180 號　大寶積經卷九三　　　　　　　　　　　　　　　　（1-1）

BD16181 號　往生禮讚偈卷一　　　　　　　　　　　　　　　　（1-1）

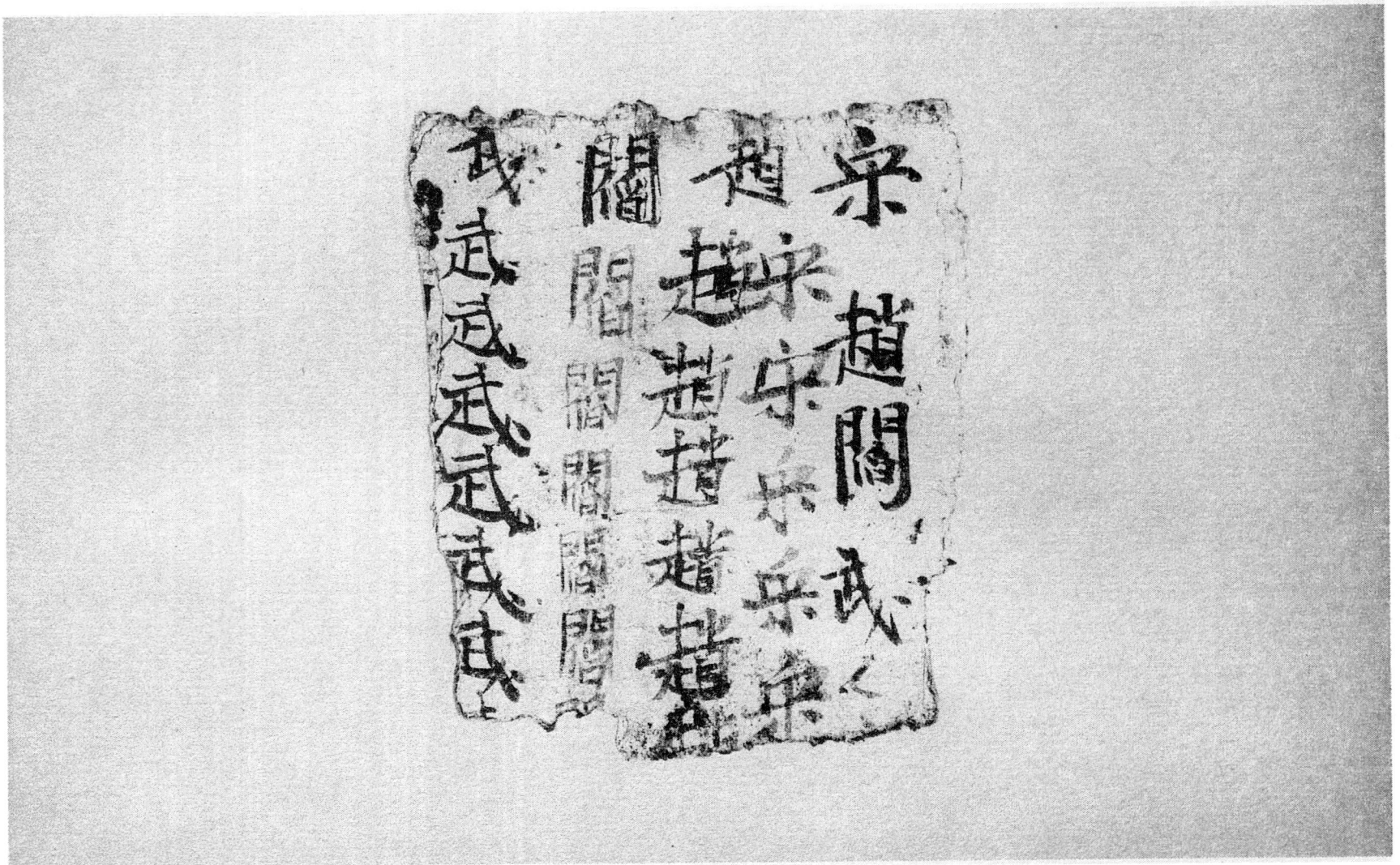

BD16181 號背　雜寫 (1-1)

BD16182 號 A　上都僧統和尚牒（擬） (1-1)

BD16182 號 B　殘片（擬）　　　　　　　　　　　　　　　　　　　　（1-1）

BD16183 號　賬歷（擬）　　　　　　　　　　　　　　　　　　　　（1-1）

BD16184 號　法華義疏卷六　　　　　　　　　　　　　　　　　　　　　　　　（1-1）

BD16185 號　殘片（擬）　　　　　　　　　　　　　　　　　　　　　　　　（1-1）

BD16186 號 B　殘片五塊（擬）　　　　　　　　　　　　　　　（1-1）

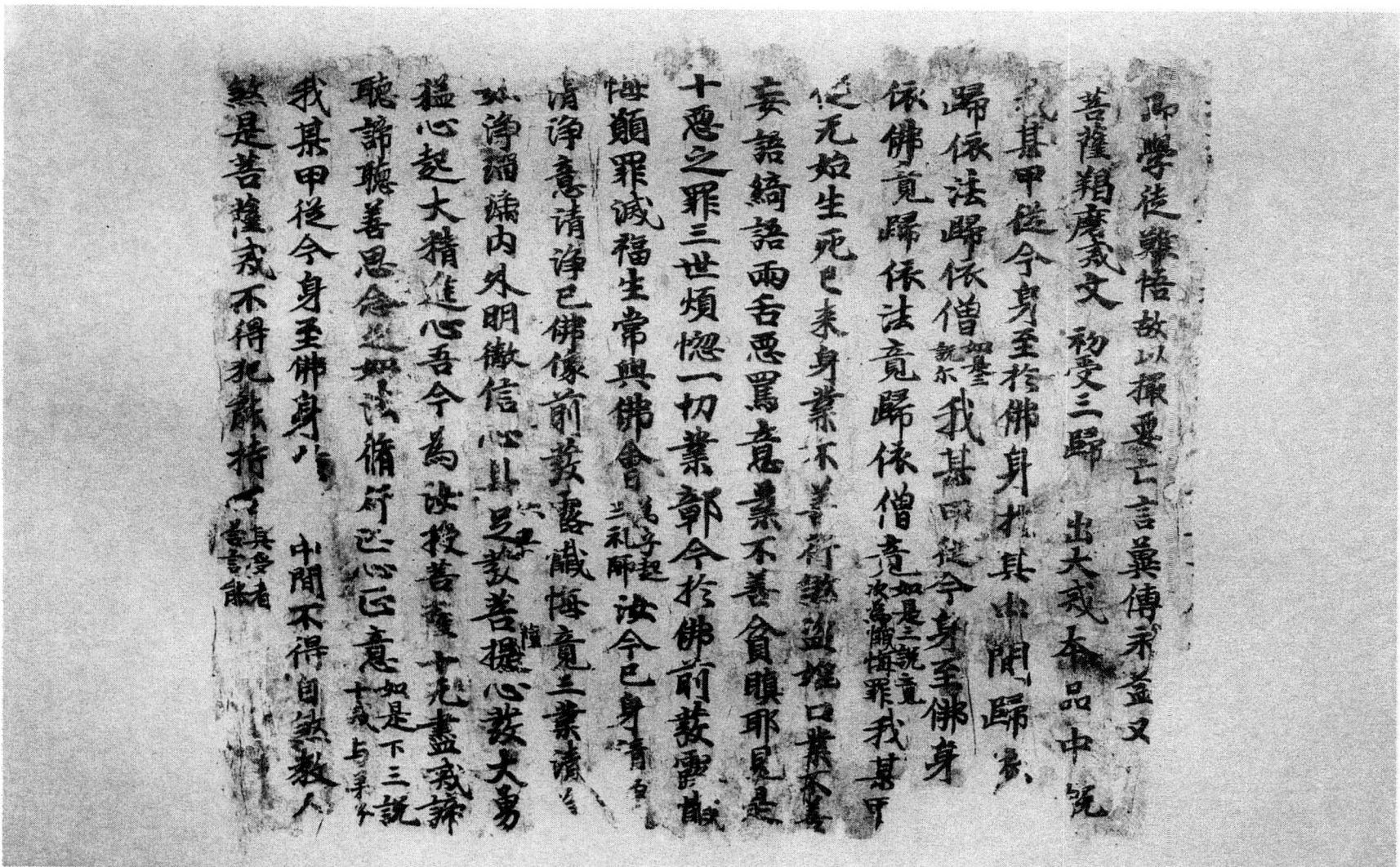

BD16187 號 A1　菩薩羯磨戒文序
BD16187 號 A2　菩薩羯磨戒文　　　　　　　　　　　　　　　（1-1）

我某甲從今身至佛身於其中間不得自盜教
人盜是菩薩戒我不得犯能持不
我某甲從今身至佛身於其中間不得自婬教

BD16187 號 B　菩薩羯磨戒文

人自讚毀他且
我某甲從今身

BD16187 號 C　菩薩羯磨戒文

犯龍持不
身至佛身於其中間不得

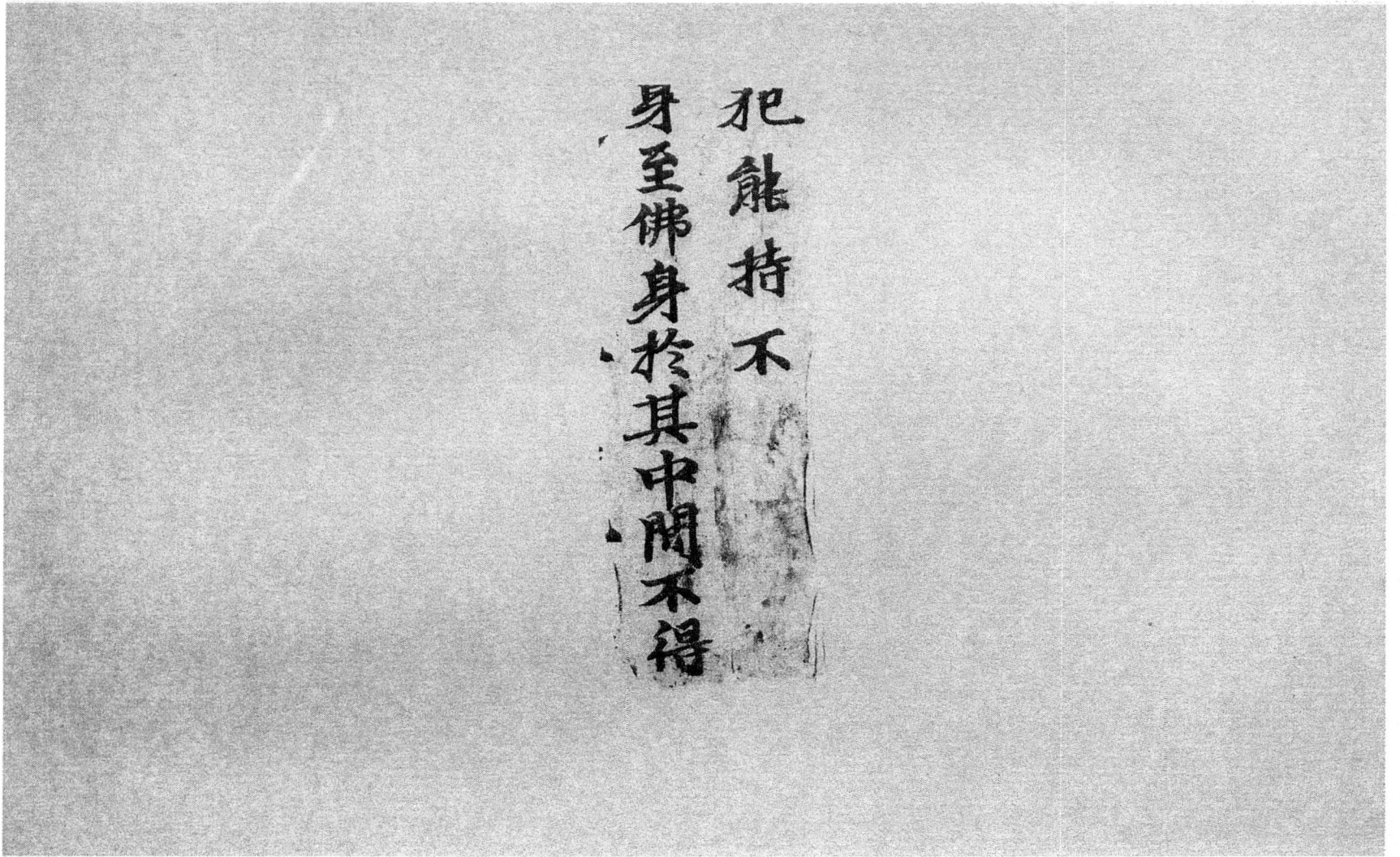

BD16187 號 D　菩薩羯磨戒文 （1-1）

人酤酒是善
我某甲從今
人就在家出

BD16187 號 E　菩薩羯磨戒文 （1-1）

BD16187 號 F　菩薩羯磨戒文

人婬是菩薩戒不得犯婬
戒某甲從今身至佛身於
教人妄語是菩薩戒不得
我某甲從今身至佛身於

(1-1)

BD16187 號 G　菩薩羯磨戒文

菩薩戒不得犯
至佛身於其中

(1-1)

230

不得自瞋教

BD16187 號 I　菩薩羯磨戒文　　　　　　　　　　　　　　　　　（1–1）

自讚毀他教

BD16187 號 J　菩薩羯磨戒文　　　　　　　　　　　　　　　　　（1–1）

BD16187 號 K　菩薩羯磨戒文　　　　　　　　　　　　　　　　（1-1）

BD16187 號 L　菩薩羯磨戒文　　　　　　　　　　　　　　　　（1-1）

身於坐

BD16187 號 M　菩薩羯磨戒文 (1-1)

吾已三說諸貢由今得十無盡戒竟是真心薩是真發菩提心是真佛子從佛口生從正法生竝說眾生我行具足正向當果生生不求輪轉聖王

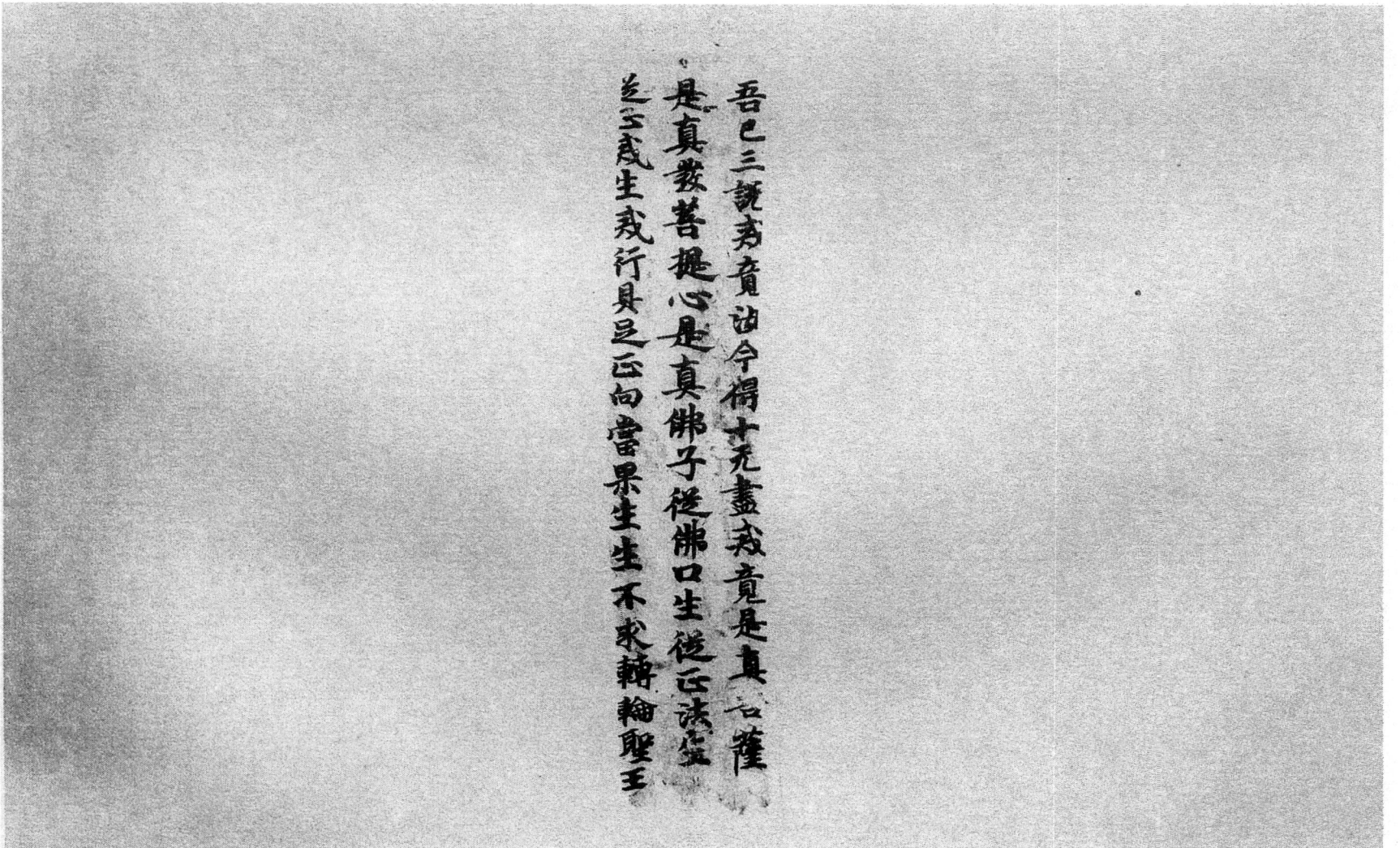

BD16187 號 N　菩薩羯磨戒文 (1-1)

釋梵天王世界之棄世世不墮三惡道中離之
眾常生天上人中見佛聞法持誦菩薩十重

BD16187 號 O　菩薩羯磨戒文

BD16187 號 P　菩薩羯磨戒文

卅八輕戒念念不

同學弟子礼佛三拜

又礼師已

BD16187 號 Q　菩薩羯磨戒文　　　　　　　　　　　　　　　　（1-1）

薩戒不得

我某甲從今

BD16187 號 R　菩薩羯磨戒文　　　　　　　　　　　　　　　　（1-1）

235

能持不

間不得自慳教人

BD16187 號 S　菩薩羯磨戒文　　　　　　　　　　　　　　　　（1-1）

人瞋是菩薩戒不得知

我某甲從今身至佛身

教人謗三寶是菩薩我

BD16187 號 T　菩薩羯磨戒文　　　　　　　　　　　　　　　　（1-1）

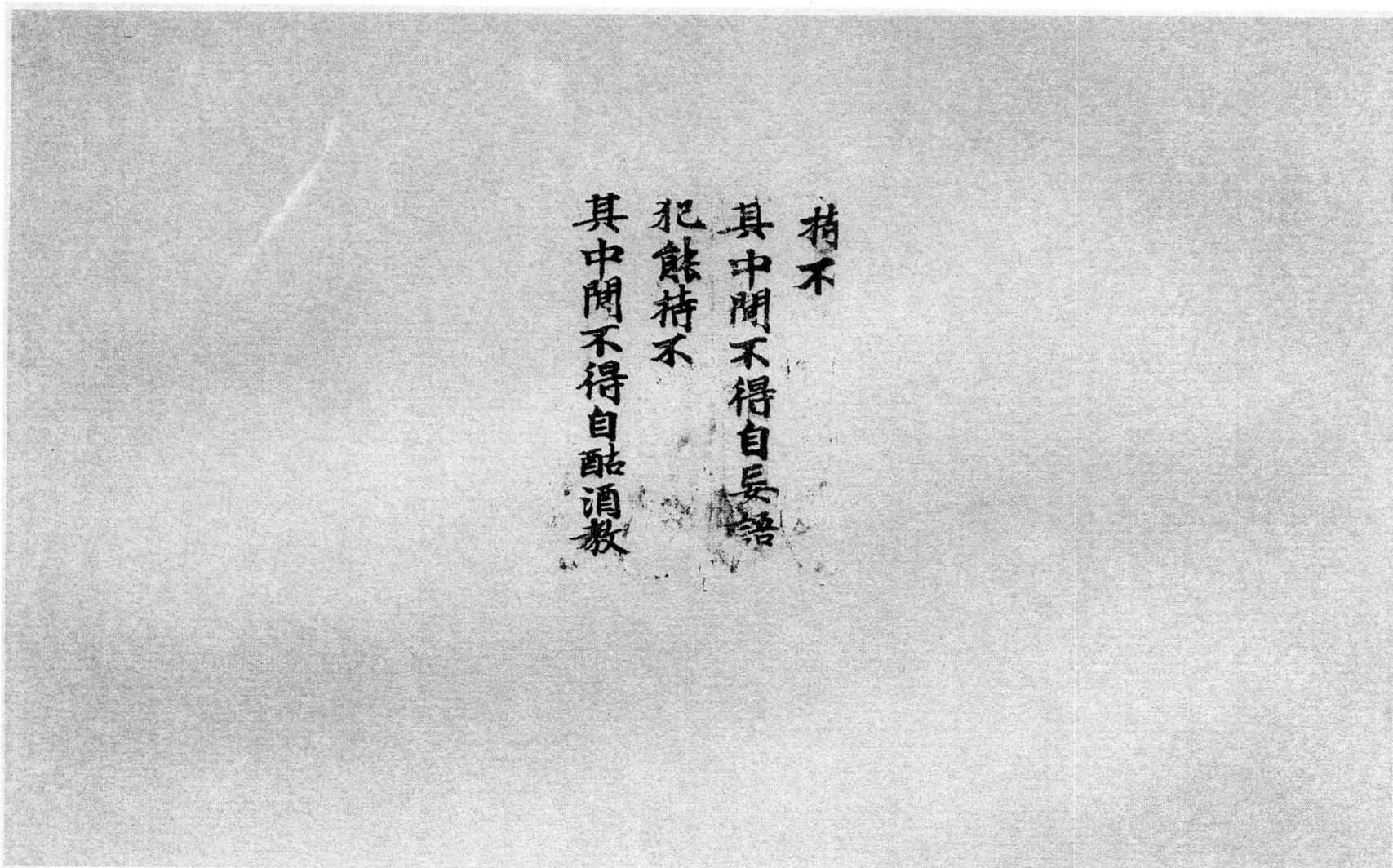

BD16187 號 U　菩薩羯磨戒文　　　　　　　　　　　　　　　　　　　　　　　　（1–1）

BD16187 號 V　菩薩羯磨戒文　　　　　　　　　　　　　　　　　　　　　　　　（1–1）

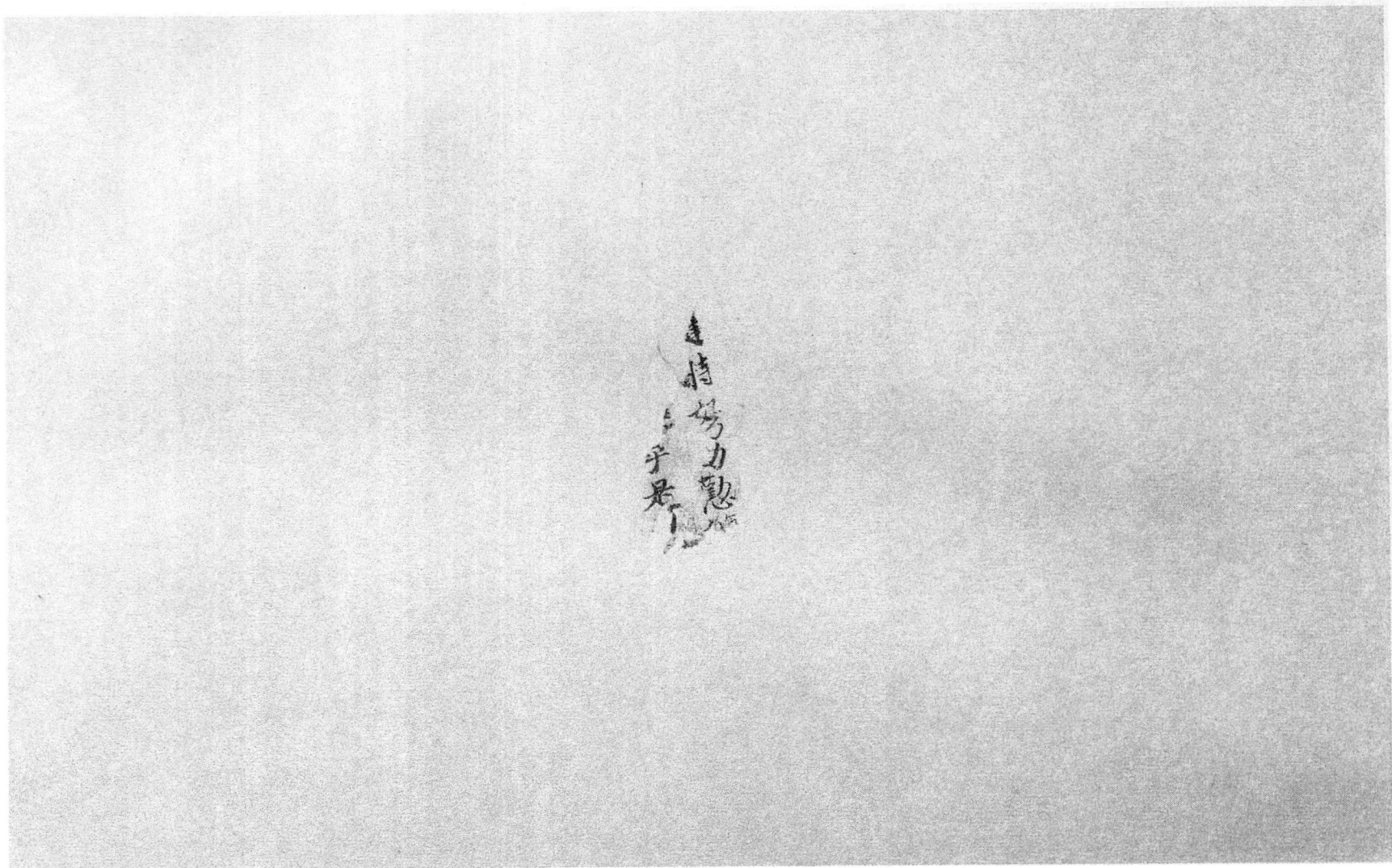

BD16188 號 A　梵網經菩薩羯磨文（擬）　　　　　　　　　　　　　（1-1）

BD16188 號 B　梵網經菩薩羯磨文（擬）　　　　　　　　　　　　　（1-1）

BD16188 號 C　梵網經菩薩戒序　　　　　　　　　　　　　　　　　　　　　（1-1）

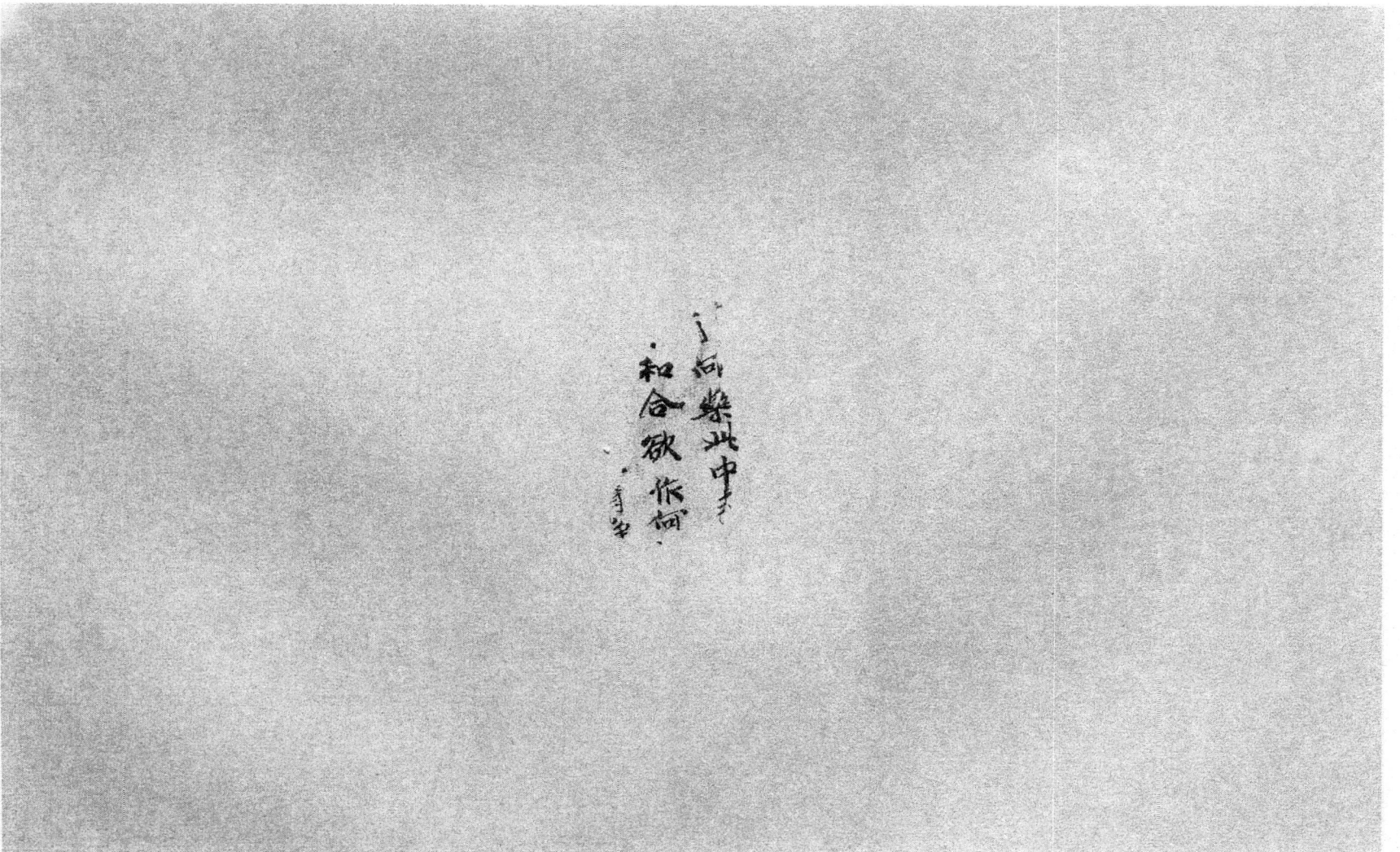

BD16188 號 D　梵網經菩薩羯磨文（擬）　　　　　　　　　　　　　　　　　（1-1）

BD16188 號 E　梵網經菩薩羯磨文（擬）　　　　　　　　　　　　　　　　（1-1）

BD16188 號 F　梵網經菩薩羯磨文（擬）　　　　　　　　　　　　　　　　（1-1）

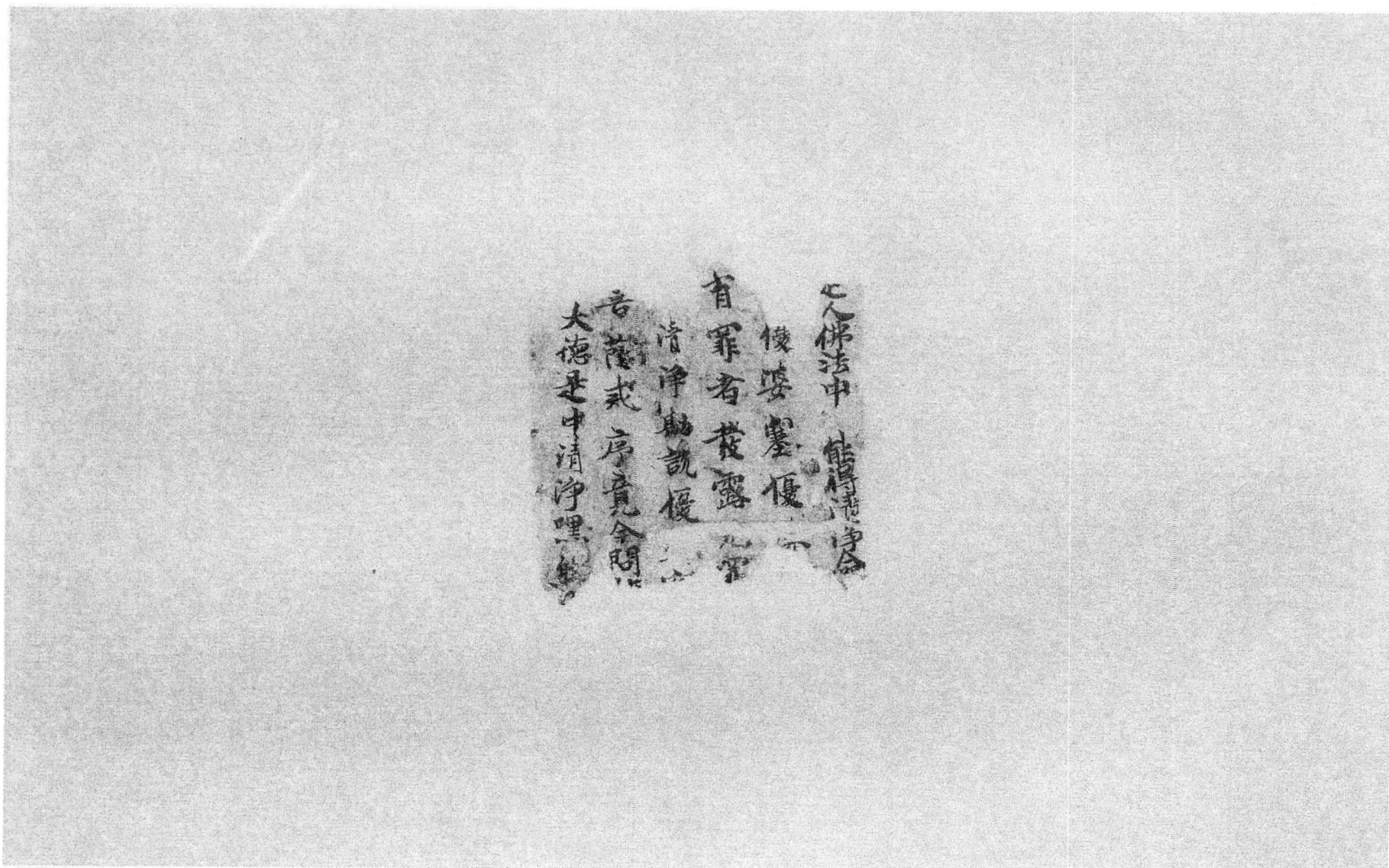

BD16188 號 G　梵網經菩薩羯磨文（擬）　　　　　　　　　　　　　　　　　　　　（1-1）

BD16188 號 H　梵網經菩薩羯磨文（擬）　　　　　　　　　　　　　　　　　　　　（1-1）

BD16188 號 I　梵網經菩薩羯磨文（擬）　　　　　　　　　　　　（1-1）

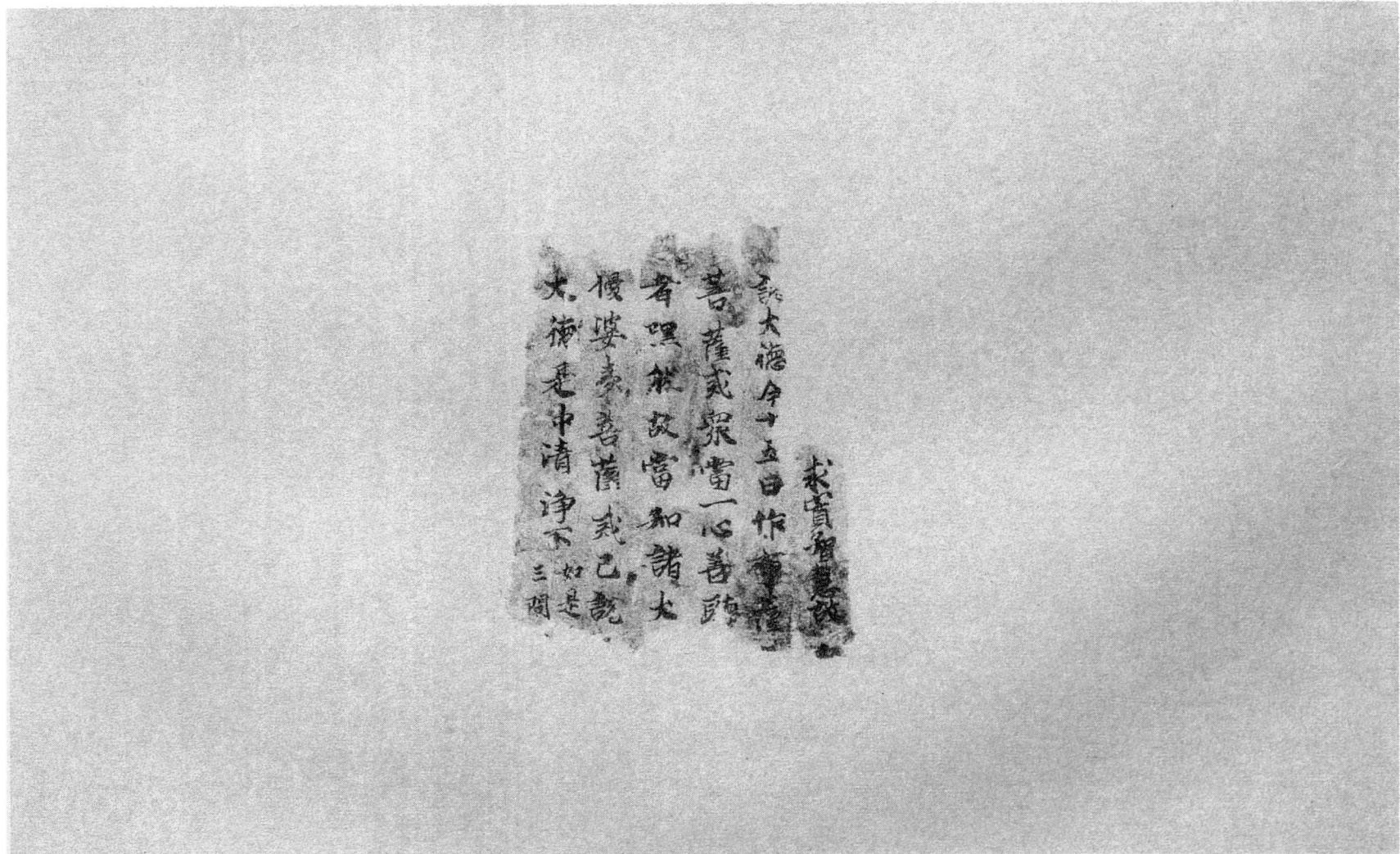

BD16188 號 J　梵網經菩薩羯磨文（擬）　　　　　　　　　　　　（1-1）

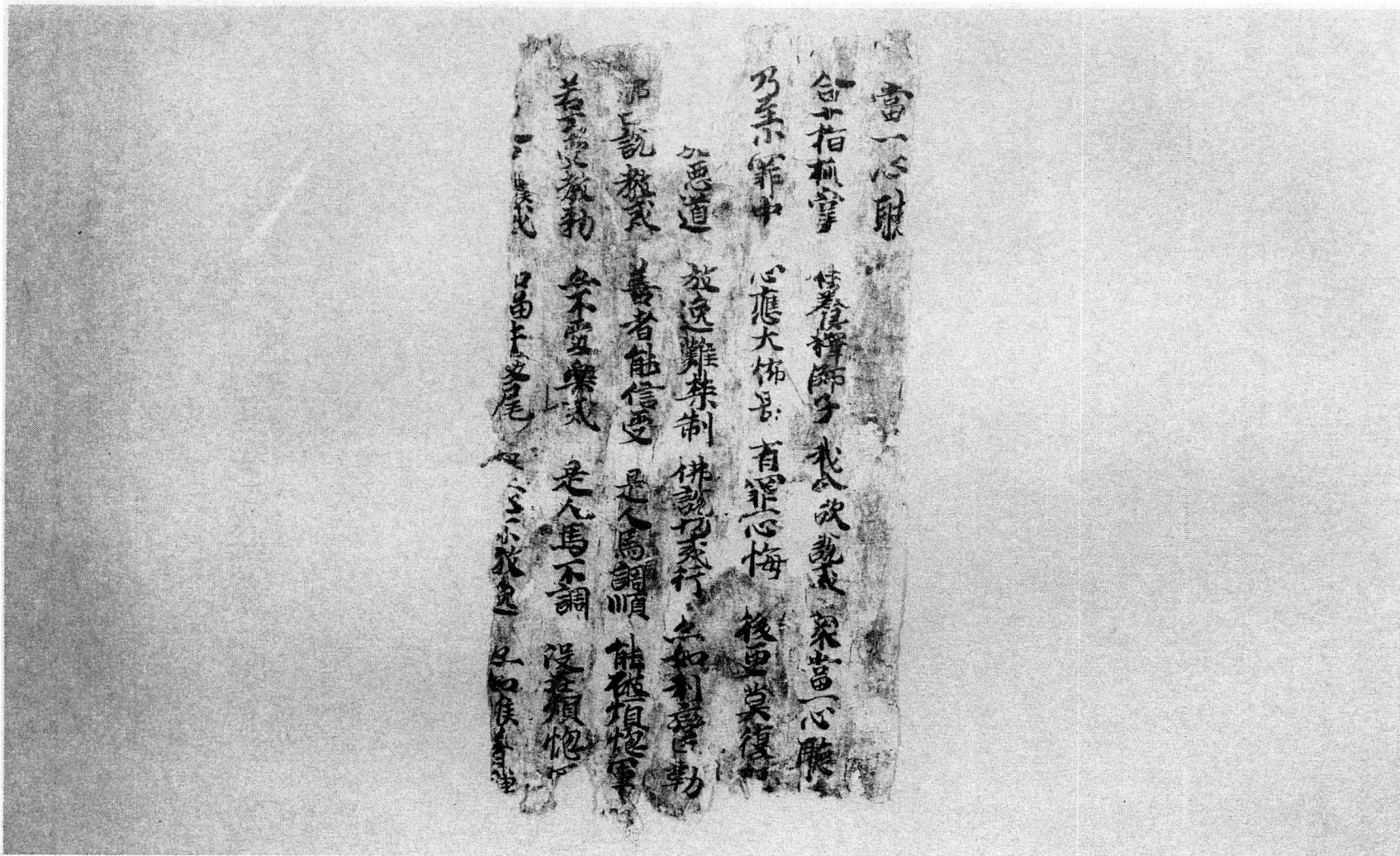

BD16188 號 K　梵網經菩薩羯磨文（擬）　　　　　　　　　　　　　（1-1）

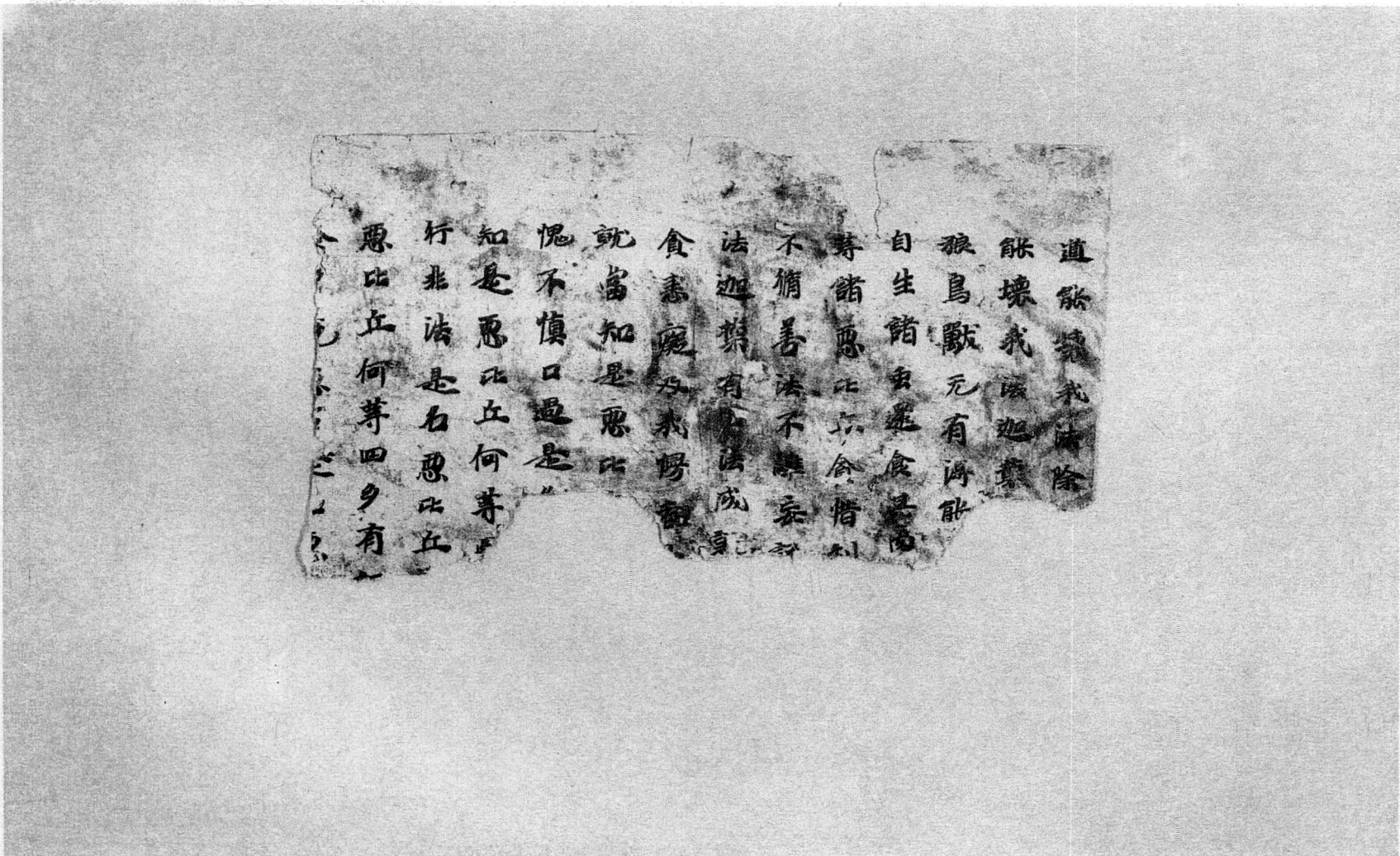

BD16189 號 A　大寶積經卷一一三　　　　　　　　　　　　　　　（1-1）

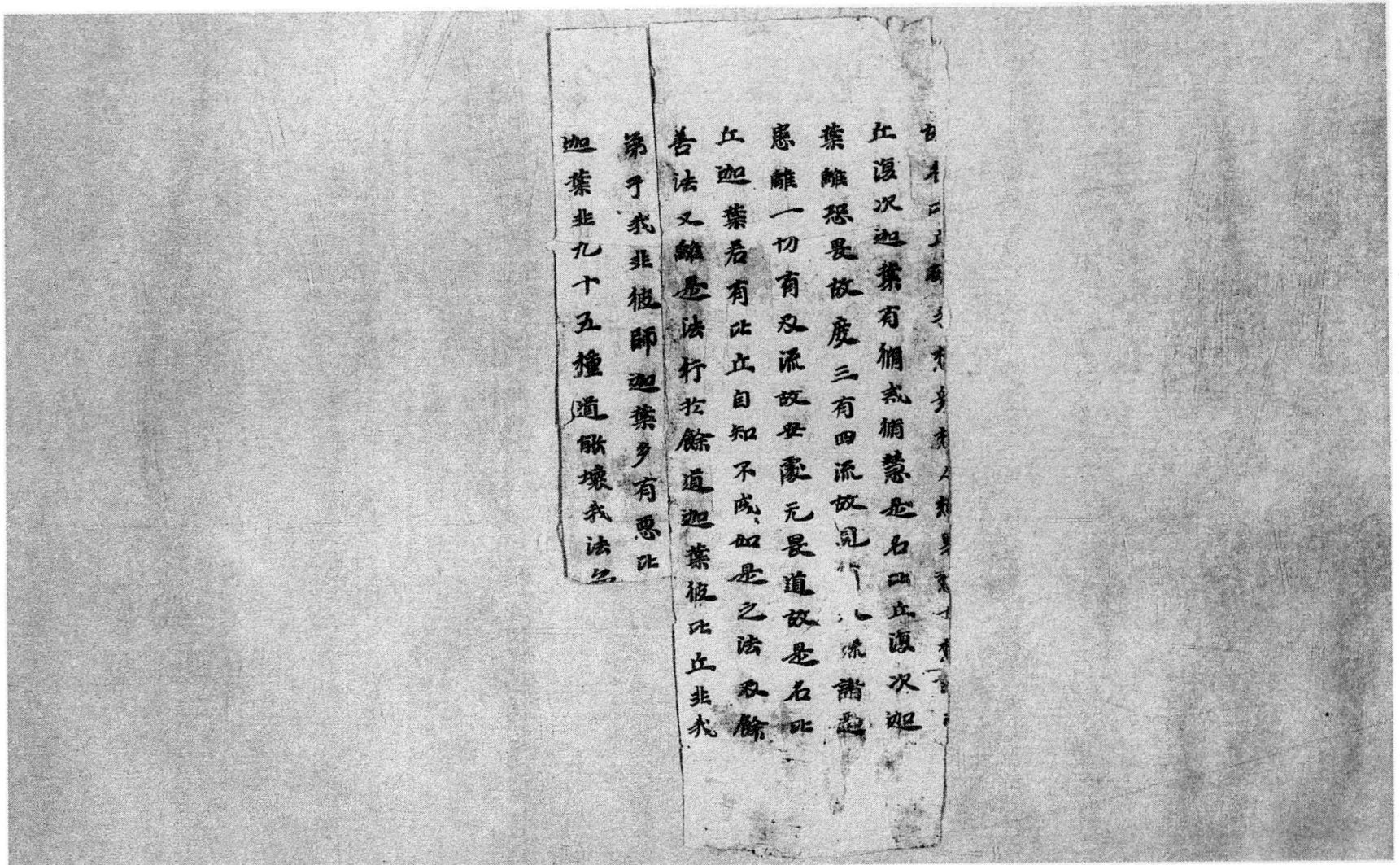

BD16189 號 B　大寶積經卷一一三　　　　　　　　　　　　（1-1）

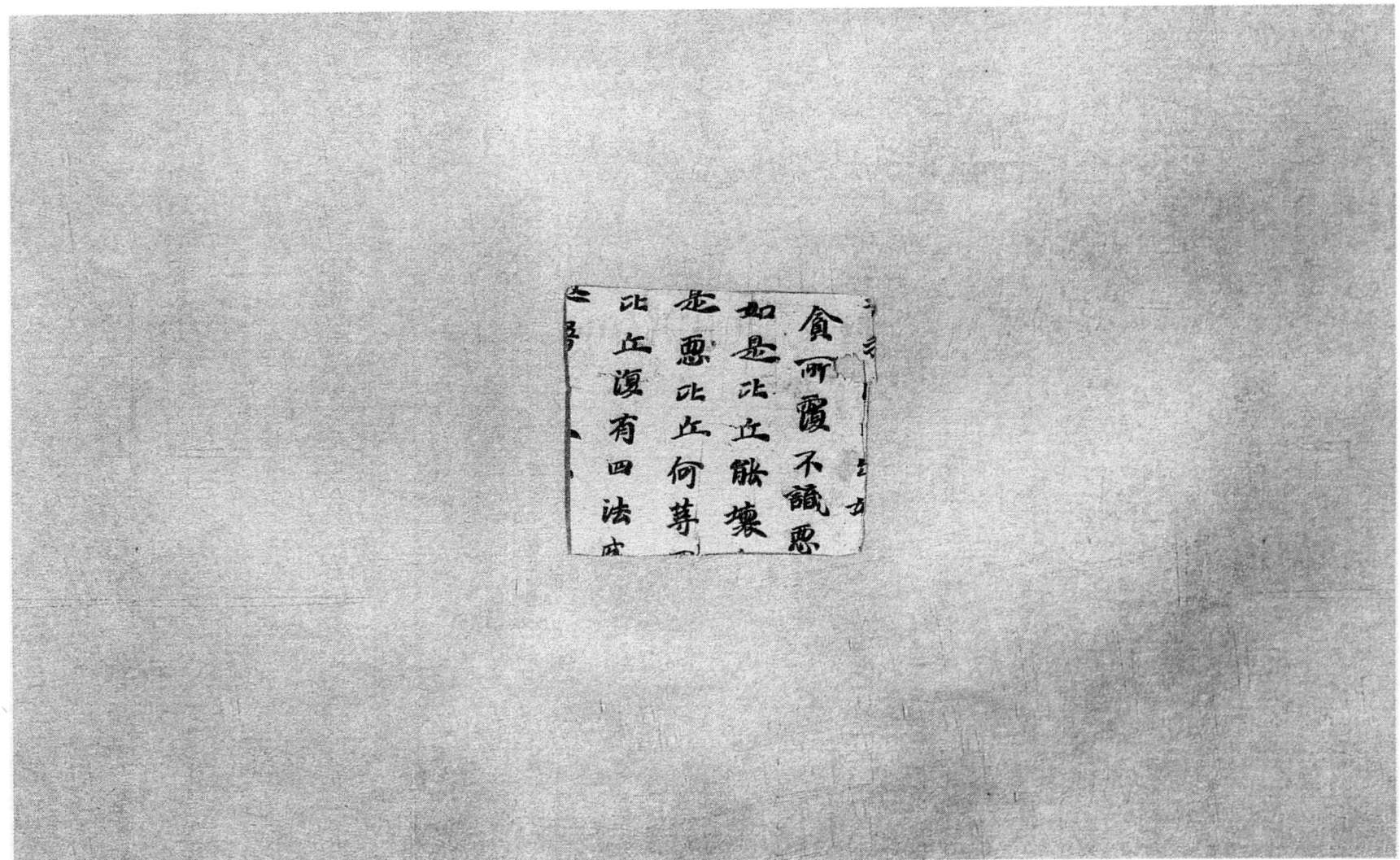

BD16189 號 C　大寶積經卷一一三　　　　　　　　　　　　（1-1）

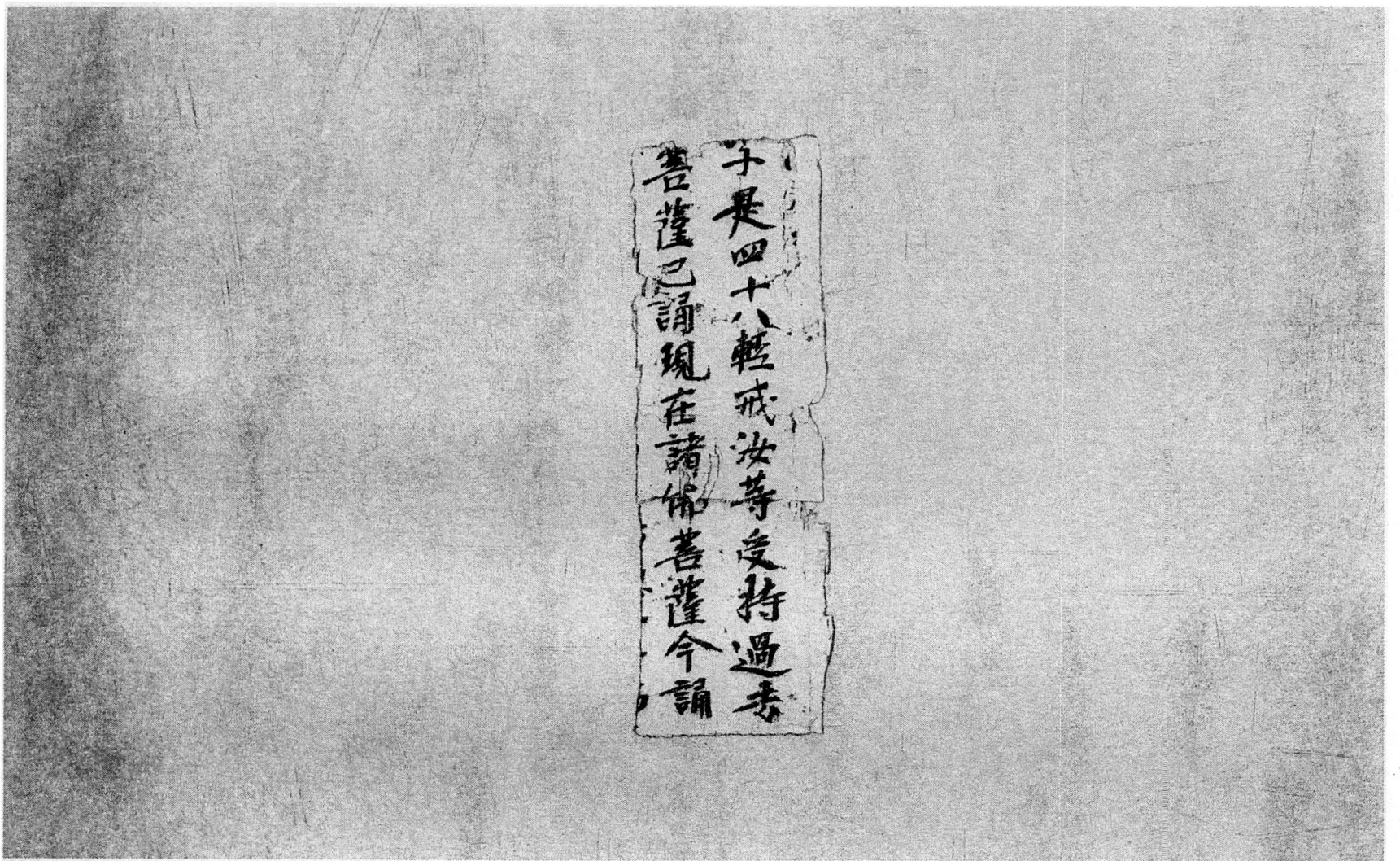

BD16190 號 A　梵網經盧舍那佛說菩薩心地戒品第十卷下　　　　　　　　　　（1-1）

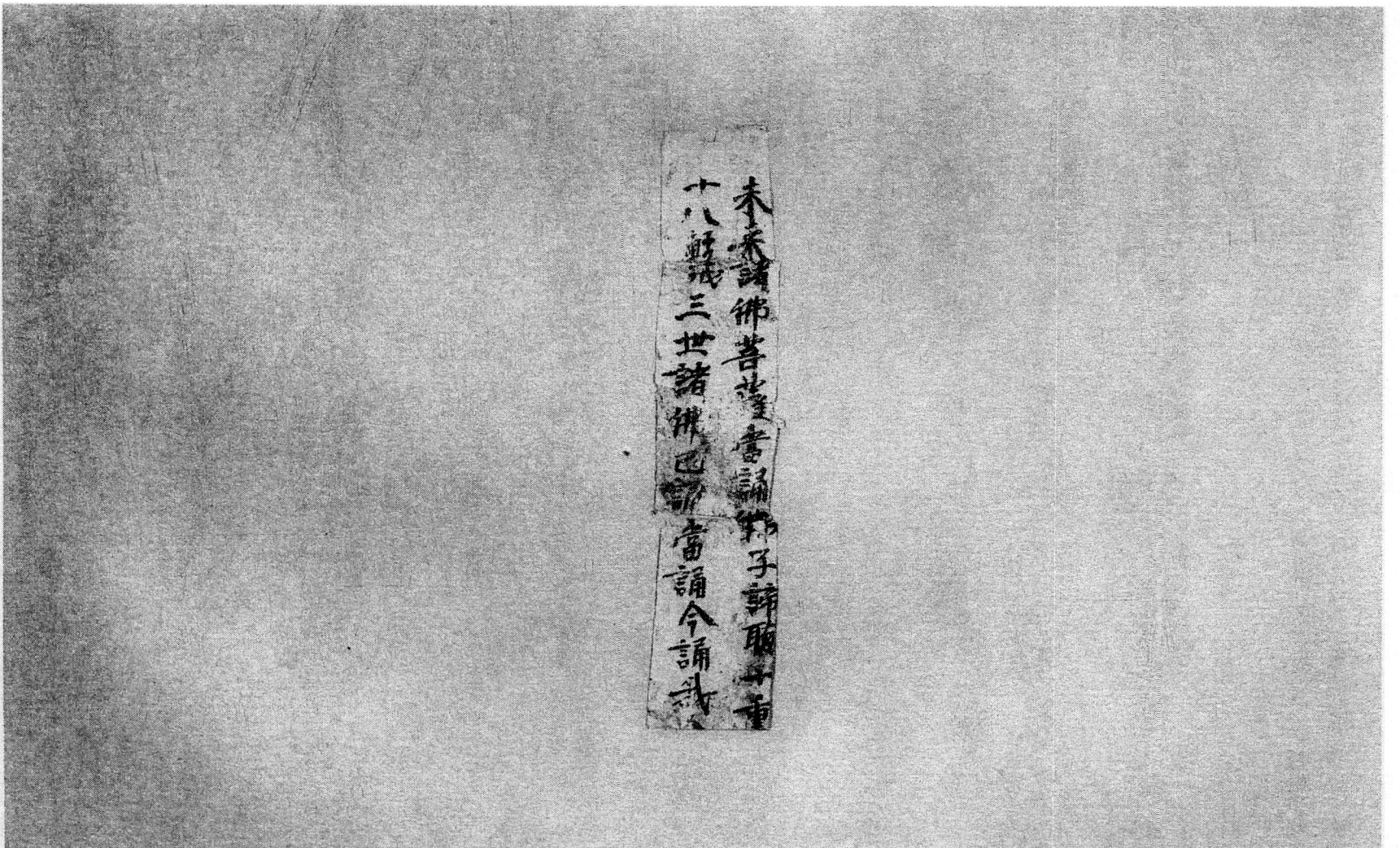

BD16190 號 B　梵網經盧舍那佛說菩薩心地戒品第十卷下　　　　　　　　　　（1-1）

BD16190 號 C　梵網經盧舍那佛說菩薩心地戒品第十卷下　　　　　　　　　　　（1-1）

BD16190 號 D　梵網經盧舍那佛說菩薩心地戒品第十卷下　　　　　　　　　　　（1-1）

BD16191 號 A　地契殘片（擬）　　　　　　　　　　　　　　　　　　　　（1-1）

BD16191 號 B　社司轉帖（擬）　　　　　　　　　　　　　　　　　　　　（1-1）

BD16191 號 C　弟子行範（擬）　　　　　　　（1-1）

BD16192 號　曹元忠薦亡法事疏（擬）　　　　（1-1）

BD16193 號　殘片（擬）   （1-1）

BD16194 號　社司轉帖（擬）   （1-1）

BD16195 號　建隆二年正月洪池鄉百姓郝護賣宅契（擬）　　　　　　　　　　　（1-1）

BD16196 號　弟子規範（擬）　　　　　　　　　　　　　　　　　　　　　　（3-1）

則周歡父母有疾
甘美餐食食盡無
未臨飯血無□□

□未飲□問喜不
者不害□身體不
整衣冠定父母疾□前

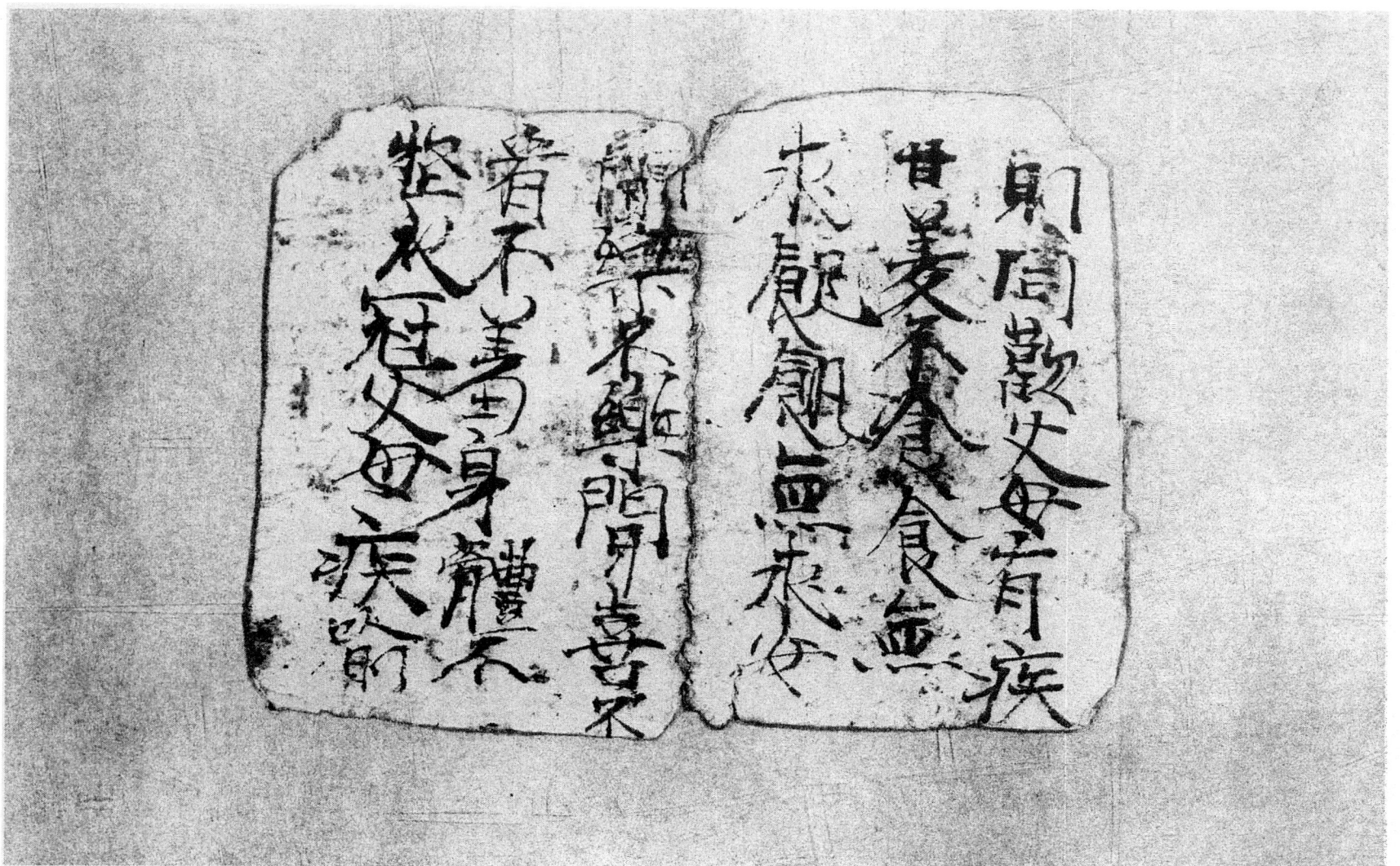

BD16196 號　弟子規範（擬）　　　　　　　　　　　　　　　　（3-2）

牧示不雜為弟子事
師說困□□入會集
賣布□□□□□□

BD16196 號　弟子規範（擬）　　　　　　　　　　　　　　　　（3-3）

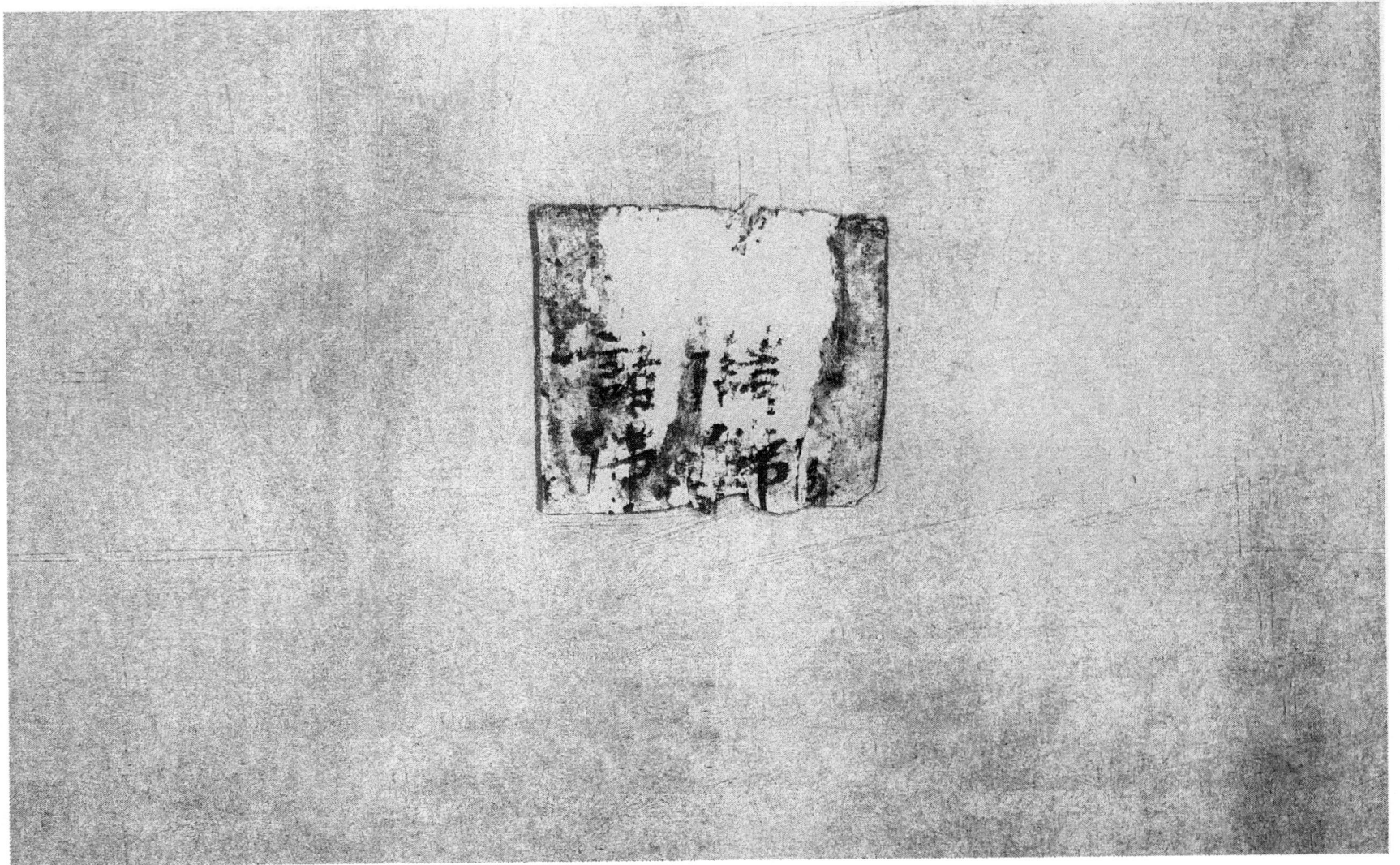

BD16197 號　殘片（擬） （1-1）

BD16198 號　菩薩瓔珞本業經卷下 （1-1）

著　録　凡　例

本目録採用條目式著録法。諸條目意義如下：

1.1　著録編號。用漢語拼音首字 "BD" 表示，意為 "北京圖書館藏敦煌遺書"，簡稱 "北敦號"。文獻寫在背面者，標註為 "背"。一件遺書上抄有多個文獻者，用數字 1、2、3 等標示小號。一號中包括幾件遺書，且遺書形態各自獨立者，用字母 A、B、C 等區别。

1.2　著録分類號。本條記目録暫不分類，該項空缺。

1.3　著録文獻的名稱、卷本、卷次。

1.4　著録千字文編號。

1.5　著録縮微膠卷號。

2.1　著録遺書的總體數據。包括長度、寬度、紙數、正面抄寫總行數與每行字數、背面抄寫總行數與每行字數。如該遺書首尾有殘破，則對殘破部分單獨度量，用加號加在總長度上。凡屬這種情況，長度用括弧標註。

2.2　著録每紙數據。包括每紙長度及抄寫行數或界欄數。

2.3　著録遺書的外觀。包括：（1）裝幀形式。（2）首尾存況。（3）護首、軸、軸頭、天竿、縹帶，經名是書寫還是貼籤，有無經名號，扉頁、扉畫。（4）卷面殘破情況及其位置。（5）尾部情況。（6）有無附加物（蟲蝱、油污、線繩及其他）。（7）有無裱補及其年代。（8）界欄。（9）修整。（10）其他需要交待的問題。

2.4　著録一件遺書抄寫多個文獻的情況。

3.1　著録文獻首部文字與對照本核對的結果。

3.2　著録文獻尾部文字與對照本核對的結果。

3.3　著録録文。

3.4　著録對文獻的説明。

4.1　著録文獻首題。

4.2　著録文獻尾題。

5　　著録本文獻與對照本的不同之處。

6.1　著録本遺書首部可與另一遺書綴接的編號。

6.2　著録本遺書尾部可與另一遺書綴接的編號。

7.1　著録題記、題名、勘記等。

7.2　著録印章。

7.3　著録雜寫。

7.4　著録護首及扉頁的内容。

8　　著録年代。

9.1　著録字體。如有武周新字、合體字、避諱字等，予以説明。

9.2　著録卷面二次加工的情況。包括句讀、點標、科分、間隔號、行間加行、行間加字、硃筆、墨塗、倒乙、删除、兑廢等。

10　　著録敦煌遺書發現後，近現代人所加内容，裝裱、題記、印章等。

11　　備註。著録揭裱互見、圖版本出處及其他需要説明的問題。

上述諸條，有則著録，無則空缺。

為避文繁，上述著録中出現的各種參考、對照文獻，暫且不列版本説明。全目結束時，將統一編制本條記目録出現的各種參考書目。

本條記目録為農曆年份標註其公曆紀年時，未進行歲頭年末之換算，請讀者使用時注意自行換算。

1

條 記 目 錄

BD15845—BD16198

1.1　BD15845 號
1.3　大般涅槃經（北本）卷三七
1.9　簡 071483
2.1　7.8×19.1 厘米；1 紙；共 5 行，行 11 字殘。
2.3　殘片。首殘尾殘。通卷上殘。有烏絲欄。已修整。
3.1　首殘→大正 0374，12/0585A06。
3.2　尾殘→大正 0374，12/0585A10。
8　6 世紀。南北朝寫本。
9.1　楷書。

1.1　BD15846 號
1.3　父母恩重經
1.9　簡 071483
2.1　14.1×18.5 厘米；1 紙；共 7 行，行 13 字殘。
2.3　殘片。首殘尾殘。通卷下殘。有烏絲欄。已修整。
3.1　首殘→大正 2887，85/1403C17。
3.2　尾殘→大正 2887，85/1403C23。
8　7~8 世紀。唐寫本。
9.1　楷書。

1.1　BD15847 號
1.3　小品般若波羅蜜經卷五
1.9　簡 071483
2.1　13.7×14.1 厘米；1 紙；共 11 行，行 9 字殘。
2.3　殘片。首殘尾殘。通卷下殘，卷面油污。有烏絲欄。已修整。
3.1　首殘→大正 0227，08/0556A21。
3.2　尾殘→大正 0227，08/0556B02。
8　7~8 世紀。唐寫本。
9.1　楷書。

1.1　BD15848 號
1.3　妙法蓮華經卷五

1.9　簡 071483
2.1　15×14.8 厘米；1 紙；共 8 行，行 10 字殘。
2.3　殘片。首殘尾殘。通卷上殘。有烏絲欄。已修整。
3.1　首殘→大正 0262，09/0041B13。
3.2　尾殘→大正 0262，09/0041B28。
8　7~8 世紀。唐寫本。
9.1　楷書。

1.1　BD15849 號
1.3　大方等陀羅尼經卷二
1.9　簡 071483
2.1　8.3×26.4 厘米；1 紙；共 5 行，行 17 字。
2.3　殘片。首殘尾殘。有烏絲欄。已修整。
3.1　首殘→大正 1339，21/0649C15。
3.2　尾殘→大正 1339，21/0649C20。
5　與《大正藏》本對照，文字有參差。
8　6 世紀。南北朝寫本。
9.1　隸楷。

1.1　BD15850 號
1.3　妙法蓮華經卷二
1.9　簡 071483
2.1　12×26.7 厘米；1 紙；共 6 行，行 17 字。
2.3　殘片。首殘尾殘。有烏絲欄。已修整。
3.1　首殘→大正 0262，09/0011B08。
3.2　尾殘→大正 0262，09/0011B14。
8　7~8 世紀。唐寫本。
9.1　楷書。

1.1　BD15851 號
1.3　大般若波羅蜜多經卷二九五
1.9　簡 071483
2.1　（1.6＋5）×25.7 厘米；1 紙；共 4 行，行 17 字。

3

2.3 殘片。首殘尾殘。有烏絲欄。已修整。

3.1 首行上下殘→大正 0220，06/0499A07～08。

3.2 尾殘→大正 0220，06/0499A11。

8 8～9 世紀。吐蕃統治時期寫本。

9.1 楷書。

1.1 BD15852 號

1.3 阿彌陀經

1.9 簡 071483

2.1 （5.1＋6）×27.1 厘米；1 紙；共 5 行，行 17 字。

2.3 殘片。首殘尾殘。右上有殘缺。有烏絲欄。已修整。

3.1 首 2 行上殘→大正 0366，12/0347C11～12。

3.2 尾殘→大正 0366，12/0347C15。

8 7～8 世紀。唐寫本。

9.1 楷書。

9.2 有硃筆斷句。

1.1 BD15853 號

1.3 佛名經（十二卷本）卷六

1.9 簡 071483

2.1 27.1×16.3 厘米；1 紙；共 15 行，行 10 字殘。

2.3 殘片。首殘尾殘。通卷下殘，卷面油污嚴重。有烏絲欄。
已修整。

3.1 首殘→大正 0440，14/0144A17。

3.2 尾殘→大正 0440，14/0144B08。

8 9～10 世紀。歸義軍時期寫本。

9.1 楷書。

1.1 BD15854 號

1.3 妙法蓮華經卷六

1.9 簡 071483

2.1 22.7×19.1 厘米；1 紙；共 12 行，行 13 字殘。

2.3 殘片。首殘尾殘。通卷上殘。有烏絲欄。已修整。

3.1 首殘→大正 0262，09/0050A18。

3.2 尾殘→大正 0262，09/0050A29。

8 8 世紀。唐寫本。

9.1 楷書。

1.1 BD15855 號

1.3 大般若波羅蜜多經卷四二五

1.9 簡 071483

2.1 12.4×12 厘米；1 紙；共 7 行，行 9 字殘。

2.3 殘片。首全尾殘。通卷上殘。有烏絲欄。已修整。

3.1 首全→大正 0220，07/0133C24。

3.2 尾殘→大正 0220，07/0134A03。

4.1 □…□四百廿五，三藏法師玄奘奉詔譯（首）。

6.3 上→BD15939 號。

8 8～9 世紀。吐蕃統治時期寫本。

9.1 楷書。

1.1 BD15856 號

1.3 大般涅槃經（北本）卷一五

1.9 簡 071483

2.1 16×19.5 厘米；2 紙；共 11 行，行 15 字殘。

2.2 01：14.5，10； 02：01.5，01。

2.3 殘片。首殘尾殘。通卷下殘。有烏絲欄。已修整。

3.1 首殘→大正 0374，12/0451B25。

3.2 尾殘→大正 0374，12/0451C10。

8 5～6 世紀。南北朝寫本。

9.1 隸書。

1.1 BD15857 號

1.3 金剛般若波羅蜜經（菩提留支本）

1.9 簡 071483

2.1 7.3×8 厘米；1 紙；共 4 行，行 6 字殘。

2.3 殘片。首殘尾脫。通卷下殘。有烏絲欄。已修整。

3.1 首殘→大正 0236A，08/0754C14。

3.2 尾殘→大正 0236A，08/0754C17。

8 6 世紀。南北朝寫本。

9.1 楷書。

1.1 BD15858 號

1.3 妙法蓮華經卷三

1.9 簡 071483

2.1 16.5×20.4 厘米；1 紙；共 9 行，行 15 字殘。

2.3 殘片。首殘尾殘。通卷上殘。有烏絲欄。已修整。

3.1 首殘→大正 0262，09/0021A20。

3.2 尾殘→大正 0262，09/0021A29。

8 7～8 世紀。唐寫本。

9.1 楷書。

1.1 BD15859 號

1.3 大般涅槃經（北本）卷二六

1.9 簡 071483

2.1 （8.7＋2.3）×25.3 厘米；1 紙；共 6 行，行 17 字。

2.3 殘片。首殘尾殘。有烏絲欄。已修整。

3.1 首殘→大正 0374，12/0519C28。

3.2 尾行下殘→大正 0374，12/0520A05。

8 6 世紀。南北朝寫本。

9.1 隸楷。

1.1 BD15860 號

1.3 金光明最勝王經卷四

1.9 簡 071483

2.1　(1.5＋3.6)×25.7 厘米；1 紙；共 3 行，行 18 字。

2.3　殘片。首殘尾殘。有烏絲欄。已修整。

3.1　首殘→大正 0665，16/0418B14。

3.2　尾殘→大正 0665，16/0418B17。

8　8～9 世紀。吐蕃統治時期寫本。

9.1　楷書。

1.1　BD15861 號

1.3　妙法蓮華經卷六

1.9　簡 071483

2.1　(1.4＋7)×24.8 厘米；1 紙；共 5 行，行 17 字。

2.3　殘片。首殘尾殘。有烏絲欄。已修整。

3.1　首行下殘→大正 0262，09/0050A25～26。

3.2　尾殘→大正 0262，09/0050A29。

8　7～8 世紀。唐寫本。

9.1　楷書。

1.1　BD15862 號

1.3　妙法蓮華經卷七

1.9　簡 071483

2.1　(5.3＋3.4)×25.8 厘米；1 紙；共 5 行，行 17 字。

2.3　殘片。首殘尾殘。右上殘缺。有烏絲欄。已修整。

3.1　首 3 行上殘→大正 0262，09/0055C02～04。

3.2　尾行→大正 0262，09/0055C07。

8　7～8 世紀。唐寫本。

9.1　楷書。

1.1　BD15863 號

1.3　佛名經（十二卷本）卷九

1.9　簡 071483

2.1　(3.6＋3.7)×28.1 厘米；1 紙；共 4 行，行約 18 字。

2.3　殘片。首殘尾殘。有烏絲欄。已修整。

3.1　首 2 行下殘→大正 0440，14/0166A20～22。

3.2　尾殘→大正 0440，14/0166A24。

8　5～6 世紀。南北朝寫本。

9.1　楷書。

1.1　BD15864 號

1.3　妙法蓮華經卷六

1.9　簡 071483

2.1　5×10.6 厘米；1 紙；共 2 行，行 7 字殘。

2.3　殘片。首殘尾殘。通卷上殘。有烏絲欄。已修整。

3.1　首殘→大正 0262，09/0050A14。

3.2　尾殘→大正 0262，09/0050A16。

8　8～9 世紀。吐蕃統治時期寫本。

9.1　楷書。

1.1　BD15865 號

1.3　大般涅槃經（北本）卷三七

1.9　簡 071483

2.1　10.4×26.5 厘米；1 紙；共 6 行，行 17 字。

2.3　殘片。首殘尾殘。左上大塊殘缺，成三角形。有烏絲欄。已修整。

3.1　首殘→大正 0374，12/0585A19。

3.2　尾殘→大正 0374，12/0585A25。

8　7～8 世紀。唐寫本。

9.1　楷書。

1.1　BD15866 號

1.3　大般涅槃經（北本）卷九

1.9　簡 071483

2.1　2.4×4.4 厘米；1 紙；共 2 行，行 4 字殘。

2.3　殘片。首殘尾殘。有烏絲欄。已修整。

3.1　首殘→大正 0374，12/0420A03。

3.2　尾殘→大正 0374，12/0420A04。

8　5～6 世紀。南北朝寫本。

9.1　隸楷。

1.1　BD15867 號

1.3　山海慧菩薩經

1.9　簡 071483

2.1　(1.3＋6.4)×25.6 厘米；1 紙；共 5 行，行 17 字。

2.3　殘片。首殘尾殘。有烏絲欄。已修整。

3.1　首行上下殘→2891，85/1407C29～1408A01。

3.2　尾殘→2891，85/1408A05。

8　7～8 世紀。唐寫本。

9.1　楷書。

1.1　BD15868 號

1.3　大般涅槃經（北本）卷四○

1.9　簡 071483

2.1　6.9×23.6 厘米；2 紙；共 4 行，行 17 字。

2.2　01：02.0，01；　02：04.9，03。

2.3　殘片。首殘尾殘。有烏絲欄。已修整。

3.1　首殘→大正 0374，12/0603C02。

3.2　尾殘→大正 0374，12/0603C06。

8　8 世紀。唐寫本。

9.1　楷書。

1.1　BD15869 號

1.3　金光明經卷一

1.9　簡 071483

2.1　6.3×11.2 厘米；1 紙；共 4 行，行 6 字殘。

2.3　殘片。首殘尾殘。通卷上殘。有烏絲欄。已修整。

3.1　首殘→大正 0663，16/0337C03。

3.2　尾殘→大正 0663，16/0337C08。

8　7~8 世紀。唐寫本。

9.1　楷書。

1.1　BD15870 號

1.3　大方廣佛華嚴經（晉譯）卷四七

1.9　簡 071483

2.1　（8+3）×24 厘米；1 紙；共 7 行，行 17 字。

2.3　殘片。首殘尾殘。有烏絲欄。已修整。

3.1　首殘→大正 0278，09/0695B14。

3.2　尾 2 行上下殘→大正 0278，09/0695B19~20。

8　5~6 世紀。南北朝寫本。

9.1　隸楷。

1.1　BD15871 號

1.3　大方廣佛華嚴經（晉譯）卷三〇

1.9　簡 071483

2.1　10.8×13.4 厘米；1 紙；共 7 行，行 10 字殘。

2.3　殘片。首殘尾殘。上下均殘。文字宿墨漫漶。有烏絲欄。已修整。

3.1　首殘→大正 0278，09/0590C26。

3.2　尾殘→大正 0278，09/0591A04。

8　5~6 世紀。南北朝寫本。

9.1　隸書。

1.1　BD15872 號

1.3　大般涅槃經（北本）卷九

1.9　簡 071483

2.1　6.8×11.3 厘米；1 紙；共 5 行，行 8 字殘。

2.3　殘片。首殘尾殘。通卷上殘。有烏絲欄。已修整。

3.1　首殘→大正 0374，12/0419C29。

3.2　尾殘→大正 0374，12/0420A04。

8　5~6 世紀。南北朝寫本。

9.1　隸楷。

1.1　BD15873 號

1.3　添品妙法蓮華經（宋本）卷五

1.9　簡 071483

2.1　（4.7+16.7）×23.7 厘米；1 紙；共 10 行，行 17 字。

2.3　殘片。首殘尾殘。左上殘缺。有烏絲欄。已修整。

3.1　首殘→大正 0262，09/0037A05。

3.2　尾 7 行上殘→大正 0262，09/0037A12~19。

5　與《大正藏》本相比，分卷不同。與宋、元、明本分卷相同。

8　6~7 世紀。隋寫本。

9.1　隸書。

9.2　有倒乙。

1.1　BD15874 號

1.3　大般涅槃經（北本）卷四〇

1.9　簡 071483

2.1　（1.7+7.8）×25.4 厘米；1 紙；共 6 行，行 17 字。

2.3　殘片。首殘尾殘。有烏絲欄。已修整。

3.1　首行下殘→大正 0374，12/0602B05~06。

3.2　尾殘→大正 0374，12/0602B10。

8　6 世紀。南北朝寫本。

9.1　隸書。

1.1　BD15875 號

1.3　金剛般若波羅蜜經

1.9　簡 071483

2.1　（2+9.1）×25.8 厘米；1 紙；共 6 行，行 17 字。

2.3　殘片。首殘尾斷。經黃紙。卷面有油污。有烏絲欄。已修整。

3.1　首行上殘→大正 0235，09/0749A18。

3.2　尾殘→大正 0235，09/0749A25。

8　7~8 世紀。唐寫本。

9.1　楷書。

1.1　BD15876 號

1.3　佛名經（十六卷本）卷三

1.9　簡 071483

2.1　（3.7+8.7）×26.4 厘米；1 紙；共 7 行，行 17 字。

2.3　殘片。首脫尾殘。右上有殘缺。有烏絲欄。已修整。

3.1　首 2 行上殘→《七寺古逸經典研究叢書》，03/0162A10。

3.2　尾殘→《七寺古逸經典研究叢書》，03/0163A03。

8　7~8 世紀。唐寫本。

9.1　楷書。

1.1　BD15877 號

1.3　大般涅槃經（北本）卷一〇

1.9　簡 071483

2.1　22.8×18.7 厘米；1 紙；共 12 行，行 13 字殘。

2.3　殘片。首殘尾殘。通卷下殘，略成三角形。有烏絲欄。已修整。

3.1　首殘→大正 0374，12/0422C20。

3.2　尾殘→大正 0374，12/0423A02。

8　7~8 世紀。唐寫本。

9.1　楷書。

1.1　BD15878 號

1.3　妙法蓮華經卷七

1.9　簡 071483

2.1 10.5×11.2 厘米；1 紙；共 6 行，行 7 字殘。

2.3 殘片。首殘尾殘。通卷上殘。有烏絲欄。已修整。

3.1 首殘→大正 0262，09/0061C13。

3.2 尾殘→大正 0262，09/0061C18。

8 8 世紀。唐寫本。

9.1 楷書。

1.1 BD15879 號

1.3 金剛般若波羅蜜經

1.9 簡 071483

2.1 8.6×14.1 厘米；1 紙；共 5 行，行 10 字殘。

2.3 殘片。首斷尾殘。通卷下殘。有烏絲欄。已修整。

3.1 首殘→大正 0235，08/0751A08。

3.2 尾殘→大正 0235，08/0751A12。

8 7~8 世紀。唐寫本。

9.1 楷書。

1.1 BD15880 號

1.3 金剛般若波羅蜜經

1.9 簡 071483

2.1 3.7×5.1 厘米；1 紙；共 2 行，行 4 字殘。

2.3 殘片。首殘尾殘。上下均殘。有烏絲欄。已修整。

3.1 首殘→大正 0235，08/0751A17。

3.2 尾殘→大正 0235，08/0751A18。

8 8 世紀。唐寫本。

9.1 楷書。

1.1 BD15881 號

1.3 金剛般若波羅蜜經

1.9 簡 071483

2.1 17.5×20.2 厘米；2 紙；共 10 行，行 12 字殘。

2.2 01：01.0，01；　　02：16.5，09。

2.3 殘片。首殘尾殘。通卷下殘。有烏絲欄。已修整。

3.1 首殘→大正 0235，08/0750B28。

3.2 尾殘→大正 235，8/750C9

8 6 世紀。南北朝寫本。

9.1 隸楷。

1.1 BD15882 號

1.3 妙法蓮華經卷七

1.9 簡 071483

2.1 27.8×21.5 厘米；2 紙；共 17 行，行 16 字殘。

2.2 01：06.8，04；　　02：21.0，13。

2.3 殘片。首殘尾殘。通卷下殘。有烏絲欄。已修整。

3.1 首殘→大正 0262，09/0059B04。

3.2 尾殘→大正 0262，09/0059B23。

5 與《大正藏》本對照，文字略有參差。

8 5~6 世紀。南北朝寫本。

9.1 隸書。

9.2 有行間校加字。

1.1 BD15883 號

1.3 大般涅槃經（北本）卷三

1.9 簡 071483

2.1 3.6×3.1 厘米；1 紙；共 2 行，行 2 字殘。

2.3 殘片。首殘尾殘。通卷上殘。有烏絲欄。已修整。

3.1 首殘→大正 0374，12/0546A08。

3.2 尾殘→大正 0374，12/0546A09。

8 5~6 世紀。南北朝寫本。

9.1 隸書。

1.1 BD15884 號

1.3 殘片（擬）

1.9 簡 071483

2.1 2.1×1.8 厘米；1 紙；共 1 行，行 1 字殘。

2.3 殘片。首殘尾殘。上斷下殘。有烏絲欄。已修整。

3.4 説明：

本遺書僅存一個 "滅" 字。

8 7~8 世紀。唐寫本。

9.1 楷書。

1.1 BD15885 號

1.3 天地八陽神咒經

1.9 簡 071483

2.1 11.4×17 厘米；1 紙；共 6 行，行 11 字殘。

2.3 殘片。首殘尾殘。通卷上殘。有烏絲欄。已修整。

3.1 首殘→大正 2897，85/1425A10。

3.2 尾殘→大正 2897，85/1425A17。

8 7~8 世紀。唐寫本。

9.1 楷書。

1.1 BD15886 號

1.3 殘片（擬）

1.9 簡 071483

2.1 3.5×2.7 厘米；1 紙；共 2 行，行 4 字殘。

2.3 殘片。首殘尾殘。通卷上殘。有烏絲欄。已修整。

3.4 説明：

本遺書僅存 "□…□三藐三菩□…□/□…□法如□…□"，衆多文獻均有此內容。

8 7~8 世紀。唐寫本。

9.1 楷書。

1.1 BD15887 號

1.3 阿彌陀經

7

1.9 簡 071483

2.1 22.8×13.2 厘米；1 紙；共 12 行，行 9 字殘。

2.3 殘片。首殘尾殘。通卷上殘。有烏絲欄。已修整。本件。

3.1 首殘→大正 0366，12/0346C06。

3.2 尾殘→大正 0366，12/0347A02。

6.3 上→BD15904 號。

8 7~8 世紀。唐寫本。

9.1 楷書。

1.1 BD15888 號

1.3 金光明最勝王經卷七

1.9 簡 071483

2.1 8×12.5 厘米；1 紙；共 5 行，行 7 字殘。

2.3 殘片。首殘尾殘。通卷上殘。近代裱為冊頁裝。有烏絲欄。已修整。

3.1 首殘→大正 0665，16/0433A03。

3.2 尾殘→大正 0665，16/0433A08。

8 8~9 世紀。吐蕃統治時期寫本。

9.1 楷書。

1.1 BD15889 號

1.3 大般涅槃經（北本）卷三一

1.9 簡 071483

2.1 8.7×12.9 厘米；1 紙；共 5 行，行 9 字殘。

2.3 殘片。首殘尾殘。通卷下殘，卷面有鳥糞。有烏絲欄。已修整。

3.1 首殘→大正 0374，12/0552A22。

3.2 尾殘→大正 0374，12/0552A26。

8 7~8 世紀。唐寫本。

9.1 楷書。

1.1 BD15890 號

1.3 大般涅槃經（北本）卷四

1.9 簡 071483

2.1 13×21.2 厘米；1 紙；共 8 行，行 16 字殘。

2.3 殘片。首殘尾殘。通卷上殘。有烏絲欄。已修整。

3.1 首殘→大正 0374，12/0603A16。

3.2 尾殘→大正 0374，12/0603A24。

8 5~6 世紀。南北朝寫本。

9.1 隸書。

1.1 BD15891 號

1.3 妙法蓮華經卷七

1.9 簡 071483

2.1 29×19.1 厘米；2 紙；共 16 行，行 13 字殘。

2.2 01：02.0，01； 02：27.0，15。

2.3 殘片。首斷尾斷。經黃紙。通卷上殘，卷面多水漬。有烏絲欄。已修整。

3.1 首殘→大正 0262，09/0055B14。

3.2 尾殘→大正 0262，09/0055C01。

8 7~8 世紀。唐寫本。

9.1 楷書。

1.1 BD15892 號

1.3 金剛般若波羅蜜經

1.9 簡 071483

2.1 5×20.8 厘米；1 紙；共 3 行，行 16 字殘。

2.3 殘片。首斷尾斷。通卷上殘，卷面有水漬。有烏絲欄。已修整。

3.1 首殘→大正 0235，08/0749A26。

3.2 尾殘→大正 0235，08/0749A29。

8 7~8 世紀。唐寫本。

9.1 楷書。

1.1 BD15893 號

1.3 五千五百佛名經卷三

1.9 簡 071483

2.1 （2.2＋4.7）×26 厘米；1 紙；共 4 行，行約 17 字。

2.3 殘片。首殘尾殘。卷面多污漬。有烏絲欄。已修整。

3.1 首行上殘→大正 0443，14/0327B15。

3.2 尾殘→大正 0443，14/0327B19。

8 7~8 世紀。唐寫本。

9.1 楷書。

1.1 BD15894 號

1.3 金剛般若波羅蜜經

1.9 簡 071483

2.1 26.5×20 厘米；1 紙；共 14 行，行 14 字殘。

2.3 殘片。首殘尾殘。通卷下殘。有烏絲欄。已修整。

3.1 首殘→大正 0235，08/0750A16。

3.2 尾殘→大正 0235，08/0750B01。

8 6 世紀。南北朝寫本。

9.1 隸楷。

1.1 BD15895 號

1.3 大方廣佛華嚴經（晉譯）卷四七

1.9 簡 071483

2.1 （13.2＋3.2）×27 厘米；1 紙；共 10 行，行 17 字。

2.3 殘片。首殘尾殘。右上殘缺，略成三角形。有烏絲欄。已修整。

3.1 首 8 行上殘→大正 0278，09/0696B21~27。

3.2 尾殘→大正 0278，09/0696C01。

8 5~6 世紀。南北朝寫本。

9.1 隸書。

1.1 BD15896 號
1.3 大般涅槃經（北本）卷一四
1.9 簡 071483
2.1 （9＋4.2）×26.2 厘米；1 紙；共 7 行，行 17 字。
2.3 殘片。首殘尾殘。有烏絲欄。已修整。
3.1 首殘→0374，12/0447B28。
3.2 尾 2 行下殘→0374，12/0447C06。
8 6 世紀。南北朝寫本。
9.1 隸楷。

1.1 BD15897 號
1.3 妙法蓮華經卷三
1.9 簡 071483
2.1 4.6×17.8 厘米；1 紙；共 2 行，行 18 字殘。
2.3 殘片。首殘尾殘。上下均殘。有烏絲欄。已修整。
3.1 首殘→大正 0262，09/0023B08。
3.2 尾殘→大正 0262，09/0023B10。
8 8 世紀。唐寫本。
9.1 楷書。

1.1 BD15898 號
1.3 妙法蓮華經卷三
1.9 簡 071483
2.1 7.2×12.9 厘米；1 紙；共 4 行，行 8 字殘。
2.3 殘片。首殘尾殘。經黃打紙。通卷上殘。有烏絲欄。已修整。
3.1 首殘→大正 0262，09/0021B01。
3.2 尾殘→大正 0262，09/0021B06。
8 8 世紀。唐寫本。
9.1 楷書。

1.1 BD15899 號
1.3 大方等大集經卷七
1.9 簡 071483
2.1 8.8×17.7 厘米；1 紙；共 4 行，行 12 字殘。
2.3 殘片。首殘尾殘。通卷上殘。有烏絲欄。已修整。
3.1 首殘→大正 0397，13/0045B17。
3.2 尾殘→大正 0397，13/0045B21。
8 6 世紀。南北朝寫本。
9.1 隸楷。

1.1 BD15900 號
1.3 大般涅槃經（北本）卷二五
1.9 簡 071483
2.1 9.8×26.8 厘米；1 紙；共 5 行，行 17 字。

2.3 殘片。首殘尾殘。有烏絲欄。
3.1 首殘→大正 0374，12/0515A04。
3.2 尾殘→大正 0374，12/0515A09。
8 6 世紀。南北朝寫本。
9.1 隸書。

1.1 BD15901 號
1.3 妙法蓮華經卷三
1.9 簡 071483
2.1 （6.6＋9.5）×25.3 厘米；1 紙；共 10 行，行 17 字。
2.3 殘片。首殘尾殘。上邊有殘洞，下邊有殘缺。有烏絲欄。
3.1 首 3 行上下殘→大正 0262，09/0023A13～16。
3.2 尾殘→大正 0262，09/0023A22。
8 6 世紀。南北朝寫本。
9.1 隸楷。

1.1 BD15902 號
1.3 金剛般若波羅蜜經
1.9 簡 071483
2.1 2.2×3.4 厘米；1 紙；共 1 行，行 3 字殘。
2.3 殘片。首殘尾殘。通卷上殘。有烏絲欄。
3.1 首殘→大正 0235，08/0751A27。
3.2 尾殘→大正 0235，08/0751A27。
3.4 說明：
僅 "如義若" 三字。
8 7～8 世紀。唐寫本。
9.1 楷書。

1.1 BD15903 號
1.3 金剛般若波羅蜜經
1.9 簡 071483
2.1 3.9×4 厘米；1 紙；共 2 行，行 3 字殘。
2.3 殘片。首殘尾殘。上下均殘。有烏絲欄。已修整。
3.1 首殘→大正 0235，08/0751A22。
3.2 尾殘→大正 0235，08/0751A24。
8 7～8 世紀。唐寫本。
9.1 楷書。

1.1 BD15904 號
1.3 阿彌陀經
1.9 簡 071483
2.1 25×13.3 厘米；1 紙；共 14 行，行 9 字殘。
2.3 殘片。首殘尾殘。通卷下殘。有烏絲欄。已修整。
3.1 首殘→大正 0366，12/0346C03。
3.2 尾殘→大正 0366，12/0347A01。
6.3 下→BD15887 號。
8 7～8 世紀。唐寫本。

9.1 楷書。

1.1 BD15905 號

1.3 妙法蓮華經卷三

1.9 簡 071483

2.1 （15.8＋3.6）×25.4 厘米；1 紙；共 12 行，行 17 字。

2.3 殘片。首殘尾殘。右下大塊殘缺。有烏絲欄。已修整。

3.1 首 10 行下殘→大正 0262，09/0019B04～14。

3.2 尾殘→大正 0262，09/0019B16。

7.1 背有勘記"第三"，為本文獻卷次。

8 7～8 世紀。唐寫本。

9.1 楷書。

1.1 BD15906 號

1.3 無常經

1.9 簡 071483

2.1 10.2×10 厘米；1 紙；共 6 行，行 20 字（偈頌）。

2.3 殘片。首殘尾殘。右上殘缺，卷面殘碎。有烏絲欄。已修整。

3.1 首殘→大正 0801，17/0745B22。

3.2 尾殘→大正 0801，17/0745C02。

8 7～8 世紀。唐寫本。

9.1 楷書。

1.1 BD15907 號

1.3 大方等大集經卷三一

1.9 簡 071483

2.1 （2.2＋11.3）×25.4 厘米；1 紙；共 8 行，行 17 字。

2.3 殘片。首殘尾殘。已修整。

3.1 首行中殘→大正 0397，13/0214B10～11。

3.2 尾殘→大正 0397，13/0214B18。

8 6 世紀。南北朝寫本。

9.1 隸書。

9.2 有行間校加字。

1.1 BD15908 號

1.3 小品般若波羅蜜經卷五

1.9 簡 071483

2.1 （4.5＋1.7＋10.2）×24.8 厘米；1 紙；共 9 行，行 17 字。

2.3 殘片。首殘尾殘。紙張變色，下部殘缺嚴重。有烏絲欄。已修整。

3.1 首 2 行下殘→大正 0227，08/0556B03～05。

3.2 尾 6 行下殘→大正 0227，08/0556B06～12。

8 7～8 世紀。唐寫本。

9.1 楷書。

1.1 BD15909 號

1.3 妙法蓮華經卷四

1.9 簡 071483

2.1 （10.1＋3.6）×26.6 厘米；1 紙；共 8 行，行 17 字。

2.3 殘片。首殘尾殘。右下殘缺，卷面有小殘洞。有烏絲欄。已修整。

3.1 首 6 行下殘→大正 0262，09/0027B26。

3.2 尾殘→大正 0262，09/0027C05。

8 7～8 世紀。唐寫本。

9.1 楷書。

1.1 BD15910 號

1.3 金剛般若波羅蜜經

1.9 簡 071483

2.1 10.2×10.5 厘米；1 紙；共 6 行，行 7 字殘。

2.3 殘片。首殘尾殘。通卷下殘。有烏絲欄。已修整。

3.1 首殘→大正 0235，08/0748C22。

3.2 尾殘→大正 0235，08/0748C27。

8 7～8 世紀。唐寫本。

9.1 楷書。

1.1 BD15911 號

1.3 大般涅槃經（北本）卷三五

1.9 簡 071483

2.1 （1.3＋3.4＋19.2）×24.7 厘米；1 紙；共 14 行，行 17 字。

2.3 殘片。首殘尾殘。左上大塊殘缺。有烏絲欄。

3.1 首行上下殘→大正 0374，12/0570A18～19。

3.2 尾 11 行上殘→大正 0374，12/0570A22～B03。

5 與《大正藏》本相比，文字與宋、元、明本相同。

8 6 世紀。南北朝寫本。

9.1 楷書。

1.1 BD15912 號

1.3 金剛般若波羅蜜經（菩提留支本）

1.9 簡 071483

2.1 3.6×11.7 厘米；1 紙；共 2 行，行 10 字殘。

2.3 殘片。首脫尾殘。上下均殘。有烏絲欄。已修整。

3.1 首殘→大正 0236A，08/0755C22。

3.2 尾殘→大正 0236，08/0755C23。

8 6 世紀。南北朝寫本。

9.1 隸書。

1.1 BD15913 號

1.3 阿彌陀經

1.9 簡 071483

2.1 7×11.2 厘米；1 紙；共 4 行，行 8 字殘。

2.3 殘片。首殘尾殘。通卷下殘。有烏絲欄。已修整。

3.1　首殘→大正 0366，12/0346C02。

3.2　尾殘→大正 0366，12/0346C05。

8　7～8 世紀。唐寫本。

9.1　楷書。

1.1　BD15914 號

1.3　金剛般若波羅蜜經

1.9　簡 071483

2.1　4.1×3.5 厘米；1 紙；共 2 行，行 2 字殘。

2.3　殘片。首殘尾殘。通卷上下殘。有烏絲欄。已修整。

3.1　首殘→大正 0235，08/0751A25。

3.2　尾殘→大正 0235，08/0751A26。

8　7～8 世紀。唐寫本。

9.1　楷書。

1.1　BD15915 號

1.3　合部金光明經卷一

1.9　簡 071483

2.1　5.7×8.5 厘米；1 紙；共 3 行，行 5 字殘。

2.3　殘片。首殘尾殘。通卷下殘。有烏絲欄。已修整。

3.1　首殘→大正 0664，16/0362C12。

3.2　尾殘→大正 0664，16/0362C14。

8　7～8 世紀。唐寫本。

9.1　楷書。

1.1　BD15916 號

1.3　金剛般若波羅蜜經

1.9　簡 071483

2.1　26.5×12.9 厘米；1 紙；共 16 行，行 8 字殘。

2.3　殘片。首殘尾殘。通卷下殘。有烏絲欄。已修整。

3.1　首殘→大正 0235，08/0750C06。

3.2　尾殘→大正 0235，08/0750C22。

8　7～8 世紀。唐寫本。

9.1　楷書。

1.1　BD15917 號

1.3　大般若波羅蜜多經

1.9　簡 071483

2.1　1.9×1.4 厘米；1 紙；共 1 行，行 1 字殘。

2.3　殘片。首斷尾殘。下上均斷，僅剩一字。已修整。

3.4　說明：

　　本遺書僅存一個“智”字。依字迹、紙色及剪痕與 BD15923 號、BD15927 號、BD15920 號可綴接為“能辨成一切智智以無所學□□□□□□□便故”。《大般若波羅蜜多經》卷八八、八九中有多處同樣文字。難以確定具體為何處。

6.3　BD15923 號、BD15927 號、BD15917 號、BD15920 號可依次上下綴接。

8　8～9 世紀。吐蕃統治時期寫本。

9.1　楷書。

1.1　BD15918 號

1.3　金光明經卷一

1.9　簡 071483

2.1　6.1×11.1 厘米；1 紙；共 4 行，行 7 字殘。

2.3　殘片。首殘尾殘。通卷下殘。有烏絲欄。已修整。

3.1　首殘→大正 0663，16/0337C21。

3.2　尾殘→大正 0663，16/0337C25。

8　7～8 世紀。唐寫本。

9.1　楷書。

1.1　BD15919 號

1.3　殘片（擬）

1.9　簡 071483

2.1　1.8×1.8 厘米；1 紙；共 1 行，行 1 字殘。

2.3　殘片。首殘尾殘。上下均殘。已修整。

3.4　說明：

　　本遺書僅存一個“實”字。

8　7～8 世紀。唐寫本。

9.1　楷書。

1.1　BD15920 號

1.3　大般若波羅蜜多經

1.9　簡 071483

2.1　2.2×5.8 厘米；1 紙；共 1 行，行 5 字殘。

2.3　殘片。首殘尾殘。上下均殘。有烏絲欄。已修整。

3.4　說明：

　　本遺書存“智以無所學”5 字。詳情參見 BD15917 號說明。

6.3　BD15923 號、BD15927 號、BD15917 號、BD15920 號可依次上下綴接。

8　8～9 世紀。吐蕃統治時期寫本。

9.1　楷書。

1.1　BD15921 號

1.3　大般涅槃經（北本）卷二二

1.9　簡 071483

2.1　8.6×16.9 厘米；1 紙；共 5 行，行 10 字殘。

2.3　殘片。首殘尾殘。通卷上殘，呈梯形。有烏絲欄。已修整。

3.1　首殘→大正 0374，12/0494B10。

3.2　尾殘→大正 0374，12/0494B14。

8　6 世紀。南北朝寫本。

9.1　楷書。

1.1　BD15922 號

1.3　殘片（擬）

1.9　簡 071483

2.1　2.4×5.3 厘米；1 紙；共 1 行，行 3 字。

2.3　殘片。首殘尾殘。有烏絲欄。已修整。

3.4　說明：

　　　本遺書僅有"故如來"3 字。

8　　7~8 世紀。唐寫本。

9.1　楷書。

9.2　有硃筆斷句。

1.1　BD15923 號

1.3　大般若波羅蜜多經

1.9　簡 071483

2.1　3.2×3.3 厘米；1 紙；共 2 行，行 3 字殘。

2.3　殘片。首斷尾殘。上下均斷。有烏絲欄。已修整。

3.4　說明：

　　　本遺書存"能成辦"、"便故"2 行 5 字，詳情參見 BD15917 號說明。

6.3　BD15923 號、BD15927 號、BD15917 號、BD15920 號可依次上下綴接。

8　　8~9 世紀。吐蕃統治時期寫本。

9.1　楷書。

1.1　BD15924 號

1.3　金光明經卷一

1.9　簡 071483

2.1　5.9×5 厘米；1 紙；共 4 行，行 3 字殘。

2.3　殘片。首殘尾殘。通卷上殘。有烏絲欄。已修整。

3.1　首殘→大正 0663，16/0336C18。

3.2　尾殘→大正 0663，16/0336C22。

8　　8 世紀。唐寫本。

9.1　楷書。

1.1　BD15925 號

1.3　藥師琉璃光如來本願功德經

1.9　簡 071483

2.1　(8.6+7)×25.5 厘米；1 紙；共 8 行，行 17 字。

2.3　殘片。首殘尾斷。右上大塊殘缺。有烏絲欄。已修整。

3.1　首 4 行上殘→大正 0450，14/0407B16~19。

3.2　尾殘→大正 0450，14/0407B24。

8　　7~8 世紀。唐寫本。

9.1　楷書。

1.1　BD15926 號

1.3　金剛般若波羅蜜經

1.9　簡 071483

2.1　3×7.6 厘米；1 紙；共 2 行，行 6 字殘。

2.3　殘片。首殘尾殘。通卷上殘。有烏絲欄。已修整。

3.1　首殘→大正 0235，08/0749A01。

3.2　尾殘→大正 0235，08/0749A02。

8　　7~8 世紀。唐寫本。

9.1　楷書。

1.1　BD15927 號

1.3　大般若波羅蜜多經

1.9　簡 071483

2.1　2.4×1.5 厘米；1 紙；共 1 行，行 2 字殘。

2.3　殘片。首斷尾殘。上下均斷。有烏絲欄。已修整。

3.4　說明：

　　　本遺書存"一切"2 字。詳情參見 BD15917 號說明。

6.3　BD15923 號、BD15927 號、BD15917 號、BD15920 號可依次上下綴接。

8　　8~9 世紀。吐蕃統治時期寫本。

9.1　楷書。

1.1　BD15928 號

1.3　大般涅槃經（北本）卷二八

1.9　簡 071483

2.1　9.8×7.4 厘米；1 紙；共 6 行，行 5 字殘。

2.3　殘片。首殘尾殘。通卷上殘，卷面有殘洞。有烏絲欄。已修整。

3.1　首殘→大正 0374，12/0533B01。

3.2　尾殘→大正 0374，12/0533B07。

8　　6 世紀。南北朝寫本。

9.1　隸書。

1.1　BD15929 號

1.3　大般涅槃經（北本）卷三

1.9　簡 071483

2.1　(7.2+5)×26 厘米；1 紙；共 7 行，行 17 字。

2.3　殘片。首殘尾殘。左下殘缺。有烏絲欄。已修整。

3.1　首殘→大正 0374，12/0384C26。

3.2　尾 3 行下殘→大正 0374，12/0385A01~03。

8　　5~6 世紀。南北朝寫本。

9.1　隸楷。

1.1　BD15930 號

1.3　大般涅槃經（北本）卷二八

1.9　簡 071483

2.1　(10.6+9.6)×28.5 厘米；2 紙；共 11 行，行 17 字。

2.2　01：12.5，07；　　02：07.7，04。

2.3　殘片。首殘尾殘。左下殘缺，卷面多斑點。有烏絲欄。已修整。

3.1　首殘→大正 0374，12/0533B18。

3.2　尾 4 行中下殘→大正 0374，12/0533B25~28。

8　5～6世紀。南北朝寫本。

9.1　隸書。

1.1　BD15931 號

1.3　大般涅槃經（北本）卷三七

1.9　簡 071483

2.1　（4.6＋10）×26.8 厘米；1 紙；共 8 行，行 17 字。

2.3　殘片。首殘尾殘。右上殘缺。有烏絲欄。已修整。

3.1　首 2 行上殘→大正 0374，12/0585B01～02。

3.2　尾殘→大正 0374，12/0585B09。

8　6世紀。南北朝寫本。

9.1　隸楷。

1.1　BD15932 號

1.3　大方廣佛華嚴經（晉譯六十卷本）卷五七

1.9　簡 071483

2.1　（9.6＋2.2）×26.2 厘米；2 紙；共 6 行，行 17 字。

2.2　01：04.0，02；　　02：07.8，04。

2.3　殘片。首殘尾殘。有烏絲欄。已修整。

3.1　首殘→大正 0278，09/0764A04。

3.2　尾行上殘→大正 0278，09/0764A10。

6.2　尾→BD15955 號。

8　7～8世紀。唐寫本。

9.1　楷書。

1.1　BD15933 號

1.3　大般涅槃經（北本）卷三

1.9　簡 071483

2.1　3×15.2 厘米；1 紙；共 2 行，行 9 字殘。

2.3　殘片。首斷尾斷。通卷下殘。已修整。

3.1　首殘→大正 0374，12/0381A02。

3.2　尾殘→大正 0374，12/0381A03。

8　5～6世紀。南北朝寫本。

9.1　隸書。

1.1　BD15934 號

1.3　金剛般若波羅蜜經

1.9　簡 071483

2.1　5.7×5.7 厘米；1 紙；共 3 行，行 5 字殘。

2.3　殘片。首殘尾殘。上下均殘。有烏絲欄。已修整。

3.1　首殘→大正 0235，08/0751A08。

3.2　尾殘→大正 0235，08/0751A10。

8　7～8世紀。唐寫本。

9.1　楷書。

1.1　BD15935 號

1.3　大方廣佛華嚴經（晉譯六十卷本）卷六〇

1.9　簡 071483

2.1　（6.1＋2.2）×26.5 厘米；1 紙；共 5 行，行 17 字。

2.3　殘片。首殘尾殘。有烏絲欄。已修整。

3.1　首殘→大正 0278，09/0783B07。

3.2　尾殘→大正 0278，09/0783B11～12。

8　5～6世紀。南北朝寫本。

9.1　隸書。

1.1　BD15936 號

1.3　金光明經卷四

1.9　簡 071483

2.1　9×14 厘米；1 紙；共 5 行，行 8 字殘。

2.3　殘片。首脫尾殘。通卷下殘。有烏絲欄。已修整。

3.1　首殘→大正 0663，16/0354B16。

3.2　尾殘→大正 0663，16/0354B21。

8　6世紀。南北朝寫本。

9.1　隸書。

13　《合部金光明經》卷八亦有同樣內容。參見大正 0664，16/
0397B21～25。

1.1　BD15937 號

1.3　大般涅槃經（北本）卷四〇

1.9　簡 071483

2.1　7.1×20.5 厘米；1 紙；共 4 行，行 16 字殘。

2.3　殘片。首殘尾殘。通卷下殘，左下殘缺。有烏絲欄。已
修整。

3.1　首殘→大正 0374，12/0602B19。

3.2　尾殘→大正 0374，12/0602B22。

8　5～6世紀。南北朝寫本。

9.1　隸書。

1.1　BD15938 號

1.3　大乘密嚴經（地婆訶羅本）卷中

1.9　簡 071483

2.1　2.9×5.4 厘米；1 紙；共 2 行，行 5 字殘。

2.3　殘片。首殘尾殘。上下均殘。有烏絲欄。已修整。

3.1　首殘→大正 0681，16/0731B07。

3.2　尾殘→大正 0681，16/0731B09。

5　與《大正藏》本對照，文字有參差。

6.3　BD15959 號、BD15938 號、BD15940 號等三號可依次上下
綴接。參見大正 0681，16/0731B06～10。綴接後情況如下（上
下綴接處用"∥"表示）：

　　　　非智所尋求，不可得分別。∥定心無礙者，∥內智之所證。
　　　　若離阿賴耶，即無有餘識。∥譬如海波浪，∥與海雖不異。
　　　　海靜波去來，亦不可言一。

8　8～9世紀。吐蕃統治時期寫本。

9.1　楷書。

9.2　有行間加行。

1.1　BD15939 號
1.3　大般若波羅蜜多經卷四二五
1.9　簡 071483
2.1　12.9×15.5 厘米；1 紙；共 7 行，行 10 字殘。
2.3　殘片。首全尾殘。通卷下殘。有烏絲欄。已修整。
3.1　首全→大正 0220，07/0133C24。
3.2　尾殘→大正 0220，07/0134A04。
4.1　大般若波羅蜜多經卷第□…□，/第二分帝釋品第廿五之一，□…□/（首）。
6.3　下→BD15855 號。
8　8～9 世紀。吐蕃統治時期寫本。
9.1　楷書。

1.1　BD15940 號
1.3　大乘密嚴經（地婆訶羅本）卷中
1.9　簡 071483
2.1　3×5.4 厘米；1 紙；共 2 行，行 5 字殘。
2.3　殘片。首殘尾殘。通卷上殘。有烏絲欄。已修整。
3.1　首殘→大正 0681，16/0731B07。
3.2　尾殘→大正 0681，16/0731B09。
6.3　BD15959 號、BD15938 號、BD15940 號等三號可依次上下綴接。詳情參見 BD15938 號之 6.3 項。
8　8～9 世紀。吐蕃統治時期寫本。
9.1　楷書。

1.1　BD15941 號
1.3　殘片（擬）
1.9　簡 071483
2.1　1.3×2 厘米；1 紙；共 1 行，行 2 字殘。
2.3　殘片。首殘尾殘。上下均殘。已修整。
3.4　説明：
　　　本遺書僅存"天王"2 字。
8　7～8 世紀。唐寫本。
9.1　楷書。

1.1　BD15942 號
1.3　金剛般若波羅蜜經
1.9　簡 071483
2.1　14×16.2 厘米；1 紙；共 8 行，行 11 字殘。
2.3　殘片。首殘尾殘。通卷下殘。有烏絲欄。已修整。
3.1　首殘→大正 0235，08/0751B20。
3.2　尾殘→大正 0235，08/0751B29。
8　7～8 世紀。唐寫本。
9.1　楷書。

1.1　BD15943 號
1.3　殘片（擬）
1.9　簡 071483
2.1　1.9×2.8 厘米；1 紙；共 1 行，行 2 字殘。
2.3　殘片。首殘尾殘。上下均殘。已修整。
3.4　説明：
　　　本遺書僅存"拘那"2 字。
8　7～8 世紀。唐寫本。
9.1　楷書。

1.1　BD15944 號
1.3　摩訶般若波羅蜜經卷一九
1.9　簡 071483
2.1　（7.5＋5.8）×26.1 厘米；1 紙；共 7 行，行 17 字。
2.3　殘片。首殘尾斷。右上殘缺。有烏絲欄。已修整。
3.1　首 4 行上殘→大正 0223，08/0357C04～07。
3.2　尾殘→大正 0223，08/0357C11。
8　6 世紀。南北朝寫本。
9.1　隸楷。

1.1　BD15945 號
1.3　金剛般若波羅蜜經
1.9　簡 071483
2.1　5.2×5.8 厘米；1 紙；共 3 行，行 5 字殘。
2.3　殘片。首殘尾殘。有烏絲欄。已修整。
3.1　首殘→大正 0235，08/0750B02。
3.2　尾殘→大正 0235，08/0750B05。
8　7～8 世紀。唐寫本。
9.1　楷書。

1.1　BD15946 號
1.3　金剛般若波羅蜜經
1.9　簡 071483
2.1　3.9×3.3 厘米；1 紙；共 2 行，行 1 字殘。
2.3　殘片。首殘尾殘。有烏絲欄。已修整。
3.1　首殘→大正 0235，08/0750B19。
3.2　尾殘→大正 0235，08/0750B20。
8　7～8 世紀。唐寫本。
9.1　楷書。

1.1　BD15947 號
1.3　妙法蓮華經卷三
1.9　簡 071483
2.1　8×6.1 厘米；1 紙；共 4 行，行 4 字殘。
2.3　殘片。首殘尾殘。通卷上斷。有烏絲欄。已修整。
3.1　首殘→大正 0262，09/0020A02。
3.2　尾殘→大正 0262，09/0020A06。

6.3 上→BD15949 號。

8　7～8 世紀。唐寫本。

9.1 楷書。

1.1 BD15948 號

1.3 妙法蓮華經卷七

1.9 簡 071483

2.1 28.7×19.3 厘米；1 紙；共 16 行，行 14 字殘。

2.3 殘片。首殘尾殘。通卷下殘，上邊又殘缺，卷面有水漬。有烏絲欄。已修整。

3.1 首殘→大正 0262，09/0057A21。

3.2 尾殘→大正 0262，09/0057B08。

8　6 世紀。南北朝寫本。

9.1 隸書。

1.1 BD15949 號

1.3 妙法蓮華經卷三

1.9 簡 071483

2.1 （12.6＋1.6）×27 厘米；1 紙；共 9 行，行 16 字。

2.3 殘片。首殘尾殘。卷右上下殘缺。有烏絲欄。已修整。

3.1 首殘→大正 0262，09/0020A01。

3.2 尾殘→大正 0262，09/0020A12。

6.3 前 4 行下→BD15947 號。

8　7～8 世紀。唐寫本。

9.1 楷書。

1.1 BD15950 號

1.3 大般若波羅蜜多經卷三四七

1.9 簡 071483

2.1 （8.3＋4.3）×25.1 厘米；1 紙；共 6 行，行 17 字。

2.3 殘片。首殘尾殘。有烏絲欄。已修整。

3.1 首殘→大正 0220，06/0785C18。

3.2 尾 2 行下殘→大正 0220，06/0785C22～23。

8　8～9 世紀。吐蕃統治時期寫本。

9.1 楷書。

1.1 BD15951 號

1.3 金剛般若波羅蜜經

1.9 簡 071483

2.1 9×4.3 厘米；1 紙；共 5 行，行 1 字殘。

2.3 殘片。首殘尾殘。通卷上殘。有烏絲欄。已修整。

3.1 首殘→大正 0235，08/0750B15。

3.2 尾殘→大正 0235，08/0750B20。

8　7～8 世紀。唐寫本。

9.1 楷書。

1.1 BD15952 號

1.3 出曜經卷二

1.9 簡 071483

2.1 3×4.5 厘米；1 紙；共 1 行，行 5 字殘。

2.3 殘片。首斷尾殘。通卷上下斷。有烏絲欄。已修整。

3.1 首殘→大正 0212，04/0616B19。

3.2 尾殘→大正 0212，04/0616B19。

6.1 首→BD15961 號。

6.3 上→BD15965 號。與 BD15960 號亦為特殊綴接。綴接後情況如下（上下綴接處用"‖"表示：

人欲立德‖日夜無令空

日夜速如電‖人命迅如是

8　9～10 世紀。歸義軍時期寫本。

9.1 楷書。

1.1 BD15953 號

1.3 金剛般若波羅蜜經（菩提留支本）

1.9 簡 071483

2.1 24.2×14.5 厘米；1 紙；共 14 行，行 10 字殘。

2.3 殘片。首殘尾殘。通卷下殘。有烏絲欄。已修整。

3.1 首殘→大正 0236，08/0754C17。

3.2 尾殘→大正 0236，08/0755A01。

8　6～7 世紀。隋寫本。

9.1 楷書。

1.1 BD15954 號

1.3 阿彌陀經

1.9 簡 071483

2.1 6×15.8 厘米；1 紙；共 2 行，行 10 字殘。

2.3 殘片。首殘尾殘。通卷上殘。有烏絲欄。已修整。

3.1 首殘→大正 0366，12/0347B27。

3.2 尾殘→大正 0366，12/0347B28。

8　7～8 世紀。唐寫本。

9.1 楷書。

1.1 BD15955 號

1.3 大方廣佛華嚴經（晉譯六十卷本）卷五七

1.9 簡 071483

2.1 7×12.5 厘米；1 紙；共 4 行，行 7 字殘。

2.3 殘片。首殘尾殘。通卷上殘。有烏絲欄。已修整。

3.1 首殘→大正 0278，09/0764A11。

3.2 尾殘→大正 0278，09/0764A14。

6.1 首→BD15932 號。

8　7～8 世紀。唐寫本。

9.1 楷書。

1.1 BD15956 號

1.3 大般涅槃經（北本）卷三

1.9　簡071483

2.1　7.5×18.5厘米；1紙；共5行，行13字殘。

2.3　殘片。首殘尾殘。通卷下殘。有烏絲欄。已修整。

3.1　首殘→大正0374，12/0546A20。

3.2　尾殘→大正0374，12/0546A24。

8　5～6世紀。南北朝寫本。

9.1　隸楷。

1.1　BD15957號

1.3　妙法蓮華經卷七

1.9　簡071483

2.1　3×3.9厘米；1紙；共2行，行3字殘。

2.3　殘片。首殘尾殘。有烏絲欄。已修整。

3.1　首殘→大正0262，09/0059A19。

3.2　尾殘→大正0262，09/0059A20。

8　7～8世紀。唐寫本。

9.1　楷書。

1.1　BD15958號

1.3　大般若波羅蜜多經卷二三

1.9　簡071483

2.1　11×13.6厘米；1紙；共5行，行9字殘。

2.3　殘片。首殘尾殘。通卷下殘。有烏絲欄。已修整。

3.1　首殘→大正0220，05/0126B16。

3.2　尾殘→大正0220，05/0126B19。

8　8～9世紀。吐蕃統治時期寫本。

9.1　楷書。

1.1　BD15959號

1.3　大乘密嚴經（地婆訶羅本）卷中

1.9　簡071483

2.1　3×5.2厘米；1紙；共3行，行10字殘。

2.3　殘片。首殘尾殘。通卷下殘。有烏絲欄。已修整。

3.1　首殘→大正0681，16/0731B06。

3.2　尾殘→大正0681，16/0731B10。

6.3　BD15959號、BD15938號、BD15940號等三號可依次上下綴接。詳情參見BD15938號之6.3項。

8　8～9世紀。吐蕃統治時期寫本。

9.1　楷書。

1.1　BD15960號

1.3　出曜經卷二

1.9　簡071483

2.1　2×3.8厘米；1紙；共1行，行4字殘。

2.3　殘片。首殘尾殘。有烏絲欄。已修整。

3.1　首殘→大正0212，04/0616B18。

3.2　尾殘→大正0212，04/0616B18。

6.2　尾→BD15965號。

6.3　下→BD15961號。與BD15952號亦為特殊綴接。參見BD15952號之6.3項。

8　9～10世紀。歸義軍時期寫本。

9.1　楷書。

1.1　BD15961號

1.3　出曜經卷二

1.9　簡071483

2.1　2.7×4.7厘米；1紙；共1行，行5字殘。

2.3　殘片。首殘尾殘。有烏絲欄。已修整。

3.1　首殘→大正0212，04/0616B18。

3.2　尾殘→大正0212，04/0616B18。

6.2　尾→BD15952號。

6.3　上→BD15960號。與BD15965號亦為特殊綴接。參見BD15952號之6.3項。

8　9～10世紀。歸義軍時期寫本。

9.1　楷書。

1.1　BD15962號

1.3　妙法蓮華經卷一

1.9　簡071483

2.1　8.4×10.1厘米；1紙；共5行，行5字殘。

2.3　殘片。首殘尾殘。通卷上殘。有烏絲欄。已修整。

3.1　首殘→大正0262，09/0002C22。

3.2　尾殘→大正0262，09/0003A04。

8　7～8世紀。唐寫本。

9.1　楷書。

1.1　BD15963號

1.3　妙法蓮華經卷五

1.9　簡071483

2.1　11.5×19.9厘米；1紙；共6行，行14字殘。

2.3　殘片。首殘尾殘。上邊殘缺，卷右上下殘缺。有烏絲欄。已修整。

3.1　首殘→大正0262，09/0037A13。

3.2　尾殘→大正0262，09/0037A20。

8　7～8世紀。唐寫本。

9.1　楷書。

1.1　BD15964號

1.3　妙法蓮華經卷七

1.9　簡071483

2.1　5.2×7.3厘米；1紙；共2行，行6字殘。

2.3　殘片。首殘尾殘。上下均殘。有烏絲欄。已修整。

3.1　首殘→大正0262，09/0057B21。

3.2　尾殘→大正0262，09/0057B22。

8　7～8 世紀。唐寫本。

9.1　楷書。

1.1　BD15965 號

1.3　出曜經卷二

1.9　簡 071483

2.1　3×5.1 厘米；1 紙；共 1 行，行 5 字殘。

2.3　殘片。首殘尾殘。有烏絲欄。已修整。

3.1　首殘→大正 0212，04/0616B19。

3.2　尾殘→大正 0212，04/0616B19。

6.1　首→BD15960 號。

6.3　下→BD15952 號。與 BD15961 號亦為特殊綴接。參見 BD15952 號之 6.3 項。

8　9～10 世紀。歸義軍時期寫本。

9.1　楷書。

1.1　BD15966 號

1.3　金剛般若波羅蜜經

1.9　簡 071483

2.1　4.1×12 厘米；1 紙；共 2 行，行 7 字殘。

2.3　殘片。首殘尾殘。通卷上殘。有烏絲欄。已修整。

3.1　首殘→大正 0235，08/0752B03。

3.2　尾殘→大正 0235，08/0752B05。

8　7～8 世紀。唐寫本。

9.1　楷書。

1.1　BD15967 號

1.3　大般涅槃經（北本）卷三三

1.9　簡 071483

2.1　（1.8+6.1）×25.8 厘米；1 紙；共 5 行，行 17 字。

2.3　殘片。首殘尾殘。有烏絲欄。已修整。

3.1　首行中殘→大正 0374，12/0830A16～17。

3.2　尾殘→大正 0374，12/0830A21。

8　7～8 世紀。唐寫本。

9.1　楷書。

1.1　BD15968 號

1.3　金剛般若波羅蜜經

1.9　簡 071483

2.1　20.2×12.4 厘米；2 紙；共 11 行，行 7 字殘。

2.2　01：09.7，05；　02：10.5，06。

2.3　殘片。首殘尾殘。通卷下殘。有烏絲欄。已修整。

3.1　首殘→大正 0235，08/0750A28。

3.2　尾殘→大正 0235，08/0750B09。

8　7～8 世紀。唐寫本。

9.1　楷書。

1.1　BD15969 號

1.3　妙法蓮華經卷七

1.9　簡 071483

2.1　13.9×19.7 厘米；1 紙；共 7 行，行 15 字殘。

2.3　殘片。首殘尾殘。通卷上殘。有烏絲欄。已修整。

3.1　首殘→大正 0262，09/0055C25。

3.2　尾殘→大正 0262，09/0056A03。

8　7～8 世紀。唐寫本。

9.1　楷書。

1.1　BD15970 號

1.3　妙法蓮華經卷五

1.9　簡 071483

2.1　12.3×23.3 厘米；1 紙；共 7 行，行 16 字殘。

2.3　殘片。首斷尾斷。通卷上鼠嚙鋸齒形殘缺。有烏絲欄。已修整。

3.1　首殘→大正 0262，09/0041B29。

3.2　尾殘→大正 0262，09/0041C07。

8　7～8 世紀。唐寫本。

9.1　楷書。

1.1　BD15971 號

1.3　大般涅槃經（北本）卷二一

1.9　簡 071483

2.1　6×12.7 厘米；1 紙；共 3 行，行 9 字殘。

2.3　殘片。首殘尾殘。通卷下殘。有烏絲欄。已修整。

3.1　首殘→大正 0374，12/0493A29。

3.2　尾殘→大正 0374，12/0493B03。

8　5～6 世紀。南北朝寫本。

9.1　隸書。

1.1　BD15972 號

1.3　大般涅槃經（南本）卷一四

1.9　簡 071483

2.1　7.1×18.4 厘米；1 紙；共 5 行，行 13 字殘。

2.3　殘片。首殘尾殘。通卷下殘。有烏絲欄。已修整。

3.1　首殘→大正 0375，12/0693C25。

3.2　尾殘→大正 0375，12/0694A01。

3.4　說明：

本文獻首行偈頌，南本作“莫輕小惡”，北本作“莫輕小罪”，本文獻與南本相同。

8　6 世紀。南北朝寫本。

9.1　隸書。

1.1　BD15973 號

1.3　大般涅槃經（北本）卷五

1.9　簡 071483

17

2.1　5.1×19.7 厘米；1 紙；共 3 行，行 14 字殘。

2.3　殘片。首殘尾殘。通卷下殘。有烏絲欄。已修整。

3.1　首殘→大正 0374，12/0392A04。

3.2　尾殘→大正 0374，12/0392A06。

8　6 世紀。南北朝寫本。

9.1　隸書。

1.1　BD15974 號

1.3　大方廣佛華嚴經（晉譯六十卷本）卷一八

1.9　簡 071483

2.1　13×14.2 厘米；1 紙；共 8 行，行 9 字殘。

2.3　殘片。首殘尾殘。通卷下殘。有烏絲欄。已修整。

3.1　首殘→大正 0278，09/0517A21。

3.2　尾殘→大正 0278，09/5174A28。

8　6 世紀。南北朝寫本。

9.1　隸書。

1.1　BD15975 號

1.3　妙法蓮華經卷三

1.9　簡 071483

2.1　3.9×18.5 厘米；1 紙；共 3 行，行 13 字殘。

2.3　殘片。首斷尾殘。通卷上殘。有烏絲欄。已修整。

3.1　首殘→大正 0262，09/0019A20。

3.2　尾殘→大正 0262，09/0019A23。

8　7~8 世紀。唐寫本。

9.1　楷書。

1.1　BD15976 號

1.3　羯磨文（擬）

1.9　簡 071483

2.1　17.5×17.1 厘米；1 紙；共 10 行，行 15 字殘。

2.3　殘片。首殘尾殘。上邊有殘缺，通卷下殘，卷面有殘洞。已修整。

3.4　説明：

本文獻應為敦煌教團當時流行的羯磨文，不為現大藏經所收。與藏內文獻對照，其內容大致如下：

第 1~2 行：大正 1435，23/159A20~21（《十誦律》卷二二）；

第 3~7 行：大正 1425，22/298B13~19（《摩訶僧祇律》卷八）；

第 8 行："結界場羯磨文"；

第 9~10 行：大正 1432，22/1041A29~B2（《曇無德律部雜羯磨》）。

5　與《大正藏》本對照，文字略有不同。

8　5~6 世紀。南北朝寫本。

9.1　楷書。

1.1　BD15977 號

1.3　妙法蓮華經卷七

1.9　簡 071483

2.1　3.8×6 厘米；1 紙；共 2 行，行 5 字殘。

2.3　殘片。首殘尾殘。通卷上殘。有烏絲欄。已修整。

3.1　首殘→大正 0262，09/0059B10。

3.2　尾殘→大正 0262，09/0059B11。

8　7~8 世紀。唐寫本。

9.1　楷書。

1.1　BD15978 號

1.3　金剛般若波羅蜜經

1.9　簡 071483

2.1　19.8×15.4 厘米；2 紙；共 12 行，行 10 字殘。

2.2　01：03.6，02；　　02：16.2，10。

2.3　殘片。首殘尾殘。通卷下殘。有烏絲欄。已修整。

3.1　首殘→大正 0235，08/0750B15。

3.2　尾殘→大正 0235，08/0750B26。

8　7~8 世紀。唐寫本。

9.1　楷書。

1.1　BD15979 號

1.3　殘片（擬）

1.9　簡 071483

2.1　2×1.9 厘米；1 紙；共 1 行，行 1 字殘。

2.3　殘片。首斷尾殘。上下均殘。有烏絲欄。已修整。

3.4　説明：

本遺書僅存"無"字。

8　8~9 世紀。吐蕃統治時期寫本。

9.1　楷書。

1.1　BD15980 號

1.3　殘片（擬）

1.9　簡 071483

2.1　2×1.5 厘米；1 紙；共 1 行，行 2 字殘。

2.3　殘片。首殘尾殘。已修整。

3.4　説明：

本遺書僅可辨"我等"2 字。

8　7~8 世紀。唐寫本。

9.1　楷書。

1.1　BD15981 號

1.3　妙法蓮華經卷七

1.9　簡 071483

2.1　4×4 厘米；1 紙；共 2 行，行 4 字殘。

2.3　殘片。首殘尾殘。上下均殘。有烏絲欄。已修整。

3.1　首殘→大正 0262，09/0059A04。

3.2 尾殘→大正 0262，09/0059A05。

6.4 本號與 BD15983 號、BD15984 號原爲同卷。

8 7～8 世紀。唐寫本。

9.1 楷書。

1.1 BD15982 號

1.3 殘片（擬）

1.9 簡 071483

2.1 2.2×1.8 厘米；1 紙；共 1 行，行 1 字殘。

2.3 殘片。首殘尾殘。上下均殘。有烏絲欄。已修整。

3.4 說明：

　　本遺書僅有"廬"字。

8 7～8 世紀。唐寫本。

9.1 楷書。

1.1 BD15983 號

1.3 妙法蓮華經卷七

1.9 簡 071483

2.1 6.2×5.5 厘米；1 紙；共 3 行，行 4 字殘。

2.3 殘片。首殘尾殘。上下均殘。有烏絲欄。已修整。

3.1 首殘→大正 0262，09/0059A03。

3.2 尾殘→大正 0262，09/0059A05。

6.4 本號與 BD15981 號、BD15984 號原爲同卷。

8 7～8 世紀。唐寫本。

9.1 楷書。

1.1 BD15984 號

1.3 妙法蓮華經卷七

1.9 簡 071483

2.1 3.1×3.8 厘米；1 紙；共 1 行，行 3 字殘。

2.3 殘片。首殘尾殘。上下均殘。有烏絲欄。已修整。

3.1 首殘→大正 0262，09/0059A05。

3.2 尾殘→大正 0262，09/0059A05。

6.4 本號與 BD15981 號、BD15983 號原爲同卷。

8 7～8 世紀。唐寫本。

9.1 楷書。

1.1 BD15985 號～BD15996

1.3 原空

1.1 BD15997 號

1.3 素紙一塊（擬）

1.6 L4002

2.1 7.7×26.5 厘米；1 紙。

2.3 殘片。首斷尾脫。卷面有殘洞。已修整。

3.4 說明：

　　本遺書爲古代經卷上脫落（剪下）的素紙。

8 6 世紀。南北朝紙張。

12 本素紙從 BD07786 號背後揭下。

　　共計 6 張。其中 5 張民國時期裱補紙另編。

1.1 BD15998 號

1.3 三階教典籍殘片（擬）

1.6 L4003

2.1 （5.4＋24.1）×25 厘米；1 紙；正面 18 行，行 17 字。背面 11 行，行 12～14 字。

2.2 01：06.8，04；　　02：22.7，14。

2.3 殘片。首殘尾殘。卷面有油污。有烏絲欄。已修整。

2.4 本遺書包括 2 個文獻：（一）《三階教典籍殘片》（擬），18 行，抄寫在正面，今編爲 BD15998 號。（二）《諸經雜鈔》（擬），11 行，抄寫在背面，今編爲 BD15998 號背。

3.4 說明：

　　本文獻爲三階教經典。未爲歷代經錄所著錄，亦未爲歷代大藏經所收。因作爲裱補紙使用，現表面多漿糊。

8 7～8 世紀。唐寫本。

9.1 楷書。

12 從 BD01675 號背面揭下。

1.1 BD15998 號背

1.3 諸經雜鈔（擬）

1.6 L4003

2.4 本遺書由 2 個文獻組成，本文獻爲第 2 個，11 行，抄寫在背面。餘參見 BD15998 號之第 2 項。

3.4 說明：

　　本遺書爲雜抄諸經而成，大致如下：

　　第 1～7 行：抄寫《相續解脫如來所作隨順處了義經》，參見大正 0679，16/0719C05～10。

　　第 7～10 行，抄寫《無量門破魔陀羅尼經》，參見大正 1014，19/689A11～27。

　　第 11 行，抄寫《度諸佛境界智光嚴經》，參見大正 0302，10/0912B12～3。

5 與《大正藏》本行文略有參差。

8 9～10 世紀。歸義軍時期寫本。

9.1 行書。

12 從 BD01675 號背面揭下。

1.1 BD15999 號

1.3 素紙一塊（擬）

1.6 L4003

2.1 42.9××25 厘米；1 紙。

2.3 卷軸裝。首尾均斷。紙上略有墨痕。已修整。

3.4 說明：

　　本遺書爲修補 BD01675 號的古代裱補紙。卷面多漿糊。

12 從 BD01675 號背面揭下。

1.1　BD16000 號

1.3　素紙三塊（擬）

1.6　L4003

2.1　24.6×（4.2~25.2）厘米；3 紙。

2.2　01：02.6，00；　　02：04.5，00；　　03：17.5，00。

2.3　殘片。首殘尾殘。已修整。

3.4　説明：

　　本遺書包括 3 塊殘片，詳情如下：

　　（1）2.6×4.2 厘米；素紙。

　　（2）4.5×4.9 厘米；素紙。

　　（3）17.5×25.2 厘米；卷面略有殘墨痕。

　　均為修補 BD01675 號的古代裱補紙。

12　從 BD01675 號背面揭下。

1.1　BD16001 號

1.3　賬歷（擬）

1.6　L4003

2.1　2×7.7 厘米；1 紙；共 2 行，行 3 字殘。

2.3　殘片。首殘尾殘。通卷上下殘。已修整。

3.3　録文：

　　（首殘）

　　□…□┏大慈□…□╱

　　□…□座，┏惠達，┏□…□╱

　　（後殘）

3.4　説明：

　　從内容看，應為殘歷。

8　9~10 世紀。歸義軍時期寫本。

9.1　楷書。

9.2　有勾稽。

12　本遺書為從 BD01675 號背面揭下的古代裱補紙。

1.1　BD16002 號

1.3　殘片（擬）

1.6　L4004

2.1　7.1×7.1 厘米；1 紙；共 1 行，行 2 字殘。

2.3　殘片。首殘尾殘。通卷上下殘。有烏絲欄。已修整。

3.4　説明：

　　本遺書僅有 2 個殘字，字跡難以辨認。

8　8~9 世紀。吐蕃統治時期寫本。

9.1　楷書。

12　本遺書為從 BD05191 號背面揭下的古代裱補紙。

1.1　BD16003 號 A

1.3　名録（擬）

1.6　L4004

2.1　2×6.3 厘米；1 紙；共 2 行，行 5 字殘。

2.3　殘片。首殘尾殘。通卷上下殘。已修整。

3.3　録文：

　　（首殘）

　　□…□保海，戒智，戒（我？）□…□╱

　　□…□◇◇□…□╱

　　（後殘）

6.4　與 BD16003 號 B 原為同文獻，但現不能直接綴接。

8　9~10 世紀。歸義軍時期寫本。

9.1　行書。

12　本遺書為從 BD05191 號背面揭下的古代裱補紙。

1.1　BD16003 號 B

1.3　名録（擬）

1.6　L4004

2.1　1.1×3.4 厘米；1 紙；共 1 行，行 2 字殘。

2.3　殘片。首殘尾殘。通卷上下殘。已修整。

3.3　録文：

　　（首殘）

　　□…□祥（？）因□…□╱

　　（後殘）

6.4　與 BD16003 號 A 原為同文獻，但現不能直接綴接。

8　9~10 世紀。歸義軍時期寫本。

9.1　行書。

12　本遺書為從 BD05191 號背面揭下的古代裱補紙。

1.1　BD16004 號

1.3　素紙一塊（擬）

1.6　L4005

2.1　（7.4+22.3）×13 厘米；1 紙。

2.3　殘片。首殘尾殘。通卷上斷。已修整。

12　本遺書為從 BD06048 號背面揭下的古代裱補紙。

1.1　BD16005 號

1.3　金剛般若波羅蜜經

1.6　L4005

2.1　26.4×14.5 厘米；1 紙；共 17 行，行 10 字殘。

2.3　殘片。首殘尾殘。右下殘缺，通卷上殘，卷面有殘洞，表面多漿糊。有烏絲欄。已修整。

3.1　首殘→大正 0235，08/0749A26。

3.2　尾殘→大正 0235，08/0749B15。

8　7~8 世紀。唐寫本。

9.1　楷書。

12　本遺書為從 BD06048 號背面揭下的古代裱補紙。

1.1　BD16006 號

1.3　四分僧戒本

1.6　L4006

2.1　7×25厘米；1紙；正面3行，行20字殘。背面4行，行約10字殘。

2.3　殘片。首全尾殘。通卷下殘。已修整。

2.4　本遺書包括2個文獻：（一）《四分僧戒本》，3行，抄寫在正面，今編為BD16006號。（二）《殘片》（擬），4行，抄寫在背面，今編為BD16006號背。

3.1　首殘→大正1430，22/1023A15。

3.2　尾殘→大正1430，22/1023A21。

4.1　四分戒本，出曇無德律（首）。

8　8～9世紀。吐蕃統治時期寫本。

9.1　楷書。

12　本遺書為從BD02815號背面揭下的古代裱補紙。

1.1　BD16006號背

1.3　殘片（擬）

1.6　L4006

2.4　本遺書由2個文獻組成，本文獻為第2個，4行，抄寫在背面。餘參見BD16006號之第2項。

3.3　錄文：

（首殘）

□…□疋（？）□…□中（？）今（？）違（？）◇◇/

□…□佛□…□麽（？）結◇/

□…□十五日木□…□/

□…□大德（？）白（自？）◇◇身行□…□/

（後殘）

3.4　說明：

表面多漿糊，文字難以辨認。

8　9～10世紀。歸義軍時期寫本。

9.1　行書。

12　本遺書為從BD02815號背面揭下的古代裱補紙。

1.1　BD16007號

1.3　護首（大般若波羅蜜多經）

1.6　L4008

2.1　4.3×22.7厘米；1紙；共1行，行16字。

2.3　殘片。首斷尾斷。上邊殘缺。已修整。

3.4　說明：

本遺書為護首殘片。有護首經名"大般若波羅蜜多經卷第二百六十九，卅七（本文獻所屬袟次）"。經名上有經名號。

8　8～9世紀。吐蕃統治時期寫本。

9.1　楷書。

12　本遺書為從BD00901號背面揭下的古代裱補紙。

1.1　BD16008號

1.3　大般若波羅蜜多經（兌廢稿）卷二一九

1.6　L4009

2.1　22.1×5.8厘米；1紙；共13行，行4字殘。

2.3　殘片。首脫尾殘。通卷上下殘。有烏絲欄。已修整。

3.1　首殘→大正0220，06/0097A21。

3.2　尾殘→大正0220，06/0097B04。

7.1　背面有一"兌"字，已殘。

8　8～9世紀。吐蕃統治時期寫本。

9.1　楷書。

12　本遺書為從BD06902號背面揭下的古代裱補紙。

1.1　BD16009號

1.3　殘片（擬）

1.6　L4009

2.1　7×6.5厘米；1紙；共2行，行2字殘。

2.3　殘片。首斷尾斷。通卷下斷。已修整。

3.4　說明：

本遺書僅殘留墨痕，文字難以辨認。

8　7～8世紀。唐寫本。

12　本遺書為從BD06902號背面揭下的古代裱補紙。

1.1　BD16010號

1.3　護首（大般若波羅蜜多經）

1.6　L4010

2.1　（16.2+4.8）×25.3厘米；1紙；共1行，行8字殘。

2.3　殘片。首全尾殘。左上殘缺。已修整。

3.4　說明：

本遺書為護首。有經名"［大般若波羅］蜜經第卅七，修（敦煌修多寺簡稱），七（本文獻袟內卷次），五（本文獻袟次）"。經名上有經名號。

8　8～9世紀。吐蕃統治時期寫本。

9.1　楷書。

12　本遺書為從BD02568號背面揭下的古代裱補紙。

1.1　BD16011號

1.3　大乘入楞伽經卷六

1.6　L4011

2.1　（3.3+2.2）×26.3厘米；1紙；共3行，行17字。

2.3　殘片。首斷尾殘。有烏絲欄。已修整。

3.1　首殘→大正0672，16/0622B18。

3.2　尾殘→大正0672，16/0622B20。

8　8～9世紀。吐蕃統治時期寫本。

9.1　楷書。

12　本遺書為從BD00894號背面揭下的古代裱補紙。

1.1　BD16012號

1.3　素紙（擬）

1.6　L4012

2.1　5.1×6.8厘米；1紙。

2.3　殘片。首殘尾殘。通卷上殘。有烏絲欄。已修整。

3.4 說明：

本遺書為一塊無字素紙。

12 本遺書為從 BD02790 號背面揭下的古代裱補紙。

1.1 BD16013 號

1.3 社會文書

1.6 L4013

2.1 5×4.2 厘米；1 紙；共 1 行，行 14 字殘。

2.3 殘片。首斷尾斷。通卷上下殘。已修整。

3.3 錄文：

（首殘）

□…□硯覆入第四眼，更壹阡硯【准上覆入】□…□/

（錄文完）

3.4 說明：

卷首有殘墨痕，似為鳥形押。

8 9～10 世紀。歸義軍時期寫本。

9.1 楷書。

12 本遺書為從 BD05534 號背面揭下的古代裱補紙。

1.1 BD16014 號

1.3 妙法蓮華經卷一

1.6 L4014

2.1 5.5×7.4 厘米；1 紙；共 4 行，行 6 字殘。

2.3 殘片。首殘尾斷。通卷下斷。有烏絲欄。已修整。

3.1 首殘→大正 0262，09/0007B19。

3.2 尾殘→大正 0262，09/0007B22。

8 7～8 世紀。唐寫本。

9.1 楷書。

12 本遺書為從 BD02048 號背面揭下的古代裱補紙。

1.1 BD16015 號

1.3 社會經濟文書殘片（擬）

1.6 L4015

2.1 16.3×20 厘米；1 紙；共 4 行，行 12 字殘。

2.3 殘片。首殘尾殘。通卷下殘，卷面污穢。已修整。

3.3 錄文：

（首殘）

肆拾□…□/

拾貳□…□東西貳□…□/

邊壹□…□僧智憲□…□/

人行怪此舍地不開李屬（屈？）律藏□…□/

（錄文完）

7.3 卷背有雜寫 3 個 "金" 字。

8 9～10 世紀。歸義軍時期寫本。

9.1 行書。

12 本遺書為從 BD00527 號背面揭下的古代裱補紙。

1.1 BD16016 號 A

1.3 辰年某色物歷（擬）

1.6 L4015

2.1 3.5×16.5 厘米；1 紙；正面 2 行，行 8 字殘。背面 2 行，行 11 字殘。

2.3 殘片。首殘尾殘。通卷下殘。已修整。

2.4 本遺書包括 2 個文獻：（一）《辰年某色物歷》（擬），2 行，抄寫在正面，今編為 BD16016 號 A。（二）《色物歷》（擬），2 行，抄寫在背面，今編為 BD16016 號 A 背。

3.3 錄文：

（首殘）

□…□［壹丈柒尺］，又緋襪（？）□…□/

壹段撲（?）貳丈，又熟布□…□/

（錄文完）

6.4 與 BD16016 號 B、BD16016 號 C 為同文獻，但不能直接綴接。

8 8～9 世紀。吐蕃統治時期寫本。

9.1 行書。

12 本遺書為從 BD00527 號背面揭下的古代裱補紙。

1.1 BD16016 號 A 背

1.3 色物歷（擬）

1.6 L4015

2.4 本遺書由 2 個文獻組成，本文獻為第 2 個，2 行，抄寫在背面。餘參見 BD16016 號 A。

3.3 錄文：

（首殘）

一李靖熟布壹疋，樓（?）一青絹五［尺］/

□…□有（?）一疋樓（?）/

（錄文完）

6.4 與 BD16016 號 B 背、BD16016 號 C 背為同文獻，但不能直接綴接。

8 8～9 世紀。吐蕃統治時期寫本。

9.1 行書。

12 本遺書為從 BD00527 號背面揭下的古代裱補紙。

1.1 BD16016 號 B

1.3 辰年某色物歷（擬）

1.6 L4015

2.1 9.3×6.5 厘米；1 紙；正面 4 行，行 5 字殘。背面 2 行，行 3 字殘。

2.3 殘片。首殘尾殘。通卷下殘，有小殘洞。已修整。

2.4 本遺書包括 2 個文獻：（一）《辰年某色物歷》（擬），4 行，抄寫在正面，今編為 BD16016 號 B。（二）《色物歷》（擬），2 行，抄寫在背面，今編為 BD16016 號 B 背。

3.3 錄文：

（首殘）

丈柒◇生（?）□…□/

段叁丈，又生（?）□…□/

布，並分付□…□/

□巾兩（?）□…□/

（錄文完）

6.4　與 BD16016 號 A、BD16016 號 C 為同文獻，但不能直接綴接。

8　8～9 世紀。吐蕃統治時期寫本。

9.1　行書。

12　本遺書為從 BD00527 號背面揭下的古代裱補紙。

1.1　BD16016 號 B 背

1.3　色物歷（擬）

1.6　L4015

2.4　本遺書由 2 個文獻組成，本文獻為第 2 個，2 行，抄寫在背面。餘參見 BD16016 號 B。

3.3　錄文：

（首殘）

□…□絹八尺/

□…□漢（?）/

（錄文完）

6.4　與 BD16016 號 A 背、BD16016 號 C 背為同文獻，但不能直接綴接。

8　8～9 世紀。吐蕃統治時期寫本。

9.1　行書。

12　本遺書為從 BD00527 號背面揭下的古代裱補紙。

1.1　BD16016 號 C

1.3　辰年某色物歷（擬）

1.6　L4015

2.1　6×2.8 厘米；1 紙；正面 2 行，行 2 字殘。背面 1 行，行 4 字殘。

2.3　殘片。首殘尾殘。通卷下殘。已修整。

2.4　本遺書包括 2 個文獻：（一）《辰年某色物歷》（擬），2 行，抄寫在正面，今編為 BD16016 號 C。（二）《色物歷》（擬），1 行，抄寫在背面，今編為 BD16016 號 C 背。

3.3　錄文：

（首殘）

辰年□…□/

貳□…□/

（錄文完）

6.4　與 BD16016 號 A、BD16016 號 B 為同文獻，但不能直接綴接。

8　8～9 世紀。吐蕃統治時期寫本。

9.1　行書。

12　本遺書為從 BD00527 號背面揭下的古代裱補紙。

1.1　BD16016 號 C 背

1.3　色物歷（擬）

1.6　L4015

2.4　本遺書由 2 個文獻組成，本文獻為第 2 個，1 行，抄寫在背面。餘參見 BD16016 號 C。

3.3　錄文：

（首殘）

□…□六尺七寸/

（錄文完）

6.4　與 BD16016 號 A 背、BD16016 號 B 背為同文獻，但不能直接綴接。

8　8～9 世紀。吐蕃統治時期寫本。

9.1　行書。

12　本遺書為從 BD00527 號背面揭下的古代裱補紙。

1.1　BD16017 號

1.3　護首（經名不詳）

1.6　L4015

2.1　2×7.2 厘米；1 紙；共 1 行，行 3 字殘。

2.3　殘片。首殘尾殘。通卷上下殘。已修整。

3.4　說明：

本遺書為護首殘片。有護首經名"□…□經卷中"。下有殘墨痕，難以辨認。

8　8 世紀。唐寫本。

9.1　楷書。

12　本遺書為從 BD00527 號背面揭下的古代裱補紙。

1.1　BD16018 號

1.3　丈量田畝籍（擬）

1.6　L4016

2.1　15.2×7.8 厘米；1 紙；共 9 行，行 8 字殘。

2.3　殘片。首殘尾殘。通卷上斷，下邊殘缺，卷面略有油污。已修整。

3.3　錄文：

（首殘）

□…□又東西十三步□/

□…□一步半，西頭少，/

□…□西二十六步，南/

□…□又西頭生地，◇東八，/

□…□北十六步半，/

□…□三十六步，南北/

□…□三十四步，北頭曲（?）/

□…□半，南北二十步，/

□…□東西卅二步半。/

（錄文完）

7.3　背面邊緣略有殘字痕，不清。

8　9～10 世紀。歸義軍時期寫本。

9.1　行楷。

12　本遺書為從 BD03289 號背面揭下的古代裱補紙。

1.1　BD16019 號

1.3　禮記正義·射義第四六

1.6　L4017

2.1　20.2×25 厘米；1 紙；共 16 行，行約 28 字。

2.3　殘片。首殘尾殘。卷面有殘洞，尾有殘缺，卷面多漿糊。有雙行夾註。已修整。

3.1　首殘→《十三經注疏》，02/1687B28。

3.2　尾殘→《十三經注疏》，02/1688B10。

8　7～8 世紀。唐寫本。

9.1　楷書。

9.2　有硃筆斷句。

12　本遺書為從 BD00695 號背面揭下的古代裱補紙。

1.1　BD16020 號

1.3　佛名經（十二卷本）卷五

1.6　L4017

2.1　3.8×13.3 厘米；1 紙；共 2 行，行 7 字殘。

2.3　殘片。首斷尾斷。通卷上斷。有烏絲欄。已修整。

3.1　首殘→大正 0440，14/0137B28。

3.2　尾殘→大正 0440，14/0137B29。

3.4　說明：

本殘片僅 2 行，抄寫兩個佛名。這兩個佛名在諸多佛名經中均有出現。此處暫定為十二卷本。

8　9～10 世紀。歸義軍時期寫本。

9.1　楷書。

12　本遺書為從 BD00695 號背面揭下的古代裱補紙。

1.1　BD16021 號 A

1.3　永寧坊社扶佛人名目（擬）

1.6　L4018

2.1　8.1×20.6 厘米；1 紙；共 3 行，行 12 字殘。

2.3　殘片。首殘尾殘。通卷上殘。已修整。

3.3　錄文：

本遺書與 16022 號 A、BD16821 號 B 可以綴接。16022 號 A 共 5 行在上部，BD16021 號 A 共 3 行、BD16821 號 B 共 2 行兩塊在下部。下述錄文乃綴接後的情況。綴接處用"‖"表示。

（錄文）

永寧坊社扶佛人 22A ‖ 氾友子、李義深、張憨兒、張富定、/21A

李富盈、陰保 22A ‖ 定、竹丑奴、竹延德、竹◇子、/21A

竹延德、竹員 22A ‖ 兒、龍三塷、吳清奴、郭憨子、/21A

氾懷住、程保員 22A ‖ ◇扶佛人須待（？）本身八日/21B

切須競競扶佛，不得◇22A ‖ ◇怠慢者/21B

（錄文完）

3.4　說明：

有些名字右邊有墨筆畫圈。故或為社司轉帖類文書。

6.2　尾→BD16021 號 B。

6.3　上→BD16822 號 A。

8　9～10 世紀。歸義軍時期寫本。

9.1　行楷。

12　本遺書為從 BD02046 號背面揭下的古代裱補紙。

1.1　BD16021 號 B

1.3　永寧坊社扶佛人名目（擬）

1.6　L4018

2.1　6.3×15 厘米；1 紙；共 2 行，行 10 字殘。

2.3　殘片。首殘尾殘。通卷上殘。已修整。

3.4　說明：

參見 BD16021 號 A 錄文。

6.1　首→BD16021 號 A。

6.3　上→BD16022 號 A。

8　9～10 世紀。歸義軍時期寫本。

9.1　行楷。

12　本遺書為從 BD02046 號背面揭下的古代裱補紙。

1.1　BD16021 號 C

1.3　永寧坊社司文書（擬）

1.6　L4018

2.1　6.3×15 厘米；1 紙；共 2 行，行 7 字殘。

2.3　殘片。首全尾斷。通卷下殘。已修整。

3.3　錄文：

本遺書與 16022 號 B、BD16822 號 C 可以綴接。其中本遺書計 2 行，在右上部；BD16822 號 C 計 3 行在左上部；BD16022 號 B 共分三塊，計 4 行，在下部。下述錄文乃綴接後的情況。綴接處用"‖"表示。

（錄文）

永寧坊社官押衙 21C ‖ 程豬信，錄事兵馬使氾政子，虞侯安社/22B

子、陰善兒、陰留德 21C ‖ 、氾祐子、李義信、李留安、陰保定/22B

程住德、程憨多、祝員 22C ‖ 德、祝富住、吳保昌、吳清奴、/22B

祝童友、令狐再再、安 22C ‖ 而朵、安清兒、龍三堆、郭阿朵子/22B

押衙吳安三。/22C

（錄文完）

6.2　尾→BD16822 號 C。

6.3　下→BD16022 號 B。

8　9～10 世紀。歸義軍時期寫本。

9.1　行楷。

12　本遺書為從 BD02046 號背面揭下的古代裱補紙。

1.1 BD16022 號 A

1.3 永寧坊社扶佛人名目（擬）

1.6 L4018

2.1 14.5×15 厘米；1 紙；正面 5 行，行 9 字殘。背面 2 行，行 6 字殘。

2.3 殘片。首全尾殘。通卷下殘。本件 2 塊殘片可橫向綴接，故按一件處理。已修整。

2.4 本遺書包括 2 個文獻：（一）《永寧坊社扶佛人名目》（擬），5 行，抄寫在正面，今編為 BD16022 號 A。（二）《永寧坊社人名目》（擬），2 行，抄寫在背面，今編為 BD16022 號 A 背。

3.4 說明：

參見 BD16021 號 A 錄文。

6.3 下→BD16821 號 A。下→BD16021 號 B。

8 9～10 世紀。歸義軍時期寫本。

9.1 行楷。

12 本遺書為從 BD02046 號背面揭下的古代裱補紙。

1.1 BD16022 號 A 背

1.3 永寧坊社人名目（擬）

1.6 L4018

2.4 本遺書由 2 個文獻組成，本文獻為第 2 個，2 行，抄寫在背面。餘參見 BD16022 號 A。

3.3 錄文：

（首殘）

◇憨兒□…□/

陰◇定，氾懷住。/

8 9～10 世紀。歸義軍時期寫本。

9.1 行楷。

12 本遺書為從 BD02046 號背面揭下的古代裱補紙。

1.1 BD16022 號 B

1.3 永寧坊社司文書（擬）

1.6 L4018

2.1 10.8×29.6 厘米；1 紙；共 4 行，行 15 字殘。

2.3 殘片。首殘尾殘。上部殘缺。本遺書實際剪斷為 3 塊殘片，但因可相互綴接，此處按一件著錄。已修整。

3.4 說明：

參見 BD16021 號 C 錄文。

6.3 上→BD16021 號 C。上→BD16022 號 C。

8 9～10 世紀。歸義軍時期寫本。

9.1 行楷。

12 本遺書為從 BD02046 號背面揭下的古代裱補紙。

1.1 BD16022 號 C

1.3 永寧坊社司文書（擬）

1.6 L4018

2.1 10.8×29.6 厘米；1 紙；共 3 行，行 7 字殘。

2.3 殘片。首殘尾殘。通卷上下殘缺。已修整。

3.4 說明：

參見 BD16021 號 C 錄文。

6.1 首→BD16021 號 C。

6.3 下→BD16022 號 B。

8 9～10 世紀。歸義軍時期寫本。

9.1 行楷。

12 本遺書為從 BD02046 號背面揭下的古代裱補紙。

1.1 BD16023 號 A

1.3 殘片（擬）

1.6 L4018

2.1 6.4×3.7 厘米；1 紙；共 2 行，行 2 字殘。

2.3 殘片。首殘尾殘。通卷上下殘。已修整。

3.4 說明：

本遺書僅存 4 個殘字，難以辨認。

8 9～10 世紀。歸義軍時期寫本。

9.1 行楷。

12 本遺書為從 BD02046 號背面揭下的古代裱補紙。

1.1 BD16023 號 B

1.3 殘文書（擬）

1.6 L4018

2.1 5.2×8.4 厘米；1 紙；共 1 行，行 5 字殘。

2.3 殘片。首殘尾殘。通卷上下殘。已修整。

3.3 錄文：

（首殘）

□…□已上四戶共□…□/

（錄文完）

8 9～10 世紀。歸義軍時期寫本。

9.1 行楷。

12 本遺書為從 BD02046 號背面揭下的古代裱補紙。

1.1 BD16023 號 C

1.3 殘文書（擬）

1.6 L4018

2.1 5.1×3.3 厘米；1 紙；共 2 行，行 1 字殘。

2.3 殘片。首殘尾殘。通卷上下殘。已修整。

3.3 錄文：

（首殘）

□…□懷□…□/

□…□於□…□/

（錄文完）

7.1 背面有殘字痕，難以辨認。

8 9～10 世紀。歸義軍時期寫本。

9.1 行楷。

12 本遺書為從 BD02046 號背面揭下的古代裱補紙。

1.1　BD16024 號
1.3　便物歷（擬）
1.6　L4018
2.1　1.6×16.5 厘米；1 紙；共 1 行，行 17 字殘。
2.3　殘片。首殘尾殘。通卷上下殘。已修整。
3.3　錄文：
　　（首殘）
　　廿（？）一日◇◇◇◇◇會少（十？）日（？）斛斗（？）◇
便物人□…□/
　　（錄文完）
8　9～10 世紀。歸義軍時期寫本。
9.1　行楷。
12　本遺書為從 BD02046 號背面揭下的古代裱補紙。

1.1　BD16025 號
1.3　殘片（擬）
1.6　L4018
2.1　1.4×10.5 厘米；1 紙。
2.3　殘片。首全尾殘。已修整。
3.4　說明：
　　本遺書僅存殘字痕，難以辨認。
8　9～10 世紀。歸義軍時期寫本。
12　本遺書為從 BD02046 號背面揭下的古代裱補紙。

1.1　BD16026 號 A
1.3　名錄（擬）
1.6　L4018
2.1　4.7×2.8 厘米；1 紙；共 2 行，行 3 字殘。
2.3　殘片。首殘尾殘。通卷上下殘。已修整。
3.3　錄文：
　　（首殘）
　　□…□氾善恩□…□/
　　□…□富定□…□/
　　（錄文完）
8　9～10 世紀。歸義軍時期寫本。
9.1　行楷。
12　本遺書為從 BD02046 號背面揭下的古代裱補紙。

1.1　BD16026 號 B
1.3　名錄（擬）
1.6　L4018
2.1　5.7×6.5 厘米；1 紙；共 3 行，行 3 字殘。
2.3　殘片。首殘尾殘。通卷上下殘。下粘一小素紙。已修整。
3.3　錄文：
　　（首殘）
　　□…□李□…□/
　　□…□李□…□/

□…□程保成□…□
　　（錄文完）
8　9～10 世紀。歸義軍時期寫本。
9.1　行楷。
12　本遺書為從 BD02046 號背面揭下的古代裱補紙。

1.1　BD16026 號 C
1.3　名錄（擬）
1.6　L4018
2.1　4.1×3.5 厘米；1 紙；共 2 行，行 3 字殘。
2.3　殘片。首殘尾殘。通卷上殘。已修整。
3.3　錄文：
　　（首殘）
　　□…□李友友/
　　□…□富昌/
　　（錄文完）
8　9～10 世紀。歸義軍時期寫本。
9.1　楷書。
12　本遺書為從 BD02046 號背面揭下的古代裱補紙。

1.1　BD16027 號
1.3　素紙一塊（擬）
1.6　L4018
2.1　35.6×6.2 厘米；1 紙。
2.3　殘片。首斷尾斷。通卷上殘。已修整。
12　本遺書為從 BD02046 號背面揭下的古代裱補紙。

1.1　BD16028 號
1.3　素紙一塊（擬）
1.6　L4019
2.1　8.5×10.8 厘米；1 紙。
2.3　殘片。首斷尾斷。已修整。
12　本遺書為從 BD07179 號背面揭下的古代裱補紙。

1.1　BD16029 號
1.3　周家蘭若禪僧法成便麥粟歷（擬）
1.6　L4020
2.1　15.5×30 厘米；1 紙；共 5 行，行約 15 字。
2.3　殘片。首全尾殘。右下殘缺，下邊有殘缺。已修整。
3.3　錄文：
　　（首全）
　　周家蘭喏（若）内禪僧法成/
　　右法成堅持守禪（德？），掃灑焚香。妙理教化/
　　於十方，念誦聚求於升合。去丁巳歲，押衙/
　　周不兒來便將麥五碩。又至戊午年春，將□/
　　拾貳碩。至己未年春，將麥兩碩、粟四碩。其秋/
　　（後殘）

8　9～10世紀。歸義軍時期寫本。

9.1　楷書。

12　本遺書為從BD04188號背面揭下的古代裱補紙。

1.1　BD16030號

1.3　牒狀（擬）

1.6　L4021

2.1　10.3×22厘米；1紙；正面5行，行15字殘。背面4行，行13字殘。

2.3　殘片。首斷尾斷。通卷下殘。已修整。

2.4　本遺書包括2個文獻：（一）《牒狀》（擬），5行，抄寫在正面，今編為BD16030號。（二）《郭幸者等油麻歷》（擬），4行，抄寫在背面，今編為BD16030號背。

3.3　錄文：

（首殘）

牒件狀如前謹牒。

（錄文完）

7.3　本遺書爲殘剩牒文之末行。該行下面為雜寫“孫子南□…□”。其後有雜寫四行，錄文如下：

“太平興國九年三月，太平興國九年三□…□/

丙戌年正月十三日郭幸者、郭再□…□/

甲申年三月廿七日、三月廿八日為緣家中欠□…□/

六十。/”

8　9～10世紀。歸義軍時期寫本。

9.1　楷書。

12　本遺書為從BD06285號背面揭下的古代裱補紙。

1.1　BD16030號背

1.3　郭幸者等油麻歷（擬）

1.6　L4021

2.4　本遺書由2個文獻組成，本文獻為第2個，4行，抄寫在背面。餘參見BD16030號。

3.3　錄文：

（首全）

┌郭幸者油二升、秋麻二十六升。郭□…□/

三十九升。┌黃娘貳升、麻貳斛六升。□…□/

麻一斛三升。┌勝富油一升、秋麻□…□/

麻一十三升。/

（錄文完）

8　9～10世紀。歸義軍時期寫本。

9.1　行楷。

9.2　有勾稽。

12　本遺書為從BD06285號背面揭下的古代裱補紙。

1.1　BD16031號

1.3　四分僧戒本

1.6　L4022

2.1　13×29.6厘米；1紙；共7行，行20字（偈頌）。

2.3　殘片。首全尾殘。卷面有殘破。已修整。

3.1　首殘→大正1430，22/1023A15。

3.2　尾殘→大正1430，22/1023B01～03。

4.1　四分戒本（首）。

7.1　背有題記“土，保寂”，意為淨土寺保寂。

8　9～10世紀。歸義軍時期寫本。

9.1　楷書。

9.2　有行間校加字及倒乙。

12　本遺書為從BD04637號背面揭下的古代裱補紙。兩塊裱補紙已合綴為一塊。

1.1　BD16032號

1.3　佛名經殘片（擬）

1.6　L4022

2.1　7.6×6.4厘米；1紙；共2行，行1字殘。

2.3　殘片。首殘尾殘。通卷上殘，卷面污穢。有烏絲欄。已修整。

3.4　説明：

本遺書僅存2個“佛”字，從書寫形式看應為某佛名經。

8　7～8世紀。唐寫本。

9.1　楷書。

12　本遺書為從BD04637號背面揭下的古代裱補紙。

1.1　BD16033號

1.3　禮懺發願文（擬）

1.6　L4023

2.1　22.2×15.1厘米；1紙；共13行，行10字。

2.3　殘片。首殘尾斷。右上有殘缺，卷面有殘破。有烏絲欄。已修整。

3.3　錄文：

（首殘）

□…□能□/

□…□寶/

□…□令/

□…□聞解脫者弘誓/

平等□衆生畢竟速成/

無上道。啟願。次禮三寶。/

清淨梵：處世界，如虛空，/

如蓮花，敢（不）著水，心清淨，超/

於彼，啟首禮，無上尊。一切恭/

敬。自歸依佛，當願衆生，體/

解大道，發無上意。自歸/

依法，當願衆生，深入經藏，/

智惠如海。自歸依僧，當/

願衆生，通利大衆，一切無礙。/

（錄文完）

27

8　9～10 世紀。歸義軍時期寫本。

9.1　行楷。

9.2　有倒乙。

12　本遺書為從 BD08146 號背面揭下的古代裱補紙。5 塊裱補紙已合綴為一塊。

1.1　BD16034 號

1.3　龍弁奉請齊闍梨等參與大雲寺追念法會疏（擬）

1.6　L4024

2.1　9.4×18 厘米；1 紙；共 5 行，行 15 字殘。

2.3　殘片。首殘尾殘。通卷上下殘。已修整。

3.3　錄文：

（首殘）

□…□寺謹請齊闍梨、安闍梨、李□…□/

□…□闍梨、郭法律，所由、都維、寺主□…□/

□…□右今月十五日就大雲寺奉為□…□/

□…□祥追念。伏乞 慈悲於寺□…□/

□…□九月十三日門弟管內都僧錄龍弁，管□…□/

（錄文完）

8　9～10 世紀。歸義軍時期寫本。

9.1　行書。

12　本遺書為從 BD02254 號背面揭下的古代裱補紙。

1.1　BD16035 號 A

1.3　敦煌僧團戒律文書（擬）

1.6　L4025

2.1　7.6×24.5 厘米；1 紙；共 4 行，行 36 字殘。

2.3　殘片。首殘尾殘。通卷上殘，卷面多漿糊。已修整。

3.3　錄文：

（首殘）

□…□月大小（？）白月◇天，黑月隨大小稱（？）之。第二念或僧常食，或常乞食，或檀越食，隨緣食，有請不背（？）/

□…□歲次辛（？）卯四月十三日丑時中分（？）二歲學戒。第四念四衣鉢具已/

□…□衣者（未？）說淨。若說言說，若未言未。第五念分別眾食。有緣◇◇◇/

□…□念有病當療，時無病依眾行道。智惠◇/

（錄文完）

3.4　說明：

卷面文字多被漿糊遮壓，難以辨認。錄文供參考。

6.4　與 BD16035 號 B、BD16037 號原屬同卷，但現不能直接綴接。

8　9～10 世紀。歸義軍時期寫本。

9.1　楷書。

12　本遺書為從 BD02159 號背面揭下的古代裱補紙。

1.1　BD16035 號 B

1.3　敦煌僧團戒律文書（擬）

1.6　L4025

2.1　4.1×2.6 厘米；1 紙；共 2 行，行 3 字殘。

2.3　殘片。首殘尾殘。通卷上下殘。已修整。

3.3　錄文：

（首殘）

□…□第三念□…□/

□…□受時□…□/

（錄文完）

6.4　與 BD16035 號 A、BD16037 號原屬同卷，但現不能直接綴接。

8　9～10 世紀。歸義軍時期寫本。

9.1　楷書。

12　本遺書為從 BD02159 號背面揭下的古代裱補紙。

1.1　BD16036 號

1.3　付弟神友書（擬）

1.6　L4025

2.1　20.5×10 厘米；1 紙；共 11 行，行 9 字殘。

2.3　殘片。首殘尾殘。通卷上殘。已修整。

3.3　錄文：

（首殘）

□…□如/

□…□莫准前例。累有/

□…□莫令疏失，在人/

□…□問極難，亦是迴覓/

□…□難，且緊把本末/

□…□當其收草料，懼火/

□…□舍奴子，龍再宜便隨兵/

□…□男女不用出城防/

□…□亦與放問人次蔥蔥/

□…□曲。付弟神友省（？）。/

□…□六日，委曲/

（錄文完）

8　9～10 世紀。歸義軍時期寫本。

9.1　行楷。

12　本遺書為從 BD02159 號背面揭下的古代裱補紙。

1.1　BD16037 號

1.3　敦煌僧團戒律文書（擬）

1.6　L4025

2.1　5.7×9.4 厘米；1 紙；共 3 行，行 10 字殘。

2.3　殘片。首殘尾殘。通卷上下殘。已修整。

3.3　錄文：

（首殘）

□…□四月四日亥時分初，初時□…□/

□…□長衣未洗淨，第五念□…□/

□…□有病當療持（治）□…□/

（錄文完）

6.4　與 BD16035 號 A、BD16035 號 B 原屬同卷，但現不能直接綴接。

7.3　背有"□了堅"3 字，疑爲題名。

8　9～10 世紀。歸義軍時期寫本。

9.1　楷書。

12　本遺書爲從 BD02159 號背面揭下的古代裱補紙。

1.1　BD16038 號 A

1.3　殘片（擬）

1.6　L4025

2.1　1×3.5 厘米；1 紙；共 1 行，行 2 字殘。

2.3　殘片。首殘尾殘。通卷上下殘。已修整。

3.4　説明：

　　　本遺書僅存 2 殘字痕。

　　　背面有殘字痕。

8　9～10 世紀。歸義軍時期寫本。

9.1　楷書。

12　本遺書爲從 BD02159 號背面揭下的古代裱補紙。

1.1　BD16038 號 B

1.3　習字雜寫（擬）

1.6　L4025

2.1　3.3×8.8 厘米；1 紙；共 2 行，行 4 字殘。

2.3　殘片。首殘尾殘。通卷上下殘。已修整。

3.4　説明：

　　　本遺書爲"玉"字習字雜寫 2 行。

8　9～10 世紀。歸義軍時期寫本。

9.1　楷書。

12　本遺書爲從 BD02159 號背面揭下的古代裱補紙。

1.1　BD16039 號

1.3　社司轉帖（擬）

1.6　L4026

2.1　6.4×25.8 厘米；1 紙；共 2 行，行 13 字殘。

2.3　殘片。首殘尾殘。下邊殘缺。已修整。

3.3　錄文：

　　　本遺書被剪斷爲 3 塊，3 塊殘片可以相互綴接。其中兩塊上下綴接，所寫文字爲錄文第一行，綴接處用"‖"表示。第三塊所寫文字爲錄文第二行。

　　　（首殘）

　　　□…□家取齊。如有後‖到，判罰酒一角。□…□/

　　　□…□者罰酒半瓮。其帖各自示遞。過者/

　　　（錄文完）

8　9～10 世紀。歸義軍時期寫本。

9.1　行楷。

12　本遺書爲從 BD00648 號背面揭下的古代裱補紙。3 塊裱補紙文字相連，可綴接爲 1 塊。

1.1　BD16040 號

1.3　殘片（擬）

1.6　L4026

2.1　3.4×26.3 厘米；1 紙；共 1 行，行 13 字殘。

2.3　殘片。首殘尾殘。上邊殘缺。已修整。

3.3　錄文：

　　　（首殘）

　　　□…□心□□□内□□□更莫生煩惱/

　　　（錄文完）

8　9～10 世紀。歸義軍時期寫本。

9.1　楷書。

12　本遺書爲從 BD00648 號背面揭下的古代裱補紙。

1.1　BD16041 號 A

1.3　素紙七塊（擬）

1.6　L4026

2.1　32.6×（14.5～26.4）厘米；7 紙。

2.2　01：07.0，00；　　02：08.7，00；　　03：06.3，00；
　　　04：03.1，00；　　05：02.3，00；　　06：02.1，00；
　　　07：03.1，00。

2.3　殘片。首殘尾殘。已修整。

3.4　説明：

　　　本遺書爲 7 塊素紙，情況分別如下：

　　　（1）7×15.8 厘米。有裱補。

　　　（2）8.7×14.5 厘米。上邊殘缺。

　　　（3）6.3×25.9 厘米。

　　　（4）3.1×26 厘米。有裱補。

　　　（5）2.3×26.3 厘米。有裱補。

　　　（6）2.1×26.4 厘米。

　　　（7）3.1×26.2 厘米。

12　本遺書爲從 BD00648 號背面揭下的古代裱補紙。

1.1　BD16041 號 B

1.3　素紙十六塊（擬）

1.6　L4026

2.1　47.1×（4.8～26.2）厘米；16 紙。

2.2　01：01.3，00；　　02：01.5，00；　　03：03.8，00；
　　　04：04.0，00；　　05：02.9，00；　　06：03.4，00；
　　　07：02.5，00；　　08：01.7，00；　　09：01.3，00；
　　　10：03.7，00；　　11：03.9，00；　　12：03.6，00；
　　　13：04.4，00；　　14：03.3，00；　　15：03.5，00；
　　　16：02.3，00。

2.3　殘片。首殘尾殘。已修整。

3.4　説明：

　　本遺書為 16 塊素紙。情況分別如下：

　　（1）1.3 ×8 厘米。

　　（2）1.5 ×9.1 厘米。A、B 兩塊扭曲相接。

　　（3）3.8 ×6.2 厘米。

　　（4）4 ×4.8 厘米。缺一角。

　　（5）2.9 ×6.6 厘米。

　　（6）3.4 ×8.1 厘米。

　　（7）2.5 ×7.3 厘米。

　　（8）1.7 ×26 厘米。

　　（9）1.3 ×26.2 厘米。

　　（10）3.7 ×15 厘米。

　　（11）3.9 ×12 厘米。

　　（12）3.6 ×10.9 厘米。

　　（13）4.4 ×11.2 厘米。

　　（14）3.3 ×17.2 厘米。

　　（15）3.5 ×7 厘米。

　　（16）2.3 ×26.5 厘米。

12　本遺書為從 BD00648 號背面揭下的古代裱補紙。

1.1　BD16041 號 C

1.3　素紙五十塊（擬）

1.6　L4026

2.1　129.9 ×（1.4 ~9.1）厘米；50 紙。

2.2　01：02.9，00；　　02：03.6，00；　　03：03.5，00；

　　04：03.5，00；　　05：02.8，00；　　06：01.7，00；

　　07：02.7，00；　　08：03.4，00；　　09：02.4，00；

　　10：03.1，00；　　11：01.9，00；　　12：03.2，00；

　　13：03.0，00；　　14：02.5，00；　　15：02.0，00；

　　16：01.8，00；　　17：01.8，00；　　18：02.8，00；

　　19：01.7，00；　　20：01.1，00；　　21：01.7，00；

　　22：00.8，00；　　23：01.4，00；　　24：01.0，00；

　　25：02.0，00；　　26：02.8，00；　　27：01.1，00；

　　28：01.5，00；　　29：01.7，00；　　30：01.6，00；

　　31：01.7，00；　　32：01.7，00；　　33：01.6，00；

　　34：02.0，00；　　35：10.0，00；　　36：02.7，00；

　　37：03.0，00；　　38：01.6，00；　　39：01.7，00；

　　40：01.8，00；　　41：03.4，00；　　42：12.3，00；

　　43：05.2，00；　　44：01.7，00；　　45：01.7，00；

　　46：02.1，00；　　47：01.6，00；　　48：02.3，00；

　　49：02.5，00；　　50：02.3，00。

2.3　殘片。首殘尾殘。已修整。

3.4　説明：

　　本遺書為 50 塊素紙。情況分別如下：

　　（1）2.9 ×4.9 厘米。

　　（2）3.6 ×5.5 厘米。

　　（3）3.5 ×4.9 厘米。

　　（4）3.5 ×4.2 厘米。

　　（5）2.8 ×3.5 厘米。

　　（6）1.7 ×6.1 厘米。

　　（7）2.7 ×4.7 厘米。

　　（8）3.4 ×4.6 厘米。

　　（9）2.4 ×4.3 厘米。略有墨痕。

　　（10）3.1 ×3 厘米。

　　（11）1.9 ×3.7 厘米。

　　（12）3.2 ×4.5 厘米。

　　（13）3 ×4.4 厘米。

　　（14）2.5 ×3.8 厘米。

　　（15）2 ×6.1 厘米。

　　（16）1.8 ×3.3 厘米。

　　（17）1.8 ×5.1 厘米。

　　（18）2.8 ×5 厘米。

　　（19）1.7 ×5.2 厘米。不規則形狀，稍有墨痕。

　　（20）1.1 ×4.7 厘米。

　　（21）1.7 ×3.6 厘米。

　　（22）0.8 ×5.2 厘米。不規則形狀。

　　（23）1.4 ×4.1 厘米。

　　（24）1 ×5 厘米。

　　（25）2 ×6.1 厘米。

　　（26）2.8 ×5 厘米。

　　（27）1.1 ×5.1 厘米。

　　（28）1.5 ×2.5 厘米。

　　（29）1.7 ×2.4 厘米。

　　（30）1.6 ×3.9 厘米。

　　（31）1.7 ×2.5 厘米。

　　（32）1.7 ×3.5 厘米。三角形。

　　（33）1.6 ×4.1 厘米。

　　（34）2 ×3.7 厘米。

　　（35）10 ×9.1 厘米。不規則形狀。有撕裂。

　　（36）2.7 ×3.6 厘米。

　　（37）3 ×2.9 厘米。

　　（38）1.6 ×4.1 厘米。

　　（39）1.7 ×3 厘米。

　　（40）1.8 ×2.5 厘米。

　　（41）3.4 ×4.9 厘米。

　　（42）12.3 ×1.1 厘米。

　　（43）5.2 ×1.1 厘米。

　　（44）1.7 ×3.2 厘米。

　　（45）1.7 ×3.1 厘米。

　　（46）2.1 ×3.8 厘米。

　　（47）1.6 ×3.4 厘米。

　　（48）2.3 ×5.2 厘米。不規則形狀。

　　（49）2.5 ×1.4 厘米。

　　（50）2.3 ×1.5 厘米。

12　本遺書為從 BD00648 號背面揭下的古代裱補紙。

1.1　BD16042 號

1.3　素紙三塊（擬）

1.6　L4027

2.1　20×15.7 厘米；3 紙。

2.3　殘片。首殘尾殘。本遺書包括 3 塊素紙，紙質各不相同。其中 2 塊現黏貼在一起。已修整。

3.4　説明：

本遺書為 3 塊素紙。情況分別如下：

（1）5×3.2 厘米。

（2）6.4×11.3 厘米。

（3）13×15.7 厘米。

12　本遺書為從 BD01826 號背面揭下的古代裱補紙。

1.1　BD16043 號 A

1.3　便糧食歷（擬）

1.6　L4027

2.1　22.3××4.8 厘米；1 紙；正面 6 行，行 4 字殘。背面 3 行，行 4 字殘。

2.3　殘片。首殘尾殘。通卷上下殘。已修整。

3.3　錄文：

（正面錄文）

□…□欠粟六斗□…□/

□…□價◇□…□/

□…□斗至秋□…□/

□…□得粟一石□…□/

□…□五斗□…□/

□…□碩◇◇五□…□/

（背面錄文）

□…□斗（?）/

□…□前倉還（?）□…□/

□…□五斗取粟□…□/

（錄文完）

8　9～10 世紀。歸義軍時期寫本。

9.1　楷書。

12　本遺書為從 BD01826 號背面揭下的古代裱補紙。

1.1　BD16043 號 B

1.3　便糧食歷（擬）

1.6　L4027

2.1　28.2×5.2 厘米；1 紙；共 8 行，行 4 字殘。

2.3　殘片。首殘尾殘。通卷上下殘。已修整。

3.3　錄文：

（首殘）

□…□至秋叁□…□/

□…□粟兩石□…□/

□…□/

□…□碩四斗□…□/

□…□及僧法（張?）□…□/

□…□氾友住便□…□/

□…□田（富?）昌便粟□…□/

□…□便粟□…□/

（錄文完）

6.2　尾→BD16044 號 B。

8　9～10 世紀。歸義軍時期寫本。

9.1　行書。

12　本遺書為從 BD01826 號背面揭下的古代裱補紙。

1.1　BD16044 號 A

1.3　便糧食歷（擬）

1.6　L4027

2.1　8.3×24.7 厘米；1 紙；正面 5 行，行 14 字殘。背面 4 行，行 13 字殘。

2.3　殘片。首殘尾殘。通卷下殘。有烏絲欄。已修整。

2.4　本遺書包括 2 個文獻：（一）《便糧食歷》（擬），5 行，抄寫在正面，今編為 BD16044 號 A。（二）《辛亥年便糧食歷》（擬），4 行，抄寫在背面，今編為 BD16044 號 A 背。

3.3　錄文：

（首殘）

兩碩□…□/

便□◇三石三斗七升半/

正月二日，⌐何骨子便粟壹碩，麥一石□…□/

　⌐富院王神奴便粟壹碩伍斗，至秋兩□…□/

又◇取粟貳斗麥叁斗（押）/

（錄文完）

8　9～10 世紀。歸義軍時期寫本。

9.1　楷書。

9.2　有行間加行。

12　本遺書為從 BD01826 號背面揭下的古代裱補紙。

1.1　BD16044 號 A 背

1.3　辛亥年便糧食歷（擬）

1.6　L4027

2.4　本遺書由 2 個文獻組成，本文獻為第 2 個，4 行，抄寫在背面。餘參見 BD16044 號 A。

3.3　錄文：

（首殘）

辛亥年付法意麥叁碩，至秋肆碩□…□/

王神德便粟叁碩，至秋肆碩五斗。於衙□…□/

押字五碩。南巷曹婆便粟五斗，秋七斗□…□/

大新婦/

（錄文完）

8　9～10 世紀。歸義軍時期寫本。

9.1 楷書。

12 本遺書為從 BD01826 號背面揭下的古代裱補紙。

1.1 BD16044 號 B

1.3 便糧食歷（擬）

1.6 L4027

2.1 10.7×5.3 厘米；1 紙；共 4 行，行 5 字殘。

2.3 殘片。首殘尾殘。上下均殘。已修整。

3.3 錄文：

（首殘）

□…□便粟□…□/

□…□◇◇為憑（押）□…□/

□…□◇□…□/

□…□◇…◇□…□/

（錄文完）

6.1 首→BD16043 號 B。

8 9~10 世紀。歸義軍時期寫本。

9.1 行書。

12 本遺書為從 BD01826 號背面揭下的古代裱補紙。

1.1 BD16045 號

1.3 函狀（擬）

1.6 L4028

2.1 37.7×（3.6~23.1）厘米；6 紙；共 11 行，行 7 字殘。

2.2 01：09.0，03；   02：07.7，02；   03：05.3，02；
04：06.1，01；   05：03.7，01；   06：05.9，02。

2.3 殘片。首殘尾殘。已修整。

3.4 說明：

本遺書包括 6 個殘片，均為同一文獻，今說明如下：

A. 本件由 6.4×23.1、2.9×6 兩殘片錯位相接而成。故包括竪向 2 行，橫向 1 行。錄文如下：

（首殘）

竪向：□…□捧頓訖謹附□陳/

□…□惟俯垂/

橫向：□…□紫金□…□/

（錄文完）

B. 7.7×7.7 厘米；1 紙；共 2 行，錄文如下：

（首殘）

□…□令公台私□…□/

□…□感戴之□…□/

（錄文完）

C. 5.3×3.8 厘米；1 紙；共 2 行，錄文如下：

（首殘）

□…□常□…□/

□…□菓遠□…□/

（錄文完）

D. 6.1×3.9 厘米；1 紙；共 1 行，錄文如下：

（首殘）

□…□作監柱國□…□/

（錄文完）

E. 3.7×4 厘米；1 紙；共 1 行，本遺書僅可辨一個 "誠" 字。

F. 5.9×3.6 厘米；1 紙；共 2 行，錄文如下：

（首殘）

□…□微有□…□/

□…□謹且（具?）□…□/

（錄文完）

8 9~10 世紀。歸義軍時期寫本。

9.1 楷書。

12 本遺書為從 BD03138 號背面揭下的古代裱補紙。

1.1 BD16046 號

1.3 金剛般若波羅蜜經

1.6 L4028

2.1 2.6×19.7 厘米；1 紙；共 2 行，行 16 字殘。

2.3 殘片。首殘尾殘。通卷下殘。有烏絲欄。已修整。

3.1 首殘→大正 0235，08/0748C26。

3.2 尾殘→大正 0235，08/0748C28。

8 8~9 世紀。吐蕃統治時期寫本。

9.1 楷書。

12 本遺書為從 BD03138 號背面揭下的古代裱補紙。

1.1 BD16047 號

1.3 金光明最勝王經卷一

1.6 L4028

2.1 9×2.2 厘米；1 紙；共 2 行，行 6 字殘。

2.3 殘片。首殘尾殘。通卷上殘。有烏絲欄。已修整。

3.1 首殘→大正 0665，16/0403B13。

3.2 尾殘→大正 0665，16/0403B14。

8 8~9 世紀。吐蕃統治時期寫本。

9.1 楷書。

12 本遺書為從 BD03138 號背面揭下的古代裱補紙。

1.1 BD16048 號

1.3 金剛般若波羅蜜經

1.6 L4028

2.1 6×4.6 厘米；1 紙；共 4 行，行 4 字殘。

2.3 殘片。首殘尾殘。通卷上下殘。有烏絲欄。已修整。

3.1 首殘→大正 0235，08/0749B08。

3.2 尾殘→大正 0235，08/0749B11。

8 8~9 世紀。吐蕃統治時期寫本。

9.1 楷書。

12 本遺書為從 BD03138 號背面揭下的古代裱補紙。

1.1　BD16049 號

1.3　經文雜寫（擬）

1.6　L4028

2.1　6.6×11.6 厘米；1 紙；共 2 行，行 4 字殘。

2.3　殘片。首殘尾殘。通卷下殘。已修整。

3.4　説明：

　　本遺書為經文雜寫 2 行："薩摩訶薩/□庚多百/"。

8　8～9 世紀。吐蕃統治時期寫本。

9.1　楷書。

12　本遺書為從 BD03138 號背面揭下的古代裱補紙。

1.1　BD16050 號

1.3　金剛般若波羅蜜經

1.6　L4028

2.1　16×26.7 厘米；1 紙；共 3 行，行 6 字殘。

2.3　殘片。首斷尾斷。有多層古代裱補，裱補紙上另有殘字，
可辨"義"等 2 字。已修整。

3.1　首殘→大正 0235，08/0749B08。

3.2　尾殘→大正 0235，08/0749B11。

8　8 世紀，唐寫本。

9.1　楷書。

12　本遺書為從 BD03138 號背面揭下的古代裱補紙。

1.1　BD16051 號 A

1.3　太上洞玄靈寶業報因緣經卷一〇

1.6　L4028

2.1　3.9×12.5 厘米；1 紙；共 2 行，行 8 字殘。

2.3　殘片。首殘尾殘。通卷下殘。有烏絲欄。已修整。

3.1　首殘→《中華道藏》，05/205C08。

3.2　尾殘→《中華道藏》，05/205C09。

8　7～8 世紀。唐寫本。

9.1　楷書。

12　本遺書為從 BD03138 號背面揭下的古代裱補紙。

1.1　BD16051 號 B

1.3　殘片（擬）

1.6　L4028

2.1　2.5×1.5 厘米；1 紙；共 1 行，行 1 字殘。

2.3　殘片。首殘尾殘。上下均殘。已修整。

3.4　説明：

　　本遺書僅存一個"王"字。

8　7～8 世紀。唐寫本。

9.1　楷書。

12　本遺書為從 BD03138 號背面揭下的古代裱補紙。

1.1　BD16052 號 A

1.3　丙午年通查渠口轉帖（擬）

1.6　L4028

2.1　27.1×23.9 厘米；1 紙；共 11 行，行 13 字。

2.3　殘片。首全尾殘。通卷上殘，卷面殘破。已修整。

3.3　錄文：

　　（首殘）

　　轉帖（?），僧智恩、張道子、/

　　◇，來幸者、趙懷多（?）、趙虜（?）子、/

　　道，馬務兒、◇…◇，劉骨子、/

　　◇，程件子，◇…◇/

　　◇◇◇，今緣水次逼近，切要通查/

　　渠口，人各白刺七◇束，◇◇壹事，帖/

　　至限今日一日卯時，須得本身枉/

　　失不◇◇◇取齊。捉二人後到/

　　及全不來者，罰酒半，的無◇◇/

　　以各自第（遞）名者。留，十一日。/

　　丙午◇…◇錄事 ◇闍梨/

　　（錄文完）

8　9～10 世紀。歸義軍時期寫本。

9.1　行書。

12　本遺書為從 BD03138 號背面揭下的古代裱補紙。

1.1　BD16052 號 B

1.3　酒破歷（擬）

1.6　L4028

2.1　4.5×6.2 厘米；1 紙；共 2 行，行 14 字殘。

2.3　殘片。首殘尾殘。通卷下殘。已修整。

3.3　錄文：

　　（首殘）

　　四月十一日送路陳都頭用酒一瓮□…□/

　　四月廿三日用酒一角◇食◇及盡□…□/

　　（錄文完）

8　9～10 世紀。歸義軍時期寫本。

9.1　行書。

12　本遺書為從 BD03138 號背面揭下的古代裱補紙。

1.1　BD16052 號 C

1.3　糧食歷（擬）

1.6　L4028

2.1　2.6×6 厘米；1 紙；共 2 行，行 2 字殘。

2.3　殘片。首殘尾殘。通卷下殘。已修整。

3.3　錄文：

　　（首殘）

　　◇◇□…□/

　　九斜□…□

　　（錄文完）

8　9～10 世紀。歸義軍時期寫本。

9.1　行書。

12　本遺書為從 BD03138 號背面揭下的古代裱補紙。

1.1　BD16052 號 D

1.3　僧名錄（擬）

1.6　L4028

2.1　15.1×24.2 厘米；1 紙；共 6 行，行 11 字殘。

2.3　殘片。首全尾殘。通卷上殘，下邊殘缺，有殘洞。已修整。

3.3　錄文：

（首殘）

□…□定香、延定延、妙定、修善、願妙、信□…□／

□…□修、功德進、□深、信定、信深（?）□…□／

□…□直、延定喜、□德妙、精勝妙、保□…□／

□…□□圓、◇喜、□行、◇意、虛妙、□…□／

□…□◇◇、沙彌信因、戒願、榮定、信□□…□／

□…□□進、正世、善戒、善圓、願智□…□／

（錄文完）

8　9～10 世紀。歸義軍時期寫本。

9.1　行書。

12　本遺書為從 BD03138 號背面揭下的古代裱補紙。

1.1　BD16053 號 A

1.3　素紙二十一塊（擬）

1.6　L4028

2.1　52.2×（0.3～20.7）厘米；21 紙。

2.2　01：05.9，00；　　02：02.1，00；　　03：03.1，00；

04：02.9，00；　　05：05.3，00；　　06：02.8，00；

07：02.8，00；　　08：02.7，00；　　09：01.0，00；

10：01.6，00；　　11：01.2，00；　　12：02.2，00；

13：02.3，00；　　14：03.0，00；　　15：02.6，00；

16：01.2，00；　　17：02.1，00；　　18：04.1，00；

19：02.8，00；　　20：00.5，00；　　21：03.0，00。

2.3　殘片。首殘尾殘。已修整。

3.4　説明：

本遺書為 21 塊素紙。情況分別如下：

（1）5.9×20.7 厘米。

（2）2.1×3.1 厘米。

（3）3.1×13.7 厘米。

（4）2.9×17.1 厘米。

（5）5.3×18 厘米。此件由 5.2×8.5 厘米在上，3.3×8.3、3.5×9.1 厘米在下，3.7×1.9 厘米在中，4 個殘片相接而成。紙質不同。

（6）2.8×14.3 厘米。

（7）2.8×4.7 厘米。

（8）2.7×1.4 厘米。

（9）1×0.3 厘米。

（10）1.6×0.8 厘米。

（11）1.2×0.8 厘米。

（12）2.2×2.2 厘米。兩種紙小殘片相疊而成。

（13）2.3×3.1 厘米。

（14）3×4.2 厘米。有墨跡。

（15）2.6×3.9 厘米。

（16）1.2×1.5 厘米。

（17）2.1×2.2 厘米。

（18）4.1×5.1 厘米。

（19）2.8×2.9 厘米。

（20）0.5×0.5 厘米。

（21）3×3.5 厘米。

12　本遺書為從 BD03138 號背面揭下的古代裱補紙。

13　裝為第一紙袋。

1.1　BD16053 號 B

1.3　素紙十七塊（擬）

1.6　L4028

2.1　145.3×（2.2～24.5）厘米；17 紙。

2.2　01：13.3，00；　　02：09.1，00；　　03：10.2，00；

04：10.6，00；　　05：04.7，00；　　06：06.1，00；

07：13.2，00；　　08：08.0，00；　　09：02.0，00；

10：09.1，00；　　11：16.2，00；　　12：05.4，00；

13：10.5，00；　　14：08.4，00；　　15：05.8，00；

16：01.7，00；　　17：11.0，00。

2.3　殘片。首殘尾殘。已修整。

3.4　説明：

本遺書為 17 塊素紙。情況分別如下：

（1）13.3×24.5 厘米。有裱補紙。

（2）9.1×4 厘米。

（3）10.2×10.5 厘米。有裱補紙。

（4）10.6×9.1 厘米。

（5）4.7×3.4 厘米。此件由 3.1×1 厘米與 1.6×3.5 厘米 2 小殘片垂直相接而成。

（6）6.1×2.2 厘米。

（7）13.2×3.1 厘米。

（8）8×4.6 厘米。

（9）2×7.2 厘米。

（10）9.1×4 厘米。

（11）16.2×23.7 厘米。此件由 10×23.7 厘米與 5.6×3.7 厘米 2 小殘片垂直相接而成。有多層裱補。

（12）5.4×2.6 厘米。

（13）10.5×9.1 厘米。

（14）8.4×5.1 厘米。

（15）5.8×6.5 厘米。

（16）1.7×6.7 厘米。

（17）11×23.6 厘米。有多層紙。

12　本遺書為從 BD03138 號背面揭下的古代裱補紙。

13　裝為第二、第三紙袋。

1.1　BD16053 號 C

1.3　素紙四塊（擬）

1.6　L4028

2.1　44.3 ×（5 ~7.5）厘米；4 紙。

2.2　01：13.0，00；　　02：10.6，00；　　03：02.5，00；
　　　04：18.2，00。

2.3　殘片。首殘尾殘。已修整。

3.4　説明：

　　　本遺書為 4 塊素紙。情況分別如下：

　　　（1）13 ×6.3 厘米。

　　　（2）10.6 ×5 厘米。

　　　（3）2.5 ×7.5 厘米。多層紙。

　　　（4）18.2 ×7.4 厘米。

12　本遺書為從 BD03138 號背面揭下的古代裱補紙。

13　裝為第四紙袋。

1.1　BD16053 號 D

1.3　素紙十七塊（擬）

1.6　L4028

2.1　89.7 ×（3.1 ~28.8）厘米；17 紙。

2.2　01：05.7，00；　　02：05.3，00；　　03：03.5，00；
　　　04：04.1，00；　　05：05.4，00；　　06：06.6，00；
　　　07：04.7，00；　　08：03.4，00；　　09：03.9，00；
　　　10：03.7，00；　　11：15.2，00；　　12：04.8，00；
　　　13：05.3，00；　　14：03.8，00；　　15：05.3，00；
　　　16：05.3，00；　　17：03.7，00。

2.3　殘片。首殘尾殘。已修整。

3.4　説明：

　　　本遺書為 17 塊素紙。情況分別如下：

　　　（1）5.7 ×3.1 厘米。

　　　（2）5.3 ×3.2 厘米。

　　　（3）3.5 ×17.9 厘米。由 3.5 ×7.8 厘米上、3.3 ×9.8 厘米
下、3 ×2.2 厘米中間 3 個小殘片粘合而成。

　　　（4）4.1 ×16.4 厘米。

　　　（5）5.4 ×3.5 厘米。

　　　（6）6.6 ×3.4 厘米。

　　　（7）4.7 ×3.7 厘米。

　　　（8）3.4 ×7.4 厘米。

　　　（9）3.9 ×17.1 厘米。

　　　（10）3.7 ×3.3 厘米。

　　　（11）15.2 ×28.8 厘米。

　　　（12）4.8 ×14.1 厘米。

　　　（13）5.3 ×12.9 厘米。

　　　（14）3.8 ×27.5 厘米。

　　　（15）5.3 ×6.7 厘米。

　　　（16）5.3 ×7 厘米。

　　　（17）3.7 ×3.1 厘米。

12　本遺書為從 BD03138 號背面揭下的古代裱補紙。

13　裝為第五、第六紙袋。

1.1　BD16054 號 A

1.3　賢愚經卷一

1.6　L4029

2.1　19.6 ×25 厘米；2 紙；共 12 行，行 17 字。

2.2　01：12.8，08；　　02：06.8，04。

2.3　殘片。首殘尾殘。上下邊有殘破。有烏絲欄。已修整。

3.1　首殘→大正 0202，04/0353C22。

3.2　尾殘→大正 0202，04/0354A06。

5　與《大正藏》本對照，文字略有參差。

6.1　首→BD16054 號 G。

6.2　尾→BD16054 號 B。

6.3　BD16054 號 E、BD16054 號 F、BD16054 號 D、BD16054
號 C、BD16054 號 G、BD16054 號 A、BD16054 號 B 可依次綴接。

8　5 ~6 世紀。南北朝寫本。

9.1　隸楷。

12　本遺書為從 BD00981 號背面揭下的古代裱補紙。

1.1　BD16054 號 B

1.3　賢愚經卷一

1.6　L4029

2.1　18.6 ×8.3 厘米；1 紙；共 12 行，行 5 字殘。

2.3　殘片。首殘尾殘。通卷下殘。有烏絲欄。已修整。

3.1　首殘→大正 0202，04/0354A06。

3.2　尾殘→大正 0202，04/0354A18。

6.1　首→BD16054 號 A。

6.3　BD16054 號 E、BD16054 號 F、BD16054 號 D、BD16054
號 C、BD16054 號 G、BD16054 號 A、BD16054 號 B 可依次綴接。

8　5 ~6 世紀。南北朝寫本。

9.1　隸楷。

12　本遺書為從 BD00981 號背面揭下的古代裱補紙。

1.1　BD16054 號 C

1.3　賢愚經卷一

1.6　L4029

2.1　7.9 ×7 厘米；1 紙；共 5 行，行 3 字殘。

2.3　殘片。首殘尾殘。通卷上殘。有烏絲欄。已修整。

3.1　首殘→大正 0202，04/0353C12。

3.2　尾殘→大正 0202，04/0353C16。

6.2　尾→BD16054 號 G。

6.3　BD16054 號 E、BD16054 號 F、BD16054 號 D、BD16054
號 C、BD16054 號 G、BD16054 號 A、BD16054 號 B 可依次綴接。

8　5 ~6 世紀。南北朝寫本。

9.1　隸楷。

12　本遺書為從 BD00981 號背面揭下的古代裱補紙。

1.1 BD16054 號 D

1.3 賢愚經卷一

1.6 L4029

2.1 7.5×10.5 厘米；1 紙；共 5 行，行 6 字殘。

2.3 殘片。首殘尾殘。通卷下殘。有烏絲欄。已修整。

3.1 首殘→大正 0202，04/0353C11。

3.2 尾殘→大正 0202，04/0353C16。

6.1 首→BD16054 號 F。

6.2 尾→BD16054 號 G，

6.3 BD16054 號 E、BD16054 號 F、BD16054 號 D、BD16054 號 C、BD16054 號 G、BD16054 號 A、BD16054 號 B 可依次綴接。

8 5~6 世紀。南北朝寫本。

9.1 隸楷。

9.2 有重文號。

12 本遺書為從 BD00981 號背面揭下的古代裱補紙。

1.1 BD16054 號 E

1.3 賢愚經卷一

1.6 L4029

2.1 5.6×11.5 厘米；1 紙；共 3 行，行 7 字殘。

2.3 殘片。首殘尾殘。通卷上殘。有烏絲欄。已修整。

3.1 首殘→大正 0202，04/0353C08。

3.2 尾殘→大正 0202，04/0353C11。

6.2 尾→BD16054 號 C。

6.3 BD16054 號 E、BD16054 號 F、BD16054 號 D、BD16054 號 C、BD16054 號 G、BD16054 號 A、BD16054 號 B 可依次綴接。

8 5~6 世紀。南北朝寫本。

9.1 隸楷。

9.2 有重文號。

12 本遺書為從 BD00981 號背面揭下的古代裱補紙。

1.1 BD16054 號 F

1.3 賢愚經卷一

1.6 L4029

2.1 3.6×13.1 厘米；1 紙；共 2 行，行 10 字殘。

2.3 殘片。首殘尾殘。通卷下殘。有烏絲欄。已修整。

3.1 首殘→大正 0202，04/0353C09。

3.2 尾殘→大正 0202，04/0353C11。

6.2 尾→BD16054 號 D。

6.3 BD16054 號 E、BD16054 號 F、BD16054 號 D、BD16054 號 C、BD16054 號 G、BD16054 號 A、BD16054 號 B 可依次綴接。

8 5~6 世紀。南北朝寫本。

9.1 隸楷。

9.2 有重文號。

12 本遺書為從 BD00981 號背面揭下的古代裱補紙。

1.1 BD16054 號 G

1.3 賢愚經卷一

1.6 L4029

2.1 8.1×25.6 厘米；1 紙；共 5 行，行 17 字。

2.3 殘片。首殘尾殘。有烏絲欄。已修整。

3.1 首殘→大正 0202，04/0353C16。

3.2 尾殘→大正 0202，04/0353C22。

6.1 首→BD16054 號 D。

6.2 尾→BD16054 號 A。

6.3 BD16054 號 E、BD16054 號 F、BD16054 號 D、BD16054 號 C、BD16054 號 G、BD16054 號 A、BD16054 號 B 可依次綴接。

8 5~6 世紀。南北朝寫本。

9.1 隸楷。

12 本遺書為從 BD00981 號背面揭下的古代裱補紙。

1.1 BD16055 號

1.3 殘片（擬）

1.6 L4029

2.1 2.8×2.2 厘米；1 紙；共 1 行，行 1 字殘。

2.3 殘片。首殘尾殘。通卷上下殘。有烏絲欄。左附一 0.4×1 厘米小殘渣。已修整。

3.4 說明：

本遺書僅存一個 "方" 字。

8 7~8 世紀。唐寫本。

9.1 楷書。

12 本遺書為從 BD00981 號背面揭下的古代裱補紙。

1.1 BD16056 號

1.3 素紙十四塊（擬）

1.6 L4029

2.1 117.9× (4.9~29.5) 厘米；14 紙。

2.2 01：07.8，00； 02：16.2，00； 03：15.5，00； 04：05.9，00； 05：06.9，00； 06：03.6，00； 07：05.7，00； 08：02.7，00； 09：19.9，00； 10：09.5，00； 11：06.8，00； 12：08.3，00； 13：04.0，00； 14：05.1，00。

2.3 殘片。首殘尾殘。已修整。

3.4 說明：

本遺書為 14 塊素紙。情況分別如下：

(1) 7.8×5.2 厘米。

(2) 16.2×7.5 厘米。

(3) 15.5×6 厘米。

(4) 5.9×7 厘米。

(5) 6.9×9.1 厘米。

(6) 3.6×9.5 厘米。

(7) 5.7×9.5 厘米。

(8) 2.7×5.4 厘米。

(9) 19.9×6.7 厘米。

（10）9.5×4.9 厘米。

（11）6.8×29.5 厘米。

（12）8.3×20.1 厘米。本件由 7.9×13.5 厘米、3.7×11 厘米二素紙上下、3.7×11 厘米、1.8×3 厘米二素紙左右相接而成。上附 0.4×1 厘米殘渣。

（13）4×8.1 厘米。

（14）5.1×15.4 厘米。

12　本遺書為從 BD00981 號背面揭下的古代裱補紙。

1.1　BD16057 號

1.3　尚書正義·武成

1.6　L4030

2.1　7.3×14 厘米；1 紙；正面 4 行，行 11 字殘。背面 4 行，行 11 字殘。

2.3　殘片。首殘尾殘。上邊殘缺，通卷下殘。正面有烏絲欄，有雙行夾註。已修整。

2.4　本遺書包括 2 個文獻：（一）《尚書正義·武成》，4 行，抄寫在正面，今編為 BD16057 號。（二）《衆經要攬·出家章》，4 行，抄寫在背面，今編為 BD16057 號背。

3.1　首殘→《十三經注疏》，01/0185A10。

3.2　尾殘→《十三經注疏》，01/0185A14。

8　7~8 世紀。唐寫本。

9.1　楷書。

12　本遺書為從 BD02506 號背面揭下的古代裱補紙。

1.1　BD16057 號背

1.3　衆經要攬·出家章

1.6　L4030

2.4　本遺書由 2 個文獻組成，本文獻為第 2 個，4 行，抄寫在背面。餘參見 BD16057 號之第 2 項。

3.3　錄文：

（首殘）

□…□毀損欲求善法□…□/

□…□甚多。若男女奴婢，若自己身□…□/

□…□營作出家因緣，於生死中□…□/

□人出家因緣□…□/

（錄文完）

3.4　說明：

參見斯 00514 號。

8　9~10 世紀。歸義軍時期寫本。

9.1　楷書。

12　本遺書為從 BD02506 號背面揭下的古代裱補紙。

1.1　BD16058 號 A

1.3　禮懺文（擬）

1.6　L4031

2.1　20.8×8.8 厘米；2 紙；共 14 行，行 6 字殘。

2.2　01：16.5，11；　　02：04.3，03。

2.3　殘片。首殘尾殘。通卷下殘。已修整。

3.4　說明：

本遺書第一紙 11 行內容相當於大正 2856，85/1305c27~1306a05。文字略有不同。

第二紙 3 行錄文如下：

白衆等聽說黃□…□/

人間憨憨營棄□…□/

□…□風中□…□/

8　8~9 世紀。吐蕃統治時期寫本。

9.1　行楷。

12　本遺書為從 BD01876 號背面揭下的古代裱補紙。

1.1　BD16058 號 B

1.3　酉年七月廿八日文書（擬）

1.6　L4031

2.1　4×6.5 厘米；1 紙；共 2 行，行 9 字殘。

2.3　殘片。首殘尾殘。通卷下殘。已修整。

3.3　錄文：

（首殘）

酉年七月廿八日◇四□…□/

全（金？）◇…◇□…□/

（錄文完）

8　8~9 世紀。吐蕃統治時期寫本。

9.1　楷書。

12　本遺書為從 BD01876 號背面揭下的古代裱補紙。

1.1　BD16059 號

1.3　書狀（擬）

1.6　L4032

2.1　15.9×（8.1~17.2）厘米；3 紙；共 8 行，行 7 字殘。

2.2　01：07.2，04；　　02：05.4，03；　　03：03.3，01。

2.3　殘片。首殘尾殘。本遺書現存殘片 3 塊，卷面殘碎，通卷下殘。已修整。

3.4　說明：

本遺書三個殘片為同一文獻，但內容不能直接綴接。情況如下：

（A）07.2×17.2 厘米，4 行。錄文如下：

還□…□

卻落（？）遺□…□/

今因使次，合有寄□…□/

□□不具，——□…□/

（後殘）

（B）5.4×8.1 厘米，3 行。錄文如下：

□…□本□…□/

□…□寄□…□/

□□信緣（？）使次□…□/

（後殘）

（C）3.3×14厘米，1行。錄文如下：

謹狀不宣奉狀□…□╱

（後殘）

8　9～10世紀。歸義軍時期寫本。

9.1　行書。

12　本遺書為從BD00885號背面揭下的古代裱補紙。

1.1　BD16060號

1.3　彩繪殘片（擬）

1.6　L4032

2.1　16.8×17.4厘米；1紙。

2.3　殘片。首殘尾殘。通卷上殘。已修整。

3.4　說明：

本遺書為墨線勾勒的彩繪殘片，因僅殘存一角，難以確定所繪內容。

8　9～10世紀。歸義軍時期寫本。

12　本遺書為從BD00885號背面揭下的古代裱補紙。

1.1　BD16061號

1.3　殘片（擬）

1.6　L4033

2.1　16.5×（4.9～5.1）厘米；3紙；共6行，行1字殘。

2.2　01：08.5，03；　　02：04.5，02；　　03：03.5，01。

2.3　殘片。首殘尾殘。本遺書現存殘片3塊，通卷下殘。已修整。

3.4　說明：

本遺書三個殘片為同一文獻，但內容不能直接綴接。情況如下：

（A）8.5×4.9厘米，3行。可辨"賀"、"照"（?）字。

（B）4.5×5.1厘米，2行。可辨"鳳"、"龍"字。

（C）3.5×5厘米；1行。可辨"分"字及3殘字痕。

8　5～6世紀。南北朝寫本。

9.1　隸書。

12　本遺書為從BD01398號背面揭下的古代裱補紙。

1.1　BD16062號A

1.3　殘片（擬）

1.6　L4034

2.1　18.5×4.95厘米；1紙；正面1行，行3字殘。背面4行，行3字殘。

2.3　殘片。首殘尾殘。通卷上下殘。已修整。

3.4　說明：

本遺書僅存1行3字，似為"說名全也"。背面有4行墨跡，難以辨認。

8　9～10世紀。歸義軍時期寫本。

9.1　行書。

12　本遺書為從BD07273號背面揭下的古代裱補紙。

1.1　BD16062號B

1.3　殘片（擬）

1.6　L4034

2.1　11.5×5.7厘米；1紙；共2行，行3字殘。

2.3　殘片。首斷尾斷。通卷下殘。已修整。

3.4　說明：

本遺書僅存2行，可辨"◇文◇□…□╱◇留□…□╱"。前有一墨跡符號。

8　9～10世紀。歸義軍時期寫本。

9.1　行書。

12　本遺書為從BD07273號背面揭下的古代裱補紙。

1.1　BD16063號A

1.3　金光明最勝王經卷五

1.6　L4035

2.1　4.2×6.4厘米；1紙；共4行，行6字殘。

2.3　殘片。首殘尾殘。通卷下殘。有烏絲欄。已修整。

3.1　首殘→大正0665，16/0422C11。

3.2　尾殘→大正0665，16/0422C14。

5　與《大正藏》本對照，文字略有參差。

6.3　BD16063號D、BD16063號B、BD16063號A、BD16063號C等四號可以依次上下綴接，綴接以後情況如下（殘片編號附在文後，綴接處用" ‖ "表示），參見大正0665，16/0422C11～14：

目淨D‖無垢妙端嚴，B‖猶如廣大A‖青蓮葉C；

舌相D‖廣長極柔軟，B‖譬如紅蓮A‖出水中C；

眉間D‖常有白毫光，B‖右旋宛轉頗梨A‖色C；

眉細D‖纖長類初月，B‖其色晃耀A‖比蜂王C。

8　8～9世紀。吐蕃統治時期寫本。

9.1　楷書。

9.2　有行間加行，行字殘。

12　本遺書為從BD05042號背面揭下的古代裱補紙。

1.1　BD16063號B

1.3　金光明最勝王經卷五

1.6　L4035

2.1　4.3×6.5厘米；1紙；共4行，行5字殘。

2.3　殘片。首殘尾殘。通卷上下殘。有烏絲欄。已修整。

3.1　首殘→大正0665，16/0422C11。

3.2　尾殘→大正0665，16/0422C14。

6.3　BD16063號D、BD16063號B、BD16063號A、BD16063號C等四號可以依次上下綴接。參見BD16063號A第6.3項。

8　8～9世紀。吐蕃統治時期寫本。

9.1　楷書。

9.2　有行間加行，行字殘。

12　本遺書為從 BD05042 號背面揭下的古代裱補紙。

1.1　BD16063 號 C

1.3　金光明最勝王經卷五

1.6　L4035

2.1　4.2×7.3 厘米；1 紙；共 4 行，行 3 字殘。

2.3　殘片。首殘尾殘。通卷下殘。有烏絲欄。已修整。

3.1　首殘→大正 0665，16/0422C11。

3.2　尾殘→大正 0665，16/0422C14。

6.3　BD16063 號 D、BD16063 號 B、BD16063 號 A、BD16063 號 C 等四號可以依次上下綴接。參見 BD16063 號 A 第 6.3 項。

8　8～9 世紀。吐蕃統治時期寫本。

9.1　楷書。

9.2　有行間加行，行字殘。

12　本遺書為從 BD05042 號背面揭下的古代裱補紙。

1.1　BD16063 號 D

1.3　金光明最勝王經卷五

1.6　L4035

2.1　3.8×6.3 厘米；1 紙；共 4 行，行 2 字殘。

2.3　殘片。首殘尾殘。通卷下殘。有烏絲欄。已修整。

3.1　首殘→大正 0665，16/0422C11。

3.2　尾殘→大正 0665，16/0422C14。

6.3　BD16063 號 D、BD16063 號 B、BD16063 號 A、BD16063 號 C 等四號可以依次上下綴接。參見 BD16063 號 A 第 6.3 項。

8　8～9 世紀。吐蕃統治時期寫本。

9.1　楷書。

9.2　有行間加行，行字殘。

12　本遺書為從 BD05042 號背面揭下的古代裱補紙。

1.1　BD16063 號 E

1.3　金光明最勝王經卷一〇

1.6　L4035

2.1　3×6.4 厘米；1 紙；共 2 行，行 2 字殘。

2.3　殘片。首殘尾殘。通卷上殘。有烏絲欄。已修整。

3.1　首殘→大正 0665，16/0455A27。

3.2　尾殘→大正 0665，16/0455A28。

6.3　BD16188 號 E、BD16063 號 F、BD16063 號 H、BD16063 號 I、BD16063 號 J、BD16063 號 K、BD16063 號 L、BD16063 號 M、BD16063 號 P 等九號可以互相綴接，綴接以後的情況如下（殘片編號附在文後，綴接處用“‖”表示，括弧中為殘缺文字），參見大正 0665，16/0455A24～28：

（敬禮）能離非法慧！M ‖ 敬禮恒無 P ‖ 分別慧！J

（希有世尊無邊行，）希有難見比 H ‖ 優曇；

（希有如海）鎮山王，I ‖ 希有善逝光 H ‖ 無量。

（希有調御）弘慈願，L ‖ 希有釋種明 F ‖ 逾日 E；

（能說如是經中寶，）哀愍利益諸 F ‖ 群生 E。

12　本遺書為從 BD05042 號背面揭下的古代裱補紙。

8　8～9 世紀。吐蕃統治時期寫本。

9.1　楷書。

12　本遺書為從 BD05042 號背面揭下的古代裱補紙。

1.1　BD16063 號 F

1.3　金光明最勝王經卷一〇

1.6　L4035

2.1　2.9×5.3 厘米；1 紙；共 2 行，行 4 字殘。

2.3　殘片。首殘尾殘。通卷上下殘。有烏絲欄。已修整。

3.1　首殘→大正 0665，16/0455A27。

3.2　尾殘→大正 0665，16/0455A28。

6.3　BD16188 號 E、BD16063 號 F、BD16063 號 H、BD16063 號 I、BD16063 號 J、BD16063 號 K、BD16063 號 L、BD16063 號 M、BD16063 號 P 等九號可以互相綴接，參見 BD16063 號 E 的 6.3 項。

8　8～9 世紀。吐蕃統治時期寫本。

9.1　楷書。

12　本遺書為從 BD05042 號背面揭下的古代裱補紙。

1.1　BD16063 號 G

1.3　殘片（擬）

1.6　L4035

2.1　3×5.8 厘米；1 紙；共 1 行，行 3 字殘。

2.3　殘片。首殘尾殘。通卷上下殘。已修整。

3.4　說明：
　　本遺書僅存 3 殘字，難以辨認。

8　8～9 世紀。吐蕃統治時期寫本。

12　本遺書為從 BD05042 號背面揭下的古代裱補紙。

1.1　BD16063 號 H

1.3　金光明最勝王經卷一〇

1.6　L4035

2.1　2.6×5 厘米；1 紙；共 2 行，行 5 字殘。

2.3　殘片。首殘尾殘。通卷上下殘。有烏絲欄。已修整。

3.1　首殘→大正 0665，16/0455A25。

3.2　尾殘→大正 0665，16/0455A26。

6.3　BD16188 號 E、BD16063 號 F、BD16063 號 H、BD16063 號 I、BD16063 號 J、BD16063 號 K、BD16063 號 L、BD16063 號 M、BD16063 號 P 等九號可以互相綴接，參見 BD16063 號 E 的 6.3 項。

8　8～9 世紀。吐蕃統治時期寫本。

9.1　楷書。

12　本遺書為從 BD05042 號背面揭下的古代裱補紙。

1.1　BD16063 號 I

1.3　金光明最勝王經卷一〇

1.6　L4035

2.1　2.7×6.1厘米；1紙；共1行，行3字殘。

2.3　殘片。首殘尾殘。通卷上下殘。有烏絲欄。已修整。

3.1　首殘→大正0665，16/0455A26。

3.2　尾殘→大正0665，16/0455A26。

6.3　BD16188號E、BD16063號F、BD16063號H、BD16063號I、BD16063號J、BD16063號K、BD16063號L、BD16063號M、BD16063號P等九號可以互相綴接，參見BD16063號E的6.3項。

8　8～9世紀。吐蕃統治時期寫本。

9.1　楷書。

12　本遺書為從BD05042號背面揭下的古代裱補紙。

1.1　BD16063號J

1.3　金光明最勝王經卷一〇

1.6　L4035

2.1　2.1×8.2厘米；1紙；共1行，行3字殘。

2.3　殘片。首殘尾殘。通卷上殘。有烏絲欄。已修整。

3.1　首殘→大正0665，16/0455A24。

3.2　尾殘→大正0665，16/0455A24。

6.3　BD16188號E、BD16063號F、BD16063號H、BD16063號I、BD16063號J、BD16063號K、BD16063號L、BD16063號M、BD16063號P等九號可以互相綴接，參見BD16063號E的6.3項。

8　8～9世紀。吐蕃統治時期寫本。

9.1　楷書。

12　本遺書為從BD05042號背面揭下的古代裱補紙。

1.1　BD16063號K

1.3　金光明最勝王經卷一〇

1.6　L4035

2.1　2.5×6.5厘米；1紙；共2行，行2字殘。

2.3　殘片。首殘尾殘。通卷上殘。有烏絲欄。已修整。

3.1　首殘→大正0665，16/0455A25。

3.2　尾殘→大正0665，16/0455A26。

6.3　BD16188號E、BD16063號F、BD16063號H、BD16063號I、BD16063號J、BD16063號K、BD16063號L、BD16063號M、BD16063號P等九號可以互相綴接，參見BD16063號E的6.3項。

8　8～9世紀。吐蕃統治時期寫本。

9.1　楷書。

12　本遺書為從BD05042號背面揭下的古代裱補紙。

1.1　BD16063號L

1.3　金光明最勝王經卷一〇

1.6　L4035

2.1　2.3×6.4厘米；1紙；共1行，行3字殘。

2.3　殘片。首殘尾殘。通卷上下殘。有烏絲欄。已修整。

3.1　首殘→大正0665，16/0455A27。

3.2　尾殘→大正0665，16/0455A27。

6.3　BD16188號E、BD16063號F、BD16063號H、BD16063號I、BD16063號J、BD16063號K、BD16063號L、BD16063號M、BD16063號P等九號可以互相綴接，參見BD16063號E的6.3項。

8　8～9世紀。吐蕃統治時期寫本。

9.1　楷書。

12　本遺書為從BD05042號背面揭下的古代裱補紙。

1.1　BD16063號M

1.3　殘片（擬）

1.6　L4035

2.1　1.5×5厘米；1紙；共1行，行5字殘。

2.3　殘片。首殘尾殘。通卷上下殘。有烏絲欄。已修整。

3.1　首殘→大正0665，16/0455A24。

3.2　尾殘→大正0665，16/0455A24。

6.3　BD16188號E、BD16063號F、BD16063號H、BD16063號I、BD16063號J、BD16063號K、BD16063號L、BD16063號M、BD16063號P等九號可以互相綴接，參見BD16063號E的6.3項。

8　8～9世紀。吐蕃統治時期寫本。

9.1　楷書。

12　本遺書為從BD05042號背面揭下的古代裱補紙。

1.1　BD16063號N

1.3　殘片（擬）

1.6　L4035

2.1　2.6×4.3厘米；1紙。

2.3　殘片。首殘尾殘。通卷上殘。有烏絲欄。已修整。

3.4　說明：

　　本遺書僅存一個殘字，難以辨認。

8　8～9世紀。吐蕃統治時期寫本。

12　本遺書為從BD05042號背面揭下的古代裱補紙。

1.1　BD16063號O

1.3　殘片（擬）

1.6　L4035

2.1　2.4×3.1厘米；1紙；共1行，行3字殘。

2.3　殘片。首殘尾殘。有烏絲欄。已修整。

3.4　說明：

　　本遺書僅存"功德，此（？）"3字，多個文獻均有同樣內容。

8　8～9世紀。吐蕃統治時期寫本。

9.1　楷書。

12　本遺書為從BD05042號背面揭下的古代裱補紙。

1.1 BD16063 號 P

1.3 金光明最勝王經卷一〇

1.6 L4035

2.1 2.1×6.8 厘米；1 紙；共 1 行，行 4 字殘。

2.3 殘片。首殘尾殘。通卷上下殘。有烏絲欄。已修整。

3.1 首殘→大正 0665，16/0455A24。

3.2 尾殘→大正 0665，16/0455A24。

6.3 BD16188 號 E、BD16063 號 F、BD16063 號 H、BD16063 號
I、BD16063 號 J、BD16063 號 K、BD16063 號 L、BD16063 號 M、
BD16063 號 P 等九號可以互相綴接，參見 BD16063 號 E 的
6.3 項。

8 8～9 世紀。吐蕃統治時期寫本。

9.1 楷書。

12 本遺書為從 BD05042 號背面揭下的古代裱補紙。

1.1 BD16064 號

1.3 殘片（擬）

1.6 L4036

2.1 3.4×6.3 厘米；1 紙；共 1 行，行 2 字殘。

2.3 殘片。首殘尾殘。通卷上下殘。已修整。

3.4 說明：

　　本遺書僅存"高早" 2 字。

8 7～8 世紀。唐寫本。

9.1 楷書。

12 本遺書為從 BD08093 號背面揭下的古代裱補紙。

1.1 BD16065 號 A

1.3 靈圖寺名稱殘片（擬）

1.6 L4037

2.1 4.6×8.2 厘米；1 紙；共 1 行，行 3 字殘。

2.3 殘片。首殘尾殘。通卷上下殘。已修整。

3.4 說明：

　　本遺書僅存殘字"靈圖寺"。

6.4 與 BD16065 號 B 為同文獻，但不能直接綴接。

8 9～10 世紀。歸義軍時期寫本。

9.1 楷書。

12 本遺書為從 BD04250 號 B 背面揭下的古代裱補紙。

1.1 BD16065 號 B

1.3 殘片（擬）

1.6 L4037

2.1 4.1×3.6 厘米；1 紙；共 1 行，行 1 字殘。

2.3 殘片。首殘尾殘。通卷上下殘。已修整。

3.4 說明：

　　本遺書僅存"名"字。

6.4 與 BD16065 號 A 為同文獻，但不能直接綴接。

8 9～10 世紀。歸義軍時期寫本。

9.1 楷書。

12 本遺書為從 BD04250 號 B 背面揭下的古代裱補紙。

1.1 BD16066 號

1.3 金光明最勝王經卷三

1.6 L4037

2.1 2.4×2.6 厘米；2 紙；共 2 行，行 3 字殘。

2.2 01：01.2，01；　　02：01.2，01。

2.3 殘片。首殘尾殘。通卷上下殘。已修整。

3.1 首殘→大正 0665，16/0417B14。

3.2 尾殘→大正 0665，16/0417B15。

3.4 說明：

　　本遺書為兩個殘片，可以前後綴接。今按照綴接以後情況，
作為一件著錄。

8 8～9 世紀。吐蕃統治時期寫本。

9.1 楷書。

12 本遺書為從 BD04250 號 B 背面揭下的古代裱補紙。

1.1 BD16067 號

1.3 般若波羅蜜多心經

1.6 L4038

2.1 6.2×10.2 厘米；1 紙；共 4 行，行 6 字殘。

2.3 殘片。首殘尾殘。通卷上殘。已修整。

3.1 首殘→大正 0251，08/0848C09。

3.2 尾殘→大正 0251，08/0848C13。

8 9～10 世紀。歸義軍時期寫本。

9.1 楷書。

12 本遺書為從 BD04571 號背面揭下的古代裱補紙。

1.1 BD16068 號

1.3 未年十一月文書（擬）

1.6 L4039

2.1 16.7×8.9 厘米；1 紙；共 8 行，行 7 字殘。

2.3 殘片。首殘尾殘。通卷上下殘。已修整。

3.3 錄文：

　　（首殘）

　　□…□未年十一月廿九□…□/

　　□…□勿地價物數□…□/

　　□…□還得麥壹□…□/

　　□…□停善德□…□/

　　□…□十□…□/

　　□…□紬八尺節□…□/

　　□…□姓二人來□…□/

　　□…□朝弟□…□/

　　（錄文完）

8 9～10 世紀。歸義軍時期寫本。

9.1 行楷。

9.2　有塗抹。

12　本遺書為從 BD05523 號背面揭下的古代裱補紙。

1.1　BD16069 號

1.3　觀世音經

1.6　L4040

2.1　25.4×25.6 厘米；1 紙；共 12 行，行 16 字殘。

2.3　殘片。首殘尾殘。通卷下殘。已修整。

3.1　首殘→大正 0262，09/0056C02。

3.2　尾殘→大正 0262，09/0056C11。

4.1　妙法蓮華經觀世音菩薩普門品第二十五（首）。

7.3　卷首"妙法蓮華經"等雜寫 3 行。

8　9～10 世紀。歸義軍時期寫本。

9.1　楷書。

12　本遺書為從 BD06323 號背面揭下的古代裱補紙。

1.1　BD16070 號

1.3　殘文書（擬）

1.6　L4041

2.1　11.4×3.8 厘米；1 紙；共 4 行，行 2 字殘。

2.3　殘片。首殘尾殘。通卷上下殘。已修整。

3.3　錄文：

（首殘）

□…□麥（麵?）兩□…□/

□…□三准□…□/

□…□来不□…□/

□…□師叔□…□/

（錄文完）

8　9～10 世紀。歸義軍時期寫本。

9.1　行楷。

12　本遺書為從 BD02731 號背面揭下的古代裱補紙。

1.1　BD16071 號

1.3　素紙一塊（擬）

1.6　L4041

2.1　34.7×4.4 厘米；1 紙。

2.3　殘片。首殘尾殘。已修整。

12　本遺書為從 BD02731 號背面揭下的古代裱補紙。

1.1　BD16072 號

1.3　素紙四塊（擬）

1.6　L4042

2.1　30.8×（3.2～21.8）厘米；4 紙。

2.2　01：14.4，00；　02：04.1，00；　03：02.1，00；
04：10.2，00。

2.3　殘片。首殘尾殘。已修整。

3.4　說明：

本遺書為 4 塊素紙。情況分別如下：

（1）14.4×21.8 厘米。

（2）4.1×5 厘米。

（3）2.1×3.2 厘米。

（4）10.2×9.9 厘米。

12　本遺書為從 BD01273 號背面揭下的古代裱補紙。

1.1　BD16073 號

1.3　金光明最勝王經卷四

1.6　L4043

2.1　5.8×8.2 厘米；1 紙；共 3 行，行 8 字殘。

2.3　殘片。首殘尾殘。通卷下殘。有烏絲欄。已修整。

3.1　首殘→大正 0665，16/0421C12。

3.2　尾殘→大正 0665，16/0421C16。

8　9～10 世紀。歸義軍時期寫本。

9.1　楷書。

12　本遺書為從 BD05361 號背面揭下的古代裱補紙。

1.1　BD16074 號 A

1.3　社司轉帖（擬）

1.6　L4044

2.1　8.9×11 厘米；1 紙；共 5 行，行 6 字殘。

2.3　殘片。首殘尾殘。通卷上殘。已修整。

3.3　錄文：

（首殘）

□…□婦身亡，準/

□…□結諸公等往至/

□…□巷内取齊。如有/

□…□其帖各自禾◇/

□…□和尚帖/

（錄文完）

8　9～10 世紀。歸義軍時期寫本。

9.1　行楷。

12　本遺書為從 BD07339 號背面揭下的古代裱補紙。

1.1　BD16074 號 B

1.3　殘片（擬）

1.6　L4044

2.1　4.8×20.5 厘米；1 紙；正面 3 行，行 14 字殘。背面 1 行，
行 4 字殘。

2.3　殘片。首殘尾殘。通卷上殘。已修整。

3.3　錄文：

（首殘）

□…□◇◇朵中王子信◇◇中姓賀俱（?）◇◇/

□…□尊右（?）◇…◇惟村（?）門（?）子◇◇天◇/

□…□◇皆姓令狐最口（?）不利男女心（?）不至/

（錄文完）

原卷文字模糊，文字較難辨認。

7.3 背面有1行殘字"◇◇四社（？）"。

8 9~10世紀。歸義軍時期寫本。

9.1 楷書。

12 本遺書為從BD07339號背面揭下的古代裱補紙。

1.1 BD16074號C

1.3 社司轉帖（擬）

1.6 L4044

2.1 5.4×9.6厘米；1紙；正面1行，行3字殘。背面1行，行3字殘。

2.3 殘片。首殘尾殘。通卷上殘。已修整。

3.3 錄文：

（首殘）

社司轉/

（錄文完）

7.1 背面有1行殘字，為"丁卯年□…□"。

8 9~10世紀。歸義軍時期寫本。

9.1 楷書。

12 本遺書為從BD07339號背面揭下的古代裱補紙。

1.1 BD16075號

1.3 素紙二塊（擬）

1.6 L4045

2.1 3.6×（3.7~4）厘米；2紙。

2.2 01：01.9，00；　　02：01.7，00。

2.3 殘片。首殘尾殘。已修整。

3.4 說明：

本遺書為2塊素紙。情況分別如下：

（1）1.9×4厘米。

（2）1.7×3.7厘米。

12 本遺書為從BD04633號背面揭下的古代裱補紙。

1.1 BD16076號

1.3 殘片四塊（擬）

1.6 L4046

2.1 17.6×（2.4~3.5）厘米；4紙；共8行，行1字殘。

2.2 01：03.8，00；　　02：01.4，00；　　03：03.1，00；
04：09.3，00。

2.3 殘片。首殘尾殘。已修整。

3.4 說明：

本遺書為4塊殘片。情況分別如下：

（1）3.8×2.9厘米，2行。殘存2字，難以辨認。

（2）1.4×3.5厘米，1行。存2殘字，第2個似為"日"字。

（3）3.1×2.4厘米，2行。似存3殘字，難以辨認。

（4）9.3×3.5厘米，3行。存一"子"字，其餘2字殘。

8 9~10世紀。歸義軍時期寫本。

9.1 楷書。

12 本遺書為從BD03217號背面揭下的古代裱補紙。

1.1 BD16077號

1.3 素紙六塊（擬）

1.6 L4046

2.1 24.9×（1.2~7.4）厘米；6紙。

2.2 02：02.6，00；　　03：05.2，00；
04：08.4，00；　　05：04.0，00；　　06：00.8，00。

2.3 殘片。首殘尾殘。已修整。

3.4 說明：

本遺書為6塊素紙。情況分別如下：

（1）4.5×7.4厘米。稍有墨痕。

（2）2×4.6厘米。

（3）5.2×6.2厘米。

（4）8.4×4厘米。

（5）4×3.1厘米。

（6）0.8×1.2厘米。

12 本遺書為從BD03217號背面揭下的古代裱補紙。

1.1 BD16078號

1.3 素紙二塊（擬）

1.6 L4047

2.1 7.8×（5.8~13）厘米；2紙。

2.2 01：04.4，00；　　02：03.4，00。

2.3 殘片。首殘尾殘。已修整。

3.4 說明：

本遺書為2塊素紙。情況分別如下：

（1）4.4×13厘米。

（2）3.4×5.8厘米。

12 本遺書為從BD01156號背面揭下的古代裱補紙。

1.1 BD16079號A

1.3 辛酉年二月九日僧法成便物歷（擬）

1.6 L4048

2.1 16.6×30.6厘米；1紙；共7行，行20字。

2.3 殘片。首殘尾殘。本卷一紙斷為3節，中間有剪缺。已修整。

3.3 錄文：

（首全）

辛酉年二月九日，僧法成少有斜斗出便與人抄錄：/

　　　　　　其秋入伍碩五升，

周通順，便麥拾叁碩捌斗，至秋貳拾碩柒斗。/

周保德，便粟壹□…□壹碩伍斗。其粟應門戶用。/

□…□升

┏王憨兒便粟壹碩，至□…□伍斗，口承人阿孃。其粟納

社家用。／

　　　　□…□秋壹碩伍㪷。／

　　　　□…□碩，至秋陸碩。（押）口承人佛奴。／

　　　　□…□至秋□…□口承人佛奴。／

　　　　（錄文完）

8　　9～10 世紀。歸義軍時期寫本。

9.1　行楷。

9.2　有行間校加字及勾稽。

12　　本遺書為從 BD03441 號背面揭下的古代裱補紙。

1.1　BD16079 號 B

1.3　建隆四年文書（擬）

1.6　L4048

2.1　14.4×17.1 厘米；1 紙；共 4 行，行 8 字殘。

2.3　殘片。首殘尾殘。通卷下殘。已修整。

3.3　錄文：

　　　　（首殘）

　　　　公憑裁下□…□／

　　　　◇◇伏請為（?）憑◇◇□…□／

　　　　牒件狀如前謹牒□…□／

　　　　建隆四年十一月□…□／

　　　　（錄文完）

3.4　說明：

　　　　第二行"◇◇伏請公憑◇◇□…□"墨色、字體與其他文字不符，是否同一文書，尚需研究。

8　　963 年。歸義軍時期寫本。

9.1　行楷。

12　　本遺書為從 BD03441 號背面揭下的古代裱補紙。

1.1　BD16079 號 C

1.3　殘文書（擬）

1.6　L4048

2.1　2.9×27.5 厘米；1 紙；共 2 行，行 4 字殘。

2.3　殘片。首殘尾殘。已修整。

3.3　錄文：

　　　　（首殘）

　　　　□…□家夫人紙（?）／

　　　　□…□酒用（可?）／

　　　　（錄文完）

3.4　說明：

　　　　紙面另有殘字痕，難以辨認。

8　　9～10 世紀。歸義軍時期寫本。

9.1　行楷。

12　　本遺書為從 BD03441 號背面揭下的古代裱補紙。

1.1　BD16080 號 A

1.3　藏文殘片（擬）

1.6　L4049

2.1　6×3 厘米；1 紙；共 2 行，行 5 字㡭殘。

2.3　殘片。首殘尾殘。通卷下殘。已修整。

3.4　說明：

　　　　本遺書所抄為藏文文獻。內容待考。

8　　8～9 世紀。吐蕃統治時期寫本。

9.1　楷書。

12　　本遺書為從 BD01628 號背面揭下的古代裱補紙。

1.1　BD16080 號 B

1.3　素紙二十塊（擬）

1.6　L4049

2.1　90.1×（0.6～26.6）厘米；20 紙。

2.2　01：03.9，00；　　02：05.1，00；　　03：06.6，00；

　　　04：02.5，00；　　05：06.4，00；　　06：14.4，00；

　　　07：03.3，00；　　08：03.3，00；　　09：03.1，00；

　　　10：05.1，00；　　11：03.9，00；　　12：03.4，00；

　　　13：04.7，00；　　14：05.5，00；　　15：06.2，00；

　　　16：02.9，00；　　17：02.1，00；　　18：03.1，00；

　　　19：02.1，00；　　20：02.5，00。

2.3　殘片。首殘尾殘。已修整。

3.4　說明：

　　　　本遺書為 20 塊素紙。情況分別如下：

　　　　（1）3.9×26.6 厘米。有烏絲欄。

　　　　（2）5.1×1.6 厘米。

　　　　（3）6.6×1.7 厘米。

　　　　（4）2.5×4.7 厘米。

　　　　（5）6.4×3.4 厘米。

　　　　（6）14.4×3.1 厘米。

　　　　（7）3.3×2.1 厘米。

　　　　（8）3.3×1.8 厘米。略有墨痕。

　　　　（9）3.1×3.1 厘米。

　　　　（10）5.1×2.7 厘米。

　　　　（11）3.9×3.6 厘米。

　　　　（12）3.4×2.2 厘米。

　　　　（13）4.7×2.1 厘米。

　　　　（14）5.5×2.9 厘米。

　　　　（15）6.2×2 厘米。

　　　　（16）2.9×2 厘米。

　　　　（17）2.1×1.8 厘米。

　　　　（18）3.1×1.6 厘米。

　　　　（19）2.1×1.9 厘米。

　　　　（20）2.5×0.6 厘米。

12　　本遺書為從 BD01628 號背面揭下的古代裱補紙。

1.1　BD16081 號

1.3　殘文書（擬）

1.6 L4049

2.1 3.1×26.5 厘米；1 紙；共 1 行，行 14 字。

2.3 殘片。首殘尾殘。上殘下斷。已修整。

3.4 説明：

本遺書字均半殘，只可識別"唐"、"高"、"陰"等字。

8 9～10 世紀。歸義軍時期寫本。

9.1 行書。

12 本遺書為從 BD01628 號背面揭下的古代裱補紙。

1.1 BD16082 號 A

1.3 素紙四塊（擬）

1.6 L4049

2.1 60.3×（4.5～24.4）厘米；4 紙。

2.2 01：13.0，00；　　02：07.5，00；　　03：15.5，00；
04：24.3，00。

2.3 殘片。首殘尾殘。已修整。

3.4 説明：

本遺書為 4 塊素紙。情況分別如下：

（1）13×10.1 厘米。

（2）7.5×4.5 厘米。

（3）15.5×24.4 厘米。

（4）24.3×13.5 厘米。

12 本遺書為從 BD01628 號背面揭下的古代裱補紙。

1.1 BD16083 號

1.3 某年二月九日僧談會少有斛斗出便與人名目（擬）

1.6 L4050

2.1 42.5×23.4 厘米；1 紙；共 14 行，行 19 字殘。

2.3 殘片。首斷尾殘。通卷上殘。有雙行小字。已修整。

3.3 錄文：

（首殘）

□年二月九日僧談會少有斛斗出便與人名目/

□再（?）成便麥陸拾碩，至秋玖拾碩。（┌）【口承人弟/
不勿，又口承人/阿耶懷進。/】

［至］秋還不得者，父祖口分南房子一口，并/

□出入分不還麥者，便任僧談會弟永受。二人/

□取物，恐後毀（?）底（紙）者、麥卻者，日月證名
（明）。故立/

□後憑。【程唐（?）德與父。又知見人同房弟永春。/知見
人阿父，便麥范万成。便麥人弟不勿，】/

□便麥叁拾碩，至秋肆拾伍碩。（┌）【口承人古月張/又弟
保子/】

□官便麥拾貳碩壹斗五升，至秋拾柒/

□升半（┌）。其麥到秋還不得者，只（?）/

□房子一口，並門道院落出入，至秋不還物者，便/

□主出買取物，用為後憑。知見人李兵馬使。/

□便麥柒碩柒斗，至秋拾壹碩伍斗五升（┌）/

□還不得者，用毀（?）底（紙）一卻者，買◇填還麥/
□便麥兩碩，至秋叁碩（?）。【口承男石（?）再員/契勿
人曹◇王是。/】

（錄文完）

文中"┌"表示截止符號。

7.1 卷背有勘記"第十"。

8 9～10 世紀。歸義軍時期寫本。

9.1 行楷。

9.2 有塗抹及校改。有截止符。

12 本遺書為從 BD05266 號背面揭下的古代裱補紙。

1.1 BD16084 號

1.3 殘片（擬）

1.6 L4051

2.1 2.2×7.4 厘米；1 紙；共 1 行，行 4 字殘。

2.3 殘片。首斷尾斷。通卷下殘。已修整。

3.3 錄文：

（首殘）

機要稱曰（?）□…□/

（錄文完）

8 8 世紀。唐寫本。

9.1 楷書。

12 本遺書為從 BD01349 號背面揭下的古代裱補紙。

1.1 BD16085 號 A

1.3 壬申年文書兩道（擬）

1.6 L4052

2.1 10.6×23.8 厘米；1 紙；正面 2 行，行 22 字殘。背面 1 行，
行 8 字殘。

2.3 殘片。首斷尾殘。通卷下殘。上部殘缺。已修整。

2.4 本遺書包括 2 個文獻：（一）《壬申年文書兩道》（擬），2
行，抄寫在正面，今編為 BD16085 號 A。（二）《壬申年二月日
酒戶殘文書》（擬），1 行，抄寫在背面，今編為 BD16085 號
A 背。

3.3 錄文：

（首殘）

壬申年三月一日張孔目、曾捷、吉丑子對來與押牙李衍
（?）□…□/

（中空）

□…□月十三日酒壹甕付安萬尕、唐萬中（?）、押牙
◇◇□…□/

（錄文完）

8 9～10 世紀。歸義軍時期寫本。

9.1 行楷。

12 本遺書為從 BD00452 號背面揭下的古代裱補紙。

1.1 BD16085 號 A 背

1.3　壬申年二月日酒戶殘文書（擬）

1.6　L4052

2.4　本遺書由2個文獻組成，本文獻為第2個，1行，抄寫在背面。餘參見BD16085號A之第2項。

3.3　錄文：

（首殘）

壬申年二月日酒戶□…□／。

（錄文完）

8　9~10世紀。歸義軍時期寫本。

9.1　行楷。

12　本遺書為從BD00452號背面揭下的古代裱補紙。

1.1　BD16085號B

1.3　壬申年四月葬酒殘文書（擬）

1.6　L4052

2.1　2.7×13.8厘米；1紙；共2行，行5字殘。

2.3　殘片。首殘尾斷。已修整。

3.3　錄文：

（首殘）

□…□葬酒叁□伏／

壬申年四月／

（錄文完）

8　9~10世紀。歸義軍時期寫本。

9.1　行楷。

12　本遺書為從BD00452號背面揭下的古代裱補紙。

1.1　BD16086號A

1.3　老子道德經河上公章句

1.6　L4053

2.1　5.7×23.4厘米；1紙；共3行，行15字殘。

2.3　殘片。首殘尾殘。通卷下殘。有烏絲欄。有雙行小字注文。已修整。

3.1　首殘→《中華道藏》，09/151C03。

3.2　尾殘→《中華道藏》，09/151C15。

5　與《中華道藏》本相比，行文略有參差，可供校勘。

6.4　與BD16086號B、BD16086號C、BD16086號D、BD16086號E、BD16086號F、BD16086號G、BD16086號H原為同卷，但不能直接綴接。

7.1　天頭有"卅八"2字，應為章節號。

8　7~8世紀。唐寫本。

9.1　楷書。

9.2　有硃筆斷句。

12　本遺書為從BD01374號背面揭下的古代裱補紙。

1.1　BD16086號B

1.3　老子道德經河上公章句

1.6　L4053

2.1　5×8.2厘米；1紙；共3行，行4字殘。

2.3　殘片。首殘尾殘。有烏絲欄。通卷下殘。有雙行小字注文。已修整。

3.1　首殘→《中華道藏》，09/151A02。

3.2　尾殘→《中華道藏》，09/151A11。

5　與《中華道藏》本相比，行文略有參差，可供校勘。

6.4　與BD16086號A、BD16086號C、BD16086號D、BD16086號E、BD16086號F、BD16086號G、BD16086號H原為同卷，但不能直接綴接。

8　7~8世紀。唐寫本。

9.1　楷書。

12　本遺書為從BD01374號背面揭下的古代裱補紙。

1.1　BD16086號C

1.3　老子道德經河上公章句

1.6　L4053

2.1　10.9×11.1厘米；1紙；共5行，行6字殘。

2.3　殘片。首殘尾殘。通卷上殘。有烏絲欄。有雙行小字注文。已修整。

3.1　首殘→《中華道藏》，09/150C05。

3.2　尾殘→《中華道藏》，09/151A02。

5　與《中華道藏》本相比，行文略有參差，可供校勘。

6.4　與BD16086號A、BD16086號B、BD16086號D、BD16086號E、BD16086號F、BD16086號G、BD16086號H原為同卷，但不能直接綴接。

8　7~8世紀。唐寫本。

9.1　楷書。

12　本遺書為從BD01374號背面揭下的古代裱補紙。

1.1　BD16086號D

1.3　老子道德經河上公章句

1.6　L4053

2.1　4.5×12.8厘米；1紙；共2行，行7字殘。

2.3　殘片。首殘尾殘。通卷下殘。有烏絲欄。有雙行小字注文。已修整。

3.1　首殘→《中華道藏》，09/150B19。

3.2　尾殘→《中華道藏》，09/150C01。

5　與《中華道藏》本相比，行文略有參差，可供校勘。

6.4　與BD16086號A、BD16086號B、BD16086號C、BD16086號E、BD16086號F、BD16086號G、BD16086號H原為同卷，但不能直接綴接。

8　7~8世紀。唐寫本。

9.1　楷書。

12　本遺書為從BD01374號背面揭下的古代裱補紙。

1.1　BD16086號E

1.3　老子道德經河上公章句

1.6　L4053

2.1　9.7×25.3 厘米；1 紙；共 4 行，行 15 字。

2.3　殘片。首殘尾殘。左上角、右下角及中間被剪去。有烏絲欄。有雙行小字注文。已修整。

3.1　首殘→《中華道藏》，09/150A03。

3.2　尾殘→《中華道藏》，09/151A22。

5　與《中華道藏》本相比，行文略有參差，可供校勘。

6.1　首→BD16086 號 H。

6.2　尾→BD16086 號 G。

6.4　與 BD16086 號 A、BD16086 號 B、BD16086 號 C、BD16086 號 D、BD16086 號 F、原為同卷，但不能直接綴接。

8　7~8 世紀。唐寫本。

9.1　楷書。

12　本遺書為從 BD01374 號背面揭下的古代裱補紙。

1.1　BD16086 號 F

1.3　老子道德經河上公章句

1.6　L4053

2.1　1.8×4.6 厘米；1 紙；共 2 行，行 2 字殘。

2.3　殘片。首殘尾殘。通卷上下殘。有烏絲欄。已修整。

3.1　首殘→《中華道藏》，09/150B03。

3.2　尾殘→《中華道藏》，09/151B07。

5　與《中華道藏》本相比，行文略有參差，可供校勘。

6.4　與 BD16086 號 A、BD16086 號 B、BD16086 號 C、BD16086 號 D、BD16086 號 E、BD16086 號 G、BD16086 號 H 原為同卷，但不能直接綴接。

8　7~8 世紀。唐寫本。

9.1　楷書。

12　本遺書為從 BD01374 號背面揭下的古代裱補紙。

1.1　BD16086 號 G

1.3　老子道德經河上公章句

1.6　L4053

2.1　1.6×4.5 厘米；1 紙；共 1 行，行 1 字殘。

2.3　殘片。首殘尾殘。通卷上殘。有烏絲欄。已修整。

3.1　首殘→《中華道藏》，09/150B01。

3.2　尾殘→《中華道藏》，09/150B01。

6.1　首→BD16086 號 E。

6.4　與 BD16086 號 A、BD16086 號 B、BD16086 號 C、BD16086 號 D、BD16086 號 F、BD16086 號 H 原為同卷，但不能直接綴接。

8　7~8 世紀。唐寫本。

9.1　楷書。

12　本遺書為從 BD01374 號背面揭下的古代裱補紙。

1.1　BD16086 號 H

1.3　老子道德經河上公章句

1.6　L4053

2.1　2.1×5.4 厘米；1 紙；共 1 行，行 4 字殘。

2.3　殘片。首殘尾殘。通卷上下殘。有烏絲欄。已修整。

3.1　首殘→《中華道藏》，09/150A02。

3.2　尾殘→《中華道藏》，09/150A02。

6.2　尾→BD16086 號 E。

6.4　與 BD16086 號 A、BD16086 號 B、BD16086 號 C、BD16086 號 D、BD16086 號 F、BD16086 號 G 原為同卷，但不能直接綴接。

8　7~8 世紀。唐寫本。

9.1　楷書。

12　本遺書為從 BD01374 號背面揭下的古代裱補紙。

1.1　BD16087 號 A

1.3　大般涅槃經（北本）卷七

1.6　L4053

2.1　9.5×15.1 厘米；1 紙；共 6 行，行 10 字殘。

2.3　殘片。首殘尾殘。通卷上殘。有烏絲欄。已修整。

3.1　首殘→大正 0374，12/0405B13。

3.2　尾殘→大正 0374，12/0405B19。

6.4　與 BD16087 號 B、BD16087 號 C、BD16087 號 D 原為同卷，但不能直接綴接。

8　7~8 世紀。唐寫本。

9.1　楷書。

12　本遺書為從 BD01374 號背面揭下的古代裱補紙。

1.1　BD16087 號 B

1.3　大般涅槃經（北本）卷七

1.6　L4053

2.1　8.3×15.7 厘米；1 紙；共 5 行，行 10 字殘。

2.3　殘片。首殘尾殘。通卷上殘。有烏絲欄。已修整。

3.1　首殘→大正 0374，12/0404C28。

3.2　尾殘→大正 0374，12/0405A03。

6.4　與 BD16087 號 A、BD16087 號 C、BD16087 號 D 原為同卷，但不能直接綴接。

8　7~8 世紀。唐寫本。

9.1　楷書。

12　本遺書為從 BD01374 號背面揭下的古代裱補紙。

1.1　BD16087 號 C

1.3　大般涅槃經（北本）卷七

1.6　L4053

2.1　10.3×19.1 厘米；2 紙；共 6 行，行 13 字殘。

2.2　01：07.5，04；　02：02.7，02。

2.3　殘片。首殘尾殘。通卷上殘。有烏絲欄。已修整。

3.1　首殘→大正 0374，12/0404B24。

3.2　尾殘→大正 0374，12/0404B29。

6.4　與 BD16087 號 A、BD16087 號 B、BD16087 號 D 原為同卷，

但不能直接綴接。

7.3 背面有粘接其他紙張的殘字痕。

8 7~8 世紀。唐寫本。

9.1 楷書。

12 本遺書為從 BD01374 號背面揭下的古代裱補紙。

1.1 BD16087 號 D

1.3 大般涅槃經（北本）卷七

1.6 L4053

2.1 3.2×5 厘米；1 紙；共 2 行，行 1 字殘。

2.3 殘片。首殘尾殘。通卷下殘。有烏絲欄。已修整。

3.1 首殘→大正 0374，12/0403A12。

3.2 尾殘→大正 0374，12/0403A13。

6.4 與 BD16087 號 A、BD16087 號 B、BD16087 號 C 原為同卷，但不能直接綴接。

8 7~8 世紀。唐寫本。

9.1 楷書。

12 本遺書為從 BD01374 號背面揭下的古代裱補紙。

1.1 BD16088 號

1.3 道教文獻（擬）

1.6 L4053

2.1 8.1×9.7 厘米；1 紙；共 4 行，行 8 字殘。

2.3 殘片。首斷尾斷。通卷上殘夏斷。有烏絲欄。已修整。

3.3 錄文：

（首殘）

□…□松子後於霍山中學□…□/

□…□人是宿有真名於上□…□/

□…□洞經或名素慧傳□…□/

□…□闕高上虛皇丹房之裏□…□/

（後殘）

8 7~8 世紀。唐寫本。

9.1 楷書。

12 本遺書為從 BD01374 號背面揭下的古代裱補紙。

1.1 BD16089 號

1.3 殘片（擬）

1.6 L4054

2.1 3.2×10.5 厘米；1 紙；共 1 行，行 5 字殘。

2.3 殘片。首殘尾殘。通卷上下殘。已修整。

3.4 說明：

本遺書僅存 5 字，可識"廿五"二字。其餘為殘字。

8 9~10 世紀。歸義軍時期寫本。

9.1 行楷。

12 本遺書為從 BD03583 號背面揭下的古代裱補紙。

1.1 BD16090 號

1.3 殘文書（擬）

1.6 L4054

2.1 2.6×10 厘米；1 紙；共 1 行，行 11 字殘。

2.3 殘片。首殘尾殘。通卷下殘。已修整。

3.3 錄文：

（首殘）

通缽（？）欠二日，會思欠三日，安□…□/

（錄文完）

8 9~10 世紀。歸義軍時期寫本。

9.1 行楷。

12 本遺書為從 BD03583 號背面揭下的古代裱補紙。

1.1 BD16091 號 A

1.3 攝大乘論釋卷五

1.6 L4054

2.1 3.7×6.7 厘米；1 紙；共 2 行，行 5 字殘。

2.3 殘片。首殘尾殘。通卷下殘。已修整。

3.1 首殘→大正 1597，31/0346A21。

3.2 尾殘→大正 1597，31/0346A23。

6.4 與 BD16091 號 B 為同文獻，但不能直接綴接。

8 8 世紀。唐寫本。

9.1 楷書。

12 本遺書為從 BD03583 號背面揭下的古代裱補紙。

1.1 BD16091 號 B

1.3 攝大乘論釋卷五

1.6 L4054

2.1 2×3.3 厘米；1 紙；共 1 行，行 2 字殘。

2.3 殘片。首殘尾殘。有烏絲欄。已修整。

3.1 首殘→大正 1597，31/0346A21。

3.2 尾殘→大正 1597，31/0346A21。

6.4 與 BD16091 號 A 為同文獻，但不能直接綴接。

8 8 世紀。唐寫本。

9.1 楷書。

12 本遺書為從 BD03583 號背面揭下的古代裱補紙。

1.1 BD16092 號 A

1.3 殘片（擬）

1.6 L4055

2.1 5.1×24.6 厘米；1 紙；共 2 行，行 20 字殘。

2.3 殘片。首殘尾殘。通卷上殘。有雙行小字。已修整。

3.3 錄文：

（首殘）

【［天］子無父事三老必使/［天］下之人皆為敬父也】言有兄必有長，【言天子無兄事五更欲/使天下之人皆敬其兄/】/

【□者謂日月光明星宿失度占吉凶以九州/□…□開津臨途還遠迎（？）此之謂/】宗盾致敬不妄/

（後殘）

6.4　與 BD16092 號 B 原為同卷，但不能直接綴接。

8　8 世紀。唐寫本。

9.1　行楷。

12　本遺書為從 BD00608 號背面揭下的古代裱補紙。

1.1　BD16092 號 B

1.3　殘片（擬）

1.6　L4055

2.1　1.3×4.3 厘米；1 紙；共 1 行，行 3 字殘。

2.3　殘片。首殘尾殘。有烏絲欄。已修整。

3.4　說明：

　　本遺書僅有 3 字殘墨痕。

6.4　與 BD16092 號 A 原為同卷，但不能直接綴接。

8　8 世紀。唐寫本。

9.1　楷書。

12　本遺書為從 BD00608 號背面揭下的古代裱補紙。

1.1　BD16093 號

1.3　維摩詰所說經卷上

1.6　L4056

2.1　11.5×26.3 厘米；1 紙；共 9 行，行 32 字。

2.3　殘片。首全尾殘。右上及左上有殘缺。有烏絲欄。已修整。

3.1　首 3 行上殘→大正 0475，14/0537A03~09。

3.2　尾 2 行上殘→大正 0475，14/0537A18~22。

4.1　□…□解脫，佛國品第一（首）。

8　8~9 世紀。吐蕃統治時期寫本。

9.1　楷書。

12　本遺書為從 BD05173 號背面揭下的古代裱補紙。

1.1　BD16094 號

1.3　大般若波羅蜜經殘片（擬）

1.6　L4057

2.1　33.7×（1~5.7）厘米；17 紙；共 19 行，行 2 字殘。

2.2　01：02.5，01；　　02：02.1，01；　　03：02.7，01；
　　04：02.4，01；　　05：03.0，02；　　06：03.0，02；
　　07：01.9，02；　　08：02.9，01；　　09：01.4，01；
　　10：00.9，01；　　11：01.2，01；　　12：01.7，01；
　　13：00.9，01；　　14：01.5，00；　　15：01.7，01；
　　16：02.6，01；　　17：01.3，01。

2.3　殘片。首殘尾殘。上下均殘，共包括 17 個小殘片。已修整。

3.4　說明：

　　本遺書為 17 塊《大般若波羅蜜經》小殘片，原為同卷，現殘爛過甚，不做綴接。情況分別如下：

　　（1）2.5×2.8 厘米。有烏絲欄。僅殘留一“意”字。

　　（2）2.1×4 厘米。有烏絲欄。僅殘留“是善現”三字及二殘字。

　　（3）2.7×4.4 厘米。有烏絲欄。僅殘留一“至”字及一殘字。

　　（4）2.4×3.5 厘米。有烏絲欄。僅殘留“菩薩”二字及二殘字。

　　（5）3×5.7 厘米。有殘洞。有烏絲欄。僅殘留“增/無願”三字及一殘字。

　　（6）3×4.5 厘米。有殘洞。有烏絲欄。僅殘留“薩/增語”三字及二殘字。

　　（7）1.9×2 厘米。有烏絲欄。僅殘留一“處”字及一殘字。

　　（8）2.9×1.8 厘米。有烏絲欄。僅殘留墨痕。

　　（9）1.4×2 厘米。有烏絲欄。僅殘留一“無”字。

　　（10）0.9×2.1 厘米。僅殘留一“法”字及一殘字。

　　（11）1.2×2.3 厘米。僅殘留似“善現”二字。

　　（12）1.7×1 厘米。有烏絲欄。僅殘留墨痕。

　　（13）0.9×3.9 厘米。有烏絲欄。僅殘留墨痕。不可識。

　　（14）1.5×2.3 厘米。有烏絲欄。僅殘留墨痕。

　　（15）1.7×4.5 厘米。有烏絲欄。僅殘留“法界”二字。

　　（16）2.6×3.2 厘米。有烏絲欄。僅殘留墨痕。不可識。

　　（17）1.3×2 厘米。有烏絲欄。僅殘留墨痕。不可識。

8　8~9 世紀。吐蕃統治時期寫本。

9.1　楷書。

12　本遺書為從 BD05078 號背面揭下的古代裱補紙。

1.1　BD16095 號 A

1.3　護首（大般若波羅蜜多經）

1.6　L4058

2.1　7×15.6 厘米；1 紙；共 1 行，行 15 字。

2.3　殘片。首殘尾殘。通卷下殘。已修整。

3.4　說明：

　　本遺書為護首，有經名“大般若波羅蜜多經卷第一百八十五”，經名上有經名號。

8　8~9 世紀。吐蕃統治時期寫本。

9.1　楷書。

12　本遺書為從 BD08531 號背面揭下的古代裱補紙。

1.1　BD16095 號 B

1.3　護首（經名不清）

1.6　L4058

2.1　21.5×8.2 厘米；1 紙；共 1 行，行 4 字殘。

2.3　殘片。首殘尾殘。上斷下殘。已修整。

3.4　說明：

　　本遺書為某經護首，經名已殘，僅殘留卷次“□一十九”3 字。

8　8~9 世紀。吐蕃統治時期寫本。

9.1　楷書。

12　本遺書為從 BD08531 號背面揭下的古代裱補紙。

1.1　BD16096 號 A

1.3　便物歷（擬）

1.6　L4059

2.1　5×9.8 厘米；2 紙；共 2 行，行 7 字殘。

2.2　01：02.0, 01；　　02：03.0, 01。

2.3　殘片。首殘尾殘。通卷上下殘。已修整。

3.3　錄文：

（首殘）

□…□兩碩秋兩碩陸阧□…□

□…□明寺僧願惠□…□/

（錄文完）

8　9～10 世紀。歸義軍時期寫本。

9.1　行楷。

9.2　有塗抹。

12　本遺書為從 BD03811 號背面揭下的古代裱補紙。

1.1　BD16096 號 B

1.3　便麥歷（擬）

1.6　L4059

2.1　4.9×7 厘米；1 紙；共 2 行，行 12 字殘。

2.3　殘片。首殘尾殘。通卷下殘。已修整。

3.3　錄文：

（首殘）

同日洪潤鄉百姓崔再富便麥□…□/

同日慈惠百姓馬買子便麥叁碩□…□/

（後殘）

8　9～10 世紀。歸義軍時期寫本。

9.1　行楷。

9.2　有勾稽。

12　本遺書為從 BD03811 號背面揭下的古代裱補紙。

1.1　BD16097 號

1.3　戊午年四月索保薩等便麥歷（擬）

1.6　L4060

2.1　7.4×30.1 厘米；1 紙；共 2 行，行 21 字。

2.3　殘片。首殘尾殘。已修整。

3.3　錄文：

（首殘）

同日◇阿‖朵便麥五石至秋七石五阧。/

戊午年四月‖十二日索保薩便麥三石至秋四石五阧。/

（錄文完）

3.4　說明：

本遺書斷為 A、B 兩塊，可上下綴接。今按照綴接以後的情
況著錄為一件。

7.3　背面有“社司轉帖”4 字。

8　9～10 世紀。歸義軍時期寫本。

9.1　行楷。

12　本遺書為從 BD06361 號背面揭下的古代裱補紙。

1.1　BD16098 號 A

1.3　道教文獻（擬）

1.6　L4061

2.1　6.8×13.2 厘米；1 紙；共 4 行，行 2 字殘。

2.3　殘片。首斷尾斷。通卷上斷。有烏絲欄。

3.4　說明：

本遺書每行僅有“天尊”2 字。

6.4　與 BD16098 號 B 為同文獻，但不能直接綴接。

8　7～8 世紀。唐寫本。

9.1　楷書。

12　本遺書為從 BD07608 號背面揭下的古代裱補紙。

1.1　BD16098 號 B

1.3　道教文獻（擬）

1.6　L4061

2.1　29.2×11.4 厘米；1 紙；共 18 行，行 1 字殘。

2.3　殘片。首斷尾斷。通卷上斷。有烏絲欄。

3.4　說明：

本遺書每行僅有“尊”字。

6.4　與 BD160987 號 A 為同文獻，但不能直接綴接。

8　7～8 世紀。唐寫本。

9.1　楷書。

12　本遺書為從 BD07608 號背面揭下的古代裱補紙。

1.1　BD16099 號 A

1.3　藏文殘片（擬）

1.6　L4062

2.1　16.1×32.2 厘米；1 紙；共 11 行，行約 36 字母。

2.3　殘片。首殘尾殘。有小殘洞。已修整。

3.4　說明：

本文獻首殘尾殘。為藏文文獻，詳情待考。

8　8～9 世紀。吐蕃統治時期寫本。

9.1　楷書。

12　本遺書為從 BD02932 號背面揭下的古代裱補紙。

1.1　BD16099 號 B

1.3　藏文殘片（擬）

1.6　L4062

2.1　7.4×13.1 厘米；1 紙；共 5 行，行 6 字母殘。

2.3　殘片。首殘尾殘。通卷上下殘。雙層紙字在內面。已修整。

3.4　說明：

本文獻首殘尾殘。為藏文文獻，詳情待考。

8　8～9 世紀。吐蕃統治時期寫本。

9.1 楷書。

12 本遺書為從 BD02932 號背面揭下的古代裱補紙。

1.1 BD16100 號 1

1.3 太公家教（甲本）雜寫（擬）

1.6 L4063

2.1 38.7×26.6 厘米；2 紙；正面 22 行，行 12～16 字不等。背面 5 行，行約 7 字。

2.2 01：30.0，17； 02：08.7，05。

2.3 殘片。首殘尾斷。上下邊有殘缺。有烏絲欄。已修整。

2.4 本遺書包括 2 個文獻：（一）《太公家教（甲本）雜寫》（擬），13 行，今編為 BD16100 號 1。（二）《太公家教》，9 行，今編為 BD16100 號 2。

3.1 首殘→《敦煌蒙書研究》，01/350A10。

3.2 尾殘→《敦煌蒙書研究》，01/350A14。

3.4 說明：

本遺書所抄雖為《太公家教》，但前 4 行均為雜寫，後 9 行正文並未抄完，即書寫尾題。尾題下又是雜寫。總體看來，非正規抄本，實為雜寫。

4.1 太公家教一卷（首）。

4.2、太公家教一卷（尾）。

7.3 卷首 4 行、本文獻首尾題下均有雜寫，大多為《太公家教》文字，另有一行做“王梵志書卷第一兄弟須和順叔莫”。背面有正、反 5 行雜寫“曹家一娘子手巾”、“便麥肆李◇◇至”、“梵志書”、“寒食打敦、少”、“元有四郎又”。

8 9～10 世紀。歸義軍時期寫本。

9.1 楷書。

12 本遺書為從 BD01590 號背面揭下的古代裱補紙。

1.1 BD16100 號 2

1.3 太公家教

1.6 L4063

2.4 本遺書由 2 個文獻組成，本文獻為第 2 個，9 行，餘參見 BD16100 號 1 之第 2 項。

3.1 首殘→《敦煌蒙書研究》，01/350A10。

3.2 尾殘→《敦煌蒙書研究》，01/350A16。

4.1 太公家教一卷（首）。

8 9～10 世紀。歸義軍時期寫本。

9.1 楷書。

12 本遺書為從 BD01590 號背面揭下的古代裱補紙。

1.1 BD16101 號

1.3 素紙四塊（擬）

1.6 L4063

2.1 61.5×（3.5～25.1）厘米；4 紙。

2.2 01：17.2，00； 02：36.0，00； 03：07.1，00； 04：01.2，00。

2.3 殘片。首殘尾殘。已修整。

3.4 說明：

本遺書為 4 塊素紙。情況分別如下：

（1）17.2×25.1 厘米。

（2）36×6.7 厘米。3 紙相接。

（3）7.1×25 厘米。

（4）1.2×3.5 厘米。

12 本遺書為從 BD01590 號背面揭下的古代裱補紙。

1.1 BD16102 號 A

1.3 殘片（擬）

1.6 L4064

2.1 4×2.3 厘米；1 紙；共 1 行，行 1 字殘。

2.3 殘片。首殘尾殘。通卷上殘。已修整。

3.4 說明：

本遺書僅存一個“勝”字。

8 9～10 世紀。歸義軍時期寫本。

9.1 行楷。

12 本遺書為從 BD01078 號背面揭下的古代裱補紙。

1.1 BD16102 號 B

1.3 便糧食歷（擬）

1.6 L4064

2.1 3.3×9.5 厘米；1 紙；共 1 行，行 4 字殘。

2.3 殘片。首殘尾殘。通卷下殘，上邊撕裂。已修整。有雙行小字。

3.3 錄文：

（首殘）

壞惠（？）【一石□…□/計兩□…□/】/

（尾殘）

6.4 與 BD16102 號 C 原為同卷，但不能直接綴接。

8 9～10 世紀。歸義軍時期寫本。

9.1 行楷。

12 本遺書為從 BD01078 號背面揭下的古代裱補紙。

1.1 BD16102 號 C

1.3 便糧食歷（擬）

1.6 L4064

2.1 3.6×11 厘米；1 紙；共 2 行，行 5 字殘。

2.3 殘片。首殘尾殘。通卷上下殘。已修整。

3.3 錄文：

（首殘）

□…□【計□…□/】/

□…□石四/】秘者（？）【一石二斗□…□/計兩石□…□/】/

（尾殘）

6.4 與 BD16102 號 B 原為同卷，但不能直接綴接。

8　9~10世紀。歸義軍時期寫本。

9.1　行楷。

12　本遺書為從 BD01078 號背面揭下的古代裱補紙。

1.1　BD16103 號

1.3　藏文殘片（擬）

1.6　L4065

2.1　14.3×26.2 厘米；1 紙；正面 9 行，行約 36 字母。背面 1 行，行約 10 字母。

2.3　殘片。首脫尾斷。有上下界欄。已修整。

3.4　說明：

　　本遺書所抄為藏文文獻，詳情待考。

7.3　背面有藏文經名雜寫一行。

8　8~9世紀。吐蕃統治時期寫本。

9.1　楷書。

12　本遺書為從 BD00896 號背面揭下的古代裱補紙。

1.1　BD16104 號

1.3　藏文殘片（擬）

1.6　L4065

2.1　6.6×24 厘米；1 紙；共 3 行，行約 20 字母。

2.3　殘片。首斷尾殘。已修整。

3.4　說明：

　　本遺書所抄為藏文文獻，已殘破。詳情待考。

8　8~9世紀。吐蕃統治時期寫本。

9.1　楷書。

12　本遺書為從 BD00896 號背面揭下的古代裱補紙。

1.1　BD16105 號 A

1.3　集諸經禮懺儀卷下

1.6　L4065

2.1　4.1×17 厘米；1 紙；共 3 行，行 13 字殘。

2.3　殘片。首殘尾殘。通卷上下殘。有烏絲欄。已修整。

3.1　首殘→大正 1982，47/0471A13。

3.2　尾殘→大正 1982，47/0471A17。

6.4　與 BD16105 號 B、BD16118 號原為同卷，現無法直接綴接。

8　8~9世紀。吐蕃統治時期寫本。

9.1　楷書。

12　本遺書為從 BD00896 號背面揭下的古代裱補紙。

1.1　BD16105 號 B

1.3　集諸經禮懺儀卷下

1.6　L4065

2.1　18.5×（2.2~4.4）厘米；5 紙；共 10 行，行 4 字殘。

2.2　01：04.5，02；　02：04.1，02；　03：03.0，02；　04：03.7，02；　05：03.2，02。

2.3　殘片。首殘尾殘。分為五個殘片，原屬同遺書，現作為一

個文獻著錄，詳情參見說明。有烏絲欄。已修整。

3.1　首殘→大正 1982，47/0471A18。

3.2　尾殘→大正 1982，47/0471A20。

3.4　說明：

　　本遺書包括 5 塊殘片，情況如下：

　　（1）4.5×3.3 厘米；1 紙；共 2 行，行 3 字殘。（圖版標註為 A）

　　（2）4.1×4.4 厘米；1 紙；共 2 行，行 4 字殘。（圖版標註為 B）

　　（3）3×3 厘米；1 紙；共 2 行，行 3 字殘。（圖版標註為 C）

　　（4）3.7×2.5 厘米；1 紙；共 2 行，行 3 字殘。（圖版標註為 D）

　　（5）3.2×2.2 厘米；1 紙；共 2 行，行 2 字殘。（圖版標註為 E）

　　上述 5 個殘片，依據文獻內容，其原有位置按照 E→A→B→C→D 的次序上下排列，但各殘片中間尚有殘缺，無法直接綴接。

6.4　與 BD16105 號 A、BD16118 號原為同卷，現無法直接綴接。

8　8~9世紀。吐蕃統治時期寫本。

9.1　楷書。

12　本遺書為從 BD00896 號背面揭下的古代裱補紙。

1.1　BD16106 號

1.3　藏文殘片（擬）

1.6　L4065

2.1　4.2×7.2 厘米；1 紙；共 2 行，行 8 字母殘。

2.3　殘片。首殘尾殘。通卷上下殘。已修整。

3.4　說明：

　　本遺書所抄為藏文，內容待考。

8　8~9世紀。吐蕃統治時期寫本。

9.1　正書。

12　本遺書為從 BD00896 號背面揭下的古代裱補紙。

1.1　BD16107 號

1.3　藏文殘片（擬）

1.6　L4065

2.1　4×6.1 厘米；1 紙；正面 3 行，行 9 字母殘。背面 1 行，行 6 字母殘。

2.3　殘片。首殘尾殘。通卷上下殘。已修整。

3.4　說明：

　　本遺書正背面所抄均為藏文，內容待考。

8　8~9世紀。吐蕃統治時期寫本。

9.1　正書。

12　本遺書為從 BD00896 號背面揭下的古代裱補紙。

1.1　BD16108 號

1.3　藏文殘片（擬）

1.6　L4065

2.1　2.6×5.2厘米；1紙；共1行，行4字母殘。

2.3　殘片。首殘尾殘。通卷上下殘。已修整。

3.4　說明：

　　　本遺書所抄為藏文，內容待考。

8　8～9世紀。吐蕃統治時期寫本。

9.1　正書。

12　本遺書為從BD00896號背面揭下的古代裱補紙。

1.1　BD16109號

1.3　藏文殘片（擬）

1.6　L4065

2.1　3.8×7.7厘米；1紙；正面3行，行8字母殘。背面1行，行2字母殘。

2.3　殘片。首殘尾殘。通卷上殘。已修整。

3.4　說明：

　　　本遺書正背面所抄均為藏文，內容待考。

8　8～9世紀。吐蕃統治時期寫本。

9.1　正書。

12　本遺書為從BD00896號背面揭下的古代裱補紙。

1.1　BD16110號

1.3　藏文殘片（擬）

1.6　L4065

2.1　4.7×7.3厘米；1紙；共1行，行6字母殘。

2.3　殘片。首殘尾殘。通卷上殘。已修整。

3.4　說明：

　　　本遺書所抄為藏文，內容待考。

8　8～9世紀。吐蕃統治時期寫本。

9.1　正書。

12　本遺書為從BD00896號背面揭下的古代裱補紙。

1.1　BD16111號A

1.3　暮客名錄（擬）

1.6　L4066

2.1　8×22.4厘米；1紙；共3行，行13字殘。

2.3　殘片。首殘尾殘。通卷下殘。已修整。

3.3　錄文：

　　　（首殘）

　　　暮客歸臨，況下、鄧胡子、高蓮子、張□…□/

　　　壬也略、景大魁（？）、速甫、史像友、□…□/

　　　劉午子、略（？）賓、龍竹（？）鉢/

　　　（尾殘）

8　9～10世紀。歸義軍時期寫本。

9.1　行書。

12　本遺書為從BD03749號背面揭下的古代裱補紙。

1.1　BD16111號B

1.3　殘片（擬）

1.6　L4066

2.1　4.5×8.9厘米；1紙；共2行，行5字殘。

2.3　殘片。首殘尾殘。通卷上下殘。已修整。

3.3　錄文：

　　　（首殘）

　　　□…□到（？）環（？）□…□/

　　　□…□本物見（？）人無□…□/

　　　（尾殘）

8　9～10世紀。歸義軍時期寫本。

9.1　行書。

12　本遺書為從BD03749號背面揭下的古代裱補紙。

1.1　BD16111號C

1.3　丁卯年丙寅年文書（擬）

1.6　L4066

2.1　5.5×22.1厘米；1紙；共3行，行13字殘。

2.3　殘片。首殘尾殘。通卷下殘。已修整。

3.3　錄文：

　　　（首殘）

　　　餺飥兩◇，刺柴兩束，更然火捏兩□…□/

　　　一日斷丁卯年正月九日發斷供□…□/

　　　□丙寅年九月廿二日安下逐日□…□/

　　　（尾殘）

6.4　與BD16111號D、BD16111號G原為同卷，現無法直接綴接。

8　9～10世紀。歸義軍時期寫本。

9.1　行書。

12　本遺書為從BD03749號背面揭下的古代裱補紙。

1.1　BD16111號D

1.3　丁卯年丙寅年文書（擬）

1.6　L4066

2.1　4.9×7.7厘米；1紙；共2行，行2字殘。

2.3　殘片。首殘尾殘。通卷下殘。已修整。

3.3　錄文：

　　　（首殘）

　　　分捏□…□/

　　　捏兩□…□/

　　　（尾殘）

6.4　與BD16111號C、BD16111號G原為同卷，現無法直接綴接。

8　9～10世紀。歸義軍時期寫本。

9.1　行書。

12　本遺書為從BD03749號背面揭下的古代裱補紙。

1.1　BD16111 號 E

1.3　殘文書（擬）

1.6　L4066

2.1　5.3×5.2 厘米；1 紙；共 3 行，行 4 字殘。

2.3　殘片。首殘尾殘。通卷上下殘。已修整。

3.3　錄文：

（首殘）

□…□來中間正□…□/

□…□胡俠九人□…□/

□…□午時食□…□/

（錄文完）

8　9～10 世紀。歸義軍時期寫本。

9.1　行書。

12　本遺書為從 BD03749 號背面揭下的古代裱補紙。

1.1　BD16111 號 F

1.3　殘文書（擬）

1.6　L4066

2.1　5.9×8.1 厘米；1 紙；共 3 行，行 6 字殘。

2.3　殘片。首殘尾殘。通卷上下殘。已修整。

3.3　錄文：

（首殘）

□…□碓天井兼□…□/

□…□統等親撿三處（?）□…□/

□…□緣常住拔（?）於逐（?）□…□/

（尾殘）

8　9～10 世紀。歸義軍時期寫本。

9.1　行書。

12　本遺書為從 BD03749 號背面揭下的古代裱補紙。

1.1　BD16111 號 G

1.3　丁卯年丙寅年文書（擬）

1.6　L4066

2.1　5×9.9 厘米；1 紙；共 2 行，行 6 字殘。

2.3　殘片。首殘尾殘。通卷上下殘。已修整。

3.3　錄文：

（首殘）

□…□刺柴兩束更然□…□/

□…□至丁卯年正月□…□/

（尾殘）

6.4　與 BD16111 號 C、BD16111 號 D 原為同卷，現無法直接綴接。

8　9～10 世紀。歸義軍時期寫本。

9.1　行書。

12　本遺書為從 BD03749 號背面揭下的古代裱補紙。

1.1　BD16111 號 H

1.3　破歷（擬）

1.6　L4066

2.1　8.6×15.4 厘米；1 紙；共 3 行，行 8 字殘。

2.3　殘片。首殘尾殘。通卷上下殘，左上角呈階梯殘。已修整。

3.3　錄文：

（首殘）

□…□去（?）天伏下宋安子領（?）◇□…□/

□…□◇◇迴/

五（正?）月十一日領◇□…□/

（尾殘）

8　9～10 世紀。歸義軍時期寫本。

9.1　行書。

12　本遺書為從 BD03749 號背面揭下的古代裱補紙。

1.1　BD16111 號 I

1.3　壬申年正月拾柒日龍勒鄉陰建慶便麥歷（擬）

1.6　L4066

2.1　5.3×14.1 厘米；1 紙；共 2 行，行 10 字殘。

2.3　殘片。首殘尾殘。通卷下殘。已修整。

3.3　錄文：

（首殘）

壬申年正月拾柒日龍勒□…□/

陰建慶手上便麥壹碩，至□…□/

（尾殘）

8　9～10 世紀。歸義軍時期寫本。

9.1　行書。

12　本遺書為從 BD03749 號背面揭下的古代裱補紙。

1.1　BD16111 號 J

1.3　肅州相關文書（擬）

1.6　L4066

2.1　6.5×18.5 厘米；1 紙；共 4 行，行 10 字殘。

2.3　殘片。首殘尾殘。通卷下殘。已修整。

3.3　錄文：

（首殘）

熟肉（?）下□□□□正月三日□…□/

貳拾束，刺柴拾束，馬肉壹□…□/

拾伍束，肅州峽（?）九人，伏□…□/

釋安□逐日午時食□…□/

（尾殘）

8　9～10 世紀。歸義軍時期寫本。

9.1　行書。

12　本遺書為從 BD03749 號背面揭下的古代裱補紙。

1.1　BD16111 號 K

1.3　殘文書（擬）

1.6　L4066

2.1　4.8×9.6厘米；1紙；共2行，行5字殘。

2.3　殘片。首殘尾殘。通卷上下殘。已修整。

3.3　錄文：

（首殘）

□…□肆束，餺飥兩□…□/

□…□至正月一日斷□…□/

（錄文完）

8　9～10世紀。歸義軍時期寫本。

9.1　行書。

12　本遺書為從BD03749號背面揭下的古代裱補紙。

1.1　BD16111號L

1.3　殘片（擬）

1.6　L4066

2.1　5.4×3.4厘米；1紙；共1行，行2字殘。

2.3　殘片。首斷尾斷。通卷上下斷。已修整。

3.4　說明：

本遺書僅存二字，似為"母子"。

8　9～10世紀。歸義軍時期寫本。

9.1　行書。

12　本遺書為從BD03749號背面揭下的古代裱補紙。

1.1　BD16111號M

1.3　殘片（擬）

1.6　L4066

2.1　2.7×3.2厘米；1紙；共1行，行2字殘。

2.3　殘片。首斷尾斷。上殘下斷。已修整。

3.4　說明：

本遺書僅存二字，其中一個為"宋"字。

8　9～10世紀。歸義軍時期寫本。

9.1　行書。

12　本遺書為從BD03749號背面揭下的古代裱補紙。

1.1　BD16111號N

1.3　殘片（擬）

1.6　L4066

2.1　3.1×3.7厘米；1紙；共1行，行1字殘。

2.3　殘片。首殘尾殘。有烏絲欄。已修整。

3.4　說明：

本遺書僅存一個"壹"字。

8　9～10世紀。歸義軍時期寫本。

9.1　行書。

12　本遺書為從BD03749號背面揭下的古代裱補紙。

1.1　BD16111號O

1.3　名錄（擬）

1.6　L4066

2.1　6.7×13.6厘米；1紙；共2行，行9字殘。

2.3　殘片。首斷尾斷。通卷上下斷。已修整。

3.3　錄文：

（首殘）

□…□李全辛、王安六、劉金（？）過□…□/

□…□達、吳善友、馬汲（沒？）義□…□

（尾殘）

8　9～10世紀。歸義軍時期寫本。

9.1　行楷。

12　本遺書為從BD03749號背面揭下的古代裱補紙。

1.1　BD16111號P

1.3　名錄（擬）

1.6　L4066

2.1　6.7×13.6厘米；1紙；共3行，行7字殘。

2.3　殘片。首斷尾斷。通卷下斷。已修整。

3.3　錄文：

（首殘）

押衙張再晟（？），張下□…□/

慈惠吉，戴（？）臣男，

索什德、令狐思（？）信、張□…□/

馬英員、宋懷真□…□/

（尾殘）

8　9～10世紀。歸義軍時期寫本。

9.1　行楷。

9.2　有行間校加字。

12　本遺書為從BD03749號背面揭下的古代裱補紙。

1.1　BD16112號A

1.3　某寺雜物歷（擬）

1.6　L4066

2.1　6.2×28.4厘米；1紙；共3行，行約34字殘。

2.3　殘片。首斷尾斷。此件由3塊殘片上下綴接而成，呈刀把形。已修整。

3.3　錄文：

（首殘）

牙盤一面。◇◇花氈三◇，┌氾虞侯白氈二，花氈一，牙盤三面。┌張孔目花氈兩□…□條/

┌牙盤三面。┌陰押牙牙盤三面，白氈二，花氈一。┌◇孔目花氈三領，牙盤◇◇。◇卿◇/

牙盤二，白氈一，花氈一。┌周押牙牙盤三面，氈褥□…□/

（尾殘）

6.4　與BD16112號B、BD16112號C、BD16112號D、BD16112號E、BD16112號F、BD16112號G原為同卷，現無法直接綴接。

8　9～10世紀。歸義軍時期寫本。

9.1　行楷。

9.2　有勾稽符號。

12　本遺書為從 BD03749 號背面揭下的古代裱補紙。

1.1　BD16112 號 B

1.3　某寺雜物歷（擬）

1.6　L4066

2.1　9×17.4 厘米；1 紙；共 5 行，行約 18 字殘。

2.3　殘片。首斷尾斷。通卷上斷。已修整。

3.3　錄文：

（首殘）

　　□…□牙盤兩面。／

　　□…□氈二，花氈／

　　□…□氈二。「辛／

　　□…□◇一，花氈一。「大陰宅官淘花氈一，白氈／

　　□…□晏設牙盤兩面，花氈二，白氈一。郎君花氈二領，

白氈一。／

（尾殘）

6.4　與 BD16112 號 A、BD16112 號 C、BD16112 號 D、BD16112 號 E、BD16112 號 F、BD16112 號 G 原為同卷，現無法直接綴接。

8　9～10 世紀。歸義軍時期寫本。

9.1　行楷。

9.2　有勾稽符號。

12　本遺書為從 BD03749 號背面揭下的古代裱補紙。

1.1　BD16112 號 C

1.3　某寺雜物歷（擬）

1.6　L4066

2.1　6×5 厘米；1 紙；共 2 行，行 4 字殘。

2.3　殘片。首斷尾斷。通卷上下斷。已修整。

3.3　錄文：

（首殘）

　　□…□押牙牙盤□…□／

　　□…□一褥一□…□／

（錄文完）

6.4　與 BD16112 號 A、BD16112 號 B、BD16112 號 D、BD16112 號 E、BD16112 號 F、BD16112 號 G 原為同卷，現無法直接綴接。

8　9～10 世紀。歸義軍時期寫本。

9.1　行楷。

9.2　有勾稽符號。

12　本遺書為從 BD03749 號背面揭下的古代裱補紙。

1.1　BD16112 號 D

1.3　某寺雜物歷（擬）

1.6　L4066

2.1　4.9×3.7 厘米；1 紙；共 2 行，行 3 字殘。

2.3　殘片。首斷尾斷。通卷上下斷。已修整。

3.3　錄文：

（首殘）

　　□…□褥一□…□□／

　　□…□兩面□…□／

（錄文完）

6.4　與 BD16112 號 A、BD16112 號 B、BD16112 號 C、BD16112 號 E、BD16112 號 F、BD16112 號 G 原為同卷，現無法直接綴接。

8　9～10 世紀。歸義軍時期寫本。

9.1　行楷。

9.2　有勾稽符號。

12　本遺書為從 BD03749 號背面揭下的古代裱補紙。

1.1　BD16112 號 E

1.3　某寺雜物歷（擬）

1.6　L4066

2.1　6.1×4.6 厘米；1 紙；共 2 行，行 4 字殘。

2.3　殘片。首斷尾斷。通卷上下斷。已修整。

3.3　錄文：

（首殘）

　　□…□氈二，花氈□…□／

　　□…□三，花氈二□…□／

（錄文完）

6.4　與 BD16112 號 A、BD16112 號 B、BD16112 號 C、BD16112 號 D、BD16112 號 F、BD16112 號 G 原為同卷，現無法直接綴接。

8　9～10 世紀。歸義軍時期寫本。

9.1　行楷。

9.2　有勾稽符號。

12　本遺書為從 BD03749 號背面揭下的古代裱補紙。

1.1　BD16112 號 F

1.3　賬歷（擬）

1.6　L4066

2.1　3.3×4.8 厘米；1 紙；共 2 行，行 4 字殘。

2.3　殘片。首斷尾斷。通卷上下斷。已修整。

3.3　錄文：

（首殘）

　　□…□花氈二。「◇□…□／

　　□…□一。「賈孔目□…□／

（錄文完）

6.4　與 BD16112 號 A、BD16112 號 B、BD16112 號 C、BD16112 號 D、BD16112 號 E、BD16112 號 G 原為同卷，現無法直接綴接。

8　9～10 世紀。歸義軍時期寫本。

9.1　行楷。

9.2　有勾稽符號。

12　本遺書為從 BD03749 號背面揭下的古代裱補紙。

1.1　BD16112 號 G

1.3　某寺雜物歷（擬）

1.6　L4066

2.1　7.5×7 厘米；1 紙；共 4 行，行 6 字殘。

2.3　殘片。首斷尾斷。通卷上下斷。已修整。

3.3　錄文：

（首殘）

□…□今月廿五設納□…□／

□…□翟將軍白氈□…□／

□…□⌐小陰押牙牙盤□…□／

□…□牙盤三面，⌐◇□…□／

（尾殘）

6.4　與 BD16112 號 A、BD16112 號 B、BD16112 號 C、BD16112 號 D、BD16112 號 E、BD16112 號 F 原為同卷，現無法直接綴接。

8　9～10 世紀。歸義軍時期寫本。

9.1　行楷。

9.2　有勾稽符號。

12　本遺書為從 BD03749 號背面揭下的古代裱補紙。

1.1　BD16112 號 H

1.3　殘片（擬）

1.6　L4066

2.1　3.1×8.4 厘米；1 紙；共 1 行，行 2 字殘。

2.3　殘片。首斷尾斷。通卷上下斷。已修整。

3.3　錄文：

（首殘）

□…□三（二?）領／

（錄文完）

8　9～10 世紀。歸義軍時期寫本。

9.1　行楷。

12　本遺書為從 BD03749 號背面揭下的古代裱補紙。

1.1　BD16113 號 A

1.3　地畝文書（擬）

1.6　L4066

2.1　12.5×17.5 厘米；1 紙；共 6 行，行 8 字殘。

2.3　殘片。首斷尾斷。通卷上下斷。此件由 2 塊綴接而成。已修整。

3.3　錄文：

（首殘）

氾恒◇地◇拾伍畝。／

唐康三地壹拾柒畝。／

令狐再◇…◇。

令狐友地壹陸畝。二東。／

沙再達地伍拾伍畝／

程佛奴壹拾叁畝／

馬賢信地壹拾壹畝。二東／

（錄文完）

錄文中行間加行及兩處“二東”均為硃筆。

6.4　與 BD16113 號 B、BD16113 號 C 原為同卷，現無法直接綴接。

8　9～10 世紀。歸義軍時期寫本。

9.1　行楷。

9.2　有硃筆行間校加行。

12　本遺書為從 BD03749 號背面揭下的古代裱補紙。

1.1　BD16113 號 B

1.3　地畝文書（擬）

1.6　L4066

2.1　7.6×12 厘米；1 紙；共 3 行，行 8 字殘。

2.3　殘片。首殘尾殘。此件由 2 塊上下綴接而成。已修整。

3.3　錄文：

（首殘）

氾勝奴地壹拾玖畝。／

氾遂陸拾陸畝。／

鐵晟力捌拾畝。／

（錄文完）

6.4　與 BD16113 號 A、BD16113 號 C 原為同卷，現無法直接綴接。

8　9～10 世紀。歸義軍時期寫本。

9.1　行楷。

12　本遺書為從 BD03749 號背面揭下的古代裱補紙。

1.1　BD16113 號 C

1.3　地畝文書（擬）

1.6　L4066

2.1　4.8×10.4 厘米；1 紙；共 3 行，行 9 字殘。

2.3　殘片。首殘尾殘。通卷上下殘。已修整。

3.3　錄文：

（首殘）

◇◇◇地◇◇伍拾畝。／

內◇…◇，二東。

◇◇，吳文泉地貳拾壹畝。／

周志印地壹拾肆畝。／

（錄文完）

錄文中行間加行及第二行前 2 字為硃筆。

6.4　與 BD16113 號 A、BD161123 號 B 原為同卷，現無法直接綴接。

8　9～10 世紀。歸義軍時期寫本。

9.1　行楷。

9.2　有硃筆行間校加行。

12　本遺書為從 BD03749 號背面揭下的古代裱補紙。

1.1　BD16114 號 A

1.3　殘片（擬）

1.6 L4066

2.1 8.9×8 厘米；1 紙；共 4 行，行 1 字殘。

2.3 殘片。首殘尾殘。通卷上下殘。多層紙重疊。已修整。

3.4 説明：

本遺書破損嚴重，僅可識"秋（伏?）"字。

8 9~10 世紀。歸義軍時期寫本。

9.1 行書。

12 本遺書為從 BD03749 號背面揭下的古代裱補紙。

1.1 BD16114 號 B

1.3 殘片（擬）

1.6 L4066

2.1 5.1×10.1 厘米；1 紙；共 1 行，行 1 字殘。

2.3 殘片。首殘尾殘。通卷上下殘。多層紙重疊。已修整。

3.4 説明：

本遺書破損嚴重，難以辨認，似有一個"外"字。

8 9~10 世紀。歸義軍時期寫本。

9.1 行書。

12 本遺書為從 BD03749 號背面揭下的古代裱補紙。

1.1 BD16114 號 C

1.3 便糧食歷（擬）

1.6 L4066

2.1 5.1×5.3 厘米；1 紙；共 3 行，行 3 字殘。

2.3 殘片。首殘尾殘。通卷上下殘。已修整。

3.3 錄文：

（首殘）

□…□秋兩碩□…□/

□…□堂壹□□…□/

□…□麥粟□…□/

（錄文完）

8 9~10 世紀。歸義軍時期寫本。

9.1 行書。

12 本遺書為從 BD03749 號背面揭下的古代裱補紙。

1.1 BD16114 號 D

1.3 殘片（擬）

1.6 L4066

2.1 4.2×5.5 厘米；1 紙；共 2 行，行 1 字殘。

2.3 殘片。首殘尾殘。通卷上下殘。已修整。

3.4 説明：

本遺書破損嚴重，難以辨認，似有一個"糧"字。

8 唐寫本。

9.1 楷書。

12 本遺書為從 BD03749 號背面揭下的古代裱補紙。

1.1 BD16115 號 A

1.3 殘片（擬）

1.6 L4066

2.1 7.8×9.1 厘米；1 紙；共 3 行，行 5 字殘。

2.3 殘片。首斷尾斷。通卷下斷。已修整。

3.3 錄文：

（首殘）

□…□/

乃◇一延□…□/

者/

（錄文完）

8 9~10 世紀。歸義軍時期寫本。

9.1 行書。

12 本遺書為從 BD03749 號背面揭下的古代裱補紙。

1.1 BD16115 號 B

1.3 殘片（擬）

1.6 L4066

2.1 4.5×3.7 厘米；1 紙；共 2 行，行 2 字殘。

2.3 殘片。首斷尾斷。通卷上下斷。已修整。

3.3 錄文：

（首殘）

□…□付◇□…□/

□…□◇場□…□/

（錄文完）

8 9~10 世紀。歸義軍時期寫本。

9.1 行楷。

12 本遺書為從 BD03749 號背面揭下的古代裱補紙。

1.1 BD16115 號 C

1.3 殘片（擬）

1.6 L4066

2.1 5×2.7 厘米；1 紙；共 2 行，行 2 字殘。

2.3 殘片。首殘尾殘。通卷上下殘。已修整。

3.3 錄文：

（首殘）

□…□◇◇□…□/

□…□伍□…□/

（錄文完）

8 9~10 世紀。歸義軍時期寫本。

9.1 行楷。

12 本遺書為從 BD03749 號背面揭下的古代裱補紙。

1.1 BD16115 號 D

1.3 殘片（擬）

1.6 L4066

2.1 4×3 厘米；1 紙；共 1 行，行 1 字殘。

2.3 殘片。首斷尾脱。通卷上下斷。已修整。

3.4　説明：

　　本遺書僅存一字"潤"。

8　9~10世紀。歸義軍時期寫本。

9.1　行書。

12　本遺書為從 BD03749 號背面揭下的古代裱補紙。

1.1　BD16115 號 E

1.3　殘片（擬）

1.6　L4066

2.1　3.1×2.7厘米；1紙；共2行，行1字殘。

2.3　殘片。首斷尾斷。通卷上下斷。已修整。

3.4　説明：

　　本遺書僅存一字"狀"。

8　9~10世紀。歸義軍時期寫本。

9.1　行書。

12　本遺書為從 BD03749 號背面揭下的古代裱補紙。

1.1　BD16115 號 F

1.3　殘片（擬）

1.6　L4066

2.1　2.7×3.7厘米；1紙；共1行，行字1殘。

2.3　殘片。首殘尾斷。通卷上下殘。已修整。

3.4　説明：

　　本遺書僅存一字，字跡模糊不可識。

8　9~10世紀。歸義軍時期寫本。

9.1　行書。

12　本遺書為從 BD03749 號背面揭下的古代裱補紙。

1.1　BD16115 號 G

1.3　殘片（擬）

1.6　L4066

2.1　1.5×3.4厘米；1紙；共1行，行1字殘。

2.3　殘片。首斷尾斷。通卷上下斷。已修整。

3.4　説明：

　　本遺書字跡模糊，難以辨認，似有一個"五"字。

8　9~10世紀。歸義軍時期寫本。

9.1　行書。

12　本遺書為從 BD03749 號背面揭下的古代裱補紙。

1.1　BD16115 號 H

1.3　殘片（擬）

1.6　L4066

2.1　4.1×6.1厘米；1紙；共1行，行2字殘。

2.3　殘片。首殘尾殘。通卷上下殘。已修整。

3.3　錄文：

　　（首殘）

　　　□…□奴子／

（錄文完）

8　9~10世紀。歸義軍時期寫本。

9.1　行楷。

12　本遺書為從 BD03749 號背面揭下的古代裱補紙。

1.1　BD16115 號 I

1.3　領物歷（擬）

1.6　L4066

2.1　5.7×5.6厘米；1紙；共2行，行4字殘。

2.3　殘片。首斷尾殘。通卷上下殘。已修整。

3.3　錄文：

　　（首殘）

　　　□…□不在者鄉（?）□…□／

　　　□…□◇領物人□…□／

（錄文完）

8　9~10世紀。歸義軍時期寫本。

9.1　行楷。

12　本遺書為從 BD03749 號背面揭下的古代裱補紙。

1.1　BD16115 號 J

1.3　契約（擬）

1.6　L4066

2.1　6.5×11.3厘米；1紙；共3行，行7字殘。

2.3　殘片。首斷尾斷。通卷上下斷。已修整。

3.3　錄文：

　　（首殘）

　　　硯（碙?）充典化堂壹□…□／

　　　一鄉（?），□承人阿耶□…□／

　　　阿母□◇□…□／

（錄文完）

8　9~10世紀。歸義軍時期寫本。

9.1　行楷。

12　本遺書為從 BD03749 號背面揭下的古代裱補紙。

1.1　BD16115 號 K

1.3　殘片（擬）

1.6　L4066

2.1　9.3×11.5厘米；1紙；共3行，行8字殘。

2.3　殘片。首殘尾殘。通卷上下殘。已修整。

3.4　説明：

　　本遺書字跡殘破，僅可識"六日"二字。

8　9~10世紀。歸義軍時期寫本。

9.1　行楷。

12　本遺書為從 BD03749 號背面揭下的古代裱補紙。

1.1　BD16116 號

1.3　殘片（擬）

1.6　L4066

2.1　2×3.2厘米；1紙；共1行，行2字殘。

2.3　殘片。首斷尾斷。通卷上下斷。已修整。

3.4　説明：

　　本遺書僅存2字，難以辨認。

8　9～10世紀。歸義軍時期寫本。

9.1　行書。

12　本遺書為從BD03749號背面揭下的古代裱補紙。

1.1　BD16117號A

1.3　殘片（擬）

1.6　L4066

2.1　3.1×6.2厘米；1紙；共1行，行1字殘。

2.3　殘片。首殘尾殘。通卷上下殘。已修整。

3.4　説明：

　　本遺書僅存一個"狀"字。

8　9～10世紀。歸義軍時期寫本。

9.1　行書。

12　本遺書為從BD03749號背面揭下的古代裱補紙。

1.1　BD16117號B

1.3　殘片（擬）

1.6　L4066

2.1　3.1×7.6厘米；1紙；共1行，行4字殘。

2.3　殘片。首殘尾殘。通卷上殘。已修整。

3.3　錄文：

　　（首殘）

　　□…□◇姪（？）陰文威/

　　（錄文完）

8　9～10世紀。歸義軍時期寫本。

9.1　行書。

12　本遺書為從BD03749號背面揭下的古代裱補紙。

1.1　BD16118號

1.3　集諸經禮懺儀卷下

1.6　L4066

2.1　4.4×2.6厘米；1紙；共2行，行3字殘。

2.3　殘片。首殘尾殘。通卷上下殘。有烏絲欄。已修整。

3.1　首殘→大正1982，47/0471A18。

3.2　尾殘→大正1982，47/0471A19。

6.4　與BD16105號A、BD16105號B原為同卷，現無法直接綴接。

8　8～9世紀。吐蕃統治時期寫本。

9.1　楷書。

12　本遺書為從BD03749號背面揭下的古代裱補紙。

1.1　BD16119號A

1.3　藏文殘片（擬）

1.6　L4066

2.1　2.5×4.4厘米；1紙；共1行，行3字母殘。

2.3　殘片。首斷尾斷。通卷上下斷。已修整。

3.4　説明：

　　本遺書所抄為藏文，內容待考。

8　8～9世紀。吐蕃統治時期寫本。

9.1　草書。

12　本遺書為從BD03749號背面揭下的古代裱補紙。

1.1　BD16119號B

1.3　藏文殘片（擬）

1.6　L4066

2.1　5.1×5厘米；1紙；共2行，行4字母殘。

2.3　殘片。首斷尾斷。通卷上下斷。已修整。

3.4　説明：

　　本遺書所抄為藏文，內容待考。

8　8～9世紀。吐蕃統治時期寫本。

9.1　草書。

12　本遺書為從BD03749號背面揭下的古代裱補紙。

1.1　BD16119號C

1.3　藏文殘片（擬）

1.6　L4066

2.1　5.2×8.5厘米；1紙；共2行，行7字母殘。

2.3　殘片。首殘尾殘。通卷上下斷。已修整。

3.4　説明：

　　本遺書所抄為藏文，內容待考。

8　8～9世紀。吐蕃統治時期寫本。

9.1　楷書。

12　本遺書為從BD03749號背面揭下的古代裱補紙。

1.1　BD16120號A

1.3　藏文殘片（擬）

1.6　L4066

2.1　8.2×4.6厘米；1紙；共5行，行4字母殘。

2.3　殘片。首斷尾斷。通卷上下斷。已修整。

3.4　説明：

　　本遺書所抄為藏文，內容待考。

8　8～9世紀。吐蕃統治時期寫本。

9.1　楷書。

12　本遺書為從BD03749號背面揭下的古代裱補紙。

1.1　BD16120號B

1.3　藏文殘片（擬）

1.6　L4066

2.1　5.3×4.7厘米；1紙；共4行，行4字母殘。

2.3 殘片。首斷尾斷。通卷上下斷。已修整。

3.4 説明：

本遺書所抄為藏文，内容待考。

8 8～9世紀。吐蕃統治時期寫本。

9.1 楷書。

12 本遺書為從BD03749號背面揭下的古代裱補紙。

1.1 BD16121號

1.3 殘文書（擬）

1.6 L4066

2.1 6.9×9.2厘米；1紙；共3行，行5字殘。

2.3 殘片。首殘尾殘。通卷上下殘。已修整。

3.3 錄文：

（首殘）

□…□食捏□…□/

□…□羊三□◇捏□…□/

□…□八日就□…□/

（錄文完）

8 9～10世紀。歸義軍時期寫本。

9.1 行書。

12 本遺書為從BD03749號背面揭下的古代裱補紙。

1.1 BD16122號

1.3 殘片（擬）

1.6 L4066

2.1 3.6×2.9厘米；1紙；共1行，行1字殘。

2.3 殘片。首斷尾斷。通卷上下殘。已修整。

3.4 説明：

本遺書僅存一"此"字及一殘字。

8 8世紀。唐寫本。

9.1 行楷。

12 本遺書為從BD03749號背面揭下的古代裱補紙。

1.1 BD16123號

1.3 殘片（擬）

1.6 L4066

2.1 6.9×9.2厘米；1紙；共1行，行1字殘。

2.3 殘片。首殘尾殘。通卷上殘。有烏絲欄。已修整。

3.4 説明：

本遺書僅存一"佛"字。

8 8世紀。唐寫本。

9.1 楷書。

12 本遺書為從BD03749號背面揭下的古代裱補紙。

1.1 BD16124號

1.3 牒狀（擬）

1.6 L4066

2.1 4.8×1.6厘米；1紙；共1行，行1字殘。

2.3 殘片。首殘尾殘。通卷上殘。已修整。

3.4 説明：

本遺書僅存一"牒"字。

8 9～10世紀。歸義軍時期寫本。

9.1 行楷。

12 本遺書為從BD03749號背面揭下的古代裱補紙。

1.1 BD16125號A

1.3 殘片（擬）

1.6 L4066

2.1 0.9×4.4厘米；1紙；共1行，行3字殘。

2.3 殘片。首殘尾殘。通卷上下殘。已修整。

3.4 説明：

本遺書存字均半殘。難以辨認。

8 8～9世紀。吐蕃統治時期寫本。

9.1 楷書。

12 本遺書為從BD03749號背面揭下的古代裱補紙。

1.1 BD16125號B

1.3 五分戒本

1.6 L4066

2.1 2.6×2.5厘米；1紙；共2行，行2字殘。

2.3 殘片。首殘尾殘。通卷上下殘。有烏絲欄。已修整。

3.1 首殘→大正1422b，22/0206A22。

3.2 尾殘→大正1422b，22/0206A24。

8 9～10世紀。歸義軍時期寫本。

9.1 行楷。

12 本遺書為從BD03749號背面揭下的古代裱補紙。

1.1 BD16125號C

1.3 殘片（擬）

1.6 L4066

2.1 2×3厘米；1紙；共1行，行1字殘。

2.3 殘片。首殘尾殘。通卷上殘。有烏絲欄。已修整。

3.4 説明：

本遺書僅存一殘字"落"。

8 8～9世紀。吐蕃統治時期寫本。

9.1 楷書。

12 本遺書為從BD03749號背面揭下的古代裱補紙。

1.1 BD16126號A

1.3 素紙十四塊（擬）

1.6 L4066

2.1 101.3×（1.4～17.1）厘米；14紙。

2.2 01：01.1，00；　　02：02.4，00；　　03：06.3，00；
04：07.6，00；　　05：02.2，00；　　06：02.2，00；

07：06.0，00；　　　08：07.4，00；　　　09：12.9，00；

10：06.2，00；　　　11：15.1，00；　　　12：15.7，00；

13：08.7，00；　　　14：07.5，00。

2.3　殘片。首殘尾殘。已修整。

3.4　說明：

本遺書為 14 塊素紙。情況分別如下：

（1）1.1×2.1 厘米。略有墨痕。

（2）2.4×1.4 厘米。

（3）6.3×8.4 厘米。

（4）7.6×11.8 厘米。

（5）2.2×2.7 厘米。

（6）2.2×1.9 厘米。略有墨痕。

（7）6×3.1 厘米。

（8）7.4×9.3 厘米。

（9）12.9×7.3 厘米。上有一小裱補。

（10）6.2×8.5 厘米。

（11）15.1×15.6 厘米。

（12）15.7×17.1 厘米。

（13）8.7×5.5 厘米。

（14）7.5×5.8 厘米。

12　本遺書為從 BD03749 號背面揭下的古代裱補紙。

1.1　BD16126 號 B

1.3　素紙九塊（擬）

1.6　L4066

2.1　73.3×（5.1~26）厘米；9 紙。

2.2　01：08.2，00；　　　02：04.7，00；　　　03：09.7，00；

04：10.7，00；　　　05：06.7，00；　　　06：10.2，00；

07：08.4，00；　　　08：08.4，00；　　　09：06.3，00。

2.3　殘片。首殘尾殘。已修整。

3.4　說明：

本遺書為 9 塊素紙。情況分別如下：

（1）8.2×31.2 厘米。

（2）4.7×5.9 厘米。

（3）9.7×5.1 厘米。

（4）10.7×26 厘米。

（5）6.7×19.7 厘米。

（6）10.2×13.5 厘米。

（7）8.4×13.6 厘米。

（8）8.4×15.1 厘米。

（9）6.3×12.2 厘米。

12　本遺書為從 BD03749 號背面揭下的古代裱補紙。

1.1　BD16126 號 C

1.3　素紙三十二塊（擬）

1.6　L4066

2.1　81.8×（0.6~10.5）厘米；32 紙。

2.2　01：01.4，00；　　　02：02.2，00；　　　03：01.8，00；

04：02.5，00；　　　05：03.2，00；　　　06：01.9，00；

07：01.8，00；　　　08：01.6，00；　　　09：02.2，00；

10：02.0，00；　　　11：03.2，00；　　　12：06.2，00；

13：03.2，00；　　　14：01.6，00；　　　15：02.7，00；

16：04.1，00；　　　17：02.7，00；　　　18：01.7，00；

19：02.0，00；　　　20：03.1，00；　　　21：02.3，00；

22：00.8，00；　　　23：02.6，00；　　　24：03.6，00；

25：00.5，00；　　　26：00.7，00；　　　27：04.9，00；

28：02.8，00；　　　29：02.5，00；　　　30：02.5，00；

31：04.5，00；　　　32：03.0，00。

2.3　殘片。首殘尾殘。已修整。

3.4　說明：

本遺書為 32 塊素紙。情況分別如下：

（1）1.4×2.6 厘米。略有墨痕。

（2）2.2×2.9 厘米。

（3）1.8×1.6 厘米。

（4）2.5×2.1 厘米。

（5）3.2×6.9 厘米。

（6）1.9×2.8 厘米。

（7）1.8×3.5 厘米。

（8）1.6×4.5 厘米。

（9）2.2×0.9 厘米。

（10）2×0.9 厘米。

（11）3.2×2.2 厘米。

（12）6.2×5.8 厘米。

（13）3.2×8.5 厘米。

（14）1.6×3.6 厘米。

（15）2.7×5.3 厘米。

（16）4.1×6.6 厘米。

（17）2.7×7.2 厘米。

（18）1.7×2.6 厘米。

（19）2×2.9 厘米。

（20）3.1×4.2 厘米。兩殘片重疊相接而成。

（21）2.3×1.5 厘米。

（22）0.8×2.5 厘米。

（23）2.6×4.2 厘米。略有墨痕。

（24）3.6×10.5 厘米。略有墨痕。

（25）0.5×0.6 厘米。

（26）0.7×1.3 厘米。

（27）4.9×6 厘米。

（28）2.8×7.2 厘米。

（29）2.5×5.4 厘米。

（30）2.5×4.6 厘米。

（31）4.5×3.7 厘米。

（32）3×4.8 厘米。

12　本遺書為從 BD03749 號背面揭下的古代裱補紙。

1.1　BD16127 號

1.3　戊寅年正月十日社司轉帖（擬）

1.6　L4067

2.1　23.7×28.1 厘米；1 紙；共 9 行，行約 19 字。

2.3　單葉紙。首全尾殘。已經被撕為 5 條，但可以前後綴接，故作為一個文獻著錄。已修整。

3.3　錄文：

（首殘）

◇社轉帖

右緣陰富定男◇◇人亡日，有◇酒壹瓮，人各粟/

一升，先淨褐布色物二丈，幸請諸公等，/

帖至限今月十二日卯時，於凶家取齊。捉/

二人後到，罰酒壹角。全不來，罰酒半/

瓮，其帖速看，◇◇付，不得停滯。如滯帖/

者，准條科罰。帖周卻付本司，用憑告罰。/

戊寅年正月十日錄事陰闍梨帖/

□…□李義員/

（錄文完）

3.4　說明：

本遺書為 5 塊殘片，情況分別如下：

（1）4.1×28.1 厘米；

（2）7.2×27.9 厘米。

（3）4.3×26.3 厘米。

（4）3.3×25.8 厘米。

（5）4.8×25.5 厘米。

8　9～10 世紀。歸義軍時期寫本。

9.1　行書。

12　本遺書為從 BD04000 號背面揭下的古代裱補紙。

1.1　BD16128 號 A

1.3　社司轉帖（擬）

1.6　L4067

2.1　3.9×30.3 厘米；1 紙；共 1 行，行 20 字。

2.3　殘片。首殘尾殘。褶皺扭曲。已修整。

3.3　錄文：

（首殘）

□□□、吳生、郭◇土、王義全、除安宅、武海清、康

再再、/

（尾殘）

6.4　與 BD16128 號 B、BD16128 號 C 原為同卷，現無法直接綴接。

8　9～10 世紀。歸義軍時期寫本。

9.1　行書。

12　本遺書為從 BD04000 號背面揭下的古代裱補紙。

1.1　BD16128 號 B

1.3　社司轉帖（擬）

1.6　L4067

2.1　4.9×31.3 厘米；1 紙；共 1 行，行 16 字。

2.3　殘片。首殘尾殘。有裱補。已修整。

3.3　錄文：

（首殘）

王苗佳、辛住祐、張保德、令狐海員、令狐留住、

穆◇◇、/

（尾殘）

6.4　與 BD16128 號 A、BD16128 號 C 原為同卷，現無法直接綴接。

8　9～10 世紀。歸義軍時期寫本。

9.1　行楷。

12　本遺書為從 BD04000 號背面揭下的古代裱補紙。

1.1　BD16128 號 C

1.3　社司轉帖（擬）

1.6　L4067

2.1　3.8×30.6 厘米；1 紙；共 2 行，行 16 字殘。

2.3　殘片。首殘尾殘。殘破嚴重，為 3 小塊殘片上下拼接而成。已修整。

3.3　錄文：

（首殘）

□…□索員□…□/

馬永長、張福□…□/

（尾殘）

6.4　與 BD16128 號 A、BD16128 號 B 原為同卷，現無法直接綴接。

8　9～10 世紀。歸義軍時期寫本。

9.1　行楷。

12　本遺書為從 BD04000 號背面揭下的古代裱補紙。

1.1　BD16129 號 A

1.3　社司轉帖（擬）

1.6　L4067

2.1　5.2×30.1 厘米；1 紙；共 2 行，行 15 字。

2.3　殘片。首殘尾殘。已修整。

3.3　錄文：

（首殘）

□…□/

索友慶、索善奴、氾郎、段郎、崔郎、氾阿◇/

（尾殘）

6.4　與 BD16129 號 B、BD16129 號 C 原為同卷，現無法直接綴接。

8　9～10 世紀。歸義軍時期寫本。

9.1　行書。

12　本遺書為從 BD04000 號背面揭下的古代裱補紙。

1.1　BD16129 號 B

1.3　社司轉帖（擬）

1.6　L4067

2.1　6.9×10.7 厘米；1 紙；共 2 行，行 10 字殘。

2.3　殘片。首殘尾殘。通卷上下殘，爲兩塊殘片綴接而成，有殘洞。已修整。

3.3　錄文：

（首殘）

□…□請□…□帖至限今□…□／

□…□二人家□納，捉二人後到□…□／

（錄文完）

3.4　說明：

兩塊殘片能否如此綴接，尚需研究。

6.4　與 BD16129 號 A、BD16129 號 C 原爲同卷，現無法直接綴接。

8　9～10 世紀。歸義軍時期寫本。

9.1　行楷。

12　本遺書爲從 BD04000 號背面揭下的古代裱補紙。

1.1　BD16129 號 C

1.3　社司轉帖素紙三塊（擬）

1.6　L4067

2.1　8.6×（7.2～8.2）厘米；3 紙。

2.2　01：02.7，00；　　02：019.，00；　　03：04.0，00。

2.3　殘片。首殘尾殘。已修整。

3.4　說明：

本遺書爲 3 塊素紙，從 BD16129 號 A、BD16129 號 B 之社司轉帖上斷脫。各紙情況如下：

（1）2.7×8.2 厘米。有墨痕。

（2）1.9×7.2 厘米。似有墨痕。

（3）4×7.5 厘米。似有墨痕。

6.4　與 BD16129 號 A、BD16129 號 B 原爲同卷，現無法直接綴接。

8　9～10 世紀。歸義軍時期寫本。

12　本遺書爲從 BD04000 號背面揭下的古代裱補紙。

1.1　BD16130 號

1.3　亥年三月十八日楊老老便麥歷（擬）

1.6　L4067

2.1　26×26.4 厘米；1 紙；共 11 行，行字不等。

2.3　單葉紙。首全尾全。表面多漿糊。已修整。

3.3　錄文：

（首全）

亥年三月十八日，楊老老闕乏人糧種子，遂於／

阿育王寺法林邊便麥柒馱半。其麥／

限至九月半納足。如違限不納，其麥倍。／

如身來西不在，仰保人孫道悟納足，妻／

兒王什三納足。中間所有恩赦，不在此限。恐人／

無信，故立此契書紙爲記。便麥人楊老老／

見人／

保人孫道悟／

見人／

見人／

見人／

（錄文完）

8　8～9 世紀。吐蕃統治時期寫本。

9.1　行楷。

9.2　有重文號及行間校加字。

12　本遺書爲從 BD04000 號背面揭下的古代裱補紙。

1.1　BD16131 號 A

1.3　素紙六塊（擬）

1.6　L4067

2.1　57.3×（9.7～29.7）厘米；6 紙。

2.2　01：07.1，00；　　02：16.3，00；　　03：11.3，00；
　　04：04.4，00；　　05：09.2，00；　　06：04.5，00。

2.3　殘片。首殘尾殘。已修整。

3.4　說明：

本遺書爲 6 塊素紙。情況分別如下：

（1）7.1×29.7 厘米。由 4.5×9.7 厘米、7.1×21.5 厘米上下有重疊相接而成。

（2）16.3×10.9 厘米。

（3）11.3×12.5 厘米。

（4）4.4×12 厘米。有烏絲欄。

（5）9.2×14.3 厘米。

（6）4.5×12.4 厘米。

12　本遺書爲從 BD04000 號背面揭下的古代裱補紙。

1.1　BD16131 號 B

1.3　素紙十六塊（擬）

1.6　L4067

2.1　60.1×（2.5～13.4）厘米；16 紙。

2.2　01：04.2，00；　　02：05.7，00；　　03：03.2，00；
　　04：03.8，00；　　05：03.7，00；　　06：06.2，00；
　　07：01.8，00；　　08：02.0，00；　　09：03.3，00；
　　10：03.6，00；　　11：03.4，00；　　12：02.3，00；
　　13：06.4，00；　　14：03.7，00；　　15：02.5，00；
　　16：04.3，00。

2.3　殘片。首殘尾殘。已修整。

3.4　說明：

本遺書爲 16 塊素紙。情況分別如下：

（1）4.2×9.8 厘米。

（2）5.7×10.2 厘米。

（3）3.2×10.7 厘米。

（4）3.8×6.9厘米。

（5）3.7×4厘米。

（6）6.2×2.5厘米。

（7）1.8×12.1厘米。

（8）2×9.4厘米。

（9）3.3×6.1厘米。

（10）3.6×4.1厘米。

（11）3.4×12.9厘米。

（12）2.3×6.4厘米。

（13）6.4×11.5厘米。

（14）3.7×13.4厘米。

（15）2.5×9.5厘米。

（16）4.3×9.7厘米。

12　本遺書為從BD04000號背面揭下的古代裱補紙。

1.1　BD16132號

1.3　殘片五塊（擬）

1.6　L4068

2.1　4.9×（0.4~3.2）厘米；5紙。

2.2　01：03.2，00；　　02：00.5，00；　　03：00.5，00；
04：00.4，00；　　05：00.3，00。

2.3　殘片。首殘尾殘。已修整。

3.4　說明：

本遺書為5塊殘片。情況分別如下：

（1）3.2×3.2厘米。有墨跡。有烏絲欄。

（2）0.5×0.9厘米。有墨跡。

（3）0.5×0.7厘米。有墨跡。

（4）0.4×0.5厘米。有墨跡。

（5）0.3×0.4厘米。有墨跡。

12　本遺書為從BD02806號背面揭下的古代裱補紙。

1.1　BD16133號

1.3　華嚴經旨歸

1.6　L4069

2.1　48×14.7厘米；2紙；共26行，行13字殘。

2.2　01：33.9，18；　　02：14.1，08。

2.3　殘片。首殘尾殘。通卷上殘。已修整。

3.1　首殘→大正1871，45/0594A26。

3.2　尾殘→大正1871，45/0594C03。

8　8世紀。唐寫本。

9.1　楷書。

9.2　有重文號。

12　本遺書為從BD02129號背面揭下的古代裱補紙。

1.1　BD16134號A

1.3　契約（擬）

1.6　L4070

2.1　3×8.2厘米；1紙；共1行，行6字殘。

2.3　殘片。首殘尾殘。通卷上殘。已修整。

3.3　錄文：

（首殘）

□…□文書，用為後憑。／

（尾殘）

已與BD16134號F合併錄文。

6.3　上→BD16134號F。

6.4　本遺書與BD16134號B、BD16134號C、BD16134號D、
BD16134號E、BD16134號G為同文獻，但不能直接綴接。

8　8~9世紀。吐蕃統治時期寫本。

9.1　行書。

12　本遺書為從BD01770號背面揭下的古代裱補紙。

1.1　BD16134號B

1.3　契約（擬）

1.6　L4070

2.1　3.5×6.4厘米；1紙；共1行，行9字殘。

2.3　殘片。首殘尾殘。通卷上下殘。已修整。

3.3　錄文：

（首殘）

□…□麥拾馱入與海人◇人□…□／

（錄文完）

已與BD16134號G合併錄文。

6.3　上→BD16134號G。

6.4　本遺書與BD16134號A、BD16134號C、BD16134號D、
BD16134號E、BD16134號F為同文獻，但不能直接綴接。

8　8~9世紀。吐蕃統治時期寫本。

9.1　行書。

12　本遺書為從BD01770號背面揭下的古代裱補紙。

1.1　BD16134號C

1.3　契約（擬）

1.6　L4070

2.1　7.1×8.2厘米；1紙；共1行，行1字殘。

2.3　殘片。首殘尾殘。通卷上殘。已修整。

3.3　錄文：

（首殘）

□…□日／

（錄文完）

6.4　本遺書與BD16134號A、BD16134號B、BD16134號D、
BD16134號E、BD16134號F、BD16134號G為同文獻，但不能
直接綴接。

8　8~9世紀。吐蕃統治時期寫本。

9.1　行書。

12　本遺書為從BD01770號背面揭下的古代裱補紙。

1.1　BD16134 號 D

1.3　契約（擬）

1.6　L4070

2.1　4.3×3.7 厘米；1 紙；共 1 行，行 2 字殘。

2.3　殘片。首殘尾殘。通卷上下殘。已修整。

3.3　錄文：

（首殘）

□…□四月□…□／

（尾殘）

6.4　本遺書與 BD16134 號 A、BD16134 號 B、BD16134 號 C、BD16134 號 E、BD16134 號 F、BD16134 號 G 為同文獻，但不能直接綴接。

8　8~9 世紀。吐蕃統治時期寫本。

9.1　行書。

12　本遺書為從 BD01770 號背面揭下的古代裱補紙。

1.1　BD16134 號 E

1.3　契約（擬）

1.6　L4070

2.1　6.4×5.6 厘米；1 紙；共 3 行，行 3 字殘。

2.3　殘片。首殘尾殘。通卷上下殘。已修整。

3.3　錄文：

（首殘）

□…□無人居□…□／

□…□人欲擬□…□／

□…□◇／

（尾殘）

6.4　本遺書與 BD16134 號 A、BD16134 號 B、BD16134 號 C、BD16134 號 D、BD16134 號 F、BD16134 號 G 為同文獻，但不能直接綴接。

8　8~9 世紀。吐蕃統治時期寫本。

9.1　行書。

12　本遺書為從 BD01770 號背面揭下的古代裱補紙。

1.1　BD16134 號 F

1.3　契約（擬）

1.6　L4070

2.1　2.3×6.6 厘米；1 紙。

2.3　殘片。首殘尾殘。通卷下殘。已修整。

3.4　說明：

參見 BD16134 號 A 錄文。

6.3　下→BD16134 號 A。

6.4　本遺書與 BD16134 號 B、BD16134 號 C、BD16134 號 D、BD16134 號 E、BD16134 號 G 為同文獻，但不能直接綴接。

8　8~9 世紀。吐蕃統治時期寫本。

9.1　行書。

12　本遺書為從 BD01770 號背面揭下的古代裱補紙。

1.1　BD16134 號 G

1.3　契約（擬）

1.6　L4070

2.1　3.6×8.1 厘米；1 紙。

2.3　殘片。首殘尾殘。通卷下殘。已修整。

3.4　說明：

參見 BD16134 號 B 錄文。

6.3　下→BD16134 號 B。

6.4　本遺書與 BD16134 號 A、BD16134 號 C、BD16134 號 D、BD16134 號 E、BD16134 號 F 為同文獻，但不能直接綴接。

8　9~10 世紀。歸義軍時期寫本。

9.1　行書。

12　本遺書為從 BD01770 號背面揭下的古代裱補紙。

1.1　BD16135 號

1.3　素紙一塊（擬）

1.6　L4070

2.1　6.2×9.8 厘米；1 紙。

2.3　殘片。首殘尾殘。右下角被剪缺。已修整。

12　本遺書為從 BD01770 號背面揭下的古代裱補紙。

1.1　BD16136 號 A

1.3　賬歷（擬）

1.6　L4071

2.1　7.5×10.1 厘米；1 紙；共 1 行，行 5 字殘。

2.3　殘片。首殘尾殘。通卷上下殘，有殘洞。已修整。

3.3　錄文：

（首殘）

□…□◇紫□一丈□…□／

（尾殘）

6.4　本遺書與 BD16136 號 B 原為同卷。

8　9~10 世紀。歸義軍時期寫本。

9.1　行書。

12　本遺書為從 BD01063 號背面揭下的古代裱補紙。

1.1　BD16136 號 B

1.3　賬歷（擬）

1.6　L4071

2.1　10×14 厘米；1 紙；共 3 行，行 8 字殘。

2.3　殘片。首殘尾殘。通卷上下殘。已修整。

3.3　錄文：

（首殘）

□…□／

□…□黃運六尺，古（？）破□…□／

□…□◇◇紫袖七尺，紫綾□…□

（尾殘）

6.4　本遺書與 BD16136 號 A 原為同卷。

8　　9～10 世紀。歸義軍時期寫本。

9.1　行書。

9.2　有勾稽。

12　本遺書為從 BD01063 號背面揭下的古代裱補紙。

1.1　BD16137 號 A

1.3　付物歷（擬）

1.6　L4072

2.1　10.1×17 厘米；1 紙；正面 4 行，行 15 字殘。背面 3 行，行 16 字殘。

2.3　殘片。首斷尾斷。通卷上下斷。已修整。

2.4　本遺書包括 2 個文獻：（一）《付物歷》（擬），4 行，抄寫在正面，今編為 BD16137 號。（二）《付物歷》（擬），3 行，抄寫在背面，今編為 BD16137 號背。

3.3　錄文：

（首殘）

□□□并┌白褐一疋，麥。付張奴子阿娘。／

孫安德并┌白牒生布內一接卅尺，粟，麥。／

張留晟┌生細布一疋，粟，麥并。／

曹安寧粟┌生褐內一接卅五尺，并麥。／

（尾殘）

6.4　本遺書與 BD16137 號 B 原為同卷，但不能直接綴接。

8　　9～10 世紀。歸義軍時期寫本。

9.1　行書。

9.2　有勾稽。

12　本遺書為從 BD07184 號背面揭下的古代裱補紙。

1.1　BD16137 號 A 背

1.3　付物歷（擬）

1.6　L4072

2.4　本遺書由 2 個文獻組成，本文獻為第 2 個，3 行，抄寫在背面。餘參見 BD16137 號。

3.3　錄文：

（首殘）

□…□分付趙太平并六佰七十，（押）／

□…□氾住兒，粟一斗。趙◇◇子，粟主收。／

□…□付趙太平粟兩石一斗五升，麥三斗七升。（押）／

（後殘）

8　　9～10 世紀。歸義軍時期寫本。

9.1　行書。

9.2　有塗抹。

12　本遺書為從 BD07184 號背面揭下的古代裱補紙。

1.1　BD16137 號 B

1.3　付物歷（擬）

1.6　L4072

2.1　7.3×18.5 厘米；1 紙；共 3 行，行 12 字殘。

2.3　殘片。首殘尾殘。通卷上斷。已修整。

3.3　錄文：

（首殘）

□…□生布白褐內一接二丈，麥粟并／

□…□褐內一接三丈，生布一丈五粟并／

□…□／

（錄文完）

6.4　本遺書與 BD16137 號 A 原為同卷，但不能直接綴接。

8　　9～10 世紀。歸義軍時期寫本。

9.1　行書。

9.2　有勾稽。

12　本遺書為從 BD07184 號背面揭下的古代裱補紙。

1.1　BD16138 號 A

1.3　藏文殘片（擬）

1.6　L4073

2.1　17.1×7.5 厘米；1 紙；共 18 行，行 10 字母殘。

2.3　殘片。首斷尾斷。通卷上下斷。已修整。

3.4　說明：

本遺書所抄為藏文，內容待考。

8　　8～9 世紀。吐蕃統治時期寫本。

9.1　草書。

12　本遺書為從 BD02614 號背面揭下的古代裱補紙。

1.1　BD16138 號 B

1.3　藏文殘片（擬）

1.6　L4073

2.1　7.5×15.1 厘米；1 紙；共 8 行，行 25 字母。

2.3　殘片。首斷尾斷。通卷上下斷。已修整。

3.4　說明：

本遺書所抄為藏文，內容待考。

8　　8～9 世紀。吐蕃統治時期寫本。

9.1　草書。

12　本遺書為從 BD02614 號背面揭下的古代裱補紙。

1.1　BD16138 號 C

1.3　藏文殘片（擬）

1.6　L4073

2.1　4.7×17.8 厘米；1 紙；共 19 行，行 8 字母殘。

2.3　殘片。首斷尾斷。通卷上下斷。已修整。

3.4　說明：

本遺書所抄為藏文，內容待考。

8　　8～9 世紀。吐蕃統治時期寫本。

9.1　草書。

12　本遺書為從 BD02614 號背面揭下的古代裱補紙。

1.1　BD16138 號 D

1.3　藏文殘片（擬）

1.6　L4073

2.1　26.8×4 厘米；1 紙；共 23 行，行 7 字母殘。

2.3　殘片。首斷尾斷。通卷上下斷。已修整。

3.4　說明：

　　　本遺書所抄為藏文，內容待考。

8　　8～9 世紀。吐蕃統治時期寫本。

9.1　草書。

12　本遺書為從 BD02614 號背面揭下的古代裱補紙。

1.1　BD16138 號 E

1.3　藏文殘片（擬）

1.6　L4073

2.1　5.3×4.4 厘米；1 紙；共 6 行，行 8 字母殘。

2.3　殘片。首斷尾斷。通卷上下斷。已修整。

3.4　說明：

　　　本遺書所抄為藏文，內容待考。

8　　8～9 世紀。吐蕃統治時期寫本。

9.1　草書。

12　本遺書為從 BD02614 號背面揭下的古代裱補紙。

1.1　BD16138 號 F

1.3　藏文殘片（擬）

1.6　L4073

2.1　5.4×4.2 厘米；1 紙；共 6 行，行 7 字母殘。

2.3　殘片。首斷尾斷。通卷上下斷。已修整。

3.4　說明：

　　　本遺書所抄為藏文，內容待考。

8　　8～9 世紀。吐蕃統治時期寫本。

9.1　草書。

12　本遺書為從 BD02614 號背面揭下的古代裱補紙。

1.1　BD16138 號 G

1.3　藏文殘片（擬）

1.6　L4073

2.1　5×6.5 厘米；1 紙；共 6 行，行 9 字母殘。

2.3　殘片。首斷尾斷。通卷上下斷。已修整。

3.4　說明：

　　　本遺書所抄為藏文，內容待考。

8　　8～9 世紀。吐蕃統治時期寫本。

9.1　草書。

12　本遺書為從 BD02614 號背面揭下的古代裱補紙。

1.1　BD16139 號

1.3　藏文殘片（擬）

1.6　L4073

2.1　4.1×15.4 厘米；1 紙；共 3 行，行 17 字母殘。

2.3　殘片。首全尾殘。通卷上下斷。已修整。

3.4　說明：

　　　本遺書所抄為藏文，內容待考。

8　　8～9 世紀。吐蕃統治時期寫本。

9.1　正書。

12　本遺書為從 BD02614 號背面揭下的古代裱補紙。

1.1　BD16140 號 A

1.3　藏文殘片（擬）

1.6　L4073

2.1　6.1×9.9 厘米；1 紙；共 4 行，行 14 字母殘。

2.3　殘片。首斷尾斷。通卷上下斷。已修整。

3.4　說明：

　　　本遺書所抄為藏文，內容待考。

8　　8～9 世紀。吐蕃統治時期寫本。

9.1　草書。

12　本遺書為從 BD02614 號背面揭下的古代裱補紙。

1.1　BD16140 號 B

1.3　藏文殘片（擬）

1.6　L4073

2.1　9×5.8 厘米；1 紙；共 5 行，行 10 字母殘。

2.3　殘片。首斷尾斷。通卷上下斷。已修整。

3.4　說明：

　　　本遺書所抄為藏文，內容待考。

8　　8～9 世紀。吐蕃統治時期寫本。

9.1　草書。

12　本遺書為從 BD02614 號背面揭下的古代裱補紙。

1.1　BD16141 號

1.3　藏文殘片（擬）

1.6　L4073

2.1　5.9×8.2 厘米；1 紙；共 6 行，行 16 字母殘。

2.3　殘片。首斷尾斷。通卷上下斷。已修整。

3.4　說明：

　　　本遺書所抄為藏文，內容待考。

8　　8～9 世紀。吐蕃統治時期寫本。

9.1　草書。

12　本遺書為從 BD02614 號背面揭下的古代裱補紙。

1.1　BD16142 號

1.3　藏文殘片（擬）

1.6　L4073

2.1　6×7.4 厘米；1 紙；共 6 行，行 13 字母殘。

2.3　殘片。首斷尾斷。通卷上下斷。已修整。

3.4　說明：

　　　本遺書所抄為藏文，內容待考。

8　8~9世紀。吐蕃統治時期寫本。

9.1　草書。

12　本遺書為從BD02614號背面揭下的古代裱補紙。

1.1　BD16143號

1.3　維摩詰所說經卷上

1.6　L4073

2.1　4.1×24.2厘米；1紙；共3行，行17字。

2.3　殘片。首殘尾殘。本遺書上下斷為3塊，可依次綴接，故著錄為一個文獻。有烏絲欄。已修整。

3.1　首殘→大正0475，14/0539B10。

3.2　尾殘→大正0475，14/0539B13。

8　7~8世紀。唐寫本。

9.1　楷書。

12　本遺書為從BD02614號背面揭下的古代裱補紙。

1.1　BD16144號

1.3　藏文殘片（擬）

1.6　L4073

2.1　7.8×4.7厘米；1紙；共4行，行7字母殘。

2.3　殘片。首斷尾斷。通卷上下斷。已修整。

3.4　說明：

　　本遺書所抄為藏文，內容待考。

8　8~9世紀。吐蕃統治時期寫本。

9.1　草書。

12　本遺書為從BD02614號背面揭下的古代裱補紙。

1.1　BD16145號A

1.3　納物歷（擬）

1.6　L4074

2.1　7.1×14.2厘米；1紙；共4行，行12字殘。

2.3　殘片。首斷尾斷。通卷下斷。已修整。

3.3　錄文：

（首殘）

　　劉清子，地卅六畝。枝兩束，刺三□…□/

　　◇通通，地十五畝。枝一束，樤兩◇□…□/

　　劉英達，地廿四畝。枝一束，樤□…□/

　　程◇惠，地廿九畝。枝一束，□…□/

（尾殘）

8　9~10世紀。歸義軍時期寫本。

9.1　行書。

9.2　有重文號及校改。

12　本遺書為從BD01244號背面揭下的古代裱補紙。

1.1　BD16145號B

1.3　雜物歷（擬）

1.6　L4074

2.1　8.1×13.2厘米；1紙；共2行，行11字殘。

2.3　殘片。首殘尾殘。通卷下殘。已修整。

3.3　錄文：

（首殘）

　　粟，白線綾一丈五尺/

　　粟，碧線順內五接一丈八尺□…□/

（尾殘）

8　9~10世紀。歸義軍時期寫本。

9.1　行書。

9.2　有行間校加字。

12　本遺書為從BD01244號背面揭下的古代裱補紙。

1.1　BD16146號

1.3　光讚經卷一

1.6　L4075

2.1　1.3×4.7厘米；1紙；共1行，行5字殘。

2.3　殘片。首斷尾斷。通卷下斷。

3.1　首殘→大正0222，08/0151C18。

3.2　尾殘→大正0222，08/0151C18。

8　8世紀。唐寫本。

9.1　楷書。

12　本遺書為從BD08552號背面揭下的古代裱補紙。

1.1　BD16147號A

1.3　開元戶籍（擬）

1.6　L4076

2.1　17×26厘米；1紙；共3行，行26字殘。

2.3　殘片。首斷尾斷。通卷下斷，原剪為若干塊殘片，現已綴接，故著錄為一號。卷面有剪缺殘洞及斷裂。有雙行小字。已修整。

3.3　錄文：

（首殘）

　　戶主，索崇貞，年壹拾捌歲，中男，【轉前籍年十九，開元十八年賬後◇□…□/下下戶，空，不課戶】/

　　母，氾，年陸□陸歲，寡，空□…□/

　　妻，氾，年壹拾陸歲，中男妻，　【開元十八年賬後漏附空。】/

（尾殘）

6.4　本遺書與BD16147號B原為同卷，現不能直接綴接。

8　8世紀。唐寫本。

9.1　楷書。

12　本遺書為從BD06133號背面揭下的古代裱補紙。

1.1　BD16147號B

1.3　開元戶籍（擬）

1.6　L4076

2.1　11.9×2.4厘米；6紙；共1行，行3字殘。

2.2　01：02.3，01；　　02：01.8，00；　　03：00.7，00；
　　04：00.7，00；　　05：01.2，00；　　06：00.2，00。

2.3　殘片。首殘尾殘。

3.4　說明：

本號包括 6 塊小殘片，均為《開元戶籍》脫落。其中 4 塊
為素紙，2 塊僅有殘字痕。情況如下：

（1）2.3×4.6 厘米，有殘字痕。

（2）1.8×0.8 厘米，略有殘墨痕。

（3）0.7×1 厘米，素紙。

（4）0.7×0.6 厘米，素紙。

（5）1.2×0.3 厘米，素紙。

（6）0.2×0.5 厘米，素紙。

6.4　本遺書與 BD16147 號 A 原為同卷，現不能直接綴接。

8　8 世紀。唐寫本。

9.1　楷書。

12　本遺書為從 BD06133 號背面揭下的古代裱補紙。

13　此號曾被編為 BD16442 號，現歸入此號，撤銷 BD16442
號。

1.1　BD16148 號

1.3　社司轉帖（擬）

1.6　L4077

2.1　14.6×14 厘米；1 紙；共 7 行，行 10 字殘。

2.3　殘片。首全尾殘。通卷下殘。自左向右書寫。已修整。

3.3　錄文：

（首殘）

社司轉帖 右緣支□…□/

家送納，人各麥壹斤，粟□…□/

月廿日寅時靈圖寺□…□/

酒壹角，全不來罰酒□…□/

停帶（滯），如帶（滯），帖周卻付本司□…□/

押衙，社老羅、社老□…□/

王衙，張都頭，李虞□…□/

（尾殘）

7.3　背面有"社司轉"3 字。

8　9~10 世紀。歸義軍時期唐寫本。

9.1　楷書。

12　本遺書為從 BD05831 號背面揭下的古代裱補紙。

1.1　BD16149 號

1.3　金剛般若波羅蜜經

1.6　L4078

2.1　2.7×4.4 厘米；1 紙；共 1 行，行 3 字殘。

2.3　殘片。首殘尾殘。通卷上下殘。有烏絲欄。

3.1　首殘→大正 0235，08/0752B04。

3.2　尾殘→大正 0235，08/0752B04。

8　7~8 世紀。唐寫本。

9.1　楷書。

12　本遺書為從 BD01770 號背面揭下的古代裱補紙。

1.1　BD16150 號

1.3　藏文殘片（擬）

1.6　L4079

2.1　3.1×7.5 厘米；1 紙；共 3 行，行 4 字母殘。

2.3　殘片。首殘尾殘。通卷下殘。已修整。

3.4　說明：

本遺書所抄為藏文，內容待考。

8　8~9 世紀。吐蕃統治時期寫本。

9.1　草書。

12　本遺書為從 BD08188 號背面揭下的古代裱補紙。

1.1　BD16151 號

1.3　致索郎狀（擬）

1.6　L4079

2.1　6.2×25.6 厘米；1 紙；共 2 行，行 13 字殘。

2.3　殘片。首殘尾殘。通卷下殘。已修整。

3.3　錄文：

（首殘）

季春極喧。伏唯/

索郎尊體起居萬福，即日宋家阿□…□/

（尾殘）

8　9~10 世紀。歸義軍時期寫本。

9.1　行書。

12　本遺書為從 BD08188 號背面揭下的古代裱補紙。

1.1　BD16152 號

1.3　素紙一塊（擬）

1.6　L4080

2.1　1.1×9.8 厘米；1 紙。

2.3　殘片。首殘尾殘。通卷下殘。有烏絲欄。

12　本遺書為從 BD01759 號背面揭下的古代裱補紙。

1.1　BD16153 號

1.3　大順二年佃地契（擬）

1.6　L4080

2.1　8.3×17.3 厘米；1 紙；共 3 行，行 12 字殘。

2.3　殘片。首斷尾斷。通卷下斷。已修整。

3.3　錄文：

（首全）

大順二年亥年正月七日王開□…□/

漂子下界渠地肆畝欹，不辯□…□/

鄉百姓汪秋盈佃種叄◇為（?）□…□/

（尾殘）

8　891 年。歸義軍時期寫本。

9.1　行書。

12　本遺書為從 BD01759 號背面揭下的古代裱補紙。

1.1　BD16154 號 A

1.3　蘇仁祐復狀（擬）

1.6　L4081

2.1　10.4×27.1 厘米；1 紙；共 2 行，行 9 字殘。

2.3　殘片。首斷尾斷。通卷下斷。已修整。

3.3　錄文：

（首殘）

報蘇仁祐極熱得安健□…□/

否。忽覽來狀送到新◇□…□/

（尾殘）

8　9~10 世紀。歸義軍時期寫本。

9.1　楷書。

12　本遺書為從 BD05953 號背面揭下的古代裱補紙。

1.1　BD16154 號 B

1.3　函狀（擬）

1.6　L4081

2.1　32×5.4 厘米；1 紙；共 5 行，行 2 字殘。

2.3　殘片。首斷尾斷。通卷上斷。已修整。

3.3　錄文：

（首殘）

□…□以鎮/

□…□獻/

□…□見忠/

□…□上府/

□…□祿大/

（尾殘）

8　9~10 世紀。歸義軍時期寫本。

9.1　楷書。

12　本遺書為從 BD05953 號背面揭下的古代裱補紙。

1.1　BD16155 號

1.3　素紙八塊（擬）

1.6　L4082

2.1　79×（5.1~10.1）厘米；8 紙。

2.2　01：38.9，00；　　02：06.3，00；　　03：06.8，00；
　　　04：06.6，00；　　05：06.7，00；　　06：04.8，00；
　　　07：04.1，00；　　08：04.8，00。

2.3　殘片。首斷尾斷。已修整。

3.4　説明：

本遺書包括 8 塊素紙。詳情分別如下：

（1）38.9×6.5 厘米。由 32.5×6.5 厘米與 6.4×6.5 厘米
二殘片相接而成。

（2）6.3×7.1 厘米。

（3）6.8×5.4 厘米。

（4）6.6×9.3 厘米。

（5）6.7×10.1 厘米。

（6）4.8×6.1 厘米。

（7）4.1×6.6 厘米。

（8）4.8×5.1 厘米。

12　本遺書為從 BD07577 號背面揭下的古代裱補紙。

1.1　BD16156 號

1.3　妙法蓮華經卷四

1.6　L4083

2.1　2.7×10.8 厘米；1 紙；共 2 行，行 7 字殘。

2.3　殘片。首殘尾殘。通卷上殘。有烏絲欄。

3.1　首殘→大正 0262，09/0027B21。

3.2　尾殘→大正 0262，09/0027B23。

8　7~8 世紀。唐寫本。

9.1　楷書。

12　本遺書為從 BD05662 號背面揭下的古代裱補紙。

1.1　BD16157 號

1.3　妙法蓮華經卷四

1.6　L4083

2.1　3.5×7.9 厘米；1 紙；共 2 行，行 5 字殘。

2.3　殘片。首殘尾殘。通卷上下殘。有烏絲欄。已修整。

3.1　首殘→大正 0262，09/0028B20。

3.2　尾殘→大正 0262，09/0028B22。

8　7~8 世紀。唐寫本。

9.1　楷書。

12　本遺書為從 BD05662 號背面揭下的古代裱補紙。

1.1　BD16158 號 A

1.3　妙法蓮華經卷四

1.6　L4083

2.1　2.1×4.8 厘米；1 紙；共 1 行，行 3 字殘。

2.3　殘片。首殘尾殘。通卷上下殘。有烏絲欄。紙色發黑。

3.1　首殘→大正 0262，09/0031B06。

3.2　尾殘→大正 0262，09/0031B06。

8　8 世紀。唐寫本。

9.1　楷書。

12　本遺書為從 BD05662 號背面揭下的古代裱補紙。

1.1　BD16158 號 B

1.3　素紙二塊（擬）

1.6　L4083

2.1　4.4×（2.1~3）厘米；1 紙。

2.2　01：03.0，00；　　02：02.1，00。

2.3　殘片。首殘尾殘。通卷下殘。紙色發黑。

3.4 說明：

本號共包括 2 塊素紙，詳情如下：

(1) 2.9×3 厘米。

(2) 1.5×2.1 厘米。

12 本遺書為從 BD05662 號背面揭下的古代裱補紙。

1.1 BD16159 號

1.3 金剛般若波羅蜜經

1.6 L4083

2.1 4.9×8.1 厘米；1 紙；共 3 行，行 2 字殘。

2.3 殘片。首殘尾殘。通卷上殘。有烏絲欄。

3.1 首殘→大正 0235，08/0749A02。

3.2 尾殘→大正 0235，08/0749A04。

8 7～8 世紀。唐寫本。

9.1 楷書。

12 本遺書為從 BD05662 號背面揭下的古代裱補紙。

1.1 BD16160 號

1.3 素紙一塊（擬）

1.6 L4083

2.1 4.3×3.4 厘米；1 紙。

2.3 殘片。首殘尾殘。通卷上殘。略有墨痕。已修整。

12 本遺書為從 BD05662 號背面揭下的古代裱補紙。

1.1 BD16161 號

1.3 金剛般若波羅蜜經

1.6 L4084

2.1 3.6×5.2 厘米；1 紙；共 3 行，行 2 字殘。

2.3 殘片。首殘尾殘。通卷上殘，下邊殘缺。有烏絲欄。已修整。

3.1 首殘→大正 0235，08/0749A01。

3.2 尾殘→大正 0235，08/0749A03。

8 8～9 世紀。吐蕃統治時期寫本。

9.1 楷書。

12 本遺書為從 BD06927 號背面揭下的古代裱補紙。

1.1 BD16162 號 A

1.3 出賣房舍契（擬）

1.6 L4084

2.1 7.6×25.7 厘米；1 紙；共 2 行，行 17 字殘。

2.3 殘片。首殘尾殘。下邊殘缺，中有殘洞。已修整。

3.3 錄文：

（首殘）

舍◇出賣與叔百（伯）兄張神德。安住領得白□/

古羅裙二接（？）□一疋。現在分付。/

（錄文完）

6.4 本遺書與 BD16162 號 B 原為同卷，現不能直接綴接。

8 9～10 世紀。歸義軍時期寫本。

9.1 楷書。

12 本遺書為從 BD06927 號背面揭下的古代裱補紙。

1.1 BD16162 號 B

1.3 出賣房舍契（擬）

1.6 L4084

2.1 1.8×3.3 厘米；1 紙；共 1 行，行 3 字殘。

2.3 殘片。首殘尾殘。通卷上下殘。已修整。

3.3 錄文：

（首殘）

□…□氈一領□…□/

（錄文完）

6.4 本遺書與 BD16162 號 A 原為同卷，現不能直接綴接。

8 9～10 世紀。歸義軍時期寫本。

9.1 楷書。

12 本遺書為從 BD06927 號背面揭下的古代裱補紙。

1.1 BD16163 號

1.3 殘片（擬）

1.6 L4084

2.1 2.7×4.6 厘米；1 紙；共 2 行，行 2 字殘。

2.3 殘片。首殘尾殘。通卷上下殘。有烏絲欄。已修整。

3.4 說明：

本遺書僅可辨殘字“靜慮”。

8 8～9 世紀。吐蕃統治時期寫本。

9.1 楷書。

12 本遺書為從 BD06927 號背面揭下的古代裱補紙。

1.1 BD16164 號

1.3 殘片（擬）

1.6 L4084

2.1 0.8×1.8 厘米；1 紙；共 1 行，行 1 字殘。

2.3 殘片。首殘尾殘。通卷上下殘。

3.4 說明：

本遺書僅存一殘字，無法識別。

8 8～9 世紀。吐蕃統治時期寫本。

9.1 楷書。

12 本遺書為從 BD06927 號背面揭下的古代裱補紙。

1.1 BD16165 號

1.3 素紙六塊（擬）

1.6 L4084

2.1 33×（2.6～26.1）厘米；6 紙。

2.2 01：06.5，00；　　02：11.8，00；　　03：05.8，00；

04：03.2，00；　　05：03.1，00；　　06：02.6，00。

2.3 殘片。首殘尾殘。已修整。

3.4 説明：

本遺書包括6塊素紙。情況分別如下：

（1）6.5×26.1厘米。有烏絲欄。經卷燕尾。

（2）11.8×7.6厘米。

（3）5.8×8.1厘米。有烏絲欄。

（4）3.2×14.4厘米。

（5）3.1×5.2厘米。有烏絲欄。

（6）2.6×2.6厘米。

12 本遺書為從BD06927號背面揭下的古代裱補紙。

1.1 BD16166號A

1.3 雜物點檢歷（擬）

1.6 L4086

2.1 13.4×16.3厘米；1紙；共3行，行14字殘。

2.3 殘片。首殘尾缺。已修整。

3.3 錄文：

（首殘）

洛半升，唐履毛（？）下，牙盤一。蓋布七尺/

洛半升，◇十將各一人》頭右六趙張二/

唐履毛（？）羊一口，各破麥半馱五升/

（錄文完）

6.4 本遺書與BD16166號B原為同卷，現不能直接綴接。

8 8～9世紀。吐蕃統治時期寫本。

9.1 楷書。

12 本遺書為從BD03411號背面揭下的古代裱補紙。

1.1 BD16166號B

1.3 雜物點檢歷（擬）

1.6 L4086

2.1 7.9×11.3厘米；1紙；共5行，行16字殘。

2.3 殘片。首殘尾殘。通卷剩下殘。

3.3 錄文：

（首殘）

□…□下，黑氈一。牙盤一，蓋□…□/

□…□酒四兩，趙張二下，黑氈一。乳◇一升（？），酒一□…□/

□…□郭（？）子（？）◇下，白氈一，傘一，五斗記一□…□/

□…□◇子下，）履粟一兩（？），瓶子一□…□/

□…□◇子下，下食盤一，◇蓋□…□

（尾殘）

6.4 本遺書與BD16166號A原為同卷，現不能直接綴接。

8 8～9世紀。吐蕃統治時期寫本。

9.1 楷書。

12 本遺書為從BD03411號背面揭下的古代裱補紙。

1.1 BD16166號C

1.3 素紙三塊（擬）

1.6 L4086

2.1 7.8×（3.6～5.2）厘米；3紙。

2.2 01：03.5，00；　02：01.7，00；　03：02.6，00。

2.3 殘片。首殘尾殘。已修整。

3.4 説明：

本遺書包括3塊素紙，詳情如下：

（1）3.5×5.2厘米。

（2）1.7×3.6厘米。

（3）2.6×3.9厘米。

12 本遺書為從BD03411號背面揭下的古代裱補紙。

1.1 BD16167號

1.3 藏文殘片（擬）

1.6 L4086

2.1 12.3×31.3厘米；1紙；共10行，行36字母。

2.3 殘片。首斷尾斷。下邊有撕裂。

3.4 説明：

本遺書所抄為藏文，內容待考。

8 8～9世紀。吐蕃統治時期寫本。

9.1 草書。

12 本遺書為從BD03411號背面揭下的古代裱補紙。

1.1 BD16168號

1.3 妙法蓮華經卷七

1.6 L4086

2.1 17.8×8.9厘米；1紙；共10行，行4字殘。

2.3 殘片。首殘尾殘。紙張變色，通卷上殘。有烏絲欄。已修整。

3.1 首殘→大正0262，09/0055C17。

3.2 尾殘→大正0262，09/0055C26。

8 7～8世紀。唐寫本。

9.1 楷書。

12 本遺書為從BD03411號背面揭下的古代裱補紙。

1.1 BD16169號A

1.3 音韻著作殘片（擬）

1.6 L4087

2.1 3.6×12.8厘米；1紙；共1行，行6字殘。

2.3 殘片。首斷尾斷。通卷上下斷。已修整。

3.3 錄文：

（首殘）

□…□寄義及語金義□…□/

（錄文完）

6.4 本遺書與BD16169號C、BD16169號E、BD16169號F、BD16169號G、BD16169號H、BD16169號I等原為同卷，現不能直接綴接。

8　8世紀。唐寫本。

9.1　楷書。

12　本遺書為從BD04191號背面揭下的古代裱補紙。

1.1　BD16169號B

1.3　素紙六塊（擬）

1.6　L4087

2.1　13.6×（2.1~9.5）厘米；6紙。

2.3　殘片。首殘尾殘。已修整。

3.4　説明：

本遺書包括6塊素紙，詳情如下：

（1）2.4×5厘米。

（2）3×5.4厘米。

（3）0.9×2.1厘米。

（4）1.3×4.1厘米。

（5）4.1×6.7厘米。

（6）1.9×9.5厘米。

12　本遺書為從BD04191號背面揭下的古代裱補紙。

13　本號中6塊素紙原編為BD16169號B、D、J、K、L、M等六號，為避文繁，今統一著錄在BD16169號B中。

1.1　BD16169號C

1.3　音韻著作殘片（擬）

1.6　L4087

2.1　2.9×9.7厘米；1紙；共1行，行5字殘。

2.3　殘片。首殘尾殘。通卷上下殘。已修整。

3.3　錄文：

（首殘）

□…□文上對雙聲□…□╱

（尾殘）

6.4　本遺書與BD16169號A、BD16169號E、BD16169號F、BD16169號G、BD16169號H、BD16169號I等原為同卷，現不能直接綴接。

8　8世紀。唐寫本。

9.1　楷書。

12　本遺書為從BD04191號背面揭下的古代裱補紙。

1.1　BD16169號D

1.3　空缺

1.6　L4087

3.4　説明：

參見BD16169號B。

1.1　BD16169號E

1.3　音韻著作殘片（擬）

1.6　L4087

2.1　8.9×11.8厘米；1紙；共2行，行6字殘。

2.3　殘片。首殘尾殘。多塊碎損裱紙托裱一張紙上，形狀不規則，無法分離。已修整。

3.4　説明：

本件可見"兩字以翻之"5字，其餘殘破不可識。

6.4　本遺書與BD16169號A、BD16169號C、BD16169號F、BD16169號G、BD16169號H、BD16169號I等原為同卷，現不能直接綴接。

8　8世紀。唐寫本。

9.1　楷書。

12　本遺書為從BD04191號背面揭下的古代裱補紙。

1.1　BD16169號F

1.3　音韻著作殘片（擬）

1.6　L4087

2.1　4.8×16厘米；2紙；共2行，行12字殘。

2.3　殘片。首殘尾殘。由3.1×15.6厘米及2×12.3厘米兩個不規則殘片拼接而成。已修整。

3.4　説明：

可識別文字"任意雙聲即金寄今義疊韻即"，"聲即碎而難辨（？）"等。

6.4　本遺書與BD16169號A、BD16169號C、BD16169號E、BD16169號G、BD16169號H、BD16169號I等原為同卷，現不能直接綴接。

8　8世紀。唐寫本。

9.1　楷書。

12　本遺書為從BD04191號背面揭下的古代裱補紙。

1.1　BD16169號G

1.3　音韻著作殘片（擬）

1.6　L4087

2.1　2.9×2.8厘米；1紙；共1行，行2字殘。

2.3　殘片。首殘尾殘。通卷上下殘。已修整。

3.4　説明：

僅存2字"通奪"。

6.4　本遺書與BD16169號A、BD16169號C、BD16169號E、BD16169號F、BD16169號H、BD16169號I等原為同卷，現不能直接綴接。

8　8世紀。唐寫本。

9.1　楷書。

12　本遺書為從BD04191號背面揭下的古代裱補紙。

1.1　BD16169號H

1.3　音韻著作殘片（擬）

1.6　L4087

2.1　3.2×2.6厘米；1紙；共2行，行1字殘。

2.3　殘片。首殘尾殘。通卷上下殘。有烏絲欄。已修整。

3.4 説明:

僅存 2 字"同"、"奪"。

6.4 本遺書與 BD16169 號 A、BD16169 號 C、BD16169 號 E、BD16169 號 F、BD16169 號 G、BD16169 號 I 等原為同卷,現不能直接綴接。

8 8 世紀。唐寫本。

9.1 楷書。

12 本遺書為從 BD04191 號背面揭下的古代裱補紙。

1.1 BD16169 號 I

1.3 音韻著作殘片(擬)

1.6 L4087

2.1 7.7×11.6 厘米;1 紙;共 1 行,行 4 字殘。

2.3 殘片。扭曲褶皺,形狀不規則。已修整。

3.4 説明:

僅存 1 行,似為"其雙聲左"及一殘字痕。

6.4 本遺書與 BD16169 號 A、BD16169 號 C、BD16169 號 E、BD16169 號 F、BD16169 號 G、BD16169 號 H 等原為同卷,現不能直接綴接。

8 8 世紀。唐寫本。

9.1 楷書。

12 本遺書為從 BD04191 號背面揭下的古代裱補紙。

1.1 BD16169 號 J

1.3 空缺

1.6 L4087

3.4 説明:

參見 BD16169 號 B。

1.1 BD16169 號 K

1.3 空缺

1.6 L4087

3.4 説明:

參見 BD16169 號 B。

1.1 BD16169 號 L

1.3 空缺

1.6 L4087

3.4 説明:

參見 BD16169 號 B。

1.1 BD16169 號 M

1.3 空缺

1.6 L4087

3.4 説明:

參見 BD16169 號 B。

1.1 BD16169 號 N

1.3 殘片(擬)

1.6 L4087

2.1 4.6×26.4 厘米;1 紙。

2.3 殘片。首殘尾斷。已修整。

3.4 説明:

本遺書為殘片,上面粘有 16 塊小殘渣,有殘字及墨痕,難以辨認。

12 本遺書為從 BD04191 號背面揭下的古代裱補紙。

1.1 BD16170 號

1.3 名錄(擬)

1.6 L4089

2.1 4.7×5.5 厘米;1 紙;共 2 行,行 2 字殘。

2.3 殘片。首斷尾斷。通卷上下斷。已修整。

3.3 錄文:

(首殘)

□…□何法律□…□/

□…□保員□…□/

(尾殘)

8 9～10 世紀。歸義軍時期寫本。

9.1 行楷。

12 本遺書為從 BD01201 號背面揭下的古代裱補紙。

1.1 BD16171 號 A

1.3 親情社社司轉帖(擬)

1.6 L4089

2.1 11.4×11 厘米;1 紙;共 3 行,行 3 字殘。

2.3 殘片。首殘尾殘。通卷殘破嚴重。已修整。

3.3 錄文:

(首殘)

□…□親情社□…□/

□…□/

□…□甕/

(錄文完)

8 9～10 世紀。歸義軍時期寫本。

9.1 行楷。

12 本遺書為從 BD01201 號背面揭下的古代裱補紙。

1.1 BD16171 號 B

1.3 親情社社司轉帖(擬)

1.6 L4089

2.1 9×2.5 厘米;1 紙;共 1 行。

2.3 殘片。首殘尾殘。通卷殘破嚴重。已修整。

3.4 説明:

有墨跡,難以識別。與 BD16171 號紙質墨跡相同,應為同一文獻。

8 9～10 世紀。歸義軍時期寫本。

9.1 楷書。

12 本遺書為從 BD01201 號背面揭下的古代裱補紙。

1.1 BD16172 號

1.3 社司轉帖（擬）

1.6 L4089

2.1 7.4×11 厘米；1 紙；共 3 行，行 5 字殘。

2.3 殘片。首斷尾斷。通卷上下斷。已修整。

3.3 錄文：

（首殘）

□…□全不來者罰□…□／

□…□◇…◇□…□／

□…□◇…◇□…□／

（尾殘）

8 9～10 世紀。歸義軍時期寫本。

9.1 行楷。

12 本遺書為從 BD01201 號背面揭下的古代裱補紙。

1.1 BD16173 號

1.3 妙法蓮華經卷二

1.6 L4090

2.1 （8.2＋10.2）×25.3 厘米；1 紙；共 10 行，行 17 字。

2.3 殘片。首殘尾斷。有烏絲欄。已修整。

3.1 首 4 行上下殘→大正 0262，09/0011B12～16。

3.2 尾殘→大正 0262，09/0011B22。

8 8～9 世紀。吐蕃統治時期寫本。

9.1 楷書。

12 本遺書為從 BD07070 號背面揭下的古代裱補紙。

1.1 BD16174 號 A

1.3 素紙一張（擬）

1.6 L4091

2.1 41.6×24.5 厘米；1 紙。

2.3 卷軸裝。首全尾全。卷面有油污，略有小殘洞。已修整。

3.4 說明：

本遺書為一張較為完整的素紙。

12 本遺書為從 BD05029 號背面揭下的古代裱補紙。

1.1 BD16174 號 B

1.3 素紙一塊（擬）

1.6 L4091

2.1 17.9×24.1 厘米；2 紙。

2.2 01：13.6，00； 02：04.3，00。

2.3 殘片。首殘尾全。有小殘洞。有燕尾。已修整。

3.4 說明：

本遺書似為殘經燕尾。

12 本遺書為從 BD05029 號背面揭下的古代裱補紙。

1.1 BD16174 號 C

1.3 素紙九塊（擬）

1.6 L4091

2.1 48.1×（2.6～6.2）厘米；9 紙。

2.3 殘片。首殘尾殘。已修整。

3.4 說明：

本遺書包括 9 塊素紙，詳情如下：

（1）14.8×4.7 厘米。

（2）1.8×2.6 厘米。

（3）13.4×5.5 厘米。

（4）5×5.1 厘米。

（5）4.1×6.2 厘米。

（6）3.2×5.9 厘米。

（7）2.7×3.5 厘米。

（8）1.7×5.5 厘米。

（9）1.4×4.8 厘米。

12 本遺書為從 BD05029 號背面揭下的古代裱補紙。

1.1 BD16175 號 A

1.3 納贈歷（擬）

1.6 L4092

2.1 7.5×22.5 厘米；1 紙；共 2 行，行 19 字殘。

2.3 殘片。首殘尾殘。通卷上殘。已修整。

3.3 錄文：

（首殘）

□…□／

□…□生絹一疋，白練八尺，內一接碧綿九尺五寸，紫綺□…□／

（尾殘）

6.4 本遺書與 BD16175 號 B、BD16175 號 D、BD16175 號 F、BD16175 號 G 原為同卷，但不能直接綴接。

8 9～10 世紀。歸義軍時期寫本。

9.1 行楷。

12 本遺書為從 BD07117 號背面揭下的古代裱補紙。

1.1 BD16175 號 B

1.3 納贈歷（擬）

1.6 L4092

2.1 3.5×10.5 厘米；1 紙；共 1 行，行 6 字殘。

2.3 殘片。首殘尾殘。通卷上下殘。已修整。

3.3 錄文：

（首殘）

□…□◇綿緋絹內接□…□／

（尾殘）

6.4 本遺書與 BD16175 號 A、BD16175 號 D、BD16175 號 F、

BD16175 號 G 原為同卷，但不能直接綴接。

8　　9~10 世紀。歸義軍時期寫本。

9.1　行楷。

12　本遺書為從 BD07117 號背面揭下的古代裱補紙。

1.1　BD16175 號 C

1.3　乙丑年二月乾元寺羊籍（擬）

1.6　L4092

2.1　4.4×8.2 厘米；1 紙；共 2 行，行 4 字殘。

2.3　殘片。首殘尾殘。通卷上殘。已修整。

3.3　錄文：

（首殘）

□…□羔子壹口/

□…□内開/

（錄文完）

6.4　本遺書與 BD16175 號 E、BD16175 號 H 原為同卷，現不能直接綴接。

8　　9~10 世紀。歸義軍時期寫本。

9.1　行楷。

12　本遺書為從 BD07117 號背面揭下的古代裱補紙。

1.1　BD16175 號 D

1.3　納贈歷（擬）

1.6　L4092

2.1　7×11 厘米；1 紙；共 1 行，行 9 字殘。

2.3　殘片。首殘尾殘。通卷上下殘。已修整。

3.3　錄文：

（首殘）

□…□梁闍梨，生絹三丈四尺□…□/

（尾殘）

6.4　本遺書與 BD16175 號 A、BD16175 號 B、BD16175 號 F、BD16175 號 G 原為同卷，但不能直接綴接。

8　　9~10 世紀。歸義軍時期寫本。

9.1　行楷。

12　本遺書為從 BD07117 號背面揭下的古代裱補紙。

1.1　BD16175 號 E

1.3　乙丑年二月乾元寺羊籍（擬）

1.6　L4092

2.1　3.4×2 厘米；1 紙；共 1 行，行 2 字殘。

2.3　殘片。首殘尾殘。通卷上下殘。已修整。

3.3　錄文：

（首殘）

□…□小白□…□/

（錄文完）

6.4　本遺書與 BD16175 號 C、BD16175 號 H 原為同卷，現不能直接綴接。

8　　9~10 世紀。歸義軍時期寫本。

9.1　行楷。

12　本遺書為從 BD07117 號背面揭下的古代裱補紙。

1.1　BD16175 號 F

1.3　納贈歷（擬）

1.6　L4092

2.1　7.3×17 厘米；1 紙；共 2 行，行 13 字殘。

2.3　殘片。首殘尾殘。通卷上下殘。已修整。

3.3　錄文：

（首殘）

□…□尺□…□□/

□…□張判官，生絹三丈八尺，紫絹八尺□…□/

（錄文完）

6.4　本遺書與 BD16175 號 A、BD16175 號 B、BD16175 號 D、BD16175 號 G 原為同卷，但不能直接綴接。

8　　9~10 世紀。歸義軍時期寫本。

9.1　行楷。

12　本遺書為從 BD07117 號背面揭下的古代裱補紙。

1.1　BD16175 號 G

1.3　納贈歷（擬）

1.6　L4092

2.1　7.7×13.2 厘米；1 紙；共 2 行，行 8 字殘。

2.3　殘片。首殘尾殘。通卷上殘。已修整。

3.3　錄文：

（首殘）

□…□故破墨錄（綠）絹一丈一/

□…□白綾生絹内接三丈/

（尾殘）

6.4　本遺書與 BD16175 號 A、BD16175 號 B、BD16175 號 D、BD16175 號 F 原為同卷，但不能直接綴接。

8　　9~10 世紀。歸義軍時期寫本。

9.1　行楷。

12　本遺書為從 BD07117 號背面揭下的古代裱補紙。

1.1　BD16175 號 H

1.3　乙丑年二月乾元寺羊籍（擬）

1.6　L4092

2.1　22.1×24.5 厘米；1 紙；正面 10 行，行 17 字殘。背面 1 行，行 14 字。

2.3　殘片。首殘尾殘。下邊殘缺。已修整。

3.3　錄文：

（正面錄文）

乙丑年二月廿九日乾元寺少有□…□/

孫家莊上共放羊人算會抄錄大□…□/

羊及故羊數目如後：/

大白羊羯貳口。┌内羯羊壹口，換得母羊壹，母□…□/

大母羊兩口。┌──/

貳幽羯赤頭一口。┌──/

貳幽母羊黑頭壹口。黃耳眼壹口。┌──/

白羊兒羔子，黃耳眼羔子壹口，黑頭一口。┌──/

白羊女羔子、黑耳眼羔子壹口。又 ┌──/

□…□耳黑 ┌──/

（尾殘）

（背面錄文）

乙丑年四月三日黑頭羔子壹口死。/

（錄文完）

6.4　本遺書與 BD16175 號 C、BD16175 號 E 原為同卷，現不能直接綴接。

8　9～10 世紀。歸義軍時期寫本。

9.1　行楷。

9.2　有塗抹。有截止號。有間隔號。

12　本遺書為從 BD07117 號背面揭下的古代裱補紙。

1.1　BD16176 號

1.3　結解戒場法（擬）

1.6　L4093

2.1　12.5×26.5 厘米；2 紙；共 5 行，行 25 字。

2.2　01：07.3，03；　02：05.3，02。

2.3　殘片。首殘尾殘。上下邊殘缺。已修整。

3.4　說明：

本文獻首尾均殘，内容為比丘尼結戒場法、解戒場法。内容可參見《四分律刪補隨機羯磨》卷一（大正 1808，40/0494B27～C27）。應為敦煌寺院實用文獻。

8　9～10 世紀。歸義軍時期寫本。

9.1　楷書。

12　本遺書為從 BD05468 號背面揭下的古代裱補紙。

1.1　BD16177 號 A

1.3　護首（業報差別經）

1.6　L4094

2.1　23.6×26 厘米；1 紙；共 1 行，行 5 字殘。

2.3　殘片。首殘尾殘。上部殘缺，中有大殘洞。有竹質天竿。已修整。

3.4　說明：

本遺書為護首，上有殘經名“差別經一卷”。

8　9～10 世紀。歸義軍時期寫本。

9.1　楷書。

12　本遺書為從 BD01944 號背面揭下的古代裱補紙。

1.1　BD16177 號 B

1.3　佛為首迦長者說業報差別經

1.6　L4094

2.1　4.2×6.5 厘米；1 紙；共 3 行，行 4 字殘。

2.3　殘片。首殘尾殘。通卷上下殘。有烏絲欄。已修整。

3.1　首殘→大正 0080，01/0891A21。

3.2　尾殘→大正 0080，01/0891A23。

5　與《大正藏》本對照，文字略有不同。

8　9～10 世紀。歸義軍時期寫本。

9.1　楷書。

12　本遺書為從 BD01944 號背面揭下的古代裱補紙。

1.1　BD16177 號 C

1.3　海淨祭文（擬）

1.6　L4094

2.1　21.7×24.3 厘米；1 紙；共 8 行，行 10 字殘。

2.3　殘片。首殘尾殘。全卷殘碎，多殘洞，並有多塊脫落小殘片。已修整。

3.3　錄文：

維歲次辛酉十一月乙酉□…□/

十八日甲寅□…□僧政海淨謹/

香□…□你（？）/

□…□出□…□入/

□…□愛辭□…□/

□…□纏何□…□上蒼不/

□…□單蔡致/

□…□伏惟/

（尾殘）

8　9～10 世紀。歸義軍時期寫本。

9.1　楷書。

12　本遺書為從 BD01944 號背面揭下的古代裱補紙。

1.1　BD16178 號

1.3　殘片七塊（擬）

1.6　L4094

2.1　28.6×（2.3～12.4）厘米；7 紙；共 8 行，行 1 字殘。

2.3　殘片。首殘尾殘。已修整。

3.4　說明：

本遺書包括 7 塊殘片。詳情如下：

（A）8.4×2.3 厘米；共 3 行。字跡殘缺，難以辨認。

（B）7.6×2.4 厘米；共 3 行。字跡殘缺，難以辨認。

（C）1.9×12.4 厘米；僅存墨痕。

（D）1.6×4.9 厘米；僅存墨痕。

（E）2.2×5.6 厘米；共 1 行。字跡殘缺，難以辨認。

（F）3.2×2.3 厘米；共 1 行。僅存墨痕。

（G）3.7×8.5 厘米。素紙。

8　9～10 世紀。歸義軍時期寫本。

9.1　楷書。

12　本遺書為從 BD01944 號背面揭下的古代裱補紙。

1.1 BD16179 號 A

1.3 十誦比丘尼波羅提木叉戒本

1.6 L4095

2.1 （7.1＋18.1＋2.7）×24.7 厘米；1 紙；共 17 行，行 22～24 字。

2.3 殘片。首殘尾殘。有烏絲欄。已修整。

3.1 首 5 行中下殘→大正 1437，23/0487C23～0488A05。

3.2 尾殘→大正 1437，23/0488B09。

5 與《大正藏》本對照，"諸大德"本卷為"諸善女"。"七佛偈"本卷只抄偈頌，無經文。

6.4 本遺書與 BD16179 號 B、BD16179 號 C、BD16179 號 D 原為同卷，現不能直接綴接。

8 6 世紀。南北朝寫本。

9.1 隸楷。

9.2 有倒乙。

12 本遺書為從 BD03554 號背面揭下的古代裱補紙。

1.1 BD16179 號 B

1.3 十誦比丘尼波羅提木叉戒本

1.6 L4095

2.1 21.5×20.8 厘米；1 紙；共 9 行，行 17 字。

2.3 殘片。首殘尾全。卷面殘破嚴重。有烏絲欄。已修整。

3.1 首殘→大正 1437，23/0488B10。

3.2 尾全→大正 1437，23/0488B19。

5 與《大正藏》本對照，"七佛偈"本卷只抄偈頌，無經文。尾多"已□戒經竟，僧□…□/"

6.3 下→BD16179 號 C。

6.4 本遺書與 BD16179 號 A、BD16179 號 D 原為同卷，現不能直接綴接。

7.1 尾有題記 2 條："比丘尼妙姿所寫。""元年三月十三日寫竟，比丘尼顯琇許，元光寺。"其中"元光寺"3 字在 BD16179 號 C 上。

8 6 世紀。南北朝寫本。

9.1 隸楷。

12 本遺書為從 BD03554 號背面揭下的古代裱補紙。

1.1 BD16179 號 C

1.3 十誦比丘尼波羅提木叉戒本題記（擬）

1.6 L4095

2.1 4.6×5 厘米；1 紙；共 1 行，行 3 字殘。

2.3 殘片。首殘尾殘。通卷上殘。有烏絲欄。已修整。

3.4 說明：

本遺書僅存"元光寺"3 字，為 BD16179 號 B 殘片題記中所缺部分。

6.3 上→BD16179 號 B。

6.4 本遺書與 BD16179 號 A、BD16179 號 D 原為同卷，現不能直接綴接。

8 6 世紀。南北朝寫本。

9.1 隸楷。

12 本遺書為從 BD03554 號背面揭下的古代裱補紙。

1.1 BD16179 號 D

1.3 十誦比丘尼波羅提木叉戒本

1.6 L4095

2.1 2.9×2.8 厘米；1 紙；共 1 行，行 4 字殘。

2.3 殘片。首殘尾殘。通卷上下殘。有烏絲欄。已修整。

3.1 首殘→大正 1437，23/0488A02。

3.2 尾殘→大正 1437，23/0488A02。

3.4 說明：

本遺書僅存"尸沙法"3 字，本文獻中有多處同樣文字，所選為 BD16179 號 A 殘片中所缺部分。

6.4 本遺書與 BD16179 號 A、BD16179 號 B、BD16179 號 C 原為同卷，現不能直接綴接。

8 6 世紀。南北朝寫本。

9.1 隸楷。

12 本遺書為從 BD03554 號背面揭下的古代裱補紙。

1.1 BD16180 號

1.3 大寶積經卷九三

1.6 L4096

2.1 36×25.1 厘米；1 紙；共 19 行，行 17 字。

2.3 卷軸裝。首脫尾全。下邊有殘缺及等距離鼠嚙殘洞。有烏絲欄。已修整。

3.1 首殘→大正 0310，11/0532C14。

3.2 尾全→大正 0310，11/0533A05。

4.2 大寶積經卷第九十三（尾）。

8 9～10 世紀。歸義軍時期寫本。

9.1 楷書。

12 本遺書為從 BD08447 號背面揭下的古代裱補紙。

1.1 BD16181 號

1.3 往生禮讚偈卷一

1.6 L4097

2.1 11.4×13.8 厘米；1 紙；正面 5 行，行 7 字殘。背面 5 行，行 6 字殘。

2.3 殘片。首殘尾殘。通卷上下殘。已修整。

3.1 首殘→大正 1980，47/0440C28。

3.2 尾殘→大正 1980，47/0441A04。

3.3 錄文：

（首殘）

□…□汝等物（勿）抱臭屍臥，□…□/

□…□箭入體，諸苦痛□…□/

□…□時光遷流轉，忽□…□/

□…□但與死王居，勸諸□…□/

戊戌年□…□/

（錄文完）

7.3　背面有姓氏雜寫"宋"、"趙"、"閻"、"武"5行。

8　9～10世紀。歸義軍時期寫本。

9.1　楷書。

12　本遺書為從BD05870號背面揭下的古代裱補紙。

1.1　BD16182號A

1.3　上都僧統和尚牒（擬）

1.6　L4098

2.1　9.6×13.1厘米；1紙；共4行，行5字殘。

2.3　殘片。首斷尾斷。通卷下斷。已修整。

3.3　錄文：

（首殘）

困窮失仍兼□…□/

藺捕守護無□…□/

都僧統和尚仁□…□/

希垂兌脫伏□…□/

（錄文完）

6.4　本遺書與BD16182號B原為同卷，現不能直接綴接。

8　9～10世紀。歸義軍時期寫本。

9.1　楷書。

12　本遺書為從BD03410號背面揭下的古代裱補紙。

1.1　BD16182號B

1.3　殘片（擬）

1.6　L4098

2.1　6.4×4.1厘米；1紙；共1行，行1字殘。

2.3　殘片。首斷尾斷。通卷上下斷。已修整。

3.4　說明：

僅存一字"牒"。

6.4　本遺書與BD16182號A原為同卷，現不能直接綴接。

8　9～10世紀。歸義軍時期寫本。

9.1　楷書。

12　本遺書為從BD03410號背面揭下的古代裱補紙。

1.1　BD16183號

1.3　賬歷（擬）

1.6　L4098

2.1　4.5×5.7厘米；1紙；共2行，行4字殘。

2.3　殘片。首殘尾殘。通卷上下殘。已修整。

3.3　錄文：

（錄文）

□…□◇林九疋/

□…□本◇◇九（？）□…□/

（尾殘）

8　9～10世紀。歸義軍時期寫本。

9.1　楷書。

12　本遺書為從BD03410號背面揭下的古代裱補紙。

1.1　BD16184號

1.3　法華義疏卷六

1.6　L4098

2.1　1.5×6厘米；1紙；共1行，行4字殘。

2.3　殘片。首殘尾殘。通卷上下殘。有烏絲欄。已修整。

3.1　首殘→大正1721，34/0541C20。

3.2　尾殘→大正1721，34/0541C20。

8　5～6世紀。南北朝寫本。

9.1　隸楷。

12　本遺書為從BD03410號背面揭下的古代裱補紙。

1.1　BD16185號

1.3　殘片（擬）

1.6　L4098

2.1　4.5×8.3厘米；1紙；共1行，行1字殘。

2.3　殘片。首殘尾殘。通卷上下殘。已修整。

3.4　說明：

本遺書僅存一個"瘡"字。

8　9～10世紀。歸義軍時期寫本。

9.1　楷書。

12　本遺書為從BD03410號背面揭下的古代裱補紙。

1.1　BD16186號A

1.3　素紙十二塊（擬）

1.6　L4098

2.1　74.2×（2.2～10.6）厘米；12紙。

2.2　01：05.2，00；　　02：05.9，00；　　03：02.5，00；
　　04：11.0，00；　　05：01.7，00；　　06：05.2，00；
　　07：10.8，00；　　08：07.7，00；　　09：06.0，00；
　　10：08.2，00；　　11：07.5，00；　　12：02.5，00。

2.3　殘片。首殘尾殘。已修整。

3.4　說明：

本遺書包括12塊素紙，情況如下：

（1）5.2×10.6厘米。

（2）5.9×4.4厘米。

（3）2.5×7厘米。

（4）11×4.5厘米。

（5）1.7×2.2厘米。

（6）5.2×6.2厘米。

（7）10.8×4.2厘米。

（8）7.7×4厘米。

（9）6×4.7厘米。

（10）8.2×6厘米。

（11）7.5×4厘米。

（12）2.5×5.2厘米。

12　本遺書為從BD03410號背面揭下的古代裱補紙。

1.1　BD16186號B

1.3　殘片五塊（擬）

1.6　L4098

2.1　25.8×（1~11.6）厘米；5紙；共5行，行1字殘。

2.2　01：01.5，01；　　02：09.6，01；　　03：08.3，00；
　　04：02.7，02；　　05：03.7，01。

2.3　殘片。首殘尾殘。已修整。

3.4　說明：

本號包括5塊有文字或殘字痕的殘片，為避文繁，今合編之，情況如下：

（1）1.5×1厘米；1行。有殘字跡。（原編號作BD16186號E）

（2）9.6×6.6厘米；1行。多層紙。橫有墨痕，豎有字跡，可見“隨”字。（原編號作BD16186號J）

（3）8.3×11.6厘米。有墨痕。（原編號作BD16186號L）

（4）2.7×1.5厘米；2行。有殘字跡。可見一“更”字。（原編號作BD16186號M）

（5）3.7×6厘米；1行。有一“何”字。　（原編號作BD16186號O）

12　本遺書為從BD03410號背面揭下的古代裱補紙。

1.1　BD16187號A1

1.3　菩薩羯磨戒文序

1.6　L4099

2.1　30×24.7厘米；1紙；共15行，行18字。

2.3　殘片。首殘尾殘。上下邊殘缺，有殘洞及撕裂。有烏絲欄。已修整。有雙行小字。

2.4　本遺書包括2個文獻：（一）《菩薩羯磨戒文序》，1行，今編為BD16187號A1。（二）《菩薩羯磨戒文》，14行，今編為BD16187號A2。

3.3　錄文：

（首殘）

即學徒難悟，故以撮要亡言，冀傳永益。又，／

（錄文完）

6.4　本遺書與BD16187號B、BD16187號C、BD16187號D、BD16187號E、BD16187號F、BD16187號G、BD16187號H、BD16187號I、BD16187號J、BD16187號K、BD16187號L、BD16187號M、BD16187號N、BD16187號O、BD16187號P、BD16187號Q、BD16187號R、BD16187號S、BD16187號T、BD16187號U、BD16187號V原為同卷，現不能直接綴接。

8　9~10世紀。歸義軍時期寫本。

9.1　楷書。

12　本遺書為從BD02729號背面揭下的古代裱補紙。

1.1　BD16187號A2

1.3　菩薩羯磨戒文

1.6　L4099

2.4　本遺書由2個文獻組成，本文獻為第2個，14行。餘參見BD16187號A1。

3.4　說明：

本文獻未為歷代大藏經所收，為敦煌地區流行的《菩薩戒羯磨文》。詳情需要進一步研究。

4.1　菩薩羯磨戒文（首）。

6.4　本遺書與BD16187號B、BD16187號C、BD16187號D、BD16187號E、BD16187號F、BD16187號G、BD16187號H、BD16187號I、BD16187號J、BD16187號K、BD16187號L、BD16187號M、BD16187號N、BD16187號O、BD16187號P、BD16187號Q、BD16187號R、BD16187號S、BD16187號T、BD16187號U、BD16187號V原為同卷，現不能直接綴接。

8　9~10世紀。歸義軍時期寫本。

9.1　楷書。

9.2　有行間校加字。

12　本遺書為從BD02729號背面揭下的古代裱補紙。

1.1　BD16187號B

1.3　菩薩羯磨戒文

1.6　L4099

2.1　6.6×26.1厘米；1紙；共3行，行18字。

2.3　殘片。首斷尾斷。下邊殘缺。有烏絲欄。已修整。

3.4　說明：

本文獻未為歷代大藏經所收，為敦煌地區流行的《菩薩戒羯磨文》。詳情需要進一步研究。

6.4　本遺書與BD16187號A、BD16187號C、BD16187號D、BD16187號E、BD16187號F、BD16187號G、BD16187號H、BD16187號I、BD16187號J、BD16187號K、BD16187號L、BD16187號M、BD16187號N、BD16187號O、BD16187號P、BD16187號Q、BD16187號R、BD16187號S、BD16187號T、BD16187號U、BD16187號V原為同卷，現不能直接綴接。

8　9~10世紀。歸義軍時期寫本。

9.1　楷書。

12　本遺書為從BD02729號背面揭下的古代裱補紙。

1.1　BD16187號C

1.3　菩薩羯磨戒文

1.6　L4099

2.1　3.7×9.1厘米；1紙；共2行，行6字殘。

2.3　殘片。首斷尾斷。通卷下殘。有烏絲欄。已修整。

3.4　說明：

本文獻未為歷代大藏經所收，為敦煌地區流行的《菩薩戒羯磨文》。詳情需要進一步研究。

6.4　本遺書與BD16187號A、BD16187號B、BD16187號D、

BD16187 號 E、BD16187 號 F、BD16187 號 G、BD16187 號 H、BD16187 號 I、BD16187 號 J、BD16187 號 K、BD16187 號 L、BD16187 號 M、BD16187 號 N、BD16187 號 O、BD16187 號 P、BD16187 號 Q、BD16187 號 R、BD16187 號 S、BD16187 號 T、BD16187 號 U、BD16187 號 V 原為同卷,現不能直接綴接。

8　9～10 世紀。歸義軍時期寫本。

9.1　楷書。

12　本遺書為從 BD02729 號背面揭下的古代裱補紙。

1.1　BD16187 號 D

1.3　菩薩羯磨戒文

1.6　L4099

2.1　4.2×12.1 厘米;1 紙;共 2 行,行 10 字殘。

2.3　殘片。首斷尾斷。通卷上下斷。有烏絲欄。已修整。

3.4　說明:

　　本文獻未為歷代大藏經所收,為敦煌地區流行的《菩薩戒羯磨文》。詳情需要進一步研究。

6.4　本遺書與 BD16187 號 A、BD16187 號 B、BD16187 號 C、BD16187 號 E、BD16187 號 F、BD16187 號 G、BD16187 號 H、BD16187 號 I、BD16187 號 J、BD16187 號 K、BD16187 號 L、BD16187 號 M、BD16187 號 N、BD16187 號 O、BD16187 號 P、BD16187 號 Q、BD16187 號 R、BD16187 號 S、BD16187 號 T、BD16187 號 U、BD16187 號 V 原為同卷,現不能直接綴接。

8　9～10 世紀。歸義軍時期寫本。

9.1　楷書。

12　本遺書為從 BD02729 號背面揭下的古代裱補紙。

1.1　BD16187 號 E

1.3　菩薩羯磨戒文

1.6　L4099

2.1　6×9.5 厘米;1 紙;共 3 行,行 5 字殘。

2.3　殘片。首斷尾斷。通卷下斷,上邊殘破。有烏絲欄。已修整。

3.4　說明:

　　本文獻未為歷代大藏經所收,為敦煌地區流行的《菩薩戒羯磨文》。詳情需要進一步研究。

6.4　本遺書與 BD16187 號 A、BD16187 號 B、BD16187 號 C、BD16187 號 D、BD16187 號 F、BD16187 號 G、BD16187 號 H、BD16187 號 I、BD16187 號 J、BD16187 號 K、BD16187 號 L、BD16187 號 M、BD16187 號 N、BD16187 號 O、BD16187 號 P、BD16187 號 Q、BD16187 號 R、BD16187 號 S、BD16187 號 T、BD16187 號 U、BD16187 號 V 原為同卷,現不能直接綴接。

8　9～10 世紀。歸義軍時期寫本。

9.1　楷書。

12　本遺書為從 BD02729 號背面揭下的古代裱補紙。

1.1　BD16187 號 F

1.3　菩薩羯磨戒文

1.6　L4099

2.1　5.5×10.6 厘米;1 紙;共 3 行,行 7 字殘。

2.3　殘片。首斷尾斷。通卷上下殘。有烏絲欄。已修整。

3.4　說明:

　　本文獻未為歷代大藏經所收,為敦煌地區流行的《菩薩戒羯磨文》。詳情需要進一步研究。

6.4　本遺書與 BD16187 號 A、BD16187 號 B、BD16187 號 C、BD16187 號 D、BD16187 號 E、BD16187 號 G、BD16187 號 H、BD16187 號 I、BD16187 號 J、BD16187 號 K、BD16187 號 L、BD16187 號 M、BD16187 號 N、BD16187 號 O、BD16187 號 P、BD16187 號 Q、BD16187 號 R、BD16187 號 S、BD16187 號 T、BD16187 號 U、BD16187 號 V 原為同卷,現不能直接綴接。

8　9～10 世紀。歸義軍時期寫本。

9.1　楷書。

12　本遺書為從 BD02729 號背面揭下的古代裱補紙。

1.1　BD16187 號 G

1.3　菩薩羯磨戒文

1.6　L4099

2.1　7.6×15.5 厘米;1 紙;共 4 行,行 10 字殘。

2.3　殘片。首斷尾斷。通卷下斷,有小殘洞。有烏絲欄。已修整。

3.4　說明:

　　本文獻未為歷代大藏經所收,為敦煌地區流行的《菩薩戒羯磨文》。詳情需要進一步研究。

6.4　本遺書與 BD16187 號 A、BD16187 號 B、BD16187 號 C、BD16187 號 D、BD16187 號 E、BD16187 號 F、BD16187 號 H、BD16187 號 I、BD16187 號 J、BD16187 號 K、BD16187 號 L、BD16187 號 M、BD16187 號 N、BD16187 號 O、BD16187 號 P、BD16187 號 Q、BD16187 號 R、BD16187 號 S、BD16187 號 T、BD16187 號 U、BD16187 號 V 原為同卷,現不能直接綴接。

8　9～10 世紀。歸義軍時期寫本。

9.1　楷書。

12　本遺書為從 BD02729 號背面揭下的古代裱補紙。

1.1　BD16187 號 H

1.3　菩薩羯磨戒文

1.6　L4099

2.1　3.3×7.7 厘米;1 紙;共 2 行,行 6 字殘。

2.3　殘片。首斷尾斷。通卷上殘下斷。有烏絲欄。已修整。

3.4　說明:

　　本文獻未為歷代大藏經所收,為敦煌地區流行的《菩薩戒羯磨文》。詳情需要進一步研究。

6.4　本遺書與 BD16187 號 A、BD16187 號 B、BD16187 號 C、BD16187 號 D、BD16187 號 E、BD16187 號 F、BD16187 號 G、BD16187 號 I、BD16187 號 J、BD16187 號 K、BD16187 號 L、

BD16187 號 M、BD16187 號 N、BD16187 號 O、BD16187 號 P、BD16187 號 Q、BD16187 號 R、BD16187 號 S、BD16187 號 T、BD16187 號 U、BD16187 號 V 原為同卷，現不能直接綴接。

8　9~10 世紀。歸義軍時期寫本。

9.1　楷書。

12　本遺書為從 BD02729 號背面揭下的古代裱補紙。

1.1　BD16187 號 I

1.3　菩薩羯磨戒文

1.6　L4099

2.1　3.6×7 厘米；1 紙；共 1 行，行 5 字殘。

2.3　殘片。首殘尾殘。通卷上下殘。有烏絲欄。已修整。

3.4　說明：

　　本文獻未為歷代大藏經所收，為敦煌地區流行的《菩薩戒羯磨文》。詳情需要進一步研究。

6.4　本遺書與 BD16187 號 A、BD16187 號 B、BD16187 號 C、BD16187 號 D、BD16187 號 E、BD16187 號 F、BD16187 號 G、BD16187 號 H、BD16187 號 J、BD16187 號 K、BD16187 號 L、BD16187 號 M、BD16187 號 N、BD16187 號 O、BD16187 號 P、BD16187 號 Q、BD16187 號 R、BD16187 號 S、BD16187 號 T、BD16187 號 U、BD16187 號 V 原為同卷，現不能直接綴接。

8　9~10 世紀。歸義軍時期寫本。

9.1　楷書。

12　本遺書為從 BD02729 號背面揭下的古代裱補紙。

1.1　BD16187 號 J

1.3　菩薩羯磨戒文

1.6　L4099

2.1　6.3×6.6 厘米；1 紙；共 1 行，行 5 字殘。

2.3　殘片。首殘尾斷。通卷上下斷。有烏絲欄。已修整。

3.4　說明：

　　本文獻未為歷代大藏經所收，為敦煌地區流行的《菩薩戒羯磨文》。詳情需要進一步研究。

6.4　本遺書與 BD16187 號 A、BD16187 號 B、BD16187 號 C、BD16187 號 D、BD16187 號 E、BD16187 號 F、BD16187 號 G、BD16187 號 H、BD16187 號 I、BD16187 號 K、BD16187 號 L、BD16187 號 M、BD16187 號 N、BD16187 號 O、BD16187 號 P、BD16187 號 Q、BD16187 號 R、BD16187 號 S、BD16187 號 T、BD16187 號 U、BD16187 號 V 原為同卷，現不能直接綴接。

8　9~10 世紀。歸義軍時期寫本。

9.1　楷書。

12　本遺書為從 BD02729 號背面揭下的古代裱補紙。

1.1　BD16187 號 K

1.3　菩薩羯磨戒文

1.6　L4099

2.1　5.4×7.9 厘米；1 紙；共 3 行，行 6 字殘。

2.3　殘片。首斷尾斷。通卷上下斷。有烏絲欄。已修整。

3.4　說明：

　　本文獻未為歷代大藏經所收，為敦煌地區流行的《菩薩戒羯磨文》。詳情需要進一步研究。

6.4　本遺書與 BD16187 號 A、BD16187 號 B、BD16187 號 C、BD16187 號 D、BD16187 號 E、BD16187 號 F、BD16187 號 G、BD16187 號 H、BD16187 號 I、BD16187 號 J、BD16187 號 L、BD16187 號 M、BD16187 號 N、BD16187 號 O、BD16187 號 P、BD16187 號 Q、BD16187 號 R、BD16187 號 S、BD16187 號 T、BD16187 號 U、BD16187 號 V 原為同卷，現不能直接綴接。

8　9~10 世紀。歸義軍時期寫本。

9.1　楷書。

12　本遺書為從 BD02729 號背面揭下的古代裱補紙。

1.1　BD16187 號 L

1.3　菩薩羯磨戒文

1.6　L4099

2.1　3.9×2.7 厘米；1 紙；共 1 行，行 2 字殘。

2.3　殘片。首斷尾斷。通卷上下斷。有烏絲欄。已修整。

3.4　說明：

　　本文獻未為歷代大藏經所收，為敦煌地區流行的《菩薩戒羯磨文》。詳情需要進一步研究。

6.4　本遺書與 BD16187 號 A、BD16187 號 B、BD16187 號 C、BD16187 號 D、BD16187 號 E、BD16187 號 F、BD16187 號 G、BD16187 號 H、BD16187 號 I、BD16187 號 J、BD16187 號 K、BD16187 號 M、BD16187 號 N、BD16187 號 O、BD16187 號 P、BD16187 號 Q、BD16187 號 R、BD16187 號 S、BD16187 號 T、BD16187 號 U、BD16187 號 V 原為同卷，現不能直接綴接。

8　9~10 世紀。歸義軍時期寫本。

9.1　楷書。

12　本遺書為從 BD02729 號背面揭下的古代裱補紙。

1.1　BD16187 號 M

1.3　菩薩羯磨戒文

1.6　L4099

2.1　1.9×3.5 厘米；1 紙；共 1 行，行 3 字殘。

2.3　殘片。首斷尾斷。通卷上下斷。有烏絲欄。已修整。

3.4　說明：

　　本文獻未為歷代大藏經所收，為敦煌地區流行的《菩薩戒羯磨文》。詳情需要進一步研究。

6.4　本遺書與 BD16187 號 A、BD16187 號 B、BD16187 號 C、BD16187 號 D、BD16187 號 E、BD16187 號 F、BD16187 號 G、BD16187 號 H、BD16187 號 I、BD16187 號 J、BD16187 號 K、BD16187 號 L、BD16187 號 N、BD16187 號 O、BD16187 號 P、BD16187 號 Q、BD16187 號 R、BD16187 號 S、BD16187 號 T、BD16187 號 U、BD16187 號 V 原為同卷，現不能直接綴接。

8　9~10 世紀。歸義軍時期寫本。

9.1 楷書。

12 本遺書為從 BD02729 號背面揭下的古代裱補紙。

1.1 BD16187 號 N

1.3 菩薩羯磨戒文

1.6 L4099

2.1 5.2×26.1 厘米；1 紙；共 3 行，行 18 字。

2.3 殘片。首斷尾斷。上下邊殘缺。有烏絲欄。已修整。

3.4 說明：

本文獻未為歷代大藏經所收，為敦煌地區流行的《菩薩戒羯磨文》。詳情需要進一步研究。

6.4 本遺書與 BD16187 號 A、BD16187 號 B、BD16187 號 C、BD16187 號 D、BD16187 號 E、BD16187 號 F、BD16187 號 G、BD16187 號 H、BD16187 號 I、BD16187 號 J、BD16187 號 K、BD16187 號 L、BD16187 號 M、BD16187 號 O、BD16187 號 P、BD16187 號 Q、BD16187 號 R、BD16187 號 S、BD16187 號 T、BD16187 號 U、BD16187 號 V 原為同卷，現不能直接綴接。

8 9~10 世紀。歸義軍時期寫本。

9.1 楷書。

12 本遺書為從 BD02729 號背面揭下的古代裱補紙。

1.1 BD16187 號 O

1.3 菩薩羯磨戒文

1.6 L4099

2.1 4.7×26.1 厘米；1 紙；共 2 行，行 17 字。

2.3 殘片。首斷尾斷。上下邊殘缺。有烏絲欄。已修整。

3.4 說明：

本文獻未為歷代大藏經所收，為敦煌地區流行的《菩薩戒羯磨文》。詳情需要進一步研究。

6.4 本遺書與 BD16187 號 A、BD16187 號 B、BD16187 號 C、BD16187 號 D、BD16187 號 E、BD16187 號 F、BD16187 號 G、BD16187 號 H、BD16187 號 I、BD16187 號 J、BD16187 號 K、BD16187 號 L、BD16187 號 M、BD16187 號 N、BD16187 號 P、BD16187 號 Q、BD16187 號 R、BD16187 號 S、BD16187 號 T、BD16187 號 U、BD16187 號 V 原為同卷，現不能直接綴接。

8 9~10 世紀。歸義軍時期寫本。

9.1 楷書。

12 本遺書為從 BD02729 號背面揭下的古代裱補紙。

1.1 BD16187 號 P

1.3 菩薩羯磨戒文

1.6 L4099

2.1 2.1×14.6 厘米；1 紙；共 1 行，行 4 字殘。

2.3 殘片。首殘尾殘。通卷上下殘。有烏絲欄。已修整。

3.4 說明：

本文獻未為歷代大藏經所收，為敦煌地區流行的《菩薩戒羯磨文》。詳情需要進一步研究。

6.4 本遺書與 BD16187 號 A、BD16187 號 B、BD16187 號 C、BD16187 號 D、BD16187 號 E、BD16187 號 F、BD16187 號 G、BD16187 號 H、BD16187 號 I、BD16187 號 J、BD16187 號 K、BD16187 號 L、BD16187 號 M、BD16187 號 N、BD16187 號 O、BD16187 號 Q、BD16187 號 R、BD16187 號 S、BD16187 號 T、BD16187 號 U、BD16187 號 V 原為同卷，現不能直接綴接。

8 9~10 世紀。歸義軍時期寫本。

9.1 楷書。

12 本遺書為從 BD02729 號背面揭下的古代裱補紙。

1.1 BD16187 號 Q

1.3 菩薩羯磨戒文

1.6 L4099

2.1 4.1×11.3 厘米；1 紙；共 2 行，行 7 字殘。

2.3 殘片。首斷尾斷。通卷下斷。有烏絲欄。已修整。有雙行小字。

3.4 說明：

本文獻未為歷代大藏經所收，為敦煌地區流行的《菩薩戒羯磨文》。詳情需要進一步研究。

6.4 本遺書與 BD16187 號 A、BD16187 號 B、BD16187 號 C、BD16187 號 D、BD16187 號 E、BD16187 號 F、BD16187 號 G、BD16187 號 H、BD16187 號 I、BD16187 號 J、BD16187 號 K、BD16187 號 L、BD16187 號 M、BD16187 號 N、BD16187 號 O、BD16187 號 P、BD16187 號 R、BD16187 號 S、BD16187 號 T、BD16187 號 U、BD16187 號 V 原為同卷，現不能直接綴接。

8 9~10 世紀。歸義軍時期寫本。

8 9~10 世紀。歸義軍時期寫本。

9.1 楷書。

12 本遺書為從 BD02729 號背面揭下的古代裱補紙。

1.1 BD16187 號 R

1.3 菩薩羯磨戒文

1.6 L4099

2.1 4.5×8.3 厘米；1 紙；共 2 行，行 4 字殘。

2.3 殘片。首斷尾斷。通卷下斷。有烏絲欄。已修整。

3.4 說明：

本文獻未為歷代大藏經所收，為敦煌地區流行的《菩薩戒羯磨文》。詳情需要進一步研究。

6.4 本遺書與 BD16187 號 A、BD16187 號 B、BD16187 號 C、BD16187 號 D、BD16187 號 E、BD16187 號 F、BD16187 號 G、BD16187 號 H、BD16187 號 I、BD16187 號 J、BD16187 號 K、BD16187 號 L、BD16187 號 M、BD16187 號 N、BD16187 號 O、BD16187 號 P、BD16187 號 Q、BD16187 號 S、BD16187 號 T、BD16187 號 U、BD16187 號 V 原為同卷，現不能直接綴接。

8 9~10 世紀。歸義軍時期寫本。

9.1 楷書。

12 本遺書為從 BD02729 號背面揭下的古代裱補紙。

1.1 BD16187 號 S

1.3 菩薩羯磨戒文

1.6 L4099

2.1 3.2×9.3 厘米；1 紙；共 2 行，行 7 字殘。

2.3 殘片。首斷尾斷。通卷下斷。有烏絲欄。已修整。

3.4 說明：

本文獻未為歷代大藏經所收，為敦煌地區流行的《菩薩戒
羯磨文》。詳情需要進一步研究。

6.4 本遺書與 BD16187 號 A、BD16187 號 B、BD16187 號 C、
BD16187 號 D、BD16187 號 E、BD16187 號 F、BD16187 號 G、
BD16187 號 H、BD16187 號 I、BD16187 號 J、BD16187 號 K、
BD16187 號 L、BD16187 號 M、BD16187 號 N、BD16187 號 O、
BD16187 號 P、BD16187 號 Q、BD16187 號 R、BD16187 號 T、
BD16187 號 U、BD16187 號 V 原為同卷，現不能直接綴接。

8 9～10 世紀。歸義軍時期寫本。

9.1 楷書。

12 本遺書為從 BD02729 號背面揭下的古代裱補紙。

1.1 BD16187 號 T

1.3 菩薩羯磨戒文

1.6 L4099

2.1 6.4×14.1 厘米；1 紙；共 3 行，行 8 字殘。

2.3 殘片。首斷尾斷。通卷下殘。有烏絲欄。已修整。

3.4 說明：

本文獻未為歷代大藏經所收，為敦煌地區流行的《菩薩戒
羯磨文》。詳情需要進一步研究。

6.4 本遺書與 BD16187 號 A、BD16187 號 B、BD16187 號 C、
BD16187 號 D、BD16187 號 E、BD16187 號 F、BD16187 號 G、
BD16187 號 H、BD16187 號 I、BD16187 號 J、BD16187 號 K、
BD16187 號 L、BD16187 號 M、BD16187 號 N、BD16187 號 O、
BD16187 號 P、BD16187 號 Q、BD16187 號 R、BD16187 號 S、
BD16187 號 U、BD16187 號 V 原為同卷，現不能直接綴接。

8 9～10 世紀。歸義軍時期寫本。

9.1 楷書。

12 本遺書為從 BD02729 號背面揭下的古代裱補紙。

1.1 BD16187 號 U

1.3 菩薩羯磨戒文

1.6 L4099

2.1 7.8×10.9 厘米；1 紙；共 4 行，行 8 字殘。

2.3 殘片。首斷尾斷。通卷上斷下殘，下邊殘缺。有烏絲欄。
已修整。

3.4 說明：

本文獻未為歷代大藏經所收，為敦煌地區流行的《菩薩戒
羯磨文》。詳情需要進一步研究。

6.4 本遺書與 BD16187 號 A、BD16187 號 B、BD16187 號 C、
BD16187 號 D、BD16187 號 E、BD16187 號 F、BD16187 號 G、

BD16187 號 H、BD16187 號 I、BD16187 號 J、BD16187 號 K、
BD16187 號 L、BD16187 號 M、BD16187 號 N、BD16187 號 O、
BD16187 號 P、BD16187 號 Q、BD16187 號 R、BD16187 號 S、
BD16187 號 T、BD16187 號 V 原為同卷，現不能直接綴接。

8 9～10 世紀。歸義軍時期寫本。

9.1 楷書。

12 本遺書為從 BD02729 號背面揭下的古代裱補紙。

1.1 BD16187 號 V

1.3 菩薩羯磨戒文

1.6 L4099

2.1 4×12.5 厘米；1 紙；共 2 行，行 9 字殘。

2.3 殘片。首斷尾斷。通卷下斷。有烏絲欄。已修整。

3.4 說明：

本文獻未為歷代大藏經所收，為敦煌地區流行的《菩薩戒
羯磨文》。詳情需要進一步研究。

6.4 本遺書與 BD16187 號 A、BD16187 號 B、BD16187 號 C、
BD16187 號 D、BD16187 號 E、BD16187 號 F、BD16187 號 G、
BD16187 號 H、BD16187 號 I、BD16187 號 J、BD16187 號 K、
BD16187 號 L、BD16187 號 M、BD16187 號 N、BD16187 號 O、
BD16187 號 P、BD16187 號 Q、BD16187 號 R、BD16187 號 S、
BD16187 號 T、BD16187 號 U 原為同卷，現不能直接綴接。

8 9～10 世紀。歸義軍時期寫本。

9.1 楷書。

12 本遺書為從 BD02729 號背面揭下的古代裱補紙。

1.1 BD16188 號 A

1.3 梵網經菩薩羯磨文（擬）

1.6 L4099

2.1 3.7×8.6 厘米；1 紙；共 2 行，行 3 字殘。

2.3 殘片。首殘尾殘。通卷上下殘。已修整。

3.1 首殘→卍續 0691，38/0551B18。

3.2 尾殘→卍續 0691，38/0551B19。

3.4 說明：

本遺書應為敦煌流通的梵網經羯磨文，與現收入《卍續》
的《梵網經菩薩戒注》（卍續 0961 號）卷一有親緣關係，但兩
者並非同一文獻。為方便起見，今以《卍續》本為對照本。

6.3 本遺書與 BD16188 號 E、BD16188 號 H、BD16188 號 D、
BD16188 號 I、BD16188 號 F 可以前後綴接。

6.4 本遺書與 BD16188 號 K、BD16188 號 C、BD16188 號 J、
BD16188 號 G、BD16188 號 B 原為同卷，現不能直接綴接。

8 9～10 世紀。歸義軍時期寫本。

9.1 楷書。

12 本遺書為從 BD02729 號背面揭下的古代裱補紙。

1.1 BD16188 號 B

1.3 梵網經菩薩羯磨文（擬）

1.6 L4099

2.1 2.8×6.9厘米；1紙；共1行，行1字殘。

2.3 殘片。首殘尾殘。通卷上下殘。已修整。

3.4 說明：

僅可辨"空過"2字。

本遺書應為敦煌流通的梵網經羯磨文，與現收入《卍續》的《梵網經菩薩戒注》（卍續0961號）卷一有親緣關係，但兩者並非同一文獻。本遺書存文在《卍續》本中未找到合適的對照文字。

6.4 本遺書與BD16188號A、BD16188號C、BD16188號D、BD16188號E、BD16188號F、BD16188號G、BD16188號H、BD16188號I、BD16188號J、BD16188號K原為同卷，但現在不能直接綴接。

8 9～10世紀。歸義軍時期寫本。

9.1 楷書。

12 本遺書為從BD02729號背面揭下的古代裱補紙。

1.1 BD16188號C

1.3 梵網經菩薩戒序

1.6 L4099

2.1 2×7厘米；1紙；共1行，行4字殘。

2.3 殘片。首殘尾殘。通卷上下殘。已修整。

3.1 首殘→卍續0691，38/0552A04。

3.2 尾殘→卍續0691，38/0552A04。

3.4 說明：

本遺書應為敦煌流通的梵網經羯磨文，與現收入《卍續》的《梵網經菩薩戒注》（卍續0961號）卷一有親緣關係，但兩者並非同一文獻。為方便起見，今以《卍續》本為對照本。

6.3 本遺書與BD16188號K、BD16188號J、BD16188號G可以前後綴接。

6.4 本遺書與BD16188號E、BD16188號H、BD16188號A、BD16188號D、BD16188號I、BD16188號F、BD16188號B原為同卷，現不能直接綴接。

8 9～10世紀。歸義軍時期寫本。

9.1 楷書。

12 本遺書為從BD02729號背面揭下的古代裱補紙。

1.1 BD16188號D

1.3 梵網經菩薩羯磨文（擬）

1.6 L4099

2.1 4.3×8.4厘米；1紙；共2行，行5字殘。

2.3 殘片。首殘尾殘。通卷上下殘。已修整。

3.1 首殘→卍續0691，38/0551B19。

3.2 尾殘→卍續0691，38/0551B22。

3.4 說明：

本遺書應為敦煌流通的梵網經羯磨文，與現收入《卍續》的《梵網經菩薩戒注》（卍續0961號）卷一有親緣關係，但兩

者並非同一文獻。為方便起見，今以《卍續》本為對照本。

6.3 本遺書與BD16188號E、BD16188號H、BD16188號A、BD16188號I、BD16188號F可以前後綴接。

6.4 本遺書與BD16188號K、BD16188號C、BD16188號J、BD16188號G、BD16188號B原為同卷，現不能直接綴接。

8 9～10世紀。歸義軍時期寫本。

9.1 楷書。

12 本遺書為從BD02729號背面揭下的古代裱補紙。

1.1 BD16188號E

1.3 梵網經菩薩羯磨文（擬）

1.6 L4099

2.1 8.9×12.7厘米；1紙；共5行，行7字殘。

2.3 殘片。首殘尾殘。通卷下殘，上邊殘缺。已修整。

3.1 首殘→卍續0691，38/0551B15。

3.2 尾殘→卍續0691，38/0551B19。

3.4 說明：

本遺書應為敦煌流通的梵網經羯磨文，與現收入《卍續》的《梵網經菩薩戒注》（卍續0961號）卷一有親緣關係，但兩者並非同一文獻。為方便起見，今以《卍續》本為對照本。

6.3 本遺書與BD16188號H、BD16188號A、BD16188號D、BD16188號I、BD16188號F可以前後綴接。

6.4 本遺書與BD16188號K、BD16188號C、BD16188號J、BD16188號G、BD16188號B原為同卷，現不能直接綴接。

8 9～10世紀。歸義軍時期寫本。

9.1 楷書。

12 本遺書為從BD02729號背面揭下的古代裱補紙。

1.1 BD16188號F

1.3 梵網經菩薩羯磨文（擬）

1.6 L4099

2.1 3.8×12.5厘米；1紙；共2行，行8字殘。

2.3 殘片。首殘尾殘。通卷上下殘。已修整。

3.3 錄文：

（首殘）

□…□菩薩戒不清淨者己出□…□／

□…□菩薩戒□…□／

（錄文完）

3.4 說明：

本遺書應為敦煌流通的梵網經羯磨文，與現收入《卍續》的《梵網經菩薩戒注》（卍續0961號）卷一有親緣關係，但兩者並非同一文獻。為方便起見，今以《卍續》本為對照本。

6.3 本遺書與BD16188號E、BD16188號H、BD16188號A、BD16188號D、BD16188號I可以前後綴接。

6.4 本遺書與BD16188號K、BD16188號C、BD16188號J、BD16188號G、BD16188號B原為同卷，現不能直接綴接。

8 9～10世紀。歸義軍時期寫本。

9.1　楷書。

12　本遺書為從 BD02729 號背面揭下的古代裱補紙。

1.1　BD16188 號 G

1.3　梵網經菩薩羯磨文（擬）

1.6　L4099

2.1　11.1×11 厘米；1 紙；共 6 行，行 9 字殘。

2.3　殘片。首殘尾殘。通卷上下殘。已修整。

3.1　首殘→卍續 0691，38/G0552A04。

3.2　尾殘→卍續 0691，38/0552A11。

3.4　說明：

　　本遺書應為敦煌流通的梵網經羯磨文，與現收入《卍續》的《梵網經菩薩戒注》（卍續 0961 號）卷一有親緣關係，但兩者並非同一文獻。為方便起見，今以《卍續》本為對照本。

6.3　本遺書與 BD16188 號 K、BD16188 號 C、BD16188 號 G 可以前後綴接。

6.4　本遺書與 BD16188 號 E、BD16188 號 H、BD16188 號 A、BD16188 號 D、BD16188 號 I、BD16188 號 F、BD16188 號 B 原為同卷，現不能直接綴接。

8　9～10 世紀。歸義軍時期寫本。

9.1　楷書。

12　本遺書為從 BD02729 號背面揭下的古代裱補紙。

1.1　BD16188 號 H

1.3　梵網經菩薩羯磨文（擬）

1.6　L4099

2.1　4.3×6.9 厘米；1 紙；共 2 行，行 4 字殘。

2.3　殘片。首殘尾殘。通卷上下殘。已修整。

3.1　首殘→卍續 0691，38/0551B16。

3.2　尾殘→卍續 0691，38/0551B17。

3.4　說明：

　　本遺書應為敦煌流通的梵網經羯磨文，與現收入《卍續》的《梵網經菩薩戒注》（卍續 0961 號）卷一有親緣關係，但兩者並非同一文獻。為方便起見，今以《卍續》本為對照本。

6.3　本遺書與 BD16188 號 E、BD16188 號 A、BD16188 號 D、BD16188 號 I、BD16188 號 F 可以前後綴接。

6.4　本遺書與 BD16188 號 K、BD16188 號 C、BD16188 號 J、BD16188 號 G、BD16188 號 B 原為同卷，現不能直接綴接。

8　9～10 世紀。歸義軍時期寫本。

9.1　楷書。

12　本遺書為從 BD02729 號背面揭下的古代裱補紙。

1.1　BD16188 號 I

1.3　梵網經菩薩羯磨文（擬）

1.6　L4099

2.1　2.5×6.2 厘米；1 紙；共 1 行，行 3 字殘。

2.3　殘片。首殘尾殘。通卷上下殘。已修整。

3.1　首殘→卍續 0691，38/0551C03。

3.2　尾殘→卍續 0691，38/0551C03。

3.4　說明：

　　本遺書應為敦煌流通的梵網經羯磨文，與現收入《卍續》的《梵網經菩薩戒注》（卍續 0961 號）卷一有親緣關係，但兩者並非同一文獻。為方便起見，今以《卍續》本為對照本。

6.3　本遺書與 BD16188 號 E、BD16188 號 H、BD16188 號 A、BD16188 號 D、BD16188 號 F 可以前後綴接。

6.4　本遺書與 BD16188 號 K、BD16188 號 C、BD16188 號 J、BD16188 號 G、BD16188 號 B 原為同卷，現不能直接綴接。

8　9～10 世紀。歸義軍時期寫本。

9.1　楷書。

12　本遺書為從 BD02729 號背面揭下的古代裱補紙。

1.1　BD16188 號 J

1.3　梵網經菩薩羯磨文（擬）

1.6　L4099

2.1　11.6×15.1 厘米；1 紙；共 6 行，行 9 字殘。

2.3　殘片。首殘尾殘。通卷下殘。已修整。

3.1　首殘→卍續 0691，38/J0552A04。

3.2　尾殘→卍續 0691，38/0552A10。

3.4　說明：

　　本遺書應為敦煌流通的梵網經羯磨文，與現收入《卍續》的《梵網經菩薩戒注》（卍續 0961 號）卷一有親緣關係，但兩者並非同一文獻。為方便起見，今以《卍續》本為對照本。

6.3　本遺書與 BD16188 號 K、BD16188 號 C、BD16188 號 G 可以前後綴接。

6.4　本遺書與 BD16188 號 E、BD16188 號 H、BD16188 號 A、BD16188 號 D、BD16188 號 I、BD16188 號 F、BD16188 號 B 原為同卷，現不能直接綴接。

8　9～10 世紀。歸義軍時期寫本。

9.1　楷書。

12　本遺書為從 BD02729 號背面揭下的古代裱補紙。

1.1　BD16188 號 K

1.3　梵網經菩薩羯磨文（擬）

1.6　L4099

2.1　12.7×25.2 厘米；1 紙；共 6 行，行 20 字（偈頌）。

2.3　殘片。首殘尾殘。上下邊殘缺。有殘洞。已修整。

3.1　首殘→卍續 0691，38/0551C22。

3.2　尾殘→卍續 0691，38/0552A04。

3.4　說明：

　　本遺書應為敦煌流通的梵網經羯磨文，與現收入《卍續》的《梵網經菩薩戒注》（卍續 0961 號）卷一有親緣關係，但兩者並非同一文獻。為方便起見，今以《卍續》本為對照本。

5　與《卍續》本對照，首多"當一心聽"。

6.3　本遺書與 BD16188 號 C、BD16188 號 J、BD16188 號 G 可以

前後綴接。

6.4　本遺書與 BD16188 號 E、BD16188 號 H、BD16188 號 A、BD16188 號 D、BD16188 號 I、BD16188 號 F、BD16188 號 B 原為同卷，現不能直接綴接。

8　9～10 世紀。歸義軍時期寫本。

9.1　楷書。

12　本遺書為從 BD02729 號背面揭下的古代裱補紙。

1.1　BD16189 號 A

1.3　大寶積經卷一一三

1.6　L4099

2.1　20.9×12 厘米；1 紙；共 13 行，行 8 字殘。

2.3　殘片。首殘尾殘。通卷下殘，上邊有殘缺。有烏絲欄。已修整。

3.1　首殘→大正 0310，11/0640C01。

3.2　尾殘→大正 0310，11/0640C14。

6.1　首→BD16189 號 B。

6.4　與 BD16189 號 C 原為同卷，現不能直接綴接。

8　6 世紀。南北朝寫本。

9.1　隸書。

12　本遺書為從 BD02729 號背面揭下的古代裱補紙。

1.1　BD16189 號 B

1.3　大寶積經卷一一三

1.6　L4099

2.1　11.6×25.5 厘米；1 紙；共 7 行，行 17 字。

2.3　殘片。首殘尾殘。下部殘缺。本號包括 2 塊殘片，因可綴接，故作為一號著錄。有烏絲欄。已修整。

3.1　首殘→大正 0310，11/0640B23。

3.2　尾殘→大正 0310，11/0640C01。

6.2　尾→BD16189 號 A。

6.4　與 BD16189 號 C 原為同卷，現不能直接綴接。

8　6 世紀。南北朝寫本。

9.1　隸書。

12　本遺書為從 BD02729 號背面揭下的古代裱補紙。

1.1　BD16189 號 C

1.3　大寶積經卷一一三

1.6　L4099

2.1　7.6×6.8 厘米；1 紙；共 4 行，行 6 字殘。

2.3　殘片。首斷尾斷。通卷上下斷，有小殘洞。有烏絲欄。

3.1　首殘→大正 0310，11/0640C06。

3.2　尾殘→大正 0310，11/0640C09。

5　與《大正藏》本對照，文字略有不同。

6.4　與 BD16189 號 A、BD16189 號 B 原為同卷，現不能直接綴接。

8　6 世紀。南北朝寫本。

9.1　隸書。

12　本遺書為從 BD02729 號背面揭下的古代裱補紙。

1.1　BD16190 號 A

1.3　梵網經盧舍那佛說菩薩心地戒品第十卷下

1.6　L4099

2.1　6.3×20.3 厘米；1 紙；共 2 行，行 13 字殘。

2.3　殘片。首殘尾殘。通卷上殘。本號包括 2 塊殘片，因可綴接，故作為一號著錄。已修整。

3.1　首殘→大正 1484，24/1009B25。

3.2　尾殘→大正 1484，24/1009B26。

5　與《大正藏》本對照，文序現在、未來諸佛菩薩次序顛倒。

6.2　尾→BD16190 號 B。

6.4　與 BD16190 號 C、BD16190 號 D 原為同卷，現不能直接綴接。

8　9～10 世紀。歸義軍時期寫本。

9.1　楷書。

12　本遺書為從 BD02729 號背面揭下的古代裱補紙。

1.1　BD16190 號 B

1.3　梵網經盧舍那佛說菩薩心地戒品第十卷下

1.6　L4099

2.1　24.2×4.6 厘米；1 紙；共 2 行，行 14 字殘。

2.3　殘片。首殘尾殘。通卷下斷。本號包括 3 塊殘片，因可綴接，故作為一號著錄。已修整。

3.1　首殘→大正 1484，24/1009B26。

3.2　尾殘→大正 1484，24/1009B28。

5　與《大正藏》本對照，文序現在，未來諸佛菩薩次序顛倒。

6.1　首→BD16190 號 A。

6.2　尾→BD16190 號 C。

6.4　與 BD16190 號 D 原為同卷，現不能直接綴接。

8　9～10 世紀。歸義軍時期寫本。

9.1　楷書。

12　本遺書為從 BD02729 號背面揭下的古代裱補紙。

1.1　BD16190 號 C

1.3　梵網經盧舍那佛說菩薩心地戒品第十卷下

1.6　L4099

2.1　26.8×4.3 厘米；1 紙；共 2 行，行 16 字殘。

2.3　殘片。首殘尾殘。上邊殘缺，通卷下斷。本號包括 2 塊殘片，因可綴接，故作為一號著錄。已修整。

3.1　首殘→大正 1484，24/1009B28。

3.2　尾殘→大正 1484，24/1009C01。

6.1　首→BD16190 號 B。

6.2　尾→BD16190 號 D。

6.4　與 BD16190 號 A 原為同卷，現不能直接綴接。

8　9～10 世紀。歸義軍時期寫本。

9.1 楷書。

12 本遺書為從 BD02729 號背面揭下的古代裱補紙。

1.1 BD16190 號 D

1.3 梵網經盧舍那佛說菩薩心地戒品第十卷下

1.6 L4099

2.1 4.5×20.1 厘米；1 紙；共 2 行，行 11 字殘。

2.3 殘片。首斷尾斷。通卷下斷。已修整。

3.1 首殘→大正 1484，24/1009C01。

3.2 尾殘→大正 1484，24/1009C03。

6.1 首→BD16190 號 C。

6.4 與 BD16190 號 A、BD16190 號 B 原為同卷，現不能直接綴接。

8 9~10 世紀。歸義軍時期寫本。

9.1 楷書。

12 本遺書為從 BD02729 號背面揭下的古代裱補紙。

1.1 BD16191 號 A

1.3 地契殘片（擬）

1.6 L4099

2.1 13.9×19 厘米；1 紙；共 4 行，行 6 字。

2.3 殘片。首殘尾全。本號包括 2 塊殘片，因可綴接，故作為一號著錄。已修整。

3.3 錄文：

（首殘）

地主兄氾幀，押/

見人氾像，押

見人氾慶周/

見人叔氾小胡/

（錄文完）

8 9~10 世紀。歸義軍時期寫本。

9.1 行書。

9.2 有倒乙。

12 本遺書為從 BD02729 號背面揭下的古代裱補紙。

1.1 BD16191 號 B

1.3 社司轉帖（擬）

1.6 L4099

2.1 7.9×26.3 厘米；1 紙；共 3 行，行 9 字殘。

2.3 殘片。首斷尾全。通卷下斷。已修整。

3.3 錄文：

（首殘）

齊。後到罰麥一斗，全不來□…□/

右料罰見前，各自暑（速）遞。□…□/

五月十六日寺主願□□…□/

（錄文完）

8 9~10 世紀。歸義軍時期寫本。

9.1 行書。

12 本遺書為從 BD02729 號背面揭下的古代裱補紙。

1.1 BD16191 號 C

1.3 弟子行範（擬）

1.6 L4099

2.1 8.2×12.1 厘米；1 紙 1 葉 2 個半葉；半葉 3 行，共 3 行，行 9 字。

2.3 粘葉裝。首全尾全。半葉書寫，半葉空白。已修整。

3.3 錄文：

（首殘）

賜酒，即滇拜受。尊者賜/

肉，骨不與狗。尊者賜草，/

懷◇在手，勿得□□令（？）/

（後殘）

8 9~10 世紀。歸義軍時期寫本。

9.1 行書。

12 本遺書為從 BD02729 號背面揭下的古代裱補紙。

13 與 BD16196 號並非同一文獻。

1.1 BD16192 號

1.3 曹元忠薦亡法事疏（擬）

1.6 L4099

2.1 25×14.8 厘米；1 紙；共 8 行，行 9 字殘。

2.3 殘片。首殘尾殘。通卷上下殘。本號包括 2 塊殘片，因可綴接，故作為一號著錄。已修整。

3.3 錄文：

（首殘）

□…□襪褔壹，充見前僧儭。/

□…□施取□意者/

□…□子一從掩世/

□…□障咎之間愆/

□…□界謹將寮勘/

□…□齋筵，以薦幽靈/

□…□濟拔。/

□…□年九月□…□外甥郎君曹元忠疏。/

（錄文完）

8 9~10 世紀。歸義軍時期寫本。

9.1 行書。

12 本遺書為從 BD02729 號背面揭下的古代裱補紙。

1.1 BD16193 號

1.3 殘片（擬）

1.6 L4099

2.1 4.9×5.6 厘米；1 紙；共 1 行，行 2 字殘。

2.3 殘片。首斷尾斷。通卷下殘。已修整。

3.4 説明：

僅存"敷撰"2字。

8　9～10世紀。歸義軍時期寫本。

9.1　楷書。

12　本遺書為從BD02729號背面揭下的古代裱補紙。

1.1　BD16194號

1.3　社司轉帖（擬）

1.6　L4099

2.1　3.4×6.9厘米；1紙；共1行，行6字殘。

2.3　殘片。首殘尾殘。通卷上下殘，有殘洞。已修整。

3.4　說明：

　　僅可辨"◇酒一瓮，立付"5字

8　9～10世紀。歸義軍時期寫本。

9.1　楷書。

12　本遺書為從BD02729號背面揭下的古代裱補紙。

1.1　BD16195號

1.3　建隆二年正月洪池鄉百姓郝護賣宅契（擬）

1.6　L4099

2.1　7.1×23.5厘米；1紙；共3行，行20字殘。

2.3　殘片。首全尾殘。通卷下殘。已修整。

3.3　錄文：

　　（首全）

　　諸政教坊巷東壁上有舍壹院，院子（?）東西并基壹仗（丈）□…□/

　　并基肆拾捌尺。東至厶傳甲，西至自至，南至界，北□…□/

　　隆貳年歲次壬戌正月日立契。洪池鄉百姓郝護（?）/

　　（錄文完）

8　962年。歸義軍時期寫本。

9.1　行楷。

12　本遺書為從BD02729號背面揭下的古代裱補紙。

13　建隆二年（961）干支為辛酉，建隆三年（962）干支為壬戌。此處按照干支年推算公元紀年。

1.1　BD16196號

1.3　弟子規範（擬）

1.6　L4099

2.1　14.5×10.7厘米；1紙2葉4個半葉；半葉3行，共12行，行6～7字。

2.3　縫繢裝。首全尾全。本號包括2塊殘片，因可綴接，故作為一號著錄。已修整。

3.3　錄文：

　　（首殘）

（甲面）

父，晨者（省）慕（暮）參。知/

飢知渴，知暖知◇。/

憂共則戚，樂/

（乙面）

則同歡。父母有疾/

甘美不飡。食無/

求飽，飢無求安。/

（丙面）

◇樂不樂，聞喜不/

看。不羞（修）身體，不/

整衣冠。父母疾喻（愈），/

（丁面）

惚亦不難。弟子事/

師，敬同於父。習其/

道術（?），隨其言語。/

（尾殘）

8　9～10世紀。歸義軍時期寫本。

9.1　楷書。

12　本遺書為從BD02729號背面揭下的古代裱補紙。

13　與BD16191號C並非同一文獻。

1.1　BD16197號

1.3　殘片（擬）

1.6　L4099

2.1　6.5×5.8厘米；1紙；共2行，行2字殘。

2.3　殘片。首殘尾殘。通卷下殘。已修整。

3.4　說明：

　　僅有2行殘字"諸佛"。

8　9～10世紀。歸義軍時期寫本。

9.1　楷書。

12　本遺書為從BD02729號背面揭下的古代裱補紙。

1.1　BD16198號

1.3　菩薩瓔珞本業經卷下

1.6　L4099

2.1　6.3×12.8厘米；1紙；共3行，行10字殘。

2.3　殘片。首殘尾殘。通卷上殘，下邊殘缺。已修整。

3.1　首殘→大正1485，24/1021A26。

3.2　尾殘→大正1485，24/1021A28。

5　與《大正藏》本對照，文字略有參差。

8　6世紀。南北朝寫本。

9.1　隸楷。

12　本遺書為從BD02729號背面揭下的古代裱補紙。

新舊編號對照表

簡編號與北敦號對照表

簡編號	北敦號	簡編號	北敦號	簡編號	北敦號
簡 71483	BD15845 號	簡 71483	BD15876 號	簡 71483	BD15907 號
簡 71483	BD15846 號	簡 71483	BD15877 號	簡 71483	BD15908 號
簡 71483	BD15847 號	簡 71483	BD15878 號	簡 71483	BD15909 號
簡 71483	BD15848 號	簡 71483	BD15879 號	簡 71483	BD15910 號
簡 71483	BD15849 號	簡 71483	BD15880 號	簡 71483	BD15911 號
簡 71483	BD15850 號	簡 71483	BD15881 號	簡 71483	BD15912 號
簡 71483	BD15851 號	簡 71483	BD15882 號	簡 71483	BD15913 號
簡 71483	BD15852 號	簡 71483	BD15883 號	簡 71483	BD15914 號
簡 71483	BD15853 號	簡 71483	BD15884 號	簡 71483	BD15915 號
簡 71483	BD15854 號	簡 71483	BD15885 號	簡 71483	BD15916 號
簡 71483	BD15855 號	簡 71483	BD15886 號	簡 71483	BD15917 號
簡 71483	BD15856 號	簡 71483	BD15887 號	簡 71483	BD15918 號
簡 71483	BD15857 號	簡 71483	BD15888 號	簡 71483	BD15919 號
簡 71483	BD15858 號	簡 71483	BD15889 號	簡 71483	BD15920 號
簡 71483	BD15859 號	簡 71483	BD15890 號	簡 71483	BD15921 號
簡 71483	BD15860 號	簡 71483	BD15891 號	簡 71483	BD15922 號
簡 71483	BD15861 號	簡 71483	BD15892 號	簡 71483	BD15923 號
簡 71483	BD15862 號	簡 71483	BD15893 號	簡 71483	BD15924 號
簡 71483	BD15863 號	簡 71483	BD15894 號	簡 71483	BD15925 號
簡 71483	BD15864 號	簡 71483	BD15895 號	簡 71483	BD15926 號
簡 71483	BD15865 號	簡 71483	BD15896 號	簡 71483	BD15927 號
簡 71483	BD15866 號	簡 71483	BD15897 號	簡 71483	BD15928 號
簡 71483	BD15867 號	簡 71483	BD15898 號	簡 71483	BD15929 號
簡 71483	BD15868 號	簡 71483	BD15899 號	簡 71483	BD15930 號
簡 71483	BD15869 號	簡 71483	BD15900 號	簡 71483	BD15931 號
簡 71483	BD15870 號	簡 71483	BD15901 號	簡 71483	BD15932 號
簡 71483	BD15871 號	簡 71483	BD15902 號	簡 71483	BD15933 號
簡 71483	BD15872 號	簡 71483	BD15903 號	國簡 71483	BD15934 號
簡 71483	BD15873 號	簡 71483	BD15904 號	簡 71483	BD15935 號
簡 71483	BD15874 號	簡 71483	BD15905 號	簡 71483	BD15936 號
簡 71483	BD15875 號	簡 71483	BD15906 號	簡 71483	BD15937 號

簡 71483	BD15938 號	簡 71483	BD15947 號	簡 71483	BD15955 號
簡 71483	BD15939 號	簡 71483	BD15948 號	簡 71483	BD15956 號
簡 71483	BD15940 號	簡 71483	BD15949 號	簡 71483	BD15957 號
簡 71483	BD15941 號	簡 71483	BD15950 號	簡 71483	BD15958 號
簡 71483	BD15942 號	簡 71483	BD15951 號	簡 71483	BD15959 號
簡 71483	BD15943 號	簡 71483	BD15952 號	簡 71483	BD15960 號
簡 71483	BD15944 號	簡 71483	BD15953 號	簡 71483	BD15961 號
簡 71483	BD15945 號	簡 71483	BD15954 號	簡 71483	BD15962 號
簡 71483	BD15946 號				

臨字號與北敦號對照表

臨字號	北敦號	臨字號	北敦號	臨字號	北敦號
L4001	BD15996 號	L4016	BD16018 號	L4025	BD16037 號
L4002	BD15997 號	L4017	BD16019 號	L4025	BD16038 號 A
L4003	BD15998 號	L4017	BD16020 號	L4025	BD16038 號 B
L4003	BD15998 號背	L4018	BD16021 號 A	L4026	BD16039 號
L4003	BD15999 號	L4018	BD16021 號 B	L4026	BD16040 號
L4003	BD16000 號	L4018	BD16021 號 C	L4026	BD16041 號 A
L4003	BD16001 號	L4018	BD16022 號 A	L4026	BD16041 號 B
L4004	BD16002 號	L4018	BD16022 號 A 背	L4026	BD16041 號 C
L4004	BD16003 號 A	L4018	BD16022 號 B	L4027	BD16042 號
L4004	BD16003 號 B	L4018	BD16022 號 C	L4027	BD16043 號 A
L4005	BD16004 號	L4018	BD16023 號 A	L4027	BD16043 號 B
L4005	BD16005 號	L4018	BD16023 號 B	L4027	BD16044 號 A
L4006	BD16006 號	L4018	BD16023 號 C	L4027	BD16044 號 A 背
L4006	BD16006 號背	L4018	BD16024 號	L4027	BD16044 號 B
L4008	BD16007 號	L4018	BD16025 號	L4028	BD16045 號
L4009	BD16008 號	L4018	BD16026 號 A	L4028	BD16046 號
L4009	BD16009 號	L4018	BD16026 號 B	L4028	BD16047 號
L4010	BD16010 號	L4018	BD16026 號 C	L4028	BD16048 號
L4011	BD16011 號	L4018	BD16027 號	L4028	BD16049 號
L4012	BD16012 號	L4019	BD16028 號	L4028	BD16050 號
L4013	BD16013 號	L4020	BD16029 號	L4028	BD16051 號 A
L4014	BD16014 號	L4021	BD16030 號	L4028	BD16051 號 B
L4015	BD16015 號	L4021	BD16030 號背	L4028	BD16052 號 A
L4015	BD16016 號 A	L4022	BD16031 號	L4028	BD16052 號 B
L4015	BD16016 號 A 背	L4022	BD16032 號	L4028	BD16052 號 C
L4015	BD16016 號 B	L4023	BD16033 號	L4028	BD16052 號 D
L4015	BD16016 號 B 背	L4024	BD16034 號	L4028	BD16053 號 A
L4015	BD16016 號 C	L4025	BD16035 號 A	L4028	BD16053 號 B
L4015	BD16016 號 C 背	L4025	BD16035 號 B	L4028	BD16053 號 C
L4015	BD16017 號	L4025	BD16036 號	L4028	BD16053 號 D

L4029	BD16054 號 A	L4044	BD16074 號 C	L4063	BD16100 號 1
L4029	BD16054 號 B	L4045	BD16075 號	L4063	BD16100 號 2
L4029	BD16054 號 C	L4046	BD16076 號	L4063	BD16101 號
L4029	BD16054 號 D	L4046	BD16077 號	L4064	BD16102 號 A
L4029	BD16054 號 E	L4047	BD16078 號	L4064	BD16102 號 B
L4029	BD16054 號 F	L4048	BD16079 號 A	L4064	BD16102 號 C
L4029	BD16054 號 G	L4048	BD16079 號 B	L4065	BD16103 號
L4029	BD16055 號	L4048	BD16079 號 C	L4065	BD16104 號
L4029	BD16056 號	L4049	BD16080 號 A	L4065	BD16105 號 A
L4030	BD16057 號	L4049	BD16080 號 B	L4065	BD16105 號 B
L4030	BD16057 號背	L4049	BD16081 號	L4065	BD16106 號
L4031	BD16058 號 A	L4049	BD16082 號 A	L4065	BD16107 號
L4031	BD16058 號 B	L4050	BD16083 號	L4065	BD16108 號
L4032	BD16059 號	L4051	BD16084 號	L4065	BD16109 號
L4032	BD16060 號	L4052	BD16085 號 A	L4065	BD16110 號
L4033	BD16061 號	L4052	BD16085 號 A 背	L4066	BD16111 號 A
L4034	BD16062 號 A	L4052	BD16085 號 B	L4066	BD16111 號 B
L4034	BD16062 號 B	L4053	BD16086 號 A	L4066	BD16111 號 C
L4035	BD16063 號 A	L4053	BD16086 號 B	L4066	BD16111 號 D
L4035	BD16063 號 B	L4053	BD16086 號 C	L4066	BD16111 號 E
L4035	BD16063 號 C	L4053	BD16086 號 D	L4066	BD16111 號 F
L4035	BD16063 號 D	L4053	BD16086 號 E	L4066	BD16111 號 G
L4035	BD16063 號 E	L4053	BD16086 號 F	L4066	BD16111 號 H
L4035	BD16063 號 F	L4053	BD16086 號 G	L4066	BD16111 號 I
L4035	BD16063 號 G	L4053	BD16086 號 H	L4066	BD16111 號 J
L4035	BD16063 號 H	L4053	BD16087 號 A	L4066	BD16111 號 K
L4035	BD16063 號 I	L4053	BD16087 號 B	L4066	BD16111 號 L
L4035	BD16063 號 J	L4053	BD16087 號 C	L4066	BD16111 號 M
L4035	BD16063 號 K	L4053	BD16087 號 D	L4066	BD16111 號 N
L4035	BD16063 號 L	L4053	BD16088 號	L4066	BD16111 號 O
L4035	BD16063 號 M	L4054	BD16089 號	L4066	BD16111 號 P
L4035	BD16063 號 N	L4054	BD16090 號	L4066	BD16112 號 A
L4035	BD16063 號 O	L4054	BD16091 號 A	L4066	BD16112 號 B
L4035	BD16063 號 P	L4054	BD16091 號 B	L4066	BD16112 號 C
L4036	BD16064 號	L4055	BD16092 號 A	L4066	BD16112 號 D
L4037	BD16065 號 A	L4055	BD16092 號 B	L4066	BD16112 號 E
L4037	BD16065 號 B	L4056	BD16093 號	L4066	BD16112 號 F
L4037	BD16066 號	L4057	BD16094 號	L4066	BD16112 號 G
L4038	BD16067 號	L4058	BD16095 號 A	L4066	BD16112 號 H
L4039	BD16068 號	L4058	BD16095 號 B	L4066	BD16113 號 A
L4040	BD16069 號	L4059	BD16096 號 A	L4066	BD16113 號 B
L4041	BD16070 號	L4059	BD16096 號 B	L4066	BD16113 號 C
L4041	BD16071 號	L4060	BD16097 號	L4066	BD16114 號 A
L4042	BD16072 號	L4061	BD16098 號 A	L4066	BD16114 號 B
L4043	BD16073 號	L4061	BD16098 號 B	L4066	BD16114 號 C
L4044	BD16074 號 A	L4062	BD16099 號 A	L4066	BD16114 號 D
L4044	BD16074 號 B	L4062	BD16099 號 B	L4066	BD16115 號 A

L4066	BD16115 號 B	L4070	BD16134 號 G	L4086	BD16166 號 A
L4066	BD16115 號 C	L4070	BD16135 號	L4086	BD16166 號 B
L4066	BD16115 號 D	L4071	BD16136 號 A	L4086	BD16166 號 C
L4066	BD16115 號 E	L4071	BD16136 號 B	L4086	BD16167 號
L4066	BD16115 號 F	L4072	BD16137 號 A	L4086	BD16168 號
L4066	BD16115 號 G	L4072	BD16137 號 A 背	L4087	BD16169 號 A
L4066	BD16115 號 H	L4072	BD16137 號 B	L4087	BD16169 號 B
L4066	BD16115 號 I	L4073	BD16138 號 A	L4087	BD16169 號 C
L4066	BD16115 號 J	L4073	BD16138 號 B	L4087	BD16169 號 D
L4066	BD16115 號 K	L4073	BD16138 號 C	L4087	BD16169 號 E
L4066	BD16116 號	L4073	BD16138 號 D	L4087	BD16169 號 F
L4066	BD16117 號 A	L4073	BD16138 號 E	L4087	BD16169 號 G
L4066	BD16117 號 B	L4073	BD16138 號 F	L4087	BD16169 號 H
L4066	BD16118 號	L4073	BD16138 號 G	L4087	BD16169 號 I
L4066	BD16119 號 A	L4073	BD16139 號	L4087	BD16169 號 J
L4066	BD16119 號 B	L4073	BD16140 號 A	L4087	BD16169 號 K
L4066	BD16119 號 C	L4073	BD16140 號 B	L4087	BD16169 號 L
L4066	BD16120 號 A	L4073	BD16141 號	L4087	BD16169 號 M
L4066	BD16120 號 B	L4073	BD16142 號	L4087	BD16169 號 N
L4066	BD16121 號	L4073	BD16143 號	L4089	BD16170 號
L4066	BD16122 號	L4073	BD16144 號	L4089	BD16171 號 A
L4066	BD16123 號	L4074	BD16145 號 A	L4089	BD16171 號 B
L4066	BD16124 號	L4074	BD16145 號 B	L4089	BD16172 號
L4066	BD16125 號 A	L4075	BD16146 號	L4090	BD16173 號
L4066	BD16125 號 B	L4076	BD16147 號 A	L4091	BD16174 號 A
L4066	BD16125 號 C	L4076	BD16147 號 B	L4091	BD16174 號 B
L4066	BD16126 號 A	L4077	BD16148 號	L4091	BD16174 號 C
L4066	BD16126 號 B	L4078	BD16149 號	L4092	BD16175 號 A
L4066	BD16126 號 C	L4079	BD16150 號	L4092	BD16175 號 B
L4067	BD16127 號	L4079	BD16151 號	L4092	BD16175 號 C
L4067	BD16128 號 A	L4080	BD16152 號	L4092	BD16175 號 D
L4067	BD16128 號 B	L4080	BD16153 號	L4092	BD16175 號 E
L4067	BD16128 號 C	L4081	BD16154 號 A	L4092	BD16175 號 F
L4067	BD16129 號 A	L4081	BD16154 號 B	L4092	BD16175 號 G
L4067	BD16129 號 B	L4082	BD16155 號	L4092	BD16175 號 H
L4067	BD16129 號 C	L4083	BD16156 號	L4093	BD16176 號
L4067	BD16130 號	L4083	BD16157 號	L4094	BD16177 號 A
L4067	BD16131 號 A	L4083	BD16158 號 A	L4094	BD16177 號 B
L4067	BD16131 號 B	L4083	BD16158 號 B	L4094	BD16177 號 C
L4068	BD16132 號	L4083	BD16159 號	L4094	BD16178 號
L4069	BD16133 號	L4083	BD16160 號	L4095	BD16179 號 A
L4070	BD16134 號 A	L4084	BD16161 號	L4095	BD16179 號 B
L4070	BD16134 號 B	L4084	BD16162 號 A	L4095	BD16179 號 C
L4070	BD16134 號 C	L4084	BD16162 號 B	L4095	BD16179 號 D
L4070	BD16134 號 D	L4084	BD16163 號	L4096	BD16180 號
L4070	BD16134 號 E	L4084	BD16164 號	L4097	BD16181 號
L4070	BD16134 號 F	L4084	BD16165 號	L4098	BD16182 號 A

L4098	BD16182 號 B	L4099	BD16187 號 M	L4099	BD16188 號 J
L4098	BD16183 號	L4099	BD16187 號 N	L4099	BD16188 號 K
L4098	BD16184 號	L4099	BD16187 號 O	L4099	BD16189 號 A
L4098	BD16185 號	L4099	BD16187 號 P	L4099	BD16189 號 B
L4098	BD16186 號 A	L4099	BD16187 號 Q	L4099	BD16189 號 C
L4098	BD16186 號 B	L4099	BD16187 號 R	L4099	BD16190 號 A
L4099	BD16187 號 A1	L4099	BD16187 號 S	L4099	BD16190 號 B
L4099	BD16187 號 A2	L4099	BD16187 號 T	L4099	BD16190 號 C
L4099	BD16187 號 B	L4099	BD16187 號 U	L4099	BD16190 號 D
L4099	BD16187 號 C	L4099	BD16187 號 V	L4099	BD16191 號 A
L4099	BD16187 號 D	L4099	BD16188 號 A	L4099	BD16191 號 B
L4099	BD16187 號 E	L4099	BD16188 號 B	L4099	BD16191 號 C
L4099	BD16187 號 F	L4099	BD16188 號 C	L4099	BD16192 號
L4099	BD16187 號 G	L4099	BD16188 號 D	L4099	BD16193 號
L4099	BD16187 號 H	L4099	BD16188 號 E	L4099	BD16194 號
L4099	BD16187 號 I	L4099	BD16188 號 F	L4099	BD16195 號
L4099	BD16187 號 J	L4099	BD16188 號 G	L4099	BD16196 號
L4099	BD16187 號 K	L4099	BD16188 號 H	L4099	BD16197 號
L4099	BD16187 號 L	L4099	BD16188 號 I	L4099	BD16198 號